历史不会熔断

HISTORY NEVER MELTS DOWN

朱嘉明 —— 著

中国出版集团
中译出版社

图书在版编目（CIP）数据

历史不会熔断 / 朱嘉明著 . -- 北京：中译出版社，2023.3（2023 年 4 月重印）
　ISBN 978-7-5001-7284-0

Ⅰ. ①历… Ⅱ. ①朱… Ⅲ. ①经济—文集 Ⅳ. ① F-53

中国版本图书馆 CIP 数据核字 (2022) 第 247685 号

历史不会熔断
LISHI BUHUI RONGDUAN

著　　　者	朱嘉明
总 策 划	于　宇
策划编辑	龙彬彬
责任编辑	龙彬彬
文字编辑	李晟月　华楠楠　方荟文　薛　宇　田玉肖　纪菁菁
营销编辑	马　萱　纪菁菁
出版发行	中译出版社
地　　　址	北京市西城区新街口外大街 28 号 102 号楼 4 层
电　　　话	（010）68002494（编辑部）
邮　　　编	100088
电子邮箱	book@ctph.com.cn
网　　　址	http://www.ctph.com.cn
印　　　刷	北京中科印刷有限公司
经　　　销	新华书店
规　　　格	710 mm × 1000 mm　1/16
印　　　张	46
字　　　数	574 千字
版　　　次	2023 年 3 月第 1 版
印　　　次	2023 年 4 月第 2 次印刷

ISBN 978-7-5001-7284-0　　　　定价：158.00 元

版权所有　侵权必究
中 译 出 版 社

谨以此书献给书中所提到的中外先哲,并对思想、理论与学术有兴趣和偏好的朋友们。

自　序

历史就是一个动态的矩阵

读者看到这本书的时候已经是 2023 年的新年之后了。我相信，每位读者都会对 2023 年有这样或那样的期许和计划。其实，这已经是人们迎新辞旧的一种精神现象。但是，每个个体对新一年的期许和计划，常常被个体所不能影响和控制的历史所改变，甚至破灭。这是因为，历史是一个动态的矩阵，如同复杂的迷宫，任何个体、群体，甚至国家在其面前都是极为脆弱的。

本书分为七章，所有文章从不同角度折射历史是怎样一个复杂和动态的矩阵。

一

将视野转向 100 年前的 1923 年。中国那一年是民国十二年，农历癸亥年。1923 年的世界历史矩阵，在以下几个维度的影响至今依然存在。

其一，经济维度。1923 年，美国正值卡尔文·柯立芝（Calvin Coolidge，1872—1933）担任总统，经济进入飞速发展阶段。至 1929 年，生产率年均增速达到 4%，工业生产增长接近一倍，财富膨胀，社会奢靡之风大行。历史学家称 1923—1929 年的美国为"柯立芝繁荣"（Coolidge Prosperity），又称"咆哮的二十年代"（Roaring Twenties）。自此，经济繁荣奠定了美国在20世纪的地位。自1923—1929年，欧洲资本主义国家进入相对稳定的时期，经济增长先后恢复到大战前的水平，并有所发展。1923年年底，英国的金汇兑本位制率先在德国得以试验性推行：德国央行与英格兰银行达成协议，英格兰银行向德国央行提供一笔英镑贷款，德国央行则以英镑为货币准备金，发放贷款以英镑计价。这一年，经济学家们已经开始感受到经济机制的改变。英国经济学家约瑟夫·基钦（Joseph Kitchin，1861—1932）提出为期3—4年经济周期理论。1923年也是苏联货币改革的关键时点，建立了由切尔文券（chervonets）和苏维埃纸币（sovznaks）组成的双货币体系，挽救了濒于崩溃的国民经济。

其二，政治维度。欧洲的德国，1923年马克价值暴跌，恶性通货膨胀失控，最严重的时候，通货膨胀率每月上升2 500%。德国马克崩溃，中产阶级彻底破产。这年11月，希特勒（Adolf Hitler，1889—1945）发动了"慕尼黑啤酒馆暴动"（Bürgerbräu-Putsch）。纳粹主义和第三帝国自此发端。10月，国际社会制定针对德国战争赔款的"道威斯计划"（Dawes Plan）。亚洲的日本，1923年9月突发的里氏8.1级的关东大地震、海啸和大火，不仅摧毁了日本两个最大的城市，引发了深刻的经济危机，而且激起民族主义和种族主义情绪，导致主张通过侵华策略开拓生存空间的军国主义崛起。

其三，科学维度。1923年前四年的1919年5月9日，"那天，从西非的普林西比岛和巴西的索布拉尔拍到的日食照片证实了一种新的宇宙观是对的"。[①] 这个新的宇宙观就是爱因斯坦（Albert Einstein，

---

① 保罗·约翰逊（Paul Bede Johnson, 1928— ）著《摩登时代》（*Modern Times: A History of the World from the 1920s to the 1980s*），社会科学文献出版社（中文版），2016年，第1页。

1879—1955）开创的相对论（theory of relativity）。从此，真正意义的"现代世界"开始。① 1923 年，路易·维克多·德布罗意（Louis Victor Pierre Raymond，7th Duc de Broglie，1892—1987）连续在《法国科学院通报》（*Comptes Rendus de l'Académie des Sciences*）发表三篇有关波和量子的论文，提出实物粒子也有波粒二象性，揭示了电子也具有波动性，为尼尔斯·玻尔（Niels Bohr，1885—1962）的量子化条件提供了理论根据。这一年，海森堡（Werner Karl Heisenberg，1901—1976）完成题为《关于流体流动的稳定和湍流》（*Über Stabilität und Turbulenz von Flüssigkeitsströmen*）的博士论文。海森堡是量子科学历史链条中的关键环节。玻尔和德克·科斯特（Dirk Coster，1889—1950）发表了一篇关于 X 射线光谱学和元素周期系统的论文。几年之后，埃尔温·薛定谔（Erwin Schrödinger，1887—1961 年）在德布罗意理论基础上，建立波动力学（wave mechanics），提出微观物理学的基本运动定律，即薛定谔方程（Schrödinger equation）。

其四，技术维度。1923 年，一架旋翼机在西班牙首次稳定飞行，美国空军完成了第一次不停顿横贯大陆的飞行。1923—1929 年是德国汽车工业"黄金年代"，汽车工业技术不断创新，汽车工业成为工业化时代的支柱产业。

其五，思想、文化和艺术维度。1923 年，凯恩斯（John Maynard Keynes，1883—1946）《论货币改革》（*A Tract on Monetary Reform*）发表。瓦尔特·本迪克斯·余恩弗利斯·本雅明（Walter Bendix Schönflies Benjamin，1892—1940）的《译者的任务》（*Die Aufgabe des Übersetzers*）出版。作为好莱坞象征的白色 HOLLYWOOD 标志树立在好莱

---

① 保罗·约翰逊（Paul Bede Johnson，1928— ）著《摩登时代》（*Modern Times: A History of the World from the 1920s to the 1980s*），社会科学文献出版社（中文版），2016 年，第 1 页。

坞后的山坡上。卓别林（Charles Spencer Chaplin，1889—1977）编剧和导演的首部电影《巴黎一妇人》（*A Woman of Paris*）公映。美国《时代》（*Time*）周刊创刊，成为美国第一本新闻周刊。芝加哥艺术俱乐部为巴勃罗·毕加索（Pablo Ruiz Picasso，1881—1973）举办在美国的首场展览《巴勃罗·毕加索的原画》（*Original Drawings by Pablo Picasso*）。这一年是西方现代主义文学先驱卡夫卡（Franz Kafka，1883—1924）生命进入倒数第二年。

1923年的中国历史矩阵中，具有历史意义的维度是：在政治领域，《中华民国宪法》颁布。国民党成为中国新兴政治力量，发布《中国国民党宣言》和《党纲》。孙中山（Sun Yat-sen，1866—1925）确立联俄政策，开启国共第一次合作。苏联向孙中山提供经济援助。孙中山重新组成大元帅府，广州成为国民党革命基地。工人运动兴起。京汉铁路工人举行震惊中外的大罢工。这年6月，中国共产党第三次全国代表大会在广州东山召开。在经济领域，北洋政府财政经济状况也日趋恶化。在思想领域，张君劢（Carsun Chang，1887—1969）和丁文江（1887—1936）展开"科学与玄学论战"。鲁迅（1881—1936）小说集《呐喊》出版。

回顾1923—2023年的100年，不难发现历史矩阵的演变特征：有的历史维度终究彻底中断和消失，例如奥斯曼帝国（Ottoman Empire，1299—1923）不复存在；有的从非主流演变为主流，例如中国共产党在中国的地位；有的不仅持续，而且恶化，例如世界性的贫富差别；有的在演变过程中异化，例如金本位的复辟和最终消亡；有的完全不可逆转，例如1920年前后世界人口在20亿之内，2022年达到80亿；有的从更深层次上改变了人类的历史走向，例如科技创新。

可以这样看过去的100年：还是这个地球，还是这个世界，经历了一次又一次危机和危机的叠加——经济危机、金融危机、政治危机、生态危机、气候危机、疫情和公共卫生危机、文化危机。持续的各类危机，引发世界一次又一次的"蜕变"和"巨变"。其中，1929年开始的大萧条，最终引发第二次世界大战，而第二次世界大战的重要历史后果是冷战。冷战结束、柏林墙倒塌、苏联解体，并没有实现所谓的"历史终结"（end of history），历史舞台的各种力量继续博弈。21世纪之后，一方面，世界因为IT革命，进入互联网时代，科技革命蔓延到生命科学、人工智能和量子技术领域；另一方面，全球化从辉煌到衰败，市场经济失灵，恐怖主义、民粹主义、分裂主义不断抬头，区域性军事冲突持续性发生，生态环境恶化。历史正在印证复杂科学，显现出日益强烈的"非线性""不确定性""自组织性"和"涌现性"的特征。历史事件不是单独的小概率事件，而是小概率事件的集合，即人们常说的"黑天鹅事件"的集合，以及尤其是底层力量的积聚和爆发，正在改变着历史走向。

对历史趋势的预测愈发困难。"一九一八年后，另一次大战的爆发与经济恐慌是可以预测的。但是在第二次世界大战时期，有哪个经济学界预测到'三十年光辉岁月'的世界大景气呢？没有。他们预测战后会萧条。他们有预测到黄金时代会在一九七〇年代初结束吗？经济合作开发组织（Organization for Economic Co-operation and Development，OECD）预测会有持续甚至是加速的成长，达到每年百分之五。他们预测到目前这个足以破除半个世纪以来使用'萧条'一词的禁忌的经济麻烦了吗？没有。""不管我们是谁，我们都将看到，以现在的眼光来看二十世纪，将会发现它完全不同于一九八九到一九九一年之前的二十世纪，仿佛是一个句号把时间之流断成两截。"①

---

① 艾瑞克·霍布斯邦著《论历史》，麦田出版，2002年，第386-387页。

在人类历史上，从来没有像今天这样难以确认"现在"的内涵。不仅未来决定现在，而且"现在就是历史"。① "现在"与"未来"和"过去"的纠缠更明显，国际形势几乎变幻莫测，人们面对越来越多元化的事实，即使是相同的事实，人们也会做出不同的分析和解读。

二

在海森堡理论的矩阵中，位置通过无限矩阵或数组表示，j 表示变量（如图0.1）。②

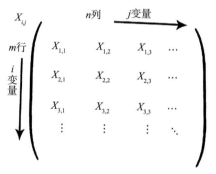

图0.1 $m×n$ 矩阵

在过去100年的历史矩阵中，其实也存在 j 变量。其中以下的关键性变量和它们的相互作用影响和改变着历史。

其一，伦理。③ 伦理包含人与人、人与社会和人与自然之间的自然法则、道德规范和行为准则。基于伦理基础，人类历史无论如

---

① 艾瑞克·霍布斯邦著《论历史》，麦田出版，2002年，第377页。
② 伦纳德·蒙洛迪诺著《思维简史》，中信出版社，2018年，第337页。
③ 从学术角度看，伦理（ethics）偏重于社会普遍性道德，而道德（morals）偏重于个体道德，存在差异，但是可以相互替代。

何演变，最终维系了文明的存在，秩序与进化。由此可以解释为什么亚当·斯密（Adam Smith，1723—1790）撰写《道德情操论》（The Theory of Moral Sentiments）在前，《国富论》（An Inquiry into the Nature and Causes of the Wealth of Nations）在后。同时代的伊曼努尔·康德（Immanuel Kant，1724—1804）对道德本质做了迄今为止最为深刻的阐述："于是，道德法则的客观实在性不能通过任何演绎或者任何理论的、思辨的或以经验为支撑的理性努力得以证明；而且，即使有人想根除他的绝对必然的确实性，也不能通过经验加以证实，因而不能后天加以证明。尽管如此，它自身仍然是自为地确定不移的。"① 但是，20世纪以来，伴随全球性工业化和现代化的进展，在经济、科学、政治和社会领域，道德都被边缘化。中国经济学家将这样的思想称为"伦理不涉"（non-ethical）。②

针对这种情况，有的经济学家提出：经济学和伦理学之间的距离越来越远，导致现代经济学的性质已经大为贫乏，所以，经济学需要关注影响人类行为的伦理。③ 人们越来越认识到，没有道德就没有契约。因为只有道德规范才能赋予契约约束力。④ 在过去100年，凡属于挑战人类伦理架构的思想、人物和事件最终都是失败的；伦理体系正在丰富与发展，例如，"伦理经济学"，还有当下的"人工智能伦理"已经被关注。⑤

其二，思想。过去100年，几乎所有学科的思想和观念都得到拓

---

① 康德著《实践理性批判》，商务印书馆，1999年。
② 韦森著《经济学与伦理学》，商务印书馆，2015年，第3页。
③ 阿马蒂亚·森（Amartya Kumar Sen, 1933— ）On Ethics and Economics, Oxford, Blackwell. 1986. 第7页。
④ 哈森伊（John C, Harsanyi, 1920—2000), "Morals by Agreement, David Gauthier, Oxford: Clarendon Press, 1986, 297 pages", Economics and Philosophy, vol. 3, no. 2, 339–351。
⑤ 彼得·科斯洛夫斯基著《伦理经济学原理》，中国社会科学出版社，1997年。

展。这些学科包括从数学、物理、化学、生物、天文、地理,到哲学、美学、经济学、社会学、政治学。1900年,希尔伯特(David Hilbert,1862—1943)在巴黎国际数学家代表大会上提出的分属四大板块的23个数学问题,是以他的深邃数学思想为基础的;爱因斯坦的"上帝不掷骰子"名言,源于他科学因果性的思想;薛定鄂《生命是什么?——生物细胞的物理学见解》(*What Is Life? The Physical Aspect of the Living Cell*)的遗传密码概念和思想,启发和刺激了基因的发现和证明。所以,恩斯特·马赫(Ernst Mach,1838—1916)说:科学家需要思想,因为科学家需要审查"自己的领域和比较容易达到的临近领域里的知识成长,尤其是察觉引导探究者的特殊动机"。①

在人文思想领域,20世纪被认为是"分析的时代",有延续19世纪的共产主义、保守主义,还有20世纪产生的新自由主义、威权主义、结构主义、存在主义、生态主义以及后现代主义,不一而足,并形成不同的派别。哈耶克(Friedrich August von Hayek,1899—1992)是经济学家,更是一位自由主义的思想家。其中,1922年路德维希·维特根斯坦(Ludwig Josef Johann Wittgenstein,1889—1951)《逻辑哲学论》(*Tractatus Logico-Philosophicus*)所代表的"结构主义"(structuralism)和20世纪60年代的"后现代主义"(postmodernism),影响深远。后现代主义集中代表了反叛现代主义和反本质主义,主张对现代化过程的批判与解构,渗透到建筑学、文学批评、心理分析学、法律学、教育学、社会学、政治学等领域,并形成自成体系的论述,改变了20世纪的思想生态。后现代主义还是1968年5月巴黎学生运动的重要思想资源。

毋庸置疑,过去100年是被不同思想和思潮驱动的100年。即使今天,对于20世纪60年代出版的《寂静的春天》(*Silent Spring*)和

---

① 恩斯特·马赫著《认识与谬误》,商务印书馆,2007年,第1页。

20世纪70年代出版的《GEB：一条永恒的金带》(*Gödel, Escher, Bach: an Eternal Golden Braid*)所代表的思想，怎样高的评价都不为过。①

其三，科技。1923年，英国数学家和哲学家伯特兰·罗素（Bertrand Arthur William Russell, 1872—1970）已经预见："归根到底，是科学使得我们这个时代不同于以往的任何时代。" 100年的历史证明罗素是完全正确的。20世纪20年代开始的100年，人类进入工业化和科学技术创新的互动时代。从福特T型车，贝尔实验室发明的无线电广播、电视、有声电影、电动留声机，到第二次世界大战后期的曼哈顿计划（Manhattan Project）、战后阿波罗登月计划（Project Apollo），以及之后的星球大战计划（Strategic Defense Initiative）、IT革命和半导体革命、互联网、赛博格和人工智能，形成熊彼特（Joseph Alois Schumpeter, 1883—1950）所说的一浪高过一浪的"创造性破坏"（creative destruction）：淘汰旧的技术和生产体系，建立新的生产体系，实现市场新的均衡。在过去100年的科技革命中，计算机科学与技术，推动了从工业经济到数字经济、从工业社会到信息社会的转型。

其四，经济。过去100年，经济领域的根本性演变是自由资本主义历史、完全市场竞争历史的完结。现代经济学理性"经济人"假设，自由竞争和私有制市场支持社会经济资源合理配置和效率，和所谓的"帕累托均衡"，都已经与数字经济渐行渐远。当代的现实经济是以市场和政府互动为基础的，国家作用呈现强化的趋势，根本原因是金融货币制度的改变：第一次世界大战导致金本位制度的终结；第二次世界大战之后的布雷顿森林会议，确定国家通过央行控制货币制

---

① 《寂静的春天》作者是蕾切尔·卡逊（Rachel Carson, 1907—1964），1962年出版；《GEB：一条永恒的金带》作者是道格拉斯·霍夫施塔特（Douglas Hofstadter, 1945—），1979年出版。

度；1971年尼克松（Richard Milhous Nixon，1913—1994）关闭美元与黄金窗口，意味着完全基于国家信用的货币体制的形成；2008年全球金融危机的本质是国家信用货币制度的危机；这些年所讨论的现代货币理论（Modern Monetary Theory，MMT），就是论证货币财政化制度的合法性。

其五，生态。过去100年，地球的生态问题从不是问题到成为问题，再到现在成为人类共同的重大问题。因为持续碳排放的积累，全球气温升高，极端气候常态化，冰川融化，岛屿消失。其深层的原因确实是市场原教旨主义，是资本主义和工业主义的惯性。在可以预见的未来，人类正陷入四个不可逆的困境：人口增长基数不可逆，生态资源破坏和消耗不可逆，经济增长需求不可逆，气候恶化不可逆。因为气候变化给人类造成持续性危机，已经成为颠覆世界的一种新模式，所以，人类面临"刚性选择"："要么允许气候异常改变世界的一切，要么改变绝大部分经济以避免那种命运"。[1]

其六，政治。在过去100年间，政治体制的演变尤为剧烈。其中具有历史里程碑意义的大事件至少包括：第二次世界大战、欧洲战后重建、殖民主义和种族隔离时代终结、欧盟诞生、冷战、两个阵营对抗和苏联解体、"9·11"事件、颜色革命、美国特朗普（Donald John Trump，1946— ）现象，还有民主制度呈现多元化改革。100年间，一代又一代的政治人物，走上历史舞台又消失在历史舞台，令人目不暇接。确有极少数政治人物因为留下了政治遗产而被后人记忆。在历史关键时点，关键的政治人物，可以对关键的历史时空，产生关键性作用。俄国革命家普列汉诺夫（Georgi Valentinovich Plekhanov，

---

[1] 娜奥米·克莱恩著《气候危机、资本主义与我们的终极命运》，上海三联书店，2018年，第26页。

1856—1918)的《论个人在历史上的作用问题》(*On the Individual's Role in History*),对此有过精彩的论述。

历史之所以可以继续,不会熔断,因为历史不是一条线,而是一个构造,一个时空和事件相融合的体系,接近数学的矩阵定义:一种复数或实数的排列和集合。

三

1999年3月,华纳兄弟影片公司的科幻影片《矩阵》(*The Matrix*,中文译为《黑客帝国》)上映。影片的故事极为前卫:网络黑客尼奥发现,看似正常的现实世界,其实是虚拟世界,被一个名为"矩阵"的计算机人工智能系统控制。于是,尼奥、一位神秘女郎和黑客组织首领墨菲斯联合起来,与矩阵抗争,最终回到现实世界。2003年《黑客帝国2:重装上阵》和《黑客帝国3:矩阵革命》上映,2021年《黑客帝国4:矩阵重启》上映。四部《黑客帝国》的思想价值在于,未来的世界很可能是现实世界和虚拟世界并存。人类,包括数字人和虚拟人,可以在这样的两个世界中转换角色。

如果未来是这样,那么传统的历史观念和逻辑都被彻底颠覆:历史不但有古典真实模式,而且有虚拟现实模式;历史中的主体,不但有传统的人类,而且有智能机器人;未来历史的创造者,不但不局限于传统的碳基人,而且主导权要让渡给硅基人。也就是说,历史的对象不仅仅是人类社会,而且包括迅速成长的"后人类社会"(posthuman society)。

人们曾经坚定不移地相信:事实乃是现代史学的核心之一。现在,因为科技革命,以信息和数字形式存在的事实,以量子纠缠方式存在的事实,已经不再是传统的事实模式。如果说,按照约翰·惠勒

（John Archibald Wheeler，1911—2008）的观点，万物源于比特（"It from bit"），比特就是这个世界最基本的事实和存在，所以历史就是比特的排列和集合。

值得注意的是，因为"马斯克主义"产生，人类开启火星移民计划，人类历史也因此开始超越地球的边界。马斯克主义的底色是"极客技术原教旨主义"，支点是科幻设定，跟反技术的新勒德主义相对，它几乎是量子＋贝叶斯＋比特＋计算建构的。"马斯克主义"具有两个基本特征：一是乌托邦无政府主义者；二是政治光谱是动能派（dynamism），将技术进步视作元目标，凌驾于政治原则甚至道德秩序之上。

总而言之，人类似乎不得不重新诠释和定义事实，物理世界和基于比特的虚拟世界并存，人类生存空间从地球延伸到月球和火星。人类本身也在改变，不同改变的交集，推动历史矩阵的持续扩展和进一步复杂化，加快向后人类社会过渡。

四

在日益复杂和异化的历史矩阵中，有一种冷酷无情的力量按照其固有的模式在增强，这个力量就是熵。人类社会和文明受到两种熵叠加的压迫：热力学的熵，熵增加，系统的总能量不变，其中可用部分减少，熵增过程是一个自发的由有序向无序发展的过程；信息学的熵，信息量增加与信息熵正相关。"人类在应对物理世界热力学熵的同时，还面临被称为信息熵的积聚压力。热力学熵和信息熵增的交叉和叠加，将会导致物理形态的现实世界和信息形态的虚拟世界陷入失序，触发内卷化的社会熵增，引发生态、经济、社会和政治的全方位危机。"[①] 所谓的

---

① 朱嘉明《没有负熵，就没有元宇宙》，《元宇宙与碳中和》序言，中译出版社，2022年，第XX页。

"全方位危机"可以理解为"危机集群"或者"集群危机"。

所以,人类走到今天,所要解决的根本问题是要改变热力学、物理学和信息学的熵的存在方式,从熵增转变为熵减或负熵。为此,人类需要开启全方位的变革——思想变革、经济变革、社会变革。这样的变革必须是结构性变革,注重整体性和共识性。为此,人类的不同族群、不同文化、不同意识形态,不是强化差异和继续分流,而是寻求共识和走向合作;不是重复金字塔模式,而是实践 DAO 的模式,构建 Web 3.0 机制。道理并不复杂:只有合作与和谐有可能实现熵减,而冲突和对抗势必引发熵增。

总之,是熵减,还是熵增,将是未来历史的主旋律,是历史乐观主义和悲观主义较量的焦点。传统的历史学家们,可能从来没有意识到作为自然科学第一法则的熵定律,已经成为历史演变的最为重要的法则。事实上,更多的科技定律或迟或早地都会进入历史学领域。

现在,最值得关注和思考的是人工智能技术的持续突破。2023 年 1 月,OpenAI 开发的第四代生成式预训练技术 GPT-4 呼之欲出。GPT-4 将拥有 100 万亿个参数,而一个正常人类大脑约有 800 亿—1000 亿个神经元,以及约 100 万亿个突触,GPT-4 是否预示着可能具备制造人脑的能力,尚难以得出结论。但是,可以确定的是,如果在没有任何限制的情况下,GPT-4 通过图灵测试,这将意味着模拟人脑的历史进程会超出人们的想象。人工智能的生成式预训练技术的持续发展,将从根本上改造人类目前的经济构造和生活模式,甚至人类本身。其意义可以与实现摆脱地球引力的第二宇宙速度,或者摆脱太阳引力的第三宇宙速度技术媲美。[①] 在不断推进的人工智能技术前沿背后,很可能存

---

① 2023 年 1 月 10 日,媒体报道微软公司考虑对 OpenAI 投资 100 亿美元,实现对人工智能的生成式预训练技术 Transformer——GPT-4 的控制。

在类似芯片技术的"摩尔定律"(Moore's law),或者互联网的"梅特卡夫定律"(Metcalfe's law)。这样的规律将强烈影响历史矩阵中的维度组合。

以德国历史学家约翰·古斯塔夫·德罗伊森(Johann Gustav Droysen,1808—1884)在他的《历史知识理论》(*Historik*)中的一段话作为本序言的结语:"我们的心智力、精神力量能在理念层面上,把未来和过去与自己的现实结合起来,使自己类同于永恒。"①

2023.1.11 修订于横琴

---

① 约翰·古斯塔夫·德罗伊森著《历史知识理论》,现代名著译丛,台北联经出版事业公司,1987年,第10页。

目　录

第一章　历史不会熔断

亚当·斯密的思想遗产永不枯竭　/003

巴黎公社和数字经济时代的社会主义意义　/017

历史不会熔断　/021

尼克松关闭黄金窗口 50 年　/028

解读英国脱欧：需要变革思维方式　/032

科技冷战和国际科技秩序　/042

贸易将继续改变世界　/049

第二章　历史的回响

关于中国历史的 38 个问题　/055

第一次世界大战改变了中国现代化进程　/071

北洋政府时期的中国货币金融状况　/074

关于亚洲金融风暴之后的几点思考　/099

亚太产业结构的调整与分布　/120

拉美五国经济改革的经验与教训　/130

关于西亚六国考察报告要点　/136

第三章　人文、伦理与科技

技术与文明　/147

火药：改变了人类历史演变模式　/152

人类向善的困难所在　/166

21世纪视野下的乌托邦　/180
　　　《阿Q正传》100年：典型社会的非典型形象　/186
　　　《尤利西斯》和构建的现代荷马世界　/194
　　　方以智：明末"实学"的旗手　/208
　　　1984年钱学森先生与我的一次学术交流　/215

第四章　货币历史演变
　　　广袤和迷人的货币经济历史　/225
　　　中国货币史重大事件比较　/242
　　　革命金融和数字货币的历史渊源　/259
　　　亚投行的长期战略选择　/273
　　　数字货币：从边缘到中心　/284
　　　货币王者的时代完结　/307

第五章　中国经济四十年
　　　中国改革四十年经济思想史　/323
　　　20世纪80年代：中国未来历史的一个坐标　/342
　　　研究中国经济的思想方法　/351
　　　马洪对于中国20世纪后半期工业现代化的贡献与影响　/362
　　　杨小凯和他的经济思想　/367
　　　实现县域经济空间转型和产业再造　/379
　　　横琴"数链计划"　/398
　　　解析深圳"奇迹中的奇迹"　/414
　　　关于建立上海浦东新体制经济区的几点看法　/427

第六章　科技革命、区块链和元宇宙
　　　AIGC加速逼近科技"奇点"进程　/433
　　　量子大趋势和Q世代　/445
　　　量子时代和数字经济　/450

现阶段数字技术和数字经济的若干问题 /455

元宇宙和科技革命 /480

对区块链网络去中心化指数的经济史解读 /490

区块链·元宇宙·数字经济 /501

从图灵机到工业元宇宙 /524

为什么需要创建金融元宇宙 /530

从社会、人文、法律角度看媒体元宇宙发展的机遇和挑战 /534

科技革命·学习革命·教育革命 /538

在宏观科技场景中寻找企业的位置 /547

关于数字经济新阶段的共识 /553

第七章 未来构想

后人类和后人类经济学 /563

现代经济演变和经济学创新 /582

关于"气候经济学"的若干想法 /608

双碳目标和绿色技术创新指数 /614

"中美格拉斯哥联合宣言"的意义的解读 /618

实践 ESG 理念是历史大趋势 /623

2050 年的城市：构想与展望 /628

世界的复杂性和粮食安全的长期性 /635

公益资源数据化和数据公益化 /640

利用和开发中国时差资源创建乌鲁木齐金融中心 /645

新冠肺炎疫情如何改变社会成本观念和结构 /658

为了生存，必须开发海洋 /683

外层空间经济的若干思考 /687

后　记 /693

索　引 /697

Table of Contents

Part I
History Never Melts Down

The Intellectual Legacy of Adam Smith Never Dies   /003

The Paris Commune and Socialism in the Age of Digital Economy   /017

History Never Melts Down   /021

A Half Century Since the Nixon Shock   /028

Interpreting Brexit: A Change of Mindset   /032

The Technological Cold War and the International Technological Order   /042

Trade Will Continue Changing the World   /049

Part II
Echoes of History

Thirty-Eight Questions on the History of China   /055

WWI Altered the Course of China's Modernization   /071

The Monetary Finance in Beiyang China   /074

A Few Afterthoughts on the Asian Financial Crisis   /099

The Adjustment and Distribution of the Asia-Pacific Industrial Structure   /120

An Executive Summary of the Survey Report on the Economy of Five Latin American Countries   /130

Key Points from the Survey Report on Six West Asian Countries /136

Part III
Humanities, Ethics, and Technology

Technology and Civilization /147

Gunpowder: A Path of Change in Human History /152

In Face of Adversities for a Better Person /166

A 21st Century Take on Utopia /180

The True Story of Ah Q a Century on: An Untypical Figure in a Typical Society /186

Ulysses and a Constructed Modern Homeric World /194

Fang Yizhi: A Flagman of the Study of Practicality in Late Ming Period /208

Academic Correspondence between Hsue-Shen Tsien and Me /215

Part IV
The Historical Evolution of Money

A Vast and Fascinating Monetary History /225

Comparing and Contrasting Significant Events in China's Monetary History /242

Revolutionary Finance and Historical Roots of Crypto-Currencies /259

Long-Term Strategic Options for the Asian Infrastructure Investment Bank /273

Crypto-Currencies: From the Periphery to the Centre /284

The End of Kings of Currencies /307

Part V
Forty Years of China's Economy

The History of Economic Thoughts in China's Forty Years of Reform /323

The 1980s: A Coordinate of China's Future in History /342

Intellectual Methods to Studying China's Economy /351

Ma Hong's Contribution to and Legacy for the Industrial Modernization in the Latter Half of the Twentieth Century /362

Yang Xiaokai and His Economic Thought /367

To Rebuild Countywide Spatial Transformation and Industry /379

Key Points from the Digital Alliance Programme /398

A Dissection on Shenzhen's "Miracle of Miracles" /414

A Few Thoughts on Establishing the Shanghai Pudong New System Economic Zone /427

Part VI
The Technological Revolution, Blockchain, and Metaverse

AIGC's Acceleration Towards the Singularity: A Civilizational Paradigm Shift Akin to the Neolithic Revolution /433

The General Trend of Quantum Computing and Generation Q /445

The Quantum Era and the Digital Economy /450

A Few Remarks on the Contemporary Digital Technology and Digital Economy /455

The Metaverse and the Technological Revolution /480

An Interpretation from Economic History: On the Decentralization Index of Blockchain Networks /490

The Blockchain, the Metaverse, and the Digital Economy /501

From the Turing Machine to the Industrial Metaverse /524

On Why We Need a Financial Metaverse /530

Opportunities and Challenges for a Media Metaverse: From Social, Humanities, and Legal Perspectives /534

The Technological Revolution, the Learning Revolution, and the Educational Revolution /538

Locating Enterprises in Macro Scenarios of Technology /547

Consensus on a New Phase of the Digital Economy /553

Part VII
Future Constructs

The Posthuman and Posthuman Economics /563

The Evolution of Modern Economy, and Innovation in Economics /582

A Few Thoughts on Climate Economics /608

China's Carbon Peak and Neutrality Targets, and the Green Technology Innovation Index /614

An Interpretation on the Sino-US Joint Statement Addressing the Climate Crisis /618

Putting ESG into Practice Is a General Trend of History /623

Cities in 2050: A Construct and Outlook /628

The Complexity of the World and the Persistence of Food Security /635

The Datarization of Philanthropic Resources and the Philanthropification of Data /640

Tapping on China's Resource of Time Difference, and Establishing the Urumqi Financial Hub /645

How the COVID-19 Pandemic Changes Ideas on and the Structure of the Societal Cost /658

For Our Survival, Maritime Resources Must be Drawn on /683

A Few Thoughts on the Economy of the Outer Space /687

Afterword / 693
Index / 697

第一章

历史不会熔断

"纵观世界历史,我认识到:世界史截然不同于由所有国家的历史合并而成的历史。它不是一盘散沙,而是一个不断的发展;它不会成为记忆的负担,相反,将照亮人们的灵魂。"

——阿克顿勋爵(John Emerich Edward Dalberg-Acton,1834—1902)

亚当·斯密的思想遗产永不枯竭[①]

关于亚当·斯密的传记和思想研究很多。杰西·诺曼（Alexander Jesse Norman，1962—）在今天仍敢于撰写亚当·斯密的传记，不仅需要勇气，还需要有更丰富的资料和更独特的视角。诺曼在21世纪的读者面前展现的亚当·斯密不仅是经济学家，还是伦理学家、哲学家、思想家。在过去200年里，亚当·斯密的思想超越了经济学领域，进入了哲学、政治学、社会学等领域，"许多著名思想家的观点都在一定程度上带有他的印记，包括伯克（Edmund Burke，1729—1797）、康德、黑格尔（Georg Wilhelm Friedrich Hegel，1770—1831）、马克思（Karl Heinrich Marx，1818—1883）、韦伯（Maximilian Karl Emil Weber，1864—1920）、哈耶克、帕森斯（Talcott Parsons，1902—1979）、罗尔斯（John Bordley Rawls，1921—2002）、哈贝马斯（Jürgen Habermas，1929—）以及阿马蒂亚·森。"[②] 可以肯定地说，这种独特的亚当·斯密现象还会继续下去。这是因为，亚当·斯密所留下的思想遗产是永不枯竭的。

[①] 本文系作者于2020年12月27日为杰西·诺曼所著《亚当·斯密传：现代经济学之父的思想》作的序言。
[②] 杰西·诺曼著《亚当·斯密传：现代经济学之父的思想》，中信出版社，2021年，第XXVIII页。

一

亚当·斯密生平并不复杂,甚至可以说是平淡无奇。但是,其人生中的五个重要节点却是清晰的,这使他最终成为亚当·斯密。

第一,从法夫郡到格拉斯哥大学。1723 年,亚当·斯密出生在苏格兰法夫郡的柯科迪(Kirkcaldy),这里距离爱丁堡仅十多英里[①]。亚当·斯密出生地周边的国际港口、制钉厂,启发和影响他后来关于走私成因和劳动分工论的思考。14 岁的亚当·斯密入学格拉斯哥大学,不仅学习道德哲学、逻辑学和物理学,还目睹了苏格兰和英格兰经济一体化进程,这为他成为思想大家奠定知识基础和历史视野。

第二,牛津大学。1739 年,16 岁的亚当·斯密前往牛津大学读书,在此停留了 6 年时间,学习了英国文学、法语和意大利语,阅读了众多的人文历史和思想家的著作,其中有马基雅维利(Niccolò di Bernardo dei Machiavelli,1469—1527)、帕斯卡(Blaise Pascal,1623—1662)、笛卡儿(René Descartes,1596—1650)、达朗贝尔(Jean-Baptiste le Rond d'Alembert,1717—1783)、伏尔泰(François-Marie Arouet,笔名 M. de Voltaire,1694—1778)、孟德斯鸠(Charles Louis de Secondat, baron de La Brède et de Montesquieu,1689—1755)、拉辛(Jean-Baptiste Racine,1639—1699)和拉罗什富科(François VI, Duc de La Rochefoucauld, Prince de Marcillac,1613—1680)的经典著作,以及 1740 年休谟(David Hume,1711—1776)出版的《人性论》(*A Treatise of Human Nature*)。从此,亚当·斯密和休谟"在智识上的沟通给斯密带来了受用终生的启发和激励"。

第三,爱丁堡。1746 年,亚当·斯密回到苏格兰老家,之后在

---

① 1 英里 =1.609 344 千米。

爱丁堡度过了相当长的岁月。这个时候的苏格兰仍然是一个农业社会，并发生过社会震荡。但是，爱丁堡却是"文化氛围宽容而文雅，容许不同流派的公民团体、学术团体、专业团体、政治团体、商业团体共存"，对宗教差异保持温和态度。"从精神层面说，爱丁堡是一个高度文明的城市，城里遍布咖啡馆和交谈、辩论的人群。"亚当·斯密应苏格兰启蒙运动的领袖邀请，来到爱丁堡举办公开讲座，主题是修辞学和纯文学，他还为《爱丁堡评论》撰写阐述卢梭（Jean-Jacques Rousseau，1712—1778）关于"不平等"的思想起源，探讨"人如何成为人"主题的文章。此外，这个时期的亚当·斯密还专心写关于天文学史的文章，涉及所谓的"自然法则"，比如哥白尼（Nicolaus Copernicus，1473—1543）、开普勒（Johannes Kepler，1571—1630）、伽利略（Galileo di Vincenzo Bonaiuti de' Galilei，1564—1642）、笛卡儿和牛顿（Isaac Newton，1643—1727），力求证明唯有想象力可以解决和证明如何在混乱中找到秩序。

第四，图卢兹和巴黎。1764年，亚当·斯密辞去教授职务，以巴克卢公爵（Henry Scott，3rd Duke of Buccleuch，1746—1812）的欧洲伴游身份到达法国，这也是亚当·斯密第一次海外之行。此时此刻的法国，距离法国大革命还有1/4世纪。亚当·斯密在位于法国西南部的图卢兹和首都巴黎，都感受到了"山雨欲来风满楼"的氛围。"冥冥之中，法国的财政困难和图卢兹宗教冲突的暗流都对斯密理论的形成产生了重要影响。"1766年，亚当·斯密在巴黎停留了9个月，结识了当时法国最著名的政治家、古典经济学家、社会哲学家、无神论者、数学家以及皇家医生。亚当·斯密错过了与卢梭见面的机会，却得以与伏尔泰，以及经济学家中包括重农主义学派代表的弗朗索瓦·魁奈（François Quesnay，1694—1774）和他的追随者见面交谈。

第五，伦敦和爱丁堡。1773年5月，亚当·斯密再次来到伦敦，其主要目的是完成并发表《国富论》。他很快加入了具有声望的"皇家学会"(Royal Society),参与了英国对美洲殖民地的政策制定。同年12月发生了"波士顿倾茶(Boston Tea Party)事件"。1774年9月,费城举行了模拟国家议会的代表大会。1775年4月,美国莱克星顿的枪声引爆美国独立战争。1776年7月,美国《独立宣言》(*The Unanimous Declaration of the Thirteen United States of America*)签署。在这样的背景下,亚当·斯密持续研究美国独立战争爆发的深层原因。他生命最后的12年主要是在爱丁堡度过的,在此期间,他和担任格拉斯哥大学校长的伯克维持着交往和交流。

1790年7月17日,亚当·斯密在爱丁堡去世,享年67岁。亚当·斯密是幸运的,他几乎结识了那个时代所有具有影响力的思想家,目睹了美国独立战争,也清楚得知法国大革命的爆发和进展。但是,生命没有留给他时间对1790年瓦特(James Watt,1736—1819)改良蒸汽机的过程,以及由此发轫的工业革命做出观察和思考。现在,在爱丁堡老城圣吉尔斯大教堂外矗立着一座亚当·斯密的塑像,"他的身后是一把旧式犁,身旁是一个蜂巢,象征着农业社会向商业社会和市场经济的过渡。他的左手捏着长袍,暗示他投入大部分时间的学术生活。他的右手……搁在一个地球仪上,委婉地提示着观众他作为思想家的野心和世界性的声誉。"这很有可能就是亚当·斯密希望留给后世的形象。

二

亚当·斯密的思想是一个巨大的体系。这本书对梳理亚当·斯密的思想体系做出了有意义的努力。

第一,亚当·斯密建立"人的科学"的目标。亚当·斯密用了近40年的时间,希望通过一种自然主义的、经验主义的方法,建立独立于宗教之外的理论的"人的科学"。这是一个宏大的目标。在历史上，做过同样努力的是弗朗西斯·培根（Francis Bacon，1561—1626）。与培根相较，斯密继承了休谟因果论观点，承认人们永远无法知道作为自然规律的那些"看不见的链条"，"将人类的想象力和假设置于一系列渐进的尝试的中心，将秩序引入这混乱的杂糅的不和谐的表象之中"。更重要的是，亚当·斯密的"人的科学"注入了"一种牛顿式的科学程序"，并且构成《道德情操论》和《国富论》的基础。不仅如此，他追求的"人的科学"属于对人类进步原因进行考察的一种原生理论，是以进化论作为核心部分。亚当·斯密开创的进化论"对达尔文产生了强烈的间接影响"。更重要的是，亚当·斯密"以《天文学史》作为《道德情操论》的基础，而后者又是《国富论》的基础"。同样，在斯密未完成的作品中，"'关于文学、哲学、诗歌、修辞学不同分支的哲学史'和'关于法律和政府的历史与理论'也将呈现一致的脉络"。这是否在效仿亚里士多德（Aristotle，前384—前322）以其形而上学和逻辑学著作《工具论》（*Organon*）为其伦理学和政治学的基础呢？我们不得而知。

第二，亚当·斯密的市场理论。亚当·斯密和《国富论》的市场理论包括这样的前提：在方法论上，反对在政治经济学中使用高度理想化的和人为的假设；让市场交换在经济活动中处于中心位置，但是市场概念不可理想化，不可将市场机制偶像化，市场交换并非解决经济弊端的灵丹妙药。在国际贸易中，斯密更注意非实体市场的概念。市场不仅是靠收益或损失的激励来维持的，还需要非经济因素如法律、制度、规范和身份来维持。所以，亚当·斯密在《国富论》中的总结部分，没有一处提到市场或价格，关注点是更具体、更历史化、更贴近数据、更注重政策导向的实证性研究。

亚当·斯密的市场理论是相当丰富的，他希望人们接受这样一些基本认知：（1）人们并不因为参与经济交易而不再是社会人；（2）市场构建的不是一种纯粹的自然秩序，而是一种被创造和建构的秩序，一种能影响和塑造其参与者的秩序。所以，市场的运作并非独立于人类社会之外，而是嵌入人类社会之中的。市场很可能被贪婪和暴政支配，并与公共利益相背离，甚至发生直接对抗；（3）市场并不总是处在自由、平稳、竞争的状态，价格和工资亦然。市场的价格未必总是正确的，所谓的"有效市场假说"难以成立，人为扭曲的高利润会带来经济和道德危险。

以亚当·斯密对待奴隶贸易的立场为例。针对有人以他提出的"自然自由体系"（system of natural liberty）作为支持奴隶贸易的根据，斯密在表明鄙视奴隶制和奴隶贸易态度的同时，通过论证说明，奴隶制和奴隶贸易并非源于自然自由，重商主义和垄断才是其始作俑者。斯密主要在《法理学讲义》（Lectures on Jurisprudence）中讨论奴隶制问题，他的重点是权利和法律；他在《道德情操论》中，用"轻浮、残暴、卑鄙"描述主张奴隶贸易的人；在《国富论》中也讨论了重商主义和殖民问题。

第三，亚当·斯密的"看不见的手"（invisible hand）的隐喻。在斯密的全部著作中，仅三次提到"看不见的手"，分别出现在《道德情操论》《国富论》和《天文学史》中。其中，《天文学史》是完全不同的语境，可以忽略。在《道德情操论》中的语境是这样的：富人天生自私和贪婪，通过提供投资和就业使穷人受益。"他们被一只看不见的手引导着，同等分配了生活必需品，这将使地球上的所有居民都同等地享用地球的一部分，从而在不经意间，在不知情的情况下，他们促进了社会的整体利益，并为物种的繁殖提供了方法。"在《国富论》中的有关文字是："当人们选择支持国内工业而不是国外工业，他们只是为了保障自己的安全；而促进工业向最有价值的方向发展，他们也只是为了自己的利益。这种情形，与许多其他情况一样，个人被一双看不见的手牵着鼻子走，无形中推动了一个与自己的目的无关的目标的达成"。所以，亚当·斯密的"看不见的手"的隐喻在他的经济思想中并非占有后来人们以为的地位，绝非《国富论》的核心。现代主流经济学家很可能偏离和误读了他原本的"看不见的手"的思想。

第四，亚当·斯密的政治经济学。亚当·斯密从来没有把政治学和经济学分割开来，强调唯有通过政治学、心理学、历史学、哲学、社会学和伦理学方可能解释和理解经济活动。所以，亚当·斯密的政治经济学体系包括几个明显特征：（1）承认政府地位。包括市场在内的整个社会，需要信任和信用维持，政府不可缺失，"财产的状态必须随着政府的形式而变化"。（2）国家利益和目标。用亚当·斯密的话来说："每个国家政治经济的最大目标都是增加该国的财富和力量。"（3）重视利益集团和寻租现象。任何时代都存在着特殊利益集团，以及寻租、勾结、游说等相互关联的问题及其影响。（4）坚持平等主义价值观。亚当·斯密鄙夷人类崇拜富人和权贵而轻视穷人的本能。遗憾的是，19世纪和20世纪以来的现代经济学的世界，是一个所谓"理性经济人"（homo economicus）的世界，其核心的"一般均衡理论"（general equilibrium theory）和"有效市场假说"（efficient market hypothesis），忽视了斯密世界观中将市场活动嵌入规范的道德和社会框架内的核心部分。

第五，亚当·斯密的商业社会。穷尽亚当·斯密的著作，"资本主义"一词从未出现。亚当·斯密探讨最多的是商业社会，形成关于商业社会的丰富思想：（1）商业社会是人类经过狩猎、畜牧业、农业社会之后，伴随市场和贸易的扩散、产权的扩大，"作为一个制度、法律、礼仪协同演化的系统出现"的文明社会。（2）在商业社会，形成城市、贸易、制造业、商业合同、银行和金融机构、法律机构，商业社会体的社会秩序的基础就是不断发展的法律和宪法秩序，这种秩序保护财产权，抑制暴力，抑制国家进行掠夺性的干预。（3）在商业社会，税收体系可以支撑法院和法官的费用，刑事司法的性质转变为关注犯罪对社会的影响，国家日益垄断判决权和执行权，政府在社会治理中的地位越来越高。（4）商业社会是一个追求物质利益的社会，是讨价还价的社会，每个人在某种程度上成为商人，依靠交换生活，自主创造了彼此之间的相互义务。（5）商业社会有助于国际自由贸易。贸易的扩张增加了经济自由，鼓励创新和专业化。

但是，亚当·斯密对商业社会的问题从来都是清醒的，对其弊端坚持了批判精神。商业社会的弊端包括："商人群体"与公众的利益不同，在许多场合，他们欺骗和压迫了公众。公司的本质是抑制或阻止竞争。商业社会产生腐败，商人群体具有政治影响力。更严重的是，商业社会倾向于压制一般人的教育、精神力量和理解力，商业社会对人们的思想构成威胁。尽管如此，亚当·斯密还是那个时代新兴的商业社会的伟大捍卫者之一，因为他看到了商业社会是封建主义的奴性和个体依赖性的解毒剂，创造"普遍的富裕"，即普遍的财富和繁荣。

如果将亚当·斯密的新兴商业社会理论和他身后的工业革命历史结合来看，很可能存在这样的一种历史逻辑：新兴商业社会奠定了工业革命的制度前提，包括产权、契约和法律制度，之后的工业革命最终将新兴商业社会转型为资本主义。也就是说，没有亚当·斯密所解析的 18 世纪的新兴商业社会，则不可能催生出工业革命，而没有工业革命，就没有基于大工业的资本主义。

三

自 20 世纪 80 年代以来，亚当·斯密一直是关于经济学、市场和社会的不同观点的竞争焦点和意识形态战场的中心,被认为是迄今为止最有影响力的经济学家。意义何在?

第一,亚当·斯密的思想遗产是永不枯竭的思想源泉。亚当·斯密学术研究中蕴含着惊人的雄心,在早期阶段,就已经设置了宏大目标,形成了核心思想,并逐渐将其完善,形成了从修辞学、文学、思想起源、科学探究,到道德、心理学、司法行政,最后是劳动分工、市场交换、财富创造和公共收入,以及与美国竞争相关的思考。所以,亚当·斯密的著作,从早期的论文和修辞学著作,到《道德情操论》和从未发表的、鲜为人知的《法理学讲义》,再到《国富论》,是一个丰富、多面、耐人寻味的智慧宝库。

亚当·斯密本质上是一个哲学家,他本人很在意他人对此的认同。在亚当·斯密的人生中,休谟对他有过重大影响。但是,在构建知识体系方面,他超越了休谟。例如休谟在其《人性论》中指出,达成社会共识并不需要社会契约,可以自然而然地产生。亚当·斯密则解释了这种规范如何能够自然产生,且一旦建立起来就具有道德力量。此外,亚当·斯密提炼出了"社会的语法"(grammar of society)的概念和思想。亚当·斯密和伯克既有不同之处又有相同之处,亚当·斯密更偏重理论,更相信天意的运作、和谐和秩序。亚当·斯密和伯克一起勾勒出了一种人道的、温和的保守主义。

第二,亚当·斯密的理论存在局限性。亚当·斯密思想体系中忽略了在他的时代被忽略的领域。一般来说,亚当·斯密基本忽略了工业化和技术变革的重要性,对货币起源的推测也是错误的。特别是亚当·斯密关于生产成本理论和劳动价值论,被除马克思主义经济学家之外的大多数19世纪的理论家证明是一个死胡同。亚当·斯密对于现代经济理论的一些核心领域,例如需求、边际效用、货币政策、大规模失业、商业周期等,几乎没有直接讨论。

尽管如此，亚当·斯密的思想和理论遗产毕竟足够丰富和宏大，《国富论》的分析体系始终是主流经济学的绝对基础，至今也没有人挑战亚当·斯密，他仍被誉为"现代经济学之父"。所以，该传记作者指出："从实践上讲，在斯密之后的经济学家很少有人不欠他的知识债，包括马克思和凯恩斯"。在过去的两个世纪里，围绕着亚当·斯密，一代又一代学者、经济学家、政治家、意识形态评论者、经济学爱好者，"横看成岭侧成峰，远近高低各不同"，不断按照各自的价值观和立场解读他的思想，甚至不惜对亚当·斯密实行机会主义和实用主义的曲解，形成"两个斯密"的迷思：《道德情操论》所代表的秉持利他主义和人类善良的亚当·斯密；《国富论》所代表的倾向自私和贪婪的亚当·斯密。

第三，亚当·斯密的现实意义。亚当·斯密"既不是自由主义者，也不是社会主义者，也不是社会民主党人，他很可能是一个温和的保守党同情者"。亚当·斯密相信，人类社会才是人类道德生活的根本源泉，他强调的是沟通和共同体，他"对左派和右派的极端分子都提出了挑战：放弃极端的愿望，重新建立政治的中间地带，再次参与到改革资本主义，维护和发展商业社会利益的现实的、复杂的、混乱的问题中去"。亚当·斯密的现实意义，就是如何秉持亚当·斯密主张的从实际案例而非基本原则出发进行推理，是"缓慢而渐进"的变革。在当代，市场的作用和影响几乎超出经济范围，因此，市场永远不可能成为一种纯粹的商品和服务分配手段，所以现代国家具有破坏市场机制和通过谨慎的干预来改善市场运作的能力。对于经济学从业者来说，有责任主张和推动革新和改革，这意味着要以谦逊的态度提高对经济学本质和局限性的认识，将经济学和政治学、社会学和伦理学加以融合，实现经济制度的完善和民众在经济活动中获得不断提高的效益，抑制贫富差别。

四

亚当·斯密和他的思想都是不朽的，甚至是鲜活的。可以预见，对亚当·斯密思想的研究还会继续下去，其影响力还会继续下去。在中国，严复（1854—1921）在1896年10月—1901年1月，完成了对《国富论》的中文翻译，取名《原富》，共8册。该书1901年由上海南洋公学（上海交通大学前身）译书院出版，至今120多年。在这120多年间，亚当·斯密的影响不仅从未低落，反而高潮迭起。在中国，改革开放以来，主流经济学界将亚当·斯密视为自由主义和市场经济的象征，这对经济改革理论和实践都产生了严重误导。

在世界范围内，未来对亚当·斯密的研究仍然充满挑战。正如诺曼所说，"不同学科可能都对斯密的研究有所贡献，并提供了深刻的见解，但每一个学科所能提供的视角都不可避免具有片面性。所以，必须将它们整合在一起，才能给出一个统一的图景。毕竟，归根结底，世界只有一个，那就是人类世界"。

还是以罗伯特·彭斯（Robert Burns，1759—1796）的《亚当·斯密死后》（"On the Late Death of Dr Adam Smith"）（1790年）的一段文字作为结尾：后来死神和赫尔墨斯在极乐世界互相吹牛，要把地球上最宝贵的东西带到这里比一比，赫尔墨斯从斯密书架上偷了《国富论》，而死神赢了这场比试——他带来了斯密本人。

附录　焦虑时代，如何重新理解亚当·斯密[①]

今天主题是"在焦虑时代重遇启蒙"。我要讲的是"焦虑时代，如何重新理解亚当·斯密"。

第一，亚当·斯密所处的时代。亚当·斯密的那个时代，是一个从农耕社会到工业革命之前的时代，也是一个焦虑时代。斯密1759年写《道德情操论》的时候，35岁，正值青壮年。1776年出版《国富论》的时候，已经52岁。这个时候，整个欧洲大陆危机重重，"山雨欲来风满楼"。

在亚当·斯密去世之后，狂飙式的工业革命开始。之后是重商主义的时代，发生了巨大的社会转型。那不是充满诗意的田园般的时代。伦敦遍地是垃圾，到处是污水，泰晤士河高度污染，到处是雾霾。那么在这样的时代，人们的焦虑是什么呢？于是产生了弗里德里希·恩格斯（Friedrich Engels, 1820—1895）著名的《英国工人阶级状况》（*Die Lage der Arbeitenden Klasse in England*）。

正是这样的时代性焦虑状态，构成了1789年的法国大革命以及大西洋彼岸的美国独立战争的背景，也推动和刺激了18世纪下半叶的启蒙运动。

第二，亚当·斯密是经济学家还是哲学家？亚当·斯密的思想体系是由一个三角形构成：包括道德情操论、经济学和法学。斯密最肯定自己的领域，不是经济学，而是哲学。亚当·斯密在《道德情操论》中最痛恨奢侈品，在《道德情操论》中对《蜜蜂的寓言：私人的恶德，公众的利益》（*The Fable of The Bees: or, Private Vices, Public Benefits*）

[①] 本文系作者于2021年3月19日在单向空间、中信出版集团和数字资产研究院主办的"在焦虑时代重遇启蒙——《亚当·斯密传》新书分享会"上的会议发言。

做了极为尖刻的、不留情面的批评。因为《蜜蜂的寓言》作者曼德维尔（Bernard de Mandeville，1670—1733）提出了恶德是否可以被视为公益的问题：世界所有的公益都要基于对贪婪、自私和无耻所构成的繁荣，绝大多数人只有参加恶德的游戏，才能获得自己存在的可能性。这样的社会是不道德的。这是一个原则问题。

亚当·斯密虽然没有看到英国资本垄断和大资产阶级的形成，但是，他看到了整个英国的道德沦丧、礼崩乐坏，所以他首先写的是《道德情操论》，呼吁人们把同情心放在首位。亚当·斯密思想的重要组成部分是对恶德的否定，不承认恶德的集合，不承认恶德的相互作用会导致一个正义和公益的后果。

第三，亚当·斯密关注的社会分工。人类最大的分工是政府和市场的分工。亚当·斯密的《国富论》是以政治经济学为框架的，经济体系是嵌入社会体系中的。如同卡尔·波兰尼（Karl Paul Polanyi，1886—1964）的《大转型》（*The Great Transformation*）思想一样。未来维系一个社会，道德是至关重要的。恶德在经济行为中必须被扼制，市场不应该是放任的。

所以，亚当·斯密支持商业社会，在肯定商业社会的积极面的同时，对商人做非常不客气的批评，他也主张自由贸易，却坚决反对奴隶贸易。

第四，亚当·斯密关心的贫困。亚当·斯密一生关注和思考如何帮助穷人摆脱被鄙视和无助的状态。所以，他在修改最后一版《道德情操论》时还加了一章，即在第一篇第一卷第三篇里的《论嫌贫爱富、贵尊贱卑的倾向所导致的道德情操之腐败》（"Of the corruption of our moral sentiments, which is occasioned by this disposition to admire the rich and the great, and to despise or neglect persons of poor and mean condition"）。亚当·斯密在《国富论》中大篇幅地讲教育，贫民的教育将使整个社会受益。亚当·斯密还讨论了公益社会和公共产品的福利社会的要素。这是一个真实的亚当·斯密。

第五，亚当·斯密的理性。启蒙运动的本质是崇尚理性，提倡科学，摆脱束缚人们的精神桎梏。从这样的意义上来说，亚当·斯密的著作，从《道德情操论》到《国富论》，以及他生前没有发表的《法理学讲义》，都属于启蒙运动在英国国情下的先声。亚当·斯密著名的"看不见的手"，构成经济活动的深层机制，恰恰是基于理性的思考。只是，长期以来人们不仅庸俗化夸大亚当·斯密所讲的"看不到的手"，而且曲解了他使用"看不到的手"的思想和话语前提。

第六，我们处于什么样的焦虑时代？我们正处于向后工业社会、数字社会和信息社会的转型，绝大多数人的焦虑不再是生存，更不是饥寒交迫，是因科技革命导致的高速度改变的焦虑。在这样的焦虑下，确实需要：（1）呼唤理性；（2）接受科技革命成果带来的改变，包括和智能机器人共处；（3）坚持人文主义、同情心、社会道德情操的原则。这是一切道德的前提和本源。

巴黎公社和数字经济时代的社会主义意义[①]

——纪念巴黎公社 150 周年

2021 年的 3 月 18 日,是巴黎公社起义 150 周年纪念日。在普法战争、法兰西第三共和国新政府迅速丧失民意的背景下,1871 年 3 月 18 日晚,巴黎无产阶级同国民近卫军占领了政府机关;3 月 26 日进行公社选举;3 月 28 日,巴黎公社正式宣告成立;4 月 19 日通过《告法国人民书》(Déclaration au peuple français),阐述巴黎公社自治理念、原则和制度设计。5 月 28 日,经过"流血周",只有 72 天历史的巴黎公社失败,巴黎人民付出了极大的生命代价。代表巴黎公社精神的是公社的领导人之一欧仁·鲍狄埃(Eugène Edine Pottier,1816—1887),他创作了诗歌《英特纳雄耐尔》(The Internationale)。1888 年,法国工人作曲家皮埃尔·狄盖特(Pierre Chrétien De Geyter,1848—1932)为《国际歌》谱写了曲子,国际歌创作完成,成为世界上最有影响力的歌曲。

巴黎公社与社会主义思潮存在着深远关系。19 世纪是社会主义思潮产生和蓬勃发展的时期,法国在 1848 年以前是红色社会主义思想中心。各类社会主义思潮的代表人物,巴贝夫(François-Noël Babeyf,1760—1797)、圣西门(Saint-Simon,1760—1825)、傅里叶(François

---

[①] 本文系作者 2021 年 3 月 16 日在"哈佛沙龙"上的发言。

Marie Charles Fourier，1772—1837）、布朗基（Louis-Auguste Blanqui，1805—1881）、勃朗（Jean Joseph Charles Louis Blanc，1811—1882）、蒲鲁东（Pierre-Joseph Proudhon，1809—1865）都是法国人。社会主义思潮成为巴黎公社的思想基础。

巴黎公社委员分成布朗基派、普鲁东派和小资产阶级民主派。身陷囹圄的布朗基，在巴黎公社的第一次会议上，被选为名誉主席。布朗基和蒲鲁东，布朗基主义和蒲鲁东主义，彼此存在从思想到政治路线的分歧，却都对巴黎公社产生了不可低估的影响。巴黎公社在一定程度上是布朗基主义和蒲鲁东主义的实践。其中，蒲鲁东主义者主导了巴黎公社的财政委员会，不但没有接管法兰西银行的意识、勇气和能力，而且对法兰西银行充满敬畏之心，竭尽全力保护法兰西银行，成为导致巴黎公社失败的根本性原因之一。蒲鲁东主义者的矛盾在于：一方面否定私有制，主张取消货币和银行，建立"人民银行"，发行"劳动券"和"商品券"；另一方面，又不去触动原本是私人股份公司，之后代表成千上万私有者利益，而且垄断全国货币发行权的法兰西银行作为国家财产，最终受制于这样的金融货币体系。①

巴黎公社的失败对后来的共产主义运动的影响是深远的。马克思专门撰写了《法兰西内战》（Der Bürgerkrieg in Frankreich）；②恩格斯撰写了《法兰西内战》导言；列宁（Vladimir Ilyich Ulyanov "Lenin"，1870—1924）的《国家与革命》（The State and Revolution）和考茨基（Karl Johann Kautsky，1854—1938）在《恐怖主义与共产

---

① 法兰西银行是在拿破仑支持下，1800年1月由银行家让·德康特勒（Jean B.L.de Canteleu，1749—1818年）和让·德佩雷戈（Jean F. dePerreganx，1744—1808年）创立。
② 1871年5月8日，马克思在巴黎公社失败两天之后，向总委员会的委员们宣读题目为《法兰西内战国际工人协会总委员会宣言——致协会欧洲和美国全体会员》，并于6月13日以《法兰西内战》为标题在伦敦出版（英文版）。

主义》(*Terrorismus und Kommunismus: Ein Beitrag zur Naturgeschichte der Revolution*)，以及托洛茨基（Lev Davidovich Bronstein，"Leon Trotsky"，1879—1940）为塔列尔（C. Talès，生卒无法考证）的《巴黎公社》(*La Commune de 1871*)所写的序言，都阐述了各自对巴黎公社的认知和立场。事实上，关于巴黎公社的研究持续到当代。约翰·梅里曼（John Merriman，1946—2022）撰写的《大屠杀：巴黎公社的生与死》(*Massacre: The Life and Death of the Paris Commune*)就是极有影响力的著作。①

巴黎公社精神，以及其背后的社会主义意识形态，对当代中国影响至深。1958年，毛泽东（1893—1976）倡导和创建的人民公社制度，一直延续到20世纪90年代初期。同年关于"资产阶级法权"的讨论影响到"文化大革命"，以及所谓的"无产阶级继续革命理论"。②1966年"文化大革命"开始后，毛泽东曾称聂元梓（1921—2019）等人的大字报为20世纪60年代的北京人民公社宣言。1967年2月，上海造反派发表《上海人民公社宣言》，成立上海人民公社，宣布："一切权力归上海人民公社临时委员会"，并且提出，根据巴黎公社精神，实施"公社委员由群众直接推选"，"公社委员是人民公仆，工资收入不得超过普通工人"。这是中国现代史上的一个不可忽视的历史事件。只是事关国家体制，难以为继，最终被毛泽东所否定。③1971年，巴

---

① 约翰·梅里曼著《大屠杀：巴黎公社的生与死》，中国政法大学出版社，2017年。
② 1958年"大跃进"、人民公社化运动之际，毛泽东为了探索中国建设社会主义的道路，实现其追求的理想社会目标，亲自发起了关于资产阶级法权（现译为"资产阶级权利"）的讨论。毛泽东于1958年11月到吴冷西信中为转载张春桥《破除资产阶级法权思想》代拟了《人民日报》编者按。
③ 毛泽东提出：如果全国成立公社，那中华人民共和国要不要改名？改的话，就改成中华人民公社，人家承认你吗？苏联就可能不承认你，英、法倒可能承认。改了以后驻各国的大使怎么办？毛泽东的建议是：上海改成革命委员会，或者还是改成市委或市人委。

黎公社100周年，《人民日报》《红旗》《解放军报》编辑部联合发表了纪念巴黎公社的社论。邮政总局发行了《纪念巴黎公社一百周年》邮票。

在巴黎公社创建150年之后，世界已经经过了几个世代，社会主义制度经历了复杂的历史过程，社会主义思潮也发生了演变。巴黎公社已经被历史淡忘。

从20世纪后期开始，IT革命和互联网兴起，世界发达国家开始从工业社会进入后工业社会，进而进入信息经济、知识经济和数字经济社会。2008年比特币诞生，标志着民众自下而上开创新财富模式。在过去十余年，各类加密数字货币、Defi、NFT，以及Web 3.0和DAO的发展，推动了共享经济和普惠金融生态的形成、发育与发展。我们从中可以感受到，150年前巴黎公社的一些理念，社会主义的价值观念，已经成为数字经济时代的精神遗产。

今天，在巴黎公社150周年的日子，在21世纪20年代的情景之下，回顾和思考巴黎公社的历史，以及与巴黎公社不可分割的各类社会主义思潮，仍旧有着现实和思想价值。

历史不会熔断[①]

——大萧条与罗斯福"新政"90年后的启示

我发言的主标题是"历史不会熔断",副标题则是"大萧条与罗斯福(Franklin Delano Roosevelt,1882—1945)'新政'(The New Deal)90年后的启示"。我发言的重点是就1929年大危机和罗斯福新政的大历史背景及长远历史影响做一些补充。在这里,我使用"熔断"这个概念,是因为最近美国股市多次发生"熔断",成为资本市场的重要"风景线"。但是,历史从来是持续的,不可能发生真正"熔断"。我引用熊彼特在90年前那场大萧条(Great Depression)时说的一句话:"人们感到脚下的大地尽在崩溃",不仅是对那个时刻的一种概括,而且至今震撼人心。我的发言有以下五个问题。

一、"大萧条与罗斯福新政"的精确时段

理解和认知90年前大萧条的发生和新政的历史背景,首先需要对当时美国的真实经济做一个简短的回顾。20世纪20年代的美国经济,几乎笼罩在亢奋和繁荣的气氛之下。20世纪20年代的美国人口是1.23

[①] 本文系作者于2020年3月20日在莫干山研究院举办的"线上莫干山讲堂"活动中的会议发言。

亿，汽车、无线电和电冰箱已经走进千家万户。以汽车为例，1929年的美国民众拥有的汽车是2 300万辆，如果每6个人乘坐一辆汽车，那么可以将全体美国民众载上公路。应该说，20世纪20年代的美国，是工业化获得全方位发展、消费主义形成、信贷经济兴起的时代，是人类第一次体会到工业化带来丰富物质产品的时代。这就难怪，为什么在美国乃至全世界，直到危机爆发之前，没有人能够预见危机可能爆发。

后人一直寻求1929年大萧条背后的深刻原因。例如，美国在20世纪20年代实施货币宽松政策是重要原因。其实，造成当时美国M2急剧增长的原因很多。如果将历史镜头拉大拉远，就会发现：当时美国的工业化过程并没有完成，美国也没有完成从一个半货币化的国家向货币化国家的转型，现代信用制度尚未完备。所以，就美国内在需求分析，20世纪20年代M2的急剧增长是必要的，有助于美国的加速投资，实现工业化，有助于货币化转型和建立现代信用制度。

现在回到大萧条和新政的精确时段：从1929年10月24日的那个黑色的星期四开始，到罗斯福于1933年3月4日（星期六）宣誓就任美国总统，属于"大萧条"时期；从1933年3月4日（星期六）至罗斯福1937年1月20日（星期三）第二次就任美国总统，属于所谓"新政"时期。所以，从大萧条到罗斯福新政前后是7年时间。

值得指出的是，在罗斯福新政实施之前，美国事实上已经开始了还没有罗斯福的罗斯福新政，应该从1931年到1932年就开始了。那时的美国总统是胡佛（Herbert Clark Hoover，1874—1964）。因此，广义的新政和罗斯福新政是有差异的，新政和萧条是有交叉时间点的。

我为什么如此追究从大萧条到新政的精确时段？原因是希望人们将大萧条到新政时段置于第一次世界大战和第二次世界大战的更大背

景下，这两次世界大战是理解大萧条和新政的历史坐标。第一次世界大战，从1914年爆发到1919年结束，第二次世界大战从1939年9月爆发到1945年5月结束。我们不难发现一个时间巧合：1929年的大萧条发生在第一次世界大战结束和第二次世界大战开始的时间中间点。如果将1931年日本占领中国东北作为第二次世界大战的前奏，在罗斯福实行新政之前，世界地缘政治格局已经形成。

简言之，我是主张在大历史、大世界格局背景下来理解大萧条和新政的。大萧条和新政的讨论，不可以与两次世界大战的背景相分离。恰恰相反，只有将两次大战因素纳入，大萧条和新政的复杂原因才可能有头绪。导致1929年美国萧条的真正核心原因，其实是美国本身的工业化速度和世界一战后重建之间，发生了经济资源错配，更严重的是经济资源与政治资源的错配。但最严重的是，进入20世纪20年代的美国工业化，一方面需要世界市场，需要欧洲国家成为受益者，特别是缓和德国的全面危机；另一方面，美国逐渐与战后新格局脱钩，走向孤立主义，中断了美国走向欧洲和走向世界，用全球化来分享美国工业化成果的历史时期。与此同时，美国急剧增加的货币供给、资本过剩和产能，在美国本土之内很难得以消化，最终引发了所谓的"过剩性"危机和萧条。

总之，发生于两场战争中间点的萧条，仅仅通过美国自身的原因加以解释是不够的。20世纪20年代美国的孤立主义是形成大萧条的直接的甚至是根本性的原因。第二次世界大战之后，美国实行"马歇尔计划"，显然吸取了这个历史教训。

二、1929—1937年影响世界的三个历史人物

1929—1937年是20世纪极为重要的8年，其中包括了大萧条和

新政时期。在这8年间,有三位历史性人物对20世纪后来的走向发生了不可替代的影响。他们就是:罗斯福、希特勒和斯大林(Joseph Vissarionovich Stalin,1878—1953)。因为第一次世界大战,19世纪主导的"放任自由资本主义时代"终结,发源于美国的大萧条,将这三位历史人物推向世界舞台,通过美国、德国和苏联三个国家,创造了三种经济制度模式和三种社会转型方向。

第一,罗斯福"新政"模式。罗斯福之前的胡佛总统,不是没有意识到美国大萧条的严重性和内在主要成因,只是错过了挽救大萧条的最佳时机。当他开始行动的时候,民众特别是产业工人失去了耐心,进而他丧失了中产阶级和精英的支持。但是,胡佛确实开启了政府通过财政手段全面干预经济的"新政"。历史将机会给了民主党,给了前纽约州长罗斯福。罗斯福最擅长的是利用20世纪20年代兴起的有线广播网,让全国民众直接听到他的主张。那个时候美国的广播电台和广播已经完全普及。罗斯福直接向资产阶级,特别是垄断资产阶级宣战,换取产业工人、农场主和底层民众的理解与支持。顺便请各位注意美国总统选举与媒体进步休戚相关。20世纪60年代的肯尼迪(John Fitzgerald Kennedy,1917—1963),是通过电视当选的美国总统;2008年当选美国总统奥巴马(Barack Hussein Obama II,1961—)依赖的是互联网;之后的特朗普靠的是社交平台"推特"(Twitter)。

第二,希特勒的"国家社会主义"(Nazismus),也称之为"民族社会主义"模式。在这个时期,历史上的时间有非常多的巧合。罗斯福第一次入主白宫的时间是1933年3月;在德国,86岁的兴登堡(Paul Ludwig Hans Anton von Beneckendorff und von Hindenburg,1847—1934)把权力交给希特勒的时间是1933年1月20日。之后,德国议会授予希特勒无限权力是1933年3月。希特勒提出"国家社会主义",宣称德国恢复到一战之前的繁荣,缩小贫富差距,让每一个德国的劳动者获得就业和基本社会保障,都拥有房子、汽车、冰箱,甚至获得海外度假的机会。

第三,斯大林的"计划经济"(planned economy)模式。在列宁去世后的第三年,苏共召开第十五次代表大会,决议苏联从1928年至1933年实行发展国民经济的第一个五年计划。为此,斯大林于1929年彻底废弃了列宁制定的"新经济政策",实行集体所有制和国家所有制,通过国家力量,在短时期内建立起对国民经济技术改造的基础,将苏联从一个农业国改变成为一个工业国。

以上三个模式的结果是大相径庭的。希特勒的"国家社会主义"随着第三帝国的覆灭而终结;斯大林指令性计划经济模式因为苏联和东欧经济改革、中国经济改革,已经被新的经济模式所替代;唯有罗斯福新政的"遗产"持续影响了美国战后的经济制度演变。

三、从危机到新政的"博弈"主体及新的社会平衡

美国从大萧条到新政的全过程,没有发生剧烈的政治和社会冲突,更没有流血性动乱和政权更迭的危险。但是,从大萧条到新政过程中,并非没有社会不同力量的"博弈"。

回过头来看,在这个历史特殊时期,"博弈"的主体包括:(1)罗斯福代表的政府与国家,以及背后的民主党;(2)公司(corporation),以及基于公司的技术人员、企业家和银行家联盟;(3)产业工人及广大蓝领阶层;(4)中产阶级和知识分子阶层。

其中,罗斯福的作用是至关紧要的,其"新政"的成功之处是避免了因为大萧条导致的阶级对立演变为社会动乱,以致发生制度危机和政权危机。罗斯福创造了不同社会力量的"博弈"规则。例如,

1933 年的《银行法》(*Glass-Steagall Act*)、《全国工业复兴法》(*National Industrial Recovery Act*)、《瓦格纳法案》(*Wagner Act*),都属于所谓的"博弈"规则。最终,罗斯福实现了由政府、公司和工会三极构成的新的社会平衡。其中,最值得注意的是,自新政开始,一方面,公司获得了更大的发展空间,这推动美国进入公司国家(corporate state)历史阶段;另一方面,美国工会的地位得到前所未有的提高。

与上述平衡对应的是全社会的税收资源、福利资源、企业利润资源分配的调整。经过罗斯福新政,美国所达到的新的社会平衡有助于美国实现工业化和第二次世界大战的互动,这也为美国战后成为超级大国奠定了基础。

四、大萧条和新政对中国的致命影响

1927 年,南京国民政府取代北洋政府,"中华民国"进入建立现代国家和新社会的新历史阶段。但是,仅仅两年之后,美国发生大萧条,继而世界性经济危机很快波及中国,并且对中国产生致命的影响。

在政治方面,美国大萧条于 1930 年春天传导到日本,日本对外贸易骤减,这对于高度依赖国外市场的日本经济打击极大。其后果是发生全面经济危机:企业倒闭、失业规模暴增、农民破产、国内物价和股票下跌。因为经济危机激化社会矛盾,引发政治危机,导致法西斯主义在日本的形成和蔓延。正是在这样的背景之下,发生了 1931 年的"九·一八事变"。

在经济方面,因为中国货币制度是以白银为主体的"银两制度",这形成了缓冲大萧条冲击的短期"防火墙"。但是,最终在世界危机不断深化的大环境下,中国政府不得不在 1933 年"废两改元",接着针对罗斯福政府 1934 年公布的《白银收购法案》(*American Silver Purchase Act*),为了挽救白银外流,又于 1935 年废除"银本位"制度,实施法币改革。

而在大萧条席卷美国和欧洲的 1929 年,也是中国共产党和毛泽东的转折年。这年秋天,不满 36 周岁的毛泽东在《采桑子·重阳》词中,发出"人生易老天难老"的感叹,用"万里霜"描述他当时真实的心境。到了冬天,毛泽东主持红四军工作,并在福建召开著名的"古田会议",重新当选为前委书记。从此,中国共产党成为拥有实现其政治目标的武装力量。仅仅 20 年之后,中国共产党获得全国政权。

五、结论

90 年之后,我对于大萧条和新政的历史意义有六点总结:(1)终结了金本位制度,全方位走向信用货币制度,奠定了布雷顿森林会议(Bretton Woods system)制度的历史性前提;(2)自由主义时代在世界范围内结束,美国成为公司国家;(3)凯恩斯主义替代新古典主义,成为经济思想和经济政策的主流;(4)挽救了资本主义,推动了工业时代向后工业时代的转型;(5)彻底改变了地缘政治,为第二次世界大战和冷战爆发提供了重要的历史条件;(6)在全球范围内奠定了社会保障制度的基础。

尼克松关闭黄金窗口 50 年 ①

1971 年 8 月 15 日发生"尼克松冲击"。理查德·尼克松 1969—1974 年担任第 37 任美国总统。相较于美国历史上众多其他总统的名字,中国人民对他的名字更为熟知。1993 年 4 月 11 日,尼克松最后一次访问中国,他站在 1972 年他访问中国时专门为他和周恩来定做的一艘小船上,无限感慨地说:"有两件事将使我载入史册,水门事件和对中国开放。一件是坏事,一件是好事。"因为尼克松首先是政治家,就他对历史的改变和深远影响而言,其实是他 1971 年 8 月 15 日所做的"关闭美元黄金窗口"的电视演讲,以及由此产生的"尼克松冲击"(Nixon Shock)。

尼克松关闭黄金窗口的决策时间是从 1971 年 8 月 6 日(星期五)至 8 月 13 日(星期五),前后一周。决策地点是戴维营(Camp David)——美国总统休假地,位于美国马里兰州的凯托克廷山公园内,占地 125 英亩(0.5 平方公里),距华盛顿特区 113 公里,搭乘直升机从白宫出发,只需要 30 分钟。

决策的主要参与者有:(1)小约翰·包登·康纳利(John Bowden Connally, Jr, 1917—1993),当时的美国财政部长。1963—1969 年担任得克萨斯州州长。1963 年肯尼迪遇刺之时,康纳利是总统座驾里的

---

① 本文系作者基于 2016 年 10 月 15 日在学术沙龙的发言《从尼克松关闭黄金窗口走向失控的货币——当代人类生存的最大课题》和 2021 年 8 月 16 日微信公众号发表的文章《尼克松关闭黄金窗口 50 周年》修订而成。

成员之一，同时身受重伤。（2）乔治·普拉特·舒尔茨（George Pratt Shultz，1920—2021），曾任美国劳工部长、财政部长和国务卿。（3）保罗·沃尔克（Paul Volcker，1927—2019），保罗·沃尔克在1979—1987年的8年间担任美联储主席，后被格林斯潘（Alan Greenspan，1926— ）接任。美国总统奥巴马的经济顾问。2008年金融危机之后，提出了沃尔克法则（Volcker Rule）。（4）阿瑟·伯恩斯（Arthur Burns，1904—1987），时任美联储主席。离开美联储后，伯恩斯成为了美国企业研究所的杰出学者，同时他还在乔治城大学兼任教授，并继续在全国进行经济政策的演说。在1980年他主持里根总统设立的国际货币政策工作组，后来里根任命他为美国驻德国大使。

"尼克松冲击"的核心内容：（1）关闭黄金窗口，美元不再直接兑换黄金（closing the gold window, the U.S. dollar inconvertible to gold）；（2）实施10%的进口附加税（a 10% import surcharge）；（3）在美国冻结90天的工资和物价（imposing a 90-day wage and price freeze in America）。

重要的历史背景有：（1）1971年美国国内经济形势和宏观经济决策分歧严重。（2）1971年越战和反越战冲突升级。（3）美国国内社会动荡。

"尼克松冲击"彻底改变了世界货币金融制度。（1）导致布雷顿森林体系解体。1944年7月，44个国家的代表在美国新罕布什尔州的布雷顿森林镇召开联合国和盟国货币金融会议，签订和通过《联合国货币金融协议最后决议书》（Final Act of the United Nations Monetary and Financial Conference）、《国际货币基金组织协定》（Agreement of the International Monetary Fund），以及《国际复兴开发银行协定》（Agreement of International Bank for Reconstruction and Development），确定了战后的国际货币金融制度：美元与黄金挂钩，成员国货币和美元挂钩,实行可调整的固定汇率制度;取消经常户交易的外汇管制等。为此,美国承诺的基本责任包括:美联储保证美元按照官价兑换黄金,维持协定成员国对美元的信心;提供足够的美元作为国际清偿手段。尼克松关闭美元与黄金窗口,意味着美国抽去1944年布雷顿森林会议的"基石"。(2)强制世界不得不接受浮动汇率制度——一种新的货币金融体系。(3)从此,各国货币完全依赖于国家信用,中央银行地位上升,特别是美联储的地位被强化。(4)货币政策至关重要。(5)货币税膨胀。这是政府拥有印制货币的绝对垄断权的必然结果。(6)IMF影响力增加,因为需要IMF监察汇率和各国贸易情况,确保全球金融制度运作正常。

当时国际社会完全没有心理和政策性准备。(1)政治家没有准备,包括时任英国首相爱德华·希斯(Edward Richard George Heath, 1916—2005)、时任西德总理维利·勃兰特(Willy Brandt, 1913—1992)、时任法国总统乔治·蓬皮杜(Georges Jean Raymond Pompidou, 1911—1974)、时任意大利总理埃米利奥·科伦坡(Emilio Colombo, 1920—2013)、时任日本首相佐藤荣作(1901—1975)、时任中共总书记毛泽东、时任苏共总书记列昂尼德·勃列日涅夫(Leonid Ilyich Brezhnev, 1906—1982)。(2)银行家没有准备。(3)企业家没有准备。(4)民众没有准备。

世界人民的代价:(1)超发货币、货币贬值;(2)通货膨胀、实际购买力下降;(3)货币流入不动产;(4)持续不断的世界性金融危机。从20世纪70年代南美金融危机、1997年亚洲金融危机到2008年全球金融危机。

如果说,布雷顿森林会议制度仅仅维系了27年,那么,后布雷顿森林会议制度已经持续了半个世纪。如今,它已经千疮百孔,正在走向彻底瓦解。2008年全球金融危机,美国经济在世界经济中的地位下降，世界经济格局的改变，特别是以中国为代表的新兴市场经济国家对世界经济的贡献提高，以及数字经济时代的来临和数字金融创新，都在加速后布雷顿森林会议制度的瓦解。现在的世界正处于建立一个平等、共享和有效率的货币制度的重要时刻，不论多么艰辛、困难，苦寒拂晓之后的曙光已经出现。①

---

① 2022 年 12 月，杰弗里·E. 加藤（Jeffrey E. Garten）著《戴维营三天》（*Three Days At Camp David*）中文版由中译出版社出版。该书与本文关注的是相同的历史人物和历史拐点。

解读英国脱欧：需要变革思维方式[①]

发生在 2016 年 6 月 24 日的英国脱欧公投（Brexit referendum）已经成为历史。世界媒体对此举的报道和评论，铺天盖地。就主流意见而言，是不看好英国脱欧。英国自身在脱欧公投过程中的分野，演进为世界性不同思想、价值观和利益取向的碰撞。其中不难发现，传统政治、历史、经济、国际关系的观念和方法主导着舆论和人们对英国脱欧的背景、过程及其后果的解读。整个英国脱欧过程，突破传统理论、思维框架和逻辑。所以，需要引入复杂性科学概念和方法，帮助理解这一场没有剧本、没有导演和没有明星的历史大戏，并理出其中的头绪。在重大历史事件来临的时刻，借用哈耶克言，要避免"致命的自负"（fatal conceit）。

一、不可能穷尽重大事件的"历史背景"

长久以来，人们习惯对重大事件进行"历史背景"梳理，企图找出"来龙去脉"，推导结论。这种方法越来越过时了。因为当代世界演变为复杂系统，不是走近，而是远离"井然有序"，呈失序的"混沌"状态，无一定轨迹可循。人们难以对背景进行简单归纳。

[①] 本文系作者于 2016 年 7 月 4 日为《经济观察报》撰写的文章。收入此书，作者做了个别文字修订。

这次英国公投的"历史背景",有直接和间接的,有经济和政治的,有国内和国际的,也有本身动力和外在压力的各个方面。既不可能穷尽其"历史背景",也不可能找出诸多复杂因素间的相关性,进行定性与定量分析,从而再得出结果。这种情况日益普遍。特别是对突发性历史事件,寻求对其"历史背景"的探讨,成为旷日持久的工作。最典型的案例是"9·11"事件。

二、"议题"超越"主义"

英国是产生"理论"和"主义"的国家,也是"自由主义"(liberalism)和"保守主义"(conservatism)并存的国家。英国的"保守党"(Conservative and Unionist Party)就以"保守"命名。但是,自撒切尔(Margaret Hilda Thatcher,1925—2013)时代之后,"主义"和各种形态的"意识形态"的重要性急速退潮。在此次公投中,只有"议题",没有"主义"。这些议题是"消费者事务""教育和研究""农业和渔业""移民""主权和法律""旅游和海外生活""作为欧盟成员国的成本""能源和环境""全球决策和国防""政策和安全""贸易和经济""工作和收入"。

上述议题是复杂的、多样的、互相交织的,难以区分哪些更重要。长期以来,经济决定论根深蒂固。经济固然重要,但是,以为一切可以通过经济原因加以解释,那就错了。在此次公投中,不论选择脱欧(leave)还是留欧(remain),"主义"显得暗淡无光,更看不到所谓"左派"和"右派"的踪影。而社会面临的越来越多的"议题",并不需要与任何"主义"挂钩,不同"主义"者常常给予相同答案。

三、内政问题国际化，国际问题内政化

英国作为国际化极强的发达国家，其内政和外交，国内事务和国际事务之间的界限已经相当模糊。在英国，试图区分其国内事务与欧盟的联系，也是困难的。这次英国脱欧公投，开创了让民众对不可分割的内政和国际事务做出自己选择的先河。

英国从来是开放社会，脱欧并不意味着英国会走向孤立主义。牛津大学校长刘易斯·理查德森（Louise Mary Richardson，1958—）就英国脱欧给全体师生写信，显现了坚定不移的开放理念："我们的大学在过去几百年中经历过比这更大的风浪。我坚信对教育和科研的承诺，会让我们出色的国际大家庭中的师生们团结起来，继续蓬勃发展，并在这样的非常时刻更坚强地崛起。"

四、社会结构呈现"非固化"趋势

1845年，恩格斯撰写的《英国工人阶级状况》第一版在莱比锡出版。如今，作为工业革命故乡的英国，恩格斯所描述的产业工人阶级和资本家阶级基本不复存在。英国社会，绝非传统的阶级分析方法所能解释。所谓"社会底层"，是一种想当然的说法。在英国这样长期发达、福利制度健全的国家，就社会主体而言，并不存在传统意义的特定的"社会底层"。

近年来，全球弥漫反对和批判"民粹主义"（populism）的思潮。有一种观点是，"民粹主义"影响了英国脱欧的公投结果。所以，人们需要对抗崛起的"民粹主义"和民族主义。这里隐含着一种荒谬的现象。那些抨击"民粹主义"，恐惧"民粹主义"胜利，为"精英主义"失败而惋惜的大多数，并不被他们所崇敬的"精英"阶层接受。

其实,"民粹主义",比较准确的翻译是平民主义、大众主义、人民主义、公民主义等,其核心内涵是平民论者所拥护的政治与经济理念。遗憾的是,"民粹主义"已经成了贬义词。事实上,"民粹主义"是以"精英主义"(elitism)的对立面出现的,它反对和否定"精英"执政和决策的合法性,挑战少数政治精英掌握政权、统治绝大多数群众的"不可逾越的社会学法则"。至少21世纪以来,精英形成的机制和精英政治的基础快速瓦解。从这个意义上说,全面认识"民粹主义",需要避免"历史虚无主义"。

现在有一种观点说,"脱欧是19世纪30年代宪章运动(Chartism)以来的对精英最大的不信任",不无道理。今天英国社会的光谱,不再以阶级为基础,也不以阶层为基础,而是在不同时期呈现出所面临问题的不同组合,它与意识形态和政党选项分离,社会成员之间的分歧和分裂不再具有传统的固化特征。很难说,这不是一种进步。

五、代议制和政党政治在转型

英国是实施现代政党政治和代议制最早的国家。英国代议制的起源,可以追溯到13世纪,标志是英国议会的形成。英国政党政治则起源于1662年托利党(Tory Party)的诞生。托利党即保守党前身。但是,历经数百年,英国代议制面临直接民主的压力,与此同时,不论是保守党还是工党(Labour Party)体制,已经严重滞后于社会向多元化和复杂化的演变。在这样的情况下,不得不诉诸直接民主,于是公投就成为没有选择的选择。

从公投的结果分析,英国的保守党和工党,都没有发生显著和决定性的影响,保守党和工党内部各自形成了脱欧派(leavers)和留欧派(remainers)。最具讽刺意义的是在野党的工党领袖柯宾(Jeremy

Bernard Corbyn, 1949— ）和执政的保守党首相卡梅伦（David William Donald Cameron, 1966— ），竟然共同持有"留欧"立场。但是，如果因此得出民主制度陷入无解的危机，绝对是浅薄的。这样的事实恰恰证明，民主制度的"张力"是被低估的，它可以接受直接民主的冲击，也可以承受诸如"公投"的社会成本。

民主制度需要改革，需要在"试验和试错"（trial and error）中转型。暂且不论"公投"本身，英国这次脱欧"公投"很可能预示了这样一种未来：一方面，对于政治家之间理念的分歧，政党之间宗旨和路线的差别，议会的争吵和辩论，民众的关注度不可挽回地下降，甚至这些只有象征性影响；另一方面，民众对政治问题的判断和选择的自主性急速上升。民众对政治参与的新形式，以及对政策形成机制的不断创新，正在加速传统的代议制和政党政治的结构性转变。

六、传统政治家、政治家强人的时代悄然走向完结

2002年，英国广播公司举办了一个选举"最伟大的100名英国人"的投票活动，其中，20世纪最重要的政治家有领导英国打赢第一次世界大战的劳合·乔治（David Lloyd George, 1863—1945），领导英国打赢第二次世界大战的温斯顿·丘吉尔（Winston Leonard Spencer Churchill, 1874—1965），以及约翰·以诺·鲍威尔（Enoch Powel, 1912—1998）。没有列入其中的撒切尔夫人，无疑也应该是被历史记忆的政治家。这些政治家以政治为职业，具有明确的理念、历史眼光、领袖魅力和政治运作手段，在政治上相当有建树，即使辞世多年，其影响力仍在。如今，产生这样政治家的政治生态已经不再。只有政客，再无政治家。

在英国此次公投过程中，不论是首相卡梅伦，还是在野党党魁柯

宾，甚至伦敦前市长约翰逊（Alexander Boris de Pfeffel Johnson，1964— ），都没有也不可能有出色表现。特别是，卡梅伦在公投后致辞时饱含泪水，实在是没有大政治家风范。伦敦和莫斯科一样，不会相信眼泪。

如今，政治呈现娱乐化趋势，其神秘、权威、庄严、严肃的色彩正在淡化和褪去。与此同时，政治家作为一个有着数千年历史的特殊阶层，正走向群体性没落。很可能在20—30年间，即一代人至两代人之后消亡。因为，不再需要政治家作为一种专业和职业。他们将如同昨天的接线员和打字员一样被无情淘汰和遗忘。

七、社群媒体的影响力方兴未艾

在这次英国脱欧公投中，大众媒体竭尽全力，但是，相比社群媒体，其实质影响力式微。因为，社群媒体扁平化，无阶层，自行集结，有参与权利，并且能以多种不同形式呈现、普及，随时随地更新变化，实用程度高。

于是，以社群媒体为基础，民众不仅可以"自组织"（self organize），而且可以不断改变"自组织"，形成多元化和群体行为。其中，最为活跃的是生长于网络时代的青年，他们是绝对被影响，而又成为影响主体的一代。因为他们，社会的政治生态正在演变。

八、现存国际关系理论和外交政策模式面临突破

21世纪以来，不断深化的全球化，遍布世界的区域整合和各种新型国际组织的产生，特别是恐怖主义蔓延和极端组织ISIS现象，不仅挑战了传统的"地缘政治"，冲击了旨在平衡国家间利益冲突的传统外交模式，而且动摇了以"现实主义"（realism）、"自由主义"及"建

构主义"（constructivism）为基础的经典国际关系理论体系。至于一度很有影响力的"三个世界理论"（theory of the three worlds）和"南北对话"（North-South dialogue）经验，几乎被历史遗忘。

国际事务正在日益"多维化"，不仅涉及的问题不再单一，例如不存在单纯的货币政策，而且越来越多的双边国家关系牵扯到多边国家关系。政治家承诺的贬值成为普遍现象。所以，那种通过国与国上层政治家之间谈判、外交家运作、国际组织参与、签订国际会议和国际条约，以求影响和改变国际关系的难度越来越大。不仅梅特涅时代、凡尔赛会议成为历史陈迹，冷战时期美苏元首的戴维营会议方式也彻底过时。G20和亚太经济合作组织（Asia-Pacific Economic Cooperation，APEC）这样的国际组织形态对国际事务的实质影响力也不能高估。

此次英国脱欧公投，对国际关系影响甚大，同时造成和推进了以下历史拐点的到来：（1）英国自1707年建立的大不列颠联合王国（United Kingdom of Great Britain）国家架构的拐点：强化了苏格兰和爱尔兰分离的合法性；（2）欧盟从扩张到收缩的拐点：欧盟彻底大陆化；（3）欧盟内部原有平衡的拐点：在英国脱欧之后，德国的权重相对上升，加强了德法轴心——欧洲一体化的支柱；（4）大西洋合作模式的拐点：与北美走近，英国因为地缘政治和历史原因，强化盎格鲁-撒克逊和美国的"特殊关系"（special relationship）；（5）全球化的拐点：主流将是区域化重组。

九、英国的国际地位不会因为脱欧而有实质改变

媒体大量报道脱欧对经济的负面影响，诸如欧美股重挫、风险资产下跌、英镑贬值。如果认为最糟的状况已经过去，似乎过于天真，

但是，以为这样糟的情况会持续下去，英国因此沦为"店小二"式的"二流"国家，实在也是一种愚昧。英国的实际经济运行状况，并没有因为公投而发生实质性改变。

在当代世界，以 GDP 衡量一个国家的影响力只是一种指标，一个国家在思想和精神上的贡献和创新更为重要。不要因为英国在全球经济中的比重下降，以及脱欧，而忽视英国自光荣革命以来，一直对世界潮流不可低估的影响。仅以英国 20 世纪大事件为例，它是金本位制度兴衰的关键国家，它直接影响了一战和二战的过程和结局，它提出和促进了冷战思维和冷战格局；撒切尔主义（Thatcherism）和里根主义（Reagan Doctrine）开启了 20 世纪自由主义、再私有化和全球化，伦敦在全球金融、外交和艺术领域，具有不可取代的国际地位，它维持持续影响力的凯恩斯主义，它奠定了中东、中亚和南亚三代人地缘政治格局；它对东南亚无形和顽强的影响，至少对新加坡、马来西亚和缅甸是这样。

即使是此时此刻的英国，在若干领域仍处于领先地位。例如：（1）区域货币；（2）互联网金融；（3）社会资本；（4）社会企业；（5）转型运动（transition movement）；（6）后碳社会（post-carbon society）；（7）复杂性科学（complexity science）。其中，最值得注意的是作为前沿科学之一的"复杂性科学"，将其在自然科学界的功能渗透到哲学、人文社会科学领域，是系统科学发展的新阶段。所以，霍金（Stephen William Hawking，1942—2018）曾说"21 世纪将是复杂性科学的世纪"。带给自然科学界变革的复杂科学，也开始进入哲学、人文社会科学领域。英国国民，包括年轻人并不以自己国家昨天是"日不落帝国"而自豪，也不会因今天帝国辉煌不再而自卑。

十、历史趋势是没有终极赢家和输家的

人们思考和讨论政治和国家事务，似乎必有"输赢"和"成败"的定式，而决定输赢和成败的关键是实力。于是，"博弈论"成为分析当代政治和国际关系的主要理论和范式。问题是，在现今信息革命和大数据时代，外在的信息数量和速度逼迫博弈过程开放，导致原来游戏规则的约束条件发生动摇，使得"静态博弈"（static game）成为稀少情况。博弈当事人缺乏选择"合作博弈"（cooperative game）还是"非合作博弈"（non-cooperative game）的主动性。也就是说，现代政治和国际关系正在超越"博弈论""定式"，以输赢代表的功利主义不再那么重要。

这次英国脱欧公投，在英国国内，没有绝对的赢家和失败者，也没有产生英雄和悲剧人物；在英国之外，也难说哪些国家绝对受益，哪些国家注定吃亏。追求成为赢家，不愿意成为输家；崇尚胜利者，唏嘘悲剧人物，都已陈旧。在时空演变加速的今天，现代世界政治和国际关系中的输赢，丧失了传统的意义和价值。悲剧和喜剧、失败和成功、成本和收益，实质的差异是非常微小的。

十一、结语

因为英国脱欧，英文产生了一个新词：Brexit，2016年7月出版的《外交季刊》就是以这个词作为题目的。但是，不会因为有了Brexit这个新词，就可以对英国未来做出预测和结论。这次英国脱欧公投，证明了当代政治的"非线性动态"特征，曾经教化人们的经典政治美学概念，诸如"平衡""连续性""社会分工""治理""战略设计"，以及"科层决策"已经被"非均衡""离散""跨界""自组织""去

中心""大众参与"所冲击甚至替代,未来充满不确定性。

按照英国相关法律,公投结果不具备法律的约束性,只具有参考价值。换句话说,英国议会不一定会选择让英国走上脱欧之路。所以,不要过早地以为可以看清和说清英国脱欧这一历史事件的意义。至少现在看不清。

1976年,英国曾经发生过重大经济危机,当时执政的工党政府不得不向 IMF 求借39亿美元。当时被认为是英国衰败的划时代事件。后来的历史证明这一结论是错误的。今天的唱衰英国论,尚缺少足够根据。

今天,整个世界,不论已经选择了怎样的经济和政治制度,都需要改革和转型,人类原来积累的知识和经验已经不够,需要更多的智慧和创新。理解今天的世界,需要胸怀和远见。英国在脱欧公投之后,同时存在着高兴和失落,满意和遗憾,兴奋和郁闷,希望和后悔,但是,英国社会并没有撕裂。如果英国这次脱欧转型顺利,有利于英国人民,也有利于欧洲和世界。此时此刻的英国,不管是脱欧还是留欧,足球照踢。2016年6月23日,公投前一天,2016年欧洲杯小组赛结束,进入淘汰赛阶段的16强全部产生,英格兰、威尔士和北爱尔兰三支英国球队悉数顺利晋级。2016年6月28日,英格兰队和北爱尔兰队遭遇淘汰,威尔士队进入四分之一决赛。世界应该要为威尔士队喊一声"加油"!

科技冷战和国际科技秩序[①]

——纪念冷战结束 30 周年

一

1946 年丘吉尔访问美国期间，发表了著名的"铁幕演说"（iron curtain speech），拉开了冷战的序幕。1947 年，美国杜鲁门主义（Truman Doctrine）的出台，标志着冷战（Cold War）正式开始。1955 年，华沙条约组织成立标志着两极格局的形成。通过局部代理战争、科技和军备竞赛、太空竞赛、外交竞争等"冷"方式进行，即"相互遏制，不动武力"，因此称之为"冷战"。1989 年 12 月，美苏两国领袖在马耳他高峰会（Malta Summit）上宣布结束冷战。1991 年华约解散和苏联解体，标志着冷战和两极格局结束。冷战前后共 44 年。2021 年冷战结束 30 周年。

关于冷战，从概念到历史事实的认知，向来存在争议。但是，从 20 世纪 40 年代末至 90 年代初，确实存在东西方全方位的严重对抗。其中，科技对抗占有重要地位，曼哈顿计划、星球大战计划，都是典型案例。

[①] 本文系作者于 2021 年 9 月 23 日在中国战略思想库活动内部研讨会上的会议发言、2022 年 5 月 28 日在伦敦商学院主办的"第 11 届 LBS 中国商业论坛"发言的修订。

并且，形成了基于 1949 年成立的巴黎统筹委员会（Coordinating Committee for Export to Communist Countries）（简称"巴统"）的国际科技秩序。总部设立在巴黎的巴统，是一个专门对社会主义国家实行禁运和贸易限制的国家组织。1952 年，巴统正式成立了中国委员会，也就是专门针对中国实行禁运的执行机构。对中国的禁运项目多达 500 多种，中国是禁运名单最长的国家。

二

冷战结束之后，虽然苏联解体，但是，东西方的分裂，甚至对抗，继续存在。冷战后，美国有四大战役：海湾战争、科索沃战争、伊拉克战争、阿富汗战争。但是，最引人瞩目的是，东西方对抗愈来愈集中在科技领域。

1996 年，在奥地利维也纳签署的《瓦森纳协定》，又称瓦森纳安排机制，全称为《关于常规武器与两用产品和技术出口控制的瓦森纳协定》(*The Wassenaar Arrangement on Export Controls for Conventional Arms and Dual-Use Good and Technologies*)，《瓦森纳协定》涵盖的范围和中国《国家中长期科学和技术发展纲要（2006—2020）》有相当大的重合率。我们可以认为，《瓦森纳协定》的影响超过历史上的"巴统"。

在过去 10 年，中美贸易摩擦不断升级。在传统贸易摩擦的背后，是科技冲突。所谓贸易摩擦，本质上是高科技贸易摩擦。美国最开始制裁的中国科技企业是中兴和华为。之后，中国被制裁和被控制的企业名单不断增加。同时，被美国政府所控制的领域，从科技延伸到教育。在科技领域，包括了集成电路、芯片、智能制造、航天航空、生命科技。科技对抗，具有以下特征。

第一,从隐性到显性。在 20 世纪冷战中,科技在冷战中处于隐性状态,如今与地缘、军事、贸易、金融、科技相比,从隐性走到显性是显而易见的,处于突出状态。

第二,科技对抗国家化。因为前沿科技需要大量资本投入,改变了过去科技主要由民营或者民用来主导的局面。今天的世界,国家与国家的科技竞争正在成为主流。

第三,科技对抗的制度化。以美国为代表的西方国家,拥有了一个维持基础理论的强大优势——从大学到科研机构再到国家政策这样一个清晰的链条,并且形成一个支持科技与冷战,或者科技与全球竞争的制度框架。

第四,科技对抗从有限进入无限。从基础研究到应用研究,从军事领域到民用领域,从产业到教育,几乎包括人工智能、太空、量子科技、生命科学在内的所有前沿科技领域,正在形成对广义科技的全覆盖趋势。子技术开发成了国家力量竞争的主要领域。

第五,科技溢出效应不断扩大。技术规律,例如,芯片摩尔定律,已经影响了经济规律,进而影响了世界战略。

三

冷战结束后,中国是全球化的受益者,中国参加以美国为首的全球化,遵守美国全球化的秩序,对缓解美国的通货膨胀,缓解实体经济的短缺和财政平衡做出了最大贡献。但是,中国并没完成从工业制造大国向科技大国的转型。而在过去的二三十年里,科技已经成为决定经济增长和发展的根本性因素。

第一,对经济增长的影响。科技发展正在集群化,成为创新和经济增长的最重要的动力。

第二,对产业结构的影响。包括金融业,呈现科技金融化、金融科技化特征,智能制造工业进入工业 4.0。科技构成了现在整个世界经济政治社会体系的基础。例如 ICT 革命。

第三,对国际贸易的影响。科技成为服务贸易的主要组成部分。

第四,科技和资本结合。导致了资本科技化和科技资本化。世界上现在越来越重要的资产是科技资源构成的资产。科技优势成为科技自然垄断的源泉。

第五,科技分工优势显著。科技分工具有先发优势。美国在第二次世界大战之后,建立了一个政府、企业和大学科研机构的分工体系。进而,在军事和民用,在企业之间,形成高科技产业的分工。以芯片产业为例,芯片设计有 AMD、高通、联发科;芯片制造有三星、英特尔、中国台湾的台积电;在光刻机企业中,代表企业是 ASML。硅谷,在特定地理区域,不仅实现半导体产业分工,而且构建了全球最完整的半导体产业体系,是区域创新的成功典范。

第六,科技发展战略成国家战略的核心组成部分。同时,科技发展能力也成为世界高等院校、世界大公司核心竞争能力所在。政府、教育机构和企业,在科技问题上达到前所未有的收获和统一。

四

接下来谈一谈全球秩序的基本构成。第二次世界大战后期,1944—1946 年,形成了以联合国宪章为基本原则的基本框架。之后的布雷顿森林会议决定了金融秩序,关税及贸易总协定(General Agreement on Tariffs and Trade,GATT)决定了世界的贸易秩序,巴黎统筹会决定了世界的科技秩序,1945 年雅尔塔会议决定了政治秩序。世界进入一个相对稳定的全方位的秩序中,这是人类历史上之前从未有过的。但是，这个时代现在已经完结了吗？

在过去二三十年间，科技已经成为影响国际全方位秩序的一个核心元素，科技的非中性化特征越来越明显，成为整个世界经济政治社会演变的内生变量。如果将地缘政治、金融、贸易、科技作为世界秩序的不同曲线，科技曲线的影响强度已经超过了其他曲线。科技在国际关系（全球秩序）中的地位，已经完成了从边缘到中心的转变。

这个世界正在从地缘政治向科技政治框架的转变。不仅如此，科技政治正成为未来政治的最重要的特色。在后冷战时期，科技竞争，科技战略竞争，远远超过人们原来以为的层次和程度，构成世界性战略冲突，或者竞争的基础，甚至刺激新形态冷战，即"科技冷战"。

自霍布斯（Thomas Hobbes，1588—1679）《利维坦》（*Leviathan*）到黑格尔创立的政治哲学，传统的国际关系是以经济秩序、主权国家和地缘政治为核心。20世纪的冷战，经济社会和意识形态成为影响国际秩序的重要因素。进入21世纪，特别是21世纪20年代的国际关系，科技处于关键性位置。中美两国的竞争，已经不是旧冷战两个阵营的竞争，超越工业时代的科技竞争正在成为核心内容。

附录　科技秩序是国际经济秩序的基础[①]

科技已成为一种愈益重要的资源，科技资源的分布构成当代世界范围内的科技秩序，南北对立是科技秩序中最深刻的矛盾，不打破现存科技秩序，就不能形成国际经济新秩序。战后的科技革命虽然是一种历史性潮流，已经持续了三分之一以上的世纪，但是，从世界范围内看，科技革命的成就并不是均匀分布在各国和各个区域。这种现象与 17 世纪的科学革命以来科学中心的不断转移规律是一致的。

17 世纪以来，在任何一个特定时期，通常都有一个国家充当世界科学的地理中心。这个国家的公民对科学显得特别重视，它的教育设施或者研究设施吸引着其他国家最优秀的科学家和理科学生，它的语言成为科学的国际语言。在 17 世纪初，北意大利是科学的领导中心，然后是英国。到 18 世纪后期，英国丧失了它的最高领导地位，而被法国代替。1830 年前后，德国在世界科学中心的突出地位变得明显可见，并一直持续到第一次世界大战之际。

（一）科技秩序的本质。第二次大战后，科技革命的进展在当代世界上已经逐渐形成一种相对稳定的科技秩序。科技秩序的本质是科技资源的分布。战后，科学技术日益成为一种愈来愈重要的资源。广义的科技资源包括：用于科学和实验设计的费用；从事科学研究和实验设计的科学家和工程师的数量；专利拥有量；科学教育水平，主要大学的数量与质量；科技交流状态等。科技作为一种资源，需要一个开发和积累的过程，具有一个丰度的差别。世界性的科技资源丰度的差别就是科技资源的分布。根据科技资源的分布情况，战后的科技秩序从区域上主要划分为九块：北美块、西欧块、苏联东欧块、日本块、

[①] 本文系作者 1984 年 4 月 2 日发表在《世界经济导报》文章。

澳大利亚新西兰块、中国东南亚块、拉丁美洲块、中东块、非洲块。

（二）科技革命中的跨国公司。在国际科技秩序中，跨国公司发挥着愈来愈大的作用。这是因为在科技革命时代，只有跨国公司才能支付得起巨额科研试制费用，它们必须转让一部分技术，以弥补一部分科研费用。跨国公司垄断技术的倾向，使得它们在一定时期内保持技术秘密和垄断新产品市场，总是把最新技术留作自用；但同时，它们也向国外子公司转让技术，在这个过程中，它们通过技术垄断，给当地企业以技术援助和财政援助，人员招聘和培训，进行科学研究活动，对供应商提供技术援助，对用户提供技术服务等，控制当地企业，加剧驻在国的国际收支逆差，加剧南北技术上的和经济上的差距。

（三）国际科技秩序是关键。南北对立是当代国际科技秩序中最为深刻的矛盾。发展中国家属于科技资源贫乏的国家，为了实现工业化，必须输入国际科技资源，而发展中国家输入科技资源的基本资金来自它们出口初级产品（主要是自然资源）所提取的外汇。但是，由于世界市场价格动态有利于科技资源输出，不利于自然资源输出，发展中国家与发达国家之间的技术差距并没有缩小，而是扩大了。

上述国际科技秩序是当代国际经济秩序的基础。相当多的发展中国家出现了愈来愈严重的"技术依赖"，最终转化为资金严重不足和国际收支逆差的加剧，对外债的还本付息占去了收入的主要部分。罗马俱乐部（Club of Rome）认为，随着微电子技术的发展，发展中国家在劳动密集型产业方面所拥有的劳动力优势逐渐消失；同时，当前的技术研究集中在发达国家，发展中国家很少，技术差距越来越大。罗马俱乐部的观点过于悲观，但是，不打破现在的国际科技秩序，改变发展中国家科技严重落后的局面，就不可能削弱南北对立，形成新的国际经济秩序。

贸易将继续改变世界①

贸易在全球人类历史上至关紧要，源远流长，自古有之。人类历史的演变和进步，脱离了国际贸易的维度，几乎是不可能的。以古代为例，罗马帝国和汉帝国，经波斯所构成的国际贸易链条，深深地影响了罗马帝国和汉帝国，甚至欧亚大陆的走向。可以说，没有国际贸易的世界历史和国别历史，都是残缺的，甚至难以成立。中国的近代史的开启，确实是因为中英的贸易战，即"鸦片战争"（Opium War）。所以，美国历史学家彭慕兰（Kenneth Pomeranz，1958—）和史蒂夫·托皮克（Steven Topik，1949—），十余年前出版了一本书，中文译名是《贸易打造的世界》，英文书名是 The World That Trade Created，我更愿意将这本书翻译成《贸易创造世界》。

如何解读国际贸易的历史，实际有不同的方法和角度。那本《贸易打造的世界》，主要通过市场准则的形成、运输手段、食品文化、世界贸易中的主要产业和商品，甚至工业化和去工业化的经济发展阶段，探讨近现代的国际贸易历史。另外，还有历史学者通过国家与国家之间的贸易历史，特定产业的贸易历史，甚至企业的历史，揭示贸易背后的深层结构与原理。在经济学界，国际贸易从来是经济学家关注和研究的对象。从亚当·斯密、李嘉图（David Ricardo，1772—1823）开始，一直到现在的禀赋要素优势比较理论（factor endowment

---

① 本文系作者于 2021 年 8 月 10 日为马行空著《贸易能力与国家能力》所撰写的序言。

theory），都试图对贸易予以经济学的诠释。

在人类近现代的贸易史中，存在着一个重要的历史现象：一些代表性国家的崛起与衰落，往往与该国在国际贸易中地位的举足轻重和式微紧密联系在一起；而一个国家在世界贸易中的崛起与衰落，往往又不是自然发生的，而是通过国与国之间激烈的贸易竞争，甚至伴随着军事冲突实现的。这种现象，确实可以被解读为国与国之间的贸易战争。

近年来，不乏将国际经济历史中的主要事件用"战争"加以概括的现象，最典型的有"金融战""科技战""贸易战"。这样的说法，除了对读者和大众有吸引和冲击力之外，不无道理。但是，需要看到，在讨论世界经济、贸易、金融、科技之类的领域，绝非如此简单，绝不是一个"战"字所能概括的。以国际贸易为例，是否能够在规模上日益扩大，在结构上日趋复杂，最终取决于一个为世界各国接受的"准则"和"秩序"。所以，世界国际贸易，存在一系列繁复的"贸易协定""贸易公约"和国际商法，以及各类国际贸易组织。海盗式的、旧殖民主义的、强权霸道的贸易模式，已经成为历史；贸易和战争直接结合的模式，在20世纪70年代的中东石油战争之后，愈来愈罕见。

值得肯定的是，马行空的《贸易能力与国家能力》一书在"贸易战"视角下，触及了当代世界贸易战与工业革命前和工业革命后的贸易战的主要差异问题。例如，对美日之间、美欧之间贸易战中所包含的金融战、科技战，以及影响国际贸易的各类国际组织，包括1947年的"关贸总协定"和1994年创立的世界贸易组织（World Trade Organization，WTO）在国际贸易中的地位，都做了必要的探讨与描述。

在这样的历史大框架下，《贸易能力与国家能力》还试图探讨所有这些贸易战的缘起、特征和历史后果，勾画出了全球"贸易战"的时间框架和主要贸易战的对手：（1）前资本主义时代。其中，现代意义上的贸易战起始于15世纪的葡萄牙。而葡萄牙和西班牙之间的贸易战则开启了近现代国家贸易战的先河，拉开了殖民主义贸易的序幕。标志性事件则是1492年哥伦布（Christopher Columbus，1451—1506）发现新大陆和1519年麦哲伦（Ferdinand Magellan，1480—1521）的环球航行。（2）世界进入"资本主义生产方式"的形成阶段，贸易战的主角是荷兰与英国。（3）19世纪末至20世纪初，北美工业化的成功使美国成为新时代贸易战的赢家。（4）第二次世界大战之后，冷战爆发，美、苏两国成为不同经济制度贸易战的代表国家。只是这场贸易战最终以苏联1991年的解体而结束。（5）20世纪末至21世纪前20年，美国与日本、美国与西欧，以及正在进行时的美国与中国的贸易摩擦。

在全球贸易历史中，任何贸易强国的崛起，都有特定的历史原因。其中，葡萄牙之所以登上世界近代史的舞台，一度成为世界贸易大国，根源在于其率先完成了"民族主义革命"，并经过长达40年的努力，成为欧洲的"航海中心"，拥有庞大船队、先进造船技术、专业探险家和航海家。西班牙成为新兴贸易国家，源于它发现了美洲新大陆，获得了巨额的黄金和白银。荷兰后来居上，根本原因是荷兰成了"17世纪标准的资本主义国家"，重塑了世界贸易秩序，创造了适应当时国际贸易特征的"公司制度"，以及在纺织、捕鱼、造船等领域的技术优势。至于英国之所以成为世界霸主，其根本原因是主导工业革命的成功，实现了工业革命、殖民主义和世界贸易扩张的紧密互动。美国代表的新式贸易霸权，有一战和二战的历史机遇，更与美国实现工业与科技的结合，以及包括金融、知识产权、文化信息产品在内的非物质贸易，即广义的服务贸易的优势不可分割。

梳理时间跨度为五六百年的国际贸易历史，需要理解国际贸易的诸多问题：（1）如何从理论上说明和解释国际贸易的演进和发展？美国经济学家约瑟夫·斯蒂格利茨（Joseph Eugene Stiglitz, 1943—）就提出需要"重新定义比较优势理论"，特别强调了"动态比较优势"的概念。（2）如何分析在全球化，在自由贸易观念下的当代世界各国贸易之间的竞争？（3）如何认知WTO所面临的改革和世界贸易规则的修正与补充？（4）如何理解跨国公司在国际贸易中的地位？（5）如何判断世界各类"自由贸易区"，特别是越来越多的双边国家和多边国家的零关税的深远影响？（6）如何认识从欧元开始的区域货币的未来趋势？（7）如何认知在塑造国家能力的同时，提供结构性解决方案，避免重蹈霸权主义历史的覆辙并带来普遍的全球福利？显然，对于这些国际贸易领域中具有挑战性的课题，需要有更多的经济学家、历史学家和实业家，甚至政治家的共同参与与探讨。

此外，需要深刻理解当代世界经济和贸易大国之间博弈的深层结构。在市场经济主导的发达国家，政府对于高科技的基础研究，仍然具有不可替代的地位。今天的世界，科学技术秩序正在成为国际关系的核心内涵。

第二章

历史的回响

"即使我们实际上把钟拨回到以前的时间,也不代表我们真的回到了过去,只是在形式上回到了我们所意识到的过去,两者间有着功能上的不同。"

——艾瑞克·霍布斯邦(Eric J. Hobsbawm)

关于中国历史的 38 个问题[①]

关于孔子

孔子(前551—前479)对中国的影响深刻而长远,孔子所创立的儒学,也被称为"儒教",其历史地位不可替代。

1. 孔子与耶稣(Jesus,前4—30)的共同之处和差异。孔子和耶稣有太多的不同,至少包括:(1)相信上帝存在与否;(2)对人性认识不同;(3)追求目标不同;(4)弟子和门徒不同;(5)变革社会的方式不同;(6)形象不同;(7)最终命运不同。孔子也倡导和平与和谐,尤其是在领导层更迭和国家事务方面。

2. 孔子的人才"道德"标准和曹操(155—220)的"唯才是举"。我们很难认为"孔子是唯才是举制度的发明者",孔子不仅主张"人才"的道德标准,而且主张维护等级社会制度。三国时期的曹操,才是"唯才是举"的发明者和实践者:哪怕"负污辱之名,见笑之行,或不仁不孝而有治国用兵之术"的人才,"其各举所知,勿有所遗"。

[①] 本文系作者于2019年12月与美国金融家瑞·达利欧(Raymond Thomas Dalio, 1949 —)讨论中国货币史和相关历史期间,用文字方式所回答的38个问题。之后,作者和瑞·达利欧在美国桥水总部做了进一步交流,其中的部分交流成果,收入瑞·达利欧著《原则:应对变化中的世界秩序》(*Principles for Dealing with the Changing World Order*)。

孔子终其一生，尊重世俗权力结构和秩序。

3. 孔子与"修身，齐家，治国，平天下"。"修身，齐家，治国，平天下"，并非孔子的话，而出自《礼记·大学》。《礼记》是汉宣帝时根据历史上遗留下来的一批佚名儒家的著作合编而成，《大学》则成书于战国前期，即公元前5世纪左右，学术界比较认可的是战国初期曾参所作。

中国历史上的天灾

中国史书关于天灾的记载十分详尽。在不同的朝代，重大天灾的影响程度和后果不尽相同。

1. 隋唐历史重要节点。公元611年，隋唐历史有以下重要节点：（1）隋唐大运河全线竣通。（2）隋炀帝杨广（569—618）下令攻打高句丽。（3）山东、河北、河南发生农民起义，此为反隋民变之始。这里的关键是隋炀帝自611年至614年，发动三次对高句丽的大规模战争。①

2. 公元9世纪中期发生天灾。唐代在灭亡前的50年里的自然灾害，并不比之前严重多少。宋祁（998—1061）在《新唐书》总结教训道："唐亡于黄巢，而祸基于桂林！"

3. 公元1048年的大洪水。1048年6月，发生黄河泛滥，并导致黄河分叉和改道，但是影响区域不是经济重心。是否因此发生"暴乱"，尚无足够史料支持。1048年，是宋朝第四位皇帝宋仁宗赵祯（1022—1063）在位中期，主流史学认为，宋仁宗在位及亲政治理国家的时期，长期和平，经济、科学技术和文化快速发展。特别是货币

---

① 高句丽是存在于公元前1世纪至公元7世纪的中国古代边疆政权，其区域包括今中国东北地区与朝鲜半岛北部。

经济发达，交子得以发明和流通。所以这个时期被称为"仁宗盛治"。《宋史》称赞宋仁宗"为人君，止于仁。帝诚无愧焉。"宋仁宗文化修养极高，善书法和文学。

4. 明朝兴起。1344年夏，黄河大水泛滥，前后7年之久，影响区域较大。此次黄河洪灾与元朝覆灭、明朝兴起存在逻辑关系，但是，要避免简单化。其中有一个重要环节：1350年，正是贾鲁（1297—1353）治黄河，大规模动用民夫和士兵前后，元廷下令变更钞法，铸造"至正通宝"钱，并大量发行新"中统元宝交钞"，导致物价迅速上涨，经济秩序瓦解。

唐朝的重要特征

在隋末乱局中形成的唐帝国，在公元7世纪和8世纪初的100年时间里全面崛起，建立起了超越时代的开放体制，成为当时世界上无可争议的强国。

1. 唐代权力的兴衰。唐朝（618—907）共历21位皇帝，享国289年。安史之乱爆发于755年，至763年被彻底平叛。虽然唐朝因为安史之乱从盛转衰，但是，之后的唐朝还维持了140年之久。其间，有过唐宪宗（778—820）元和中兴、唐武宗（814—846）会昌中兴、唐宣宗（810—859）大中之治，国势复振。直到878年爆发黄巢起义，唐朝的统治根基才最终被破坏了。

2. 李渊和李世民攻占隋朝首都长安。关于公元617年唐高宗李渊（566—635）和李世民（598—649）攻占隋朝首都长安，不宜夸大。隋朝建立，定都大兴城（今西安）。由于长安地处偏西，粮食供应困难，加之为了掌控中原与江南经济，隋炀帝杨广即位后，于大业元年（605年）营建并迁都洛阳（今河南洛阳）。

3. 唐代长安的人口。关于唐代长安城人口的汉人和非汉人比例问题，非汉人占 1/3，偏高。根据可以查考的资料，唐玄宗（685—762）天宝年间，长安人口大约是 30 万户，唐太宗贞观的时候，应该不会多于 20 万户。唐时一户平均人口为 5 人左右。20 万户，约 100 万人。非汉人的最大族群突厥人估计有 1 万户，5 万人，相当于长安人口的 1/20。即使加上其他非汉人族群，波斯人、中亚人、日本人、非洲人，要达到 1/3，没有足够证据。

4. 唐代货币。唐代的货币结构：（1）铜钱。621 年，唐朝政府确实废除隋朝五铢钱，鼓铸新钱，钱文为"开元通宝"，实现铸币标准化，进入铜钱复兴时期。但是，不可夸大这个举措。因为，整个唐代开元钱的铸造额和流通额始终不足，私铸盛行。而如果严禁私铸，则导致流通中的现钱减少，甚至发生钱荒。（2）绢帛。唐代中叶以后，绢帛的货币作用逐渐衰落。（3）白银。唐代早期的法律不承认白银为合法的货币，之后，白银用途逐渐扩展，用途包括商品交易、租税、赈济、赏赐、贡奉、军费、布施、官俸、债务。唐中后期，政府实施"两税法"，国家税制体系不再排斥白银。白银主要来自国际贸易。但是，贫银导致白银生产成本比较高，生产力尚不可能支撑白银通货（流通货币）的币值。唐朝古墓发现大量的外来货币。（4）黄金。黄金多用作祭祀、布施、馈赠、殉葬等。《旧唐书·玄宗本纪》记载：开元元年（713 年）九月，宴王公百僚于承天门，令左右于楼下撒金钱。张祜（约 792—约 853）诗云："长说承天门下宴，百官楼下拾金钱。"

5. 唐代飞钱。唐代第十一位皇帝唐宪宗李纯登基之后，于元和元年（806 年）曾禁飞钱。可见飞钱产生在此之前。但是，因为钱荒，不仅禁用铜器，还再次开发飞钱。此外，在制度上，飞钱可以官办和私办。从根本上说，飞钱是一种汇兑方式，它被创造出来，根本原因不是为了减轻携带大量钱币的不便，而是解决铜钱供给不足，缓和钱荒。

6. 唐代放贷。唐代货币供给严重不足，而民间社会有相当可观的借贷需求，导致借贷成本居高不下。不仅民间借贷发达，借贷类型包括信用借贷、质押借贷以及特殊形态借贷，放贷来源包括寺观与僧道，也有民间个人与机构，而且在借贷期限、数量与利息方面，形成相当复杂的机制。不仅如此，唐代还是中国历史上第一个大量运用放贷法筹措财源的政权，放贷取息成为唐代财政收益中的重要项目，只是因为要避高利贷之嫌，政府不便太过张扬。

7. 唐代通货紧缩。唐朝因为货币供应量不足，以及币制不稳定，不能保证铜币质量，导致通货紧缩。但是，因为实施两税法，错误的财政政策加剧通货紧缩，形成恶性循环。因为所谓两税法，即用铜钱税纳，而农民平时并无现钱，需要将生产出来的谷米绢帛卖成铜钱，然后缴税。在通货紧缩的情况下，钱重物轻，农民只有卖出较多的产品才能换到足够的铜钱用于缴税，而持续的通货紧缩不断拉低产品价格。据史载，两税法初行之时，绢一匹折钱三千三百文，两税法实行十余年后，绢一匹仅折钱一千五百文，价格下跌一半多。

8. 唐代的怛罗斯战役（Battle of Talas）。关于751年的怛罗斯战役，唐朝政府战败，但是，其在西域的影响力并未受到动摇。唐代西域政治关系史的真正转折点是在安史之乱爆发的755年。如果天宝后期没有发生内乱和革命的话，唐朝在此战所遭受的灾难是有可能得到恢复的。但因为安史之乱，唐朝永远失去了这个机会。

9. 唐朝衰落原因。以下这些方面导致了唐朝的衰落：（1）土地兼并，私人庄园经济兴起；（2）财政制度和货币制度失衡：一方面，把征收谷物、布匹等实物为主的"租庸调法"改为征收金钱为主、一年两次征税的"两税法"；另一方面，继续实施以实物货币和金属货币兼而行之的多元的货币制度；（3）募兵制代替府兵制，藩镇实力超过中央政府实力；（4）宦官专政；（5）外藩入侵。

宋朝

宋朝是中国古代历史上的一个重要转折时期。宋代社会与中世纪社会有着明显的差异,经济商品化和货币化、都市化,政治上文官化,市井文化繁荣,形成资本主义萌芽。在金融货币领域,宋朝的最重要贡献是在1 000年前发明和流通了"交子"和"会子"等纸币。

1. 北宋的历史超过160年。在1069年至1085年,发生了王安石(1021—1086)变法。之后,宋哲宗(1077—1100)在位15年,接着就是宋徽宗(1082—1135)长达四分之一世纪的统治(1100—1125),然后传位给宋钦宗(1100—1156)不足两年,就发生1127年的靖康之难,北宋灭亡。北宋的结局可以说是来得非常突然的。一个刚崛起的金国之所以可以一举灭掉经济文化一流的宋王朝,根本原因可以追溯到王安石变法。北宋初、中期的制度架构中,文官集团通过对宰相权力的加强和台谏等渠道,对君权具有较强的约束能力,所谓"士大夫与皇帝共治天下"。这样的决策机制当然会在效率上有损失,但也更能保证政局稳定和不出大错。宋神宗(1048—1085)为了推行变法,极大地削弱了这些约束,破坏了北宋既有的政治体制和政治传统。到了徽宗朝,北宋前中期的各种集体决策机制到此基本名存实亡。这也是所谓"花石纲"的背景所在。

2. 宋代纸币。宋代,以交子和会子所代表的信用纸币体系,与现代的信用货币制度比较,虽然存在本质差别,但是开创了国家发行信用货币之先河。

3. 宋代私人贷款。两宋期间,陆续出现过与现代金融产品很类似的东西:(1)便钱,类似于今天的银行汇票。(2)现钱公据,类似于现金支票。(3)钞引,它是茶引、盐引、香药引、矾引的统称,类似于现在的有价证券。(4)北宋初年流行的高利贷。南宋初年,每当农村里的自耕农因破产而投靠地主时,地主就想方设法,"邀其假立文约,领钱",之后陷入"倍称之息"的黑洞。与此同时,借贷业已开始具备聚集社会闲散资金的作用,并出现质库、检校库、抵当所、抵当库、长生库、社仓等金融机构,其中官营和私营兼有之。

4. 宋代货币外流。两宋时期,国际贸易发达。宋朝的货币也随着商品一齐流向各个国家和地区,其外流量十分巨大。两宋还分别与辽、西夏、金等中国少数民族政权并立,宋朝的对外贸易也包括这些地区,宋朝的铜钱在这些地区分布更为广泛。这些国家和地区纷纷把宋朝铜钱作为货币在本国、本地区使用,有的作为主币,有的作为辅币,把它们作为本国货币体系的一部分。除了作为主币或辅币,宋朝铜钱还有着另一个功能,那就是储备财富。而对于宋朝而言,大量的铜钱外流导致持续不断的"钱荒"。宋朝经济发达,物价水平较低且相对稳定,宋朝铜钱始终"坚挺",始终保持着旺盛的购买力,这是宋朝铜钱得以"国际化"的基础。但是,宋朝在发行纸币之后,并没有与国际贸易结合,而是以信用货币逐步取代非信用货币。其深刻原因,有待探讨。

5. 南宋财政赤字。南宋政权长达152年之久,社会商品经济高度发展。在北宋交子的经验基础上,南宋会子和其他纸币的发行与流通,相当合理。其中,会子是以铜钱为本位的纸币,带有汇票性质,最初产生于民间。之后,会子发行权收归朝廷。会子发行初期,由于政府措施得当,发行极其谨慎,尚能维持其币值。但是,因为南宋时期宋金长期战争,不仅造成了铜矿产资源短缺,还导致军费开支逐年增大,政府无力获取更多的铸钱原料,为了解决钱荒问题,政府只能印制和发行纸币来弥补财政缺口、摆脱财政困局。因此形成日益严重的通货膨胀。需要指出的是,从1268年,元朝发起元灭宋之战,至1276年元军攻陷临安(今浙江杭州),前后8年时间,正是南宋恶性通货膨胀时期。可见，与元朝的战争，最终瓦解了南宋的货币制度。

元朝

元朝整体生产力水平低于宋朝，但是，对商品交换的依赖程度提高，商品经济十分繁荣，元朝的首都大都成为世界商业中心。元朝末年，整个国家处于通货膨胀和通货紧缩并存的双重困境。

元朝政权不足 100 年，原因众多，深层原因是元朝建制的内在矛盾：祖述变通。一方面祖述，继承和保留蒙古旧制；另一方面变通，即进行汉化改革，这就注定了元朝的二元性体制特色。特别是，蒙古统治集团因为推行汉人的典章制度与维护蒙古旧法，时常发生冲突，分裂成守旧派与崇汉派。而且长时间不恢复科举。1313 年，政府终于下诏正式开科举，但录取人数少，加之民族歧视政策，使得大批文化人失去了优越的社会地位和政治上的前途，从而也就摆脱了对政权的依附。

明朝

明朝中后期，西学东进，江南商品经济发达，但受制于 17 世纪危机的大环境，错过了完成近代化转型的历史机遇。在货币经济方面，明朝提供了丰富的历史实验，从纸币到白银。

1. 大明宝钞。明朝初年选择发行"大明宝钞"纸币，并将它作为唯一通货，根本原因是为了强制收缴民间的白银黄金，彻底控制民间财富，并实现对货币流通的绝对垄断。1375 年发行的宝钞，到 1394 年贬值 80%，到 1425 年贬值 98%，丧失货币作用。"大明宝钞"之所以最终失败，主要原因是：（1）没有准备金制度，完全依靠所谓的政府信用。因为财政赤字巨大，必须筹措资金，政府便通过无节制的货币发行来把赤字货币化，导致无法控制高通胀。（2）发行方式包括皇帝赏赐，政府财政开支和救济，最终失控。（3）明朝民间和市场经济发展。

2. 铜钱。明朝初期曾短暂尝试铸造铜币，以失败告终。但是，明朝政府发行纸币，并没有放弃铜币。铜币的铸造和流通，一方面增加了财政压力，另一方面，政府没有办法杜绝流通中的铜币大部分是假币。农民出来做生意，使用前朝留下的铜钱或私人铸币，或者伪造铜币，或者偶尔还用粮食和布匹来代替。严重的通货膨胀和贬值伴随明朝前半期。

3. 白银货币。1435年左右，明朝开始向白银经济过渡。明朝的最后100年，白银经济全面兴起，深刻的原因在于明朝国际贸易得以迅速发展和扩张。其中，葡萄牙人治理下的澳门成为中国出口货物和进口白银的枢纽。大规模的商业交易，依赖于私人"钱铺"称量和保证的银块，白银也被作为财富储存。在明朝的最后一百年里，外国白银的大量流入，推动了商业和制造业的发展。随着这些产业的腾飞和获利，政府开始面临巨大的政治压力，选择开放经济。明代的货币结构演变，见图2.1：①

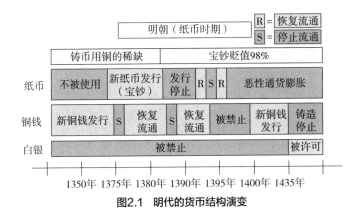

图2.1　明代的货币结构演变

① 此图系作者与达里欧交流时绘制。

4. 16 世纪的经济发展。16 世纪的明朝是一个经济大开放的时期。1522 年，葡萄牙第一次与中国建立贸易关系（用日本的白银交换中国的丝绸）后，1557 年他们得到明朝同意，把澳门作为他们在中国的永久贸易基地。但这是一个暴力和激烈竞争的过程。16 世纪中期，欧洲商人、海盗与明朝政府之间的经济纠纷导致了血腥冲突。到 1567 年，明朝将外贸完全合法化。到 17 世纪初期，荷兰和英国的贸易公司也加入这场竞争，为东亚地区带来了"活跃的国际贸易"。用经济史学家理查德·冯·格拉恩（Richard von Glahn，1953—）的话说，"16 世纪的经济发展彻底抹除了明成祖（1360—1924）对自给自足乡村经济的构想"，创造了一场新的"经济革命"。值得注意的是，这段时期的和平、稳定与生产力的逐渐提升，帮助中国实现了自公元 1100 年以来最快速度的人口增长。

5. 如何评价万历皇帝？明朝在 16 世纪的 100 年间，仅嘉靖皇帝（1507—1567）在朝时间（1521—1566 年）和万历皇帝（1563—1620）在朝时间（1572—1620 年），就达 93 年。嘉靖时期推行的赋役改革，促进了赋役的货币化，使较多的农村产品投入市场，促使自然经济进一步瓦解，为工商业的进一步发展创造了条件。之后，自万历元年（1573 年）开始，至万历十年（1582 年），张居正（1525—1582）改革，改革范围包括军事、政治、经济等领域，强化了中央集权，充实了政府财政，提高了国防力量，推动了商品经济的发展，抑制了嘉靖、隆庆皇帝（1567—1572）以来的政治腐败。其中经济财政改革的一条鞭法，不仅改善了赋役制度，扭转了财政危机，而且推动建立了明朝的白银经济制度。明朝前后共 276 年（1368—1644 年），可以分为三个阶段，每个阶段 92 年。万历朝是第三个阶段的关键时期。万历朝结束之后的 22 年，明朝灭亡。

明史专家的主流观点是："明朝亡于万历，而不是崇祯。"其主要理由是万历皇帝疏于朝政。黄仁宇（Ray Huang，1918—2000）的《万历十五年》试图寻找明朝灭亡更为深刻的原因，试图通过中国与西欧的政府管理制度的比较，证明明朝衰败的转折点是万历朝。我基本不赞成以上的主流观点。万历朝最重要的特征是：（1）完成了重大经济制度改革，确立了白银货币经济制度。（2）特别是在江南地区，作坊手工业得以发展，出现了资本主义萌芽。（3）皇帝决策权让渡给内阁。（4）允许政治精英圈子的媒体存在，内阁成员可以公开批评皇帝。所谓的"万历中兴"是真实存在的。至于1620年之后的20余年，明朝迅速衰败和灭亡，根本原因是明朝政治精英无法控制和没有经验应对"外生变量"，包括气候恶化导致的农业危机，贵金属输入危机引发的货币和财政危机，以及外族入侵。如果没有17世纪全球性危机，明朝的历史很可能大不一样。

6. 明朝覆灭。解释中国明朝在1644年的覆灭，需要置于全球17世纪危机（General Crisis）的大环境或者大背景中。直接原因则是1640年前后，明代的海外白银资源流入基本停止，在银钱复本位制度下，经济活动和民众生活同时遭受因白银短缺、白银价格上涨所引发的通货紧缩，以及相对于白银价格上涨，铜钱贬值所引发的通货膨胀的双重压力。白银短缺和价格上涨，直接损失的是国家财政，而铜钱相对贬值所刺激的通货膨胀，直接伤害的是民众生活。

清朝

清朝取代明朝，在经济形态、政治体制和思想文化方面，造成历史倒退。19世纪中后期，清朝统治集团开始寻求改革，终究失败，直到辛亥革命。但是，清代后期的货币金融制度，处于丰富多彩的自由状态。

1. 康熙皇帝（1654—1722）的地位被夸大了。至少在康熙执政（1661—1722）的前半期，中国处于"康熙萧条"状态。康熙时期因为仍处于"小冰河"灾害周期之中，加以战事、海禁等其他因素，依然处于明清 600 年经济周期中的萧条阶段，至少在康熙年间，大清仍循着大明的前辙旧轨前行。康熙年间素称盛世，实则萧条。所谓"康熙萧条"一语，出自日本学者岸本美绪（1952—）。此外，旨在迫害读书人的"文字狱"，始于顺治（1638—1661）、康熙，经雍正（1678—1735），到乾隆（1711—1799），即从 1644 年至 1796 年，前后达 150 年之久。

2. 关于银圆议价。讨论"银圆议价"涉及两个问题：（1）议价的幅度。笔者在《从自由到垄断》写道：在实际生活中，不论本洋、鹰洋或其他任何银圆，并非按其面值流通，而是按其含银量流通。民间主要是根据银圆的个数交易。外国银圆通常在流通时始终保持一定的"升水"。以墨西哥银圆为例。因为机器制造，分量准确，每个银圆含银 7 钱 3 分，库称 7 钱 2 分。在市场上，纹银 100 两相当于 111.9 墨西哥银圆。119.9 墨西哥银圆的含银量为 86.4 两。也就是说，墨西哥银圆在没有损耗的情况下，"议价幅度"相当于 13.5 两白银，白银含量至少在 12% 以上。（2）随着银圆流通规模的扩大，银圆和银两形成自然分工：大宗和批发贸易多使用银两，小额和零售交易以及日常生活则多使用银圆；进出口贸易和与外商的贸易都使用银两，而与内地特别是广大农村的交易则多使用银圆。一方面，人们不得不根据不同的用途而经常进行银两和银圆兑换，另一方面，银两和银圆之间没有法定比价，只能依据市场供需状况决定价格的上下波动，于是上海在 1856 年自发产生了"洋厘"行市。在"洋厘"行市中，最重要的是银圆与银两（规元）比价。洋厘每年总有几次较大的波动。

3. 清末股票市场。19 世纪 80 年代至 20 世纪前 10 年的清朝股市，与当时欧美国家的股市没有可比性。中国并不存在真正意义上的"泡沫"。至于这个历史阶段中国债务与GDP的比重，从19世纪90年代的50%，至1900年前后经100%再上升到150%，也有严重的虚假性。因为：（1）中国当时的GDP是被低估的。（2）中国债务主要是政府债务，因长期"藏富于民"，居民债务比重应该很低。清末的中国股市是一个新生婴儿，与当时较为成熟的为国内企业融资的欧美资本市场并不可同日而语——在相当长的时间里，清末并不存在一个等同于欧美意义上的中国股市，而是一个投资国际市场的中国股市。笔者在《从自由到垄断》一书中，对中国清末股市主要有以下观点：（1）中国资本市场的形成可以追溯到19世纪中期，源于华商附股的外国企业，资本累计在4 000万银两以上。（2）1872年，中国诞生了第一家采用股份制方式成立的近代企业——轮船招商局。招商局的诞生，说明这种西方式的企业组织方式已开始被中国人认识和接受。19世纪70年代以后，洋务派兴办了一些官办、官商合办的民用工业，都采用了募股集资的方法。随着这些股份制企业的出现，出现了股票这种新的投资工具。上海股票买卖高潮的高点在1882年，随后出现回落，到1887年高潮已经结束。这个时期，发生了"泡沫现象"。（3）1891年，中国第一家证券交易所，即西商上海股份有限公司成立，虽然只进行外国股票的交易，但这是上海金融近代化的里程碑。（4）1910年上海发生了橡胶股票的买卖高潮。橡胶股票的投资总额约为6 000万两。其中，中国人的投资额约占70%—80%。在中国人的投资额中，投入上海市场的数额约为2 600万—3 000万两，投入伦敦市场的数额约为1 400万两。合计约在4 000万—4 500万两之间。上海成为全球橡胶股市的发动机之一，所吸纳的中国资金高达4 000多万两白银，几近国家财政年收入的一半。橡胶股票的买卖最后以大部分的投资者破产收场，这次股票高潮导致中国社会动荡,成为清政府垮台的重要原因。

4. 清代 19 世纪至 20 世纪初的货币制度。这个时期的货币制度出现新的改变:(1)货币制度与财政制度的关系趋于紧密,财政制度日益主导货币制度。例如,被财政困境驱使的咸丰朝(1850—1861年)货币改革。(2)西方金融机构和中国金融机构的融合。(3)上海、天津作为远东地区金融中心的崛起。(4)清政府在 20 世纪初,提出货币改革方案,最终流产失败。

5. 清朝 GDP 的计算。如何计算清朝的 GDP,中外学者在理论研究、数据采集、计算方法和经济模型等方面,从无定论,且争议颇多。

中国当代学者在这个领域有所建树:(1)洋务运动之后的中国 GDP 数据,可以参考台湾世界书局的《洋务运动文献汇编》和吴承明(1917—2011)的《中国资本主义发展史》。(2)管汉晖(1953—)和李稻葵(1963—)认为:明代整体经济增长不快,年均 GDP 增长率仅为 0.29%,总经济规模有所增长,人均年收入没有明显变化,维持在平均 6 公石(391 公斤)小麦上下;以 1990 年美元计值的人均收入平均为 230 美元,最高的年份也不到 280 美元;农业占 GDP 比重平均为 88%;手工业和商业最高时也没有突破 20%;政府税收占 GDP 的比重为 3%—9%,平均为 5%,明中叶后军费开支占中央政府支出的 60%—90%。(3)刘逖(1968—)著作《前近代中国总量经济研究(1600—1840)——兼论安格斯·麦迪森对明清 GDP 的估算》的出版,主要目的是与安格斯·麦迪森(Angus Maddison,1926—2010)等最新研究成果对话。刘逖估算,1600 年中国 GDP 总量约为 780 亿美元,占世界 GDP 的比重约四分之一。清初开始缓慢增长,1840 年下降到不到五分之一。1840 年最高时超过 1 300 亿美元。从人均数据看,1600 年为 388 美元,1600—1730 年,基本在 380 美元上下,之后逐步下降，1840 年为 318 美元。（4）李伯重（1949—）相当熟悉明清江南经济史，他通过生产法、收入法和支出法来计算、验证清代 GDP，并通过某些典型地区加以证明。

在过去 10 年，西方社会的相关的研究一直在继续，其中麦迪森数据库（Maddison Project）所提供的数据具有重要影响力，被广泛引用。例如史蒂芬·布罗德贝里（Stephen Broadberry, 1956—）、管汉晖和李稻葵的文章"China, Europe and the Great Divergence: A Study in Historical National Accounting, 850—1850"。但是，如果引用麦迪森数据库的数据，还是需要核定研究数据背后的真实历史。邓钢（Kent Gang Deng, ?—）和帕特里克·奥布里恩（Patrick Karl O'Brien, 1932—）的"China's GDP Per Capita from the Han Dynasty to Communist Times"系统指出了麦迪森数据库数据估计方法论上的诸多问题。

中国传统政治权力

1. 如何理解皇帝周边的政治精英圈？中国绝大多数都是王朝，皇帝的权力需要政治精英集团的支持，这个政治集团主要包括了五个方面：（1）内阁成员；（2）军事官员；（3）谏官；（4）帝师；（5）大学士。中国主要王朝的精英集团，不仅可以帮助皇帝进行帝国日常治理——即使明朝开国皇帝朱元璋也需要维持与精英的某种合作关系，在特定的时候，王朝的精英集团甚至可以影响改朝换代，比如宋太祖赵匡胤（927—976）就是被后周精英推举为皇帝的。除此之外，宋代的康王赵构（1107—1187）是在宰相与太后及一众朝廷官员的协助下登基，在北宋皇室大部分被金人掳走后，成为宋高宗（在位于 1127—1162 年）。明穆宗（1537—1572）时的太子朱翊钧也是在太后、宦官和内阁要员的联合辅佐下亲政成为万历皇帝的。

2. 权力的转移。中国历史上的"权力的转移",存在两种情况,一种是所谓的"改朝换代",一种是在既定王朝期间内的权力传承。至于达尔文模式,并非基本模式,强者未必胜出。秦始皇之后"楚汉之争",弱者刘邦(前256年或前247—前195)胜出。

现代中国

中国向现代国家转型始于19世纪,完成于20世纪。

1. 中国近现代衰落的时间与依据。中国从1800年左右开始衰落,在1900年左右沦为全球最弱的国家之一。(1)需要确定一个"强"与"弱"的标准。(2)19世纪60年代开始的"洋务运动"和中国式工业化的意义一直被史学界低估。(3)中国1900年是拐点,之后,清政府启动全面改革。(4)中国1911年结束帝制是和平的制度转型。

2. "中华民国"1911—1949年是相当重要的历史阶段。但是,很少有人专门研究以下论题:(1)北洋政府的货币与金融制度和政策;(2)1933年的"废两改元";(3)1935年的法币改革;(4)1948年的"金圆券"改革。特别值得注意的是,1935年中国的"法币改革"最重要的历史背景是美国罗斯福政府实施了新的白银政策。忽视以上重要的经济制度和货币制度事件,就无法解释共产党和共产主义在中国的胜利。

3. 中华人民共和国。新中国成立后的70年可分为两个时期:1949—1978年,实施计划经济,将货币经济转为非货币经济;1978年之后,是再货币化的过程,引入西方货币制度,刺激了中国的财富爆炸和经济增长。

第一次世界大战改变了中国现代化进程[①]

第一次世界大战，罗曼诺夫（House of Romanov）的沙皇俄国、哈布斯堡（House of Habsburg）的奥匈帝国、霍亨索伦（House of Hohenzollern）的普鲁士帝国终结，奥斯曼帝国分崩离析，包括埃及、叙利亚、土耳其、印度在内的民族建国和民族革命席卷欧亚大陆。这迅速改变了世界经济和政治格局。2014年，世界很多地方用各种方式纪念第一次世界大战爆发100周年。

1914年，距离甲午战争20年，戊戌变法16年，义和团运动14年，而距离武昌起义不过3年，距离北洋政府的建立不过2年左右的时间。北洋政府能够在很短的时间内完成从"中立国"到"协约国"的转变，并成为"战胜国"，绝非易事。在当时，中国的精英骄傲过，兴奋过，也失望过，但是，却无法预见这场以欧洲为主的战争，且起因与中国完全无关的世界大战对中国的影响，其影响力最终超过了发生在中国境内的鸦片战争和甲午战争。第一次世界大战改变了中国的历史格局和历史发展逻辑，对中国20世纪前半叶的经济、政治和社会的走向影响甚大。

长期以来，中外学界关于第一次世界大战与中国的关系研究，主要集中在北洋政府的参战决策、赴欧参战的十余万中国劳工的历史

[①] 本文系作者于2015年10月5日为魏格林和作者本人主编的《一战与中国：一战百年会议论文集》一书所作序言。

地位、《凡尔赛条约》(Treaty of Versailles) 和 "五四运动" 的关系、二十一条（Twenty-One Demands）和日本占领山东、一战期间的中国经济发展等具体课题。

第一次世界大战对当代中国历史的影响远非如此。如果说，辛亥革命解决的是结束一个旧时代，那么，几年之后的第一次世界大战则从根本上改变了中国现代历史的进程，是造成中国向现代主权国家演变、中国共产党崛起、中国革命模式改变、中日战争、中国传统社会解构的重要原因。

第一次世界大战对中国有四个方面的影响：

（1）政治影响。因为第一次世界大战，俄国发生了布尔什维克革命，建立了苏维埃政权，并立即组织数量可观的在俄华工参加保卫新政权的战争，在华工中培养送往中国传播共产主义思想和十月革命的干部，而且在留俄华工联合会基础上成立了俄共中国党员组织局。列宁的布尔什维克通过区别于列强的对华政策，满足了中国迅速兴起的民族主义诉求，获得了中国知识精英的好感，直接参与创建中国共产党。从此苏维埃国家和中国共产党形成了不可分割的政治关系。与此同时，苏维埃政府影响和推动孙中山实行 "新三民主义"。中国走上了与印度和土耳其完全不同的政治发展道路。经过第一次 "国共合作"，中国共产党得以成长壮大，最终成为改变 20 世纪中国最重要的政治因素。

（2）思想和文化影响。中国是第一次世界大战的战胜国，却没有在巴黎和会上得到公平对待，这引发了 "五四运动"。"五四运动" 提倡白话文，大量西方思想文化元素进入中国，特别是共产主义思潮得以传播。

（3）经济影响。因为西方国家陷入战争而无暇顾及在华经济利益，中国民族资本获得较大发展空间，改变了自鸦片战争以来西方国家主导中国的经济发展轨迹的局面。但是,因为一战影响了世界货币体系的变迁,美国成为集工业、金融、贸易和科学于一体的强国,对中国经济继续产生影响,加深了中国经济对世界经济的依存程度。

(4)国际关系的影响。自第一次世界大战起,中国对于国际事务建立了主动反应方式,开始主动调整与世界主要国家的关系,选择在世界舞台上的角色。巴黎和会奠定了中国现代外交,以及中国与世界"融合"的模式,中国迅速成长为现代主权国家。此外,因为第一次世界大战改变了亚太地区政治版图,日本成为最大受益国。日本利用第一次世界大战德国战败的机会,先攫取青岛,进而攫取整个山东,奠定了后来 20 世纪 30 年代全面侵华战争的基础。因此,离开世界的大背景,就不足以,甚至几乎不能解释中国国内的历史演变。

总之,第一次世界大战使得中国全方位地纳入世界体系,那种纯粹的中国本土"内生变量"开始急剧弱化,于是,中国偏离了自"洋务运动"以来的现代化轨迹,各式各样的"革命"主导了历史走向。几乎所有改变 20 世纪中国的思想、政治派别、领袖人物都是伴随第一次世界大战登上中国的历史舞台的。

北洋政府时期的中国货币金融状况[①]

1912年3月至1928年6月,是"中华民国"北洋政府时期,历时十六年。[②]北洋政府经历的最大国际事件就是1914—1918年的第一次世界大战。1919年的"五四运动",动摇了北洋政府的政治和社会基础。中国从此进入新的历史轨道。在北洋政府时期,自袁世凯(1859—1916)之后,皖系、直系和奉系代表的地方军阀先后执政,新生民主制度瓦解。北洋政府时期的经济,特别是货币金融,因为国内外特定的市场环境,得到了相当的发展。

一、20世纪初期:西方国家与中国的经济比较

中国自19世纪70年代全面开始的"洋务运动"是国家行为。从此,中国结束被迫向西方国家开放,进入主动与世界的互动并开始融入世界经济体系的转型。如果以第一次世界大战之前的欧美工业国家的货币金融制度为参照系,不难发现中国货币金融状况的历史性错位。

1.西方国家的"自由放任"时代基本完结。进入20世纪,主要西方国家已经形成了权力、政治、政策和国家主义的相互依存的制度结构。

[①] 本文系作者根据被收录在《一战与中国:一战百年会议论文集》的论文《第一次世界大战对北洋政府时期经济的影响》改写而成。
[②] 1927年4月,南京国民政府成立。自此至1928年6月,中国处于北洋政府和南京国民政府并存时期。

中国则依然处于传统的"自由放任"经济时代和原本自由经济和放任主义的惯性之中，即政治和经济分离，民间和朝廷或者政府二元化。

2. 西方国家大体完成了工业化。第一次世界大战之前，西方主要国家已基本奠定了现代工业化基础，并构建完成现代货币金融体系和结构。世界经济发生了前所未有的整合，相互依存的程度显著增加，实现了经济高速增长。美国崛起，成为世界工业大国。中国因为洋务运动所发轫的工业化，没有改变农业、农村和农民普遍面临的"破产"威胁，而是加速了自然经济的瓦解，进入漫长的"二元经济"历史时期，深陷"低水平均衡陷阱"。

3. 西方国家现代公司制度趋于成熟。中国的现代企业制度，是西方国家输入的结果，发源于清末，发育于北洋政府。北洋政府实施工业救国政策，通过《公司条例》。但是，中国虽然"引入"了现代企业制度，却没有产生企业家阶层。家庭依然是经济活动的基本单位，难以形成"创造性破坏"的社会基础。

4. 西方国家普遍实行"金本位"（gold standard）。19世纪90年代至20世纪早期，几乎所有的西方重要国家都参加了"金本位俱乐部"。在金本位主导世界货币经济体系之后，白银仍旧发挥着货币功能，尚有一些国家实行金银双本位制度，少数国家实施银本位，中国则是继续银本位的国家。

5. 西方国家普遍建立了中央银行，实施近似的"货币政策"。自19世纪80年代，世界先进工业国家"自由银行时代"完结，进入创建中央银行的重要时期。[①] 1905—1908年，清政府设立中央银

---

① 瑞典中央银行（1668），英格兰银行（1694），法国银行（1800），芬兰银行（1811），荷兰银行（1814），挪威银行（1817），丹麦银行（1818），比利时银行（1850），俄国国家银行（1860），德意志银行国（1876），奥匈银行（1877），日本银行（1882），意大利银行（1893），瑞士银行（1907），奥地利银行（1817）。

行，公布《大清银行则例》，功能和股权结构仿照英格兰银行，确定该行为购房有限公司和国家银行性质。但是，大清中央银行因为清朝覆灭而退出历史舞台。北洋政府没有能力和资源建立中央银行。

6. 西方国家建立了"金本位的游戏规则"。金本位需要以资本不受国界约束的自由流动为前提。资本的自由流动有助于国际资本市场的增长。金本位提供了一种稳定的环境，这种环境有助于货币市场的深化发展。当然，"金本位的游戏规则"不可避免地与金融国际化紧密连接。中国因为不是金本位国家，央行自然被排斥在外，无法运用"金本位游戏规则"。

7. 西方国家建立了货币联盟（monetary union）。货币联盟成员以金本位为基础，彼此接受其货币具有法币功能，成为货币联盟的受益者。货币联盟，也是这个时期的一种全球化形式。但是，那个历史时期的中国尚不知晓何谓货币联盟，也没有货币经济合作伙伴。

8. 西方国家的资本市场充分发育。英国的经济优势和在世界的扩张支撑伦敦成为世界金融中心。但是，从19世纪70年代开始，大量欧洲资本涌入纽约，纽约崛起为全球金融投机的聚集地。中国虽然也建立了股票交易所，但在理解和运作方面尚处于幼稚阶段。①

9. 国际债券市场已经成熟。同时期的中国，距离国际债券市场还有着漫长的道路。

总之，在辛亥革命前后，中国在现代工业方面，特别是轻工业，实现了从无到有的突破，但是，在现代货币金融制度、资本市场、企

---

① 最典型的案例是清末"橡胶风潮"。自1908年伦敦橡胶股票行情上涨，中国以上海为中心，社会各阶层卷入橡胶股票交易。1910年6月，伦敦股市暴跌，上海橡胶股票随之狂泻。中国资本在上海和伦敦两地股市损失约4 000万—4 500万两白银，工商业遭受重创，清政府财政状况急剧恶化，其新政成果毁于一旦。次年辛亥革命爆发。

业制度方面，几乎还在有和无之间徘徊。在"中华民国"建立之时，中国和西方国家在现代化经济制度、市场经济方面的差距，不仅全方位扩大，而且呈现加速度的趋势。对此，中国官僚系统（阶级）和知识精英缺乏常识性认知。

二、北洋政府时期的货币金融

北洋政府为在中国建立现代货币金融制度，做出了不可低估的努力。其间，第一次世界大战对处于初始阶段的中国现代货币金融制度，影响深刻而强烈。

1. 币制。1914年2月，北洋政府颁布《国币条例》和《国币条例施行细则》，正式宣布中国实行银本位制。这是中国近代史上的第二次宣布实行银本位制。1914—1919年，根据《国币条例》及相关法令，天津造币厂和江南造币厂铸造袁世凯头像银币，至少数亿枚之多，几乎是中国铸币史上唯一获得成功的银币。尽管如此，袁币没能终结"银两制度"。

但是，当时中国朝野上下的主流认识是以《国币条例》为过渡性质的条例，经过银币统一货币，最终选择和实施金本位。① 1915年，财政部所设币制委员会拟定《修正国币条例草案》，增加了关于铸造金币的内容，确认将来过渡到金本位制。1917年，北洋政府在宣布"一切税项均应以国币计算税率，即以袁币为税收的本位币"的同时，

---

① 20世纪初，银本位代表人物是张之洞；金本位代表人物是梁启超。梁启超在《余之币制金融政策》一文中，主张借款6 000万英镑，实施金本位。金汇兑本位代表人物是赫德（Robert Hart 1835—1911）和精琦（Jeremiah Whipple Jenks, 1856—1929）。金银并行制代表人物有卫斯林（Gerard Vissering, 1865—1937）和刘冕执（1872—1944）。卫斯林于1912年完成《中国币制改革刍议》。

颁布《金券条例》，准备实施金本位改革。①

但是，币制改革需要财政支持。主政的段祺瑞（1865—1936）政府计划向日本借款，此计划被过度政治解读，遭遇美、英、法等国的抗议，以及国内舆论反对，终被取消。1919年的"五四运动"，以及反帝爱国热潮，严重阻碍和推迟了本有希望的币制改革。自此之后，中国和金本位擦肩而过。直到1933年，中国得以"废两改银"，确立银本位制，但是，建立金本位的历史条件已经不复存在。

2. 金银比价。在金本位制度下，实行金本位制国家和银本位制国家之间，不存在"固定汇率"，或者"固定平价"，因为白银在国际市场上主要是商品，受制于供求关系。白银价格或者国际汇兑取决于国际市场，主要是伦敦市场。中国自19世纪中期至1935年法币改革以前，对金银的进出口实施自由流动制度，不缴纳任何关税。② 国际市场的金银比价，直接影响着中国的货币供应量，即白银的流入和流出。金银比价构成了中国货币汇率的基础。金银波动成为世界货币金融体系对中国发生影响的最重要方式。

中国巨额外债，名义上以银两为单位，实际上以外币为单位，主要以英镑计算。银价下跌，中国最终以所借年份平均汇价折算逐年偿付外债的白银本息，形成所谓"镑亏"。第一次世界大战爆发，改变了国际银价40年的颓势，银价逐步上涨。作为白银大国的中国受到

---

① 根据《金券条例》：币制局为金券发行银行，金券单位为1金元，含金量是0.752 318克，即库平2.016 88分；金券在金元已铸之后，可兑换金元；金券与国币（即银圆）不定比价，而以牌价为基准。发行的金券的准备金为本国金元或生金或外国金币。为此，北洋政府计划向朝鲜银行借款8 000万元，主持这项工作的是所谓"亲日派"的曹汝霖（1877—1966），时任财政部部长，陆宗舆（1876—1941）时任币制局局长。资料来源：张家骧（1928— ）著《中华币制史》，第30-32页。
② 鉴于白银大量外流，威胁到中国银本位制的存在，中国政府于1935年5月实行禁止黄金出口，开征白银出口税和平衡税。

双重冲击：一方面，刺激白银大规模外流。其中很大一部分流入印度。中国白银大规模出口，包含在国际市场套购黄金的可能性。另一方面，因为中国国际贸易增长，需要更多的货币，于是大规模进口白银。以白银为主体的中国货币供给，决定于国际银价变动导致的白银对中国的流动，这本质上属于不可控的"外生变量"。①

进入 20 世纪 20 年代，金银比价大幅度震荡，上下落差很大。从 1921 年起，银价下跌成为趋势，对中国经济的影响不可低估。特别是，中国进口设备需要比过去支付更多的白银，以致亏蚀甚巨。此外，直接冲击国内基础金融市场的银钱比价，导致"银贱钱贵"，提高了农产品的销售、购买和纳税成本，损伤了农民和市民的利益。

3. 货币供给和利率。中国货币经济，自明清至民国初年（1912 年），基本处于放任自由状态。北洋政府时期，推行的仍是以银圆为主，两元（银两、银圆）并行，银圆、铜元和纸币并用的货币制度。

第一次世界大战期间，如果以 M1 和 M2 衡量货币供给，1914—1918 年，并没有显著变动。但是，货币供给结构发生改变，作为主要货币形态的银圆供给没有增加，反而下降，铜币和活期存款也是如此，银行券大幅度增长。也就是说，在第一次世界大战期间，中国开始进入通过扩大纸币供给缓解货币需求压力的历史阶段。战后，狭义货币量持续增长。自 1918 年，货币供给的总趋势，主要是狭义货币量持续增长，② 反映的是中国宏观经济景气下的货币需求扩张。

---

① 刘巍通过对中国 1910—1935 年的货币供给决定机制的逻辑分析和实证分析，提出近代中国的货币量是银价变动导致的白银国际流动和国内金融机构的货币创造力，认为 1910—1935 年中国的货币供给属"不可控外生变量"。

② Thomas G. Rawski, *Economic Growth in Prewar China*, University of California Press, Berkeley Los Angeles, Oxford, 1989, pp.394–345.

发行纸币的主体是外资银行、中国国家银行和地方银行。其中，外国银行钞票的流通始终居于重要的地位。究其原因，外资银行具有支付稳定存款利息的优势，存款持续增加，并以此支持银行券的发行。故外资银行的存款占资本额的比重，以及发行银行券占资本额的比重快速增长。①

近现代以来，中国的利率与货币供给趋势和资本市场供求有着很强的关联性。银行拆息可以看作当时中国资本市场的基础利率。第一次世界大战期间，属于拆息低谷期，1918年之后，利率增长，1921年是回升的高点，大约是2.5厘。②"民国"之后的银行利率始终居高不下，加之中国资本不足，地区和产业部门发布不均衡，民间高利贷情况严重。③

北洋政府时期的货币供给，还受到货币流通速度的影响。在这个历史时期，货币流通速度继续呈现下降趋势，对货币供给总量发生影响。货币流通速度的下降，主要是因为国内外白银比价变动，白银存量和流量波动，货币流通速度减缓；商品化程度和货币化程度提高，新增货币的很大一部分用于满足原来并不需要货币的那一部分商品的需要；商品化程度的加深导致被动储蓄的减缓。

简言之，北洋政府期间，货币供给量和实际货币余额的持续增长，扩大了资本的存量和流量规模，在很大程度上推动了产业投资，

---

① 1912年，外国银行在华纸币发行额只有43 948 359元，国内银行的纸币发行额为52 675 375元；1921年，中国银行业的纸币发行额仅有95 948 965元，外国银行在华的纸币发行额则达212 384 806元；1925年，中国银行业的纸币发行额为205 006 026元，外国银行在华纸币发行额则达323 251 228元。
② 燕红忠著《货币供给量、货币结构与中国经济趋势：1650—1936》，《金融研究》，2011年第7期。
③ 民间高利贷利息比银行还高，月息一般高达8%，如果加上"驴打滚"复利，折成年息在150%以上。

尤其是工业的发展推进了现代经济的成长。

4. 物价。北洋政府时期，白银长期入超，甚至发生黄金、白银双双入超，银价呈现贬值趋势，纸币发行增长加快，基础货币供给增大，逻辑上，应该导致全国性的通货膨胀。但事实上，通货膨胀只是发生在部分地区。在经济相对发达的城市，物价大体稳定。这说明，这个时期的货币需求足以吸纳货币供给，纸币发行量也没有过量。这个时期大体稳定的主要原因是：农业供给丰裕；劳动力供给充足和城市生活物价相对稳定，制约了工人工资的增长，而工资增长缓慢，抑制了物价。

5. 银行体系。北洋政府时期的中国新式银行体系包括：国家银行、商业银行和地方商业银行。[①]1913年4月，北洋政府颁布《中国银行则例》，明确以中国银行为国家银行，归财政部直辖。1917年11月，北洋政府公布新的《中国银行条例》，最初设计中国银行为国家和民众共有，具有相当的历史超前特征。之后，中国银行以英格兰银行和美国联邦储备银行为参考模式，采用官股和商股共同参与的股份有限公司形式。但是，作为"中央银行"的中国银行与一般世界中央银行发展的进程相反，不但没有强化与政府的关系，反而还通过商股增加，使北洋政府相应出让官股。1916年"信用危机"加剧了中国银行的"商业化"选择，对后来中国金融制度影响至深。这样的改变，体现了第一次世界大战期间，中国民间金融资本的崛起和金融自由化的惯性。

中国现代商业银行开始于外资银行。外资银行的主要功能包括汇兑、对在华外国企业的投资、中外商人的短期融资和企业贷款。由于中国可以自由输出输入银块和银圆，加上辛亥革命中官僚富豪将大量资金存入外国银行，所以外资银行库存白银数量巨大，在整个白银库

---

① 中国银行是北洋政府的中央银行，其前身是大清银行。

存中的比重长期维持在 80% 以上。① 在外资银行中，汇丰银行是成功的代表，维持数十年的持续扩张，对外汇、标金和大条银等金融市场具有重大和直接的影响力。

北洋政府期间的商业银行还包括中外合资银行。第一次世界大战期间，依然不乏新的中外合资银行开业。例如日本兴亚银行成立，中孚银行、中美合办美丰银行、中法银行和金城银行、中华汇业银行开业。1920—1922 年，中美合资的中美懋业银行、中美合作的四川美丰银行，以及中国、挪威、丹麦合资银行开办。②

北洋政府时期的本国商业银行，可以划分为官僚资本控制和非官僚资本控制的两类商业银行。在第一次世界大战时期和战后前几年，形成工商业投资高潮，中国本土银行数量和资本全面扩张，在钞票发行、工商企业融资、钱庄拆款方面，开始形成规模和自组织能力。③当时著名的"北四行"和"南三行"的创立和发展，代表了这个时期中国本土银行的联合和集中倾向。④

钱庄在第一次世界大战期间显示出旺盛的生命力。在北洋政府时期，中国币制紊乱的情况尚未终结，钱庄在各种货币的兑换中继续发挥着不可替代的作用。以经营抵押放款为主的银行不足以满足这个时期中国经济快速发展的需要。在没有现代工业基础和金融业的城市，以经营信用放款为主的钱庄，获得了前所未有的扩张空间。

---

① 1917 年 7 月 7 日沪埠存银，洋商银行占 82.94%，而华商银行仅占 17.06%；1924 年 9 月 5 日银底总额为 3 580 万两，洋商银行所占的比重仍为 82.37%。
② 王方中（1929—）主编：《中国经济史编年记事（1842—1949 年）》，中国人民大学出版社，2009 年，246-323 页。
③ 1919 年全国银行公会联合宣言；1920 年 27 家本国银行组成银行团。
④ "北四行"包括 1915 年成立的盐业银行、1917 年成立的金城银行、1919 年成立的大陆银行、1921 年成立的中南银行。1922 年，四行成立联合营业事务所。1923 年成立四行准备库，共同发行中南银行纸币。

简言之，北洋政府时期改变了外资银行和本国钱庄的"两强称雄"格局，转型到外资银行、中外合资银行、钱庄和本国资本银行的"三足鼎立"的格局。中外银行分享着共同的市场利益，形成互补，是历史主流。

6. 金融中心。在晚清很长的一段时期中，外国银行相对集中在上海。但是，上海不足以成为"金融中心"。经过第一次世界大战，中国本土工业化有可观发展，现代银行体系形成，资本市场出现，初步建立了全国性金融网络，出现了两个全国金融中心，即北京和上海。北京是中央政府用以控制金融业的中央银行或国家银行的总行所在地，其金融中心地位尤其明显。金融中心不仅应以业务量来衡量，而且更应以金融功能来衡量。只是后来由于北洋政府对金融业失控且金融业的相对独立，北京的金融中心地位急剧衰落，上海成为唯一的金融中心。其功能包括了全国性外汇内汇中心、标金市场和白银市场中心、资金周转中心、证券物品交易所中心，以及国内外贸易的主要商品集散地。

三、北洋政府时期国际收支

中国进入20世纪，尽管自给自足经济在国民经济中比重依然很大，但是世界经济的影响日益强烈。中国国民经济纳入了国际货币、国际金融和世界贸易体系。国际收支平衡表可以集中反映中国经济状况。

1. 国际收支的基本特征。从20世纪初至20年代末，中国国际收支所呈现的是国际贸易增长和逆差并存，外债规模扩大，外资规模时有下降，也有反弹的局面。见表2.1：[①]

[①] 汪敬虞（1917—2012）主编，《中国近代经济史（1895—1927）》，人民出版社，2000年，第245-247页。

表2.1　中国国际收支平衡表（1903—1928年）　　　　（百万海关两）

项目	1903—1913年收支	1914—1919年收支	1920年收支	1925年收支	1928年收支
贸易收支平衡	104.9	39.0	158.2	81.2	82.9
A 经常性项目平衡	480.2	666.9	805.7	1 102.4	1 439.6
	568.2	729.1	898.7	1 157.0	1 399.3
B1 资本项目：外债	46.1	35.7	40.5	7.8	10.7
B2 资本项目：FDI	28.2	15.0	31.0	16.0	64.0
B1 + B2	74.3	45.7	71.5	23.8	74.7
A、B两项合并	554.5	717.6	877.2	1 126.2	1 514.3
	568.2	729.1	898.7	1 157.0	1 399.3
C1 金净出入	0.9	5.1	17.5	1.0	6.1
C2 银净出入	3.0	0.9	92.6	62.5	106.4
D 误差与忽略	17.6	15.7	96.6	92.3	2.5
总计	572.1	734.2	991.3	1 219.5	1 514.3

中国当时是银本位国家，世界货币主体是金本位，黄金和白银进出口既与贸易有直接关系，又相对独立。中国国际收支平衡表的特殊之处是建立"黄金净进口额"和"白银净进口额"项目。此外，除了国际贸易、白银和黄金的净出口额、借款和外国投资之外，华侨汇款在中国国际收支平衡的地位相当重要。

2. 外贸。中国工业化水平低下，在工农业产品价格剪刀差中不可避免处于劣势。20世纪初，中国所占世界贸易的份额是1.5%，第一次世界大战之前是1.7%。按照人均计算，中国不仅与欧洲和北美差距巨大，而且落后于主要亚洲国家。

第一次世界大战，为中国私营工业提供了前所未有的机遇，出口贸易得以快速增长，刺激了国内工业发展。第一次世界大战之后，欧美市场开放，对各种物资的需求都十分旺盛，中国继续扩张出口，同时中国机器进入最鼎盛时期，工业化加速。[①] 1919 年，中国黄金和白银双双入超，折射出中国货币供给充足。战后欧美各国萧条尚未恢复，中国国内经济则一片繁荣。[②] 中国外贸增长持续到 1929 年大萧条的到来。这期间，外贸对中国的城市化进程、通信和交通现代化、现代市场网络和体系建立、外资企业、买办商人和买办资本崛起、金融货币和资本市场发展、农业商业化产生了积极和深刻的影响，推动现代矿业、能源业、制铁业、纺织业、电灯业、制糖业在内的现代工业体系的形成。

只是在这个时期，中国尚没有解决在国际贸易中缺乏关税自主权、外贸部门处于从属地位、对定价权没有影响力、不得不接受工业产品和加工业产品的不等价交换等问题。

3. 外国直接投资（foreign direct investment，FDI）。自洋务运动、甲午战争，直到"中华民国"建立，工业化冲动和资本短缺之间的严重矛盾日益尖锐，中国长期陷入"资本短缺－工业化缓慢－国际贸易落后－国际收支恶化－低收入－低储蓄率－资本短缺"的恶性循环之中。这种制度性和结构性问题，通过自身机制解决已经没有可能。外国资本成为最为重要的"外生变量"。1902—1914 年，外资在华投资增加了一倍多，1914—1931 年，在前阶段的基础上又增加了一倍多。[③]

支撑外国资本在中国持续投资的基本原因包括：（1）持续开放市

[①] 1921 年全国机器进口达到 5 894.9 万关两的高峰。1925—1929 年，趋向低落。1931 年回升，增长到 4 691.2 万关两。资料来源：上海社会科学院经济研究所、上海市国际贸易学术委员会著《上海对外贸易》，上海社会科学出版社，1989 年，第 352 页。

[②] 资料来源：1920 年上海海关报告，关册，1920，上海，第 49 页；徐雪筠（生卒无查考）等译《海关十年报告》，第 206 页。

[③] 关于 1894 年时的外资规模，各国在华投资为 1.09 亿元。至 1914 年，关于各国在华投资规模，中外学者估算有所不同。根据许涤新（1906—1988）、吴承明主编《中国资本主义发展史（第二卷）》提供的规模是 9.61 亿美元多。许涤新、吴承明主编《中国资本主义发展史（第二卷）》，人民出版社，1990，第 744 页。

场，增设通商口岸，扩大内河航权与开发长江上游，获得铁路修建权，拓展华北市场。(2)电报、邮政、道路等基础设施建设和完善。(3)劳工工资水平低下。(4)资本回报率高，利润丰厚。外资企业将投资收益的大部分继续留在中国。(5)金银比价处于"金贵银贱"时期，以金折算为银，汇入中国投资十分有利。(6)因为银价低落，以银兑换金汇出，利润折损过大。所以，外资企业投资收益由华汇出的数目，占企业投资总值的比重很低。外国在华投资的资本大半来自中国。① (7)中国的，特别是上海的投资环境比较安全。

外国资本对中国经济发展的促进效果是显而易见的：增加了资本供给，降低了资本成本；整合了本土的生产要素，打破了传统农业社会经济结构和社会组织；技术转让，奠定现代产业部门的基础；带动金融、银行、保险、钱庄、律师、洋行等服务行业发展；示范现代企业制度和产权制度，突破传统行会组织；训练技术工人，提高了劳动生产率；参与国际分工，发展国际贸易，整合国内外市场；拓展了开埠口岸城市面积，推进了乡村人口迁移和城市化，以及城镇的"原工业化"；促进以上海为中心的江南地区发展；形成现代商业秩序，引发政治制度变迁和进步。

第一次世界大战期间，外国资本在中国的规模减少。战争结束之后，不仅投资规模回升，而且投资的部门、区域分布及模式全面调整，外国资本在中国的投资进入新的阶段。

4. 外债。中国政府借款开始于清末。义和团运动之后的"庚子赔款"(Boxer Indemnity)，清朝政府外债突破政府和国民可以承受的限

---

① 根据雷麦(Charles Frederick Remer, 1889—1972)估计，外国企业在华投资的回报率高达100%。1902—1930年，外国在华企业投资增加了19.71亿美元，同时期，从国际收支上看，由国外汇入中国的企业资本9.42亿美元，即占新投资的47.8%。这就是说，大于50%左右的投资来自中国自身的利润积累。

度。① 清政府从此陷入全方位财政危机而不可自拔。"中华民国"是在基本没有财政收入的背景下建立的，其财政情况甚至不如清末。②

简言之，自甲午战争至第一次世界大战之前，是中国政府外债的高峰期。③ 北洋政府在濒临财政破产的边缘，只有三种办法可以尝试：财政制度改革、发行国内公债和举借外债。北洋政府自始至终将外债和内债并重，外债数额小于内债，但对政府的直接贡献却大于内债。北洋政府每年必须偿还一定数目的外债本息，外债支出成为经常项目。通过向欧美主要工业国家政府和金融界借款，中国可以维持政府行政系统运行，避免财政危机蔓延和社会动乱，有助于推动财政制度改革，继续承担偿付包括"庚子赔款"在内各类外债的责任，保障欧美国家在中国的经济利益。④ 此外，通过普通借款和实业借款，帮助外资企业在金融、工业、矿业、通信、交通等部门的扩张。对中国政府借款，系西方国家的根本利益所在。

---

① "庚子赔款"条约规定：中国需要对11个列强国家战争赔款45 000万海关两白银，年利四厘，从1902年至1940年，分39年交清。这笔赔款连同利息则是98 000万海关两，利息超过"本"数。清政府每年需要安排大约2 000万两支付"庚子赔款"。
② 清代后期，尽管由外国人管理的总税务司主持关税，但始终在偿付赔款或外债后，留下"关余"，构成政府财政的重要来源。
③ 1894年至1913年，中国向英国、德国、法国、沙俄、日本、美国等六国的外债总计109 000余万两（不包括1900年庚子赔款转作借款）。如果从1895年至1930年，中国实收外债13.225亿海关两白银，外债还本付息11.767亿海关两白银。至1930年，尚结欠各国近20亿海关两白银。中国政府外债还有一种计算：1894—1901年，167.2百万元，1902—1913年，1 070.3百万元；1914—1930年，1 205.6百万元。但是，因为汇兑利率等原因，中国政府实际债务支出远比收入要大。
④ 1912年1月，南京临时政府宣布："革命之前，清政府所借之外债，及所承认之赔款，民国亦承认偿还之责，不变更其条件。"北洋政府建立，袁世凯继续承担偿还清代积欠外债的职责。南京政府继北洋政府之后，继续支付"庚子赔款"。直到1939年，因为中日战争，中国政府丧失偿还能力，不得不宣布停止支付"庚子赔款"。至此，中国政府共支付"庚子赔款"长达37年，总额6亿5 237万两。如果再扣除美、英等国的退款，中国实际支付5亿7 600万两，约占"庚子赔款"本息总额的58%。

北洋政府的外债基本集中在第一次世界大战之前，其中数额最大的一次是北洋政府与英、法、德、俄、日五国银行签订的《中国政府善后借款合同》，① 即"善后借款"（Reorganization Loan）。②

但是，"善后借款"的第二年就爆发第一次世界大战。因为银价跌落，外债还本付息量增加。中国加入协约国一边，向德国宣战，停止支付德国和奥匈帝国的"庚子赔款"。一战引发了对中国经济、政

---

① 袁世凯先后派唐绍仪（1862—1938）、周自齐（1869—1923）、熊希龄（1870—1937）与四国银行团接洽。1913年4月26日夜至27日凌晨，地点在北京东交民巷汇丰银行大楼，北洋政府和英、法、德、俄、日五国银行团签订借款合同。中方代表是财政总长等官吏，包括赵秉钧（1859—1914）、陆征祥（1871—1949）、周学熙（1866—1947）等。"善后借款"贷款额原由五国银行平均分摊，英国占35%，德国占22%，法国占14%，沙俄占8%，日本占7%，美国占2%。换算各国货币是：德国51 125万马克，法国63 125万法郎，俄国23 675万卢布，日本24 490万日元。发行价格九扣，利息五息，实收八四扣。实际借到不过2 100万英镑，再扣除偿还已到期各种款项共约570万镑，赔偿各国因中国革命损失200万镑，赎回各省政府所欠五国旧债287万镑，各省军队解散费300万镑等，实得债面的40%。根据《中国政府善后借款合同》第四款：以盐税与关税抵押，且善后大借款有优先偿还权；第五款：北京设立盐务署，由财政总长管辖。盐务署内设立稽核总所。中国总办一员和洋会办一员。各产盐地方盐斤纳税后，须有该处华洋经协理会同签字。第六款要求直隶、山东、河南、江苏四省提出款项，作为善后借款偿债担保。《中国政府善后借款合同》的三个附件：《丁号附件：裁遣军队》《戊号附件：行政费》《己号附件：整顿盐务》。其中行政费则包含了例如在外使馆经费、附属学堂经费、内外警察厅经费、清室优待费、保护清陵经费、监狱经费等诸多正当的、合理的用途。
② "善后大借款"金额2 500万镑，折合白银2.4亿两，年息五厘，期限47年，以盐税、关税等担保，主要用途是裁军、政府行政费用以及整顿盐务等各种支出。银行团（International Banking Consortium for China），经历了四国银行团组合（英、法、德、美）、六国组合（英、法、德、美、日、俄），五国组合（英、法、德、俄、日）。1913年，美国退出。1920年，美国、英国、法国、日本重新组织银行团。不久以后，中国和国际环境发生过大变化，银行团的存在流于形式化，终结于1946年。

治和司法制度影响久远的"金法郎事件"。① 最重要的是,第一次世界大战导致第二次"善后借款"计划流产。②

总之,从 19 世纪末至 20 世纪 20 年代,外债对中国的影响至大至深。历史无法假设——但如果北洋政府时期的币制改革得到所需要的外国借款,中国的币制改革可能会提早 10 年以上,中国的经济轨迹很可能大不相同。

5. 华侨汇款。华侨汇款为无形贸易,属于经常项目收入,可以抵补外贸逆差。华侨汇款多换算成中国的通货白银,成为近现代中国白银内流的一个重要来源。因为对华侨汇款的数额没有确切的统计,主要通过华侨人数进行推算,故出入很大。这个数字大体占当时中国国际经济收支的 20% 左右,弥补贸易逆差的 80% 以上。③

---

① 因为第一次世界大战,法国通货膨胀,法郎暴跌,法国却要求中国以不存在的金质货币偿付赔款。美、比、意等国也向中国要求按硬金计算赔款。1923 年,法国联合《辛丑条约》八国公使向北京要求庚子赔款支付现金,拒不批准华盛顿会议《关于中国关税条约》,指使总税务司在中国关税、盐税余款内,按金法郎计算,扣留法、比、意、西四国的赔款数。1925 年 4 月,北洋政府与法国签订《金法郎案协定》,其中规定:法国将部分庚子赔款余额退还中国,作为中法两国有益事业之用;总税务司扣留的中国关盐余款还予中国政府;中国政府将赔款余额折成美金支付,并自 1924 年 12 月起至 1947 年,逐年垫借予中法实业银行。1925 年,国务会议批准"金佛朗案",后司法机关的介入,京师地方监察厅认定此案使中国损失 8 000 多万,外交总长沈瑞麟(1874—1945)、财政总长李思浩(1882—1968)等构成外患罪,司法总长章士钊(1881—1973)也受到检举。

② 此次借款始议于 1917 年,原意向借款总额 6 000 万英镑,并承诺如对待帮助明治维新后的日本,在中国实施税制币制改革,统一金融管理。1920 年 10 月,新国际银行团正式成立,准备接受"统一的中国政府"借款之请求,未获中国答复。直到 1924 年,新国际银行团对于币制改革顾问之聘请、烟酒公卖与田租列为抵押、南北统一问题、裁军、立宪、厘金裁废、铁路标准化诸问题,未获结论。其间,国际银行团多次否决中国数项大宗借款,但各国若干独立小财团,却依据"五百万元以外可自由投资"之规定,竟相贷款给北洋政府。

③ 贺水金著《论中国近代金银的国际流动》,《中国经济史研究》,2002 年,第 2 期。

可见，华侨汇款在近代中国国民经济中，举足轻重。至于影响华侨汇款的因素有：（1）金银比价。白银汇率走低，华侨汇款增长；白银汇率走高，华侨汇款则趋于下降。（2）华侨人数。第一次世界大战后，经济复兴繁荣，国外就业机会较多，中国在海外的华侨人数剧增，华侨收入上升，华侨汇款自然增加。20世纪30年代，世界经济危机蔓延，华侨回国人数与日俱增，带回大量的积蓄，故国际收支表上的华侨汇款没有立即显现减少。（3）20世纪20年代中后期，各国普遍对资本进出采取宽松的政策，华侨汇回国内的款项不受任何限制，有利于华侨汇款。（4）中国经济形势。1932年，中国在继黄金外流后，因为世界银价高涨，以及国际收支逆差增大，推动白银外流。在这样的情况下，华侨汇款自然减少。华侨汇款减少，削弱弥补国际贸易逆差的能力，恶化国际收支平衡。

四、1919—1925年：过渡性国际经济格局和北洋政府时期经济

经过第一次世界大战，一方面，战前资本主义世界的政治、经济格局被瓦解；另一方面，新的国际政治格局和秩序尚未重建，世界进入两次世界大战之间的过渡期。英国、美国、日本和俄国以各自独特的方式影响世界走向，对1919—1925年时段的北洋政府的命运，产生不可低估的影响。

1. 英国：主导回归"金本位制度"。第一次世界大战，金本位制度遭到事实上的放弃。战争结束，世界主要国家都面临是放弃还是回归金本位的选择。德国恶性通货膨胀加速回归金本位进程。1925年4月，英国时任财政大臣丘吉尔在议会宣布恢复金本位制，英镑恢复到战前汇率水平，即1英镑兑换4.86美元。继英国回归金本位之后的

1年多内，有30多个国家回归金本位制。

因为欧美主要国家回归金本位制，增加对黄金的需求，减少对白银的需求，金价上升，银价下降。银价跌落，对中国宏观经济和微观经济、实体经济和非实体经济都产生了全面性影响：（1）国外白银购买力低于中国，刺激世界各产白银国向中国出口白银，呈现白银对中国的单向流动态势。（2）以白银为基础的纸币发行量扩张。（3）货币供给加大，打破生活必需品供给需求均衡，推动食品、衣服、燃料和住房等城市生活必需品的价格显著上涨，以及工人工资的明显上涨。①（4）出口产品价格便宜，进口产品价格增加，外贸规模扩张。农业产品和加工业产品的不等价交换加剧。（5）"金贵银贱"，有利于欧美国家债权国地位，降低西方国家在中国投资成本，民族资本的"黄金时代"完结，由盛转衰。

至20世纪20年代末，英国回归金本位的失败所诱发的紧缩全面蔓延，从美国开始的经济萧条通过金本位的传导，逐渐蔓延到其他主要西方国家，演变为物价和产出持续下跌，形成世界性的经济危机，最终完结了100年之久的金本位制度。世界主要国家发行不兑换的纸币，货币流通和信用制度遭到破坏，实施赤字财政，推行通货膨胀政策。

在这样的背景下，中国在20世纪30年代上半期，完成了以银本位为基础的"废两改元"，再到建立法币体系的转变。

2. 美国：改变列强的"中国游戏规则"。在20世纪10年代，中国和美国的经济关系主要体现在：（1）贸易。第一次世界大战开始

---

① 若1930年的消费指数为100，则1913年为59.57，1918年为57.79，1919年为52.44，1920年为67.93，1924年为84.15，1927年为87.31。可见，生活必需品价格显著上升发生在1924年。资料来源：王玉茹著《近代中国物价工资和生活水平研究》，上海财经出版社，2007年，第18－35页。

后，美国占中国贸易总额的比重很快超过英国，位居日本之后，排名第二。（2）借款。1911年，美国发行过唯一的中国政府债券，即湖广铁路债券。1914—1916年，美国借款给袁世凯政府共5次，计4 600万元。美国对中国资本输出从1918年的0.53亿上升到1920年的1.46亿美元。① （3）投资。在大战时期及大战刚结束以后，美国在华投资增长率处于领先地位。② 一战之后，美国派遣顾问官来中国，颁布对华通商条例，对美国企业在中国投资采取奖励政策。美国在中国投资占外国在中国投资的比重，从战前的3.1%上升到战后的6.1%。③ 美国直接投资的主体是公司，在中国的数量迅速增长。④

但是，美国在中国的地位，并非若干指数所能反映的。因为美国是注重政府参与对中国经济关系的国家。1917年3月，美国财团代表希望政府支持美国财团重回银行团。1918年，美国总统威尔逊（Thomas Woodrow Wilson，1856—1924）将美国最大的几十家银行组成空前庞大的金融集团。银行家们保证服从国务院的政策，与政府

---

① 1914—1916年，美国5次借款给袁世凯政府，计4 600万元。1914年美国政府与袁世凯政府签订协定，美国的美孚石油公司夺取了在中国的陕北延长和承德地区开采石油的权利。1916年，美国托拉斯裕中公司的代表，通过美国驻华公使芮恩施（Paul Samuel Reinsch，1869—1923）撮合，与袁世凯政府秘密签订《裕中公司承造铁路合同》，让美国垄断资本攫取在湘、桂、晋、甘等七省内造一千五百英里（二千四百公里）铁路的权益。合同载明如果造价"确较省俭"，中国政府应准公司再造一千五百英里的铁路。此项协议因袁世凯垮台而未能实行。期间，主要有芝加哥银行借款。一战之后，太平洋拓业公司借款、运河整理借款、其他无担保借款、中国政府对美国公司借款、美国所购他处发行的债款，总计4 100多万美元。雷麦著《外国在华投资》，商务印书馆，1962年，第225页。
② 雷麦著《外国在华投资》，商务印书馆，1962年，第232页。
③ 同上，第252页。
④ 同上，第212页。

第二章 历史的回响

合作。①

此外,因为美国拒绝在《凡尔赛和约》上签字且不参加国际联盟,世界主要国家的外汇储备中的美元份额显著增长,超越英镑,美元迅速演变为世界货币。美元大幅度升值。②纽约因为其强劲的股票市场和巨型银行体系,为全球资本提供更高的盈利空间,成为国际融资中心。

1921年11月至1922年2月,美国发起和主导了华盛顿会议(Washington Naval Conference)。参加会议的有包括美、英、法、意、日、比、荷、葡和中国北洋政府等9个国家的代表团。③会议期间九国签署的《九国公约》(Washington Naval Treaty),构建作为"凡尔赛体系"补充的"华盛顿体系",其核心成果是重建中国游戏规则,确认中国主权完整是实现贸易机会均等和"门户开放"的前提,各国需要放弃对中国的军事和政治扩张,采用国际合作,不仅在外国工业资本投入及流向方面建立契约关系,而且要为中国提供必不可少的财政和经济援助。这制约了英国在中国的传统利益,打击了日本在中国的扩

---

① 美国政府向英法日三国政府提出新银行团方案:新银行团享有对华贷款垄断权,各国财团得到各国政府独享的支持:其业务范围应尽量广泛,包括行政性质和实业贷款等。因为这个计划带有否定日本在《蓝辛—石井协定》中享有的特权的意思,日本反对,它要求保留其在满蒙的特权。英、法也不同意"独享的支持"的说法。最后,四国达成妥协:各国同意关于独享的支持这一条,在银行团因为获得某项合同遇到竞争时,四国公使给银行团以集体支持。不将日本在满蒙拟办的和已开办的铁路事业包括在银行团业。
② 这些国家包括欧洲的捷克斯洛伐克、丹麦、挪威、芬兰、意大利、荷兰、葡萄牙、西班牙、瑞士和亚洲的日本。例如,战前的1914年,奥地利、德国、匈牙利、波兰、俄国各国货币与美元的汇率在2.3—5.3之间,1924年,汇率已经是数万、数百万,甚至数十、数百、数千亿以上。
③ 中国政府对这次会议极为重视,派出了130人组成的庞大的代表团,以施肇基(1877—1958)、顾维钧(1888—1985)、王宠惠(1881—1958)为正式代表,希望通过这次会议收回对中国的主权。因中国不涉及军备问题,中国代表团只参加太平洋远东委员会的会议。中国代表在会上提出了一系列需要解决的问题,包括恢复关税自主权、撤废领事裁判权和收回山东主权。

张和霸权势头,有利于维护中国的主权完整。①华盛顿会议集中体现了美国对中国关系的国家意志,对中国的经济、政治和国际关系产生不可低估的影响。自此,美国成为主导远东和太平洋国际秩序的力量。

3. 日本:中国的最大"债权国"和"投资国"。第一次世界大战给日本的经济带来了"战争景气":贸易出口激增,造船工业,包括矿业在内的基础工业,以及各个产业部门都得到扩张和繁荣,黄金储备增长,同时实现了高就业率和低通货膨胀率,完成了从农业国向工业国的转变。以"新财阀"为特征的垄断资本全面左右日本的经济和政治。

从第一次世界大战开始至20世纪20年代,是日本向海外资本扩张最有力的时期,中国则成为日本海外最重要的贸易地区、投资国和债务国。(1)贸易。至一战中后期,日本对中国贸易占中国国际贸易比重第一,美国次之,英国第三。(2)借款。1894—1927年,中国的债权国,英国第一,日本第二。在一战期间和战后繁荣时期,日本对中国实行"无担保借款"数额巨大,数倍于"普通有担保借款",日本成为中国最大的债权国。②(3)投资。一战期间,日本交通、铁路、矿山、工厂等部门贷款最多。③一战之后,日本以企业直接投资为主导,全面扩张在华投资,在华公司数量激增,以棉纺织业、煤铁资源和公用事业方面为重点产业,且参与煤铁资源开发,以上海、青岛以及华北和东北为重点地区。在东北投资中又集中在南满铁道公司(满铁)。(4)金融。除原有正金银行、台湾银行、朝鲜银行、正隆银行

---

① 1922年2月4日,中日双方正式签署《解决山东悬案条约》:胶州德国旧租借界地交还中国;日本军队撤出山东;中国赎回胶济铁路。
② 根据1930年资料,"无担保借款"2亿日元,相当于1亿美元,占借款总额的40.6%。雷麦著《外国在华投资》,商务印书馆,1962年,第401页。
③ 还有一种计算:从1916年初到1917年8月,日本向中国输出6 400万日元价值的黄金。贷款、投资和上海资本市场。这个数额甚至大于中国贸易逆差。雷麦著《外国在华投资》,商务印书馆,1962年,第103–104页。

继续在中国开展业务之外,住友银行、三井银行和三菱银行也进入中国,新设中华汇业银行。(5)与日本对中国贸易和投资相适应,航运吨位大增。日本进出中国各口岸的外国轮船总吨位中的比重持续上升。(6)旅华日本侨民的绝对数和占外国侨民的比重显著增长。

进入20世纪30年代,日本发生"昭和经济危机"(Showa Depression),加快军国主义立国进程,1931年发动了"九·一八事变",1937年全面爆发中日战争,这场战争对中国的影响持续到今天。

4. 苏俄:双重"对华政策"。第一次世界大战之前,俄国对中国政府借款和直接投资规模相当可观。最大项目是中东铁路,在当时是世界级大项目。①

1917年俄国发生十月革命,至1920年布尔什维克赢得内战,基于国家利益,实施双重对华政策。一方面,推动和维系与中国合法政府的外交关系,于1924年5月签订《中苏解决悬案大纲协定》。宣布放弃沙俄时代在中国划定的租界、庚子赔款的俄国部分和其他债权,取消沙俄在中国的治外法权和领事裁判权。②根据中苏协定,中国政府负责清理道胜银行在各埠的财产。该行所有的中国政府债权,一概取消。但是,中东铁路所有权问题悬而未决。1924年之后,中东铁路由中苏两国共同管理,但是,没有确定该路的产权归属。中东铁路盈利,中国和苏俄两国平分。

---

① 总计5.25亿卢布,相当2.69亿美元,其中企业投资4.61亿卢布,相当2.37亿美元,政府借款6 400万卢布,相当3 200多万美元。雷麦著《外国在华投资》,商务印书馆,1962年,第439页。
② 中苏《中苏解决悬案大纲协定》中的苏联政府承认外蒙古为中国的一部分,两国疆界将重新划定,以及中东铁路所有权等问题,并没有得到落实。相反,苏俄不仅没有归还中国领土,而且支持外蒙古于1924年11月独立。关于中东铁路的归属权,只是说一定时间之后,(80年或60年),可由中国政府赎回。"九·一八"事变后,中东铁路改为"北满铁路",但俄文名称不变。

历史不会熔断

苏俄政府与北洋政府谈判和建立正式关系的同时，开始向中国全面输出革命：在苏俄布尔什维克党的组织指导和物质保障下，创建中国共产党。① 1923 年，孙中山和列宁特使越飞（Adolph Abramovich Joffe，1883—1927）联名发表《孙文越飞宣言》。1924 年，苏俄帮助组建黄埔军官学校，建立革命军队，期望国民党通过军事手段获得国家政权，并企图通过国共合作改组国民党。1925 年，全方位支持与北京政府对峙的广州国民政府，并策划、援助和参与了 1926—1928 年间国民党领导的北伐战争。在这个历史时期，苏俄对共产党和国民党的支持，是以国家财政为后盾，通过现金和实物的方式实现的。② 最

---

① 自 1920 年秋，《新青年》杂志接受共产国际资助，转变为共产主义刊物。苏俄对中国共产党的资助方式包括派遣信使携带珠宝和现金、售卖钻石、直接汇款等。依据近年来在日本发现的警视厅施познание（1899—1970）口供，上海共产党一度每月宣传费用约 1 000 元，干部等亦每人每月 30 元报酬。包惠僧亦回忆，武汉共产党组织成立时，共产国际每月寄 200 元活动经费。杨奎松（1953— ）在他所著《毛泽东与莫斯科的恩恩怨怨》中记载，陈独秀在中共"一大"召开后给共产国际的报告，自 1921 年 10 月至 1922 年 6 月，共产国际的资金支持几乎是中央机关经费的唯一来源。另据《共产国际、联共（布）与中国革命档案资料丛书》第一卷《联共（布）共产国际与中国革命运动（1920—1925）》，1922 年 12 月共产国际通过的"中国共产党 1923 年支出预算"包括：《向导》周报、《工人周刊》印刷传单和宣传员费用，汉口、湖南、上海、北京、香港、广州、山东支部的费用，两名中央委员和两名固定宣传演讲员的食宿旅差费，以及意外开支，总计每月支出 1 000 金卢布，全年支出 12 000 金卢布。1924 年实际得到活动经费约 36 000 金卢布。

② 苏俄对中国输出革命的现金部分，最初包括：270 万卢布用于建设黄埔军校；1 000 万卢布用于创建国民党中央银行；从 1924 年 11 月起，每月为国民党提供 10 万金卢布的党务经费。国民党北伐战争的胜利，主要得益于苏俄的直接军事援助。北伐战争开始之前，广州国民政府累计接受苏联价值约 300 万金卢布的军火。据现存的《莫斯科关于拨给加伦军事费用协助南北各革命军军械事致苏仆赤夫斯基函》的载录：1926 年前后，苏联用记账方式分四批援助南方国民革命军的物资有各类枪支、子弹、机枪、大炮、炮弹以及药箱及马具。苏俄的军事顾问和教官作用重大。在苏俄顾问中，首推总顾问布柳赫尔（Vasily Konstantinovich Blyukher，1889—1938），即加伦将军及其团队。此外，苏俄支持的冯玉祥（1882—1948）国民军，成为国民革命军最后完成北伐战争目标的一支重要辅助力量。

为重要的是，因为苏俄的全方位影响，埋下国共两党在 20 世纪 30 年代和 40 年代两次内战共产党获得中国政权的种子。

苏俄作为社会主义国家，停止对中国的资本输出，在 1925 年和 1930 年的统计中，苏俄投资不复存在。[①] 1935 年"九·一八"事变之后，苏俄政府承认伪满洲国，而且将中东铁路北段及附属财产以 1.4 亿日元的价格卖给伪满洲国政府。[②]

五、结语

在 19 世纪，中国和主要欧美国家都是自由放任经济。所不同的是，欧美国家的工业化和城市化方兴未艾，公司成为经济主体，货币金融市场快速成熟。中国是个农业社会，家庭是经济主体。进入 20 世纪，中国与西方工业国家在经济发展和经济制度进步方面的差距，不是缩小，而是全方位扩大。正是在这样的历史背景之下，清朝倾覆，"中华民国"建立。

"中华民国"的北洋政府精英主流来自前清精英，基本承袭了清朝改革路线，倾向保守主义，拒绝激进主义，企望"中学为体，西学为用"的现代化之路。

因为第一次世界大战，中国被彻底纳入急剧演变的世界体系之中。主导中国前途的主要是来自中国外部的各种外生变量，而不再是中国自身的内生要素。中国传统社会解构加速。在经济方面，对世界贸易依存度增加，穷乡僻壤都与世界经济有着直接和间接关系，外国资本直接影响经济结构的演变，财政制度被改造，企业制度和市场经

---

① 1931 年，苏俄政府向中国提出，俄国人在中国的一切投资应该视为苏联在中国投资，为中国政府所拒绝。
② 据百度百科"中东铁路"词条。

济开始发育，城市化进程开启，经济增长。在政治制度方面，代议制、多党制、新闻自由、现代法律制度全面移植到中国。在国际关系方面，针对日本的崛起和威胁，在继续平衡英国、北美、苏俄和日本关系的同时，以威尔逊主义或华盛顿体系为前提，中美关系趋于紧密。在文化方面，从白话文运动、杜威主义到共产主义，激进主义压倒保守主义。1919年是历史拐点，这一年出现了20世纪以来和大战之后的全面经济繁荣，却因为"五四运动"，加剧了以知识分子为核心的精英分裂。

在上述历史转变中，最主要和最深远的变量是苏俄布尔什维克获得政权，强势的输出革命改变了中国的政治生态。国民党的南京政府替代北洋政府，国家资本主义兴起，自由经济传统势衰。再经过中日战争、共产党土地革命，中国彻底脱离了原本的历史轨迹。

关于亚洲金融风暴之后的几点思考①

一、在新的金融市场格局下亚洲各国政府的作用

20世纪90年代以来,金融市场的全球一体化与电脑技术带来的革命,使国与国的疆界形同虚设,国际流动资本集散于弹指之间,成为一股庞大的经济力量,国际基金的投资额动辄以一亿美元、十亿美元甚至百亿美元的单位计算,经济实力足以与许多中小国家比肩。与金融市场全球化适应的是全球咨询业网络的迅速形成,而60%以上的全球咨询业为为数不多的媒体所垄断。所以有人提出,所谓的全球化,究竟是全球的更加自由平等,还是少数利益集团有效控制全球的一种描述,或者说究竟是谁的全球化呢?

无论如何,这次亚洲金融风暴表明,上述全球化力量再强大,各国自身的金融系统也不可能再成为避免外汇市场影响以及国际银行危机的隐避所。亚洲金融风暴的多米诺骨牌效应,已经证明世界的一体化是不可辩驳的事实,其显现程度远远超过20世纪80年代的债务危机。

不仅如此,各国政府发现其抗拒来自国际金融市场压力的成本不断提高,维系与国际市场分离的国内宏观经济政策已经成为不可能。

---

① 1997年亚洲金融风暴之后,作者撰写了一本小册子,题目是《亚洲金融风暴和世界经济新格局》,因为时效性问题未能出版。此文是其中的一章,1998年4月—5月写于纽约和波士顿。

因为，开放经济的最基本内容就是金融市场的全球一体化。

人们也应该注意到，在这次金融风暴中，寻求区域共同利益中的区域主义、经济民族主义都有所表现，并使人们重新思考国家利益的含义。

以韩国为例，该国决定向国际货币基金组织（IMF）求助之后，引起国内强烈反应，《韩国日报》更认为那是国家民族的奇耻大辱，一些民众上街游行，反对 IMF 介入韩国经济，一些民众解囊相助，力求用他们微乎其微的资产去填补国家经济困难的黑洞，然而这种经济民族主义情绪很快衰微，而为现实的理性主义所代替，韩国政府时任总统金大中要求人们明白，事实上已处于破产的韩国经济只有接受援助才有可能复苏，因而这是最大的国家利益。

中国在这次经济危机中，人民币逆势挺升，与美元在西方一枝独秀交相呼应，这个举动受到了世界性的好评。中国政府把坚持人民币拒贬作为对亚洲和世界经济秩序的贡献，借以提高中国在世界经济中的地位，获得参与重建亚洲经济秩序的入场券。这也可以被看成是一种国家利益的体现。

至于美国，它在这次危机中也有着自己保护国家利益的方式。美国挽救韩国，究其原因是要挽救日本，因为日本是韩国的最大债权国，如果不挽救韩国，日本的银行就会垮掉。日本也是美国的债权国，日本如果抛出美国债券，美国也熬不住。因此，美国挽救韩国，其实最终是保护自己。正如 1994 年墨西哥的债务危机，美国立即出手，就是因为它是墨西哥的债权国。

在亚洲金融风暴过程中，有一个事实应该被广泛注意到，一些金融风暴受灾国家的政府所表现的非民主、腐败等问题曾得到相当彻底的揭露和批评。世界舆论要求这些国家改革，最多的是针对印度尼西亚苏哈托家族。然而当印度尼西亚的苏哈托继续当选总统，其家族依然在国民经济中占据重要位置。不论是 IMF 还是其他国家政府，并没有因此停止和印度尼西亚的合作，1998 年以来，IMF 恢复了第二次 31 亿美元的拨款，日本则提供了另外 20 亿美元的救济，澳大利亚也提供了数亿美元的援助。这表明，在各国政府面前，最高的国家利益是经济利益。还是以印度尼西亚为例，日本是印度尼西亚的第一投资国，美国是第二投资国，而且印度尼西亚是世界主要产油国之一，也是石油输出国组织中的一员，对世界石油市场的影响不容忽视。如果再考虑到印度尼西亚是东南亚第一大国且是全球第四大国，拥有 91 万平方公里土地和 2 亿人口，还是全球最大的回教国家，也就不难理解为什么在印度尼西亚经济改革受到抵制的情况下，最终国际社会还是向其得出援手了。

亚洲金融危机对美洲和亚洲的关系也会产生重大的影响。英国著名学术机构"国际战略研究所"（International Institute for Strategic Studies，IISS）在 1998 年 4 月发表的年度报告显示，首先，以美国为首的西方国家对亚洲国家提供了一千多亿美元的贷款援助，并要求这些国家进行政治和经济改革，报告指出，在这样的情况下，亚洲国家很有可能产生新的民族主义浪潮。"国际战略研究所"的报告还指出，在亚洲金融危机发生之前，美国在亚洲的政策重点之一就是美日联盟。但是危机之后，这种格局可能发生比较大的变化，具体体现在中美关系加温和美日关系降温。报告预测，由于亚洲新兴经济国家经济实力被削弱，亚洲金融危机的一个长远后果可能是增加中国和日本在亚洲事务中的重要性。

二、对亚洲文化和价值观念的思考

针对亚洲金融危机评论人士纷纷撰写文章来探讨这个问题，他们认为导致这场危机的不仅有经济原因，还有文化原因。

1994年，美国的战略与国际研究中心做过一个调查，100个来自泰国、马来西亚、日本、印度尼西亚、中国和韩国的资深亚洲观察家接受了调查，为这个地区国民心目中的价值观念排名次，美国的一批观察人士也接受了类似的调查。调查结果显示，亚洲人最重要的价值观是社会秩序、集体和谐、尊重权威，而美国人恰好把这些价值观排在最后，他们认为最重要的是言论自由，通过开放的辩论解决冲突。当然这个调查并不能说明全部问题，过去一些经济发展较快的亚洲国家也把它们的成就归功于亚洲价值观念，例如勤奋、好学、社会高于个人等。

自从20世纪80年代出现亚洲经济奇迹以来，亚洲一些国家和知识分子认为，亚洲价值观念中社会秩序超越自由、家庭和社团利益超越个人利益、经济发展超越政治表现以及更加勤俭、理想和勤奋，这些价值观念在很大程度上促成了亚洲经济奇迹。亚洲发生金融风暴时，正赶上美国和欧洲的经济实力进入恢复阶段，那些反对亚洲价值观念学说的人感到很得意，他们认为这证明了"美国模式"的成功。

1998年5月和6月的美国《外交》(Foreign Affairs) 双月刊中，有一篇文章叫《亚洲的美国化》(Americanizing Asia)，触及了亚洲金融风暴危机和美国价值观的关系，作者并没有完全赞同亚洲金融危机后要走向美国化的观点，但是所谓的亚洲价值观无疑受到了以美国为代表的西方价值观的强烈冲击，在这篇文章中特别讨论了民主与此次亚洲危机的关系，作者引用了韩国时任总统金大中的一段话，他说，每一个亚洲国家包括韩国，经济危机的原因是缺乏民主。作者的结论是非常有趣的，他希望亚洲变得更好，但不是美国化。亚洲的复兴，要建立在一个自由民主的政治制度下。

美国麻省理工学院的经济学家保罗·罗宾·克鲁格曼（Paul Robin

Krugman，1953—）在几年前根据亚洲地区的综合生产力发展偏低而断定，所谓亚洲奇迹是一种假象，他和许多人一样，认为"依赖人际关系网运转的资本主义"是导致亚洲危机的原因。毫无疑问，这种人际关系网对导致金融危机发生有一定的责任，但却远远不是唯一或最有道理的解释。

在亚洲金融风暴过程中，还有一种极端的看法，他们认为亚洲金融风暴的产生不仅不能证明美国模式成功，恰恰相反，在这次危机中宣告失败的，实际上是自由市场加民主的西方模式。他们的理由包括：（1）如果说亚洲经济奇迹中的主要因素是开放，那么，过度、过快的开放，又导致了经济奇迹的瓦解。亚洲在没有建立适当的监督和管理机制之前就实行金融市场开放。（2）在20世纪80年代末开始实行民主制度的亚洲国家或地区，例如韩国、泰国和菲律宾都受到了冲击，而没有民选政府的中国香港以及一党控制议会的新加坡在这次金融风暴中却都相对平安无事。因为这两个政府可以维持对经济的集中控制。但是，具有亚洲文化特点的关系网和政府干预工业政策，可能促进了"依赖人际关系网运转的资本主义"，从而导致了向"没有效益的项目"大量投资，例如印度尼西亚的"国民汽车项目"等。

新加坡《海峡时报》（*The Straits Times*）认为，亚洲经济危机不能证明开放市场加民主的西方模式更优越，也不能证明强大政府加上文化价值的亚洲模式具有优越性。这两种模式都需要改进。

在这场争论中，最能代表两种价值观的，是关于国际货币基金组织提出的"透明度"问题，即所有的金融交易都要提供全面的信息。然而，不仅是西方专家，亚洲领导人也这样认为，做到这一点很困难。新加坡内阁资政李光耀（Lee Kuan Yew，1923—2015）说，现在需要的是完全公开和透明，他最担心的是人们在情感和文化上难以接受技术发展带来的变化。虽然李光耀仍然主张维护亚洲价值，不过他也承认，有很多以亚洲文化价值为名的做法，促进了这场危机。

在很多亚洲国家，商人、政界人士和官僚之间的特殊关系网无所不在，美国也存在这些问题，但是由于新闻自由和国会的监督，事情终究会被暴露出来。

亚洲国家要加大透明度必须克服文化障碍，这些文化中许多商业交易都是在暗中通过关系进行的，坏账可以掩盖起来，例如韩国有 500 亿美元没有公开的坏账，日本有 6 000 亿美元坏账或有问题的银行贷款，比过去的估计高出一倍。印度尼西亚的外汇储备可能远远低于官方估计的 16 亿美元。这个地区的经济恢复不仅要求对金融系统实行改革，同时也要改变人们的一些思维方式。或许后者会更加困难。

亚洲目前需要的是恢复信心、振兴经济，要做到这一点，亚洲文化价值是不是要做一些调整？

三、全球是否已进入生产过剩的新通缩时代

在亚洲金融风暴过程中，一个最令人注意的观点是全球已进入生产过剩的新通缩时代。美国 1996 年 11 月 10 日出版的《商业周刊》提出，"到处的生产都比消费超前"，当亚洲试图以出口作为走出其经济困境的方法时，生产力过剩会更加严重。支持这种观点的事实很容易从现实世界中找到：太多的工厂正在制造太多的汽车、电脑集成路板以及化学品。他们说，结果供过于求。如果亚洲的金融问题由经济的放缓演变成经济的倒退，结果将是全球性的通货收缩、一般物价下跌、利润减缩和破产时期的来临。这种说法是有道理的，全球确有许多供应过度的例子。堆积如山的集成电路板主要是在亚洲过度投资的结果，造成记忆晶片的价格在 1996 年下跌了八成。现在全世界的汽

车销售量已经平稳，不再上升，虽然发展中国家的需求一直急增，但产量增加得更快。这种新通缩时代理论建立在两个假设前提下：第一，工业生产的增长快过消费开支的速度；第二，发展中国家给全世界提供的供给远远超过需求。上述观点遭到了相当强烈的反驳，具体包括以下几点。

第一，工业生产增长速度快于消费开支速度有误导成分。在美国，消费开支的一大部分是花在非商品的服务业上，而制造业又比服务业具有明显的周期性，因此在工业扩张时，工业生产步伐快于总消费开支是正常的。

第二，相当多的工业产品销售价格普遍下降是事实，但是有些工业产品，包括飞机零件以及大部分服务业产品如酒店、商务机票却在强劲上升势头中。

第三，过去十年，发达国家总投资与国内生产总值相比实际上是下跌了，美国企业尤其是咨询科技业的资本开支，在过去几年里确实急速上升，但是经过十几年的停滞不前，这种投资具有强烈的更新特征。因此生产力净增加其实比投资的数字显示出来的少得多。

第四，在过去十几年间，亚洲投资蓬勃向上是事实，但必须注意到它的投资结构，相当多的投资是落在物业上，而非生产的制造上。

第五，广大发展中国家的薪金与消费水平必然伴随生产力的上升而上升，过去、现在和将来始终是吸纳进口的区域。

第六，全球范围内正在形成横跨欧亚非的新经济区，因此形成新的市场，它们吸纳世界的供给能力是不容置疑的。

第七，通缩是普遍物价水平的持续下降，如果有些物价的下降是因为从亚洲进口便宜的货品的话，这就不是通缩，而是单纯的相对价格的改变。

有些人提出必须重新理解"通缩"的含义。Stein Roe 基金首席经济学家哈维·赫尚（Harvey Hirschhorn，1949— ）认为："这里有两种不同的通缩，健康的通缩和非健康的通缩。健康的通缩是指物价呈下降趋势，而劳动生产力和投资呈上升趋势，在高技术领域的情况就是证明，我们看到的是价格下降，质量上升。而非健康的通缩是指资产在清盘过程中引起的价格下降，以及萧条。"（*Mutual Funds*，April，1998）

关于全球是否进入全球通缩时代，无论支持者还是反对者都有其道理。但是毋庸置疑的是亚洲危机效应将严重冲击全球经济。世界银行专家预期，1998年全球经济成长率下滑0.5%，大体在2.6%的水平。被卷入这场危机的，从澳洲的牧羊业到美国的葡萄种植业，从加拿大和北欧的造纸业到来自欧洲的奢侈品制造业，可以说相当广泛。特别值得注意的是，伴随亚洲房地产业的全面衰退，相关产业坐困愁城。由于亚洲的需求成长远远低于预估，导致油价从1980年年前的每桶23美元一度跌到14美元。

一个供大于求的萧条时代是否悄悄来临？

四、是否存在世界统一货币的可能性

关于世界货币的设想，是建立在对现行世界货币的如下批评之上。

第一，现行的世界货币体系中，因为投资占的比例过高，而使其难以管理和不稳定，在世界货币交易中，90%属投机性质，只有10%属于投资、贸易和服务活动。第二，现行的货币制度，给产生硬通货的国家带来巨大的压力。比如美国，需要增加进口，即使这种进口比它们实际需要的还要多，但唯有这样，相应的出口国才能获得硬通货，以实现它们所需要的进口。第三，这种货币制度还会引发硬通货国家减弱甚至失去它们对自己货币政策的控制。例如在美国，海外和私人投资者以及美国的非中央银行的投资者，对联邦政府债券控制率远远超过联邦储备银行。第四，社会主义国家以及新兴工业化国家从来都不是布雷顿森林体系会议的参加者。第五，对投资者而言，外汇风险远远超过过去常规的生意风险，货币风险不仅高，而且由此引发的成本是巨大的。

所以，有人提出，要建立一种全球性的统一货币。到目前为止，有三种形式的全球货币设想。

第一种，全球不可兑换法定货币（global fiat currency）。这种货币将由改革之后的 IMF 发行，它非常近似于特别提款权制度，却又有所不同。因为特别提款权（Special Drawing Right，SDR）是建立在一些参与国按一定比例投入其货币的基础上的，属于国际货币的篮子，而新的法定货币不是建立在这样的篮子基础上，经过改革之后的 IMF 将避免这种货币的超度供给，而是控制在全球经济活动的需求范围之内。其实这种思想，李嘉图在 1817 年就已经做过近似的设想。

第二种，以商品价值为参照或联系的全球货币（commodity-valued global reference currency）。这种货币的价值取决于不低于一打的商品篮子，它不同于法定货币，是因为前种货币不与任何实物或实物的篮子相联系。因为历史的和心理的原因，黄金将是这篮子中的一种，其他十一种是可以在国际普遍交易的产品。这十二种产品的比重，可以用过去五年在市场上形成的交易来表示，至于如何确定十一种非黄金产品的价值，则要根据过去十年国际市场上不低于十年的经验来决定。这种货币的优势在于，它使货币和现实经济世界相联系。但是这种货币制度最主要的缺陷是，它脱离了现实经济世界中商品与价格已经相当分离的现实。

第三种，与商品后备相联系的全球货币（commodity-backet global reference currency）。这种货币以前两种货币为基础，但有两个特点，一是其价值不仅整体地取决于十二种篮子里的商品，而且还可以这些商品本身作为缓冲。这种存量不仅可以加强这种货币的稳定性，而且还可再提供一种新工具，去处理全球的灾难和冲击，其规模则取决于在世界范围内这些商品在一定周或一定月内所需要的数量。至于这种存量所产生的成本，将由全球货币持有者来分担。

上述三类全球货币，特别是第三种货币的设想，会对实际经济生活，诸如商业周期、就业、通货膨胀、生态经济、国际经济都产生重大影响。而人们很难对这种影响进行接近事实的模拟，因而这种全球货币的思想并没有得到广泛的认同。区域货币却在很大程度上被越来越多的国家所接受。欧元在1999年成为事实。除此之外，还有人提出，创建一种称之为超国家信用货币的世界货币（Supra National Credit Money，SNCM）。根据这种计划，SNCM将发挥所有货币的职能，且不同于SDRs或者是欧洲货币联合体（Economic and Monetary Union，EMU），因为后者仅仅处理国际储备资产和官方债务之间的关系，当然也不同于凯恩斯的计划。SNCM将在不同国家的购买力过程中，覆盖所有国际性的交易，根据上述计划，SNCM将是走向世界单一统一货币的过渡形式。[①]

人们不得不承认，所有关于世界单一货币的构想，都闪耀着当代经济学家智慧的光芒，现在就下结论说人类社会不会进入单一货币的时代，显然是过于武断的。但是，我们不能不看到，单一货币的想法显然要给国家和政府以及国家与政府更多的介入国际经济活动中以更大的权力的借口。这与当代世界正在进入一个更开放、更透明的经济体系的趋势背道而驰。

---

① Robert Guttmann. *How Credit-money Shapes the Economy: The United States in a Global System.*

五、是否存在世界中央银行的可能性

关于建立世界中央银行的想法,最初源于凯恩斯 1941 年的提议。其中心思想是,成立一个国际清算同盟(International Clearing Union),这个联合体的重要职能是所有中央银行有一个储备账号,并在这里与其他国家实行结算。此外,这个联合体还可以决定和调整黄金价格,并且发行一种国际货币。凯恩斯把他的整个建议简称为计划。

上述意见并没有为布雷顿森林会议所接受。然而 IMF 的创建,却深受凯恩斯的影响。20 世纪 70 年代以后,伴随着自由汇率制度运行,由此产生汇率的波动和经济波动,凯恩斯的建议一再被重提。到了 1983 年,斯坦利·费希尔(Stanley Fischer,1943—)在分析了若干世界货币系统模型之后,再次重复关于世界中央银行和世界统一货币的构想,他还认为,IMF 可以成为世界银行。1984 年,理查德·库珀(Richard Newell Cooper,1934—2020)建议成立一个新的世界性的货币权威。这一建议近似于成立世界中央银行的看法。此后,支持这个观点的还有沃特·米德(Walter Russel Mead,1952—)等人。

根据对支持世界中央银行观点的归纳,这个世界银行将包括以下五个功能:(1)帮助稳定世界经济活动;(2)充当一个最终依赖金融机构的发款人;(3)平息金融市场的无序和风波;(4)管理金融机构,特别是存款银行;(5)创造和调控与国际资金流动有关的流动速度、流动程度、清偿能力等。

1991 年《马斯特里赫条约》正式提出建立欧洲中央银行以及欧洲单一货币的实施方案,对成立世界银行的主张有重大影响。

关于世界中央银行的主张也遭到不少反对,主要反对意见包括:(1)不利于主权国家;(2)不利于国家货币的主权;(3)丧失高通货膨胀所产生的政府利益;(4)不利于小的理想的货币区;(5)世界中央银行的成本太高。

应该说,关于要不要建立中央世界银行的争论,到现在也没有结束,以后还会继续下去。然而,关于世界中央银行的主张,至今没有成为影响人们的主流建议,因为这种主张引起了两种力量的反抗。一种是主张自由市场经济,反对政府干预,当然更反对世界性的中央银行。在今天的世界上,外汇市场是自由市场经济集中甚至彻底的表现,人们可能要为这种自由市场经济付出代价,但并不意味着要放弃这种自由市场经济制度。另外一种力量则来自希望维护国家主权的各国政府的抵制,在世界中央银行的框架下,各国中央银行的权威地位将变得非常有限,怎么能设想一个国家的政府失去对货币的干预能力?多么有趣,崇尚市场经济和崇尚政府力量的主张者,在关于世界中央银行的问题上,殊途同归。

值得注意的是,在这次亚洲金融风暴过程中,有不少人指责浮动汇率制度,但很少有人再提出建立世界中央银行的问题。建立更开放、更彻底的外汇市场,成为亚洲金融风暴之后的基本主张。

六、新古典经济学的局限性

世界经济一体化带来了人类经济史上从未有过的一系列特征,例如外汇市场、资本流动的不同方式和不同程度、主权国家的外债、自由贸易区等。按照标准的微观经济学理论,单独的经济行为可以按照线性方式变成一个整体的经济行为。事实上,当我们用这种方法去讨论全球经济的时候,就会发现这是一种极端错误的引导,因为全球经济绝不再是各国经济简单的线性总和。瓦尔拉斯的一般均衡模型,在经济一体化面前已经丧失了其实用价值与意义。

面对变化的世界金融货币市场和区域经济,新古典经济学至少忽视了以下两个方面。

第一,时间变量在经济活动中的重要性。经济活动的进步引发时间的因素愈发重要,像周转率、资本的折旧、付款期、债券到期,所有这些都影响着经济活动本身的利润,而在均衡模型中,一种逻辑时间的概念取代了这种对经济活动有重大影响的时间因素。如果我们引入期货市场(future market)、期权市场(option market)的概念,那么,时间在经济活动中的地位就更为重要了。期权和期货以及其他金融衍生工具,对经济学概念具有革命性的影响,它们使投机行为在经济活动中逐渐成为一种主导行为。

在当今的商学院中,不论是公司财务(corporate finance)还是投资管理(investment management),都把资金的现值概念(present value)作为基本概念。在实际经济活动中,资金现值概念也是投资决策和投资管理中的重要工具。而我们知道,新古典经济学并没有吸纳类似的概念进入其均衡体系。

第二,市场的结构和组织的复杂性。信息技术的迅速发展,买者和卖者的机构化,都引发交易过程不再仅仅取决于供求关系。例如,关于汇率问题,可以用货币理论(monetary theory)、资产方法(asset approach)、资产组合均衡方法(portfolio balance approach)来解释。而上述这些方法,显然都不是简单的线性供求关系。

七、新宏观经济学面对的新课题

国家不再是宏观经济政策的唯一主体。20世纪70年代的石油危机、80年代的发展中国家的债务危机,以及90年代的亚洲金融危机,都证明了国家不再是宏观经济决策的唯一主体。参与宏观经济决策至少要包括国际社会、国际经济组织，以及有影响力的跨国公司。换句话说，宏观经济决策不得不国际化。

任何国家的国内储蓄不再构成投资的唯一来源，这是最简单也是最重要的变化。在开放经济体系中，外国投资、各类形式的海外借款，成为各国除储蓄之外的主要投资来源，不少国家在国际收支平衡表上，账户经常处于赤字状态，而资本账户处于盈余状态；或账户经常处于赤字状态，盈余账户也处于赤字状态。这些国家不可能通过贸易所赚的外汇来补充国内储蓄投资的不足。所以，将原有的投资和储蓄画等号，或者在储蓄不足的情况下，把国际贸易的盈利作为补充资本不足的来源，已经不再是今天的经济现实。

战后，凯恩斯经济学对发达国家影响至深，财政政策成为宏观经济政策的主导政策。货币学派从自由经济的立场出发，力求通过货币供给的数量和结构来解释一个国家的经济现象。货币学派在讨论货币供给量时，又无法回避财政政策的作用。因为，货币供给量的增加常常是一种政府行为，是中央银行影响宏观经济的主要形式。现在，由于外汇市场的存在，货币数额的增长可以不再是政府行为，任何一个国家的货币相对于其他国家的货币增值意味着货币供给量的增加，反之亦然。

亚洲金融风暴提供了非常有说服力的证据，这些国家原本的货币供给量并没有发生变化，只是由于本国货币贬值，国内货币呈现高度短缺状态，相对于任何进口产品而言，其价值相应下跌。如果考虑到利息率的因素，以及汇率与利率的相关性，则传统的财政政策不可避免地失效。

货币供给量的国际化，使货币政策不再以固定汇率制度为假设前提。传统的宏观经济学中，货币供应量是 M1、M2、M3 的总和。问题在于，现实经济生活的变化，迫使 M1、M2、M3 的含义进行相应调整。其中，关于 M3 的含义现在已经包含着诸如共同基金以及欧元和美元的储蓄。如果经济活动完全开放，共同基金进行全球性的资产组合投资，其价值会随全球性的汇率、利率及有关企业和产业的经营情况急剧波动，而欧元和美元的汇率也会不断调整。在这种背景下，货币概念本身已经脱离传统意义，那么，货币供给量的解释也将发生变化。不仅如此，还要看到，货币的供给量以及流动不是任何一个单一的国家政府所能控制的，美元和日元的价格在本质上每时每刻都取决于其与外汇市场的关系。

通货膨胀与失业呈现复杂关系：低通货膨胀与低失业率并存。菲利普斯曲线（Phillips' curve）在宏观经济学中占据相当重要的位置。根据菲力普斯曲线，通货膨胀率和失业是一种相互交换的关系，即低失业率意味着高通货膨胀率，低通货膨胀率导致高失业率。20世纪80年代后期，美国经验提供了另外一种模型，即低通货膨胀率和低失业率并存，甚至可以说美国正在经历一个低通货膨胀率和充分就业的时代。解释这种现象，必须假设美国经济是完全开放的经济，由于外汇市场的存在，一方面美国可以进口便宜的各类产品，引发美国物价指数的稳定甚至下降。另一方面，美国向本国和世界提供了一系列高科技的产品和服务，由此提供了充分就业的机会。

资本流入和经济波动。随着世界金融体系的一体化，私人资本流入迅速增长，引发下列问题：总需求的急剧扩张，导致经济过热（overheating）；由于信用概念的彻底变化，巨大资本可以突然改变其流量和方向；当经济遭遇外部的冲击时，经济运行趋于脆弱，宏观经济波动不可避免。所以，管理和控制国际性宏观波动成为新的课题。

附录　现阶段柬埔寨和缅甸的国民经济状况[①]

1993—1997年，我多次前往柬埔寨和缅甸，对这两个国家的经济、政治以及他们的外交政策，有所观察和研究，并形成一些基本认识。

一、柬埔寨的经济形势及其对策要点

柬埔寨在东南亚特别是在印度支那地区，具有不可忽视的独特地位。柬埔寨的重要性或其战略地位基于地缘政治。在印度支那（越南、老挝、柬埔寨）的三个国家中，柬埔寨是唯一可以制衡越南的国家。此外，柬埔寨的状况对泰国有直接影响。而泰国则是西方国家特别是美国在亚洲东南半岛的重镇。

1993年，西方国家通过联合国投入20余亿美元，在柬埔寨实现全国性民主选举，建立了君主立宪之下的多党联合政府的政治体制，并实行了全面的市场经济和对外开放。直至1997年7月初的"军事政变"以前，该国人均所得到的国际援助以及外国直接投资，在发展中国家中是相当引人注目的。

柬埔寨在1993年大选之后，基本奉行多元平衡的外交政策。主要表现在：（1）重新恢复与美国、日本及欧洲等国家的关系，为此，实行多党政治，新闻自由，改善人权状况；（2）与东盟国家全面合作，争取成为东盟成员国，东盟国家投资一度成为该国主要资本来源；（3）维系以中国政治为主体的两国政治关系，与此同时，与中国台湾地区保持某种往来。

1997年7月，柬埔寨发生"军事政变"。之后，柬埔寨立即处于

[①] 本文系作者于1997年8月15日应一位朋友之请而写的有关柬埔寨和缅甸的基本情况工作。

全方位的困难局面。（1）外交上非常孤立，西方国家，主要是美国，事实上对其采取了"经济制裁"的政策；（2）国际组织，包括世界银行、IMF 都大体冻结了对该国的承诺；（3）东盟各国（包括泰国、马来西亚、印度尼西亚、新加坡）都在不同程度上受到"亚洲金融风暴"冲击，无力对柬埔寨再维系经济与政治上的影响力；（4）柬埔寨国内经济陷入萧条状态，外资急剧下降，政府预算赤字日益扩大，财政收入过低，国内货币不断贬值。

此次政变之后，原柬埔寨第二总理洪森（Sarndech Hun Sen，1952）成为不可挑战的铁腕人物。洪森为了摆脱在国际上的孤立状况，避免在联合国安理会上受到制裁的局面，只能加强与联合国安理会成员国中国的关系。① 柬埔寨政局面临着全面改组，这是因为这个国家在 1998 年 7—8 月，该国政局进行第二次全面性普选。参加柬埔寨民主选举的各派势力，不论是作为主流派的人民党（Cambodian People's Party），还是作为非主流派的奉新比克党（National United Front for an Independent, Neutral, Peaceful and Cooperative Cambodia，简称 FUNCINPEC），以及第三势力，都处于严重的财政压力之下。而民主选举是需要很高的财力支持的。民主国家在这方面是可以有所作为的。柬埔寨第二总理洪森是人民党的代表人物。人民党已经执政多年，在选举中取得成功的可能性很高。但是，再次执政之后，人民党如果不能迅速改善柬埔寨经济，仍旧有失败的可能性。至于前第一总理纳烈（Norodom Ranariddh，1944—2021），已结束在曼谷的流亡生活，返回柬埔寨，其影响力依然十分巨大。他曾经任党魁的奉新比克党已化整为零，组成一系列小党，参加竞选。此外，还有一个柬埔寨

---

① 洪森关闭了中国台湾驻金边的办事处。洪森及人民党与中国台湾关系本来就相当脆弱，历史上曾经发生过洪森否决台湾长荣航空公司关于实现台北和金边通航的计划。

国家党（Khmer Nation）为第三势力。实际上，第三势力与前第一总理的渊源很深。在可以预见的未来，只要维系洪森和人民党的执政，就可以继续维持政治的稳定性。但是，打破一党独大局面，结束洪森执政的压力会继续存在。加之法律法规不健全，短期内的社会不稳定因素不会化解。

1997年7月—1998年5月，存在国际收支危机。由于柬埔寨是开放型经济体，国际收支状况非常重要。国际收支包括经常账户和资本项账户两部分。1997年7月危机后，外汇和进口额已经下降，资本流入下降，资本流出增加（更多外国资本外逃），预算操作难度更大，高度美元化的货币结构正在动摇，投资规模大幅缩减。

国民经济的基本情况如下：（1）财政持续赤字，主权担保加重财政风险；（2）政府干预过大，国有化和征收、汇兑均受限制；（3）经济依赖外部环境程度高；（3）交通基础设施建设方面，公路、港口、航空方面的基础设施质量均恶化，滞后于经济发展需要，在全球竞争力排名中始终处于最低位；（4）能源整体水平仍然远远落后于其他国家，电力供应无法满足本国基本电力需求；（5）人力资源匮乏，劳动力供求及成本失衡，劳工纠纷普遍。

柬埔寨经济面临的严重问题是萧条或衰退的威胁。（1）柬埔寨保持开放经济、市场经济（市场导向）和自由经济体制；（2）国际社会短期内不可能给予实质上的援助，也很难兑现每年5亿美元（6500万美元现金/商品、4.35亿美元用于项目）的承诺。

应对当前柬埔寨经济的主要思路有以下两种。（1）传统解决方案。世界银行和国际货币基金组织支持侧重于紧缩货币供给和减少赤字，关键是通过增税创收。柬埔寨的税率仅为所有低收入国家平均税率12%~13%的一半。政策选择是减少赤字并创造收入。（2）通过投资激励政策来刺激需求。促进更多的投资者投资不同的行业，增加国民收入,创造更多的税收资源。拉动社会需求,与主要行业的主要公司建立新的关系,完善金融机构评估,建立全国经济金融委员会。

中国公司在柬埔寨基础设施建设领域参与度很高,主要开展承包工程业,为柬埔寨提供了大量的资金以及技术支援。

总的来说,随着柬埔寨国内经济持续快速增长、政局逐渐稳定、投资环境日益完善,柬埔寨仍具有较强的外资吸引力和较大的发展潜力。未来3—5年,柬埔寨有望进入经济快速增长时期。在国际援助的支持下,依托亚洲区域较快的经济增长环境,柬埔寨经济增长动力较为充足。柬埔寨政府逐渐转变相关政策思路,开始渐趋收紧主权担保,经济增速有望保持在较高水平。

二、缅甸的经济和政治对策要点

1948年,缅甸脱离英联邦,获得独立。1949年,吴努(Nu, 1907—1995)正式宣布缅甸实行独立和不结盟的外交政策。1962年,军人吴奈温(Ne Win, 1911—2002)发动政变并成立以军事统治的政府,宣布缅甸成为社会主义国家,自此至1988年实行国有化和计划经济,缅甸经济停滞不前。1989年6月18日,在苏貌(Saw Maung, 1928—1997)领导下,缅甸的英文官方名称由"Burma"改为"Myanmar"。1987年,联合国将缅甸列为世界最不发达国家。自20世纪90年代初,缅甸已经彻底放弃了所谓的计划经济,以及"独特的社会主义道路",实行一系列经济改革和开放措施。但是,由于该国自1988年以来,实行军政府统治,反对派领袖昂山素季(Aung San Suu Kyi, 1945—)自1989年遭到长期囚禁和失去自由,1991年获得诺贝尔和平奖,具有全球性影响力。西方国家特别是美国,一直"杯葛"(抵制)缅甸。由于上述背景,缅甸政府寻求多元化的国际资源,包括西欧、日本、新加坡和其他东盟国家,特别是中国。缅甸在外交上引人注目的成功是，于1997年成为东盟新成员国。

第一，缅甸位于亚洲中南半岛西北部。北部和东北部与中国毗邻，东部和东南部与老挝和泰国相连，西南濒临印度洋的孟加拉湾和安达曼海，西部和西北部与孟加拉国和印度接壤，海岸线长2 832公里。国土面积676 578平方公里。缅甸有丰富的矿产资源、石油与天然气资源、森林资源、海洋资源和水资源。1997年，缅甸人口是4 500万人。

第二，农业是缅甸国民经济的基础，乡村人口约占总人口的70%。工业以劳动密集产业为主，例如纺织制衣业。缅甸的自然资源，全部为大型国有企业垄断。

第三，缅甸在1987年实施奈温"货币改革"，导致百姓倾家荡产，民怨沸腾。同年3月，爆发学生运动，蔓延全国。奈温被迫辞职。这年8月，形成广大民众上街示威的民主运动。同年9月之后，军政府重新控制了全国局势。这场被称为1948年缅甸独立以来规模最大的民主运动在军队的血腥镇压之下结束。缅甸军队接管国家政权，宣布废除一党制，实行多党民主制。1990年5月，缅甸举行首次多党制大选，之后大批政党自行解散或被取缔。

第四，自1997年，亚洲金融风暴爆发以后，东盟国家丧失有效帮助缅甸的能力。缅甸自1997年年末以来，经济状况日趋困难，包括外资直接投资急剧下降，外汇储备减少，本国货币贬值，通货膨胀上升，经济增长停滞，失业增加。

第五，缅甸于1997年加入东盟，重视与东盟各国发展睦邻友好关系。印度是缅甸在南亚的重要邻国，缅甸也是印度推动"东进"运动的重点国家。

第六，自20世纪80年代末以来，缅甸与中国的关系相当紧密。中国不仅是缅甸最主要的贸易伙伴，而且是最重要的军事设备及武器供给国。缅甸和中国有着军事和安全方面的合作关系。

第七,目前,在缅甸最为可行的方式是通过参与该国政府的某些重大项目,以实现中远期目标。这些产业包括:(1)金融业和保险业;(2)交通运输业,如仰光至曼德里的铁路改造;(3)通信业。

亚太产业结构的调整与分布[①]

——对1997年亚洲金融危机二十周年的回顾与展望

亚太地区泛指东亚、东南亚等太平洋西岸的亚洲地区、大洋洲以及太平洋上的各岛屿,在自然资源方面具有丰富的多样性。其中的东亚、东北亚,历史上属于汉字文化圈。当中的东南亚各种文化共存,并受到西方文明的熏陶。南半球的大洋洲地带,尤其是澳大利亚和新西兰,则属于盎格鲁撒克逊(Anglo Saxon)文化,是西方世界的核心成员之一。亚太地区,人口众多,是第二次世界大战之后经济增长最为迅速的区域。20世纪后期,亚洲"四小龙"为发展中国家和这个地区的新兴市场国家提供了丰富的发展经验。

在亚洲金融危机二十周年之际,重新评估这次危机,具有历史与现实意义。

一、1997年亚洲金融危机的再认识

亚洲金融危机集中发生在1997年7月—1998年1月。在半年左右的时间内,东亚绝大多数国家和地区的货币贬值幅度达到30%~50%,股市跌幅达到30%~60%。此次危机还波及中国香港和韩

---

① 本文系作者于2017年12月7日在"厚朴投资者年会"上所做的会议发言。

国。1997年10月21日、27日和28日的三天内,香港恒生指数下跌了25%。据估算,在此次金融危机中,仅汇市和股市下跌给东亚国家和地区所造成的经济损失超过1 000亿美元,之后发生大面积的严重的经济衰退和失业现象。此次危机所引发的社会成本中,民众和企业家付出的代价是巨大的。

1. 亚洲金融危机的背景。20世纪的最后10年,最有长远影响的事件有以下这些。(1)冷战结束,苏联解体,全球新地缘政治形成。(2)1995年WTO成立,新全球化全面启动。(3)自20世纪70年代,世界经济活动是在浮动汇率制度下进行的。1985年签署的广场协定,实现美国、英国、德国、法国、英国和日本政府联合干预外汇市场,美元对主要货币汇率有秩序贬值,缓和美国巨额贸易逆差问题目标的背后,是对世界基于浮动汇率货币金融制度和规则的修补和完善。(4)美元国际化和国际化美元互动,继续全球美元化(dollarization)趋势。(5)金融资本规模的增长速度远远高于产业资本,形成平行于产业集聚的金融经济,出现所谓的热钱(hot money)和明智的投资(smart money)。(6)金融经济突破传统投资,转变为越来越纯粹的"金融市场"内在交易、金融创新,特别是衍生工具(derivatives)获得突破性发展。(7)国际资本快速流动。全球货币供给量增长过速。私人资本对发展中国家流入的规模迅速扩大。(8)美国主导的IT革命进入新阶段,互联网经济兴起。(9)1990年,日本经济恶化,土地价格下跌直接导致泡沫经济最终破裂。(10)东盟传统的五个国家,除了新加坡之外,泰国、马来西亚、印度尼西亚、菲律宾私有化、市场化和民主化进程加快,经济增长速度加快。(11)中国自20世纪70年代末启动改革开放,获得成功,成为世界加工业中心的基本条件趋于完备。"亚洲四小龙"(Four Asian Tigers)引领的亚太经济的黄金时代悄然结束。

2. 亚洲金融危机的直接原因。(1) 亚洲几乎所有国家，经济过热，在实施保护主义前提下，外贸条件恶化与经常帐赤字，企业负债率过高。(2) 国际直接投资（FDI）对亚太地区的增长不断加快，"开放共同基金"作用显著。(3) 亚洲主要国家金融制度存在缺陷，运行失当，监管滞后，表现在：本国币值高估，出口成本上升，竞争力下降甚至衰退；以美元衡量的国民财富处于严重不合理地步，部门信用过度扩张，商业银行短期债务比例过高，金融市场过度开放，房地产吸纳了过多资本。

3. 亚洲金融危机的"区域性"结果。亚太地区经济重新洗牌，形成新的经济格局。(1) 亚洲金融危机给中国以历史机遇。中国外贸顺势扩张，填补了亚太其他国家外贸下降的缺口。之后参加 WTO，中国逐渐崛起。(2) 以出口立国的韩国，经历亚洲金融危机之后，产业结构得以调整，在 2000 年，韩国经济总量超过印度和俄罗斯，进入到全球前十五名。(3) 日本虽然处于所谓"失去的 20 年"（Lost Decades）周期，仍旧维持了在全球中的经济实力和最大限度的影响力。(4) 低收入国家进入经济增长的历史拐点，贫穷国家的洼地开始消失。例如，东盟的老挝、柬埔寨、缅甸，非洲的埃塞俄比亚，中亚的乌兹别克斯坦，还有拉美国家，中美国家，等等。

二、过去 20 年：全球和亚太地区经济的演变

根据世界银行资料，1997 年世界人口总数 58.7 亿人，东亚和太平洋人口 19.9 亿人；世界 GDP 为 31.5 万亿美元，全球人均 GDP 为 5 357 美元，东亚和太平洋 GDP 为 7.7 万亿美元，人均 GDP 为 3 853 美元。2017 年，世界人口 75.1 亿人，东亚和太平洋人口 23.1 亿人；世界 GDP 为 81.3 万亿美元，全球人均 GDP 为 10 467 美元，东亚和太

平洋 GDP 为 24.2 万亿美元，人均 GDP 为 10 830 美元。以上比较表明：从 1997 年到 2017 年，东亚和太平洋人口占世界人口比重从 34%下降到 31%，GDP 的比重从 24% 上升到 30%，人均 GDP 从低于世界水平到略高于世界水平。

1. 全球性的重大变化。回顾 1997—2017 年，全球性或者说影响全球史的重大变化主要表现在这样几个方面。（1）全球化从兴起、主导到衰落。2016 年 6 月，英国全民公投决定"脱欧"，美国时任总统特朗普的"美国优先"战略选择具有相当重要的象征意义。（2）欧元区形成。2004 年欧盟经历了一次史无前例的扩张，包括了 27 个国家。（3）2008 年全球金融危机，其背后是全球货币金融制度的危机。（4）以美国为代表的西方国家从扩张、维持到收缩。（5）自由主义经济丧失绝对主导地位，世界性经济结构转型。（6）持续科技革命。基于互联网的数字经济和互联网公司全面兴起。（7）新兴市场国家的影响力和对世界经济的贡献率不断加大。（8）恐怖主义形成与发展。

2. 亚太地区的重大变化。1997—2017 年，亚太地区在经济、政治和社会领域也发生了重大变化。（1）在地缘政治方面，美国和印度因素影响增强，美国的"重返亚洲战略"和"印太战略"对亚太地区，特别是东盟国家的发展，影响甚大。（2）印度作为南亚次大陆实力最强的国家，以地区大国的优势与条件，积极介入东南亚事务，成为美国的重要战略支点。（3）东盟崛起，2000 年前东盟成员国增加到 10 个国家，2002 年启动"东盟自由贸易区"，2015 年东盟共同体正式成立。东盟经济共同体成为拥有 6 亿人口的单一市场，国内生产总值规模大幅扩张，成为全球具有强劲竞争力的经济区域。东盟国家是东盟本身的最大出口市场，占区内总出口的 25.9%。根据相关资料，2017 年东盟 GDP 很可能达到 18 万亿美元，将会成为继美国、欧盟、中国和日本之后的世界第五大经济体。①（4）"亚洲四小龙"的衰落和转型。半个世纪以前，"亚洲四小龙"经历快速工业化的发展过程。半个世纪后，它们的人口结构出现转变，出生率与死亡率同步下滑，年龄中位数攀升，出现人口老龄化的问题，人口红利不再。加上贫富差距较大，"亚洲四小龙"经济成长趋缓。"亚洲四小龙"的出路是加速从传统制造业转向高端科技业的进程。

3. 中国实现全方位崛起。在过去20年，中国制造业实现技术创新和产业升级，基础设施全面改善，城市化大规模扩张，完善了现代金融货币制度，并推进了人民币国际化。2010年中国GDP超过日本，成为世界第二大经济体。2002—2010年，中国占世界GDP的比重持续增加，2003年中国对世界GDP增量的贡献率是4.6%，2016年中国对全球经济增长贡献率达33.2%，成为全球GDP第一大贡献国。特别是，2013年中国提出并实施"一带一路"倡议，2014年，推动建立亚洲基础设施投资银行。

4. 中日韩自由贸易区的构想和谈判。在亚洲金融危机之后，包括亚太经济合作组织（APEC）在内的亚太地区的多边国际组织作用增强。2017年11月14日在菲律宾马尼拉举行的第20次东盟与中日韩（"10+3"）领导人会议，就是建设东亚经济共同体、推进东亚合作的重要平台。

---

① 这个判断得到证明。根据美信联邦资料：2017年东盟GDP达到18.83万亿美元，相当于2017年中国经济总量的21.6%，是排在美国、欧盟、中国和日本之后的世界第五大经济体。据《寻找下一个人口红利爆炸区！世界第五大经济体投资机会解析》，2018年6月12日，https://xueqiu.com/4537766805/108763412。

三、亚太地区的挑战和转型

在亚太地区经济前景强劲的大趋势下，2017年和2018年的经济增长态势是乐观的。亚太地区基本实现了2016年APEC会议提出的目标：亚太地区有效发挥全球经济"火车头"或者是"推进器"的作用。但是，亚太地区所面临的挑战是严重的，转型是艰巨的。

1. 亚太地区的外部挑战。2008年全球金融危机以来，主要发达经济体经济遭遇重创，新兴经济体增长乏力，经济衰退和贸易增长停滞。与此同时，各国普遍实施货币宽松化政策，竞争性贬值，全球资本流动萎缩严重。自2010年，新兴市场净资本流入占GDP比重持续大幅下降，2015年全球新兴市场净资本流入更是由正转负，为过去20多年来的首次。新兴经济体资本不断出逃，新兴市场外汇储备由升转降。在这样的背景下，贸易保护主义全面抬头。2010年以来，发达国家实施的贸易保护措施数量激增，特别是美国，2015年实施贸易保护措施624项，为2009年的9倍。非贸易壁垒普遍化。国际资本风险偏好不断下降。

集中形成逆全球化情绪，全球化退潮，跨国间经济风险传递趋于严重，主要发达国家经济转为"内向"，全球未来不确定性加剧，导致了亚太经济的外部经济环境恶化。因为，亚洲经济体由于其贸易开放度和与全球价值链的融合，特别容易受到保护主义的影响，若全球转向实行内向型政策，就可能抑制亚洲的出口并减少该地区的外国直接投资。不断升级的地缘政治风险也可能对该地区的中期增长前景产生不利影响。如果亚太经济需要维持积极向外扩张的经济活力，扮演捍卫全球化的重要角色，压力是前所未有的。

2. 亚太地区的内部挑战有：成员方经济和收入水平参差；尚未形成现代产业结构，成员方严重依赖出口，经济增长取决于全球增长周期；货币金融制度落后和脆弱；包括能源和交通在内的基础设施落后；劳动力成本上升，各国上调每日最低工资；区域分工（division of labour）尚处于初始阶段，区域经济发展失衡；跨境劳动市场仍未彻底开放；保护主义继续存在，仍设有不少非关税贸易堡垒；普遍存在着通货膨胀和本国货币贬值压力。

作为第二经济体的中国面临如下问题：自然资源成本，主要是土地资源成本全面上升；劳动力价格持续升高；福利制度提前到来的压力；老龄化社会转型的挑战；创新转型的挑战，在继续存在技术、资本、劳动密集型产业体系前提下的创新问题；地缘政治风险，例如朝鲜半岛核危机；多元文化转型的挑战。

3. 亚太地区的发展优势和潜力。相较于世界其他地区，亚太地区的发展优势是巨大的。（1）除澳大利亚和新西兰，其他均属于新兴市场国家。人均GDP越低的国家发展越快，例如柬埔寨、老挝、缅甸。（2）制度优势。政府的产业政策对经济发展有显著作用。（3）市场优势。市场规模和增长潜力巨大。（4）"人口红利"从中国转向东盟，1/2以上的东盟国家正处于"人口红利"高点。（5）投资回报率高。（6）企业家普遍存在创新冲动。（7）中产阶级迅速成长，成为各国国内及亚太地区投资和消费的潜在主体。（8）中国经济外溢效应扩大。

4. 关于东盟模式。至1999年，亚洲大部分地区的经济开始复苏。其中，遭遇打击的东盟国家的恢复能力超过人们预期。在过去20年，东盟国家的发展具有如下特征。（1）市场发育和政府干预得以平衡。在政府维持"产业政策"引导的同时，都存在"野蛮生长"的空间。（2）在混合经济制度下，中小企业成为经济发展主体。（3）完成了东盟国家之间的分工体系转型，形成了在"比较优势"前提下的竞争体系。（4）相对西方国家、日本和中国，形成"后发"优势，在越南和印度尼西亚表现得淋漓尽致。

但是，现在是否可以得出存在与欧盟并存的"东盟"模式，还为时过早。这是因为：东盟内部的历史和文化传统，特别是政治制度差异显著；区域间的发展水平差距过大；难以形成统一的货币金融制度，单一亚洲货币仍处于构想阶段。总之，与欧盟模式相比，实现东盟一体化，还有相当长的历史过程。

四、21世纪20年代：亚太经济展望

进入21世纪20年代，也就是进入21世纪的第三个十年。

1. 亚太经济的新格局。在21世纪20年代，亚太经济将置于整个亚洲经济多板块互动的新格局之中。亚洲经济将呈现板块化，即东北亚、东亚、东南亚、南亚四个板块。亚洲将形成三个增长极，即中国、东盟和印度代表的南亚次大陆所构成的三角增长极。

其中，2001年确定的东盟和中国合作模式（"10+1"模式），2009年的东盟和中国、日本、韩国的合作模式（"10+3"模式），不仅推动世界最大的经济体形成，而且推动了世界上最大的自由经济贸易区的形成。在"10+1"的格局下，整个区域人均收入将形成三个梯队，4万~6万美金，1万~2万美金和5 000美金左右。

特别值得注意的是，亚太地区的城市化速度不断加速，将出现从南半球的悉尼，经雅加达、新加坡、吉隆坡，到曼谷、胡志明市，再到香港地区、珠江三角洲、长江三角洲、首尔、北京的城市群链条。其中的东南亚城市群包括：印度尼西亚的雅加达大都会（雅加达、茂物、德波、坦格朗和勿加泗五个雅加达卫星城）、泗水都会区、万隆，马来西亚的大吉隆坡、大槟城，菲律宾的马尼拉大都会（马尼拉、奎松市、马卡蒂、达义市、帕赛市、加洛坎市和其他11个城市）、宿

雾市、达沃市、伊洛伊洛市，泰国的曼谷都会区，越南的胡志明市都会区、河内首都圈，柬埔寨的金边（金边、干丹省），缅甸的仰光省（仰光、沙廉）。现代交通系统、能源供给和通信技术将支撑城市链条。

可以预见，亚太地区各国内部区域发展不平衡的情况将全面改善，经济制度呈现趋同化。

2. 全球趋势。在21世纪20年代，全球经济存在如下趋势。（1）持续科技革命，包括数字技术、人工智能正在提供未来世界的存在基础。（2）区块链技术改变传统金融货币体系。（3）重新建立世界分工体系。（4）城市化新阶段，形成全球经济发展的城市群网络。（5）新兴市场国家和成熟市场国家的差距急剧缩小，绝对意义上的贫穷国家（人均在1 000美金以下，甚至人均在2 000美金以下）基本消失。（6）人口继续爆炸。世界人口很可能在2050年之前达到100亿人。（7）亚太地区的"人口红利"将转移到中东和非洲地区。（8）全球化衰退、区域化兴起，形成全球化和区域化新均衡。（9）生态主义的全面崛起（例如核能源的问题）。

五、结论：20世纪20年代的投资宏观环境

从1997年亚洲金融危机至2017年，从2008年全球金融危机至2017年，这期间，还发生了一系列影响力较小的危机。以金融和货币危机为代表的经济危机正在常态化。现在，不论是政府、企业家，还是民众，都应该意识到：战后所建立的世界经济体系存在制度性缺陷，其后果正在不断显现，造成各类金融和经济危机的"病毒"仍旧存在于经济体中，无法根除。诺贝尔经济学奖得主约瑟夫·斯蒂格利茨说过，"全球金融系统的任何缺陷，都会让我们在繁荣和稳定两个

方面付出惨重的代价。"

在21世纪20年代,投资更需要着重考虑经济、科技和政治等宏观问题。(1)国际大环境。例如,恐怖主义、伊朗问题。(2)科技革命对产业结构的改变,如数字技术、AI、5G、新能源产生的影响。(3)数字经济的成长,以及实体经济和非实体经济的关系。(4)全球性的经济制度改革和转型,市场、企业和政府的新型关系。(5)政府政策,特别是货币、财政和产业政策的影响模式。(6)城市化的扩张边界,城市与乡村的平衡。(7)教育发展和劳动力素质。(8)以减少碳排放为核心目标的环境保护与治理成本。

在2017年接近尾声的时候,虽然全球化发生某种逆转,但是,世界经济联系已愈加紧密。亚太地区的每个经济体都有对区域和全球经济稳定和发展的责任,都需要有强烈的改革、转型和合作意识。其中,改革尤其重要。

拉美五国经济改革的经验与教训①

1988年4月中旬至5月中旬，中信国际问题研究所组团，对巴西、阿根廷、智利、委内瑞拉和墨西哥五个拉美国家进行了经济考察，初步形成如下看法。

一、拉美五国已奠定了现代化的基础

我们所考察的五个国家，在第二次世界大战以后，经济发展还是十分迅速的，人均国民生产总值从20世纪50年代的几百美元达到现在的2 000—3 000美元不等。这些国家在以下几个方面，已经奠定了现代化的基础。（1）交通、通信系统已接近甚至达到北美发达国家水平。（2）不同程度地解决了农业部门滞后的问题。（3）能源工业和原材料工业大体满足甚至超过其他产业需求。（4）城市化水平较高。（5）具有较为发达的银行体系和金融体系。（6）市场体系成熟。（7）经济专家管理各个层次的经济。

二、拉美五国的经济困难及经济改革

但是，所考察的五个拉美国家都存在着不同程度的经济困难。主

---

① 此文系作者1988年6月为"中信国际问题研究所拉美考察组"所撰写的报告摘要。

要是自 20 世纪 80 年代初以来未能得到有效控制的高通货膨胀率。其中阿根廷最为严重，智利最为和缓。

通货膨胀的根本原因在于赤字过大。公共赤字过大的原因又在于公共部门管理不善，经济效率低下，亏损严重。这种状况一方面日益破坏国内的竞争机制，另一方面阻碍了外资的流入。

这些国家自 20 世纪 70 年代末或 80 年代初，分别开始了经济改革。经济改革主要集中在两个方面：一是非国有化；二是更为全面和灵活的对外开放。非国有化的基本方式是进行国际性的拍卖。引进外资和非国有化一并进行。在对外开放方面，最大的动作是有步骤地放宽外汇管制，甚至采用市场浮动汇率制度，放宽进口管制，大力改善投资环境，对原有外资法都已经进行和正在进行重大修改。其改革的思路是明确、坚决和彻底的。

拉美政府官员、经济学家，以及联合国驻拉美官员、国际金融组织专家都提醒我们注意，战后拉美国家在当时的历史背景下，为了维护自己在经济和政治上的独立，实行两条国策：一是对主要经济部门采用国有化；二是力求实现"进口替代"。历史证明，过分的国有化所引起的公共部门膨胀，阻碍了国内市场体系的发展，而把"进口替代"绝对化，造成了国内市场与国际市场的隔绝，削弱了国内企业的竞争能力。

需要指出的是，这些国家的国有化，以及政府对经济的干预程度和方式，与实行中央计划模式的国家相比，还是有很大区别的。因为这些国家的国有化只是在关键性部门实行，并没有绝对地排斥私人经济、股份化经济以及外资的存在与发展，国家对经济的干预也只限于规定什么不能干，而不规定干什么。加之商品经济、货币化水平较高，所以这些国家推进经济改革的实际阻力与我国相比，相对要小得多。

三、拉美五国的外债问题

拉美五国的债务绝对数额仍然是巨大的。但是,债务中的长期债务结构得到了调整,偿债率大大下降,并且恢复了与债权国的全面对话,已经寻求出一些行之有效的还债办法。所谓的"债务危机"已经得到了相当程度的缓解。

根据我们的考察,关于拉美外债问题的以下判断是成立的。

1. 举借外债绝不是历史性错误。不仅在当时来看是必要的,现在看也是有历史意义的。因为这是解决发展中国家资本短缺最直接、最简便的办法。按照巴西"经济奇迹之父"德尔芬·内托(Antônio Delfim Netto,1928—)的看法,巴西如果不借外债的话,今天的发展水平很可能与孟加拉国、安哥拉差不多。

2. 在国内资本短缺而外资对基础设施直接投资兴趣不足的情况下,利用外债进行大规模基础设施建设是有利的。

3. "债务资本化"方法不失为解决所谓"债务危机"的一种有效的办法。它的意义在于把债券变成了投资,把投资主体变为外国资本,把还债、刺激投资、增长以及非国有化一体化。

4. 拉美各国近年来能够推行"债券资本化"方案的重要前提是,这些国家都有如前所说的发达的、现代的金融市场、银行系统。他们认为,金融系统不高度现代化,不仅无法应付外资的进入,也无法对付通货膨胀。

当然,这些国家在过去利用外资的时候,也有过失误,主要有:(1)某些项目投资不当,投资周期过长,效益差;(2)借债期,政府开支和工资福利水平上升过快;(3)贪污腐化问题。

四、拉美五国的经济发展与通货膨胀

毫无疑问，拉美地区是二战后世界范围内的高通货膨胀区。我们所考察的五国，除个别年份外，通货膨胀始终处于稳定的上升局面。对付通货膨胀问题，这些国家既有经验，也有教训。其中值得注意的是以下几个方面。

1. 从政府官员、企业家到居民，不存在对通货膨胀的恐惧，普遍持以理智态度。他们一致认为：通货膨胀是发展中国家不可避免的现代经济现象。政府的目标是抑制过高的通货膨胀率，而从不认为可以消除通货膨胀。居民早已习惯于在通货膨胀中生存，他们关心的不是物价是否上升，而是实际生活质量的稳定和提高。

2. 在经济发展的某些阶段和特别时期，通货膨胀对经济增长具有显著的刺激作用。政府自觉地运用通货膨胀政策，对于调整和放开汇率、刺激出口也有一定作用。

3. 在对外开放的经济环境下，通货膨胀的最不利后果是可能引起资本外流。

4. 通货膨胀条件下，收入以及存款的"指数化"，在一定时期是必要的。但是，"指数化"政策不宜持续地无条件地实行。

5. 在发达国家通常实行"反通货膨胀"的货币主义政策，在发展中国家不宜实行，因为其常常导致经济的过度衰退。拉美五国都实施过"货币计划"，内容包括冻结物价、工资，但是效果通常是短暂的，之后往往导致下一轮更为严重的通货膨胀。

6. 智利的经验表明，只要采取合适的配套经济政策，在保证增长、扩大出口的前提下，放开价格、汇率和工资，使通货膨胀率稳定在一个低水平是完全可能的。

五、拉美五国政府经济管理的主要经验

我们所考察的五个国家的政府宏观经济管理，有很大不同，成功与失败的经验和教训兼有。其中，下面几点值得我们重视。

1. 不断完善产业结构。在这方面，巴西是极为成功的。三十年里，巴西成功地制定并实行了小汽车国产化、酒精取代部分汽油、发展大豆、钢铁等产业计划，都取得了成功。近年来，智利的水果产业取得了成功，成为南美第一大水果出口国。

2. 建立现代的经济法律体系。过去，五国都在修订宪法的经济部分、外资法、银行法，用法律推进经济改革与开放，改造经济体系的意识非常强。智利为了实行金融体系的现代化，颁布了仿效西德银行体系的新的中央银行组织法，根据新法令，中央银行完全独立于政府，不受政府任意干预。

3. 在落后经济区域建立自由经济区，以调整原有的生产力不均衡的配置。其中，巴西、委内瑞拉、墨西哥都已取得显著进展。

4. 对城市化持现实主义态度。这些国家的城市化水平均很高，尽管乡村人口进一步流向大都市，政府对此不加干预，而且有计划地调节土地价格，建立住房银行，改善贫民区的生存条件，发展大都市公共设施。因而，城市化的进一步发展，并没有带来过于严重的后果。反而因为劳动力的充分流动，对稳定工资水平产生了积极的作用。

六、拉美经济现状对我国所形成的机会以及潜在挑战

拉美目前的经济状况处于一个特殊的时期，还未完全从"谷底"走出，新的一轮外国投资高潮尚未到来。在此背景下，给我国带来了一些机会：（1）加强中国在争取外资进入方面的竞争能力，中国

可利用一个两至三年的"时间差";(2)中国和拉美各国确有极大的资源和市场的互补性,因而,拉美各国急于发展同中国的经济关系;(3)中国在拉美有着广泛的投资机会和优惠条件。

但是,还应该看到拉美地区的不少国家已经初步奠定了现代化的基础,如果它们走出"谷底",凭借它们的资源优势,具有较强的发展潜力,很可能形成与我国在资本、技术、市场方面的新的竞争力量。对此,应有充分认识。

关于西亚六国考察报告要点[①]

1988年8月中旬至9月中旬,新疆维吾尔自治区和中国国际信托投资公司联合组团,对巴基斯坦、伊朗、土耳其、埃及[②]、科威特、阿联酋六国进行了短期的经济考察,形成了一些基本想法。

一、西亚六国经济发展的态势

长期以来,在我国,对西亚地区经济发展状态有两点片面认识。第一,过于重视该地区政治上的动荡与不安定,以为这个地区经济发展也是不稳定的;第二,以为这个地区的工业化水平不高,产业结构落后,其中石油输出国是以石油的生产、加工和出口为主,非石油输出国的农业在国民经济中占主要地位。现在看,这两点片面认识需要加以纠正。

1. 20世纪70年代中后期,特别是20世纪80年代以来,这些国家的经济大体是稳定的。毫无疑问,在全球范围内,这个地区的不安定因素很多,以色列问题、巴勒斯坦问题都发生在这个地区,特别是持续8年的两伊战争,曾使这个地区的一些矛盾处于高度激化的状态。但是,上述因素并没有构成对经济增长与发展的严重影响。事实

---

① 此文系作者1988年9月为"新疆和中信公司赴西亚经济考察团"所撰写的报告。
② 埃及跨亚、非两大洲,大部分位于非洲东北部。为行文方便,此文中将此次考察的六国称为"西亚六国"。

上，巴基斯坦、土耳其、埃及在20世纪80年代的经济增长十分显著。1985—1988年，这三个国家GDP的增长率至少都在5%以上。即使是伊朗，在战争期间，经济还能维持增长，进出口贸易也未衰落，在战争结束时，既无内债又无外债，国内货币在战争结束的几天内大幅度升值。阿联酋的迪拜在两伊战争过程中，充当中东地区和对非洲转口贸易中心的地位大为加强，有效地刺激了非石油产业的发展。在科威特，其国民经济虽然受到了石油价格下降以及两伊战争的影响，经济发展还是良好的。

2. 这些国家都制定并实施了对产业结构进行调整的方案。我们所访问的六个国家，大都有其五年计划。计划的中心内容是调整产业结构。产业结构调整的主要途径是扩大投资，其中石油输出国着力发展非石油产业，非石油输出国着力发展加工工业，产业结构调整的根本目的是改善出口产品的结构，扩大出口。

3. 西亚各国都坚决实行和推进对外开放政策。除科威特和阿联酋这样典型的石油输出国之外，其他国家特别是土耳其、埃及，从20世纪50年代以后的很长时期内，都实行过进口替代战略。从20世纪70年代中期开始，它们对此发展战略都进行了深刻反省，认识到这一战略的过度实施导致了经济走向封闭，削弱了参加国际竞争的能力。所以，所有国家都早一点或迟一点地制定了对外开放的各项政策。埃及早在1974年的萨达特时期，就制定吸引外资到埃及投资的法令；土耳其从1980年开始实行全面开放；巴基斯坦也制定了有关法令；至于伊朗，战后的重建计划就包含着吸引外资、进口设备、引进先进技术等内容。

这些国家一致认为，实行对外开放标志着现在经济与过去经济的方式的分离。这些国家对外开放政策的实施，有以下共同之处。第一，都建立了工业出口加工区、自由贸易区、自由港。其中，巴基斯坦以卡拉奇港为中心，土耳其则选择了从爱琴海到地中海沿岸的四个城市；埃及以开罗和从亚历山大港到苏伊士为若干基地；伊朗计划开放地处波斯湾上的一个岛屿。至于阿联酋和科威特原本就有很好的基础，都是通向阿拉伯世界市场，以至非洲市场的重要转口基地。第二，都改革了外贸体制，特别是外汇管理体制。作为奉行对外开放政策的结果，这些国家的非石油出口增长很快，近年来出口增长率均在 25%～30% 以上，与此同时，外资流入的增长率也在明显上升。

4. 这些国家都在一定程度上，对原有的经济制度进行了改革。西亚各国长期以来都是国有经济占统治地位，政府干预程度很高的国家。但是现在，他们都在对原有的经济制度进行着重大改革，主要包括以下几方面。第一，减少政府对经济行为的直接干预，主要是放弃对价格的直接控制；放松外汇管制，其中土耳其、埃及、巴基斯坦的政府汇率几乎完全根据市场供求调节；打破国家对出口的垄断。第二，刺激并保护私有经济，以及各类非国有经济的发展，创造一种与国有经济平等竞赛的环境。尽管埃及推进私有化的进程有很大阻力，但是，在一两年内，私有经济的投资要上升到全国年度投资的一半以上。第三，试验并完善现代市场体系。这些国家都允许外国银行、合资银行、私人银行与国有银行的竞赛，都建立了货币市场、外汇市场、证券市场。

当然，这绝不是说，这些国家都没有各自的经济困难和问题。这里强调的是，如果西亚地区经济稳定增长、全面开放、深入改革的势头能够持续下去，加之该地区局势缓和，这些国家目前尚存的经济潜力会得到进一步发掘，很可能成为继拉美、东南亚两个已经取得成功的发展中地区之外，又一新的较快发展的经济区域。

这些国家有几个方面的优势是值得肯定的。第一，人均国民生产总值高。第二，不存在能源、交通、通信对经济增长的制约。第三，经济改革的难度相对小。

我们到了要充分重视西亚各国经济发展的态势和潜力的时候了，西亚的未来发展，会对中国在出口、吸引外资、劳务市场等方面形成挑战。我们需要吸取曾经对"亚洲四小龙"发展估计不足的教训。

二、中国对西亚各国开放的重要性和迫切性

1978年以来，我国的对外开放工作有了巨大的进展。1978—1988年，这十年的对外开放，主要是中国东部沿海城市的开放。这与东部沿海地区已有的发展基础、对外开放的传统以及面对的国际环境有关。

现在，需要把中国的西部开放以及中国的对西亚各国的开放提上日程。这是因为：

1. 西亚各国经济的稳定发展，特别是几乎可以预期的20世纪90年代的大发展，与中国广大西部地区的相对发展缓慢形成了日益强烈的反差。中国广大西部地区如若处于西亚各国发展和中国东部发展之间的"低谷"，那将是一种严峻的形势。

2. 西亚各国经济的发展，为中国的对西亚各国的开放提供了日益增多的机会。第一，西亚各国构成了一个巨大市场。仅埃及、巴基斯坦、伊朗就构成了一个一亿多人口的市场，中国对这个地区的贸易大有开拓的余地。第二，在近、中期内，中国加工工业的某些领域的技术，对西亚各国有较大的适应性。第三，西亚的石油输出国有着"资本东进"的强烈愿望，中国是有可能吸收和利用这部分资本的。

3. 对西亚各国的开放是中国从西亚走向非洲的必由之路，有助于从根本上解决那些限制中国发展的自然资源短缺问题。从中国的国情出发，中国经济的发展不仅受到基础结构的制约，也受到了某些自然资源的制约。中国需要在世界范围内建立各种短缺资源的加工基地。

而西亚、非洲较之南美洲在地理上近得多，对西洲开放，有利于逐渐实现上述构想。

4. 实行对西亚各国的开放，有利于充分发挥中国西部广大地区的现有生产能力，发掘潜力，推动中国西部地区产业结构、产品结构的调整，走向世界。

5. 中国西部开放，打通包括陆路和海路的新通道，对于改善中国与国际经济的联系是有长远意义的。目前，中国的进出口港口都集中在东部沿海城市，这些港口面向太平洋。中国向西亚开放，充分利用从新疆喀什经红旗拉甫山口进入巴基斯坦，最终到达卡拉奇港，通往印度洋。这个出海口距离中国西部的距离与到中国东部地区最近的出海口相比较，要近 2 000 千米左右。对于改变中国东西部间物流的不合理现状，调整全国生产力布局都具有战略性意义。

总之，中国对西亚各国的开放，是中国对外开放战略中的重要组成部分，是对东部沿海地区经济开放的补充，没有对西亚各国的开放，就没有全方位的开放。这样做，对加速西部建设，缩小日益加剧的东西差距，使中国经济走向西亚，以至非洲，都是极为重要的。

需要指出的是，不仅像美国、俄罗斯这样的大国，在调整对西亚的方针，日本也在扩大它在这一地区的影响，而且像我国香港、台湾等地区，也在从资本、技术、贸易等方面加强对这一地区的影响。

三、中国实行对西亚各国的开放和加强西亚地区影响的策略

中国实行对西亚各国的开放，在西亚地区加强影响，不仅在经济政治上是必要的，也是可能的。

1. 西亚各国之间的关系。两伊战争停止后，西亚地区原有的矛盾并没有因此消失。第一，西亚地区都属于伊斯兰国家。它分为曾经主

张输出伊斯兰革命的伊朗,以及阿拉伯国家,巴基斯坦和阿联酋则是平衡两边关系的。第二,阿拉伯国家又分为海湾的阿拉伯国家和非海湾的阿拉伯国家。埃及是非海湾的阿拉伯国家。埃及和沙特在争当阿拉伯国家的领袖方面各有优势。第三,海湾国家之间有着共同的经济合作组织。第四,西亚各国还有石油输出国组织(Organization of the Petroleum Exporting Countries,OPEC)成员国与非OPEC成员国的差别。上述差别,与宗教、派别、人种、文化、地理位置、资源特征都有联系,也与当代的经济政治格局有联系。

2. 在西亚地区,中国存在三个合作主体。第一,土耳其、伊朗、巴基斯坦经济合作体。现在,伊朗、巴基斯坦都提出了中、巴、伊三国经济合作体系。从长远来说,中、巴、伊的合作体系,对于确保中国进入印度洋通道,以至进入波斯湾的通道,十分重要。第二,埃及正在从几次中东战争中慢慢恢复起来,现在它在该地区中属于经济困难很多、机会也最多的国家,突破与埃及现在的经济关系,增加双方的技术合作,在埃及建立拥有阿拉伯世界和非洲有市场的合资企业,是使中国走向广大阿拉伯市场和非洲市场的基础,同样,中国可以得到所需要的自然资源。第三,如前所述,科威特、阿联酋这些国家均有强烈的"资本东进"的意图。只要能保证它们所希望的利润率,它们还是有贷款以及在中国投资需求的。值得指出的是,苏联在利用这些国家资金方面已有进展。总的说来,中、巴、伊的合作,有着深远的战略意义;与埃及的经济关系,是走向包括埃及在内的巨大市场的关键;与海湾各国的经济、金融与投资合作,则有利于得到更多的外资。

3. 中国在西亚各国全面扩大经济影响所面临的重要机遇。第一,两伊战争结束之后的"重建伊朗"计划。第二,西亚各国希望加强技术合作,欢迎中国输出技术和投资建厂。其中土耳其、埃及态度尤其强烈。第三,中国与西亚各国在贸易上大体处于顺差状态,这些国家希望扩大他们对中国的出口或者合作,扩大向第三国出口。在这方面,中国有很大的主动性。第四,科威特、阿联酋一些金融机构和家族急切希望在我国香港等亚洲金融市场从事金融事业,希望进入走向开放的中国金融市场。第五,西亚地区具有形成区域性金融中心的潜质,可以为更大规模地利用"石油美元"提供机会。总之,现在正逢对西亚各国的开放与西亚各国有着许多商业、投资、金融合作机会的时候。

应该指出,与美国和俄罗斯相比较,中国在西亚各国的基本形象是好的。不管西亚各国之间有怎样的矛盾,对中国大体上也是友好的。这既与历史、宗教、人种、地理等方面的联系有关,也与我国对这一地区的外交政策的正确性有关。但是,这些国家同样存在对中国经济实力、潜力预估不足,了解不全面等问题。中国现在在该地区的商品出口没有很大竞争力,加之中国进入该地区的劳务都属于建筑劳动力,影响了这些国家与中国进行大规模经济合作的信念。现行的、正在改革中的国内经济体制(1988年),也是不利于全面改善中国与西亚各国经济关系的。

四、新疆和中国国际信托投资公司在中国对西亚各国的开放中的作用

1. 关于新疆的作用。中国对西亚各国的开放,特别是加强与西亚各国的经济关系,新疆的作用是至关紧要的,可以说,如果实施对西亚各国的开放的战略,新疆就是基地和桥头堡。这是因为:新疆具有地理优势,有着若干对西亚各国的开放的通道,特别是进入印度洋的通道;新疆具有易与西亚各国沟通的历史传统;新疆在新中国成立后

几十年的经济建设中,已经具备了对西亚各国的开放的初步经济基础;新疆干部队伍,特别是主要领导,对西亚各国的开放已有了相当程度的认识与思想准备;新疆与西亚各国已经建立了不少经济联系。简而言之,中国对西亚各国的开放虽然不只是新疆一个地方的开放,但是,新疆所具有的优势是十分突出的。

2. 关于中国国际信托投资公司(以下简称"中信公司")的作用。1986年10月国务会议,明确中信公司在南美、西亚经济关系中的作用;西亚各国政府以及金融机构、实业界对中信公司有极大兴趣;中信公司与西亚地区的贸易合作方面,已经具备初步基础。总之,中信公司作为一个全国性的经济实体,对西亚的经济合作有着重要作用。因此,新疆与中信公司的合作,是有利于实施对西亚各国的开放战略的。

五、若干建议

具体建议包括以下几方面。(1)各级领导统一对西亚地区经济发展态势与潜力,以及西亚对中国特别是对中国西部发展意义的认识。(2)成立能协调中国对西亚各国的开放的机构,进行深入研究,提出方案,组织实施。(3)重视与这些国家已有的混合工作委员会,发挥其作用。规划和推动中伊、中埃、中科混合委员会进行实质性的工作。(4)在中国西部,首先是在新疆建立开放试验区和出口加工区。(5)改善通信、运输系统。加快乌鲁木齐国际航空港的建设。(6)中国在西亚各国的贸易、劳务、技术等方面的各类经济实体,应有互通情报、相互协调的责任。

第三章

人文、伦理与科技

"人类社会具有共性这一点之所以很容易被忽视,是因为当我们环顾整个地球时会发现,无论是技术、艺术、信念和生活方式,都具有无比巧妙且令人着迷的多样性。但是,对不同社会之间差异的过度关注,却掩盖了一个更深层次的现实:他们之间的相似之处,比不同之处的意义更大、更深远。"

——尼古拉斯·A.克里斯塔基斯(Nicholas A. Christakis,1962—)

技术与文明①

技术与文明的关系，是一个宏观历史课题。如下问题具有根本意义，是不可回避的。

第一，如何选择关于技术与文明历史的叙事模式？人类进入新石器时代之后，技术与文明就不再分离。人类从使用工具演化到制造工具，工具就是技术。如今，日益复杂和智能化的工具和人类趋于一体化，走向融合。但是，从学术视野梳理和叙述技术与文明的历史，需要有叙事的框架和理论，涉及科技史、政治史、经济史，需要确定历史发展的哪个阶段，需要选择世界的特定地区和参照体系。不存在一个普遍性的结论。在世界范围内，主要是西欧国家，提供了自文艺复兴和工业革命以来的技术与文明演变的完整案例。

第二，如何认知人类社会的有序和无序？现在这个世界，非常强调秩序，包括国内秩序和国际秩序。在国际范围内，包括金融秩序、能源秩序、国际贸易秩序，不一而足。但是，人们越来越发现，21世纪的秩序基础是非常脆弱的。失序正在常态化，失序带来越来越严重的不稳定，而不稳定带来危机。所以，从联合国到各国政府，都在呼吁秩序。联合国宪章和各国法律体系，都是维系秩序的依据。

如果回顾人类历史，秩序和失序是交替转换的。罗马帝国的消

---

① 本文系作者根据2021年4月3日在张笑宇《技术与文明》讲评会上的三次发言和三次插话记录整理成文。此次讲评会主持人是刘苏里，参加者还有秦晖、何怀宏、陶然、刘兵、胡泳、刘擎。

亡，是罗马失序的结果；蒙古帝国的分解，是蒙古帝国没有能力维持秩序。所有的秩序都建立在成本的基础之上。当一个社会无法支付这样的秩序成本，失序就是必然的。更重要的是，不论是罗马帝国，还是蒙古帝国，秩序的最大受益者是统治集团，绝大多数人未必真是受益者。

价值观、立场和利益是影响秩序和时序的最重要变量。如果站在罗马帝国的立场和站在野蛮人立场，对于罗马帝国的失序有不同的态度。或者从更长的历史认知历史，对秩序和失序也会有不同结论。例如，因为罗马帝国、拜占庭、蒙古帝国的失序和消亡，历史得以进步。当下，华尔街不能有效控制世界金融秩序，纳斯达克影响衰落，有助于世界转型。

进一步分析，造成秩序向失序转变的原因很多，主要有：（1）政治冲突，例如革命和战争；（2）文化和宗教冲突；（3）自然灾害；（4）传染病，例如历史上的黑死病，现在的新冠肺炎疫情。

现在，需要视角和思路来理解这个时代，传统秩序正在全方位解构，失序正在成为普遍现象。所以，需要重构未来世界秩序。为此，更要注重人类整体利益，避免视角误差。

第三，历史进步与历史后退。历史演变、文明史演变没有标准模式，期间有渐进、突变、中断、裂变、异化，可以是进步，也可以是倒退，甚至出现长期的倒退。预见未来文明，并不是简单的升级前景。至于历史的进步和倒退，都需要根据具体时空和人文情况，加以具体分析和定义。

第四，所谓"正增长秩序"。《技术与文明》提出的所谓"正增长秩序"，似乎过于简单。人类追求增长的根本原因是：在这个地球上，人作为中心，人被当成地球上具有主导能力的物种。人类数量的长期几何学增长并不是人类理性的选择。现在地球人口很快就要达到100

亿人。为人口膨胀所裹挟，经济不增长就没办法。

20世纪60年代和70年代，罗马俱乐部提出"增长的极限"（the limits to growth）。这是人类文明演进的最重要里程碑。人类的经济增长最终受制于资源和生态。很多人认为，罗马俱乐部关于增长极限的预言被证明是失败的，因为人类一直在维持增长，甚至追求高增长。事实上，过去和现在的经济增长并没有证明罗马俱乐部的失败，最多证明罗马俱乐部对增长极限的认识存在局限性。

进入21世纪，如果经济增长没有极限，增长的环境、资源和社会成本无限扩大，不仅导致生态系统直接崩溃，而且人类文明的基础也会丧失。但是，在经济增长方面，政治家为了权力和选票，从来是短视的。当然，现在这样的情况开始改变。人类目前确实处于极为危险的阶段。新冠病毒肺炎①疫情是雪上加霜。

所以，人类不仅要否定人类中心主义，承认人类和动物、植物在地球上享有相同权利，承认自然界的限制因素，放弃无条件追求增长，接受增长存在极限的理念，高度重视碳排放的控制。而且现在到了认识零增长，甚至负增长意义的历史阶段，所以，作为这本书基石的"正增长秩序"是值得再讨论的。

第五，技术历史的异质性。人类的技术史，并非线性的演进。例如，中国春秋的弩和现代的导弹不存在演进的逻辑性，如同从猿进化到人那样。现代技术更多是来自科学理论的推动，例如量子力学引导了量子科技。而量子力学的产生，是物理科学的突变。例如，与数字技术相关的区块链、数字货币、NFT，几乎都是"横空出世"，与以前的技术基本没关系。还有，现代技术很可能是技术异质构成的技术

---

① 2022年12月26日，国家卫生健康委员会发布公告，将新型冠状病毒肺炎更名为新型冠状病毒感染。

集群体系。

文明不是延续的，技术也未必是延续的。在历史上不同阶段、不同质的技术和不同阶段、不同质的文明形成沟通。如果以为知道了过去的技术体系，就能知道现在和未来的技术体系，进而认知对应的文明模式，那是严重的误导。

第六，关于"双漏斗"机制概念。《技术与文明》提出了"双漏斗"机制：在传统工业社会和技术体系下，技术存活率是非常低的，科学家在实验室里的发明和应用，需要经受商业化的考验，需要通过广义的产业和市场的"漏斗"，加以验证和转换为财富。或者说，技术需要经过有限的资本、商业社会和产业体系，最终在市场实现其价值。

今天情况不再一样：经济成为技术的组成部分，在更大的程度上，是技术决定经济。所以，"漏斗"正好相反，是经济需要诉诸技术的"漏斗"，证明经济可以产生效益。例如，在数字经济时代，大数据首先是技术，其次是经济，经济要数据化，所有的经济行为都基于大数据的采集、存储和分析。人工智能计算更是决定经济的技术，未来的经济最终都要依赖人工智能。

总之，现在没有科技含量的经济，根本没有存活的可能性，所以，"创新""创造性"常态化。所有经济行为都要经过科技"漏斗"实验。适应工业化时代的"双漏斗"，已经不足以解释信息时代的"双漏斗"，这是两种不同的"漏斗"，是两种不同的技术和经济关系的模式。所以，《技术与文明》提出了"双漏斗"概念需要根据科技时代加以修正。以为证明昨天的概念甚至公理可以证明今天，是危险的。

第七，关于"产缘政治"概念。《技术与文明》借用"地缘政治"概念，提出了"产缘政治"概念，包括三个内涵：产业提供合法性并

第三章 人文、伦理与科技

激励民族精神；产业形态塑造社会结构与政体框架；产业手段是控制和塑造全球秩序的重要方式。该书还将"产缘政治"与政府的产业政策连接在一起。进而，提出用20世纪的"产缘政治"博弈来解释20世纪的经济历史。

"地缘政治"是经过大规模和长时间实证的完备理论体系。《技术与文明》的"产缘政治"显然缺乏足够的实证支持，是作者赋予纯粹的产业和市场活动以政治含义。例如，美国内战之后的人口迁徙是工业化和都市化地理分布所然，而美国的工业化和都市化并非美国政府产业政策引导的结果。至于20世纪后发生在发展中国家的"绿色革命"（Green Revolution），固然包括美国政府和相关大企业，以及国际机构的介入和影响，但根本原因是第三世界国家面临的人口膨胀和粮食短缺的严重失衡，导致饥荒和食品危机，所以诉诸引进生物科技，促进和提高贫瘠土地的生产能力。难以归纳为所谓"产缘政治"的经典操作。

当代的产业经济，都有国家、政府和政治的元素和影响，但是，不宜因此泛政治化。

第八，关于学术质量。不论是怎样的社会和政治环境，读者群发生怎样的改变，学术还是学术。学术质量还是前提。这个恐怕是不能动摇的，动摇了就不叫"读书人"了。而保证学术，需要有学术批评。学术批评也有质量问题，要针对学术背后的思想、理论和价值立场，而不是细枝末节。做学问要"坐冷板凳"，治学只问耕耘，不问收获，要避免企望建构大体系的学术野心，实事求是，脚踏实地，谦卑耕耘。

火药：改变了人类历史演变模式[1]

最近，常征[2]先生完成《火药改变世界》，四十余万字，并附有大量图和表。受作者之邀作序，其实就是作为读者的几点感受。

一

中国人发明火药，时间是公元808年，不存在任何争议。但是，是战争导致火药进入欧洲。1241年4月9日，在欧洲中部奥得河西岸，发生了卷入数万人的蒙古兵和波兰军队的战争，蒙古军队因为使用了中国宋金两朝发明的"火龙箭"，扭转战局，取得了压倒性胜利。所谓"火龙箭"是通过火药推送，每发20支或数十支，在箭矢和火药之间有一个木塞子作为挡门，可以在数百米外使敌军伤亡的武器。在欧洲，1470—1480年编写的《波兰史》（*Annales seu cronici incliti regni Poloniae*）记载了蒙古军的"火龙箭"，同期教堂墙壁上也画着蒙古兵发射"火龙箭"的图样。之后，欧洲出现了一位科学家，名字是罗吉尔·培根（Roger Bacon，1214—1294），他投资建立实验室，大约在1247年或1249年成功研制出火药，所以，1249年被认为是欧洲最早研制火药之年份。

---

[1] 本文系作者于2021年2月13日为常征《火药改变世界》一书所作的序言。
[2] 常征，重庆人，现居北京，从事科技史、哲学史和思想史研究，代表作是《机器文明数字本质》。

但是，火药改变历史则起始于火炮的发明。"火龙箭"的真正意义不仅是火药在战争的应用，更是启发了火炮的发明。1326年，世界第一门以火药为动力的火炮诞生于英格兰，被历史学家称之为"花瓶火炮"（pot-de-fer）。"花瓶火炮"所发射的不是炮弹，依然是箭矢。在牛津大教堂一面墙上，存有"花瓶火炮"的壁画：一名武士用钳子夹着一块烧红的铁条点燃火药，箭矢正对城堡大门准备发射。1326年，中国处于元代后期，距离元朝覆灭还有40年。以1326年作为历史拐点，"花瓶火炮"并没有参与实战，但是，1346年大炮第一次用于实战，到了1377年，英格兰军队用140发炮弹射穿了奥德雷克的城墙。于是，火药通过火炮，改变了战争模式，进而改变了历史。

从"火药"到"火龙箭"，再到"火炮"，战争推动火药成为人类第一种人造动力。人类一切活动需要动力，而动力分为"自然动力"和"机器动力"。其中，人力、畜力、水力、风力是自然界天生具有的，属于"自然动力"；而火药、蒸汽、石油、电能、核能成为动力，需要先有发动机，再与相应的装置配合才能做功，形成"机器动力"。而"火药就是第一种人造动力，枪炮就是第一代机器，枪膛炮膛就是第一代发动机。而且是火药汽缸实验启发了蒸汽汽缸实验和石油汽缸实验，这才有了第二、第三代发动机。也就是蒸汽机和内燃机"。所以，"动力"这个术语本身就是科学和技术的综合产物，具有全球史意义。农业文明输给工业文明，本质上是"自然动力"输给"机器动力"。

二

火炮发明之后，中国和欧洲很快出现了思想方式的分野。中国走的是经验主义的路线，而欧洲走的是科学主义路线。所谓经验主义路线,就是"工匠和军人凭经验来研究、制造、使用大炮,提升大炮威力和射击精准度。中国的南宋、元朝、明朝就是这样干的。虽然也有知识分子介入,比如王阳明(1472—1529)就观察、研究过大炮,并用大炮迅速平定宁王朱宸濠(1476—1521)叛乱[①],但是基本上是经验主义的,没有使用数学"。所谓"科学主义路线",集中体现在 14 世纪的英格兰和欧洲大陆知识分子主导的"抛射研究热":相信在推动力、阻力和速度之间有一种精确的数学关系,试图沿着亚里士多德的道路,尝试用数学处理炮弹飞行背后的运动规律,用几何线段来描画炮弹飞行路径。

常征在《机器文明 数学本质》中有这样一个图表,代表了欧洲开启火药动力数学的思路(见图 3.1)。

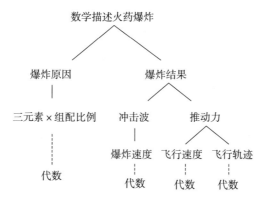

注:火药三元素指硫磺、硝石、木炭。

图3.1 欧洲开启火药动力数学的思路

对于这段历史,该书做了这样的归纳:"英格兰的牛津计算者发明了中速度定理,法兰西的巴黎冲力派提出了冲力学理论,两种动力学成果代表了抛射研究热的最高水平,在欧洲教会大学讲授了三百

---

① 王阳明平定宁王朱宸濠叛乱发生在 1519 年。

第三章　人文、伦理与科技

年。""尽管中速度定理和冲力学理论都是不正确的,但是他们的原创精神和数学化的思维方式却具有革命性的意义,为 16、17、18 世纪的科学革命和工业革命开辟了道路。"

其中,最值得重视的是哥白尼、伽利略、开普勒和牛顿等世界级的超一流大学问家与火药的关系,他们属于抛射研究热的后继者和后来者。哥白尼,当过战斗英雄,学习过"炮弹动力学",至于"火药火器与哥白尼天文学的关系,不是体现在直接证据上,而是体现在思维革命里:没有火药火器,就不会有认知方式和思维方式的革命,也不会有抛射研究热和意大利文艺复兴(Renaissance),更不会有哥白尼天文学革命"。伽利略,人们并不知道他还是"炮击技术专家",在"炮弹试验 + 速度测量 + 数学证明",以及"惯性原理 + 抛物线运动 + 材料力学"方面有着卓越贡献。"虽然大炮并不是伽利略独有的,但是作为实验科学的新道具和新材料,毫无疑问,是伽利略第一个赋予了大炮独一无二的重要性。"伽利略在他的著作《关于两门新科学的对话》(*Discorsi e dimostrazioni matematiche intorno a due nuove scienze*)中大量提到大炮、炮弹、火药,并借助书中人物之口说道:"非常遗憾的是在亚里士多德时代没有大炮,借助于大炮他就会击溃愚昧,并且毫不犹豫地说出有关宇宙的一切。"而开普勒,尽管没有直接证明火炮对开普勒的影响,但是间接证据是足够的,仅据《伽利略研究》(*Études galiléennes*)中译本转引资料统计,开普勒书信和著作提到抛射体、大炮、炮弹、火药、爆炸 49 次之多,"在思维革命方面,他比哥白尼收获得更多,所以也能对微积分做出贡献。"牛顿则做过火药试验,研究过炮弹运动和力学定律,牛顿在《自然哲学的数学原理》(*Philosophiæ Naturalis Principia Mathematica*)中计算过空气阻力对炮弹轨道的影响。另有书说:"牛顿的确求得炮弹的弹道,顾虑到了空气的阻力。他的方法第二次世界大战仍在采用,但在牛顿时代完全不能用，因为炮膛粗糙，炮弹不能配合，炮手不需要弹道学。"

三

因为工业革命是以机器动力为前提的革命，而火炮引发了机器动力，所以，火炮与工业革命之间存在着强烈的历史关联性。

首先，火炮与蒸汽机的关系。本书将蒸汽机的历史分为三代：第一代的发明人是出生于英国康沃尔郡的托马斯·萨弗里（Thomas Savery，1650—1715），他本人精通铸炮术和其他武器制造，对力学、数学和自然哲学都有兴趣，根据丹尼斯·帕潘（Denis Papin，1647—1713）原理，于1698年发明了第一代蒸汽机；第二代的发明人是英国德文郡的托马斯·纽可门（Thomas Newcomen，1663—1729），他是铁匠，会制造修缮枪械，于1710年制成汽缸活塞大气压力蒸汽机；第三代的发明人就是瓦特。1769年，瓦特改进了纽科门蒸汽机，1776年制造出第一台有实用价值的蒸汽机。值得提及的是，1772年，法国两名退役炮兵军官制造和营运的第一台蒸汽船，因为纽可门铸铁蒸汽机太重而沉没。第二年那台蒸汽船因为纽可门蒸汽机震动太大而散架。

其次，火炮与材料革命和燃料革命的关系。"铜炮、铁炮、钢炮，而且主要是铁炮和钢炮，推动了人类从木材石头世界迈入钢铁金属世界。"特别是，铸铁炮弹需要大量炼铁。更为重要的是，铸炮工业引起燃料革命。因为"木炭铸炮危及森林"，所以，煤炭成为替代选择。但是，煤有硫，铁含硫易碎，无法铸炮。于是，通过火烘烤煤炭成焦炭，就可以去硫。1709年已有焦炭炼铁。作者的这个结论相当值得注意："铁的产量、质量一直紧紧围绕大炮展开，大炮是铁产量的主因，人口增长和经济发展是次因。""1775年美国独立战争，铸铁大炮需求量剧增。1776年，铁炮产量从40吨增加到450吨。以后5年内，铁炮产量平均每年增加到1 220吨，于是安装了第3座鼓风炉，新增钻孔车间。1781年安装瓦特蒸汽机。1793年法国战争及以后的拿破仑战争，每年生产铁炮2.6万吨"。

此外，火炮与精密加工技术的关系。火炮制造需要精密镗钻，1775年发明的空心圆筒形镗杆，两端装在轴承上，炮筒不转钻子转，靠滑轮给进钻头和刀具，减少手工给进偏差，72英寸[①]汽缸误差仅0.05英寸。还注意到，如果大炮制造需要精密镗孔技术，瓦特蒸汽机无法大规模应用。火炮制造还需要精密车床。精密加工技术其实是大炮铸造镗钻技术的连续性成果。1791年，亨利·莫兹利（Henry Maudslay，1771—1831）制成第一台螺纹车床。因为蒸汽动力和精密加工技术创造了重型工业，机器加工机器。与工业革命不可分割的标准化生产，也源于枪炮，后来美国的亨利·福特（Henry Ford，1863—1947）和他的汽车工业成了精密机器生产体系的最大受益者。

简而言之，工业革命是一系列革命的集合，包括蒸汽机革命代表的动力革命、燃料革命、材料革命、机器革命、精密技术革命，以及深层的科学革命，都是以火药和火器演进为核心环节的。

四

火炮对于文艺复兴和资本主义的发生是极为重要的。《火药改变世界》的第二章第四部分讨论的是火炮与文艺复兴的关系，第七部分则是火炮与资本主义的关系。

火炮与文艺复兴之间的关系，被作者概括为："大炮工程推动文

---

① 1英寸=2.54厘米。

艺复兴。"文艺复兴是与佛罗伦萨不可分割的。所以，作者特别列举了文艺复兴时代的佛罗伦萨的若干代表人物与火炮的关系。其中的菲利普·布鲁内莱斯基（Filippo Brunelleschi，1377—1446），学徒出身，精通绘画、雕塑、建筑、机械和铸造，后两项常常是跟铸炮术关联在一起的；阿尔伯蒂（Leon Battista Alberti，1404—1472）代表作《建筑论》（De re aedificatoria），描述了"大炮和防御工程"，该书第四章和第六章两次说到"冲力"，考虑到他学习过数学和力学，可以肯定他懂冲力学和炮弹力学，并被达·芬奇（Leonardo di ser Piero da Vinci，1452—1519）所传承；韦罗基奥（Andrea del Verrocchio，1435—1488）既是画家和雕塑家，也是冶金熔铸专家，冶金熔铸专家意味着他精通枪炮铸造术；弗朗西斯科·迪·乔治·马尔蒂尼（Francesco di Giorgio Martini，1439—1502），是著名军事工程师和城防建筑大师。在马尔蒂尼看来，发明火药和大炮的不是人类，而是魔鬼的代理人。至于达·芬奇，在军事技术方面的成就不可思议，他精通武器设计和城防规划。1479年，教皇组织的反佛罗伦萨和美第奇（House of Medici）家族同盟军，使用大炮，包围并攻陷科勒城，达·芬奇担任美第奇家族军事和城防工程顾问。1482年，达·芬奇给米兰大公写了一封设计各种武器的自荐信。1484年，达·芬奇画过一张大炮发射图，之后，研究过火药、硝石和炸弹配方，新型臼炮，弹道原理。还有米开朗基罗（Michelangelo di Lodovico Buonarroti Simoni，1475—1564），当过佛罗伦萨卫戍总管，建筑炮垒，发明新武器。

在文艺复兴时代，火药大炮还对很多领域都产生了重大影响，主要是建筑学、航海学、地图学、军事学、冶金学、医学，甚至文学。意大利诗人弗兰齐斯科·彼特拉克（Francesco Petrarca，1304—1374）、英国诗人乔叟（Geoffrey Chaucer，1340—1400）、法国文学家拉伯雷（François Rabelais，1494—1553）都有关于火炮在战场的描述和记录。《堂吉诃德》(*Don Quixote*)作者塞万提斯(Miguel de Cervantes Saavedra,1547—1616),参加过1588年西班牙无畏舰队大战,受过火炮的洗礼,负过重伤。

关于火炮与资本主义之间的关系,存在这样的逻辑:自文艺复兴以来,欧洲各国之间权力争夺日趋激烈,战争成为基本手段,而火炮就是战争所需要的那个时代的先进武器。几乎有多少国家和主权,可能就有多少兵工厂。所以,英格兰国王可以从威尼斯兵工厂、教皇教廷兵工厂、英格兰皇家兵工厂、法国兵工厂、德意志兵工厂、瑞典兵工厂购买大炮。15世纪下半叶,也就是达·芬奇时代,西欧进入军事革命时期,"矿冶铸炮和军舰工业是当时唯一的资本密集型和技术密集型行业。"所以,"欧洲任何一家公司资本和劳力的集中程度都不能与金属冶炼场相比,由此也推动了王公权力的增长和集中。"

1540年之后,英国和西欧政府用于军事工业的开支大幅度上涨,政府税收大幅度增长。英格兰用进口条状铁来铸炮,铸铁炮弹是消耗品,仅考虑木材木炭,费用也是惊人的。"金属产量大部分都投入到战争游戏中去了。"在法国,大炮从亨利四世时期(Henry IV,1589—1610年在位)的400门,到路易十六时期(Louis XVI,1774—1792年在位)达到10 007门。军舰从1661年的20艘,到1677年增加到270艘。法国大炮火药消耗量必然大幅度增加。法国柯尔贝尔(Jean-Baptiste Colbert,1619—1683)的重商主义影响至深,军事工业为龙头带动了商业的快速发展。后来的德国和日本的军国主义将这样的传统推向了极致。

在这个时期,西欧主要国家政府为了维系军事竞争优势,除了增加财政收入之外,不得不依赖金融资本,"枪炮战争开支巨大推动金融革命。"所谓"金融革命"就是由私人金融,经公司金融,创新为国家金融。因为"枪炮使战争规模和贷款数量以几何级数增加,唯有国家金融能满足这种资金要求"。① 所以,英国光荣革命的背后是金融革命。英国光荣革命的成功,说到底,是资本的胜利。

比较 1000—1350 年和 1350—1700 年两个时期,唯一新增变量是火药火器。铜、锡、铁首先满足枪炮铸造;烧煤与炼铁铸炮是因果关系;造船业方面,大炮后坐力改变船型结构成为现代军舰,两者也是因果关系。"英国同时完成社会革命和金融革命,其实是火药火器连续性结果。"法国大革命时拿破仑主张将火炮集中使用,辅助骑兵快速出击。大炮影响了法国大革命进程。可以认为,火药火器连续性至少最终催生了英国和法国的资本主义。

五

如果说"火药改变历史",那么不仅引发了社会制度和经济制度的变革,最重要的是还推动了"思维革命"。《火药改变世界》一书在讨论火药和欧洲"思维革命"历史中,涉及弗朗西斯·培根、笛卡尔、莱布尼茨(Gottfried Wilhelm Leibniz,1646—1716),以及康德。

培根在《新工具》(*Novum Organum*)中明确表达了这样的思想:"印刷、火药、磁石三种发明改变了知识,改变了军事,改变了航海,然后又引起无数变化,其他任何力量,不管是政治的、宗教的,还是天空神秘力量,都不能与之相比。改变知识就是科学革命,改变军事就是改变战争形式和战争规模,改变欧洲的社会结构和政治力量,改变航海就是地理大发现。"培根通过《新工具》,所反对的是中世纪那种空洞思辨哲学,希望人们重视经验和实验。

---

① 1550 年,运送一门大型攻城炮需要 39 匹马,一个星期的弹药供应另需增加 156 匹马。1650 年,运送 10 门攻城炮和 10 迫击炮,需要 3 698 头公牛和 753 辆大车。喂养这些牛马的饲料,加上骑兵的马和备用马,也是一笔巨大开支,2 万匹马每天需要 400 亩草料。

第三章　人文、伦理与科技

笛卡尔是理想主义的代表，他从 30 多岁已经开始关注投石器抛出的石头、火枪射出的子弹或弓箭射出的箭的运动过程。笛卡尔对伽利略的大炮实验表示了不同意见，天才地想象到空气阻力问题。这个问题直到 18 世纪，通过更加精确的炮弹射击实验得以解决。笛卡尔最值得历史肯定的是，他在 36 岁想通了坐标几何的主要原理。1664 年，21 岁的牛顿研究笛卡尔的《几何学》(La Géométrie)，写成第一篇微积分论文，首次提出速度概念，对于炮弹飞行这种变速运动而言，速度是路程对时间的微商，加速度是速度的微商。后来又通过其他一系列微积分论文，进一步描述了瞬时速度、变速运动、加速度、瞬时变化等概念。

莱布尼茨微积分是炮弹力学的连续性成果。1689—1690 年，莱布尼茨完成《有关物质的力与定律的动力学》(Dynamica de potentia seu de legibus naturæ corporeæ)，第一次将炮弹碰撞运动和炮弹力学命名为"动力学"(dynamics)。1689 年莱布尼茨再次对炮弹碰撞运动感兴趣，是因为他参加意大利罗马物理数学学院时，认识了一位名叫克劳迪奥·菲利普·格里马尔蒂（ Claudio Filippo Grimaldi，1639—1712 ）的传教士数学家。格里马尔蒂的中文名字是闵明我，当过南怀仁（ Father Ferdinand Verbiest，1628—1688 ）的助手，他应该懂铸炮术，因为南怀仁为康熙皇帝铸造过 500 门大炮。

康德和斯宾诺莎（ Baruch Spinoza，1632—1677 ）一样，都是从哲学角度思考火药硝石燃烧现象，而不是专门从事化学研究。康德在 34 岁完成《运动与静止的新学术概念》(Neuer Lehrbegriff der Bewegung und Ruhe)，提出了这样的问题："如果在巴黎地区朝着一堵墙自东向西发射一枚 12 磅炮弹，那么火药的力量除了抵消炮弹运动之外，其实什么事情也没做，尽管炮弹在以每秒 600 英尺①的速度飞行。如果人们不承认二者相互运动，即炮弹朝着墙并且墙朝着炮弹运动，那么究竟谁是静止的呢？"当时的历史背景是 1756—1763 年的"七年战争"。

康德终其一生，试图调和笛卡尔的理性主义与弗朗西斯·培根的经验主义，实现认识复杂的宇宙世界的全新思维方式：感性和理性相结合，经验和数学相结合。正是由于这个贡献，现代欧美所有学科几乎都会讲康德哲学，于是康德的代表著作《纯粹理性批判》（*Kritik der reinen Vernunft*）、《实践理性批判》（*Kritik der praktischen Vernunft*）和《判断力批判》（*Kritik der Urteilskraft*）就成了哲学经典中的经典。

康德说过"思维方式的革命"。马克思·韦伯也认为，最近五百年来，人类最重要的文明成果就是思维方式的转变。遗憾的是，他们都没有具体说明这个思维革命的内涵和外延是什么，也没有指出是什么东西引发了革命。

《火药改变世界》提出：从简单变量的逻辑思维进化为系统变量的数学思维，就是思维革命的本质。或者说，思维革命就是实现"思维方式的数学化"。这部书以炮弹动力学思维方式数学化转变过程为历史参照系，与传统中国思维的非数学特征形成反差。

该书作者常征还试图通过神经学加以印证：大脑电磁扫描实验表明，中国人的语言区和欧美人的语言区不在大脑皮层的同一个位置，可以视为中西思维不同的物理证据。人们可以继续讨论和争论这样的证据是否成立，但是，可以肯定的是中国至今没有完成康德所说的"思维方式的革命"，最终制约着中国当代的科技创新。"中国宋、金、元、明四代火药箭一直沿着经验化道路发展，欧洲沿着经验、实验、数学综合道路造出现代火箭。"明朝万历年间的进士徐光启（1562—

---

① 1 英尺 =30.48 厘米。

1633）与弗朗西斯·培根生活在同一个历史时期，虽然都毕生致力于科学技术研究，在天文、历法、数学和测量领域都有相当成就，但是，徐光启终究没有达到培根的哲学思维高度。

我本人在《未来决定现在》这本书中也讨论过这个问题：我们正在进入需要数学语言和数学思维才能认知经济与生活的时代，唯有引入更多的数学语言和数学思维，方可避免交流和逻辑困境，因此需要通过数学语言改造我们的话语体系，走出逻辑的困境。

六

如果对《火药改变世界》一书的核心要义加以提炼，那就是作者常征以火药火器传入欧洲作为历史切入点，描述和诠释了因为古希腊哲学和阿拉伯知识，三种异质化文明元素发生碰撞，激发出欧洲开创机器动力数学的道路，结果就把以"经验观察＋逻辑推理＋常量数学"为基本方法的古希腊科学改造成以"经验观察＋实验测量＋数学计算"为基本方法的近现代科学，回答了"是火药改变世界还是科学改变世界"的问题：第一步是火药改变科学，第二步是科学改变世界。

在《火药改变世界》书的第三章，其作者特别补充了"大炮和航海科学""大炮实验与声速测量"的一些资料，罗列了从13世纪到20世纪的"欧洲火药火器科学家名单"。特别是，在这本书的"火药火器与经济学"小节中，作者提及中世纪法国最伟大的经济学家尼古拉·奥雷姆（Nicole Oresme，1320—1382），他的著作《论货币的起源、性质、法则和替代物》（*De origine, natura, jure et mutationibus monetarum*）具有划时代意义，他还是炮弹动力学家。亚当·斯密是经济学之父，他在他的文章《天文学的历史》（*History of Astronomy*）中，探讨过炮弹速度、声音速度和硝石实验。

历史不会熔断

《火药改变世界》一书具有显而易见的"百科全书"特征：科学家可以看到哲学，哲学家可以看到科学，逻辑学家可以看到因明学，人工智能专家可以看到机器思维，历史学家可以看到三个时代，艺术家可以看到力学和数学，科幻作家可以看到创作思路，语言文字学家可以看到汉字族谱，军事学家可以看到降维打击和非对称战争，全球大战略专家可以看到更加高远的全球发展轮廓和更加深层的全球变革力量，经济学家可以看到机器动力和机器思维对经济发展和社会进步的重要意义。

在这样的基础上，作者构建了一个诠释李约瑟之谜、西方科学革命之谜和工业革命之谜的思想与方法的框架。其中的"钥匙"就是因火药传入欧洲引发的"机器动力"。

1984年6月7日，钱学森（1895—1990）老师就我的第一本书《国民经济结构学浅说》专门写信给我，信中提到他近来一直在考虑的科学革命、技术革命、产业革命和社会革命的问题，并对《国民经济结构学浅说》只引用20世纪下半叶的相关数据，而没有引用19世纪末和20世纪上半叶的数据，委婉地表示了遗憾，同时提出要研究历史的发展变化，要研究国家经济结构的"动力学"。回想36年前的我，尚无足够的经济史、科技史，以及经济体系的知识和专业训练，所以没有能够理解和回应作为火箭动力学专家钱学森老师所提出的深刻问题。

《火药改变历史》通过对火药演变的研究，在揭示科技创新的动力结构和机制方面，做了出色的尝试和努力，填补了我在这个领域的长期缺憾。

我以作者自序中的文字作为本序言的结语："从1328年至今，欧美已经连续七百年创新了，决定性因素是他们在火药改变科学的过程中完成了思维革命。""思维革命，思维方式数学化，这是本书的灵魂，也是本书的重点，科技史仅仅是外衣。""如果您没有看透这一点，或者仍然像过去那样只想着看结论，那就等于没有读懂本书。"

如果说这本书有什么欠缺，我同意作者所说：缺少原始文献，包括阿拉伯帝国的数学、力学、光学著作；1200—1500 年的欧洲拉丁语手抄本著作；欧美最新研究成果。希望作者可以在未来的岁月弥补文献的欠缺，让我们可以看到补充和修订版的《火药改变历史》。治学永无止境。

人类向善的困难所在①

我今天领读玛莎·C.纳斯鲍姆（Martha Craven Nussbaum，1947—）的《善的脆弱性——古希腊悲剧与哲学中的运气与伦理》（*The Fragility of Goodness: Luck and Ethics in Greek Tragedy and Philosophy*），选择《人类向善的困难所在》作为主题，计划从以下几个方面解读这本书。

一、关于《善的脆弱性》作者、书名内涵和全书结构设计

第一，《善的脆弱性》作者是女性，1947年出生。如何认识作者纳斯鲍姆的学术生涯，我不想谈太多的内容，因为书的导读中对纳斯鲍姆有非常全面的介绍。网络上可以看到很多关于作者的背景信息，特别是她一些重要思想形成与发展的历程。这本书是作者的第二本著作，也是影响最大的一本书，奠定了她在伦理学、政治学和社会政治思想领域的地位。

我想强调的是这本书相关的时间节点：这本书第一版出版时间是1986年，作者不到40岁。在40岁以前能达到这个高度，超乎寻常。我还有一个感慨：如果《善的脆弱性》的作者是男性，会令读者产生

---

① 本文系作者于2020年7月18日在苇草智酷主办的"思想剧场"第11期活动上所做的会议发言。

不舒服的感觉,因为书的细腻性超出了任何男性思想家所能达到的程度。事实上,这本书为女性所写,它的深刻性、广度和宏观的架构意识,却又使读者觉得不像一个女性所写。这在当代思想史上,是一个很独特的现象。现在比较值得阅读的还是该书的修订版,修订版将"善"的相关问题讨论置于更为丰厚的思想渊源基础上,而且作者本人还写了新的序言。

第二,《善的脆弱性》书名内涵。这里的"善",英文用的是"goodness"。"goodness"的中文直译是"好"。在这里,不难发现中文和英文概念之间的差异。中文的"好"和"善"是有差别的,"好"是比"善"更广泛的一个概念;中文的"善"字,也有很多方面的解释。例如,从伦理学、哲学和宗教上解释,"好"是比"善"更宽泛和抽象的概念。但是,在英文中,"好"与"善"就是一个词"goodness"。那么这本书的英文是应该翻译为中文的"好",还是中文的"善"?读完全书,我更倾向于前者。如果我要给这本书确定书名的话,我宁可把它翻译成《"好"的脆弱性》。因为"好"包含"善","善"是"好"中更深的一个层次。深入阅读全书,在书的深层结构中,在"善"的脆弱性背后其实是"好"的脆弱性。比如说,好人、好事、好心,而当用"善"的时候,就赋予了其哲学的、伦理的、宗教的以及历史的意义。

第三,《善的脆弱性》结构设计是相当复杂的,全书分为三个部分。第一章其实是第一个部分。这部分就是讲运气和伦理的关系,是全书的英文副标题。接着讲悲剧。书中把悲剧概括成脆弱性与雄心的矛盾。主要是以埃斯库罗斯(Aeschylus,公元前525—公元前456)和索福克勒斯(Sophocles,公元前496—公元前406)作为两位悲剧对象。第二个部分,从第四章一直到第七章,谈的是柏拉图(Plato,公元前427—公元前347)。第三部分,主要集中在亚里士多德,从第八章一直谈到第十二章；最后第十三章，通过第三个悲剧作家欧里庇得斯（Euripides，公元前480—公元前406）的《赫卡柏》（*Hecuba*）作为结尾。总之，整本书前后十三章，以两个悲剧开始，一个悲剧结束，中间插入作者对柏拉图和亚里士多德的理解。

从全书结构设计看，大篇幅讨论了柏拉图、苏格拉底（Socrates，公元前470—公元前399）、亚里士多德，不仅如此，还深入探讨了古希腊悲剧。在哲学家中，作者又引用了她理解的最重要的代表之作。她引用了柏拉图的十几本著作，引用了亚里士多德的十多本著作。严格地说，她设置了读她书的一个很高的门槛。读者需要面对一个历史、戏剧和哲学思想复杂交叉的背景。也就是说，读者要理解她的书，就要理解A，为了理解A，就要理解B，而且要厘清A和B的关系。这样，读者就层层地陷进去了。

我最近和一位朋友交流对这本书结构设计的看法，这位朋友冒出了一句话："这本书不就是一个俄罗斯多层次套娃吗？"这个概括是形象的。

解析这本书的结构，确实有层层深入的俄罗斯套娃一样感觉。作者的"套娃"有古希腊悲剧，也有古希腊哲学大家。在纳斯鲍姆那里，起始于古希腊悲剧，但是没有停止在悲剧上，而是把悲剧推进到更深的层次，即哲学层次。

二、关于《善的脆弱性》章节

最重要的是第一章，第一章反映了作者的基本思想。作者在第一章《运气与伦理》中，提出古希腊悲剧的独特点：展现了运气和伦理之间的抗争。

从第四章一直到第七章，谈柏拉图的代表性著作。柏拉图著作的特点是以人名作为文章题目。第四章《普罗泰戈拉篇》(Protagoras)，讲苏格拉底和普罗泰戈拉的辩论。第五章《理想国》(The Republic)也基本上是这个模式。在《理想国》中还包含了《斐多篇》(Phaedo)。第六章《会饮篇》(Symposium)，讲的是哲学家、政治家、诗人、医生他们怎么样来讨论这个所谓的完美问题。第七章是《斐德罗篇》(Phaedrus)，通过苏格拉底和斐德罗(Phaidros，约公元前444年—约公元前393年)之间的对话，讨论人类的至善至美和人类的脆弱性问题。当然这也涉及怎么来看待人类理性的问题。简而言之，第四、第五、第六、第七章，她通过对柏拉图关于善、与善相关的美，以及它们的脆弱性基础，找出能够与善的脆弱性相关的东西做了一次梳理。

第八、第九、第十、第十一、第十二章，谈亚里士多德的著作。作者对亚里士多德高度认可。第八章的题目叫《拯救亚里士多德的现象》(Saving Aristotle's appearances)。最值得重视的是第十一章和第十二章。第十一章，她讲的是《好的人类生活的脆弱：活动与灾难》(The vulnerability of the good human life: activity and disaster)。第十二章《好的人类生活的脆弱性：关系性的善》(The vulnerability of the good human life: relational goods)，讲人像动物一样，是需要活动的。人类的基本特征是活动，经济活动、政治活动、文化活动、社交活动。只要有活动，就会有你不可驾驭的外在因素，而这个外在因素很多时候是灾难性的。人处在各种关系中，这是亚里士多德最重要的思想。只要你与周围有关系，那么你就会受到因为关系所产生的各种各样的变动的影响。

三、关于《善的脆弱性》的大历史背景

第一，《荷马史诗》(Homeric Epics)和"特洛伊战争"(Trojan

War）的大背景。讨论《善的脆弱性》，需要从一个时间、一个地点开始。全书始于古希腊悲剧。纳斯鲍姆在全书引入的悲剧，都是以《荷马史诗》时代的一些重大的历史事件作为背景的。《荷马史诗》是在公元前六七世纪左右，大体形成。只有回到这个时代，想象那样的场景，才可以构建对悲剧的理解、对哲学的理解的历史坐标。

作者并没有仅仅停留在《荷马史诗》时代，而是推进到更深的层次，甚至推进到真实的历史时代。这个真实历史时代，与全书联系最大的，就是发生在公元前 12 世纪的"特洛伊战争"。作者在书中提出的所有问题，所有大师的悲剧，基本上都是以《荷马史诗》所谈的"特洛伊战争"开始的。

第二，如何评估"特洛伊战争"？公元前 12 世纪，在人类历史上发生的最大的事情，就是"特洛伊战争"。现代人对"特洛伊战争"的理解，一般只知道特洛伊木马的故事，知道海伦（Helen of Troy，公元前 1225—公元前 1154）。但是，对于这场战争真正的意义和真正的发生地，并非那么清楚。

特洛伊在哪里？在今天被称为小亚细亚（Asia Minor）的地方。小亚细亚，北边是黑海，南边是地中海，西边是爱琴海，东边是伊朗高原。在爱琴海的这边，经过达达尼亚海，联系的就是巴尔干半岛。巴尔干半岛的下面就是希腊。亚里士多德出生在巴尔干半岛。他和斯巴达克斯（Spartacus，公元前 120—公元前 71）其实是老乡。

如何在这样的一个空间中理解"特洛伊战争"？"特洛伊战争"从根本上改变了整个小亚细亚到巴尔干半岛的"地缘政治"和文明走向。因为这场战争，希腊全面崛起。古希腊的悲剧和古希腊的哲学思想几乎都是和这样的背景联系在一起的。

第三，时间跨度。作者选择了一个相当有难度的时间跨度。从公元前 12 世纪，一直到她所理解的罗马时代的悲剧和哲学家，如果以亚里士多德作为节点，即公元前320年左右，前后跨度800多年。换一种参照系，以苏格拉底出生为时间的起点，以亚里士多德去世作为时间的终点，时间跨度从公元前469年到公元前322年，一共147年，几乎是五代人的生活时间。如果再追溯一下，影响苏格拉底的老师泰勒斯（Thales of Miletus，公元前624—公元前546），或者是老师的老师，那么可以追溯到公元前7世纪。这个跨度对理解这本书同样是必要的。

如果这段历史和中国做一个横向对比，那么"特洛伊战争"和商朝灭亡的时间相差100年左右，老子（前571—？）和孔子基本上是和苏格拉底的老师的老师同一个时期，商鞅和亚里士多德属于同一个历史时期。引发"特洛伊战争"的美女海伦和商纣王的妃子妲己（约公元前1076—公元前1046），生活的时期最多不过相差几十年，这两个女人，一个改变了西方历史，一个改变了中国历史。

四、关于《善的脆弱性》支点：古希腊悲剧和古希腊哲学

第一，作者对古希腊悲剧的选择。古希腊悲剧数量很大，至少上百部之多。作者选择了以俄狄浦斯家族为主线，以"特洛伊战争"为背景的三大悲剧大师的四出悲剧。这四部戏之间存在着强烈的历史连接性：埃斯库罗斯最大的悲剧《阿伽门农》（Agamemnon），索福克勒斯的悲剧《俄狄浦斯王》（Oedipus Rex），最后第十三章她选了一个平常不被人认为是欧里庇得斯最具代表性的著作——《赫卡柏》，此外还有索福克勒斯的《安提戈涅》（Antigone）。这些悲剧体现古希腊哲学家们对于悲剧基本要素的认知：思想、情节、性格、言辞、形象和歌曲。剧场在古希腊文明中占有重要地位，它是活人通过演活人来给活人看的一种文化场所。

第二，作者对古希腊哲学家的选择。作者选择的是古希腊三个最

有代表性的哲学大师，即苏格拉底、柏拉图和亚里士多德。她在这本书中所引用的经典著作到底有哪些？苏格拉底是没有直接文本出现的，是通过柏拉图来显现的。作者主要引用了柏拉图的六本书和亚里士多德的十几本书。在柏拉图的著作中，作者特别引入了苏格拉底临死时，跟他的学生们讨论的一些关于人生基本问题的思想。

所以全书的两个支点，第一个支点是古希腊的悲剧，三个古希腊悲剧的代表人物及他们的四部作品。另外一个支点是三个哲学家，苏格拉底、柏拉图和亚里士多德，通过他们延伸对古希腊悲剧的理解。不得不承认，古希腊三个悲剧和哲学家的时代，是人类历史上最精彩和最有艺术及哲学内涵的时代。纳斯鲍姆对于"善"或"好"的脆弱性的理解，基于两个支点和两个支点之间的相互作用。作者将古希腊悲剧和哲学视为一个整体。只有对古希腊哲学有深刻认知和把握，才能解析古希腊悲剧及历史。反之，没有对古希腊悲剧的深刻理解，很难想象是怎样的土壤产生了古希腊哲学。

五、关于《善的脆弱性》的核心思想：为什么善是脆弱的？

第一，《善的脆弱性》核心在哪里？在这本书的修订版序言中，作者的一句话触动了我，希望大家可以看看这段话。她说，《善的脆弱性》首先是一本关于灾难，以及伦理思想与灾难达成妥协方式的著作。作者对于自己的书有这样的概括是令人震撼的。人的脆弱性或者说人类的脆弱性，人类的"善"的脆弱性，"好"的脆弱性，构成了人类的历史。换句话说，就是一个向善过程中不断发生灾难的历史。把这样的历史用伦理学思想加以解读，就是她的著作。作者本人写的序言和中文的导读中间，存在明显差异。中文导读并没有达到作者本人的高度。

第二，"善的脆弱性"内涵是什么？中文导读还是比较容易理解的，当然也存在缺陷。中文导读对于"善"的脆弱性的内涵做了这一个比较重要的归纳："人类生活是脆弱的，好的人类生活在于追求真正属于人类的善。而这种追求会受到人类无法或难以控制的外在因素或条件的影响。"我基本赞同这个结论，确实触及了本书的核心问题。这个核心问题，就是人类就整体而言，存在着对善的追求或向善的这样的愿望。然而，这样的愿望，在现实生活中是难以实现的。之所以难以实现，是在人的向善过程中，一定会受到由人类不能控制的各种外在的因素的影响。"在影响的过程中，善不断地被摧毁，而且善有可能被改变，那么在这个意义上来讲，善是脆弱的。"

作者和中文导读把"善"这个字，或者说"好"这个字，做了内涵的改变。这本书不是讨论一个人或者一个微观个体本身的遭遇问题，而是把人类作为一个整体来考虑的。

进一步说，善的命运既是个人的命运，也是人类的命运。作者把理解人类生存状况，探究好的人类生活的可能性及其条件视为自己的终身使命。换句话说，这本书就是她实践自己终身使命的一种努力。所以她是一个具有世界公民意识的哲学家。

第三，何为"运气"（luck）？作者探讨《善的脆弱性》的内涵中，反复强调"运气"的概念，要求人们要关注所谓运气的问题。在作者看来，人类容易受到各种运气的影响。作者还指出，人类的繁盛过程，受到运气的影响。这是亚里士多德之后古希腊哲学从未怀疑的一个核心问题。英文的"luck"，中文翻译是"运气"，而"运气"在中文语境下很容易被狭义化和个体化。在中文中很难找到一个完全对应的词。简单地说，就是你的幸运与不幸运，更多的是不幸运，严重地影响了人们的向善的选择。

英雄有多大的权柄，多么叱咤风云，多么能够主宰民间的胜利，最后都没有办法逃脱命运。这种命运是和一个叫"luck"这样的词连在一起的,和一个运势连接在一起,并被它们彻底改变。至少通过悲剧史诗,我们看到没有任何英雄能够摆脱这样一个神秘的诅咒。所以她歌颂的英雄全是悲剧英雄,所有的英雄都具有重大的历史意义。真实历史就是这样,古今中外的历史,人类的文明史,特别是政治方面,很大程度上都是一个悲剧的历史。

有一个问题贯穿全书,始终没有离开作者的视野:人类的向善受到的最大的挑战是命运无常。命运无常导致很多时候人身处逆境。在这个时候,命运无常和价值观定会产生很多冲突,人类不得不依赖外界,而外界又常常导致你命运无常。所以,她提出人类的存在是被动的。进而她讨论所谓的理性活动,讨论存在的合理性。

第四,古希腊悲剧的本质。人类在向善的过程中,基本上会受到完全不可控制的外部因素的影响。在这个过程中,就会造成种种悲剧。而对悲剧感受最深的就是以古希腊悲剧为代表的英雄。

人在向善的过程中所遇到的一个难题:超越纯粹属于个人东西的渴望和对这种渴望所导致的损失的承认。人的欲望和人的渴望,以及人为欲望和渴望所付出的代价和损失,是不可分割的。人要接受这两者的并存和内心世界的冲突。所以作者提出,古希腊的文学传统中最纯粹地表达出来的是人类经验和人类的必然性。这样伟大的事物,同时又是脆弱的。

在书的第25页,作者引用了伯纳德·威廉斯(Bernard Arthur Owen Williams,1929—2003)的著作《羞耻与必然性》(*Shame and Necessity*)中的一段话。伯纳德·威廉斯也是从古希腊文学和悲剧中提出了这个问题。作者对伯纳德·威廉斯是相当认可的。于是她引用了这段话:"古希腊文学作品的其他部分(尤其是悲剧),表达出了我们深爱的命运影响的那种看法。这些作品所表现的人物,或者肩负不同责任,或者自负,或者心有所系,或者有种种需求。在不同程度上,易受灾祸和不幸的冲击。而且他们完完全全地意识到自己会遭遇这些不幸。"然后她说:"伟大的事物同时又是脆弱的,必需的事物同时又是破坏性的。所以古希腊文学传统中最纯粹地表达出来了人类经验和人类的必然性。"

第五,从善的尺度认知亚里士多德。在这部洋洋洒洒的巨著中,究竟哪些概念被反复地高频率地使用?我翻阅了书的索引并做了一个排列。她强调的是实践的智慧、人类中心论、情感、欲求和欲望、爱欲,还有好生活的要素和脆弱性。当然还有很多关于苏格拉底、柏拉图和亚里士多德的内容。作者最终对亚里士多德有更为明显的倾向性,因为她认为亚里士多德更符合她对于"善"的理解。所以在书的第 7 页,她提出,亚里士多德认为人是一种既有能力又很脆弱的存在,需要各种各样丰富的生命活动。而这个思想对当代福利的发展起了重要的作用。当然她也对亚里士多德有一些批评,对他的一些观点也持保留意见。但是在第 28 页,她的观点就是人类的价值在偶然面前是何等的脆弱。

六、关于《善的脆弱性》如何解读古希腊悲剧

第一,《阿伽门农》。书的第一部分讲埃斯库罗斯的悲剧创作年代是公元前 525 年到公元前 456 年,在时间上早于苏格拉底。埃斯库罗斯死后的十年左右,苏格拉底才出生。在苏格拉底长大的时候,埃斯库罗斯的悲剧已经流行于世。埃斯库罗斯的《阿伽门农》中的悲剧故事并不复杂,很简单。海伦和特洛伊国王私奔之后,阿伽门农决定发动"特洛伊战争",他是主将,十年战争惊心动魄。他不在的时候,国家大事就由他的夫人掌控。在这期间,他夫人和别人私通,他回来之后,被他夫人和他夫人的情夫所谋杀。但真正的悲剧是在他打仗的

过程中，他把自己的女儿当成了一个祭奠的牺牲品。剧中大量地描述他当时的思想纠结。这个戏当然是不朽的，但为什么作者把《阿伽门农》放到第一个来讲，讲这样的一个英雄人物，他在这样的历史背景下，他有他的欲望，他的欲望受到很多其他因素的影响，他不得不屈服。在他屈服的过程中，他就会陷入一个又一个的悲剧，最终以悲剧告终。作者在第二章里用了很大的篇幅讲阿伽门农在走之前，突然看到两只黑鹰出现在部队面前，这是一个征兆。作者在书中提到的所有戏其实都与一个家族有联系，就是俄狄浦斯家族。

第二，《安提戈涅》。第二、第三章，主要是讲《安提戈涅》。安提戈涅实际上是俄狄浦斯王的大女儿。接着又提及了第三出戏，就是俄狄浦斯王，这是一个杀父娶母，和母亲又生了两个儿子，被我们后人认为是乱伦和违背天意的悲催故事。

第三，《赫卡柏》。第十三章讲的《赫卡柏》还是以"特洛伊战争"作为背景。讨论悲剧《赫卡柏》，其实是很残忍的。我做了一下比较，这本书里提到的四个悲剧，最震撼人的悲剧是《赫卡柏》。《赫卡柏》的故事也很简单。赫卡柏是特洛伊的王后，是特洛伊国王的妻子，还是特洛伊一个最重要将军的母亲，是一个在很多悲剧中出现过的能够预测个人和国家命运的女巫师的母亲。当特洛伊被攻破后，她被送到巴尔干半岛，沦为奴隶，权力丧失，丈夫死亡，众多的孩子死亡。但是她还是有安慰，因为她还有两个孩子，一个女儿，一个儿子。最后女儿被杀死了，却死得非常有尊严。在被行刑的前一分钟，她把自己的衣裙整理好。以至于杀死她的人，对这个女孩都无比的尊敬。这个时候赫卡柏还能忍受，她依然维持着她所有高尚的品质。但是后来她突然发现，她的小儿子被她信任的一个人也杀死了。在这个时候，她就决定复仇。她的母爱全然变了。她用同样残忍的手段，把杀害她小儿子的仇人的两个孩子杀掉，然后刺瞎这个仇人的双目。最后她以崩溃式的悲剧方式结束生命。

很多悲剧是在讲一个英雄怎样陷入绝境,英雄怎样没落。英雄末路,英雄在无奈中的选择,悲剧都是从上到下在演绎。但是,《赫卡柏》提出了另外一个思路,就是在什么情况和什么状态下,一个以高贵、善良作为生活底线的人,被迫放弃自己的底线。一个向善的人,最后也会变成一个凶残的人。《赫卡柏》将悲剧的深刻性推向一个前所未有的高度:人类在行善的过程中,不仅是脆弱的,而且当人的行善被严重摧毁的时候,人的善非常有可能走向反面。压倒赫卡柏的最后一根稻草,是她朋友的背信弃义,而且不是简单的背信弃义,把她人生的最后一个支点摧毁了。

对于后人,又会如何评价赫卡柏?如果指责赫卡柏,无非基于一个很高的道德底线说"己所不欲,勿施于人",人是否在最后一分钟还应该维持自己的所谓的"goodness",赫卡柏的错误在于陷入一个完全没有是非尺度的境地。而如果赞同她,意味着可以接受人到最后一分钟是可以没有底线的。

作者最后留给读者一个最大的难题,如果你是赫卡柏,你会怎么样呢?你会做什么样的选择?这里就涉及复仇和以牙还牙、以血还血、以恶报恶,涉及人类历史上的一个终极问题,就是对于恶如何来惩罚。作者谈了很多,但是其实没有办法来回答这样的一个终极问题。那就是说,悲剧的悲剧性就在于最后人类会被逼入一个事与愿违的境地。而这个事与愿违的境地,可能会使你最后认为你向善的初衷有问题。

七、小结:关于《善的脆弱性》的理想主义

作者将全书置于一个巨大的历史和思想框架中,从不同角度对

每一个悲剧都做了她的发掘。在当代思想家中，很少有如此全面的学者，熟悉和贯穿从《荷马史诗》，再到古希腊悲剧和古希腊哲学。作者踏入20世纪或者更长时间里无数人曾讨论的话题，那就是作为古希腊的哲学家苏格拉底、柏拉图、亚里士多德和古希腊悲剧学家的悲剧之间，究竟有怎样的相互影响。在这方面，尼采（Friedrich Wilhelm Nietzsche，1844—1900）曾做过努力。纳斯鲍姆也提及了尼采在这方面的创造性贡献。

但是，纳斯鲍姆开辟了另外一个更为重要的领域，古希腊悲剧和希腊哲学与现代伦理和政治学史的结合，探讨运气和道德的关系，进而推导出什么是"善"或者"好"，并试图论证为什么"善"的本质是脆弱的。纳斯鲍姆对这段历史的熟知程度是超乎寻常的。不然的话，她很难对这些悲剧和这些哲学家有如此深刻的理解。

作者想通过运气和伦理之间的关系，论证古希腊悲剧和古希腊哲学之间的连续性和内在关系。在这样的情况下，读者就能理解第一部分的标题《悲剧：脆弱性与雄心》（*Tragedy: fragility and ambition*）。我想她用这样的对比来表达，越有雄心壮志的人，其实是越脆弱的；越想在历史上建功立业、改变历史的人，被他不能控制的因素所影响冲击和改变的概率就越大。

如何解读作者坚持"善"的理想主义？古希腊悲剧深深地影响和改造了作者的思想，显现了古希腊悲剧观念和逻辑所产生的历史作用。人类，无论在怎样的时代，持续的、向善的追求都会被这样或那样的外在力量所摧毁和改变。常常出现人的"好"和"善"的困境，人处于"赫卡柏陷阱"。这个境地使所有的选择、任何的选择都遇到悖论的挑战。尽管如此，这本书反映了作者坚持"善"的理想主义的精神。作者在这本书中特别强调对情感的肯定，对依恋的肯定，对情爱的肯定，对激情的肯定，还有她对理性和情感之间关系的认知。比如很多人认为情感和理性是对立的,她通过古希腊哲学家证明,好的情感其实是包含着理性的因素的。反之,排斥情感的理性,是并不值得尊敬和肯定的。这显示了她的人文精神和女性在这个世界中对人生的理解和感受。

回归到这本书的书名上,《善的脆弱性》不可避免地就要讨论人类的本质问题,讨论人类理性的局限性问题和人类文明的终极问题。在充满恶的状态中,向善,追求自己成为一个好人,有一颗好心,以及有尊严的好行为,会付出难以想象的代价。这个代价常常来自人不能控制的外部因素。于是,被逼到极限的时候,人会做怎样的选择。这是脆弱中的脆弱,悲剧中的悲剧。

作者在书中不断提起康德,将康德的理性主义置于古希腊悲剧和哲学的背景下重新拷问,给反康德主义相当大的空间。为什么理性主义不断地被提高?康德主义侧面被提高,一个很大的原因在于这就是所谓现实对人们的影响,也就是所谓的现实主义的影响。

纳斯鲍姆还让读者关注古希腊时期的三个学派——伊壁鸠鲁学派、怀疑学派、斯多葛学派。

最后,我想提及中文导读中的一段话,作者坚持认为:动物性是人性的一个构成要素。而情感同样是我们动物性存在的一个规定性特征。这个思想其实就是她在《善的脆弱性》中试图论证和发展的一个核心问题。

21 世纪视野下的乌托邦[①]

数千年来人们一直从"人文主义"的角度上持续追求自己的理想,这个理想被称之为"乌托邦"(utopia)。在中文语境里,"乌托邦"会被解读成"空想",而空想实际上是做不成事情的。"乌托邦"实际表达的是:今天的预期、设想与期待,在明天可以变成现实。"乌托邦"并非空想。或者说,"乌托邦"是一个"早产的真理"。

一、乌托邦的演变:从人文乌托邦到科技乌托邦

解析"乌托邦",可以分为两个部分:人文乌托邦和科技乌托邦。

人文乌托邦发端于古希腊,包括《荷马史诗》和《理想国》。《理想国》平行于中国战国时期。柏拉图通过苏格拉底的话,来描述他理想中的社会。之后,最有影响的是莫尔(Thomas More,1478—1535)所强调的"公有制、平等、和谐"。这样的作品还包括《太阳城》(*La città del Sole*)和《新大西岛》(*New Atlantis*)。特别值得注意的是,《新大西岛》中的观点:未来的世界是应该由科学家而不是政治家所主宰。

[①] 本文系作者于 2022 年 12 月 8—9 日《商业周刊/中文版》在上海主办的"The Year Ahead 展望 2023"峰会上的演讲。

第三章 人文、伦理与科技

到了 19 世纪,"乌托邦主义"(utopianism)有了很大发展。因为乌托邦与社会主义思潮结合,不仅形成"乌托邦社会主义"(utopian socialism),而且开始了乌托邦主义实验和社会运动。

进入 20 世纪,伴随共产党在一些国家获得政权,乌托邦与执政党意识形态结合,成了国家发展的目标和意志。列宁本人深受乌托邦主义影响,曾经提出著名的口号:"共产主义=苏维埃+电气化。"在中国,共产党获得政权之后,毛泽东也试图实践他的"乌托邦主义"理念,包括批判"资产阶级法权"(Bürgerliche Recht),从 1950—1970 年,先后发动"人民公社""大跃进"和"文化大革命"运动,重要目标是要消除工农差别、城乡差别、脑力劳动和体力劳动的差别,即"三大差别"。

在"人文乌托邦主义"发展过程中,以文学形态作为先锋的"科技乌托邦主义"应运而生。典型作品包括:爱伦·坡(Edgar Allan Poe,1809—1849)的《未来的故事》(*Mellonta Tauta*),儒勒·凡尔纳(Jules Gabriel Verne,1828—1905)的《机器岛》(*L'Île à hélice*)等系列作品,赫伯特·乔治·威尔斯(Herbert George Wells,1866—1946)的《时间机器》(*The Time Machine*)和《隐身人》(*The Invisible Man*)。《时间机器》讲时间和人之间的关系;《隐身人》揭示科学可能危害社会的可能性。不可否认,文学的力量是巨大的。即使到今天,这些作品的想象力、思想性和历史价值依然值得肯定。

进入 20 世纪,特别是 20 世纪后半期,具有"人文乌托邦主义"和"科技乌托邦主义"双重成分的科幻小说进入黄金时代,甚至影响了科技和社会的历史演变进程。

在乌托邦主义演变历史中,建筑与乌托邦主义发生了融合。建筑师试图通过建筑实现他们对于理想社会的空间构思。19 世纪的乌托邦社会主义者傅里叶设计过他独特的建筑群落。20 世纪 30 年代,苏联曾经设计过宏大的苏维埃宫，只是最后没有建成。特别是，荷兰设计师康斯坦特（Constant Anton Nieuwenhuys，1920—2005）试图通过大尺度、大结构、富有流动性的手段和技术，构建代表未来的"新巴比伦"（*New Babylon*）建筑，再现传说中的古巴比伦城，表达出对未来空间的想法。遗憾的是，他的理想也没有得以实现。但是，"新巴比伦"代表的恢宏建筑可以在元宇宙中得以实现。

"乌托邦主义"受到了来自"反乌托邦主义"（anti-utopia）和"敌乌托邦主义"（dystopia）的批判，核心原因是乌托邦主义不能面对现实中很深刻的挑战。代表作就是俄国作家尤金·扎米亚京（Yevgeny Ivanovich Zamyatin，1884—1937）于 1921 年创作的《我们》（*We*），阿道司·赫胥黎（Aldous Leonard Huxley，1894—1963）在 1932 年创作的《美丽新世纪》（*Brave New World*），以及乔治·奥威尔（George Orwell，1903—1950）在 1948 年创作的《1984》（*Nineteen Eighty-Four*）。这三部著作的共同特征是对极权主义的揭露和批判。

通过回顾乌托邦主义的历史，我们不得不承认：不论是乌托邦，还是反乌托邦主义，都源于对现实的根本可能性的投射和推理，存在着内在联系，是一种复杂性的公约。

二、数字时代的"乌托邦"：思想、运动和实验

"人文乌托邦主义"和"科技乌托邦主义"都是在工业时代背景下的"乌托邦主义"。

现在进入到数字时代，"乌托邦主义"不但没有消亡，而且得到前所未有的历史机遇。数字时代，乌托邦正在发生全方位的崛起。弗雷德·特纳（Fred Turner，1961— ）的《数字乌托邦》（*From Counterculture to Cyberculture: Stewart Brand, the Whole Earth Network, and the Rise of Digital Utopianism*），展现了在互联网时代来临之后的数字乌托邦的主要历史维度和问题。此外，雷·库兹韦尔（Raymond Kurzweil，1948— ）的《奇点临近》（*The Singularity is Near: When Humans Transcend Biology*），布莱恩·阿瑟（William Brian Arthur，1946— ）的《技术的本质》（*The Nature of Technology：What It Is and How It Evolves*），从不同角度触及了数字经济时代的乌托邦主义。

在通过思想、哲学、IT 革命历史探讨科技乌托邦主义的同时，体现科技乌托邦主义的文学和电影获得蓬勃发展。仅仅 1984 年，就诞生了威廉·吉布森（William Ford Gibson，1948— ）的科幻经典《神经漫游者》（*Neuromancer*）和尼尔·斯蒂芬森的（Neal Stephenson，1959— ）《雪崩》（*Snow Crash*）。《雪崩》对"Metaverse"的描述被认为是元宇宙的肇始之端。还有，诸如《世界在旦夕之间》（*Welt am Draht*）、《头号玩家》（*Ready Player One*）和《流浪地球》（*The Wandering Earth*）等科幻电影。

在数字时代，以文学和电影艺术甚至电子游戏方式显现的科技乌托邦所描述的各种场景，在昨天被人们认为是乌托邦，而在今天或明天就成为现实。

在数字经济时代，将乌托邦主义推到极致的是三位历史人物。一是图灵（Alan Mathison Turing，1912—1954）。图灵在 1936 年已经提出计算机革命和数字革命的基本原理，设计出当时被人们认为纯属乌托邦的图灵机；又在 1950 年提出"机器是不是可以思考"的问题，奠定他成为"人工智能之父"的地位。二是乔布斯（Steven Paul Jobs，1955—2011）。乔布斯对移动互联网的乌托邦主义畅想和锲而不舍的实践，将人类带入移动互联网时代。三是马斯克（Elon Reeve Musk，1971— ）。他的星链计划的实施引发空间通信革命，他的火星移民计划也将改变人类的空间分布。

在科技乌托邦主义突飞猛进的过程中，乌托邦主义形成了日益清晰的诉求，并通过宣言的方式传播。其中，影响最大的是《21世纪赛博女性主义宣言》（*A Cyberfeminist Manifesto for the 21st Century*）和《网络独立宣言》（*A Declaration of the Independence of Cyberspace*）。

自20世纪80年代和90年代，直到21世纪的前二十年，人们现在所做的，在这样或那样的程度上实现这些宣言所追求的科技乌托邦主义的目标无疑是推动历史发展的深层动力。计算机革命、互联网革命和人工智能革命交相辉映，最终导致一个数字乌托邦的协同体的出现。在过去数十年间，人们不断重复这样的发现：曾经认为是乌托邦和空想的观念，过一段时间被证明为一种现实存在。现在，人们已经感受到区块链、加密数字货币、NFT、Web 3.0、AIGC，特别是实现自然语言和机器直接对话的ChatGPT的技术升级，正在急剧缩短各类乌托邦从观念转换为现实存在的时间长度。

三、人类永远需要理想、浪漫、美学和科学

历史已经也还会继续证明：人类不论处于怎样的空间，处于什么样的状态，最终都需要乌托邦理念的支持，因为乌托邦理念是理想、浪漫、科学和美学的集合体。

从比尔·盖茨（William Henry Gates III, 1955—），杰夫·贝索斯（Jeffrey Preston Bezos, 1964—）到马斯克，都是在《神经漫游》中长大的。所以，他们的深层精神世界并不存在乌托邦和实现世界的鸿沟，因为乌托邦是他们想象力的源泉和创造动力，他们视乌托邦为明天自然发生的前奏。

所以，不论在什么时候，乌托邦都是人类进化的一个参照系，人类都不会放弃建构与现实世界平行的另外一个想象中的美好世界。康

有为（1858—1927）在《大同书》中的大同世界，被描述为"大同之道，至平也，至公也，至仁也，治之至也"。很可能存在一个"乌托邦曲线"：当人类迷茫、迷失或者是在暗淡的时刻，乌托邦思潮和实验会兴起和产生更多的追随者。

现在正在深入人心的"元宇宙"，其实是人们所设想、追求、参与的一种乌托邦新模式。元宇宙一方面包含着数百年来人文主义乌托邦的基因，追求平等、共享、互惠、参与，同时融合和吸纳了数字技术的成果。通过元宇宙所创造的平行世界，很可能将是人类和人工智能共处的"后人类"全新时空，是"理想国"的一种全新实验。

《阿Q正传》100年：典型社会的非典型形象[①]

——兼论阿Q命运的其他若干种设想

100年前，有两部文学作品对中国和对世界影响至深。一部是鲁迅的《阿Q正传》，另一部是爱尔兰作家乔伊斯（James Augustine Aloysius Joyce，1882—1941）写的《尤利西斯》（*Ulysses*）。今天是纪念鲁迅写下《阿Q正传》的100周年，实际上是在纪念阿Q这个形象产生的100周年。

一

100年后，如何重新解读阿Q？阿Q到底是不是那个时代中国国民的典型形象？如果不是典型形象，阿Q到底是谁？

今天看，实际上存在着三个维度的阿Q。或者说，在100年时间内，存在三个被分割的阿Q。第一个维度的阿Q，是鲁迅因为某种原因，想写并且后来写出来的阿Q；第二个维度的阿Q，是后人，包括文学和社会各界在过去数十年间所解读和诠释的阿Q；第三个维度的阿Q，是100年之后，今天的人们对阿Q的新发现，对阿Q产生100年的考古性和价值性的再发现。

[①] 本文系作者于2022年2月19日在苇草智酷主办的"思想剧场"活动上的主题发言。

第一维度的阿 Q：鲁迅心里和笔下的阿 Q

1922 年，鲁迅出于什么样的动机和什么样的思想基础，才有了创造阿 Q 形象的冲动？这是一个大问题，难以回答。但是，关于阿 Q，鲁迅留给读者三个模糊身份：第一，阿 Q 不是农民，是一个赤贫者；第二，阿 Q 不是一个健康人，是一个典型的精神分裂者；第三，阿 Q 的命运不是他必然的命运，其实有太多的可能性。也就是说有三条解释，鲁迅的阿 Q 在当时的背景下是一个小概率。

阿 Q 是一个农民？应该不算。因为阿 Q 没有土地，不是自耕农，也不是雇农，更不是贫下中农，就是一个赤贫，是一个在韦庄打零工的，比无产阶级还无产阶级的底层个人。在当时的中国社会，阿 Q 这样身份的人不是占多数的，在中国农村社会不具备普遍意义。

阿 Q 是否是一个 30 多岁的"正常"人和正常男人？似乎不是。阿 Q 存在着全方位的缺陷，存在严重的心理疾病，是一个典型的精神分裂症病人，符合所有精神分裂症的临床表现：感知性障碍、思维性障碍、情感性障碍、认知障碍等；还有偏执症、幻想症、妄想症。所以，阿 Q 不是心理正常的人。但是，迄今为止，关于阿 Q 的研究和人们的认知主流，阿 Q 被认为是一个"正常人"，不是一个病人。如果阿 Q 有心理疾病，那么在当时中国农村不具有典型意义。

至于阿 Q 的命运，从出场到最后被枪毙，命运充满太多的偶然性，并不符合当时历史轨迹的逻辑，自然不具备典型性。

总之，如果上述说法成立，阿 Q 并不具备典型性。鲁迅在 100 年前，自觉或者不自觉地创造了一个阿 Q，并将其定位于一个比无产阶级还无产阶级的社会阶层，而且是精神分裂症患者，最终被军阀枪毙而死。对于如此没有典型意义的故事，在过去的 100 年间，至少中国人却将阿 Q 当作具有典型意义的正常人，进而将阿 Q 精神当作一种被嘲弄的"精神胜利法",甚至是民族性和国民的典型特征,这是一种值得思考的文学和真实社会错位以及相互误解的历史现象。

深入理解这个问题,需要触及鲁迅写《阿Q正传》的深刻思想根源,这与两个人物存在关联性:一位是弗洛伊德(Sigmund Freud,1856—1939),一位是柏格森(Henri Bergson,1859—1941)。因为他们低估中国当时的国际化程度,以今天的眼光来想象100年前中国知识分子的思想和知识来源,与当时的事实存在差距。真实的历史是,"五四运动"之前,至少在鲁迅写《狂人日记》《阿Q正传》之前,这两位世界级的人物对中国知识界的影响相当大。弗洛伊德的思想在"五四运动"前后已经进入中国。至于柏格森,还深刻影响了陈独秀(1879—1942)、李大钊(1889—1927)。也就是说,在当时中国知识界的思想中,除了共产主义的思想之外,还有弗洛伊德、柏格森的思想。

鲁迅对弗洛伊德的理解,可以分为三个时期:从"五四运动"前后一直到写《阿Q正传》,以及1922年写《不周山》(收录入《故事新编》,改名《补天》)。在这些小说中,鲁迅非常推崇弗洛伊德和柏格森。到1924年前后,鲁迅对弗洛伊德、柏格森的思想形成相当正面与系统的认识。1930年以后,鲁迅的立场发生了很大的调整,开始对所谓弗洛伊德思想的片面性做了相当多的批判。

鲁迅在写《阿Q正传》和《不周山》的时候,因为深受弗洛伊德和柏格森影响,所以展现了阿Q的精神分裂症。而造成阿Q患精神分裂症的深层原因则是他的生命力全方位地被压抑,且在所有压抑中,最重要的是性压抑。从头到尾,"女人"这两个字是萦绕在阿Q心中,成为一分钟都不能离去的一个精神和生理性的元素。阿Q的大量的意识流就是出自柏格森和他的自觉主义。总之,畸形状态的阿Q,始终存在着一种生命力的冲动,至死如此。

可以推测,在1922年,甚至之前的三四年,精神分析思想对当时的鲁迅形成了潜移默化的影响,鲁迅从这个时期开始一直到20世纪30年代的相当多的文学作品中,都引入了精神分析,以加深对生命和性的认识,对人自身生命力的冲动和社会的冲突的感知。

100年后再看鲁迅,他还是伟大的。但是,鲁迅的深层心理是相当灰暗的,不乏尼采、弗洛伊德、叔本华(Arthur Schopenhauer, 1788—1860)、柏格森对他的交互影响。鲁迅所描述的阿Q,并非当时中国社会全方位的反映,在很大程度上是鲁迅精神世界的折射。后来,鲁迅自己说,阿Q是他把种种他人集合在一起的形象。其实不对。应该说,阿Q是鲁迅在特定历史时期的部分心理的集中反映。鲁迅和阿Q在心理层面存在链接。如果仔细阅读和反复思考阿Q,不难发现,鲁迅并非那么厌恶阿Q,更多的是理解,甚至还有隐晦的欣赏。

今人对此的认识程度,其实低于鲁迅本人对此的承认程度。鲁迅在1924年翻译日本著作《苦闷的象征》时,写了很长的引言。其基本意思是,人类在当时的苦闷,只有两个一流的哲学家对此可以做相当多的理解。鲁迅认为,柏格森是一流的哲学家,而弗洛伊德是一流的科学家,只有他们才能触及生命力的根柢。

在"鲁迅的阿Q"背后,还需要注意鲁迅背后的那个时代和社会背景。1912年2月12日,清朝皇帝公布退位诏书。同年3月袁世凯担任临时大总统,当时主持浙江大政的人是朱瑞(1883—1916),此人是一个老革命党人。在当时的政治生态下,绍兴是典型时代的典型社会,不可能草菅人命到无法无天的地步。阿Q的非典型形象与具有典型意义的绍兴形成反差,构成鲁迅希望的荒谬。

第二维度的阿Q:后人解读的阿Q

在中国20世纪如此多的文学形象中,唯有鲁迅创造的阿Q产生如此巨大的冲击力。其重要原因是中国民众参与了对阿Q形象的一种沉浸式再创作。

人们最后形成了关于阿Q的主流观念：阿Q是中国国民的典型。患有精神分裂症的阿Q被当成民众象征，所谓的"精神胜利法"被当作国民性格特征。这是相当荒唐的。我们在实际生活中看到，"精神胜利法"更大程度上是非常极端的现象。

无疑，大众解读是片面的，甚至是错误的，导致一系列误导：忽视人本身的很多东西，忽略了到底该如何理解人的深层心理结构、人的生命力、人和社会之间冲突所产生的各种各样的后果。

第三个维度的阿Q：100年之后，人们如何对阿Q再认识、再发现

鲁迅在《阿Q正传》中所说的"阿Q"，仅仅是在鲁迅当时思维框架下的阿Q可能的N个命运中的一个可能性而已，并不是唯一的可能性。现在，可以提出阿Q的8个命运假设，而这8个命运假设都是从书中梳理出来的。

假设一，如果《阿Q正传》里赵家对阿Q不是那样决绝。阿Q姓赵，祖上肯定辉煌过。在中国氏族社会还是有一定宗亲传统的，如果当时的赵家不对阿Q那样决绝，阿Q的命运肯定大不相同。

假设二，如果阿Q外表达到绍兴男人的平均水平，甚至偏下一些，有可能吴妈就不会被他吓坏了，他的命运也会不太一样。《阿Q正传》的阿Q，被描写成丑得不能再丑的人：黄辫子、癞头疮、厚嘴唇、吸旱烟、赤着膀、懒洋洋、戴个毡帽等，而且头颅狭小、脸型瘦削、颧骨高耸、嘴巴突出、张嘴露齿等，把所有缺点集中在一个人身上，丑的程度远远超过巴黎圣母院的敲钟人。阿Q的形象糟到这样的状态，是极端状态，不是普遍状态。

假设三，如果吴妈不排斥阿Q，接受阿Q，阿Q的生活可能改变。

在《阿 Q 正传》中，并没有提供吴妈一定要排斥阿 Q 的充足理由。

假设四，阿 Q 离开韦庄之后，继续待在城里，将偷窃行为长期化，那样可以笼络邹七嫂、赵司晨母亲、赵老太爷妻子等各色女人。或者打份工，不再回韦庄。

假设五，阿 Q 去上海。因为鲁迅说过，阿 Q 这样的人在上海拉洋车是存在的，具备质朴、狡猾的特征。阿 Q 可以到上海拉洋车，或者参加黑社会帮派，或者加入工人组织，甚至加入上海工人起义。

假设六，假洋鬼子对阿 Q 稍加厚道一点，不排斥阿 Q 参加革命。其实，这种可能性也是存在的。假洋鬼子是读书人，当时中国绝大多数或者说相当多的富家子弟，都会参加各式各样的革命，他们往往对劳工阶级采取宽容态度的。

假设七，革命家抢劫之后，带着阿 Q 一起走。

假设八，如果阿 Q 有意识询问在所谓认罪书画押的后果，知道自己会被枪毙，是否会拒绝画那个圈？

总之，阿 Q 的命运绝对不仅仅是鲁迅描写的那个轨迹，至少存在上文提出的 8 种阿 Q 命运的可能性。《阿 Q 正传》里的阿 Q 的人生命运，是小概率。

二

无论阿 Q 的结局如何，阿 Q 还是存在被值得肯定的地方，那就是阿 Q 的生命力。

第一，鲁迅写《阿 Q 正传》的冲动，很可能是源自阿 Q 的生命力。人作为一个独立生命体，本身具备能量，具备各种各样的潜意识，具备对精神和物质的渴望。因为时代和社会条件的不同，人生境地不同，结果不同。绝大多数民众，需要在漫长的人生中，最终将生命力耗尽，一无所成。阿Q短短的一生，被荷尔蒙驱使的生命力，充满性的渴望。阿Q生命力的顽强程度，远远超过鲁迅笔下的其他形象，比如祥林嫂、闰土。因为阿Q形象太分裂，太有刺激性了，所以引发人们思考的程度超过其他形象。

第二，人的命运大概率是十之八九不如意。只是阿Q作为绝对底层人物的命运实在不济，事事时时不如意，竟然没有选择的机会和权利。人究竟如何面对人生的无奈，不断寻找出路和希望，最终绝望，甚至发疯，几乎是永恒的主题。阿Q的悲剧在于，他没有能力和机会懂得人生这些道理，就已经被枪毙了。《阿Q正传》中阿Q的命运，其实是鲁迅对人世间的深层认知。

第三，全面理解《阿Q正传》和阿Q，还需要理解鲁迅同年著作《不周山》和其中塑造的女娲形象。《阿Q正传》和《不周山》，正好反映了鲁迅思想的宽阔的光谱。如果说，《阿Q正传》显现的是灰暗的、负面的一面，那么《不周山》所展现的是少有的光明，是正向的。鲁迅在《不周山》中，不仅引入弗洛伊德的思想，将女娲完全人格化，而且对女娲身体形象与性的描述令人吃惊。不仅如此，女娲的生命力和女娲对生命力本身的释放模式，也都是令人震撼的。阿Q和女娲，在形象上，一个卑俗丑陋，一个是完美无缺，但是有一点是共同的，都面临着如何把被压抑的生命意志保存起来和释放出来。在这个过程中，有些东西是靠直觉的，有些东西是潜在的，最终驱动人的一生。阿Q和女娲，是矛盾的，也是互补的，因为鲁迅本人就是矛盾性集合体。

三

100年前，从"五四运动"开始到20世纪20年代中后期，中国的思想界和世界当时前沿的科技、哲学以及其他的理论，衔接相当紧密。100年前的中国思想界的解放程度是超乎人们想象的。不仅有柏格森、弗洛伊德的思想输入，还有尼采、叔本华的影响，还有无政府主义、共产主义思想的传播。各种思潮交相辉映，深刻改变了当时中国知识分子的观念，产生了前所未有的思想解放。2022年是爱因斯坦访问中国一百周年，相对论进入到中国也已一百年。因为现代科学的普及，间接引发了1923年发生的科学与玄学的争论。

总之，知识分子在一百年前所扮演的重要角色是一股很强的社会力量。一百年之后，因为教育与知识普及，知识分子的地位不是"强化"，而是"弱化"，相较于科学技术，人文思潮、文学艺术的冲击力也在衰减。但是，现在看，鲁迅所创造的阿Q形象在漫长的历史中，并没有完全固化和死去，似乎还富有生命力，这是现代人所缺少的那种顽强的生命力，是发自生命深处的能量。在这样的意义上，我们还是需要鲁迅，需要一生孤独的鲁迅。

《尤利西斯》和构建的现代荷马世界①

> 在这个世界上最坚强的人是孤独地只靠自己站着的人。
>
> ——易卜生（Henrik Ibsen，1828—1906）

一、作者和尤利西斯与中国

第一，作者詹姆斯·乔伊斯，爱尔兰作家、诗人。乔伊斯出生于都柏林，卒于瑞士苏黎世，是意识流文学的开山鼻祖。其代表作品有：《都柏林人》(*Dubliners*)、《尤利西斯》、《一个青年艺术家的画像》(*A Portrait of the Artist as a Young Man*)和《芬尼根的守灵夜》(*Finnegans Wake*)。乔伊斯的传记，被引进中国已经是2006年了。②

第二，《尤利西斯》对中国的影响。《尤利西斯》对中国的影响分成三个阶段。

第一阶段，《尤利西斯》1922年在法国出版。这年7月，徐志摩在《时事新报》发表的诗歌《康桥西野暮色》前言中提及了乔伊斯。徐志摩留下了这样的文字："这部书恐怕非但是今年，也许是这个时

---

① 本文系作者2022年6月27日在苇草智酷主办的纪念《尤利西斯》发表100周年"思想剧场"上的发言。作者说，自己没有文学专业训练，更不是《尤利西斯》的研究者，今天所讲的，更多是由感而发。

② 理查德·艾尔曼著，金堤等译《乔伊斯传》，北京十月文艺出版社，2006年。

期里的一部独一著作,他书的最后一百页(全书共七百几十页)那真是纯粹的'Prose',像牛酪一样润滑,像教堂里石坛一样光澄,非但大写字母没有,连可厌的符号一齐灭迹,也不分章句篇节,只有一大股清丽浩瀚的文章排奡面前,像一大匹白罗披泻,一大卷瀑布倒挂,丝毫不露痕迹,真大手笔。"徐志摩甚至把乔伊斯在文坛声名鹊起与列宁的世界性政治影响相提并论。1922 年 11 月,茅盾也在《小说月报》的《海外文坛消息:英文坛与美文坛》一文中介绍了乔伊斯,但是他把乔伊斯称为美国作家,而且是一位达达主义者。此后,郑振铎、周立波等文学名家也都零散地向国内读者介绍过乔伊斯。《尤利西斯》首印 1 000 本。据乔伊斯的信件,提到中国一共有 10 本订货量。① 也就是说,有 10 本第一版的《尤利西斯》进入中国。但现在,无从考证这 10 个读者究竟是谁了。

应该说,在那个时候,这些人并没有能力和可能通读了这部小说。尽管如此,《尤利西斯》已经对中国文学界产生了影响。似乎可以肯定地讲,至少鲁迅的小说使用了意识流创作方法,只是没有可能找到鲁迅关于《尤利西斯》的直接文字记录。

第二阶段,在 20 世纪 30 年代和 40 年代,中国在海外的学者有机会阅读《尤利西斯》,例如萧乾先生(1910—1999)。

第三阶段,20 世纪 90 年代,《尤利西斯》没有中文译本的历史结束了。1994 年金堤(1921—2008)先生的翻译版本,由人民出版社出版。1995 年萧乾和文洁若的(1927—)翻译版本出版。2021 年,翻译家刘象愚(1942—)翻译的《尤利西斯》,由上海译文出版社出版。我在 2005 年买的就是萧乾和文洁若的版本。我今天的发也是以萧乾

---

① 戴从容教授在相关历史方面做了深入考察,还提供了一封乔伊斯写给韦弗女士的信,信中提及《尤利西斯》的第一版收到来自中国的 10 个订单。戴从容教授说,可惜的是这 10 个订单的信息已经无法查寻,无法判定订购者是谁。

和文洁若翻译,由译林出版社 2021 年 7 月出版的版本为基础的。也就是说,到现在为止,《尤利西斯》有三个中文版本。如果对这三个翻译版本做比较研究,那是要下功夫的。

总之,中国人可以读到完整的,经过精心考证和专业翻译的《尤利西斯》的中文版本,到现在不足 30 年的时间。这样的判断可能是符合实际的:在中国,《尤利西斯》的读者群至今是小众的,甚至知道《尤利西斯》这部小说的人数也是有限的。

第三,《尤利西斯》的语言和文学风格。《尤利西斯》是英文作品,但是作者对英文本身充满了相当大的批判态度。1919 年前后,作者与茨威格(Stefan Zweig,1881—1942)在萨尔斯堡见面的时候,描述他的写作生涯时说,他是被迫用英文写作。而且只要他写作用英文或者用任何具体的文字,就一定会陷到这个语言的传统惯性之中。所以,他希望有一个超脱所有语言的语言。

在这本书中,乔伊斯通过《尤利西斯》的主角表明他是支持世界语的。世界语是 20 世纪左派运动的一个重要组成部分。乔伊斯在全书中,除了中文和非洲语言,欧洲的所有语言他都使用了,从拉丁语、希腊语、希伯来语,到德语、法语、意大利语,还加上了爱尔兰的土语和酒馆里的粗话,伦敦方言,不一而足。这绝不是作者的显摆,是信手拈来。《尤利西斯》的语言丰富程度,达到了前所未有的状态,可以说是前无古人,后无来者。所以,我敢说,即使懂英语的人,或者以德语或者法语作为母语的人,要想一下读懂这本书,其实是不可能的,更何况来自东方国家的读者,特别是中国读者,尽管他们可能有一定的英文基础。萧乾直到 1940 年还称《尤利西斯》是一部"天书"。

所以,萧乾和文洁若在翻译此书的时候,出现了一个很大的问题:要不要加注释?因为不加注释,根本读不懂,而译者最后决定加注释。在有的章节中，萧乾和文洁若所加的注释大于正文。以第九章为例，正文是从 246—278 页，注释是 279—310 页，共 555 个注释。第十八章中的注释占这本书的 2/5 之多。我阅读此书的经验证明，读注释，根本没办法理解全文。不断翻阅注释，再返回正文，给人造成一种心境困扰，影响读书的节奏感。

除了上述《尤利西斯》的语言特征外，在文学风格方面，《尤利西斯》几乎实现了集大成。不仅可以看到古希腊悲剧和古希腊哲学的影响，还可以感触尼采的存在，以及莎士比亚（William Shakespeare，1564—1616）、歌德（Johann Wolfgang von Goethe，1749—1832）、巴尔扎克（Honoré de Balzac，1799—1850）、福楼拜（Gustave Flaubert，1821—1880），尤其是易卜生的痕迹。所以，《尤利西斯》是丰富、艰涩而深刻的小说，对于中国读书人，或者文学家，如果期望在短时间内通读和理解此书，实在具有极大的挑战性。

二、诠释《尤利西斯》的九个问题

在国内，学院派对《尤利西斯》的主流看法是，乔伊斯和《尤利西斯》所代表的是一种虚无主义，一种精神空虚的颓废，集中反映在小说主人公是一个空虚的骚客，是孤独、颓废、多愁善感的悲观主义者的集合体。对于这样的认知，我是不以为然的。如果读者认真阅读这部小说，从故事涉及的所有人物，都难以推导出历史虚无主义者和颓废主义者的结论。我现在所讲几个问题，证明关于《尤利西斯》主流看法的缺失所在。

第一，乔伊斯展现的《尤利西斯》的时空结构。这是非常有意思的问题。因为所有的事件和故事，都发生在特定的时空维度中。

关于时间，主要是四个时间节点。（1）2022 年 6 月 27 日，一些中国人讨论 100 年前出版的《尤利西斯》。(2)《尤利西斯》故事发生的具体时间是 1904 年的 6 月 16 日,从上午 8 点到午夜,总共加起来是 19 个小时 40 分钟的故事。(3)《尤利西斯》所用的时间框架,又对应《荷马史诗》的《奥德赛》(*Odyssey*)。《奥德赛》这个故事描写的是奥德修斯在"特洛伊战争"之后返国的 10 年时间中发生的故事。(4)作者写作的时间,1914—1922 年。作者开始写第一章的时候,正值第一次世界大战爆发,而小说发表则在第一次世界大战结束后数年。

所以,读者不免陷入一个套娃式的时间框架,所要理解和追溯的远远不是本书所说的 1904 年 6 月 16 日的 19 个小时 40 分钟,而需要延伸到第一次世界大战,还要跳跃到公元前 1183 年至公元前 1173 年的荷马时代。公元前加上公元后,总的时间跨度达到 3 200 年。如此才是认知和讨论《尤利西斯》需要的时间维度。

根据这样的时间维度,如果不理解荷马世界、荷马时代,不理解奥德赛,就无法理解 1904 年的人;而不了解 1904 年,就没有办法来理解《尤利西斯》。所以,古希腊神话和《荷马史诗》成为这本书最大的历史背景。

关于空间,有两个空间。(1)是《尤利西斯》故事发生的空间,即爱尔兰的都柏林。本书通过各章代表的人体器官如肾、生殖器、心脏、肺、食道、大脑,隐喻都柏林不仅是一座城市、一个物理空间,而且是一个复杂的生命体,一个具有生物特征的空间。(2)作者写这本书的空间。在这本书的最后一页,作者写到"的里雅斯特 – 苏黎世 – 巴黎,1914—1921"。作者告诉读者,这本书先后写于意大利的的里雅斯特(Trieste)、瑞士的苏黎世,最后完成于巴黎。也就是说,作者写作的过程就是自我流亡的过程,不断地变换自己存在的空间。在这个过程中,他有个别时间返回到都柏林。但是,总的来讲,作者自 1914 年开始,走上一条客死他乡的不归之路,这条路在 1941 年到了尽头。

第二，荷马时代是黑暗时代。理解荷马时代是理解《尤利西斯》的关键所在。荷马时代是从公元前9世纪到公元前8世纪。《荷马史诗》是荷马创作的两部长篇史诗——《伊利亚特》(Iliad)和《奥德赛》的统称。《荷马史诗》所描写的是公元前1100年到公元前900年之间的事情，主要覆盖特洛伊战争时期。假定荷马是一个真实存在的历史人物，他的《荷马史诗》所描写的不是他的亲身经历，而是发生在200年前的传说，尽管这个传说被后来的历史考古所证明。

《荷马史诗》的《伊利亚特》和《奥德赛》，相互联系和不可分割。这两本史诗的差别在于：《伊利亚特》的时间背景是特洛伊战争10年中的最后51天；《奥德赛》讲的是特洛伊战争最主要的领袖，国王奥德修斯胜利之后返回家乡的十年历程。

可以肯定的是，特洛伊战争导致整个希腊，即今天的希腊群岛和爱琴海，进入了一个没有城市、没有商业、没有文字和国家的特殊的时代。所以，荷马时代是一个黑暗时代。

乔伊斯没有发表他本人对于《奥德赛》的特洛伊战争后果的评论。但是，乔伊斯借用后特洛伊时代或者荷马时代作为《尤利西斯》的背景，也就是告诉读者，20世纪初期的爱尔兰甚至欧洲和整个世界，其实都是黑暗的。作者是以1904年6月16日为特定的一天，集中代表"爱尔兰黑暗"的那种无奈的、瘫痪的时刻。

如果没有荷马时代作为参照系，没有以荷马时代与都柏林的跨时空的鲜明对比，就难以深刻理解当时的都柏林，当时都柏林的老百姓和当时的爱尔兰究竟在历史上有怎样的位置。可以想象这样一个场景，如果把乔伊斯和《尤利西斯》当作一个话剧，特洛伊战争摧毁了旧的文明，人们进入了新的文明没有来临的黑暗时代，即荷马时代。在这样的时代，这样的场景下，有一个镜头聚焦的是20世纪开始的都柏林，这样的历史反差太大了。

虽然荷马时代影响了世界，都柏林相比显得那样的渺小，但是，乔伊斯告诉读者，他就是关心这样凡俗的、真实的、他必须逃离的都柏林和爱尔兰。他为了让读者感受到强烈的刺激，采取了一个办法，将《尤利西斯》的章节和人物与《荷马史诗》一一对应。在每个章节中，都对应着罗马神话的一个真实人物。这本书前后出现的人物达123人，关键的人物有三个，第一个是主角布鲁姆（Leopold Bloom），他对应的是《荷马史诗》中的奥德修斯；他的夫人现在有两种翻译，一个中文翻译成茉莉（Molly），一个翻译成马里恩（Marion），对应的是奥德修斯的夫人佩涅洛佩（Penelope）；第三个是斯蒂芬（Stephen Dedalus），对应奥德修斯的儿子忒勒玛科斯（Telemachus）。所以，只有理解罗马神话对应的人物，才能真正理解乔伊斯真正的目的，每一个对应罗马神话的人物，才是《尤利西斯》全书主人公真正的注脚。

第三，布鲁姆的分裂特征。布鲁姆是《尤利西斯》的第一主人公，这本书的灵魂人物，小说中的其他人物都因他而出现。所以，爱尔兰将6月16号作为布鲁姆日。理解布鲁姆是理解整部小说的关键所在。

书中对布鲁姆有着完全对立的描述：一方面，布鲁姆作为一个为都柏林的一家报纸拉广告的社会底层小人物（下层小资产阶级），陷入儿女情长和生活琐事，需要应对各种各样的事情，为生计奔波苦恼。他肚子微鼓，胖胖的，爱吃动物下水，有手淫的习惯，被认为是平凡、平庸、粗俗、下流、狡诈的人。更重要的是，布鲁姆是犹太人，在当时全欧洲的排犹主义弥漫的情况下，虽然还没有进入纳粹时代，但在一个被天主教主宰和蹂躏的爱尔兰的都柏林，他的犹太人血统导致他比爱尔兰人还要悲催。所以，他不可能得到起码的尊重，而是遭到周遭的鄙视，连妓院的老板都把他说成不阴不阳的人。另一方面，布鲁姆是一个有非常好的学问、有理想、有才智、同情女性且永远让自己沉浸在内心世界不被伤害的人，是一个好儿子、好丈夫、好父亲、好朋友。甚至，他还是一个乌托邦主义者，一个有智慧的人，一个充满宗教感的人。

尽管布鲁姆长期处于分裂的，甚至绝对分裂的状态，每天要扮演不同的角色，万般艰辛，没有人尊敬，却能维系良知和充满希望，他从未放弃他的理想，并尽量做一些他认为应该做的，不乏非常感人的举动。比如，他到妇产医院，看到朋友的朋友难产，他会真的着急，甚至会有像一个女人在这种情况下的感同身受。

作者展现了布鲁姆精神境界的深处：布鲁姆是有精神支撑的——他其实是一个乌托邦主义者；他希望有世界语；他精神的深处渴望平等、公正，渴望所有的人起码有尊严地生活，每一个人即使走向坟墓的时候也应该有起码的尊严。这是多么难得啊。这个世界从来就是一个极端虚伪的时代，从荷马时代到乔伊斯时代，甚至现在。

这本书引导读者看到，《尤利西斯》主人公布鲁姆和《奥德赛》主人公奥德修斯，在3 000年之后，在1904年的6月16日，竟然在都柏林发生了一种历史的重合，而这个重合的本质就是人性的重合。人性的背后是什么呢？是布鲁姆的善良，悲天悯人，充满人类的弱点，一个完整小人物的天性。所以，布鲁姆值得被肯定和尊重，甚至被喜欢。

第四，斯蒂芬的隐喻和象征。《尤利西斯》的第二主人公是斯蒂芬，对应的是奥德修斯的儿子忒勒玛科斯。斯蒂芬和布鲁姆，具有不可分割的整体性。一方面，史蒂芬需要布鲁姆，将他当成精神上的父亲；另一方面，布鲁姆在审视史蒂芬的身心状况。荷马的《奥德赛》中的主人公，经历十年时间，最终回到家乡，需要重构父子关系。在

《尤利西斯》中，通过布鲁姆对待史蒂芬的态度，再现了《奥德赛》中主人公与儿子的关系演变。最终，史蒂芬和布鲁姆共同构建了一个灵与肉的关系，一个追求精神世界和陷入物质世界的反差关系。

不仅如此，史蒂芬和布鲁姆彼此之间又是共通的，不管身处怎样的环境，不管身处怎样的时代，都要保持自己精神世界的一块田园，因为这个田园使得他们能够结合在一起并互相影响。所以，斯蒂芬和布鲁姆还是朋友，是灵魂伴侣。在新的荷马时代，伴随20世纪来临的那种黑暗，无声无息，无边无际，令人窒息。黑暗时代，一定是平庸时代，没有战场、没有对垒、没有每时每刻的生与死的威胁与挑战。在这样的社会环境下，如果想把自己变成英雄，或者视自己为英雄，有很多选择。其中最为重要的是寻求永恒的精神世界，企望精神变得万分强大。

斯蒂芬的原型就是乔伊斯本人，或者说，史蒂芬这位年轻人就是作者的化身。乔伊斯做了人生根本性的选择，就是一生只忠于自己的内心。斯蒂芬的姓氏是迪达勒斯。迪达勒斯是古希腊神话中的一位技艺精湛的工匠。值得注意的是，在斯蒂芬身上，可以看到弗洛伊德精神分析的影响。

第五，莫莉的地位。莫莉是布鲁姆的妻子。她是本书中的女性主人公。莫莉体态丰满，能歌善舞，情人还不止一个，有很多，在书中至少有七八个角色是她的情人。但是，莫莉没有选择离开布鲁姆，因为她认为布鲁姆有两点影响了她，使她永远不能离开：一是布鲁姆的知识、见识和智慧；二是布鲁姆的诚实。也就是说，莫莉对布鲁姆是理解和肯定的。其实，还有更为关键的一点，那就是布鲁姆对莫莉的理解和宽容。布鲁姆同莫莉的外遇而伤痛，却还能够理解和接受。总之，莫莉和布鲁姆的夫妻关系得以维系，是双向原因。

无论如何，莫莉的精神世界是多元化的。最能够反映莫莉内心世界的是书中第十八章。莫莉的精神世界在第十八章混沌维度中实现了无序的跳跃。有人这样说，第十八章证明了乔伊斯是这个世界中最能理解女人心理的男人。

在莫莉的背后，隐藏着乔伊斯关于性的观念。《尤利西斯》将妓院作为城市中最有趣的地方，充满"令人战栗、令人迷幻的生气"。与妓女相比，莫莉堪称良家妇女。妓女都值得正名，何况莫莉。

第六，意识流。不仅文学界，而且一般民众也知道意识流的概念。但是，关于意识流的理解，其实相当肤浅。可以这样认为，只有阅读《尤利西斯》，才具有讨论意识流的坐标。

乔伊斯在《尤利西斯》这部作品中将意识流运用到炉火纯青的境地。乔伊斯在这部书中，按照自己的意志和设计，把3 000年前和3 000年后现在的事情、人物的思想，通过意识加以连接和融合，而所有的意识，并非有那么强烈的逻辑性，常常是跳跃的、中断的、混乱的、没有逻辑的。读者的思想在长达3 000年的时空中振荡，每一个现存的人都能在《荷马史诗》中找到对应的人，在这种反差中得到震撼。例如，感知真实的布鲁姆，卑微、平庸、渺小，而布鲁姆对应的奥德修斯，英武、伟岸、智慧，几乎所有好的概念都可以用在《荷马史诗》中奥德修斯的身上。

最终，读者自己也将产生身不由己的意识流动状态，整个精神世界动荡、交叉和闪动，甚至发生意识错乱。在作者和读者的意识流互动情况下，读者在一种意识流的反差中，产生异常丰富的遐想，思想势必天马行空，自然会有很多新的发现。

总之，从本质上说，意识流是作者通过作品人物和读者所创造的意识场，在意识场中形成互动的意识流震荡和震撼。《尤利西斯》所展现的包括历史与现实、生理和心理交织的意识流，才是真正的意识流，是具有冲击力和刺激力的意识流。

这本书的典型意识流主要集中在第十八章。第十八章在萧乾和文洁若夫妇的翻译版本中，从第941页到第978页没有标点符号。有人考证第十八章中只有两个句号。能把第十八章读下来是非常困难的事情。但是，这正是第十八章的魅力所在，无论是深刻的东西，还是粗俗的东西，都以意识流的模式发生交叉。在最后一页里，这些词汇罗列在一起，"牛奶、钢琴、白玫瑰、蛋糕、田野、庄稼、鲜花、神父、地狱、女人的身子、大海、天宫、码头、犹太人、阿拉伯人"，极端跳跃、极端赤裸裸、极端天马行空。

这就是读者直视的赤裸裸的真实。《尤利西斯》以这种方式描述真实的世界，达到真实而不能再真实的地步，从头到尾排除传统文学的罗曼蒂克，所有读者因此而被征服。在人类文学史上，莎士比亚、歌德、巴尔扎克都试图给读者捧出一个完美真实的世界，但是，终究没有完全做到。因为真实的世界充斥着值得怜悯的小人物，也不乏《荷马史诗》中的大人物、领袖、智者、战士和英雄。但是，不论小人物还是大人物的意识世界，都是相通的，弥漫着非理性、杂乱、无序和颠倒。最终发生人性重合。我怀疑卡夫卡是从这里受到的启发。

第七，两种流亡。《尤利西斯》向读者描述了当代世界的身体和精神的"两种流亡"：所谓身体的流亡，是指一个人流落异国他乡，没有办法回到自己的国家，但是你却没有办法忘掉自己的国家；所谓精神流亡，是指精神丧失归宿，处于极端孤独状态。精神孤独是孤独本身的最高状态。

在这本书中，最能体验精神孤独，体验到孤独的极限状态的就是布鲁姆。布鲁姆参加一个朋友的葬礼，他在葬礼上发现：人们参加葬礼，每个人好像很严肃，其实不然，在葬礼期间，人们很少交谈关于死者的事情，大多是叙旧和拉家常，然后散去。乔伊斯描述这样的场景，所有的人都会死去，甚至自己可以给自己挖一个墓穴，但是，非常遗憾的是，没有一个死去的人可以将第一把土放在自己的棺材上。领悟到这一点，是触及了孤独的真谛，没有比这个想象更深刻的了。

人生的残酷，发生在那些同时体验两种流亡的人，体会身体流亡和精神流亡的叠加。这部小说，不断向读者展现两种流亡，并将两种流亡推到极限，让读者穿插在两种流亡之中，使读者感到那种完全不能摆脱的精神孤独，更甚者，可以刺激那些对于孤独不敏感的读者，也正视自己正处于孤独境地。值得注意的是，虽然乔伊斯不是犹太人，却视犹太人为"第一个在全世界流浪的民族"。乔伊斯对于流亡，还有"流亡，是我的美学"的感受。

《奥德赛》的主人公奥德修斯从特洛伊战场返回家乡的十年，是动荡漂泊和精神孤独交织的十年。奥德修斯坚持强大的内心精神世界，还要坚持每天批判诅咒甚至揭露自己的家园，令人感触。流亡的后果是，一旦经历过，人的精神世界就不可能回到从前，是一种精神不可逆现象。

第八，犹太情节。乔伊斯一生，对犹太民族和犹太文化充满热心，关注和思考犹太人的处境，形成对犹太民族的特殊情感，甚至对犹太文明依恋，并认为犹太人和爱尔兰人有着极大的相似性：被压迫，沉迷幻想，渴望理性，拥有合作意识。所以，犹太情节是《尤利西斯》贯穿全书的一条线索，主人公布鲁姆的人格建立在对民族和身份的认同上，他的意识流很重要的内容就是对犹太人命运的思考。这样就不难理解乔伊斯在一封信中这样评价《尤利西斯》："一部两个民族（以色列和爱尔兰）的史诗。"乔伊斯是了不起的，他在20世纪早期，就已经预感和清晰地认识到犹太问题与世界未来的关联性。之后第三帝国的崛起和覆灭、第二次世界大战、以色列建国以及战后历史的演变，都证明了当代世界历史无法逾越犹太问题。

第九，乔伊斯和茨威格。乔伊斯和茨威格是同时代人，茨威格

1881年出生，1942年自杀身亡；乔伊斯1882年出生，1941年死于急性病。他们两个人最大的共同之处在于：两个人最终都走上了流亡之路。

1919年，当乔伊斯在萨尔斯堡见茨威格时，后者过着稳定的和舒适的中产阶级生活。茨威格见到乔伊斯后说："我最为之动容的是这些人当中没有家乡的人或者更糟糕的人，那些不光一个，而是两个或三个祖国的人，他们在心中不知道自己应该属于哪一个。在奥德温咖啡馆的一个角落，一个续着褐色小胡子的青年，男子大多时候独自坐在那里。锐利的黑色眼睛前架着一副引人注目的厚厚的眼镜，有人告诉我他是一个非常有才华的英国诗人。当我在几天后与这位詹姆斯·乔伊斯相识以后，他直截了当地拒绝与英国人有任何所属关系。他是爱尔兰人，他虽然用英文写作，但是他不用英文思考，也不想有英语式的思考。他当时对我说：'我想要一种语言，一种超越一切语言之上的语言，所有的语言都要给它俯首帖耳。我没法用英语表达自己，而不让自己进入一种传统当中。'"在乔伊斯见到茨威格的时候，他把自己写的一本很重要的小说《一个青年艺术家的画像》借给了茨威格。因为他手上只有一个副本。后来，茨威格也给乔伊斯很多帮助，英雄心有灵犀、惺惺相惜的情感跃然纸上。茨威格特别强调："好像我已经预感到自己将来的路一样。"茨威格后来的流亡岁月，印证了这句话。

乔伊斯和茨威格之间有巨大的互补性。如果把他们联结在一起，几乎就是完整的欧洲文学思想历史。乔伊斯所做的恰恰是茨威格所没做的，茨威格所写的恰恰是乔伊斯有意回避的。

除了茨威格之外，还有一位爱尔兰文学家与乔伊斯具有一定的可比较性，他的名字是C.S.刘易斯（Clive Staples Lewis，1898—1963）。刘易斯对乔伊斯的作品进行过无情批评，激发了乔伊斯的创作灵感，拓展了乔伊斯思想的深度。

总之，在纪念《尤利西斯》出版100周年的时候，20世纪初的那个都柏林其实没有消失，我们周边还有不同的布鲁姆、斯蒂芬、莫莉，甚至我们还能够感受到荷马时代的阴影。所以，需要以跨越时空的想象力理解这部小说所具有的历史张力。在今天这个世界，大多数人即使没有身体的流亡经历，但是，难免有不同程度的精神流亡和精神世界的孤独无助。所以，真实的人性和忠于自己的内心，最值得珍惜。布鲁姆是可爱的。

方以智：明末"实学"的旗手①

方以智，安徽桐城（今枞阳）人，出生于万历三十九年（1611年）；崇祯十三年（1640年）中进士，此时距离甲申之变的明朝覆灭只有4年；清康熙十年（1671年）殉难。

晚明清初的顾炎武（1613—1682）、黄宗羲（1610—1695）和王夫之（1619—1692），被公认为"三大家"。而方以智在晚明清初的学术和历史地位，长期被低估，甚至忽略。究其原因相当复杂，一方面方以智著述百万余字，多数没有刊出，刊出又多遭遇禁毁；另一方面，清代乾隆、嘉庆时期的"汉派"囿于知识和认知局限性，否定方以智思想，排斥方以智代表作《物理小识》和其他著作的传播。在《清史稿》中，方以智被列入《隐逸传》，这是不公正的。方以智代表的"实学"，明中后期受到"西学东渐"直接影响，不仅是对传统儒家思想的一种"离经叛道"，而且代表了中国社会开始全方位转型的新思潮。在那个时代，这样的大历史现象是罕见的。在方以智之前，以"异端"自居的李贽（1527—1602）也是一位值得纪念的反传统理念和价值系统的先驱。

2021年，方以智诞辰410周年、殉难350周年，是公布发现方以智《东西均》60周年。

---

① 本文系作者于2021年11月9日在"纪念方以智诞辰及殉难350周年主题讲座暨数字经济'元宇宙'研讨会"上的发言。作者对会议组织者苏彤先生对方以智现实意义的发掘和研究深表肯定。

第三章 人文、伦理与科技

1. 方以智的"合二为一"理论和中国当代政治。方以智最重要的哲学著作是吞吐百家、融合古今、探究宇宙大疑的《东西均》。该书写于1652年前后,但是,由于清廷的严酷文字狱环境,以手抄本形式尘封故乡,直到300余年之后的20世纪50年代重现于世。

《东西均》的核心思想是:"一不可言,而因二可济;二即一、一即二也。""至与终本一,至于终必二。""交也者,合二而一也。""尽天地古今皆二也,两间无不交,则无不二而一者。""有一必有二,二本于一。"①方以智的"合二为一"的思想确实与宋代朱熹(1130—1200)提出的"一分为二"存在很大的差异。

1961年8月6日,历史学家侯外庐(1903—1987)先生在《人民日报》正式公布方以智《东西均》被发现的消息,并撰写了介绍和诠释方以智《东西均》的一篇长文。②

第二年,即1962年,被标点之后的《东西均》正式出版,引发了世界范围内对明末思想,特别是对方以智哲学思想研究的高潮。1964年,在中国哲学界发生了关于方以智《东西均》的合二为一的思想的讨论,形成合二为一和一分为二两个阵营。③合二为一阵营强调方以智的思想:为"合二而一"是以"一必有二"为前提,每一事物皆有对立的两个方面,相反相因,由此引起事物的运动变化。毛泽东是倾向"一分为二"的思想。当时中国理论界,在康生(1898—

---

① 方以智著《东西均》,《方以智全书》第一卷,黄山书社,第243-368页。
② 侯外庐(1903—1987):《方以智〈东西均〉一书的哲学思想——纪念方以智诞生二百五十周年》,《人民日报》1961年8月6日。
③ 讨论是从1964年5月29日《光明日报》发表《"一分为二"与"合二而一"》的文章开始的。至1965年5月,全国报刊上发表讨论文章共470多篇。争论围绕一分为二与合二而一的含义及其关系而展开,基本上有三种观点:(1)合二而一也是对立统一规律的通俗表述,合二而一和一分为二是一个意思;(2)一分为二是对立统一规律(接下页)

1975）、陈伯达（1904—1989）的控制和引导下，这场学术讨论很快转变为对"合二而一"的政治批判。"文化大革命"初期，"合二而一"被定性为"复辟资本主义的反动哲学"，导致主张或基本赞同"合二而一"观点者，遭到残酷的政治迫害。

这是方以智哲学思想的特殊命运，是同代的学术大家，包括顾炎武、黄宗羲和王夫之所不曾有的。

2. 理学和心学危机及"实学"兴起。宋以后，儒学经历了程朱理学，到明中期出现了王阳明代表的心学。但是，到了明朝中末期，理学和心学都出现了全面的思想和理论危机。明中叶大学者杨慎（1488—1559）已经尖锐指出：理学家"使事实不明于千载，而虚谈大误于后人"。① 杨慎希望开启"求实"之风，只是应者甚少。明末，在政治、经济和社会急剧动荡的大环境下，不仅阳明心学开始分裂为不同门派，整个儒学影响力也呈现全方位衰落。②

在这样的情况下，"实学"应运而生，代表中国当时的士大夫阶层开始关注自然与科学，是一个转折性的思潮，开始动摇和改变儒学、儒家的思想体系和士大夫阶层的绝对地位。"实学"包括：通过主张具有物质特征的"气本论"替代王学和理学的本体论；倡导学术层面的实证和实用，将研究领域从心性转变为自然界。简言之，"实学思潮"涉及哲学、伦理、政治和学术，构成实学救世的新

（接上页）通俗的、科学的、完整的表述，合二而一是形而上学矛盾调和论；（3）一分为二和合二而一相结合，才是对立统一规律的完整表述。这年7月17日，《人民日报》发表署名文章，公开点名批判当时中共中央直属高级党校校长杨献珍的"合二而一"观点。到了8月31日，康生、陈伯达主持草拟的《哲学战线上的新论战》一文发表，指责杨献珍以"合二而一"反对唯物辩证法，"是有意识地适应现代修正主义的需要""宣传阶级和平和阶级合作，宣传矛盾调和论""是有意识地适应国内资产阶级和封建残余势力的需要，给他们提供所谓'理论'武器"。

① 陈鼓应著《明清实学思潮史》，齐鲁书社，1989年，第175页。
② "即知即行"的浙中派，"静坐"的江西派，"人人皆可成圣人"的泰州派。

思潮。

方以智是"实学"思潮代表和旗手。方以智的重要著作《物理小识》就是当时一系列实学著作中的代表性著作。除了方以智的《物理小识》以外,宋应星(1587—约1666)的《天工开物》、徐光启的《农政全书》、程大位(1533—1606)的《算法统宗》、吴有性(1582—1652)的《瘟疫论》、茅元仪(1594—1640)的《武备志》以及《徐霞客游记》等,都是"实学"代表性著作。所以,宋应星、方以智、程大位、吴有性、茅元仪、徐霞客(1587—1641)、徐光启都是"实学"的代表人物。

但是,因为"实学"背离和突破了儒家的框架,为中国主流历史学家忽视。例如,在冯友兰(1895—1990)的《中国哲学史》中根本没有提及"实学"。如若不是清军入关明朝覆灭,明末的"实学"将对中国转型产生难以估量的影响,也绝无清代的"儒学"和"经学"的兴起。

3. 方以智《物理小识》的核心思想。方以智的《物理小识》,初成于明朝覆灭前一年的崇祯十六年(1643年),次年,李自成(1606—1645)农民军攻陷北京,方以智开始漂泊生活,继续搜集材料,补充和修改。

《物理小识》是方以智的科学研究代表作,书名的"物理"之义,系万物之理,泛指他当时所能想象和认知的自然现象、原理及应用,也涉及深层哲学。《物理小识》全书十二卷,以记录的形式,涵盖地理、物理、医药、生物、历史、文学、音训等领域,具有百科全书的史料价值。方以智在《物理小识》自序中开宗明义,第一句话就是"盈天地间皆万物也,人受其中以生。""一切物皆气所为也,空皆气所实也。物有则,空亦有则……其则也理之可征者也。"[①]

---

① 方以智著《物理小识》,《方以智全书》,第七卷,黄山书社。

《物理小识》提出两个"实学"的基本概念：第一个是"通几"，"以费知隐，重玄一贯，是物物神神之深几也。寂感之蕴，深究其所来自，是曰'通几'，"①即寻求普遍的客观世界的规律。第二个是"质测"，以具体的事物、物理对象来做研究找出其规律。"物有其故，实考究之，大而元会，小而草木虫蠕，类其性情，征其好恶，推其常变，是曰'质测'。"②方以智认为，质测是通几的基础，通几是质测的升华。方以智完成了对"格物致知"的突破。

方以智进而提出实学所包含的三个层次：第一个层次是"物理"层次，包括象数、天文、音律、声韵等；第二个层次是"宰理"，"宰"就是主宰的意思，是哲学层次；第三个层次是"至理"，即与前面所说的"通几"是一个近似的概念。

今人研究方以智《物理小识》，提出《物理小识》在狭义物理学方面，多有可称道之处，特别是在光学和声学知识方面。《物理小识》对于光和声的波动性的认识，远较其前人为强。书中提出"光肥影瘦"概念，以及被我们称之为"气光波动说"的朴素光波动学说。

简言之，方以智《物理小识》所代表的"实学"已经展现了体系化的潜质，包含了物理、宰理和至理，也就是从实证到理论。甚至可以感受到，方以智期望构造一个宇宙体系，只是在中国当时的历史条件下，尚未具备基本条件。

这几年，中国不乏对方以智思想深入研究者，也有苛求古人和深不以为然者。③

---

① 方以智著《物理小识》，《方以智全书》，第七卷，黄山书社，第96页。
② 同上。
③ 2021年12月，何新有一短文：《论〈方以智全书〉》。其中写道："十册书中，仅通雅、物理小识等数卷至今或仍为可读。至于其余，皆满篇之乎者也，不知所云，甚至废话连篇，读之无益，不过可填充书架而已。悲夫！" https://www.163.com/dy/article/GQG2GLOF0521F1RT.html

4. 传教士和方以智的实学理念的渊源。现在历史已有公论：方以智生活在"西学东渐"已具规模的时代，方以智与传教士汤若望（Johann Adam Schall von Bell，1592—1666）、南怀仁生活在同一个政治经济和文化环境之下，且方以智与汤若望有所交好，深得启迪。

根据已有的文献可以看到，方以智受到了耶稣会传教士所带来的天文、历法、水利、数学、物理、医学的影响，并且在这方面他也有了自己相当深入的研究。在1634—1639年，方以智在寓居南京期间，系统阅读了西方科技书籍，包括李之藻（1565—1630）编纂的《天学初函》和《西儒耳目资》等。其中，《天学初函》属于丛书，收集了明末西学译著文献20种，52卷，宗教、科学各10种。最终，方以智承家学遗泽，融中西大成。

方以智9岁时，一位叫熊明遇（1579—1649）的官员因为被诬陷为东林党党人被贬到福建的宁德。① 熊明遇已是一个成年人，至少50多岁，却和只有9岁的方以智做过长达11个月的思想交流。熊明遇在自己的著作中，方以智在著作《膝寓信笔》中都对此事做了非常详细的记载。在17世纪20年代，通过熊明遇这样一个典型人物，可以看到中国士大夫阶层的思想已经发生了较大的改变。

总之，方以智在那个时代，不仅纵深于中国文化几千年脉络，而且跨越中学西学，所代表的是一个新的历史方向，一个将西方科学影响和中国传统思想、学术相融合的方向。非常遗憾的是，这样的方向被1644年清军入关入主中原和明朝覆亡所中断。真实历史不存在"如果"，历史研究存在"如果"。如果明末危机得以化解，明朝历史得以延续，具有资本主义元素的江南手工业，走向发达的商品经济，

---

① 熊明遇因接近东林党人，与魏忠贤不合，故屡遭贬谪甚至流放，仕途颇多周折。他工诗善文，当时颇享盛名。

加之东林党人的体制内改革压力，西学影响扩展，实学成为中国知识界主流思潮，实现传统儒学与西方科学的互动，很可能激发出早于法国的"启蒙运动"。

对于这段历史，特别是明末思想史和学术史，梁启超有过这样的说法："中国知识线和外国知识线相接触，晋唐间的佛学为第一次，明末的历算便是第二次（中国元代时和阿拉伯文化有接触，但影响不大），在这种环境下，学界空气，当然变换，后此清朝一代学者，对于历算都有兴趣，而且最喜欢谈经世致用之学，大概受利、徐诸人影响不小。"[①] 梁启超这里所说的"利"是利玛窦（Matteo Ricci, 1552—1610），"徐"是徐光启。之后，研究晚明的学者不再有梁启超这样的历史视野，例如章太炎（1869—1936）、郑孝胥（1860—1938），还有冯友兰等。

历史有太多的巧合，方以智完成《物理小识》的1643年，即甲申之变前一年，艾萨克·牛顿出生于英国。1661年，牛顿进入剑桥大学，8年之后被授予卢卡斯数学教授席位，而此时此刻在中国的方以智，以年近60岁高龄"逃禅"之后，正在绝望中走向生命尽头。

---

① 梁启超著《中国近三百年学术史》，商务印书馆，2011年出版。

1984年钱学森先生与我的一次学术交流[①]

——纪念钱学森先生诞辰110周年

几十年过去，我此时此刻重新读钱学森先生的信，有了新的感受和思考。钱学森在信中所提出的三个基本问题，即"国家经济结构学"替代"国民经济结构学"，国防部门在国家经济结构中的地位，以及国家经济结构的"动力学"，其实都是钱学森先生数十年亲自参与国家现代军事和国防建设的深切总结。历史证明，钱学森先生强调从国家的角度认识现代经济的方向是正确的，也是超越经济学家的认知框架的。

今天，缅怀钱学森先生——他所实现的自然科学和社会科学的多领域融合，他的深刻和广博知识，他为国家和历史做出的不可替代的贡献，都是后人的楷模。钱学森先生所留下的思想遗产，需要深入发掘和研究。

还有最后一点，钱学森先生和我在教育背景上都与麻省理工学院有渊源：钱学森先生于抗日战争之前在麻省理工学院读书，而近60年之后，我也在那里读书和研究。麻省理工学院崇尚科学的精神是代代相传的。

[①] 本文系作者于2021年12月10日为纪念钱学森先生诞辰110周年撰写。

附录一　致朱嘉明[①]

朱嘉明同志：

上海知识出版社寄来您的著作《国民经济结构学浅说》，我读了非常高兴，也深受启发。让我对您的成就表示祝贺！

我近来一直在考虑科学革命、技术革命、产业革命和社会革命这四种革命的问题，而这四种革命的概念之中最难的是产业革命。什么是产业革命？我以为产业革命就是由生产力的发展而引起的生产体系和经济结构的飞跃，这包括生产力的方面，也包括生产关系的方面。当然，经济基础这么大的变化也必然会导致社会上层建筑的改革。但不是社会革命，社会革命是社会制度的飞跃，是谁当家作主的问题。但要深入研究产业革命就不能不深入分析生产体系和经济结构，这是不是您在书中要研究的问题？我以为是。这是为什么写这封信的第二个原因。

我也因此认为您所提出的问题是非常重要的，希望您能继续搞下去，并有更多的同志和您一起研究。

下面我也讲几点学习体会，向您请教：

（一）名称。我觉得您是以国家为范围研究一个国家的总体经济，以及国与国的经济交往，所以用国民经济结构学似不如用"国家经济结构学"，换一个字，更确切些。

（二）当今之世，战争还会有，实际上也不断地在打。所以，军事是一件大事，不论在资本主义国家还是在我国，军工、国防经济问题是个国家经济里的大问题。"国家经济结构学"不能不考虑它，您书里没有明确地讲，是不是因为您用了"国民经济"这个词？但不讲

---

① 钱学森：《致朱嘉明》，1984年6月7日，《钱学森书信》第1卷，第453–454页。

军事、不讲国防是脱离实际的，所以还是用"国家经济结构学"这个名称为好。

（三）我们要认识一个事物，只研究其当前的情况是不够的，要研究其历史的发展变化，也就是要研究国家经济结构的"动力学"，发展变化有两种：渐进演变和急骤飞跃。您书中似乎更注意前者而不大注意后者，因为您引用的情况和数据大都是20世纪下半叶的，没有19世纪末、20世纪初的。现在的国家经济结构与19世纪末的国家经济结构差别很大，因为19世纪末到20世纪初西方国家的经济结构出现了一次飞跃（我称之为第四次产业革命）。渐进演变固然能启发人，但急骤飞跃更能发人深省。

（四）研究"国家经济结构动力学"，研究经济结构的飞跃，对我国目前社会主义建设特别重要，因为我国正在经历着一个全国改革和大发展的历史时期。

以上这些意见很不成熟，是外行话，但希望听到您的意见。

此致

敬礼！

钱学森
1984年6月7日

附录二　朱嘉明回信钱学森先生

钱学森老师：

您 6 月 7 日的来信，因我出差外地，近日才看到。为不能及时回信，深感不安。请您允许我称您为老师，因为，从我少年时期起，您就是我心目中最为尊敬的科学家。

首先，非常感谢您对我写的《国民经济结构学浅说》一书所做的鼓励。

下面，就您在信中所提到的几个问题，谈谈我的看法，以求得到您进一步的指教。

（一）产业革命和经济结构的关系问题。您说"要深入研究产业革命就不能不深入分析生产体系和经济结构"，这是很深刻的论点。近半年多来，由于工作的缘故，我在研究世界性的新技术革命对经济结构的影响问题时发现：产业革命的根源是可以从经济结构自身的运动和内在的矛盾中寻找到的。例如，公认的 18 世纪的产业革命，是以蒸汽机的发明作为标志的，而蒸汽机的发明的原动力是英国对煤炭的需求得不到满足，而开采煤炭日益需要强有力的手段，这才使瓦特发明蒸汽机不仅是发明，而且同时成为技术上的革新。此外，产业革命的全过程，正是经济结构相应剧烈变革的过程。事实上，自从有了人类社会，人类开始生产实践，经济结构也就产生了。但是，在原始社会、奴隶社会以至文艺复兴以前（在欧洲），经济结构是相当简单的。从英国和欧洲大陆一些国家来看，17 世纪以来，经济结构日益复杂，这中间发生多次产业革命。我最近看了东德一位著名历史学家库钦斯基（Jürgen Kuczynski, 1904—1997）教授所写的《生产力的四次革命》(*Vier Revolutionen der Produktivkräfte : Theorie und Vergleiche*)一书，他认为自 16 世纪以来，在英国，以后在欧洲其他国家，先后发生了生产力的四次革命。他所说的生产力的革命，其实就是指产业革命，或工业革命。

既然产业革命与经济结构有如此深刻的内在联系，经济结构既是产业革命的土壤、环境，又是产业革命的归宿，作为《国民经济结构学》当然应研究这个课题。只是在几年前我还没能完全认识到这一点，当然也就不可能在这本小册子中加以阐述了。

（二）是用"国民经济结构学"的名称，还是用"国家经济结构学"的名称问题。您提出，既然"研究一个国家的总体经济，及国与国的经济交往，所以用'国民经济结构学'不如用'国家经济结构学'。"我想了很久，觉得还是使用"国民经济结构学"名称为好。这是因为：第一，通常所说的"国民经济"，就是指一个国家的总体经济活动；第二，如果使用"国家经济结构学"，牵涉到国家的经济职能问题，而国家的经济职能因政治经济制度、历史传统等因素的不同，是很不一样的；第三，通常把国家归属于上层建筑范畴，经济结构归属于经济基础范畴，"国家经济结构"在概念上容易引起不必要的争议。

（三）军工、国防经济在国民经济中的地位问题。您在信中尖锐指出，国民经济结构学应该讲军工、讲国防经济，否则是脱离实际的。我感到，您的这个看法，是完全正确的。其实，在国民经济结构中，确实存在着军工、国防经济与一般民用经济的关系问题，这个关系渗透在国民经济的一系列重大的结构之中。例如，在工业结构中，军工、民工的比例；工业结构的空间分布与组合中，军工、民工的布局，在积累与消费结构中，有军费开支的比重问题；在对外贸易结构中，在军事技术的进出口方面，也有值得研究的问题；在人口结构中，也要考虑军事人员、准军事人员的构成，等等。军工、国防经济在国民经济中占有重要的地位，因此，不研究军工、国防经济，对国民经济的研究至少是不完整的。在这本小册子中,我没有涉及这个问题,主要是缺少必要的国内资料,而且进行国与国之间的比较,难度也较大。

不管怎么说,我认为,您的上述看法,不仅对我本人今后的研究有意义,而且对很多经济科学工作者的研究有意义。前不久,我在某个杂志上看到有人倡议建立"军事经济学",我想这是件很有价值的工作。我想,在不久的将来,懂得经济的和懂得军事的,懂得民工的和懂得军工的,紧密结合在一起,研究一两个、两三个相关的课题,是会有突破的。上个月我去西安,了解了几家军工企业,上述想法更加强烈了。

(四)国民经济结构发展变化的动力问题。您提出,发展变化有两种:渐进演变和急骤飞跃。国民经济结构如果不断发展变化,也应当存在渐进演变和急骤飞跃两种形式。这无疑是非常重要的,也是我这本小册子没有涉及的。我从近一年来接触的资料分析想到,急骤飞跃是存在的,即国民经济结构渐进演化中断。其内部过程模型是:科技重大突破→技术上一系列革新→新技术群产生→新产品群→新产业形成。这种情况反映在经济统计上更为有趣,当一种新产业初露端倪时,统计无法反映,只能忽略,当可以统计时,飞跃已经完成。战后的电子工业、宇航工业、海洋工业、生物工程都是这样。

由于国民经济结构是世界上最为复杂的构造,它的渐进与飞跃往往是交叉的。

那么,国民经济结构的动力又是什么呢?除了上面所说的科技因素之外,还有资源的因素,机制的因素。其中机制问题尚有极大的研究余地。国民经济结构的变化是与机制的作用密不可分的。例如计划、市场就是影响经济结构的重要机制。经济改革,在一定意义上说是调整经济机制,以促进我国国民经济结构的现代化。

以上看法，都与您的启发有关，暂写到这里，如果您有时间，又有兴趣，希望得到您的回信，使我们的讨论深入下去。如有机会，我能与您当面谈，有些想法可能会表达得更清晰一些。

　　最后，再一次表示我的感谢。您是一个著名的科学家，而我是一个青年人，您在百忙之中能翻阅我的这本小册子，并写了这么长的一封信，确实对我教育很大。我打算把"国民经济结构学"的研究继续下去，永远希望得到您的帮助。

　　此致
敬礼！

学生　朱嘉明

1984年7月13日　于青岛

第四章

货币历史演变

"货币是一个引人入胜的研究课题,因为它充满了神秘与自相矛盾。"

——米尔顿·弗里德曼(Milton Friedman,1912—2006),
安娜·施瓦茨(Anna Jacobson Schwartz,1915—2012)

广袤和迷人的货币经济历史①

1930年，凯恩斯在《货币论》(*A Treatise on Money*)中说过：如果以货币为主线，重新撰写经济史，那将是相当激动人心的。②

一

货币经济是一种依靠货币形态、价格机制、资本市场、信用体系和金融机构的制度性组合，其中又以货币形态为核心。货币经济的形态和数量的变化导致资本结构和数量的变化、生产方式的变化，决定经济周期，影响人类财富增长和经济发展。在现代经济形成之前，货币经济依附于实体经济；在现代经济体系中，货币经济平行和相对独立于实体经济；在后现代化经济中，货币经济则有凌驾于实体经济之上的趋势。

中国货币经济是动态的，有一个从简单到复杂、从封闭到开放的发展过程。解析中国传统货币经济的特殊性和内在逻辑，牵涉到社会和政治方面的演变。

先秦到21世纪的中国货币经济史可划分为两个阶段：金属货币经济（即传统货币经济阶段）和以信用货币为主体的现代货币经济。

---

① 本文系作者《从自由到垄断——中国货币两千年》自序。该书2012年远流出版社出版。本文2022年10月9日修订于北京。
② 亚当·斯密著《国民财富的性质和原因的研究（上卷）》，商务印书馆，1997年，第24页。

金属货币阶段又分为以铜钱为主体货币、以白银为主体货币、以白银和铜钱为"复本位"货币，和以银圆为法定货币的四个时期。以白银为主体货币时期为例，它始于宋代，经过元朝到明朝上半叶的衰落，再经过明朝中后半叶的白银化而成为货币经济主体。清朝继续沿用明代的银两制度，直到"民国"建立之后的1933年建立"银本位"，前后八百余年。

中国是发明和最早使用纸币的国家，宋代的纸币系统已相当发达，元代和明代的部分时期以纸币为唯一合法货币。但是，宋、元、明的纸币并不是信用货币，也不是以国家信用为基础、具有法律意义的纸币。直到1935年，南京国民政府废除实行不足两年的"银本位"，才在中国历史上第一次建立具有法律意义的法币体系。如果以1935年作为中国传统货币经济和现代货币经济的分界，则中国传统货币经济至少有两千年的历史；而现代货币经济阶段的时间还很短暂，至今不足90年。

二

亚当·斯密曾说：我相信，世界各国的君主，都是贪婪不公的。他们欺骗臣民，把货币最初所含金属的真实分量，次第削减。① 这个结论可能适用于很多欧洲国家，却不适合中国传统货币经济。在中国历史上，货币经济基本上是自组织的，是市场的、社会的，是民间和政府分享货币"铸造权"的，是藏富于民的。至于资本市场和金融机构，向来是由民间而不是政府控制，国家只是货币的参与者，国家货币只是庞杂货币中的一种而已，其影响力取决于在货币供给总量中的

---

① Acemoglu, Johnson & Robinson（2022），转引自：陈宇峰、陈启清，《并非有效的制度：对制度分叉路径的差异性解释》，《经济社会体制的比较》2011年第2期。

占有率，高一些，影响力大；低一些，影响力小。所以，基本上不存在君主对货币权力的绝对垄断。简言之，货币经济的非国家化是常态。可以认为，中国的传统货币经济充满自由放任的精神，最接近"自由放任"（laissez-faire）的理想。在正史上，明朝万历皇帝颇受诟病，几十年不认真早朝的"罪过"大矣。换个角度，皇帝缺席，国家照样运行。虽有关心社稷江山的文官系统忠于职守，依然显示出其时社会发展的自主运行状态。我们怎么能够设想，今日中国国家领导人如果缺其席不谋其政，这个国家还能正常运行吗？在这个意义上说，传统的中国货币经济是人类货币经济史上的"香格里拉"。

清朝最后五六十年的货币经济，被主流史家描写为货币制度纷繁杂乱、落后，逐渐遭到西方列强控制。但历史的面貌并非如此简单。当时清廷一方面继续奉行"无为而治"的经济思想；另一方面，朝廷无暇、也无能力管理因为"洋务运动"引发的现代化浪潮。因而，中国进入自由经济的黄金时期：国内、国际资本涌入各类产业；经济繁荣，接近古典经济学的完全竞争的自由经济传统模式。从货币经济的角度考察，真实的历史与官方所治的朝代更替史差异很大。

中国传统货币经济中的交易关系，其本质是民众、商人和官家共同治理，是以产权私有制和市场经济为基础的。换言之，货币经济、私有产权和商品市场经济的相互依存支撑了中国传统货币经济的运行，并决定了财富的存在方式、拥有方式和分配方式。所以，中国历史上可以发生一次又一次的财富重新分配，却没有发生经济史家所说的那种"财富逆转"（Reversal of Fortune）现象。在1500年相对富裕的文明，比如印加、阿兹特克，都被自身的货币财富所腐蚀，最终消亡。[①] 但是中国社会却具有对"财富"的良好消化能力或自愈能力，

[①] 亚当·斯密著《国民财富的性质和原因的研究（上卷）》，商务印书馆，1997年，第24页。

这不能不归结于传统货币经济的贡献。

货币形态多元化、多样化和高度区域化,"货币之间竞争"的机制,不断给货币体系注入新的生命力,从而实现货币经济的和谐,这是中国历史的常态。即使朝代更迭频繁,但是新朝通常接受和延续"前朝"的货币体系和制度。中国传统货币制度所具有的超常稳定性,成为一种独特的历史现象。

当然,中国货币制度的稳定并不是绝对的,其变迁始终没有停止。所谓稳定,是变迁中的稳定;所谓变迁,是缓慢、渐进、连续的变迁,犹如历史的长河缓缓流动。中国货币制度的变迁,集中表现为生产要素(土地与劳动、劳动与资本或资本与土地)的价格比率变化、信息成本变化、技术变化。造成这些相对价格变化的因素大多数是内生的。[①] 春秋战国时期、宋朝、明朝后半叶,以及19世纪中叶之后的清朝,都属于货币制度变迁显著的时期。

三

有一位西方学者说:货币将决定人类命运(Money will decide fate of mankind)[②]。其实,货币经济已经决定了中国的历史走向和命运。

中国自汉朝以降,直到清末,"钱荒"不断。长期以来,人们对钱荒的理解过于简化,以为是铜钱的币材供给不足或流失所致。其实,钱荒的核心问题是以铜钱为主体货币形态的货币需求大于供给,或者说,货币供给滞后于需求的反应,不能满足市场经济对货币的需求。在货币非国家化的制度下,自组织的社会经济就会增加货币供

---

① Acemoglu, Johnson & Robinson(2002),转引自:陈宇峰、陈启清,《并非有效的制度:对制度分叉路径的差异性解释》,《经济社会体制比较》2011年第2期。

② Jacques Rueff, *The Monetary Sin of the West*, Macmillan, 1972.

给，于是，正规、非正规的，合法、非法的"货币"进入市场。

以宋朝为例，再怎么增加铜钱供给也无法满足城市化和市场经济发展的需要。铜钱供给毕竟受制于币材市场、铸造能力和铸币成本，所以，铁币和纸币的发明和流通，就成为自然补充。在中国历史上，劣币驱逐良币的规律很难成立，两者和平共处。原因很简单，对于货币短缺的情况，即使品质再差和不足量的"劣币"，只要能够充当交易中介，有胜于无。一般而言，钱荒多会自行缓解。但若自我缓解能力失灵的话，使得铜钱、铜材愈发值钱，加剧钱荒，经济萧条便接踵而至。

中国大多数朝代，不是亡于通货膨胀，而是亡于经济萧条。因为，只要在金属货币形态下，不会发生现代人所熟悉的那种通货膨胀。

秦朝不是亡于苛政，而是亡于经济萧条。秦末经济萧条的直接原因是秦始皇驾崩前一年"统一货币"的币制改革，推行"秦半两"，彻底消灭六国货币的残余影响，摧毁了传统的多元货币制度，于是，货币供给不能满足需要，出现"物贱钱贵"的局面，进而，农民受到伤害，手工业者受到伤害。西汉的灭亡和王莽（前45—23）关系很大。王莽在货币经济上的根本错误是实现黄金等贵金属资源国有化，民间丧失了货币财富，而政府的货币供给不足以填补民间货币的缺失，自然导致经济萧条，农民破产。王莽死后，国库里留下大量的黄金。明朝的货币白银化，社会财富增长，刺激人口增加，导致了"高水准平衡陷阱"，社会经济失衡，构成以李自成为代表的农民起义的深层原因。① 崇祯年间中国白银进口突然减少，货币供给不足，百业

---

① 道格拉斯·诺斯著《制度、制度变迁与经济绩效》，三联出版社，1994年，第112-113页。

萧条，政府失去税收基础，则是明朝覆灭的重要原因。

在中国历史上，货币供给不足几乎是常态，由此造就了高利贷市场。中国历史上的利息水准始终高于西欧和日本，这不是因为中国货币经济不发达，而是过于发达所致。恰恰因为资本成本过高，刺激货币资本所有者透过高利贷市场和其他"投机"（speculation）手段实现更高的回报率。货币"投机需求"的直接后果是增加货币需求，提高了货币供给压力。在没有足够储蓄机构的情况下，投资土地就是最安全而最保值的方式，货币财富转化为土地所有权，货币利息转化为地租。于是，资本和土地这两个基本生产要素的价格双双上升。如果这个逻辑成立的话，那么中国没有发生英国18世纪的工业革命，又多了一种解释，即中国的资本和土地成本过高。

中国历史上货币和土地的关系实在值得重视。一方面，土地私有制度早熟，另一方面，货币经济发达。土地是高价值的交易资产，其吸纳货币的规模远高于农产品和手工业产品市场。土地吸纳更多的货币，刺激更高的货币需求，如此反复，最终形成土地兼并的格局。在21世纪，中国重复了历史上早已有之的货币和土地关系，土地价格上涨和货币供给增大互为因果。在中国历史上，如果形成土地兼并格局，失去土地的农民没有可以替代的生存基础，流民数目膨胀，则社会失序，发生革命，改朝换代。

四

古希腊、罗马帝国和古埃及都有过相当发达的货币经济，但是，最终都消失于无形。唯有中国货币经济延续至今，而且从来没有中断过与世界的交流和互动。

中国作为世界货币经济的重心，至少延续到18世纪末。其间，中国与世界的货币经济互动关系主要有四种模式：其一，平等模式。汉代与罗马帝国，交流很可能是用中国的丝织品换取罗马帝国的黄金。其二，主动输出模式。在唐宋时期，日本、韩国和东南亚一些地区被纳入中国的货币圈。其三，被动输出模式。元朝建立，大规模掠夺中国境内历代积累的白银等金属货币，并运往蒙古帝国的其他疆域，支持整个蒙古帝国的经济。中国金属货币资源枯竭，不得不实施纸币体系。蒙古人知道，中国具备流通和使用纸币的传统和习惯。其四，主动输入模式。16 世纪中叶开始的"白银世纪"，中国通过国际贸易换取南美洲的白银，货币形态白银化。从此，中国货币经济已经全然不能与世界货币经济分离，形成了"合流"，而不是"分流"的态势。

值得提及的是：宋代在经济和科学技术方面，领导世界潮流。中国存在以货币经济的历史积累为基础，实现一种"本土化"或"宋朝式"的金融制度创新。南宋以有限的国土对蒙古帝国进行了长达二三十年的军事抵抗，除了南宋的经济富足之外，政府建立了具有创新特征的货币体系无疑是重要的。明代，伴随白银资本和金融制度进步，存在形成中国式现代化的可能性。遗憾的是，因为外族原因，蒙古人灭亡宋朝，满洲人灭亡明朝，中国错过了历史机遇。

17 世纪后半期开始，世界的货币和财富不再以中国为中心，不再是世界顺从中国的经济结构，而是中国依赖世界货币资源和市场，中国要顺从西方的经济结构。从此，中国自行完成货币经济现代化的可能性不复存在。也就是说，在 18、19 世纪，中国货币经济成为世界货币经济体系的组成部分，逐渐丧失独立完成货币经济现代化的可能性。因为，文艺复兴和自英国大革命之后逐渐发展的西欧地区的货币体系，成了主导世界经济的现代"货币金融制度"。如果中国要融入世界经济，必须改变中国传统的货币经济，接受西方国家货币经济制度。清末的货币改革属于推动从货币"非国家化"向货币"国家化"转型,实现构建现代国家的目标,成为"冲击-反应"的典型案例。① 这次转型因为辛亥革命和清朝完结而失败。

五

1935年的中国"法币改革"是国家现代化和货币国家化的里程碑,对中国的影响深远。迄今对这次改革的众多评价都不免有片面之处,但是"法币改革"的后果已经很清楚:实行白银国有化,政府以国家的名义剥夺了民众和商家的白银财富积累,开了剥夺民间财产的先河;建立货币金融垄断和无限政府,民众的货币财富不再是可以兑换的白银,而是依赖政府发行和管理的纸币;中国的私有经济传统从此遭到动摇和颠覆;改变了金融生态,改变了民营金融机构的发展,自由的银行券遭到废止,中小型金融机构和私人信用体系遭受打击,民营银行丧失了发展成长的历史时机。正是"法币改革"埋下了抗日战争之后恶性通货膨胀的种子,奠定了中国20世纪国家所有制,甚至共产主义公有制的第一块基石。它与共产主义在中国的胜利存在着清楚的历史逻辑。

1949年,中国共产党获取大陆政权,实行公有制和计划经济。计划经济和货币经济具有"不可相容性",在计划经济时代,中国货币经济的现代化过程被中断,国民经济倒退到"半"货币经济和非货币经济时期。这种情况并非首例,在南北朝就发生过。计划经济时期的人民币,是1949年之前"法币"的一种变异,但是法币毕竟有外汇支撑,外汇以黄金储备为基础。而人民币与外汇、黄金没有任何联

---

① 费正清是"冲击-反应"模式的主要提出者。

系，不存在直接和间接的"含金量"。

如何解释这样的现象，正统说法是，人民币是"物资本位"。人民币成了完全依赖于政府和国家信用的纸币。在人民币制度下，中国人民财富的形态只有人民币，国家通过人民币供给数量和物价的不断变动，实现国民财富的重新分配。

而后中国结束"文化大革命"，开始改革开放。如今，大体完成了货币经济的重建。因为超常的"货币化"不仅是中国高速增长的发动机，而且触发了中国历史上最大的一次财富"大爆炸"。与此同时，人民币完成了"蜕变"，从无价值基础到形成价值基础，实现了中国货币经济和金融制度与世界的接轨。

六

关于货币经济的思想理论，20世纪的哈耶克和凯恩斯的货币经济思想是不可逾越的。

哈耶克的货币思想是深刻而独特的。哈耶克认为，现今货币制度的本质是一种被俘虏的制度，它既不符合自发秩序，又不是全盘政府干预的结果。而货币制度被俘虏使得货币制度被偏离其自然演化路径，以至于货币制度失灵，而这种失灵又是经济危机爆发的根源。因此，如果要彻底根除经济危机的危害，就须以实现货币制度的演化遵循自然秩序为前提。而这需要满足两个条件：遵循传统的法律原则和没有钳制，允许人们自由选择。"只要人们可以自由使用随便哪种货币，则对那种被人们普遍接受、能够保持其购买力大致平等的货币，就会形成持续的需求。"做到了这两点，货币制度自然会遵从其自然演化路径了，而经济危机也不会发生。所以，哈耶克主张终结政府对货币的控制和废除中央银行。所谓的"货币政策"是不可欲且不实际的。最能代表哈耶克货币思想的著作是 1977 年出版的《货币的非国家化》。①哈耶克注意到中国货币经济，他引用荷兰学者卫斯林（W. Vissering）对 19 世纪中国货币经济的观察。②进而写道：中国流通纸币，"正是因为它不是法币，因为它跟国家没有关系，因而才被人们普遍作为货币所接受。"③除了哈耶克，还有魏克赛尔（Knut Wicksell，1851—1926）理论，以及奥地利学派，有助于人们对传统自由放任主义有更为全面的认知。④

如果说，哈耶克货币思想是解读中国货币经济史自由放任的理论基础，那么，凯恩斯学说中的货币思想则是解析中国货币经济史中国家干预、背离自由经济的理论基础。凯恩斯货币经济思想的核心，是主张由国家控制货币的实际供给量，强化中央银行的地位，其功能是实现货币和信用的管理。所以，货币是一个"外生变数"。凯恩斯所关注的，主要是货币需求，而且将货币需求的变化归结为交易动机、预防动机和投机动机，进而认为利率取决于流动性偏好决定的货币需求和银行决定的货币供给。凯恩斯主义认为国家干预和垄断货币经济提供了一个系统的理论框架和逻辑解释。人们始料不及的是，在过去 30 年间，凯恩斯主义对中国的影响日益加深，中国成了被异化的凯恩斯主义国度。

---

① F.A. Hayek, *Denationalisation of Money: The Argument Refined* (An Analysis of the Theory and Practice of Concurrent Currencies Series), Coronet Books Inc, 1973.
② 这位 Williem Vissering（1792—1856）是 Gerard Visserings（1865—1937）的兄弟。
③ 哈耶克著《货币的非国家化》，新星出版社，2007 年，第 39 页。
④ 根据自由放任的经济理论，只有自由市场自行其道，省去任何由政府对民间经济如价格、生产、消费、产品分发和服务等的干预，经济运作才能更好，也更有效率。自由放任的经济理论是一种纯粹的、经济上的自由意志主义的市场观点。

弗里德曼的"货币主义"也是重要的理论基础。[①] 中国的历史证明"唯有货币起作用",是对真实的经济史最精彩的概括。

总之,中国货币经济史存在着自由和垄断两面,如同硬币的两面。哈耶克和凯恩斯有助于解释这两面。

七

现代经济学主要形成于工业革命之后,不足以说明中国数千年的经济史,需要中国本土的货币经济理论加以补充。

如今流传下来的主要是那些主张国家干预的思想,但是自由放任的货币经济思想始终存在,甚至是主导思想,是民间共识,直接影响现实经济生活。例如,西汉有过一次对后来影响重大的盐铁会议,留下了著名的《盐铁论》,记载了关于是否应实行铸币权统一的辩论,支持阵营有桑弘羊(前152—前80),反对阵营只有"贤良文学",而没有具体人名。字里行间,不难感到贤良文学是主流。明代是中国自由货币经济思想得到充分发展和实践的时期。张居正的"一条鞭法"改革在实质上是国家尝试通过财政政策和货币政策干预经济。自由主义在19世纪的清代一度抬头,放任货币经济达到历史顶峰。

中国经济中"无为而治"的传统与西方经济自由主义传统存在某种共同之处。20世纪中国的货币经济思想,因为受西方经济学和马克思影响,全盘西化,本土货币经济思想式微。在20世纪50年代至70

[①] 货币本质与货币职能,货币数量与物价,信用和利息,资本市场、证券交易和国际货币体系,逐一成为经济学体系中的重要课题,货币金融理论在经济学体系中快速成长。特别是因为需要在巨集观经济模型中加入货币的因素,货币主义应运而生。根据货币主义,无须透过利率传导,货币量的变化会直接影响经济,所以最重要的是控制货币供给量。就短期而言,物价、就业、产出等变化都是源于货币的变化,只有正确的货币政策才能保持经济的稳定和发展。

年代，苏联社会主义经济学是货币经济的理论基础。20世纪80年代和90年代，现代西方货币金融理论和方法处于主导地位。

在各类历史中，货币经济史有其独立地位。中国货币经济史问题，既属于经济学的范畴，也属于历史学的专门史范畴，涉及中国史、中国经济史、世界史，还涉及一般经济学和货币经济思想史。让理论透过历史而展现，让历史透过理论得以梳理，实现思想理论资源的综合，也是一种创造，如同将一颗颗珍珠用一根线绳串成项链一样。否则，难以想象和描述丰富多彩的中国货币经济。

研究中国货币经济史，价值取向是不可回避的。在政治上主张大统一，在经济上主张国家干预，就会赞同秦始皇统一货币；反之，不赞成大一统，就会对秦始皇做出相反的评价。再如《盐铁论》，站在贤良文学这边，还是站在桑弘羊这边，是赞成自由经济呢，还是国家皇权。中国货币经济史不仅缺乏史实文献，也缺乏理论分析框架，以及与此相关的经济哲学和价值体系。

八

迄今为止，中外学者在中国货币经济史的研究领域，已经做了相当多的开拓和基础的工作，而且形成了不同的研究范式。[①] 关于中国货币经济史的研究，主要集中在以下范式。

范式一，在中国历史研究中涉及货币经济。亚当·斯密在《国富论》中多处涉及中国经济；20世纪的内藤湖南和费正清的著作，对于中

---

① 范式（paradigm），或译典范，是学科领域中学者所遵循的某种研究基础和准则，包括概念、理论和方法，也包括评价标准和价值取向。

国货币经济历史多有描述;① 韦伯也有过关于中国货币经济史的分析。②

范式二,中国货币通史方法。彭信威的《中国货币史》,是历史跨度最长的著作,从先秦到清末,但是没能涉及中国货币经济的现代转型。③ 杨联升的《中国货币简史》,也是里程碑式的著作。④ 近年来中国出版了若干按照中国历史朝代顺序,包括"中华民国"在内的货币金融史。

范式三,断代史方法。例如秦汉时期货币经济、两宋货币经济、明代货币经济或近代货币经济。黄仁宇另辟蹊径,选择了明朝万历十五年前后剖析明代财政经济制度,进而触及中国当时的货币经济问题。⑤

范式四,置货币经济于特定历史时期研究。万志英的《财富之泉》(*Fountain of Fortune*)以中国和世界的白银关系为背景,揭示中国向白银经济的过渡,考察时间跨度从公元 1000 年至 1700 年。⑥ 加藤繁的《唐宋时代金银研究》,将黄金和白银置于唐宋两朝的时空中加以研究,是具有经典意义的著作。⑦

范式五,钱币史研究(numismatic history)。中国关于钱币史的书,历来很多,很早就形成独立学派。钱币的历史沿革为货币经济史

---

① 内藤湖南(Natio Konan, 1866—1934),日本经济学家,代表作是《中国史通论》。费正清(John King Fairbank, 1907—1991),哈佛大学终身教授,著名历史学家,美国最负盛名的中国问题观察家,美国中国近现代史研究领域的泰斗,是对中国经济历史做实证性研究的代表人物。
② 马克思·韦伯著《经济通史》,上海人民出版社,2006 年。
③ 彭信威(1907—1967),中国著名的货币史学家和钱币学家,《中国货币史》是其代表著作。
④ 杨联升(Lien-Sheng Yang, 1914—1990),《中国货币简史》(*Money and Credit in China: A Short History*)。
⑤ 黄仁宇,代表作《万历十五年》(*1587: A Year of No Significance*),1981 年。
⑥ 万志英(Richard von Glahn, 1953—),当代经济学家,其关于中国货币经济的重要著作是《财富之泉》(*Fountain of Fortune: Money and Monetary Policy in China, 1000—1700*),1996 年。
⑦ 加藤繁(Kato Shigeru, 1880—1946),日本历史学家,被誉为日本研究中国史第一人。

提供了食物支援。但是,中国钱币史学派专注的是钱币本身的演变,而不是货币经济。千家驹的《中国货币演变史》,历史跨度很长,从古代货币到人民币,主要是从"钱币学"切入,是一部有代表性和有影响力的著作。①

范式六,部门经济史方法。在部门经济史研究中,涉及货币经济。中国部门经济史方面的书籍很多。农业史、手工业史、航海业史、土地制度史、财政史、商业史、外贸史、银行史,往往忽视了货币和货币经济的作用。

范式七,专题研究方法。选择中国货币经济中的某个专题,加以探讨。例如梁方仲在1956年的一条鞭法研究是开拓性著作。② 还有西汉的五铢钱问题,宋代的钱荒问题,明代的白银化问题,清朝的土地价格和大米价格问题,钱庄、利率史和信贷市场问题。③

范式八,现实政策性货币经济研究。从清末至"民国",一些研究中国货币经济的西方学者,直接对中国有过观察和考察,参与了中国币制改革方案的制定,甚至出任中国政府在金融货币领域的顾问。1904年,精琦④ 在对中国货币经济深入考察的基础上,提出中国币制改革的系统方案。1912年卫斯林撰写的《中国当代货币》,是当时关于中国货币经

---

① 千家驹(1909—2002)著《中国货币演变史》,上海人民出版社,2005年。
② 梁方仲(Fang-chung Liang, 1908—1970),其代表作是 The Single-Whip Method of Taxation in China(Cambridge,. Mass.: Harvard University Press, 1956)。悉尼·霍默(Sidney Home)所著的《利率史》,以世纪利率历史为研究对象,但是对中国的利率历史颇有涉及。
③ R. Bin Wong(王国斌,1949—),当代经济学家,其著作 Before and Beyond Divergence(2011)(与 Jean-Laurent Rosenthal 合作),对中国信用市场的历史做了深刻而有创造性的分析。李伯重,当代中国经济学家。在研究中国江南地区18、19世纪的发展方面,颇有建树。
④ 精琦,美国经济学家。

济的代表之作。① 20 世纪 20 年代，耿爱华出版了《中国货币论》，将当时中国货币经济分为不同部门，做细致的技术层面研究。② 1929 年，美国普林斯顿大学教授甘末尔③向财政部部长宋子文提交的《中国逐渐采行金本位制法草案》等。中国政府财政顾问亚瑟·杨格参与了南京政府在 1929 年至 1946 年之间的重大金融和财政决策，也是中国参加 1944 年布雷顿森林会议的代表团成员，其著作《1929—1937 年中国财政经济情况》是中国当时货币经济和财政经济最重要的著作。④ 在中国货币经济史中，当代货币经济研究是必不可少的组成部分。20 世纪 90 年代以来，中国关于现实货币经济的专题性著作数量可观，涉及货币化问题、金融改革问题、汇率问题。因为意识形态所限，缺乏历史感和国际视角。

范式九，作为国际货币经济一部分的专题研究。最有影响的著作是弗兰克的《白银资本》，全面考察了在 16 世纪中叶至 17 世纪中叶"白银世纪"，西方货币经济和中国货币经济的关系。⑤ 黑田明伸⑥的《货币制度的世界史》，将中国货币经济纳入世界货币制度的框架之中。他认为如果中国货币经济作为一个连续的研究对象，自然会承认其历史可以划分为传统货币经济和现代货币经济。弗里德曼探讨 1870

---

① 卫斯林（Gerard Vissering, 1865—1937），荷兰人。《中国当代货币》(*On Chinese Currency, Preliminary Remarks about the Monetary Reform*）。Proposals for monetary reform in China: Memoranda on a New Monetary System for China, reprinted in Hanna et al. 1904, pp.75–113.

② 耿爱华（Edward Kann, 1880—1962），又译名耿爱德、阚恩，20 世纪二三十年代的著名外籍中国货币金融问题专家。其代表作为 *The Currencies of China: An investigation of silver & gold transactions of China*, Kelly & Walsh, 1926。

③ 甘末尔（E. W. Kemmerer, 1875—1945），美国经济学家。

④ 杨格（Arthur N. Young, 1890—1954），*China's Nation-Building Efforts*, 1927–1937。

⑤ 弗兰克（Ander Gunder Frank, 1929—2005）：*ReOreint: the Global Economy in the Asian Age*。此外，还有一些有价值的类似著作，例如 Dennis O.Flynn, Edited by Arturo Giraldez and Richard von Glahn, *Global Connections and Monetary History, 1470—1800*, University of California, 2003。

⑥ 黑田明伸（Akinobu Kuroda, 1958—），当代日本经济学家。

年美国货币制度的调整，特别是20世纪30年代美国购银法案。他认为美国货币政策变化，改变了中国经济和政治历史走向。[①]

九

一般来说，中国学者对于中国货币经济史的研究方法基于历史学派，以古籍，特别是钱币史做依据和基础。局限性表现在：其一，少有触及货币经济制度的演变。其二，缺乏将货币经济部门、货币存量和流量与通货膨胀的宏观研究的整体性分析。其三，将中国货币经济独立于外部世界，缺乏中国和国际的货币经济比较研究，缺乏用国际货币经济的一些因素解释中国货币经济演变。即使讨论西方银圆和西方现代银行，也是着眼在对中国影响的范围之内。中国学者已经注意到特定时期中国货币经济与世界的关系。例如：世界地理大发现、南美白银开采和中国明代货币化。其四，在运用当代货币经济理论分析和揭示中国货币经济史方面的努力是零星、分散、不成系统的，以致陷入繁杂琐碎的考证之中，不能提纲挈领、纲举目张。

西方学者，特别是费正清和加州学派，在中国货币的范式方面，却有中国学者所没有的长处：注重比较研究，重视中国、西方社会发展道路的相同与相异之处；将中国置于世界史的范围之中，探讨中国与外部世界的联系，即全球性联系，经济、政治和社会的整体化。其最大的贡献就是改变了中国学者将中国货币经济作为孤立系统加以研究的传统，将中国置于国际大环境之中。一般来说，西方学者受制于理解中国古代文献的能力，在研究中国古代货币经济方面是薄弱的。他们从世界大历史的角度来看中国的某个时期和某些问题，或失之于

[①] 弗雷德曼，美国货币经济学派的代表人物。

对中国自身演变特征的规律重视不够,或失之于忽视中国经济对全球货币经济所起的作用。关于中国计划经济时代货币问题的研究,少有系统性学术著作。值得强调,日本学者在中国货币经济史领域,既有直接理解的语言优势,又有强烈的东亚和世界历史意识。

十

中国货币经济实在是一个"广袤无限而又神奇迷人的花园",尤其值得在意细微之处。因为,货币制度微不足道的变化,都会对历史进程产生不可预料的影响。①

在经济思想史中,货币问题是经济学家最耗智慧的领域。为我的《从自由到垄断——中国货币两千年》提供理论基础的哈耶克和凯恩斯的最有代表性的著作都和货币紧密联系。2001年"9·11"事件不久,我有幸在美国的哈佛大学附近的加尔布雷思家中访问,听他谈"9·11"事件对美国和世界的深远影响。结束的时候,我告诉他:在他的大多著作中,对我影响最大的是那本:*Money: Whence It Come, Where It Went*,② 他听了很高兴,幽默地说,你很特殊,绝大多数读者可不是这样,他们更喜欢我那本《丰裕社会》。在我看来,加尔布雷思仅仅提出货币从哪里来,再到哪里去这个问题,就已经很了不起了。其中包含了货币哲学——哲学中最为艰辛的分支。

人类追求自由和幸福,必须从根本上改造迄今为止的货币经济制度和机制,这显然是一个超过摩西《出埃及记》(*The Book of Exodus*)的历史使命。

---

① 弗里德曼著《货币的祸害》,商务印书馆,2006年,第4页,第249页。
② 加尔布雷思(John Kenneth Galbraith, 1908—2006)著《货币简史》(*Money: Whence it come, where is went*),上海财经大学出版社,2010年。

中国货币史重大事件比较[①]

——兼论北宋交子产生和特征

中国货币历史几千年,至少也有两千年以上。其间发生了一系列重大事件,影响了中国货币历史的走向。交子是有意义的重大事件之一。

一、中国货币史重大事件比较

中国货币史起始于商代晚期,完成了从天然海贝向铸币的过渡。这方面是有考古证明的。有文字记载的中国货币历史形成从实物、体制到思想,最重要的事件是发生在公元前524年(周景王二十一年)的一场"子母相权"的著名争论:一边是单穆公单旗(出卒不可考),另外一边是周景王(?—前520)。"子母相权"的争论就是大钱和小钱的争论。

这场争论表明,在公元前524年,中国的分层等级铸币制度已经形成了。货币史专家对此都做过分析。千家驹先生认为这个事件至少涉及了四个方面:主币和辅币调节的关系,大币和小币金属和含量比

[①] 本文系作者于2021年1月12日在四川金融博物馆和中国钱币博物馆联合发起的"首届交子学术论坛暨'交子节'发起仪式"上发表的会议讲话、2021年8月21日在"第三次交子学术论坛"活动上的会议发言、2022年9月8日接受成都电视台采访,整合而成。

例的关系，金属货币的足值和不足值的关系，以及虚币和实币的关系。当代经济史专家何平先生提出：发生在公元前 524 年这场"子母相权"的争论的大背景是中国货币制度完成一次根本性的转型安排。"子母相权论"的本质是货币的层次、结构的讨论，涉及在当时的宏观经济环境下，单位基准货币的设定问题。①

在争论背后也涉及利益问题。单旗单穆公更大程度上是站在小钱的一边，也就是站在百姓的一边，保护他们货币所代表的财产。如果为中国货币历史的大事件选择一个起点，那么以公元前 524 年有文字记载的这场争论作为中国货币史长河时间上的一个里程碑事件是合适的。

从公元前 524 年到辛亥革命前一年的 1910 年，影响中国 2 000 余年货币历史走向和演变的重大事件包括：（1）公元前 118 年，汉武帝（前 156—前 87）元狩五年，约定五铢钱制。（2）公元前 7 年至 14 年，王莽居摄二年至天元元年，实际有四次货币改革，核心是黄金国有化。（3）公元 621 年，唐高祖四年，铸开元通宝，彻底取代五铢钱形成了新的钱币体制。（4）公元 806 年，唐宪宗元和初年，飞钱的诞生和使用。（5）公元 1024 年，宋仁宗天圣二年，官交子全国范围内流通。（6）1137 年，宋高宗绍兴七年，吴玠（1093—1139）发行银会子，设计中国最早的银本位制。（7）公元 1436 年，明英宗（1427—1464）正统元年，"折银令"弛用银之禁开启货币本银化。（8）公元 1910 年，光绪（1875—1908）二十年，颁布政令，制订造币厂章程，铸造大清银圆。

在漫长的历史长河中，重大货币事件还有很多。但是，上述这些事件具有根本性的意义。

1910 年之后至今的 110 年间，中国货币史大事件都相对简单，

---

① 何平：《单旗的"子母相权论"与货币的层次结构》，《中国钱币》，2019 年第 1 期。

主要有:(1)1914年,根据新国际条例,发行袁世凯头像银币;(2)1933年,南京国民政府实行"废两改元";(3)1935年,南京国民政府实施法币改革;(4)1948年,人民币诞生。

上述事件的共同特点包括:(1)发生在中国货币史转型的关键时刻、关键岔口,具有里程碑的意义。例如,汉武帝铸造五铢钱,恰恰是中国春秋以来货币制度延续到汉朝之后,需要向新的货币制度转型的关键时刻。(2)这些历史事件都具有长存性的影响,少则几十年上百年,多则数百年。以五铢钱为例,汉武帝创造五铢钱是公元118年的事情,到了90年之后曹操还恢复五铢钱,公元590年隋炀帝(569—618)在扬州还重铸五铢钱。这个时候隋炀帝的五铢钱就成了五铢钱的绝响。前后四百余年。唐高祖李渊建的唐朝第一个国家金属法币"通宝",一直经过宋、元、明、清,明朝崇祯皇帝还在铸造,光绪皇帝最后一年还在铸造。这种货币制度的稳定性和长期性是相当惊人的。(3)新货币制度的形成奠定经济制度的重要基础。(4)存在政府和民间的长期博弈,最后政府获得主导地位。例如北宋的官交子。

正确看待交子和金属货币的互补机制,必须实现两个观念性的超越:第一个是时间的超越。宋朝的交子开始于1024年,但是,从交子到钱引,从钱引到会子,这是一个非常完整和复杂的过程。就交子谈交子不足以把交子说清楚。第二个是空间和地域意义的超越。宋代的纸币仅仅是当时中国纸币的一部分,需要扩展到金国和西夏,扩展到当时存在的广义纸币货币圈。这个问题非常有意义。

二、交子的产生背景

宋代分为北宋和南宋,北宋从960年到1127年,南宋从1127年到 1279 年，前后 319 年，就朝代国祚的长度排列而言，仅次于周朝和汉朝。

1. 宋代开启从典型农耕社会向商业社会的"经济转型"

关于宋代的"经济转型"，是中国历史的大课题。日本历史学家内藤湖南（1866—1934）在 20 世纪初提出"唐宋变革论"假说，之后完善和丰富了"宋代近世说"。内藤湖南的"唐宋变革论"和"宋代近世说"对欧美汉学家和中国宋史学者的影响是深远的，进而形成了宋代发生"经济革命""商业革命""封建社会成熟论"，甚至"先资本主义"等观念和理论。

宋代，全面开启从传统农耕到商业社会的转型或者过渡。确切地说，自 11 世纪中期之后，"中国经济不再具有保守者所设想的那种相对封闭的自然经济状态。尤其在中国南部，商业发展使经济关系发生了巨大转变，打破了自给自足经济，促进了区域经济专业化和家庭生产方式的变化，既为市场服务，也依赖市场实现其自身发展，货币作为商品和服务交换媒介的功能不断扩大。"① 宋代的"商业革命"推动了前所未有的商业繁荣。《东京梦华录》和《清明上河图》用文学和美术语言记录了北宋商业社会的细节。其实，与北宋比较，南宋的商业化程度更为发达，《梦粱录》和《都城纪胜》所展现的临安，其繁荣程度与东京相比，有过之而无不及。

2. 宋代"商业革命"

（1）门阀士家制度，奴婢制度和庄园制度的彻底瓦解。（2）人口

---

① 崔瑞德（Denis Twitchett）、史东民（Paul Jakov Smith）编《剑桥中国宋代史》，中国社会科学出版社，2020 年，第 353 页。

大幅度增长，区域性自治化，城市化，国内移民，产权革命，契约化，货币化，消费主义。(3)科技创新，手工业革命，煤铁革命和国际贸易扩张。

宋代的经商习气蔓延到社会各个阶层。在宋代的财税结构中，工商业的贡献甚至使得农业税的比重逐渐下降，至南宋淳熙—绍熙年间，非农业税高达80%以上。中国成了那个时代商业社会发达的典型。宋代中断了"崇本抑末"传统，形成中国特色的"重商主义"，与欧洲15世纪初文艺复兴运动初期的重商主义相比较，既有差别，也有某种近似之处。

图4.1 宋代"商业革命"核心结构

3. 中国经济的区域格局

自"五代十国"时期已经完成了"经济重心"从北方到南方的转移。进入宋代，四川地区是全国经济最发达的地区之一，在北宋崇宁年间，户口约占全国的十分之一。四川农业和各类手工业发达，加之茶、马和盐的贸易，成长为中国经济重镇。北宋神宗时，四川地区每年征收的商税总额约占全国商税总额的20%。这些构成了交子诞生于四川的直接原因。

交子或者纸币出现在成都，有深厚的历史原因。北宋建立之后，整个北宋境内的经济都受到五代十国的战争和动乱的严重影响,唯有成都地区在这个时候却是经济持续发展。五代十国从公元8世纪初到8世纪70年代末,总共六七十年的时间。成都先后有两个政权,即前蜀和后蜀。地理位置相对隔离,政治稳定。

还有一个特别重要的原因,唐朝末年发生过黄巢起义,当时的皇帝叫唐僖宗(862—888),像唐玄宗一样,为了躲避战乱,他把关中大部分富人家族和资产全部转移到了成都。成都获得当时国内的人才、资本和生产技术。与中原战乱不止不同,成都地区相对稳定和繁荣。所以,北宋建立,四川就成为北宋早期整个宋朝境内相对富庶的地区。

根据北宋地图,北宋的西北是到陕西和宁夏,那一带是党项人控制的西夏;北宋的北边,就是河北的一部分,是辽国和金国;北宋的西边是云南、西藏、青海。成都是边陲的中心,一个跨区域的贸易枢纽。它的商业网络,东到今天的中原地区,北到西夏,西到今天的西藏,西南到大理国即今天的云南地区。

北宋得天下不久,四川发生了王小波(?—994)、李顺(?—995)起义。这个起义导致整个成都及四川地区的财富再分配。

总之,宋朝进入宋真宗和宋仁宗的时候,四川是支撑北宋经济的重点。成都地区对北宋 GDP 的贡献是至关重要的。成都是中国经济最发达的地区,它的资源基础也是最好的。除此之外,就是开封府、杭州和广州。川西的成都府路和梓州路的人口密度,则是全国人口密度最高的地区。

所以,将宋仁宗时代交子的产生,简单归纳为钱荒或者因为铁钱和铜钱过重以及运输成本过高,都不足以说明并触及根本原因。北宋开始了从传统农耕社会到商业社会的转型,商品经济的发展,信用制度的形成,加速了全社会的货币化进程。

三、交子的基本特征

1. 宋代纸币"所有权"之比较:"私"有、"官"有和"公"有

交子至少经历了"私"有、"官"有和"公"有三个阶段:

第一阶段,"私交子"阶段。北宋初年,四川成都出现了为不便携带巨款的商人经营现金保管业务,存款人把现金交付给铺户,铺户把存款数额填写在用楮纸制作的纸卷上,再交还存款人,并收取一定保管费,这样的铺户即"交子铺户",这种临时填写存款金额的楮纸券便谓之交子。这里说的"初年",据金纲先生考证,"私交子"始于宋太宗至道元年(公元 995 年),川商始以纸币行贸易事。

第二阶段,"私交子"向"官交子"过渡阶段。北宋景德年间(1004—1007 年),益州知州张泳对交子铺户进行整顿,专由 16 户富商经营。至此"交子"的发行正式取得了政府认可,但是并不等于进入了"官交子"阶段。

第三阶段,"官交子"阶段。宋仁宗天圣元年(1023 年),政府设益州交子务,首届发行"官交子"。后人普遍倾向以 1023 年"官交子"发行日期作为"交子"的诞生日期。

交子历史必须追溯到其起源的"私有"阶段。如果按照金纲先生考证的 995 年算起,也就是说,宋代建国之后第一代人已经创造了"交子",直到 1109 年"交子"被"钱引"替代,前后 119 年。至于"钱引"流通时间,跨越了北宋和南宋,从 1109 年至 1234 年。其间,又有了"会子",几乎流通于整个南宋。

此外,南宋 1131—1264 年还流通了"关子"。而深入考证"钱引""会子"和"关子",都难以得出没有"私"成分的结论,特别是这些纸币的经营机构大体是"民营化"的。

2. 宋代纸币的信用基础

宋代纸币，从交子到会子，具有连续性特征，并没有因为政治变迁而发生中断。宋代货币经济出现不同纸币长时间并存的局面。纸币在宋代货币体系中，很可能处于主导地位，其作用高于铜钱和其他金属货币的地位。或者说，纵观宋代的货币体系，并非以铜钱和金属货币作为主体，而是以国家背书的纸币作为主体。到了南宋后期，纸币本身相当"多元化"，除了会子、钱引、淮交、湖会之外，还有关外银会子、关外铁会子等。

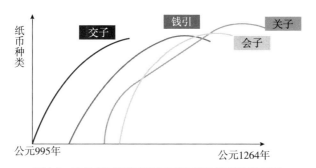

图4.2 宋代货币经济出现不同纸币长时间并存的局面

宋代货币史，本质上就是宋代纸币的演变史。宋代纸币经历了一个从不是完全的"信用货币"到成为完全"信用货币"的转变。在北宋的交子时代，政府还是相当重视其金属货币的储备支持的，或者以金属货币作为准备金，比率大概是在28%~29%。自北宋末期延续到南宋，不乏学者与官员认识到纸币信用不再需要准备金，纸币获得法偿地位，可以脱离准备金流通，即所谓的"法即流通，民以为便"。

在宋代信用货币制度下，政府通过不断扩张国家信用货币，持续填补金属货币长期供给不足，支持实体经济，形成了有意识的货币化和商业革命互动的局面。在北宋和南宋的大部分时间，政府基本实现了避免通货紧缩和控制通货膨胀之间的平衡。南宋中后期,政府实施"称提之术",将贵金属、铜钱、告牒以及有价值的实物与纸币价值挂钩,推动超发纸币回收,缓和纸币大面积贬值的压力。这几乎是相当现代化的金融手段。

总体而言,宋代在货币经济方面,政府存在强烈的放弃支持纸币的金属储备、将纸币的价值完全置于国家信用基础之上的意识,相信纸币获得法偿地位,可以实现脱离准备金而流通,开启了人类历史上信用货币制度的先河。

不论北宋还是南宋,并没有因此陷入经济体制解体和所谓"恶性"通货膨胀而不能自拔的境地。北宋亡于靖康二年对金国战争的失败,南宋则亡于与蒙元战争的失败。只是,南宋与蒙元战争旷日持久,约40年之久,引发了经济危机、财政危机、货币危机,并且与社会危机、政治危机和军事危机发生叠加,最终覆灭。将南宋灭亡归结为恶性通货膨胀其实是"缘木求鱼",与真实历史并不符。

3. 宋代纸币与金属货币的互补机制

宋代自始至终,事实上是金属货币和纸币并行的货币制度。纸币在不同时期有不同名称,金属货币形态是金、银、铜币和铁币。宋代金银的用途,分为私经济方面和公经济方面。[1] 其中,主要用于某些大宗交易,特定禁榷清算,以及部分赋税。[2] 金银使用者虽然多属于官吏、商贾等富有阶级,也在稍贫民众之间流转使用。如果将北宋和

---

[1] 在私经济方面,包括贿赂、赠遗、布施、谢礼、悬赏、赌博、赔偿、赎身、借贷、替代金属货币、路资、物价的支给和表示、赁费、蓄藏;在公经济方面,包括赋税、专卖收入、上供、进献、一般国费、军费、赏赐。

[2] 宋代财政匮乏,禁榷是其获取财政收入的重要方式。禁榷范围包括法律完备的盐、酒、茶,也包括矾、铁、煤等物品。

南宋比较,北宋大部分时期,金的存量不足以满足社会需要,金价随一般物价而腾贵。到了北宋末和南宋,银的供给和需求,大体平衡。宋的金银供给"亦能充其需要之量而增加"。①

宋徽宗时期,在中国货币史上都是极为特殊的时期:在纸币发行方面,交子改名为钱引;在银供给方面,供给增加以致银价下跌;在铜钱铸币方面,第一次在宋朝范围内推行"当十钱",改变之前使用小额铜钱规则,导致铜钱购买力急剧下降;在铁币铸造和发行方面,将加锡铁钱推向四川、山西、河东以外的地区。

宋代金银和铜币供给增加的原因,首先是金、银、铜的产地都有所扩大,生产成本下降。此外,宋代与阿拉伯及南海诸国、日本的贸易,与北方契丹和金的贸易,有助于金银在国际范围跨境流动。加之,实施铜资源主要用于铸币的"铜禁"法令,使市场铜币存量增加,形成铜币贬值的大势。

但是,南宋以后,南宋的金属货币大部分被一分为三,或者是窖藏,或者是铸成更有价值的铜器,或者流入海外,包括流入日本。所以,在绍兴年间,会子主导的货币金融制度最终替代曾经实施的一半铜钱一半会子的互补货币金融制度。

尽管如此,宋代通过建立纸币和金属货币互补,不同金属货币形态互补的多元货币制度,形成持续的货币扩张政策,不仅可以缓和"钱荒"压力,而且可以满足宋代经济的货币需求。这也是解释宋代何以长期维系经济景气的重要原因。

---

① 加藤繁著《唐宋时代金银之研究》,中华书局,2006年,第218页。

4. 重新评估王安石[①]变法的历史地位

北宋因为常年对外战争，爆发了 11 世纪中叶的财政危机，这是王安石变法的直接历史背景。王安石变法所推行的青苗法、募役法、市易法等，都旨在增加国家的货币形态的财政收入。例如青苗法，是通过建立政府主导的乡村贷款制度，免除农民所受的高利贷盘剥；募役法，是通过民户按户货币形态分摊，建立州县官府自行出钱雇人应役的制度；市易法，是通过政府的市场基金，稳定市场价格，商贩以财产作抵押，获得政府贷款。这些改革的核心特征是：诉诸货币和金融手段，国家主导的贷款利息为国家财政提供资金，满足国家超货币化需求和冲动，实现税收最大化和国家财政状况的改善。

王安石本人，包括宋神宗代表的支持者，都认同信用化纸币所具有的流动性、扩张性、增值性，经历和推动了"交子革命"以来的货币化过程。但是，王安石变法还是以失败告终。这是因为，王安石时代的农工商经济发展水平过低，不足以支持超前的货币化进程，最终发生实体经济和货币经济的断裂，货币政策效益不可持续，很快丧失边际效用，最终不是缓解财政危机，而是加剧了财政危机。尽管如此，不得不承认：王安石变法是一个超前数百年的，政府企望通过货币金融手段刺激农民和商人的有效需求，增加社会财富供给的中国宋代版的"凯恩斯主义"试验。

5. 交子的技术基础

整个宋代，从北宋到南宋，支持货币体系运行的，不是铜钱，更不是铁币，而是纸币。因为交子需要反复流通，最低流通时间要 3 年

[①] 王安石（1021—1086），江西抚州人，北宋时期政治家、文学家和改革家。

左右,所以对纸张质量、印刷、油墨的要求都会相当严格。因此,交子和其他宋代纸币都是有技术含量的,与纸张制造技术和印刷术的进步不可分割。

中国发明纸张的是汉代的蔡伦(62—121)。到了宋代,在全面继承隋唐五代造纸技术的前提下,不论是纸张的产地、原料、技术,还是纸制品的制作质量、数量、种类、流通,以及在民众日常生活中所起的作用等方面都明显超过前代,形成了完整的产业链,达到"完全成熟"的水平。宋代纸张的显著优势是质地坚韧,经久耐用,不易受潮变质。值得强调的是,四川从唐代起就是造纸中心,在全国一直居于领先地位。在宋代,成都造纸技术高超,所生产的以楮树的韧性纤维为原料的"楮皮纸"的质量最为优良,难以伪造,成为印制交子的最佳用纸。交子的"用纸",政府最初委托民间制造。宋神宗熙宁元年(1068年),政府官方设立的"用纸制造所"的抄纸院,专门制造印制交子的楮纸。南宋发行会子,政府依然规定尽量用四川楮纸作为印币用纸。

在毕昇发明活字印刷术之前,中国印刷技术主要体现在摹印、拓印和雕版印刷。诞生在毕昇发明活字印刷术之前的交子,显然使用的是雕版印刷。雕版印刷术发明于唐代,宋代得以普遍使用,成为社会主流。可以肯定,交子印刷的雕版,从原料、手工雕刻技术到印刷工艺都会是当时的最高水平。以交子的印制而论,必须突破金属雕版和套色彩印的技术难关。所以,在宋真宗时成都富商发行的私交子,即已印刷精良。交子改由官府发行后,交子印制更加严密,宋中央政府直接参与铸造益州交子务铜印一面。交子的印制使用多块铜版套色印刷。北宋后期的交子用六块铜板,以黑、蓝、红三色套色印刷,这是世界印刷史的里程碑。

此外,宋代纸币制造过程分工和管理应该是先进和严格的。根据日文相关文献，宋神宗时期官府造币作坊的内部分工严密，涉及监官、掌典、铸匠、贴书、印匠、雕匠、杂役，估计达186人之多。

总之，宋代从交子到会子的印刷数量是巨大的，对于纸张的供应、铜版的制作技术以及印刷技术都提出了很高的要求。因此，宋代交子的出现，不仅是唐宋四川经济高度繁荣的结晶，也是中国造纸和印刷技术高度发达的一种证明。

四、中国纸币经济圈

理解交子，不能只限于中原地区，需要和当时不同政权联系在一起，理解为一个源于北宋交子，延续到南宋，并辐射到金国和西夏的纸币货币圈。

1. 金国的纸币

南宋起始于1127年，灭亡于1279年。金国存在的时间，从公元1115年到1234年。金国和南宋有长达一个多世纪的并存时间。南宋最大国土面积是176万平方公里，人口是8 000多万。金国地域范围北到外兴安岭，南到岭南，西到甘肃，东到临安，361万平方公里，人口高峰是7 000万人。这两个政权并存期间，总人口至少1.5亿。

交子产生于1024年前后，在北宋后期被钱引所替代，钱引从北宋进入南宋，南宋又出现了会子，会子一直延续到1279年宋朝的覆灭。这样算的话，1279年减去1024年，宋朝纸币维系的时间长达250年之久。日本经济学家高桥弘臣（1962—）在他的著作《宋金元货币史研究》中指出：从绍兴年末期（绍兴年间宋高宗1131—1162年），东南会子已经开始成为南宋金融制度的核心部分，逐渐取代了铜币成为主要货币。

与之呼应，金国于贞元二年（1154年）正式发行"交钞"纸币，并与金、银和铜币同时使用。① 这是中国历史上，第一次取消厘革之限。金国纸币深入民间，流通到金国灭亡，前后近 80 年。②

所以，大约从 12 世纪中叶到 13 世纪金国覆灭，存在一个由南宋和金国构成的"纸币经济圈"。在这个经济圈中，支撑经济运行的主体货币，不是金属货币，是纸币。不论是南宋，还是金国，在军事战争的压力下，纸币成为国家干预和影响经济的最重要的手段。统治者之间的战争和人民生存长期并存，纸币在当时的历史条件下的实际作用和影响超出现代人的想象。

高桥弘臣的《宋金元货币史研究》观点是，金国在金朝中期，南宋在绍兴宋高宗中后期，纸币已经穿透到社会底层进入到人民生活的领域。金银和铜币固然扮演货币角色，但是纸币处于主导地位。

提出一个假想：南宋政权覆灭于 1279 年，正是但丁（Dante Alighieri，1265—1321）出生的时候，正是威尼斯、佛罗伦萨兴起的时候。南宋不覆灭的概率和覆灭的概率几乎是相等的。南宋政权延长的历史机遇很多，假设南宋政权得以延长 50 年，恰恰与地中海，特别是威尼斯发生的文艺复兴时间重合。历史还有一个可能性就是基于宋朝的海上贸易，经过泉州，达到地中海，连接东方和西方。这是与蒙古人的血腥武力完全不同的方式。

2. 西夏的货币制度

西夏（1038—1227）也是发行货币的，只是西夏发行的货币只占

---

① 中国历史博物馆有金代四块铜钞版。
② 1200 年，金国正式铸造以白银作为铸材的法定货币"承安宝货"。这是中国货币史上第一次将流通于历朝历代的称量银锭制度转变为流通银币制度。早于墨西哥银铸鹰元进入中国 300 年。

西夏货币供给量的2%，85%是宋朝的钱币，剩下的13%是西夏用自秦朝、汉朝以来的货币以及金国的货币和中亚的货币来支撑的。

总之，12世纪中叶到13世纪上半期，在世界经济、货币制度和地缘政治发生深刻改变的历史背景下，在远东，形成了基于国家权力的纸币体系。马克思在《政治经济学批判》（*Zur Kritik der Politischen Ökonomie*）一书中写道："在信用完全没有发展的国家，如中国，早就有了强制通用的纸币"。[①] 这样的纸币，就是国家"用自己的印记的魔术点纸成金"。[②] 马克思上述关于中国纸币的认识，有失偏颇，因为中国宋代开放的纸币流返制度固然有国家强制的因素，但是还具备商业社会的信用基础。

五、数字货币：交子的文明传承

源于20世纪后半期的计算机革命以及后来的互联网革命，加速了"后工业社会"的到来，并使之开始向"信息社会"演变。2008年全球金融危机之后不久，比特币代表的数字货币得以发明和发展，形成传统实体经济和数字经济并存，而且数字经济开始改造传统实体经济的局面。

1. "数字货币"的"私"有、"官"有和"公"有

自2008年比特币诞生以来，数字货币经十余年演变，数字货币业已形成了"私"有、"官"有和"公"有三种形态。民间的各类数字货币，都是"私"有的；而央行发行的法定数字货币都是"官"有

[①] 马克思著《政治经济学批判》，《马克思恩格斯全集》第13卷第2章第2节，人民出版社，1956年。

[②] 同上。

的；还有一些机构和社会企业所发行的数字货币，具有明显的"公"有特征。

2. 数字货币的信用基础

自数字货币，特别是数字货币的各类稳定币产生以来，其价值基础呈现多元化状态，至少包括以法币作为价值基础、以资产作为价值基础、以算法作为价值基础的稳定币。其中，法币数字货币的价值基础就是主权国家和政府。

支撑数字货币价值基础的，是包括区块链在内的技术体系。过去12年的比特币历史，2020年年末以来比特币的大幅度升值就是证明。比特币价值与传统法币和黄金价值相比较，具有一系列优势。比特币价值高过黄金价值的趋势还会继续下去，数字货币将对贵金属的残留价值给予最后的致命一击。因为比特币，黄金最终会重复白银和铜的历史，彻底地离开货币经济舞台，成为一种通常意义的金属。[①]

数字货币的出现，将再现交子产生的历史情境：一方面，如同宋代的铜币和铁币的存在一样，传统的和基于政府的信用货币将继续存在；另一方面，如同从交子到会子的信用纸币主导了宋代经济活动一样，基于算法和技术的数字货币，正进入全面崛起阶段，呈现最终取得对经济活动主导地位的前景。

---

① 比较比特币和黄金，比特币在稀缺、交易、存储和避险等一系列方面，都优于黄金。所以，2017年3月3日，一枚比特币价格1 290美元，一盎司黄金价格1 228美元，一枚比特币刚刚超过一盎司黄金；到了2021年2月，比特币价格突破5万美元，一盎司黄金价格基本在1 800美元浮动，一枚比特币大约可以买下27.78盎司的黄金，几年来比特币价格上升和黄金价格相对下降的"剪刀差"趋势，似乎进入难以逆转的阶段。

3. "数字货币"的技术基础

"数字货币"的技术基础包括两个基本方面：直接技术，例如作为数字货币的区块链技术和算法技术，现在风行的 DeFi 技术；间接技术，例如 ICT 技术、大数据和云计算技术。

如果把交子和会子理解为中国信用货币的 1.0，元朝的中统元宝交钞是 2.0，明朝的宝钞是 3.0，之后中国经历了币白银化的历史阶段。至 20 世纪 30 年代实施"废两改元"和"法币改革"，将中国货币经济回归到自明代中断数百年的法偿信用货币轨道。

在大历史视野下，交子的产生不是金属货币自然演进的结果，不是简单的货币形式改变。如今，因为比特币诞生，多元的数字货币体系加速形成，正在改变传统法币体系的绝对垄断之格局，并且推动了影响人类数千年的黄金价值的进一步衰落与终结。

1 000 年前的交子发明，是人类货币史上的一次伟大革命，开启了人类最早的信用货币体系试验；1 000 年之后的数字货币的崛起，又是人类货币史上的一次伟大革命，必将加速人类数字经济时代的到来。

革命金融和数字货币的历史渊源[①]

何谓"革命金融"？任何以挑战和颠覆传统资本主义金融的，并具有金融性质的行为和活动，都属于革命金融。1848年，马克思、恩格斯在《共产党宣言》(*The Communist Manifesto*)中提出，无产阶级在夺取政权之后，必须"通过拥有国家资本和独享垄断权的国家银行，把信贷集中在国家手里"。这为具有共产主义性质的革命金融提供了理论依据。之后，革命金融的思想和理论资源不断丰富。在实践方面，自巴黎公社以来，革命金融积累了失败的教训和成功的经验，形成了几种典型的模式。

一、巴黎公社模式

巴黎公社（La Commune de Paris），成立于1871年3月18日，失败于同年5月28日，是人类历史上第一次无产阶级政权的伟大尝试。巴黎公社是1871年3月18日巴黎工人举行起义的结果。巴黎公社成立之后，通过了包括政教分离和妇女选举权等一系列社会法案，在经济方面实行限制和剥夺资本主义企业，改善工人群众的生活状况和劳动条件，提高工人工资，劳动者八小时工作制，推迟商业债务的

[①] 本文系作者为2021年12月18日"井冈山博物馆成立两周年暨第四届井冈山革命金融年会"提交的书面发言稿。

偿还，废除借款利息，禁止高利贷重利盘剥等法令。巴黎公社还明确宣布"把土地交给农民"的主张。由于公社存在的时间很短，这些措施实行的时间也不长，不可能发挥更大的作用。其中有一些措施，甚至还没来得及实行。

但是，巴黎公社经济法令中存在严重失误，没有按照《共产党宣言》对法兰西银行实施没收，建立革命金融体系。巴黎公社起义前的法兰西银行，虽然是一家私人银行，却担负着国家银行职能，拥有各种资产30亿法郎，其中10亿法郎是现金。巴黎公社没有占领和控制法兰西银行的后果是严重的，不但丧失了改善巴黎公社财政困难、建立强大巴黎公社财政实力的历史性机会，而且使得凡尔赛政府获得2.5亿法郎以上的巨大财力支持，相当于巴黎公社财政资源的16倍之多，成为公社失败的最为重要的原因。对此，恩格斯说道："银行掌握在公社手中，这会比扣留一万个人质还有更大意义。"马克思认为：只要夺取法兰西银行，就能使凡尔赛分子的吹牛马上破产。

巴黎公社没有没收法兰西银行的主要原因是：巴黎公社委员会主要成员是蒲鲁东主义者和布朗基主义者，而财政大权为蒲鲁东主义者控制。巴黎公社驻法兰西银行代表就是右翼蒲鲁东分子。根据蒲鲁东主义，取消货币和银行是最高宗旨，途径不是对现存的央行采取强制行动，而是筹办"人民银行"，发放"劳动券"和"商品券"，实现货币的自行消失。

在当时的历史条件下，企图通过"人民银行"消灭货币和商品交换是没有可能的。但是，巴黎公社财政委员会内的蒲鲁东主义者固守这样的观念，维系现存的货币金融制度，拒绝对法兰西银行采用强力行动，认为法兰西银行是维系工业和商业活动的基本条件，"是祖国的财富,是法兰西财产",剥夺银行将会"给国家带来可怕的打击"。①公社既然没有占领银行,也就不会去剥夺和控制银行的保险金库了。另一方面,他们也没有足够的时间和条件建立人民的金融机构。所以,可以这样认为:巴黎公社失败的根本性原因是拒绝《共产党宣言》倡导的"革命金融",错失实践"革命金融"的历史性机会。

二、十月革命模式

巴黎公社的教训影响深远。1908年,列宁在《公社的教训》(Lessons of the Commune)中指出:"巴黎公社时代以来,我们学会了很多东西,我们不会把银行留到资本家手中。"

1917年11月7日,列宁所领导的布尔什维克以武装力量推翻了临时政府,建立了苏维埃政权。新政权首先对俄国国家银行、国家纸币储备发行厂和彼得格勒造币厂实行武装监督。布尔什维克在掌握国家银行5天之后,已经从中提取了第一笔钱500万卢布,用于满足新政权需求。1917年12月14日,代表新政权的全俄中央执行委员会颁布了《银行国有化法令》(Decree on Nationalization of Banks),国家垄断银行业,宣布一切私人股份银行并入国家银行。这意味着,苏维埃政府从事实和法律上实现了对国家货币发行权的控制。同月,新政权宣布废除沙皇政权和临时政府的所有外债和内债。

与此同时,布尔什维克实施严格的军事共产主义体制。不只大型企业,还有中小型企业,一律国有化;国家垄断粮食、食品贸易,必需品凭票发放;对全体居民实行全面劳役和累进税。军事共产主义制

---

① 代表人物是蒲鲁东遗著的保管人、企业家、巴黎公社财政委员会委员、驻法兰西银行代表夏尔·贝雷,著有《我的回忆》《公社的真相》。

度下的财政体系极端简化,不再需要收缴税费和企业收入所得体系,国外和国内借贷的需求不复存在,企业生产产品所获得的所有资金全部上交国家财政。在这种经济体系中,货币作用大面积萎缩。对货币的需求主要用于向红军战士发放军饷,向他们的家庭发放补贴,以及向工人和职员发放工资。

但是,即使在如此严格的军事共产主义体制下,实物发放不可能完全满足货币需求,因此很快发生货币短缺的局面。快速印刷新纸币并非那么容易,而集中在原来的国家银行即现在的人民银行中的旧纸币很快就被花光了。1917年12月,新政权颁布法令,除了债券之外,还允许沙皇政权时期发行的有价证券流通,进而"自由债券"也被认定为合法货币。1918年1月,新政权采用临时政府货币旧模板印刷纸币。1919年5月,新政权取消了对人民银行发行货币的所有限制。之后,1918—1921年俄国国内的货币总量增加了100倍,物价上涨了8 000倍,政府不得不允许农民在市场上出售自己的"未被余粮征集包含在内"的产品,于是畅销商品扮演了货币的角色。更为严重的是,民众自发使用沙皇时期铸造的金币,以及国家边陲地区的各种外国钱币——这些货币成为苏维埃纸币的有力竞争者。在苏维埃新政权最困难的1918年6月,布尔什维克实际控制的区域不到原俄国的1/4,同时是俄国境内唯一还没有发行货币的政权。

面对这样的形势,当时布尔什维克队伍中,实力强大的左翼共产党坚持废除货币。在1918年《布列斯特和约》(*Friedensvertrag von Brest-Litowsk*)签署后,列宁表示"俄共将力求尽量迅速地实行最激进的措施准备消灭"货币。只是,消灭货币不是一蹴而就,"要消灭货币,必须建立亿万人的产品分配组织——这是很多年的事情"。[①] 直

---

① 《列宁选集》,第3卷,第750页,第847页。

到 1920 年 1 月，苏维埃国民经济委员会继续以取消货币、发展实物形式的劳动报酬、城乡之间实物交换、与国外实物结算作为国家目标。此外，战争导致货币改革推迟。

1921 年的俄国，物价上涨到惊人的 13 万倍，市场经济几乎停滞，金融体系彻底不复存在。这年春天，新经济政策得以颁布和实施，苏俄正式成立国家银行，加之许可外国在国内租赁，商品数量增加，黄金储备也有所增加，为苏共主导货币改革提供了条件。1921 年 11 月，列宁《论黄金在目前和在社会主义完全胜利后的作用》(*The Importance of Gold Now and After the Complete Victory of Socialism*) 一文中指出："人类实现了共产主义后，黄金就失去了意义，只能用来修建一些公共厕所。""从货币向无货币的产品交换过渡，这是无可争辩的。"列宁认为货币是从资本主义市场向共产主义分配过程中的不可避免的恶。[①] 几乎同时，苏联人民委员会决定发行新的纸币，而这些纸币首次被称为"国家货币符号"。在此之前，布尔什维克避免在自己的纸币上使用"货币"这个字眼。1922 年 3 月，俄共（布）召开第十一次大会，通过了《关于财政政策的决议》，提出了"巩固卢布、稳定并巩固币值的任务"。同年 11 月，人民委员会决定发行被称为"切尔文券"(chervonets) 的新钞票：法定的切尔文券的含金量为每单位 7.423 克，相当于沙皇时代 10 金卢布。如果说苏俄之前发行的卢布是没有信用的，那么以 25% 的黄金和 75% 的商品担保的切尔文券，很容易获得国际社会、企业和民众的信任。

苏联货币改革初期，"流通市场形成了切尔文券、苏维埃纸币、金卢布国库券和小额兑换券等多币并行的局面。币制虽然比较混乱，

[①] 拉林：《论我们经济政策的适应能力的局限性》，1921 年 11—12 月《红色俄国》，第 150—151 页。

但这种渐进过渡式的改革却能减少币制改革所引起的经济动荡，实现了对多年通货膨胀之积弊的冷处理、缓慢消化和分散吸收"。至于苏维埃纸币，在1922—1924年期间，政府通过多次实行以新版卢布兑换旧版卢布，回收了大量旧货币，全面消除了通货膨胀。"至1924年年底，切尔文券和国库券已经成功地成为稳定通货，苏维埃纸币几乎完全被排挤出流通市场。在1925年发行面额为三卢布和五卢布的苏联纸币以后，政府即宣布停止发行苏维埃卢布纸币并进行收兑。政府还公布了切尔文券和金卢布的法定比价。至此，货币改革基本完成"。① 其间，苏联废除实物工资，实行货币工资，粮食税改用货币征用。1925年5月，苏联第三次苏维埃代表大会宣布，币制改革结束并取得全面成功。至于切尔文券，直到苏联1947年的币制改革，才最终被废除。②

在苏联货币改革期间，列宁生命进入倒计时。但是，他始终关注货币改革情况。1922年2月，列宁提出，为了稳定卢布，可以考虑"恢复黄金流通"。这年10月至11月，列宁写了《关于稳定卢布的札记》，对当年5月到10月卢布保持相对稳定，给予肯定。③ 11月，列宁在共产国际第四次代表大会上发表了《俄国革命的五年和世界革命前途》(Five Years of the Russian Revolution and the Prospects of the World Revolution)的演讲，强调"真正重要的是稳定卢布的问题"。1924年2月，在列宁去世之后不久，苏维埃政府发行最后一种纸币，面值为25 000卢布，正面是红军战士的肖像。

---

① 王小龙：《苏联1922—1924年的货币改革：回顾与评价》。
② 1947年，苏联进行币制改革，发行新的卢布纸币，规定1新卢布兑换10旧卢布，回收卫国战争时期泛滥发行的1924版卢布。1950年进行第二次货币改革，规定东欧各国货币与卢布建立固定比价联系，并确定卢布的含金量为0.222168克，同时对美元汇率定为1美元等于4卢布。
③ 该文是列宁的几行手稿，并不成为文章或文件。

苏联1922—1924年的货币改革,创造了"革命金融"的苏联模式。

三、格塞尔"邮章货币"模式①

西尔沃·格塞尔(Silvio Gesell,1862—1930),德国人,在南美阿根廷经商。他的第一本著作《币制改革为走向社会国家之桥》(*Die Reformation des Münzwesens als Brücke zum sozialen Staat*)于1891出版,此后又出了许多书和小册子。1906年退休到瑞士后,他的第一部分著作在瑞士日内瓦出版,书名为《全部劳动产物权之实现》(*Die Verwirklichung des Rechts auf den vollen Arbeitsertrag durch die Geld- und Bodenreform*);第二部分于1911年在柏林出版,书名为《利息新论》(*Die neue Lehre von Geld und Zins*)。两书的合订本于一战时期在柏林和瑞士两地同时出版,书名为《经由自由土地和自由货币达到的自然经济秩序》(*Die natürliche Wirtschaftsordnung durch Freiland und Freigeld*),英译本名为《自然经济秩序》(*The Natural Economic Order*)。所有这些著作,充满了对于社会正义感之热忱与崇奉。

1918年,德国发生革命,并很快失败。革命的代表人物卡尔·李卜克内西(Karl Liebknecht,1871—1919)和罗莎·卢森堡(Rosa Luxemburg,1871—1919)惨遭杀害。卢森堡的《资本积累论》(*Die Akkumulation des Kapitals*),从资本积累出发,探究资本主义危机的根源和内在机制。1919年4月,德国巴伐利亚苏维埃共和国成立——格塞尔加入巴伐利亚苏维埃政府,并担任财政部部长。1919年5月,巴伐利亚苏维埃政府失败。幸运的是,格塞尔被审判,但被宣告无罪。

---

① 本部分主要参考的学术文献:崔之元:《瑞士名义负利率和"小资产阶级社会主义"金融改革》,实验主义治理,2016年6月20日。

格塞尔生前最后10年，成为和亨利·乔治（Henry George，1839—1897）一样有影响的知名社会活动家和经济学家，得以继续倡导改革经济体系的基本结构。

格塞尔自认为是蒲鲁东的追随者。他认为，蒲鲁东最重要的洞见是认为货币比劳动力和商品更具竞争优势。蒲鲁东试图改变商品的本性，将商品和劳动力提到货币的水平，但是没有成功。格塞尔主张，与其改变商品本性，不如改变货币本性："商品由于库存的必要而受损失，我们必须让货币承担同样的损失。这样，货币就不再优越于商品和劳动力；这就使得任何人不管他拥有或储存什么，货币或商品，都没有什么差别。于是，货币和商品成了完全的等价物，蒲鲁东的问题迎刃而解，阻碍人性发展出它的全部力量的束缚消失了。"

格塞尔是著名的"邮章货币"（stamped money）的提出者，并产生了很大影响力。邮章货币是定期盖邮章才有效的货币。依照格塞尔的观点，如同公共交通一样，金钱作为交换媒介应被视为一种公共服务，因此，应该对它收取少量用户费。在格塞尔时代，邮票是征收这种费用的正常方式。纸币只有每月被戳记，像保险卡一样，在邮局购买邮票，才能保持其价值。当然，邮票的费用可以固定在任何适当的数字上。格塞尔建议的实际收费为每周1厘，相当于每年5.2分，即每周贴0.1%，每年贴5.2%。依此方案，流通使银行货币如同保险单一样，必须每月加贴印花，方能保持其价值。印花在邮局出售，至于印花费用，可以斟酌情形定之。

1932年，奥地利沃格尔（Woergl）市的市长昂特古根伯（Michael Unterguggenberger，1884—1936）决心消除该市35%的失业人口，发行了相当于奥地利14 000先令的"邮章货币"。这种邮章货币由当地银行储存着的同样数量的普通先令担保。为了使这种"地方性通货"生效，每月需要在货币上盖一个邮章（即买"邮章货币"面值的1%

的邮票）。因为买邮票的成本是持有这种通货的使用者的费用，每个人都想迅速地消费掉"邮章货币"，因此这自然而然地就为其他人提供了工作。两年以后，沃格尔成了奥地利实现全部就业的第一个城市。

凯恩斯明确表示了他对"邮章货币"的支持："通过设计出要求法定货币以规定的成本，周期性地盖邮章，来创造一种人为的货币置存成本，那些期望匡正时弊的改革者已经摸着了门路，他们的方案的实际价值是值得考虑的。"凯恩斯在他 1936 年出版的《就业、利息和金钱总理论》一书中用了整整一节，讨论格塞尔的"名义负利率"改革方案，称格塞尔为"被忽视的先知"，与亨利·乔治平起平坐。凯恩斯还有一个令人惊异的论断，"未来向格塞尔学习的将比向马克思学习的更多"。在哲学层次上，格塞尔和凯恩斯的"邮章货币"可以看作是对货币的两种传统职能，即作为交换媒介的货币和作为价值储存的货币的一种改革，因为"邮票"消除了货币作为价值存储的功能。这种分离有助于解决经济衰退的主要经济问题之一：当货币既是交换的媒介，又具有价值的储存时，在衰退时期，任何人都会储蓄更多，消费更少，从而加剧衰退。

在学院经济学家之中，费雪（Irving Fisher，1867—1947）几乎是唯一认识格塞尔价值，并颇加赞许的代表人物。1933 年，费雪撰写《邮票代价券》(*Stamp Scrip*)，介绍了在艾奥瓦州、伊利诺伊斯州、内布拉斯加州、肯萨斯州、米尼苏达州、俄克拉何马州、加利福尼亚州和田纳西州的相关试验。[1]

总之，格塞尔的"邮章货币"方案，并没有停留在方案和理论阶段——虽然没有机会在格赛尔担任巴伐利亚苏维埃财政部部长的时候得以实践，却在大萧条后期，先后在奥地利和美国一些州得以实践。

---

[1] Irving Fisher, *Stamp Scrip*, New York, Adelphi Publishers, 1933.

"邮章货币"并没有共产党组织,不属于以建立无产阶级政权作为前提的典型"革命金融"。但是,它对于根深蒂固的资本主义货币金融体系,构成了某种挑战,为民众带来利益。从这样的意义上说,包含金融创新的"邮章货币"模式,也是一种类型的"革命金融"试验。

四、中国革命根据地模式

中国的"革命金融"模式是中国革命根据地金融模式。在中国当代史中,革命根据地是一个历史的和地理的概念,是指在第一次大革命、土地革命、抗日战争和解放战争四个历史时期里,中国共产党所控制的区域。它只是在中国革命发展的不同历史时期有着不同的称谓:在土地革命时期,称为"农村根据地"或"红色政权割据地区",后来因为建立苏维埃政府,也称为苏区,主要集中在中国南部地区;在抗日战争期间,称之为"抗日根据地",主要区域是西北、华北、华东地区;解放战争期间,称之为"解放区",包括东北、西北、华北和华东;到1949年,解放区几乎等同于整个中国大陆版图。

中国"革命金融"模式存在如下特征:(1)发源于农民银行或信用合作社。1925年的广东省第一次农民代表大会,和1926年的湖南省第一次农民代表大会,已经提出了"反对高利贷和高利押",创办农民银行或信用合作社的主张。1927年3月,毛泽东在《湖南农民运动考察报告》中提出:"合作社,特别是消费、贩卖、信用三种合作社,确是农民所需要的。"(2)历史时间跨度长。根据最新资料,1924年,距离杭州萧山城区大约14公里的钱塘江边的衙前镇,在共产党领导下的农民协会所设立的衙前信用合作社,一元入会,借钱不要利息,很可能是全国第一个革命金融机构。① 1926年12月,湖南衡山县柴山洲特别区第一农民银行发行的第一张银圆票,被公认为是中国革命根据地货币的起源。② 至1951年10月,中国实现除台湾、西藏外,全国货币统一,前后24年11个月,接近25年。(3)货币种类繁多。中国革命根据地货币,是一个货币门类的统称,不单是指某一个货币或某一种货币——它是一个具有自己特色的独立的货币体系,包含了404个货币发行机构,发行了525种货币,2 121种版别,多种币材的货币体系。③ 其中的币材包括银币、铜币、镴币、纸币、布币。(4)形成独特的货币金融生态。以井冈山革命根据地为例,工字银圆代表的货币,东固银行代表的金融机构,大陇圩市代表的交易市场,构成了革命金融生态三要素。④(5)需要革命武装力量作为后盾,也以服务于革命战争为首要任务。(6)金融机构正规化和现代化。标志性事件是1932年在瑞金正式成立"苏维埃国家银行",并颁布《中华苏维埃国家银行暂行章程》。苏维埃国家银行创建之后,在统一货币发行权、确立银圆本位制度、实施苏区纸币发行准备金制度、维护苏维埃货币法定地位和币值稳定、发展储蓄和信贷业务、支持信用合作社、减少通货膨胀对民众财富伤害等方面,做出了历史性试验。

中国共产党主导的中国"革命金融"体系,在"中华民国"国体下,发育于北洋政府金融制度时期,之后经历了南京国民政府主导的向现代货币制度转型的重要阶段,包括1933年的"废两改元"和1935年的法币改革,以及抗日战争和解放战争期间货币制度完全混乱

---

① 中国金融政研会:《中国共产党领导创建的第一个新型农民组织——衡前农民协会及衡前信用合作社》http://www.cfthinkingfront.cn/gzltxx/newsid=13264.html。
② 许树信著《中国革命根据地史纲》,中国金融出版社,2008年,第6页。
③ 许树信著《中国革命根据地史纲》,中国金融出版社,2008年。
④ 王巍:《创新精神是革命金融的应有之意》,《财经五月花》,2021年6月28日。

甚至濒于崩溃的阶段，前后长达二十余年。

也就是说，从 20 世纪 20 年代后期到 20 世纪 40 年代末期，中国存在两个并行的金融货币体系。其一是政府主导的金融体系，掌握和控制了整个国民经济命脉，具有强烈的服务于资本家、银行家和金融家的特征；其二是共产党主导的"革命金融"体系，在夹缝中得以发展。经过抗日战争，"革命金融"的各类货币所发行的总规模、使用人口和流通区域不断扩大。例如，自 1940—1945 年，鲁西革命根据地的"鲁西币"累计发行达到 24.4 亿元，累计贷款 12.4 亿元。① 在共产党获得全国政权之后，全国根据地的货币体系统一为人民币体系。这不仅在中国当代金融历史中，而且在世界金融历史中都具有重大意义。

中国"革命金融"与苏共"革命金融"有很大的不同：苏共的革命金融，开始于获取政权之后。如果从 1917 年十月革命算起，至 1924 年，前后 7 年时间；如果以 1922—1924 年的"货币改革"计算，前后 3 年时间。中国的革命金融则发生于共产党获得政权之前，长达 20 余年，积累了丰富经验和财富资源，当中国共产党获得政权时，可以迅速建立国家货币金融制度，积累了确定和实施货币政策的经验，避免了俄国共产党获得政权之后的货币金融秩序混乱、严重的通货膨胀等情况发生。简言之，苏联的革命金融发生在执政之后，中国的革命金融发生在执政之前。

毛泽东到了晚年，即"文化大革命"后期，非常重视限制资产阶级法权，对货币交换持相当的批判态度。毛泽东说："总而言之，中国属于社会主义国家。新中国成立前跟资本主义差不多。现在还实行八级工资制，按劳分配，货币交换，这些跟旧社会没有多少差别。所不同的是所有制变更了。""我国现在实行的是商品制度，工资制度也

---

① 山东省钱币学会编《鲁西银行货币》，中国金融出版社，2020 年，第 1 页。

不平等，有八级工资制，等等。这只能在无产阶级专政下加以限制。所以，林彪一类如上台，搞资本主义制度很容易。"①

五、密码朋克运动和加密数字货币模式

20世纪80年代，朋克（punk）意味着反抗，催生了稀奇古怪的发型、文身、皮草服装、致幻剂和硬核音乐。当计算机和互联网以及朋克结合起来，就产生了"密码朋克"（cypherpunk）。进入20世纪80年代后期，密码朋克流行于美国旧金山湾区。这个群体的成员大多是"天才极客"和IT精英：今日声名大噪的互联网名人，像"维基解密"的创始人阿桑奇（Julian Paul Assange，1971— ）、BT下载的作者布拉姆·科恩（Bram Cohen，1975— ）、万维网发明者蒂姆·伯纳斯 – 李（Timothy John Berners-Lee，1955— ）、提出了智能合约概念的尼克·萨博（Nicholas Szabo，1964— ）、脸书的创始人之一肖恩·帕克（Sean Parker，1979— ）。早期的美国密码学家，相信公民自由至上，倾向无政府主义，普遍对联邦政府深表怀疑。密码朋克并没有紧密的组织，却可以为了同一目标合作，不断推出新的加密技术，给人们更加安全的网络。

蒂莫西·梅（Timothy C. May，1951—2018）被公认为加密朋克运动的精神之父，于1988年撰写了颇有《共产主义宣言》之风的《加密无政府主义宣言》（*The Crypto Anarchist Manifesto*），提出加密技术必将重塑世界。这份宣言的结语是："崛起吧，除了那些带刺的铁丝栅栏，你不会失去任何东西。"很快，密码朋克眼里的网络空间，成为属于自由者的"新天新地"。1993年，埃里克·休斯（Eric Hughes，?— ）和

---

① 毛泽东《关于理论问题的谈话》，1974年12月。

一些有识之士发表的《密码朋克宣言》(*A Cypherpunk's Manifesto*)提出：不能指望政府、企业等大型组织出于良心，来保护个人的隐私权；我们要自己动手开发软件来保护隐私。《密码朋克宣言》还预言了匿名网络，匿名邮件以及数字货币的诞生，并推动了致力于利用密码学保护个人隐私的"密码朋克运动"。从此密码朋克，被称为"输入世界，输出自由"，用代码建造"乌托邦"的群体。

密码朋克运动，不仅引发了密码学的革命，还最终导致了2008年全球金融危机之后，以比特币为代表的非主权加密数字货币的诞生。12年过去，加密数字货币的规模和种类及其市场价值，持续扩张。与加密数字货币伴生的金融生态，正在加速蔓延和成长，并向普惠金融目标前进。密码朋克运动和加密数字货币模式创造了一种基于数学、算法和非中心化的一种新型"革命金融"模式，具有挑战自布雷顿森林会议之后所形成的战后金融体系的"革命"内涵。

六、小结

自近150年前的巴黎公社错失控制法兰西银行、实践革命金融历史机遇之后，列宁的布尔什维克、中国共产党，都以自己独特的方式开创了自己的"革命金融"模式，即在革命与战争的状态中，建立支持革命与战争，以及保障民众生产和生活的金融货币制度。因为，自工业革命以来所形成和成熟的银行体系和金融机构不可能支持自下而上的人民革命行为。除了与共产主义意识形态结合的"革命金融"之外，格塞尔"邮章货币"模式和当下方兴未艾的密码朋克运动以及加密数字货币模式，因为希望改变，甚至挑战现存不合理的金融货币体系，也可以被归纳为广义的"革命金融"。未来不可低估基于科技创新的"革命金融"。

亚投行的长期战略选择①

2013年10月,中国领导人先后在印度尼西亚和东南亚倡议筹建亚投行,即"亚洲基础设施投资银行"(Asian Infrastructure Investment Bank,AIIB)。随后中国、印度、新加坡等21国在北京正式签署《筹建亚投行备忘录》,至2015年4月15日,亚投行意向创始成员国确定为57个,并于6月29日在北京正式签署《亚洲基础设施投资银行协定》。2015年年底之前,经合法数量的国家批准后,《协定》即告生效,亚投行正式成立。亚投行计划于2015年底前投入运作,从倡议筹建到正式成立,总计2年2个月。

亚投行属于多边开发银行(multilateral development banks,MDBs),区域内相同的机构还有1966年成立的亚洲开发银行(Asian Development Bank,ADB)。类似的世界性机构有1945年所设的国际货币基金组织(International Monetary Fund,IMF)以及世界银行(World Bank)等。

根据《筹建亚投行备忘录》和亚投行章程,该行是一个向亚洲各国家和地区政府提供资金以支持基础设施建设之区域多边开发机构,法定资本为1 000亿美元。亚投行法定股本为1 000亿美元,域内成员和域外成员的出资比例为75∶25,域内外成员认缴股本参照GDP比重进行分配,并尊重各国的认缴意愿。按照协定规定的原则计算,

---

① 本文系作者2015年11月29日在关于"亚投行"和"一带一路"研讨会的发言。

亚洲 37 个国家持股约 75%，另外约 25% 的股权则分配给欧洲等区域外的 20 个国家。预计中国出资比例将达到 30%～40% 之间，为最大出资国，是现阶段亚投行第一大股东和投票权占比最高的国家。[①] 其次依序是印度和俄罗斯，分别排名第 2 位和第 3 位。亚投行总部将设在中华人民共和国北京市。

亚投行有三个构想目标，包括机构精简（lean）、廉洁（clean）、绿色（green），并将建成一个高效、灵活、架构简单、运作方便的机构。在过去的 20 多个月中，亚投行受到了前所未有的关注和期望。

本文探讨亚投行的发展战略，其核心是如何以有限资源推动亚洲基础设施建设，使之产生最大的经济和社会效益。

一、亚洲资本需求和资本供给的均衡

亚洲人口为全球的六成，而经济占全球经济总量的三分之一。但是，相对于发达国家，亚洲人均 GDP 是落后的。制约亚洲经济发展的最主要直接原因之一是基础设施落后，包括铁路、公路、桥梁、港口、机场和现代通信等基础设施严重不足和落后。特别是，亚洲的供水和公共卫生设施严重滞后。

所以，亚洲基础建设的资本需求是巨大的。根据亚洲发展银行资料：在 2010 年至 2020 年之间，亚洲的基础建设所需要的资本规模大约是 8 万亿美元，平均每年是 7 300 亿美元。其中，68% 用于新的项目，32% 用于原有基础设施的维护和更新。如果按照部门分配，包括能源、交通、通信、供水和公共卫生。[②] 2010—2020 年亚洲基础设施

---

① 中国以 297.804 亿美元认缴股本，投票权占 26.06%。
② ADB, ADB Institute: Infrastructure for a Seamless Asia, pp167.

的分部门投资需求，见表4.1：①

表4.1 2010—2020年亚洲基础设施的分部门投资需求（2008年）

部门	总规模（百万美元）	比重（%）
能源/电力	4 088 639	51.17
通信	1 055 657	13.20
移动电话	690 914	
固定电话	364 743	
交通	2 466 123	30.86
机场	11 260	
港口	75 691	
铁路	38 639	
公路	2 340 532	
水和公共卫生	381 290	4.77
公共卫生	227 498	
水	153 792	
总计	7 991 709	100

因为相应资本供给不足，亚洲基础设施的资本缺口严重，且存在扩大趋势。根据亚洲开发银行估计，2010—2020年的10年间，亚洲国家与地区要想维持现有的经济增长水平，内部基础设施的投资至少需要8万亿美元，平均每年需投资8 000亿美元。8万亿美元中，68%用于新增基础设施的投资，32%是维护或维修现有基础设施的所需资金。亚洲开发银行的总资金约为1 600亿美元，世界银行也仅有2 230亿美元。

目前（指2015年），亚洲开发银行和世界银行的贷款主要支持环境保护和男女平等等事宜，用于基础设施的数额也仅为全部拨款的40%～50%。就算亚投行2016年开始运作，先期也只能提供500亿美元资金，而每年亚洲城市基础设施建设资金缺口有600多亿美元。两家银行每年

---

① ADB, ADB Institute: Infrastructure for a Seamless Asia, pp167

能够提供给亚洲国家与地区的资金只有约200亿美元。亚洲开发银行战略政策局局长因杜·布尚（Indu Bhushan，1961—）表示："全球的开发银行就连其中的5%都无法满足。"简言之，现有的世界银行、亚洲开发银行等国际多边机构都没有办法满足如此巨大的资金需求。

问题是，上述的这些数字是相当保守的。通货膨胀，资本、土地和人工成本的上涨，导致缺口加速扩大。

从全世界范围来看，资本是充足的，例如日、美、欧等国的养老金基金余额是巨大的。在全球货币宽松的背景下，资金寻找有利投资对象，但是并不意味着一定流入亚洲，更不意味流入亚洲的基础设施，因为亚洲有些地方欠缺承接投资资金的体制。所以，亚洲基础设施投资银行之所以在设立之前就备受关注，正是因为其有望填补亚洲基础设施建设投资的短缺。

亚投行成立初期，将对主权国家的基础建设项目提供主权贷款，也会设立信托基金以应对不能提供主权信用担保的项目；同时会引入PPP，并通过亚投行和相关国家出资与私人部门合理分担风险和回报，甚至动员主权财富基金、养老金和私募基金等更多社会资本，共同投入亚洲基础建设。

亚投行的法定资本额为1 000亿美元，通过金融杠杆作用，其法定资本额1 000亿美元应可放大5~10倍，意味着就能创造出5 000亿美元到1万亿美元的资金支持规模——这对亚洲地区到2020年每年高达7 300亿美元的基础设施投资需求，无疑是很大力度的支持。

二、商业模式和项目

1."银行+基金"营运模式。亚投行的业务定位为准商业性，具体营运方面，将采取"银行+基金"模式。此模式营运速度较慢，却能保证银行的资金规模,加之多国政府参与,影响力相对较大。

2. 亚投行的海外基础设施工程项目分类:(1)政府框架项目。政府框架项目涉及到两国政府间的商务谈判,并涉及到项目融资、政策对接等诸多环节,周期一般较长。政府框架项目更看重企业的良好信誉与雄厚实力,以及双边政府的协调沟通能力。政府框架项目大部分是在发展中国家,而这些国家往往缺少必要的建设资金,只能通过贷款来搞建设。(2)现汇项目和投资项目。现汇项目在营销阶段比较简单,对项目做出估算,做好投标标书,中标后整合优质资源,控制施工成本。中国企业有很强的竞争力。(3)投资项目。投资项目的复杂程度会超过政府框架项目和现汇竞标项目,做市场调查和可行性研究报告、概算财务成本、立项与规划许可以及建设工程施工许可等手续都要自己办理,而项目关键环节是筹措资金。投资项目实施要考虑到技术难度、价格、工期、质量等,对管理的要求特别高。

3. 亚投行的投资项目获得回报原则。亚投行存在实现合理回报目标的基本前提。亚投行确定的项目合理回报目标是 6%~10%。大型基建项目不但需要投入大量的人力、财力和物力,而且预算很容易严重超支,利润存在波动性和不可预测性。但是,基础设施属于公共产品,周边的土地通常会显著增值,带动当地经济发展。根据世界银行估计,基础设施资产规模每提高 10%,就会对当地 GDP 带来最高 1% 的增长,地方政府从中获得不菲收益。政府存在用财政资金参与的意愿。

4. 根据公开资料,亚投行在 2016 年年初会推出融资和投资项目,集中在公路、铁路、桥梁、港口、电力、电信等生产性基础设施领域。生产性基础设施对于经济增长和提升人均收入水平作用显著。此外,还有直接关系民众生活的城市水供给系统、物流系统、公共卫生、教育和环境保护项目。

5. 为了应对亚洲中长期庞大的基础建设需求,亚投行和世界银行及亚洲开发银行、欧洲投资银行、欧洲复兴开发银行等开展着积极的合作。

6. 国际评级机构，包括标普、穆迪和惠誉对于亚投行的评级，至关重要。

三、基础设施项目风险管理

大型基础设施项目普遍具有固定资产投资大、回收期长的特点。大型基础设施项目一般很难转移风险或者对风险进行重分配；即使能，这样的代价也是难以接受的。

1. 政治性风险和地缘政治风险在内的非经济风险。亚投行所涉及的国家，基本属于新兴市场经济，其经济发展程度、政治体制、文化历史、宗教状况多有不同，并广泛存在难以预测的风险。例如，东道国发生突然和剧烈的政权更迭，新政府法律变更、政策转向，实施外国投资的国有化政策；东道国发生战争，摧毁了相应基础设施或厂房，形成赔偿困难。亚投行投资面临不同程度的政治性风险。

2. 全球地缘政治风险。亚投行所涉及的国家和地区，不乏全球主要政治力量角逐的焦点区域，属于地缘政治冲突的热点地带。

3. 经济和商业性风险，主要有以下几类：（1）大额贷款风险。基础设施建设的资金需求量巨大，仅由银行单独提供全部建设资金，主要风险是违约和不能偿还到期贷款，或者银行没有或缺乏多余的资金向其他基础设施建设项目提供资金，造成银行巨大的机会成本损失。（2）贷款合同的法律适用风险。贷款合同涉及跨境、跨法域的交易，不同的法律规定，对于当事人的权利义务影响甚大。（3）担保权风险。银行的对外贷款，需要借款人提供担保物或者保证人。就担保物而言，国际上普遍采用的是根据物所在地法律来确认担保物权的效力，确保保证人的责任财产和偿付能力，组成银行团形式进行放贷。（4）贷款合同文本风险。可以考虑采用广为接受的第三国法律、国际条约或者国际范本。（5）纠纷风险。新兴市场或者发展中国家，法治发展水平相对而言并不发达，发生各类纠纷概率高。借贷双方选择彼此认可的国际仲裁机构来裁决纠纷，是一种比较好的纠纷解决方法。

4. 工程施工或者设计失败产生的技术风险。（1）建设风险，包括建设技术缺陷、成本超过预算、工期拖延等。（2）执行风险，诸如高昂的执行成本及维护成本。（3）赢利风险，例如因交通量不足或者无法有效获得资源，产品或服务的价格需求的不确定性导致的亏损。（4）由对利润流失和财务损耗的不利控制产生的财务风险。（5）不可抗力风险，包括战争等灾难、小概率事件的发生等。（6）环境风险，如自然灾害、极端气候等，以及以上风险间的组合风险。

5. 风险分担基本原则：（1）风险应由最有能力掌控风险后果的部门承担。（2）风险应由能以最小成本承担风险的部门承担。在许多情况下，这两条原则往往引向截然相反的结果。最有能力掌控风险后果的部门往往并不是最有效率和能以最小成本承担风险的部门。并且，公共供给中私人部门的进入必然要求公共部门转变思维和运作模式，强制性的法律法规式管理将不合时宜。

6. 大型基础设施建设 PPP（public-private partnerships）项目的风险分担。基础设施项目公私合作建设，即 PPP 建设模式是 21 世纪 10 年代国外出现的一种新的融资模式。PPP 融资方式有利于风险共担、利益共享，同时也是一种高难度、高风险的创新投资建设模式。私人部门的加入在改变了投资决策机制的同时，也改变了过去只有公共部门一肩扛的风险承担机制。私人主体的决策是市场化的，是否投资主要看收益与成本，这样导致了政府出资的不确定风险。因此，寻求与投资模式兼容的风险分配的合理机制，关系项目成败。

四、全球和区域的均衡

1. 亚投行和"一带一路"。习近平总书记于 2014 年分别提出"丝绸之路经济带"与"21 世纪海上丝绸之路"的发展策略,一般以"一带一路"称之。"一带一路"是中国发展战略的组成部分:通过陆上与海上的庞大交通网络,亚洲地区真正实现互联互通,甚至通过中亚直抵欧洲。"一带一路"沿线国家主要是发展水平较低的新兴市场国家或发展中国家,而这些国家自身原本就缺乏充足的资金用于相关投资。亚投行的核心目标是支持"一带一路"的发展,参与亚洲相关国家基础设施的全方位改善。与此同时,亚投行带动中国产业升级,推动中国金融服务业的改革发展和国际化接轨。

2. 亚投行的政治意义。现存的机构延续的是美国在全球的强势地位和日本在亚洲地区的影响力,如亚洲开发银行即由出资各占 15.65% 的美国与日本所主导,而世界银行则长久以来由美国把持。《金融时报》《福布斯》等外媒认为,中国筹建亚投行是一场中国梦和中国软实力的展现。

3. 亚投行的建立本身是国际金融制度再安排。亚投行将影响国际金融领域的权力再分配。在国际金融领域中,开发银行这个小领域里的秩序在制度安排和权利分配方面发生了变化。因为英国带头促使西方国家的加入,推进了美国之外很多西方国家如法国、德国、意大利、加拿大、澳大利亚的加入。这些非亚洲国家的加入使得亚投行成为了一个全球性的国际金融机构。美国对亚投行的态度是消极的。美国和西方的政治家担心中国会借亚投行对区域平衡带来影响。《经济学人》评论称,中国发起的亚投行计划很可能会引发一场激烈的外交斗争。

4. 亚投行的优势:(1)世行、IMF 贷款体现了西方价值观,贷款有许多限制性条件,如要求信贷国家采取私有化、对外开放、货币自

第四章 货币历史演变

由兑换、财政紧缩、降低赤字率等触及主权的条款。亚投行不设置侵犯主权的限制性条款。（2）亚投行将采用世界银行的管理模式来透明运行。亚投行将设非常驻董事会，每年定期召开会议就重大政策进行决定，采取有事好商量、尽量达成一致的方式决策，避免 IMF 决策模式。（3）中国已成为世界第三大对外投资国，中国与亚太经合组织成员保持了紧密的经贸合作关系。（4）中国在基础设施装备制造方面已经形成完整的产业链，形成在公路、桥梁、隧道、铁路等方面的工程建造领域的竞争能力。亚投行的建立，有助于中国基础设施建设相关产业走向国际，例如加快和实现中国高铁和高速公路的国际联网。[①]（5）人民币已经是亚洲部分地区接受程度较高的货币，亚投行的建立还为人民币国际化提供发展平台，加速人民币国际化进程。目前亚投行资本金仍然是以美元计价的，但是，不排除在日后会引入地区性主要货币，或者类似特别提款权的措施。

亚投行运营确保公正性，设置针对腐败问题的独立机构，制定防止腐败和保证高效率的制度。

5. 亚投行的溢出效应。（1）对促进亚洲国家经济发展与区域经济一体化具有重要意义。创建亚洲基础设施投资银行，通过公共部门与私人部门的合作，有效弥补亚洲地区基础设施建设的资金缺口，推进亚洲区域经济一体化建设。（2）有利于扩大全球投资需求，支持世界经济复苏。（3）有利于通过基础设施项目，推动亚洲地区经济增长，促进私营经济发展并改善就业。（4）通过提供平台将本地区高储

---

① 中国已经计划和实施的是三条路线：（1）从昆明到新加坡的泛亚高速铁路。该铁路贯穿中南半岛，直通新加坡，拉近中国与半岛和整个东盟的地理距离。泛亚铁路以昆明为中心，由东线（越南）、西线（缅甸）和中线（老挝）三路并进。2021 年 12 月，中线玉溪－磨憨与磨丁－万象段开通。铁路的西线从昆明到缅甸，因缅甸民间反对，计划暂时搁置。（2）昆明和加尔各答之间建立公路。孟中印缅经济走廊的公路建设的总里程约 2 597 公里。（3）从乌鲁木齐建造一条中亚铁路线。

蓄率国家的存款直接导向基础设施建设，实现本地区内资本的有效配置，并最终促进亚洲地区金融市场的迅速发展。（5）在世界范围内，将会迎来基建行业新一轮并购重组浪潮。亚洲经济体拥有较高的外汇储备和储蓄率。中国外汇储备接近 4 万亿美元。仅东盟国家就拥有 7 000 亿美元外汇储备。如果能将这笔资金从购买欧美债券转而用于投资落后的基础设施建设，将提高亚洲地区的经济实力。

6. 亚投行和"丝路基金"。"丝路基金"规模是 400 亿美元。2015 年 2 月正式启动，由中国投资有限责任公司（中国主权财富基金）、中国国家开发银行、中国进出口银行以及国家外汇管理局共同出资。"丝路基金"将通过向基础设施、资源开发、产业及金融合作项目提供融资支持来促进与"一带一路"各国家和地区的互联互通，初期可能会聚焦中亚和东南亚。铁路、公路、港口和机场等交通基础设施将获得特别关注。这些项目将会产生预期回报，因此有别于传统的援助项目。

7. 亚投行和"三行"体系。亚投行启动，金砖银行（含外汇储备库）纳入日程，还有筹建上海合作组织融资机制（包括成立上合组织开发银行，或加入并改造现有欧亚开发银行两种方式），堪称是"三行"体系。2010 年 11 月在塔吉克首都杜尚别举行的上合组织成员国政府首脑理事会议，提出上合银行倡议。但是，落实这个倡议，需要解决诸如中俄两大国银行模式差异、成员国发展不平衡、如何平衡各国间的利益，以及如何因应突发性全球金融危机等问题。可以肯定的是，所谓的"三行"体系是有创建的构想。

五、亚投行面临的挑战

中国成立亚投行的初衷，本来是为了构建一个服务于"一带一路"计划的融资平台。但是，各国的态度与期望颇有差距。其中，中国的投资理念与西方国家存在的差异,以及来自文化、宗教和意识形态的差异,是深层原因所在。

从长远看,亚投行始终面临潜在风险影响。《经济学人》智库国家信贷风险评分包括五大类:主权、货币、银行业、政治和经济结构。在标准普尔、惠誉等国际评级机构对各国的国家主权信用评级中,亚洲大多数国家的信誉评级都在 B 级以下。在这方面的教训案例有:2011 年缅甸密松大坝项目被叫停;2015 年斯里兰卡政府更迭之后,中国投资的科伦坡港城项目被暂停。① 此外,委内瑞拉在偿还其 560 亿美元的贷款方面存在困难。最终结果是,投资的收益率和相关外汇储备投资的收益低下。

---

① 前总理马欣达·拉贾帕克萨(Mahinda Rajapaksa,1945—)与中国政府关系密切。新总理迈特里帕拉·西里塞纳(Maithripala Sirisena,1957—)提出,前政府与中国的关系,"这不是一桩公平的交易",希望就"中国贷款的高利率"以及"包括宽限期和现有贷款的分期安排等偿还条件举行最高层级的磋商"。

数字货币：从边缘到中心①

数字货币的英文是 crypto-currency，本应直译为"加密货币"，但是在数字经济的语境下，人们通常用"数字货币"替代"加密货币"。如果从 2008 年算起，数字货币的历史虽然只有十年左右，却实现了从"边缘"到"中心"的历史性转型，改变了传统货币经济体系、机制和生态。

一、数字货币是不同于传统货币生态的新物种

尽管关于货币起源的学说纷纭复杂，但是经济学家们对于迄今为止的基本货币形态没有分歧：（1）物理（实物）形态货币。贝壳、铜、铁、黄金、白银等都曾充当过货币。尤其是金、银等贵金属由于具有易携带、价值高、不易变质且易于分割计量等特性，在历史上的很长时间中扮演着世界性通货角色。（2）信用形态货币。其物理形式主要是没有价值的纸币。基于国家信用的法币，即信用货币，具有政府强制性和排他性。当今世界各国几乎都采用这一货币形态，是当代货币体系的核心。在信用货币历史上，信用货币的发行机构，除了政府的央行之外，也可以是企业，甚至是个人。（3）数字货币形态。其

---

① 本文系作者为 2020 年 12 月出版的作者与李晓主编的《数字货币蓝皮书（2020）》所撰写的序言、2021 年 3 月 12 日接受《商业周刊（中文版）》专访以及 2019 年 6 月撰写的政策建议整合修订而成。

经典存在形式是可视字符串，或者说是一连串的密码编码。[①]

从实物货币形态到信用货币形态，存在一种历史突变。如果没有第一次世界大战，金本位很可能持续很久。20 世纪 30 年代世界性经济危机所引起的经济恐慌和金融混乱，迫使西方国家先后脱离金本位和银本位，国家所发行的纸币不再兑换为金属货币，信用货币应运而生。

2008 年比特币白皮书问世，随后比特币落地，数字货币发端，并在随后 10 年左右的时间内形成自身的体系。数字货币属于基于技术，并通过人为设计的货币，是实物货币和信用货币之后的第三种货币形态。科学技术的进步将继续支撑数字货币的迭代和更新，拉大数字货币与传统货币的技术含量的差距。

二、数字货币的历史

后布雷顿森林会议的货币金融体制，基于浮动汇率制度，以美元、欧元、英镑和日元作为主导的国际货币体系，无法满足世界经济发展和全球金融稳定的需求。

所以，加密数字货币的出现，建立具有稳定币特征的世界性数字货币体系，是重构世界货币体系和国际金融制度，结束美元代表的货币霸权的历史性主要选项。

追述数字货币的发展历程，"密码朋克"具有重大历史贡献。对于数字货币技术先行者的"密码朋克"来说，他们没有接受传统货币思想。如果以 1996 年为起点，之后每年几乎都会有"关键性技术"问世，驱使历史车轮逼近比特币。"关键性技术"包括哈希算法、分

[①] 比特币地址由一串字符组成，例如：123456789ABCDEFGHJKabcdefghijkmnop。

布式账本、权益证明、工作量证明、点对点（P2P）技术等，其深层基础是"新密码技术"。所以，在1998年已经出现"加密数字货币"概念。10年之后，比特币最终实现加密数字货币的设想，成为一种基于密码编码、通过复杂算法产生、不依靠任何特定货币机构发行、不受任何个人或组织干扰的非中心化"货币"。进一步说，"比特币利用点对点传输、共识机制、非对称加密等多种技术，构建了一个去中心化的分布式账本数据库，实时、透明地通过算法进行货币发行交易。"

人们对数字货币存在认知缺陷，认为物理（实物）形态货币，到信用货币形态，再到数字货币形态，是一种演进的关系。这是错误的。数字货币不是传统货币的进化，彼此之间并不存在共同"祖先"，也不是通过自然选择发生的，更不是传统货币累积微小优势的演变产物。数字货币的形成过程与传统货币之间存在"生殖隔离"。所以，数字货币的出现属于货币演变历史中的典型"突变"。借用生物学的语言：比特币开启的数字货币，属于人类货币史上的"新物种"。

比特币具有以下特征：（1）比特币的理念。比特币为社会不同阶层提供了参与创造新型财富实验的机会，提供缓和贫富差距的一种基于技术的解决方案。（2）比特币的技术逻辑。比特币创造了一套基于区块链、密码学的信任结构、机制和制度，已经经受了时间和实践的验证。（3）比特币是一种资产，是一种"加密数字货币"形式的新型财富。（4）比特币交易的波动和价值增长。比特币价值和信用构成了相辅相成的关系，比特币市场价格的波动基本在合理范围内。（5）比特币代表的加密数字货币的交易所和交易在一些国家和地区是合法的。（6）比特币拥有一个日益扩大的用户群体。

作为新物种的数字货币，无论是比特币、以太坊，还是其他稳定币，或者法定数字货币，其内涵和外延都发生改变，突破教科书上对"货币"的定义。尽管数字货币仍继续使用"货币"二字，却早已不再是古典意义上的货币。①这就是中国古代哲学史上的公孙龙所谓"白马非马"问题。

三、数字货币的演进

过去 10 年间,数字货币的发展相当精彩。自 2009 年初比特币诞生后,凭借去中心化和点对点交易等特性吸引了多方关注,并催生了大量新型加密数字货币。

比特币引发非中心化数字货币群体形成。非中心化数字货币群体包括:(1)"以太坊及其代币体系"。现在比特币依旧处于中心位置。(2)"分叉币"。比特币分叉币就有 BCH、BCHSV、BTG,不一而足。(3)山寨币或者竞争币。最成功的比特币山寨版就是莱特币(Litecoin),莱特币在交易成本、交易速度、资源消耗等方面具有明显优势,被认为是"改良比特币算法最成功的加密货币"。(4)匿名币。例如匿名币门罗币(Monero)。(5)具有特定场景的加密数字货币。例如瑞波币(Ripple)和恒星币(Stellar)。瑞波币主要应用场景在于跨境支付。与 SWIFT 相比,瑞波币的交易具有时间短、外汇兑换手续费极低等优势。目前瑞波币的服务已经覆盖了 27 个国家,并与全球 200 余家银行和金融机构建立了合作关系。

在现阶段,比特币、以太坊、EOS 等几乎所有加密数字货币都存在价格波动大的情况,其价值属性难以被普遍认可,甚至被视为一种投机(或投资)标的,无法成为通用支付工具。所以,要想实现数字货币的支付属性,需要维持价格稳定,于是稳定币应运而生。目前,

---

① 英文对于"货币"的表达方式要比中文丰富和严谨,包括:money \ currency \ coin \ fiat money \ legal tender。例如 Bitcoin 的 coin 还是不同于 money 或者 currency 的。在中文场景中,比较大而化之。

公认稳定币分为三类模式：（1）法币储备抵押模式。通过抵押法币，发行与法币价值锚定的稳定数字货币。（2）数字资产抵押模式。通过在区块链的智能合约上质押数字资产，从而发行锚定法币价格的数字货币。（3）算法模式。通过事先设定的算法机制，实现对稳定币供给数量的调节，从而使稳定币价格与法币锚定。在全球范围内，已经出现成百上千种稳定币。稳定币将会成为比特币等民间数字货币和法定数字货币的连接桥梁，稳定币迅速扩张了数字货币版图。2014年底Tether推出USDT，是最知名的稳定币。

2019年是机构数字货币发展的关键之年。2019年2月，美国最大的商业银行摩根大通宣布即将推出摩根币（JPM coin），希望通过摩根币降低客户交易对手风险和结算风险，适应资本要求，实现即时价值转移。

法定数字货币基于国家信用，且一般由一国央行直接发行。各国政府很早就开始关注比特币等数字货币发展。在相关部门出台有关监管政策的同时，部分国家央行很早就在积极研究数字货币发行的可行性。直到2018年，各国央行对于法定数字货币的认知还处于概念层面。从2019年下半年开始，法定数字货币逐步从概念层面发展到实践层面，越来越多的中央银行正在（或将很快）从事法定数字货币研发工作。目前，大约80%的中央银行正在进行法定数字货币的研究，大约40%已经从概念研究发展为实践或概念验证阶段，另有10%已经开发了试点项目。中国人民银行自2014年启动数字货币研究和试验，至2020年基本完成DC/EP的技术和政策设计。

以上四个因素并没有清晰的分界线，而是相互交叉，共同推进数字货币内在演进（如图4.3）。

第四章　货币历史演变

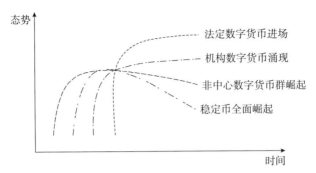

图4.3　数字货币内在演进图

资料来源：数字资产研究院、零壹智库。

四、数字货币的外延性演变：从边缘到中心演进

从古到今，人类文明的分布和演变、经济地理、区域发展、空间经济、世界分工、社会体系、国际关系和地缘政治，普遍存在"中心-边缘"的转换现象。边缘和中心是相对的概念。古希腊和古罗马都曾处于人类文明的中心，后来因为种种因素经历了衰退过程而逐渐丧失了中心地位，被边缘化。

20世纪50年代，阿根廷经济学家劳尔·普雷维什（Raúl Prebisch，1901—1986）首先提出了"中心与外围"，或者"中心与边缘"（centre and periphery）概念。20世纪60年代末至70年代初，"中心-边缘"分析法，逐渐成为世界经济学家、历史学家、社会学家、政治学家常用的方法。[①] 1966年，美国区域规划专家弗里德曼（John Friedmann，1926—2017）根据缪尔达尔（Karl Gunnar Myrdal，1898—1987）和赫希曼（Albert Otto Hirschman，1915—2012）等人有关区域间经济

---

① 各国之间的贸易流动和外交关系符合这一结构。经济学（Snyder-Kick，1979年）、社会学、国际关系（Nemeth & Smith，1985年）等学科也都涉及相关理论。

增长和相互传递的理论，以及对委内瑞拉区域发展演变研究，出版了《区域发展政策》（*Regional Development Policy: A Case Study of Venezuela*）一书，提出了"核心 – 边缘"（core-periphery）理论模式。1991年，藤田昌久（Masahisa Fujita，1943— ）、保罗·克鲁格曼和安东尼·J·维纳布尔斯（Anthony J. Venables，1953— ）共同署名的《空间经济学：城市、区域与国际贸易》（*The Spatial Economy: Cities, Regions, and International Trade*）一书出版。该书提出了区域经济的"核心 – 边缘"（"中心 – 外围"）模型（core-periphery model）。模型以核心和边缘作为基本的结构要素，典型的"核心 – 边缘"结构就是制造业地区和农业地区。根据"核心 – 边缘"模型，垄断竞争、货币外部性和前后相关联效应结合在一起，导致发生突变性集聚的可能性。

过去10年数字货币和传统货币的关系，可以借用"中心 – 边缘"，或者克鲁格曼他们的"核心和边缘"予以更为清晰的解读。或者说，数字货币与传统货币的关系演变基本符合"中心和边缘"结构。以下是数字货币与传统货币关系演变的四个阶段：

第一阶段（2009—2012年）：数字货币处于信用货币体系的外边缘地带。2009年比特币的诞生，相当于数字货币的奇点。彼时，比特币被认为属于密码极客的小众运动，一种具有理想主义的思想实验而已，并不具备实用价值和储藏价值。当时的比特币价值与当时全球货币体系总量相比，微不足道，甚至可以忽略不计。

第二阶段（2013—2017年）：数字货币开始"嵌入"（embed）传统货币体系。这一阶段，在比特币价格上升的刺激下，数字货币进入爆发式增长状态。期间以太坊的出现，展现了区块链技术的潜力，成为数字货币发展过程中第二个"引爆点"，数字货币版图呈现加速扩张态势。

第三阶段（2017—2020年）：数字货币开始向中心地带演进。

2016—2017年，在世界范围的严厉监管下，ICO和数字货币影响势衰。之后稳定币大量出现，不再是脱离实体世界的纯粹虚拟货币类型，价值相对稳定，有别于原生态数字货币价格的剧烈波动。在这个阶段，发生了影响深远的Libra冲击波。2020年12月，Libra更名为Diem，其目标是推出锚定单一美元的数字货币。可以肯定，Libra（Diem）具有"新型垄断货币"基因。但Libra（Diem）直到现在没有落地，似乎无疾而终。[1]

第四阶段（2021年之后）：机构性数字货币开始出现。传统资本也开始加速进入数字货币和区块链领域，推动数字货币向整个货币金融体系中心推进。数字货币与传统货币体系产生连接和融合。在这个阶段，具有开源特质、可互相操作和可编程（可组合性）、实现账本开源和所有交易公开、接近0成本、接近0资本金的DeFi得以兴起，并形成冲击波。[2] 虽然DeFi应用和底层基础设施仍处于其发展的初级阶段。但是，在可以预见的未来，大部分金融活动，从IPO到证券交易，从保险到商品交易，从房屋贷款到住房租赁，DeFi的原理与技术都存在发展空间。

---

[1] 2019年6月Libra白皮书发布，宣称Libra将建立一套简单的、无国界的超主权数字货币、服务于数十亿人的金融基础设施。Libra（Diem）的功能设计具有深远影响，包括："一篮子主权货币"的储备机制；吸纳"加密数字货币"优势，具备全球化、数字化、低交易成本、高流动性和高可获得性等属性；供给总量可以根据需求的变化进行及时的增减调节，保证供给有序和适当流动性；是新型金融基础设施，具有价值计量、传输和储备工具的功能。但是Libra（Diem）落地，对中国构成潜在的和直接的威胁：一方面，排斥了人民币的加入，具有让人民币"孤岛化"的倾向；另一方面，Libra流动的清算网络逐步拓展到人民币市场，与人民币形成竞争关系，侵蚀基于人民币的金融和经济生态环境，甚至对人民币金融市场的稳定产生冲击，影响人民币国际化的进程。

[2] 根据DeFi Pulse的数据，锁定在DeFi App中的数字资产价值增长了10倍，从2019年不到10亿美元，到2020年超过100亿美元，2021年的峰值超过800亿美元。

与此同时,各国央行主导的法定数字货币开始研究试验,标志着数字货币已经实现了中心化的突破。

总之,通过"核心－边缘"理论分析数字货币和传统货币的关系,可以清楚地看到两种形态的货币如何由独自存在、互不关联,到之后数字货币"嵌入"传统货币体系,再从彼此极不平衡状态向相互传递和关联的平衡发展系统演进。从中长期看,因为数字货币所具有的"张力",在中心地带的地位不仅会巩固,而且会不断扩大其实质性的影响力。上述四个阶段中前三个阶段的差异如图 4.4:

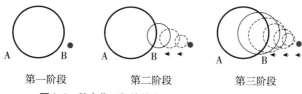

图4.4 数字货币与传统货币关系演变的阶段变化

资料来源:零壹智库。

五、数字货币实现从"边缘"进入"中心"的基本原因

推动数字货币从边缘向中心演进的因素很多,有数字货币本身的原因,也有数字货币的外部原因。

1944 年 7 月,布雷顿森林会议确立了二战后以美元为中心的国际货币体系:黄金具有国际储备地位,规定了美元的含金量,美元与黄金直接挂钩,其他货币与美元挂钩。布雷顿森林会议还有两个重要成果:创建国际货币基金组织(IMF)和世界银行(WB)。IMF 治理制度基于"特别提款权"(SDR)机制,通过向成员国提供短期资金借贷,实现国际货币体系的稳定目标。WB 以实现成员国经济复苏和发展为目标,基本手段是向成员国提供中长期信贷。

第四章 货币历史演变

1971年8月,美国总统尼克松正式宣布美元和黄金脱钩,美元与黄金的固定汇率时代结束。布雷顿森林会议所确定的国际货币体系终结。但是,美元在国际货币体系的中心地位并没有因此动摇。1974年,美国与沙特阿拉伯货币局签署原油用美元结算的协议。布雷顿森林体系下的黄金美元,成功地转化为石油美元。美联储依然是全球货币中心的"权力机构",国际货币基金组织、世界银行以及欧洲央行等跨国货币机构成为次中心。

21世纪之后,美元、欧元、日元、英镑等主要国际储备货币继续处于中心地位,只是随着中国等新兴经济体的崛起,中国央行等一些新的主权货币机构和区域性金融组织逐步扩大在国际货币体系中的影响力,引发国际货币体系内的协调监督机构有所改革,以及各类货币的地位有所变化。

不论是布雷顿森林会议体制,还是"后"布林顿森林会议体制,都存在两个制度性的垄断:(1)美元垄断地位。美元的垄断导致世界货币金融资源分配严重失衡。(2)央行垄断地位。各国央行对于信用货币发行权的垄断,对民众财富的创造和分配形成绝对控制。上述两种垄断的叠加,最终引发了一次又一次的世界性金融危机,并形成金融危机与货币危机的互动。2008年全球金融危机,加剧了世界货币金融制度的内在矛盾和解构趋势。这样的背景,为数字货币的崛起提供了有利的外部环境。

数字货币理念源远流长:(1)源于密码朋克的理念。(2)数字货币的理念包括了一系列经济学家的追求。早在1976年,经济学家哈耶克在《货币的非国家化》(*Denationalisation of Money*)一书中,在揭示现有主权信用货币体系的弊端之后,提出用竞争性私人货币来取代国家发行的法定货币,在类似于自由市场中进行自由有效配置，可能会提供更加健全、稳定的货币环境。①（3）中本聪（Satoshi Nakamoto）创造比特币的初衷与哈耶克等经济学家的思想内核存在着显而易见的契合。中本聪曾表示，"传统货币的根本问题，正是来源于维持它运转所需要的东西——信任。人们必须要相信中央银行不会有意劣化货币，可是法币的历史却充满了对这种信任的背叛。我们相信银行，银行持有并电子化地转移了我们的钱，可是银行却在部分保证金制度之下，通过一浪接一浪的信用泡沫将货币抛撒出。"数字货币的理念和背后的价值观，特别是与生俱来的主张货币的非国家化，向民众分享铸币权，具有相当大的吸引力，推动了一个全球性的社会运动。

在主权国家范围内，货币发行只能是政府行为，不存在复制空间。以信用为基础的法币货币形态，有着高昂的和无法量化的制度成本。数字货币成本优势体现在：（1）发行不追求权威性，发行主体是多元化的；（2）以非对称密码学为基础，使用者可以直接点对点进行可信任的价值交换，不需要通过中心机构，价值交换的摩擦成本基本为零。（3）流通成本低廉，没有实物形态，不会产生印刷、运输、损耗、销毁等费用。（4）数字货币非实物流通的特征，流通速度较快。

数字货币具有强大生命力和繁衍能力。数字货币经历了"大爆炸"过程，显现了强大的生命力和繁衍能力，至今已成气候。根据数字货币行情平台 CoinMarketCap 数据，截至 2020 年 3 月末，全球共有超过 5 200 种加密数字货币，总市值高达 1 849 亿美元。其中，作为目前影响力最大也是最成功的加密数字货币是比特币，其市值在加密货币市场总市值中的占比达 65% 左右。

---

① 经济学家劳伦斯·怀特（Lawrance Henry White, 1954—）、尤金·怀特（Eugene N. White, 1952—）、休·罗考夫（Hugh Kockoff, 1945—）等人相继得出相同的结论，即对货币而言，竞争比垄断更有效。弗里德曼也曾提出假设：以自动化系统取代央行，从而实现以稳定的速度逐年增加货币供应量，以避免通货膨胀。

数字货币的强大生命力,复制和繁衍能力,与3个原因有直接关系:(1)技术原因。数字货币基于计算机算法,能实现以极低成本,甚至零成本完成货币创造、流通和交易,准入门槛降低。(2)数字货币产业链的原因。数字货币和数字货币产业链相辅相成。数字货币的产业链主要包括挖矿、交易和存储(钱包)三个主要环节。(3)参与主体,包括数字货币的所有者。根据 bitinfocharts.com 的数据,截至 2020 年 3 月末,比特币持币地址总数近 3 000 万个,以太坊的地址数量约 9 200 万;基于数字化产业链的具有理工科和技术背景专业人士,以及"码农"和"矿工"等群体也正在积极参与数字货币市场;就年龄而言,以"80 后"为主体;就全球分布而言,没有国界限制,没有发达市场经济国家和新兴市场国家、富国和穷国的界限。

六、数字货币和区块链等数字技术

未来的虚拟数字货币,取决于大数据、云计算和区块链所构建的基础设施。就大数据、云计算和区块链的顺序而言,是先有大数据、云计算,后有区块链。但是,大数据、云计算、存储最终都需要和区块链结合,都要纳入区块链体系。三者是一个整体,其中,区块链是前提和基础。未来的数字资产的形成与确权,都需要通过区块链。换一个思路,基于区块链的平台,可以创造多样化的数字资产。

伴随区块链对传统产业的改造,强化传统产业的数字化进程,传统产业也会演化出越来越多的数字资产。所以,未来的数字资产可以来自传统产业的存量,也可以来自新型产业的增量。伴随工业互联网和区块链结合,可以改变区块链作为功能性的和单一技术性的技术现状,加快区块链作为一种普遍意义技术的进程,推动区块链成为未来支持数字资产财富的基础结构、框架和范式。但是,区块链改造面临很多挑战：（1）区块链团队需要学习被改造的产业和行业，学懂学透。（2）区块链改造对大数据的采集和整理，对相关信息的重新认知，会暴露传统产业深层结构问题。（3）区块链改造会导致企业制度、管理制度的扁平化，使传统层级管理中的管理人员失去优势，挑战原本的管理模式。（4）区块链的智能合约，导致相关利益清晰化。最后，区块链推动的可追溯技术，还会挑战传统的知识产权观念，加速知识共享进程，动摇原本的商业模式。

总之，区块链对未来产业发展具有重大意义，只是当下区块链技术还存在很大的局限性。但是，这些技术性的局限性正在被突破。区块链对人们的经济生产活动和日常生活的影响会不断加快。

七、传统资本的进入

从2016年开始，通过众多传统大型机构，大量资本进入加密数字货币。2018年是区块链及数字货币领域投融资的"爆发之年"。到2019年，投融资市场逐渐趋于理性。2012—2019年数字货币及区块链领域投融资情况，见图4.5。

图4.5　2012—2019年数字货币及区块链领域投融资情况

数据来源：零壹智库。

从具体领域来看，数字货币相关赛道始终最受资本市场青睐。仅2019年，就有超过35%以上的区块链及数字货币市场的投融资最终流向数字货币领域。而数字货币交易所/平台又是其中最吸金的细分赛道，融资金额占全年融资金额的16%左右。此外，数字货币钱包、数字货币融资、DeFi等数字货币相关领域也在投融资市场表现活跃。

这种现象意味着传统金融资本、产业资本开始全面调整对数字货币的立场，从观察、保持距离到终于承认它们价值的存在，并试图通过传统金融手段和数字货币的结合，实现一种"杂交优势"，影响数字货币定价的话语权。

传统资本进入数字货币领域存在不同模式。（1）传统金融机构直接发行数字货币。例如，高盛集团、摩根大通、瑞士联合银行等跨国银行均已获得发行数字货币的行政许可。机构数字货币应用场景集中在跨境支付和证券交易。在这两个场景中，应用数字货币的目的主要是解决传统金融系统中存在的效率低下、成本较高的问题。（2）传统资本投资数字货币产业链，例如交易所。（3）通过市场，直接拥有比特币或者其他类型的数字货币。

传统资本大规模涌入数字货币交易市场，富人在把比特币价格推高的同时，也要为价格高昂的比特币买单。这样的结果，与比特币发明的初衷相背离。但是，比特币价格上升，会刺激比特币的分割，这也将阻止比特币的寡头垄断。所以，很难推导出比特币变成富人的游戏，也看不到比特币被"国有化"的可能性。

可以肯定的是，至今尚没有任何外在力量可以改变基于以区块链为核心的基础结构，也没有任何工具和方法可以改变加密数字货币的运行模式和已经形成的生态体系。

八、央行法定数字货币

目前,世界各国对于央行法定数字货币分为三类态度:(1)开发态度。央行积极探索发行法定数字货币的可行性,开展法定数字货币项目的试点工作。以中国人民银行为代表。(2)保守态度。央行关注数字货币动态,并做有限的探索和研究,将发行法定数字货币作为多种解决方案之一,专注于改善现有的支付体系和监管安排。(3)反对态度。央行不认为存在立即发行法定数字货币的需要。[1]

世界各国的央行对于法定数字货币之所以不存在统一的态度,除了各国国情不同之外,还有对于发行法定数字货币认知差异和如何衡量利弊的差异。因为 Libra 白皮书的发布,推动了世界越来越多的国家关注法定数字货币的战略意义,启动法币数字货币的研发行动。在法定数字货币方面,中国央行是领跑者。2019 年底,中国央行已基本完成了法定数字货币(DC/EP)[2]的顶层设计、标准制定功能研发联调测试等工作,2020 年第二季度开始进入落地试点阶段。中国央行为 DC/EP 提供 100% 准备金并进行信用担保,具有无限法偿性(即不能拒绝接受法定数字货币)。DC/EP 是中央银行的负债,其定位是对流通中现金亦即 M0 的替代。

虽然央行的法定数字货币与原生态数字货币有着某些根本性的不

---

[1] 国际货币基金组织在一篇博客文章中指出,发行法定数字货币存在七项优势同时面临五项挑战,各国必须根据实际情况权衡发行法定数字货币的利弊。五大挑战是:银行中介地位被削弱;"挤兑风险";中央银行的资产负债表和信贷配置问题;法定数字货币产生的国际影响需要做进一步研究;中央银行的成本和风险。七项优势是:降低现金管理成本;实现普惠金融;保证支付系统的稳定性;增加市场竞争性和维护市场秩序;应对新型数字货币的挑战;支持分布式账本技术(DLT)的发展;便利货币政策实施。

[2] "DC"是数字货币(digital currency)的缩写,"EP"是电子支付(electronic payment)的缩写。

同，但是，确实代表了数字货币的一个新方向，直接加速数字货币从边缘到核心的进程。

中国央行发行的 DC/EP 也成为央行数字货币的领跑者。现在说数字货币是否可以替代传统货币形态为时过早，但是可以预见，伴随着数字货币族群以及数字货币生态的发展和成熟，数字货币和传统货币并存的时代已经悄然来临。因为数字货币的存在、成熟与发展，已经并将继续改变整个货币形态。

九、各国虚拟货币政策

至 2021 年 5 月，持有数字资产的人数美国为 4 500 万，全球超 1.5 亿人，这个群体多为"85 后"，学历较高，以工程背景居多，属于视野开阔的中青年一代。数字货币及其意义在这个群体中传播广泛，深入人心。

因为数字货币的兴起，导致各国央行、商业银行、资本市场和货币市场需要面对如下问题：（1）数字货币将怎样改变货币的供给总量。这里涉及数字货币的数量、结构、分布和交易速度。（2）数字货币对增长、通货膨胀会有怎样的影响机制，对国民财富分配与再分配又会有怎样的影响。（3）数字货币与传统货币是否在一定时间内存在所谓的"功能性分工"。如果存在，边界在哪里。（4）数字货币将怎样影响长期的资本市场和短期的货币市场。

在过去 10 年间，部分国家对比特币持开放和支持态度。日本早在 2017 年发放了 11 张虚拟货币交易所牌照。新加坡、美国、加拿大、澳大利亚等在内的 18 个国家及地区相继出台政策或监管策略。

美国对虚拟货币的政策和法律影响重大。总的来说，美国对虚拟数字金融，支持创新，并实施分类和分区域监管。大企业和大机构

2021年正式入场,民众购买数字货币相对便利。相关政策如下:(1)第三方支付平台Paypal和Square均支持主流虚拟货币的买卖,全美持有虚拟货币的人数已超4 500万。(2)美国怀俄明州2019年1月31日通过了一项法案,法案中将加密货币视为货币。该法案把加密资产分为三类:数字消费资产(digital consumer assets)、数字证券(digital securities)以及虚拟货币(virtual currencies)。任何属于这三类的数字资产都将被定义为个人无形财产,并与法定货币享有同等地位。(3)2021年5月美国德州众议院通过"虚拟货币法案"。(4)美国证券交易委员会(Securities and Exchange Commission,SEC)主席加里·根斯勒(Gary Gensler,1957—)推动国会制定围绕加密货币交易的法律法规,以帮助保护加密货币投资者。

在未来数年,会有更多的国家对非主权虚拟数字货币选择观察、筹划,做好应对准备。新加坡是最大受益者。萨尔瓦多的比特币法定货币法案将于2021年9月7日生效,并会产生示范效应。与此同时,在全球范围内,主权数字法币和非主权数字货币的博弈还会继续。

十、各国央行需要包括数字货币在内的"新货币政策"

数字货币对宏观经济产生了影响。数字货币的出现,使传统的投资方式、产业结构、就业模式以及经济组织发生了改变。(1)数字货币改变了资本形态、资本地位和资本主体。集中体现为利息对资本、资本对投资模式的全方位变革,最终会引发人们投资方式的改变。(2)数字货币使产业结构发生了变化。数字经济、信息经济和观念经济等非实体经济发展起来。(3)数字货币丰富了就业模式。自我就业、合作经济和共享经济逐渐成为主流,丰富了传统的就业模式。(4)数字货币改变了经济组织,主要表现为传统公司形态的逐渐衰落以及企业不断小型化,创业模式不断多元化。面对经济危机常态化,数字货币可能成为实现经济复苏的一个选择。

加密数字货币对全球货币金融体系的影响有两种形式:(1)形成与现行信用货币制度的平行体系。在信用货币制度下,法币体系需要国家信用背书。不论发达国家还是发展中国家,不论怎样的政治制度,都不足以保证国家信用的绝对稳定。一旦国家发生经济、政治和社会危机,不可避免地传导至国家货币体系。在一些经济落后的国家,国家信用缺失已经常态化,传统货币制度难以稳定。如果引入稳定币和法币数字货币,形成平行货币系统,或将改善当前局面。(2)改变资本流动模式。数字货币在跨境业务方面具有得天独厚的优势。在跨境支付结算时,数字货币作为"交易媒介"可以实现与法定货币的双向兑换。用户可以用法定货币购买数字货币,然后再将数字货币兑换成法定货币,从而影响国际资本流动。此外,法定数字货币相较于现金,也更有利于资本流动。当然,需要防范不法分子通过数字货币逃避外汇管制,甚至作为洗钱工具。(3)缓冲汇率波动。在传统信用货币体系下,一些国家可以通过操控汇率变动,直接影响进出口,控制全球资源价格。具备超主权货币特征的数字货币天然具备国际货币的特征,能够避免汇率波动对经济的影响。

传统的货币政策基于传统货币经济结构,而数字货币可以直接影响传统货币政策的传导机制:(1)利率。从理论上看,因为数字货币的出现和发展,严重干扰了利率与货币需求的函数关系。在不久的将来,央行数字货币将有利于实施零利率、负利率政策。从长期来看,数字货币的供应量不受人为控制,将促使零利率、负利率常态化。(2)"流动性陷阱"。相较于法定货币,去中心化数字货币和机构数字货币功能单一、种类繁多,难以与法定货币的"利率"挂钩,所以,这类数字货币对价格的需求弹性与传统货币差异非常大。加之,数字货币具有天然的透明性，难以转换为"投机性"货币需求。(3) IS-LM模型。IS-LM模型的核心是利率。数字货币对传统货币体系和宏观经济的渗透，打乱了传统的利率和投资，以及货币需求和货币供给之间的逻辑关系，进而导致IS-LM模型失灵，也就会使以利率作为调节工具的传统货币政策失灵。所以，传统货币政策需要改变和调整。

数字货币对美元的地位形成挑战。随着数字货币的发展，数字货币在全球货币体系的地位从边缘到中心演变，数字货币内部也发生着关于边缘和中心的动态变化。法定货币数字化在更多国家的蔓延，必然构成对传统货币体系的冲击，特别是挑战美元在世界货币体系的"中心"地位。事实上，美联储和货币金融界是有充分认识的。以美元为核心的国际货币体系正受到挑战（见图4.6）。

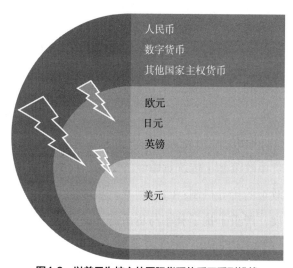

图4.6 以美元为核心的国际货币体系正受到挑战

资料来源：零壹智库。

十一、结语

对于经济史和货币史，比特币和数字货币所经历的 10 年是很短暂的时间尺度。但是，在过去的 10 年间，数字货币作为基于技术信任的"新物种"，正逐步实现了从边缘到中心的转变，为改变传统货币体系注入了颠覆性元素。不仅如此，在更多的机构和政府入场的情况下，数字货币会进入高速发展时期。

在这个新的时期，数字货币已经成为数字经济体系一个基本组成要素，正与全球经济金融活动产生互动共融。数字货币的出现不仅使全球货币体系向多元化发展，数字货币本身发展也呈现多元化。从去中心化数字货币到机构数字货币再到法定数字货币，不同类型的货币在数字经济时代，将沿着各自的发展路径，承担起各自的角色，为整个货币体系发展演变贡献自己的张力。

一个数字货币主导的时代即将到来。

附录　中国虚拟货币的现状和趋势[①]

一、虚拟数字货币监管

自 2013 年至今，实行一系列严厉监管：（1）2013 年 12 月 3 日，中国人民银行等五部委发布《关于防范比特币风险的通知》。（2）2017 年 9 月 4 日，中国人民银行、中央网信办、工业和信息化部、工商总局、银监会、证监会和保监会七部门联合发布《关于防范代币发行融资风险的公告》。（3）2021 年 5 月 21 日，国务院金融稳定发展委员会召开第 51 次会议，研究部署下一阶段金融领域重点工作，打击比特币挖矿和交易行为，坚决防范个体风险向社会领域传递。之后，内蒙古发改委公布《关于坚决打击惩戒虚拟货币"挖矿"行为八项措施（征求意见稿）》，四川省发改委、四川省能源局联合下发《关于清理关停虚拟货币"挖矿"项目的通知》。（4）2021 年 6 月 21 日，中国人民银行有关部门就银行和支付机构为虚拟货币交易炒作提供服务问题，约谈了工商银行、农业银行、建设银行、邮储银行、兴业银行，最终实施对加密数字货币的"釜底抽薪"。

二、2021 年 5 月 21 日之前中国虚拟货币基本情况

1. 从 2013 年开始，中国民间力量介入比特币和以太坊等主流虚拟货币的挖矿，逐步掌控虚拟货币增发的全产业链。直到 2021 年 5 月国家对比特币挖矿相关政策发布之前，中国民间掌控全球 90% 以上的比特币矿机市场份额，掌控了全球 80% 以上的比特币矿池算力，

[①] 本文系作者于 2021 年 6 月 27 日在"中国战略思想库"第六次会议的发言。

以及60%~70%的境内矿场算力。

2. 中国民间事实掌控主流虚拟货币的增发权。据估计中国民间占据全部虚拟货币资产的50%以上，超过1万亿美元，大约相当于中国外汇储备的三分之一。

3. 中国民间主导境外的加密数字货币交易所。2021年5月21日前，中国民间，包括海外华人所控制的交易量全球排名前三，分别为币安、火币、OKEx，其中币安的交易量为美国最大数字货币交易所coinbase的10倍，而后者最高市值达700亿美金。

三、2021年5月21日之后的虚拟货币形势及评估

1. 2021年5月21日，国务院金融稳定发展委员会召开第五十一次会议，明确打击比特币挖矿和交易行为，坚决防范个体风险向社会领域传递。各省纷纷推出政策并严厉执行。其中，与虚拟货币挖矿相关的主要省（市、自治区），如内蒙古、四川和新疆，先后出台了公开文件或者内部政策，并严格落实。

2. 截至2021年6月20日左右，打击成果显著：比特币算力最低下降至50%，后恢复至65%；国内比特币矿场基本关闭和停止运行；绝大部分矿场，大批矿机变卖或谋求出海，预计很快完成"去中国化"进程。

3. 因为火币、OKEx的创始人在中国境内，大量的用户和数字资产转移至币安，火币和OKEx的交易量大幅减少，币安排名仍为第一，火币、OKEx排名下降至第八和第九。可以预见，随着国内政策收紧，虚拟货币的交易量会进一步下降。

4. 相关数据如下：2021年6月27日，BTC（比特币）数据显示，比特币全网算力为98.44EH/s，较2021年5月13日的历史峰值181EH/s下降约45.6%，最低点为93.7EH/s，从峰值下降超过50%。

与此同时，比特币等主流虚拟货币的价格应声下降，虚拟货币的全球总市值从峰值的 2.57 万亿美元下跌到 6 月 22 日的 1.3 万亿美元，相比 2021 年最高点下降近 50%。

四、评估

在中国发布打击虚拟货币政策以后，虚拟货币产业或成为地下经济，或彻底转向海外。

现在看，新加坡和美国将成为东西半球最大的受益者。例如，美国迈阿密开放核能欢迎中国比特币矿工，美国比特币矿机和矿池算力均大幅增长。美国在未来很可能逐渐主导主流虚拟货币，形成美元、加密数字货币、黄金和石油美元"四位一体"的未来金融结构。

货币王者的时代完结[①]

"任何人都能创造货币,问题是如何让他被普遍接受。"

——海曼·明斯基（Hyman Minsky,1919—1996）

一

人类的货币史,如同人类的经济史、政治史,是有王者的。15世纪是全方位转型的世纪,不仅发生了"百年战争"和"玫瑰战争",从英国到西欧国家的经济重新组合,中世纪庄园开始货币化,哥伦布发现新大陆开启大航海时代,自由贸易和殖民地拓展,无数的财富和资源输入到欧洲,而且人文主义、科学和艺术全面复兴。正是在这样的历史场景下,作为"货币王者"的美第奇家族开始进入全盛期。佛罗伦萨是世界金融重镇。

但是,进入17世纪,这一切彻底改变。1737年,美第奇统治者在佛罗伦萨的最后一位统治者贾恩·加斯顿过世,"货币王者"皇冠落地。曾经的"海上马车夫"荷兰,虽然创建了阿姆斯特丹证券交易所,但是很快走向衰落。英国,因为光荣革命,率先确立资产阶级代议制,完成宗教改革,牛顿开创的科学革命、实业家主导的商业革

[①] 本文系作者于2022年3月22日为徐瑾著《货币王者》一书所作的序言。

命、银行家推动的金融革命,相互影响,构建出完善的资本主义主导框架。呼之欲出的工业革命,获得了巨大资金保障,形成强大的内在动力。1776年,亚当·斯密的《国富论》出版,其经济思想得以传播和深入人心。英国正处于工业革命前夜。在这样的历史场景中,1694年创建的英格兰银行,1717年确定了此后维系了200多年的黄金与英镑的固定汇率,实至名归成为新的"货币王者"。伦敦开始成为新的世界金融中心。

20世纪是美国世纪,作为两次世界大战的受益者,美国成了现代世界的"货币王者"。1944年的布雷顿森林会议是对新"货币王者"的一种加冕仪式。纽约取代伦敦成为世界金融中心。

如今,以2008年全球金融危机作为历史分水岭,全球货币制度、银行制度、金融制度,进入到大分化、大改组、大转型的前所未有的历史时刻。可以预见:美国的"货币王者"难以为继,无须易手,"货币王者"的历史条件和需求已经消亡,人类将迎来再无"货币王者"的时代。

"货币王者"时代之所以完结,是因为即使产生众望所归的新"货币王者",也没有可能解决日益常态化、高频率以及不断深化的金融危机。或者说,在21世纪20年代的国际和历史背景下,解决货币金融危机早已经成为奢望。

二

徐瑾(?—)认为,"金融危机一直与人类并存,只不过在20世纪之前,金融裹挟经济的程度不同而已。"这本《货币王者》的副书名是"中央银行如何制造与救赎金融危机"。书中出现频率最高的一个概念就是金融危机。在书的目录中,不少章节的主题需要通过金融

第四章 货币历史演变

危机呈现。可以说，金融危机是全书的主线，而已经发生的和未来可能发生的金融危机，就成了被这条主线连接的基本历史事件和内容。所以，《货币王者》就是一部18世纪至21世纪的金融危机史。事实上，因为存在持续不断的金融危机，货币金融和央行的历史不再是枯燥和乏味的历史。

如此，进一步的问题就是：18世纪以来的300余年，金融危机如此持续不断，如何认识金融危机的个性和共性？

经济形态决定金融危机的类别。当18世纪来临时，虽然英格兰银行已经开业，但"英国还没有货币市场，没有实质性的银行，没有组织有序的国家债务"。不过，英国已经进入到"国内外经济和政治力量上升的世纪"。[①] 到了1720年，英国经过长期经济繁荣，私人资本积聚，社会储蓄膨胀，推动"个人和小规模的私人银行业务的快速发展"。1750年，私人银行有20—30家。1775年，伦敦清算所（London Clearing House）成立。[②] 到了18世纪后期，英国通过建立国家信贷体系，成了世界强国，公债的优越性为世人所公认。当19世纪来临的时候，美国建国不过24年，法国革命结束仅仅6年。在英国，已经形成统一的资本市场。英国所主导的工业革命浪潮，从英国到欧洲大陆，再到北美，使人类快速进入工业社会。19世纪的资本主义创新集中表现是改变了债权人和债务人的阶级构成。

19世纪至20世纪的金融危机，基本属于工业时代的金融危机，典型代表就是1929年的大萧条。20世纪中后期，发达工业国家开始向"后工业社会"、信息和数字社会转型，金融危机的性质发生了改变。2000年前后的纳斯达克股市危机，2008年全球金融危机，都不

---

① 霍默、西勒著《利率史》，中信出版社，2010年，第135，139页。
② 同上，第141-142页。

再是关于时代的金融危机,与 19 世纪和 20 世纪上半期的金融危机比较,过程、结构、机制和后果都大为不同。

深入探讨就可发现,在过去 3 个多世纪,金融生态发生了根本性转变。货币制度,经历了金本位、复本位、布雷顿森林会议制度、后布林顿森林会议制度的演变。17 世纪 90 年代的英国铸币危机,白银价格飙升,属于贵金属资源短缺的危机。1929 年金融危机,与那个时代的金本位有着深刻关系,即发生在"金镣铐"(golden fetters)下的危机。1971 年,美国关闭美元和黄金窗口,全世界进入纯粹的"法定货币"(fiat money)时代,金融危机的货币基础发生根本改变。从此以后,全球性的货币供给量开始加速扩张,货币金融部门全面超越实体经济部门。金融部门,从依附实体经济转化成与实体经济平行再到主导实体经济。所以,因为金融生态不同,此时此刻的金融危机,已经不是彼时彼刻的金融危机。

如果寻找过去 3 个世纪的金融危机存在哪些共性?无非两点:其一,制度原因。"资本主义是一个要求持续、无止境的增长体系",经济增长对金融资源存在无限的需求,所以金融资源和金融资源所支撑的实体经济之间,始终存在着严重的非均衡趋势。而对于实体经济,金融资源永远在短缺和过剩中摇摆。当金融资源短缺和过剩超过一定限度,都会引发金融危机。其二,人性原因。每次金融危机都是贪婪和理性的平衡被打破,贪婪彻底绑架理性的后果。金融危机与资本主义如影相随,是制度和人性原因交互作用的结果。

三

货币金融制度,是在不断创新中演变的。《货币王者》这样写道,金融创新以及金融制度也必须是应经济、政治发展状况而生。深入分析近现代的金融危机的成因，需要探讨金融创新和创新金融的作用。以下是几个不同时代的具有金融创新因子，却直接和间接派生金融危机的案例：

案例一，"南海泡沫"。工业革命之前，英国在1720年发生了被长期诟病的"南海泡沫"危机。英国政府和具有南美洲贸易垄断权的南海公司（South Sea Company）合作，大量发行股票，套取现金，引发"南海泡沫危机"。英国财政大臣入狱，物理学家牛顿是南海泡沫的著名受害者。需要看到"南海泡沫"危机的完整背景。一方面，当时的英国资本充裕，工业革命尚未到来，股票发行量极少，投资机会不足，资本过剩；另一方面，当时人们相信，只要将资本投入秘鲁和墨西哥的地下金银矿藏开发，数以万计的"金砖银块"运回英国，投资就能获得巨额回报。如果那个南海公司，通过提高股票价格，吸纳新的资本，确实用于开发南美洲矿产资源，在当时的历史条件下，不失为一种金融创新。从18世纪到现在，类似"南海泡沫"的案例不断发生。

案例二，尼克松关闭美元和黄金窗口。1944年7月，44个国家的代表在美国新罕布什尔州签订了"布雷顿森林协议"，确定了战后的国际货币金融制度：美元与黄金挂钩，成员国货币和美元挂钩，实行可调整的固定汇率制度；取消经常户交易的外汇管制等。27年之后尼克松关闭美元与黄金窗口。这意味着，从此之后，仅仅根据美国政府法令，美元就可以不再具有内在价值，强迫世界接受浮动汇率制度。从此，各国货币完全依赖于国家信用。主要后果是：中央银行地位上升，货币政策至关重要；政府拥有印制货币的绝对垄断权，货币税膨胀；超发货币、货币贬值、通货膨胀，货币流入不动产和其他金融资产。总之，尼克松将世界引入到后布雷顿森林协议时代，即一个彻底以法定货币为基础的，以浮动汇率为特征的新的货币金融时代。

不能否定，浮动汇率制度是一种金融制度创新，但是，从此打开世界金融危机常态化的"潘多拉盒子"。

案例三，金融衍生资产（derivatives）。20世纪70年代开始，为了规避通货膨胀、利率和汇率风险，将通信技术、信息处理技术和数学工具与金融业结合，取得衍生工具估价模型和技术突破，实现具有创新特征的金融衍生品获得开发和应用。金融衍生产品的本质是基于基础金融工具的金融合约，具有极强的派生能力和高度的杠杆性。其中，合约种类包括：远期合约、期货、掉期（互换）和期权。金融衍生生品还包括不同合约种类的一种或多种特征的混合金融工具。因为金融衍生产品具有跨期性、联动性和不确定性，如果交易不当，可能导致巨大的风险，甚至是灾难性的金融危机。例如，20世纪90年代美国橙县破产，巴林银行破产，长期资本管理公司（LTCM）破产和被收购，属于应用金融衍生工具失败的典型事件。

案例四，2000年互联网泡沫危机。2000年3月10日，美国纳斯达克综合指数达到高峰。数天之后，纳斯达克综合指数不断下跌，股票市场损失越4万亿美元，网络公司的失业人数至少达到112 000人。同年9月21日，纳股指数迅速跌至1 088点，创下过去三年来的最低纪录。与2000年3月10日历史高峰相比，跌幅78.8%，重新回到1998年前的水平。此次危机的历史大环境是ICT革命带动的金融财富的扩张。

总之，金融危机和金融创新，包括金融制度和金融技术与工具创新，存在不可分割的关系。每次金融危机之前，都存在金融创新，经济一度进入繁荣，之后金融创新被异化，超越熊彼特所说的"破坏性创新"边界，从正面的破坏性走向负面的破坏性。于是，金融危机随即爆发。可以这样认为，金融危机和金融创新，互为因果。但是，如果金融工具的创新势头得到抑制，金融创新进入低潮，无法走出金融危机，就需要新的金融创新。历史上的每次金融制度变迁，金融工具现代化，总是要付出代价的。

上述的金融危机和金融创新的关联性，决定货币金融的本性。货币金融的核心特征是不可阻止的流动性和吸纳性。流动性不会受时空限制，吸纳性可以做到 all in。2008 年全球金融危机之后，各国政府实行更严格的货币金融监管，导致金融产业低落。正是在这样的背景下，非国家控制的加密数字金融横空出世，创造了新财富的制造模式。可谓"上帝关上了一扇门，却打开了一扇窗"。

四

英国因为有了英格兰银行，不仅在金融制度上成就了"让国家的归国家，国王的归国王"，也成就了英格兰银行的中央银行地位。在美国，没有国王，是美国国会决定在第一次世界大战前一年正式成立"联邦储备银行"（Federal Reserve System）的。美联储从诞生伊始，就被赋予了清晰的央行功能。并且，美联储是联邦政府机构加非营利性机构的双重组织结构，以保证货币政策的相对独立性，而不被联邦政府控制。

无论如何，都需要承认这样的历史事实，英格兰银行产生于 17 世纪英国的政治、经济和社会的全方位危机。美联储产生的直接背景是弗里德曼提出的 1897—1914 年"黄金通胀"，特别是 1907 年银行业危机，形成自 1979 年以来美国历史上最严重的五六次紧缩之一。[1]

历史证明，英格兰银行和美联储并没有能力，甚至没有可能有效预见和避免任何金融危机的发生。以美联储为例，对于 1920—1921

---

[1] 弗里德曼、施瓦茨著《美国货币史》，北京大学出版社，2009 年，第 107 页。

年的经济衰退、1929年大萧条和1933年银行业危机的最大的贡献是：在危机爆发前和爆发后，降低了危机程度和缓解了危机破坏性。按照弗里德曼的观点，美联储"1929—1933年的货币政策并不是外部造成的不可避免的结果"。① 所以，我很是赞赏《货币王者》在"央行银行家：毁灭与救赎"那章中的分析和结论。英国1925年宣布以一战前平价的标准恢复金本位制，不仅失败，而且造成严重后果，丘吉尔有责任，英格兰银行也有责任。

以英美为代表的中央银行制度，普及世界各国，还是20世纪中后期的事情。中国在1949年之后实施计划经济，废弃了中央银行制度，直到20世纪80年代恢复。从世界范围内看，央行地位显著上升其实发生在20世纪70年代之后，因为世界主要国家正式进入"法定货币"和与此不可分割的浮动汇率时代。政府在货币金融领域，获得了前所未有的权力。再以美联储为例："美联储通过购买国库券'借'钱给美国政府，接着把政府欠的货币借给银行，以此将美国债券货币化"。② 央行和政府使货币财富"无中生有"，成为现代货币金融的核心特征，这本是银行的核心功能。

美联储第十三任主席格林斯潘曾经有过很大影响力，他打个喷嚏，全球投资人都要伤风。这不仅因为他的任期跨越六届总统，或者他的货币政策更符合现实，最重要的是他任期的1987—2006年，正是从冷战结束前后到全球化的黄金岁月，这个时期的美联储得以成为全球性货币金融领域的最高权力机构。但是，也正是格林斯潘埋下了2008年金融危机的种子。因为是格林斯潘启动了最终造成"次贷危机"的20世纪90年代美国银行制度改革。在中国，周小川

---

① 弗里德曼、施瓦茨著《美国货币史》，北京大学出版社，2009年，第107页。
② 格雷伯著《债，第一个5000年》，中信出版社，2012年，第342页。

（1948—）作为央行行长的时期，也是中国人民银行在国内外最有影响力的岁月。

2008年全球金融危机爆发，以美联储为代表的中央银行具有不可推卸的责任。从此以后，央行的黄金时代结束。2011年"占领华尔街"运动的本质在于，美联储在民众心中的地位的破碎。以美联储为代表的发达国家央行的衰落，更是时代所然：（1）央行没有能力处理因为央行本身积累的货币金融规模，以及由此产生的通货膨胀压力。（2）金融已经成为超过实体经济的独立的产业部门。（3）金融全球化所形成和固化的复杂世界金融体系，超越主权边界，而任何央行的影响力是有主权边界的。（4）民间推动的金融科技和科技金融已经成型，数字货币和数字经济崛起。

在央行走向衰落的同时，IMF也开始了衰落。基本原因至少包括：IMF基金份额和投票权份额与各成员的经济重要性不一致；IMF的资源不足，获取资源的成本也很高；IMF调节国际收支平衡的能力不足，导致国际收支严重失衡。还有，作为"央行的央行"的国际结算银行（Bank for International Settlements，BIS）已经和正在被边缘化。现在看，当代金融的复杂性，使得当初IMF和BIS这些机构的设计理念显得老迈和沧桑。

值得注意的，成立于1998年的欧洲中央银行，因为是世界上第一个管理超国家货币的中央银行，不接受欧盟领导机构的指令，不受各国政府的监督，欧元国政府不再拥有制定货币政策的权力，保证了欧洲中央银行制定货币政策的独立性和权威性，所以，显示了越来越强大的生命力。

五

2008年的全球金融危机期间和之后，一方面，所有国家政府需要强化对货币金融领域的治理权力，需要通过货币政策刺激投资，稳定物价、充分就业，实现经济复苏和增长；另一方面，世界主要央行货币政策的边际效益却显著低落，效用时间缩短和运行范围缩小。总之，正如《货币王者》所说："金融危机改变中央银行"。

所以，《货币王者》在第五部分，提出了在后疫情时代，银行会面临"负利率"、现代货币理论和实践，以及数字货币的三大挑战。事实上，在全球范围内，以下两个不可逆转的既成事实，更值得思考：

其一，几乎所有发达国家都先后实施了"量化宽松政策"（quantitative easing monetary policy）。该政策的核心就是增加市场货币供应量，包括直接发行货币，公开市场购买债券，降低准备金率和贷款利率，甚至是零利率和负利率。其中的负利率，无疑是《货币王者》所说的"对于通缩的回应"，而且还是对通缩的恐惧。因为，对于几乎所有现代政府来说，通缩可能比通胀更影响权力的合法性。

经过数年货币宽松政策的实践，现在的大趋势是明显的：刺激宏观经济的最有效的手段是货币宽松政策，所以，货币宽松政策不是针对可能发生的经济萧条的一种临时性政策，M2增长率大于GDP增长率将长期化、普遍化、绝对化。所以，太多的钱和太多的资本，通胀与紧缩并存，通货膨胀使货币贬值和资产价格上升，都是不可逆转的趋势。贫富差别将从日常形态转变成拥有资产的少数人和没有资产的多数人的差别。在零利率、负利率的情况下，商业银行也没有发生储蓄流失的现象。因为，民众没有更多的选择，将长期生存于货币贬值和通货膨胀的双重压力之下。

其二，几乎所有的国家都选择更加依赖财政部门，发生了财政部门蚕食央行领地的情况。不仅如此，现代货币理论（MMT）"显学化"。根据MMT理论，现代货币体系本质是一种政府信用货币体系。因为是财政开支创造货币流通，政府再通过税收回收货币，所以，MMT主张，央行和财政合二为一，财政赤字相当于货币发行，储备货币和国债同为主权债务，相当于提供不同的流动性、期限和利率的货币工具。如果用更为具体的语言阐述就是：通过合理的财政赤字保障充分就业；通过合理的债务水平实现利率目标。

因为MMT理论的广泛和深入的应用，被媒体描述是一种只做不说的救赎，最终导致在事实上存在两种货币，即"央行货币"与"财政货币"，而在这两种货币之间，并不存在真正的边界。于是，传统的货币金融理论的根基很可能最终遭到颠覆。MMT应用的直接结果就是政府已经并将继续扩大对货币产生、发行和治理的权力。例如，过去这些年，俄罗斯和委内瑞拉得以克服货币金融危机，根本的原因是强化国家对于货币金融的干预和管制。在近期，看不到改变这样趋势的可能性。

六

在《货币王者》的第六部分，即"结语"部分，提出和讨论了这样的问题：金融危机，下一个会是中国吗？

在金融领域再无王者的时代，金融会走向更加多样性、多元化和复杂化。关注后疫情时代的世界货币金融态势和趋势，有三个方面是重要的：

其一，货币供给，利率、汇率、通货膨胀和通货紧缩的关系更加紧密，货币贬值，资产价格上升，进一步积聚社会矛盾。

其二，人类加快走向福利社会和准福利社会。金融的福利将是福利社会和准福利社会的愈来愈重要的组成部分。一些国家开始建立无条件基本收入（unconditional basic income）制度，即任何本地居民，不需要任何条件与资格，都可以拿到一笔基本收入。这个制度主张的是无条件基本收入将是未来社会全民共有阶段的公共必需品，很可能深刻改变货币金融制度。疫情期间，一些国家政府向民众直接发放现金，属于基本收入模式的一种特定试验。

其三，全球不同金融板块的相互影响。进入21世纪20年代，如同疫情，所有金融危机都是全球性的，在某个时段某些国家和区域更为明显，更为严重。对于中国这样的超大经济体而言，很难形成相对独立的、局限于中国的金融危机。未来更为合理的方法是，将世界划分为不同的货币金融区域板块，例如，北美板块、欧盟板块、亚太板块、南美板块。现在看，最有弹性的是欧元区板块，因为欧洲央行超越主权国家的政府控制，实际上是金融信用社，具有很大的弹性。之所以2008年全球金融危机之后的冰岛危机和希腊危机可以被化解，是因为欧元区的货币金融体制不自觉地应用了DAO制度理念。

其四，基于数字技术、区块链和算力的数字货币和数字金融，包括NFT稳定币、DeFi、NFT和元宇宙的不可抑制的发展。北美将成为数字金融创新的中心。2022年，美国发布《关于确保负责任地发展数字资产行政令》（Executive Order on Ensuring Responsible Development of Digital Assets），就是重要信号。

结语

在21世纪20年代，货币金融制度很可能发生至今难以想象的变革。其中，最有可能的变革将是民众创造摆脱被债务束缚一生的新制度。在传统的货币金融制度下，每个人从出生开始，人生就是债务，只有死亡以后，才能从死神手中赎回自己。[1] 这样的历史应该完结，这是"货币王者"进入完结时代的伦理性诠释。

历史是重要的。从历史推导今天和未来，其轨迹不是线性的，而是非线性的，是多维的，而不是单维度的。思想方法的不正确，认知的不正确，将导致错误的方向。在高度复杂的货币金融领域尤其如此。

人不可能同时踏入两条河流，人也不应该重复"刻舟求剑"的教训，"舟已行矣，而剑不行，求剑若此，不亦惑乎"。

这正是《货币王者》希望给读者的启发。

---

[1] 格雷伯著《债，第一个5000年》，中信出版社，2012年，第57页。

第五章

中国经济四十年

"故我们要研究中国政治史，或社会史，或经济史，只当在文化传统之一体性中来研究，不可各别分割。我们当从政治史、社会史来研究经济史，也当从政治思想、社会思想来研究经济思想，又当从政治制度、社会制度来研究经济制度。在此三者之上，则同有一最高的人文理想在作领导。"

——钱穆

中国改革四十年经济思想史①

2018年,中国改革四十周年。对于影响历史的任何改革,40年并不是一个过长的历史尺度。在中国,但凡对历史进展造成不可逆转的改革,从商鞅变法、王安石变法到张居正变法,少则10年左右,多则20年左右;而没有改变历史走向的改革,时间普遍过短,最有代表性的是发生在1898年清代的"百日维新",即"戊戌变法"。从近代世界历史看,英国现代政治制度转型,从1640年新议会事件开始,至1689年确立君主立宪制度,前后49年;日本明治维新,以1868年明治天皇(1852—1912)发表《五条御誓文》为起点,到1889年确立资产阶级代议民主制度,前后21年。当代中国与世界的规模和制度转型的复杂程度,绝非古代中国、17世纪的英国和19世纪后期的日本可以比拟。

过去40年间,世界上发生了太多影响历史走向的事件。但是,唯有中国改革,对中国和世界产生着持续、全面和日益深化的影响。这是因为在过去40年间,中国改革早已突破其预期目标:不再是单一性历史事件,而是一个复杂的历史事件群;不仅是中国自身的改革,也是全人类的一项实验;在实现中国历史转型的过程中,也推动了世界性转型。理解和认识中国改革40年,需要大历史(big history)和深历史(deep history)观,置中国改革于全球大历史背景之下,将

---

① 本文系作者发表在香港中文大学《二十一世纪》2018年2月号的文章。

这 40 年的历史与现在和未来联系起来，重新解读和思考。

一、改革的初始动机及其背景

中国改革的初始动机是改革指令性计划经济体制。确切地说，中国改革是指对 1949 年以后，特别是 1953 年确立的计划经济体制，以及支撑计划经济体制的公有制的改革。

指令性计划经济发源于 20 世纪 20 年代末的苏联，成熟于 20 世纪 30 年代，至 1991 年苏联解体，长达 60 余年。计划经济是社会主义制度或者社会主义范式的最重要特征。依据斯大林主张：社会主义＝国有制＋计划经济。第二次世界大战结束之后，计划经济不再是苏联的独特经济形态，而是整个社会主义阵营成员国的经济形态。社会主义阵营的黄金时代，有十余个国家，分布在东欧、东亚、非洲和加勒比海地区，领土、人口和工业总产值都约占世界总量的三分之一。但是，早在 20 世纪 30 年代，计划经济的弊端和问题已经显露出来。1932—1933 年以及 1946—1947 年发生在苏联境内，导致至少 700 万～800 万人口死亡的大饥荒，就是最有说服力的证明。所以，自 20 世纪 50 年代，针对计划经济体制的改革实验首先从南斯拉夫开始。之后，匈牙利、捷克、波兰、东德以及苏联，都实施了不同程度的经济改革。

中国在 20 世纪 50 年代初期，尚不具备建立计划经济体制的成熟历史条件，不得不百分之百从苏联移植和翻版。不久，计划经济的僵化问题很快暴露出来。毛泽东 1956 年发表的《论十大关系》，包含了对斯大林指令性计划经济体制弊端的察觉，以及基于中国国情的改革意识。但是，苏共第二十次代表大会和"匈牙利事件"的剧烈冲击，影响了中国共产党的温和改革路线。1956 年中国共产党完成对民族资本主义的社会主义改造之后,推行"一大二公"的人民公社,发动全民参加的"大跃进"。之后,毛泽东发动"文化大革命"提出以"反对资产阶级法权"为核心的"继续革命"理论。在经济领域,提倡和扶植计划经济约束下有相当自主权的"社队企业",推行企业管理中的"两参一改三结合"。

1976 年是中国历史转折年,两年之后开始经济改革。这是一个包含理想主义和实用主义的改革,寻求"平等与效率"和"生存与发展"的均衡。从改革一开始,围绕着"如何理解改革"这个历史性课题,形成了三种力量:第一种是社会主义计划经济的维护者;第二种是改革的积极推动者,希望在中国实现突破社会主义制度约束的改革;第三种是折中主义者,希望经济改革纳入可以控制的范围,走社会民主主义的道路。

简言之,在中国改革全过程中,始终存在社会主义制度约束,以及改革自身突破制度约束的内在力量的矛盾。

二、改革的思想资源

中国共产党积累了足够的革命理论,但是改革并非革命。在 1978 年至 20 世纪 80 年代初,思想资源主要包括以下四个方面。

1. 马克思列宁主义。在马克思主义经典中寻求支撑改革的思想资源,在"文革"之前已经有之。毛泽东在他生命的最后几年,意识到中国共产党党员对马克思主义的理解经过了太多的中间环节,包括他本人。于是,他坚决宣导要读马列主义的原著,并且亲自开了书单。20 世纪 50 年代,我们发现计划经济弊端,并试图通过诠释价值规律,建立社会主义条件下的市场经济理论方面,顾准(1915—1974)和孙冶方(1908—1983)都是先行者。所以,当 1978 年经济改革开始的时候，熬过铁窗生涯的孙冶方成了教父一级的人物；死于"文革"时期的顾准后来则被视为改革思想的先驱。

2. 波兰、捷克、匈牙利以及前南斯拉夫各国形成的经济改革理论。代表人物有兰格（Oskar Ryszard Lange，1904—1965）、锡克（Ota Šik，1919—2004）、布鲁斯（Virlyn W. Bruse，1921—?）、科尔奈（János Kornai，1928—2021）。其中，科尔奈的"短缺经济学"（economics of shortage）理论在20世纪80年代中后期对中国经济学界产生了冲击和启发。这些主要来自东欧国家的经济学家的改革理论，直接影响了中国改革的政策选择。

3. 西方经济学。从亚当·斯密、马克思到凯恩斯，西方经济学源远流长，渐次形成一个庞杂的体系。但是，影响最大的莫过于萨缪尔森（Paul Anthony Samuelson，1915—2009）的经济学教科书，以及由此派生出来的宏观和微观经济学。中国最早比较系统介绍西方经济学的陈岱孙（1900—1997）、胡代光（1919—2012）和厉以宁（1930— ），自然脱颖而出。基于西方经济学和市场经济实践的工商管理硕士课程（MBA）在中国的普及与传播，亦强化了西方经济学的影响。

4. 本土改革思想和理论。在1980年代，以杜润生（1913—2015）、薛暮桥（1904—2005）、马洪（1920—2007）、蒋一苇（1920—1993）等为代表，对中国改革实践予以思想总结，形成丰富的本土改革思想和理论，包括中国农村联产承包责任制理论、中国市场经济理论、中国经济结构调整理论、企业本位论，构成了80年代改革的主流思想。

中国改革的思想资源和理论基础，需要符合传统意识形态框架。1981年，曾有过一个关于"雇工算不算剥削"问题的争论，长达三个月之久。涉及如何理解马克思在《资本论》中《剩余价值率和剩余价值量》一章。最后邓小平理论发挥了重要作用。20世纪80年代至 90 年代的中国改革，主要为邓小平（1904—1997）四句话所主导：其一，摸着石头过河；其二，改革也是革命；其三，让一部分人先富起来；其四，发展是硬道理。邓小平本人就"改革也是革命"做了阐述：改革和革命的差别在哪里？改革不是把现存制度彻底破坏，归零之后的社会变革，没有清场，也没有结清。但是，改革最终要达到的解放和发展生产力效果，在社会经济、政治、科技、教育、文化领域产生的根本性改变，绝不亚于革命。

中国改革并没有被任何一种经济学理论和思想资源所控制或左右。伴随陈云（1905—1995）和邓小平进入晚年和去世，自 20 世纪 90 年代至 2010 年前后，中国某些经济学家所代表的"中国式新自由主义"，获得前所未有的"话语权"，将"市场经济"理想化、绝对化，对中国改革的道路造成误导。恰恰在这个历史时期，"权贵资本主义"获得了"野蛮生长"的历史机遇。

需要正视的是：在中国过去 40 年改革历史中，西方经济学，包括凯恩斯学派、货币学派、供给学派、行为经济学派，都具有相当的实用性和工具性。特别不可低估凯恩斯主义（Keynesianism），尤其是其"有效需求"（effective demand）理论和与之联系的经济政策如影相随般的影响。近年来，关于建立基于中国国情和历史的"中国学派"主张，也是有积极意义的。

三、改革已经超越"建立社会主义市场经济"的核心目标

市场经济的历史地位是毋庸置疑的。人类经济历史是市场经济发育和成长的历史。

1949 年后，中国市场经济被彻底连根拔掉，只残留着某些市场元素。所以，中国经济改革开始，不得不面对市场经济的前提"商品经

济",提出"有计划的商品经济";至1992年,将改革的核心目标确定为建立"社会主义市场经济"。为此,在理论界有过争论、辩论和讨论。最终统一到邓小平的结论:市场经济或者计划经济并不是区别社会主义和资本主义的主要标志。计划经济不利于调动人民劳动的积极性,社会主义和资本主义的本质区别在于是否存在剥削。因而国有企业、国有控股企业以及集体企业等具有公有制成分的经济,需要占主导地位。社会主义市场经济的提法满足了两个基本力量:一个是坚持社会主义范式的力量,一个是主张在中国通过市场经济替代计划经济的社会力量。

中国实践社会主义市场经济的过程十分曲折。在三四十年后重建市场经济时,市场经济本身已发生了如下重大变化。

1. 在世界范围内,市场经济在20世纪80年代达到巅峰之后很快进入衰落拐点。虽然里根主义和撒切尔主义推动了私有化和市场经济的复兴运动,市场经济颇有"王者归来"的风范,福山提出"历史的终结"正是基于这样的历史背景,但是,20世纪80年代末期的股市危机、90年代后期的科技股泡沫、发源于华尔街的2008年全球金融危机,以及欧元地区一些国家的债务危机,使市场经济的各种弊端显露无遗。

2. 西方各国市场经济都发生转型,从北美、欧盟国家到日本,国家和政府对经济的干预普遍强化,特别是国家通过央行的货币政策,对经济产生巨大影响。在经济现实中,经典的市场经济只能在19世纪的经济史和亚当·斯密的著作中找到。

3. "治理"概念普及化,愈来愈多的国家调整政府与市场、国家与社会的关系,经典的自由放任的市场经济不复存在。

4. 中国在告别计划经济之后,启动改革不久就陷入政府与市场的"量子纠缠"。在20世纪后期,中国已经不再具备市场自主发育的历史条件,不可能走上经典的市场经济之路,建立"完全竞争"市场只能是一种乌托邦想象。中国进入的是一个政府和市场作用同时存在、相互影响、此消彼长的漫长历史阶段。中国经济突破了计划经济和市场经济二者非黑即白的分野。在实际经济运行中，没有政府干预的市场和没有被市场影响的政府，都是不可想象的。当宏观经济发生问题的时候，期望厘清到底是市场经济没有充分发育所致，还是政府干预市场失误所致，是相当困难的。

总之，中国改革超越了建立"社会主义市场经济"的核心目标，也难以摆脱同时存在政府作用过大和市场失控的"两难"境地：任由市场经济自我运行，会造成经济活动的失控，但是倘若政府干预市场的权力过大，导致行政性腐败、寻租制度化，势必抑制市场经济发育。在实际经济生活中，人们更多看到的是政府和市场的"负面结合"。进一步说，由于中国的历史和文化传统，政府被视为官僚层级的代名词，即使在远没有计划经济的农耕时代，依然存在政府强势干预市场的现象。西方国家对于中国改革以来政府与市场关系的演变是难以理解的，所以多次发生拒绝承认中国市场经济地位的争论。

值得提及匈牙利哲学家、政治经济学家波兰尼的"自我调节市场"（self-regulating market）理论：19世纪西方文明基于"自我调节市场"，而"自我调节市场"不过是一个不被控制或自我控制的系统。遗憾的是，人们将这个"自我调节市场"乌托邦化，误以为通过"自我调节市场能得到世俗性的拯救"。历史经验表明，市场与组织社会生活的基本要求之间的冲突，既为19世纪西方文明提供了动力，也导致诸多矛盾与压力的加剧，到20世纪使得西方文明的内部冲突发展到非以战争为结局不可的地步，例如第一次世界大战和第二次世界大战。

人们原以为中国改革的核心问题依然是"市场经济"的建立与否，其实那早已是"刻舟求剑"的"误导"。如今中国到了告别和自觉超越"市场经济"的历史阶段，怎样规范市场行为、怎样限制政府权力，将是中国未来面临的长期课题。

四、改革中参与主体的演变及其后果

任何重大的历史运动,不论是改革,还是革命,在其过程中的主体都会发生改变,甚至异化。在这次中国改革过程中,参与主体的演变是相当明显的。

1. 农民。在 20 世纪 70 年代末期和 80 年代,农民首先成为改革主体。安徽省凤阳县小岗村的农民创造的"家庭联产承包责任制",动摇了人民公社制度,奠定了中国改革不可逆转的基础。其间,农民不仅是改革的主体,而且是改革的受益主体。但是,这个主体的命运很快发生了根本性变化,后来他们中最有生命力的群体先后离开农村,成为参与城市化、制造业和基础设施建设的"打工"群体,甚至成为经济转型的弱势群体。

2. 工人。20 世纪 80 年代的城市企业改革,打破"铁饭碗"和"平均主义",工人是热情拥护的,是积极参与者和受益者。进入 20 世纪 90 年代,伴随着大量国有企业的"关停并转",企业破产,以及在民营化浪潮下,相当一部分工人下岗,自谋出路。随着年龄的增长,当年下岗工人逐渐丧失了再就业能力,成为社会保障制度的依存者。

3. 个体户。20 世纪 80 年代初期,上百万下乡知识青年在一两年间返回各个大城市。国家与政府接受"知青"多种方式的自主就业,个体经济合法化,构成生机勃勃的私营经济。但是,绝大多数的个体户没有得到成长和发育的机会,自生自灭。

4. 民营企业家。自 20 世纪 90 年代至 2008 年北京奥运会前后,是民营企业家的黄金时代。广东和浙江曾经是民营企业家的集中地区,民营企业家成为中国改革的重要参与者和影响群体。但是,相当比例的民营企业家受制于科技、资本和国际视野的局限。

5. 外资企业家、金融家和银行家。他们经历过被捧为"座上宾"

的超国民待遇历史阶段。

总之，中国改革主体早已经悄然转变。在 80 年代有影响力的国有企业厂长经理，如步鑫生（1934—2015）、马胜利（1938—2014）、周冠五（1918—2007），还有"傻子瓜子"公司创办人年广久（1935—）所代表的民营企业家，早已经从历史舞台消失。中国拥有庞大财富的企业家为核心的精英阶层，成了时代的改革主体。社会的主体转变为中国新资本的代表人物，从房地产到 IT 产业，构成"老板"族群，进而形成一个基于土地、资本、智力的"改革既得利益集团"。马云（1964—）、马化腾（1971—）、李彦宏（1968—）、任正非（1944—）成为这个时代最有话语权和影响力的代表。在这样的历史过程中，改革的受益群体也发生转变，"打工"族群不是改革的受益者，而是利益受损者。

除了上述改变之外，还有非人格化的参与机构控制和影响力增强，特别是政府权力在"帕金森定律"（Parkinson's Law）支配下，其部门和官员数量持续膨胀；银行和各类金融机构，各类基金、机构投资者对经济活动的影响力和控制力继续增大。

五、改革的"所有制迷失"

在经济学中，特别是在马克思的政治经济学中，"所有制"或者"所有权"是一个极为重要的概念，形成"所有制"或者"所有权"决定生产关系和经济基础。现代经济学用"产权"概念表达近似"所有制"部分内涵，"产权"理论的代表人物科斯（Ronald Harry Coase，1910—2013）备受不少中国经济学人推崇。在中国改革语境下，广义的"产权"与"所有制"或者"所有权"是重合的，所以"产权"概念其实是指"所有制"或者"所有权"。

经典的计划经济体制与公有制不可分割。中国改革之前的公有制是"全民所有制"和"集体所有制"的总和。全民所有制指全体人民就是最终所有者（owned by the whole people），不存在其他类型股东，全体人民的代表是国家的行政性主管机构。集体所有制集中体现为农村的人民公社制度。中国经济改革首先是从改变农村集体经济开始的。在20世纪80年代和90年代，"所有制"改革与变动是人们关注的中心。之后几十年，并没有从根本上解决"所有制"的理论问题。

1. 全民所有制的转变与分解。伴随改革的进行，全民所有制的经济实体，主要是"全民所有制企业"大面积消亡，转变为"国有企业"。1988年公布、2009年修订的《中华人民共和国全民所有制工业企业法》体现了这样的改变。"国有经济"替代"全民经济"的深刻内涵值得注意。按照经典理论，社会主义和资本主义在"所有制"方面的根本区别就在于有没有"全民所有制"，而不是"国家所有制"。在二战之后，西方国家的国有企业是相当普遍的经济现象。

2. 集体所有制的瓦解。改革之前，集体所有制是集体劳动者共同占有生产资料和劳动产品平等分配的一种公有制形式。集体经济主要体现在农村的人民公社，城镇的工业、手工业、建筑业和服务业中也存在一定规模的集体经济。20世纪70年代的"社队企业"以及20世纪80年代的"乡镇企业"，曾经代表了集体经济的黄金时代。但是，农村经济改革导致人民公社解体，原本意义上的集体经济名存实亡。

3. 非公有制经济成长缓慢。非公有制经济主要包括个体经济、私营经济、外资经济等。根据1999年3月通过的《中华人民共和国宪法修正案》，非公有制经济"是社会主义市场经济的重要组成部分"。但是，非公有制经济成长受到了太多的制度性制约。

进入21世纪，关于中国"所有制"改革方面，存在三种主张：第一种是支持民营经济做大，支持私营经济成为中国经济的主体，以匹配市场经济的发育和形成。第二种是支持传统的全民经济和集体经济，期望工人和其他劳动者恢复"主人"地位。第三种是支持"混合经济"，即在承认国有经济优势甚至主导地位的前提下，希望非公有经济得到相当的发展，彼此之间达到某种平衡。2004年发生的"国企改革和资产流失"争论，对国有企业产权改革的轨迹产生微妙影响。这三种力量都不是赢家。之后，以股份经济改革所主导的国有企业胜出，并进入全面膨胀的历史时期。其标志性事件是在中国加入世界贸易组织（World Trade Organization，WTO）之后所实施的国有银行的股权改造和整体上市。

通货膨胀本是新兴市场国家最大的潜在危险。中国改革进入20世纪90年代之后，在广义货币供应量（M2）长期和持续严重高于国内生产总值（GDP）的情况下，没有发生恶性通货膨胀。原因很多，最重要的是中国的房地产业成了吸纳巨量货币的黑洞。房地产业之所以在中国改革的特定历史时期发挥如此重大的历史作用，是因为中国的土地公有制，即国家不仅绝对拥有城市土地，而且对农村集体所有土地拥有终极支配权。

时至今日，中国国有经济不仅自身在膨胀，而且向民营经济全面渗透。显然，"国进民退"态势不可逆转，还会继续下去。有一点是可以预期的：因为国有企业基因的各种问题，国有企业日益强化的垄断地位所产生的问题及其后果会逐渐显现出来。所以，国有企业改革不得不继续成为改革的主题。

六、改革和开放的两重性

人们通常把对外经济联系少的国家或地区的经济称为封闭经济，或者将由于意识形态上的原因或经济发展战略需要，而拒绝同国外发生经济联系的国家或地区的经济称为封闭经济。封闭经济基本特征是：与世界分工体系分离；国内货币体系、货币供给量和利率主要取决于国内因素，与国际金融市场没有直接相关性；国内物价水平与汇率和国外物价隔离；国民生产总值（GNP）中对外贸易比重过低，阻止国际资本和劳动力流动。

中国的计划经济时代即是封闭经济时代，相应的政治口号是"独立自主，自力更生"。封闭经济体系严重延缓了现代化进程。与外部世界连接，开放就是必要条件。中国改革的启动始于开放。只是在实施改革政策的初期，改革领导者对"开放"的理解过于简单，以为可以通过开放引进西方先进技术和资本，加快中国现代化的过程。但是很快发现，开放绝非如此简单。

中国开放，核心内容就是向西方发达市场经济国家开放，或者说，向资本主义制度下的企业开放。中国既有来自内部的改革，也有通过开放来自外部的改革，甚至可以这样认为，开放重新塑造了中国经济体系。为此，必须建立与西方市场经济和企业接轨的制度环境、法律体系和基础设施。为了加快开放步伐，中央政府决定在广东和福建建立"经济特区"，既为了充分利用香港和澳门的条件，发展外向经济，进行改革试验，也为了缓和对外开放所引发的政治和意识形态冲击，以及管理方面的矛盾。

中国走向开放，始于引进外资和先进技术的开放，集中体现在中国与全球化的关系。中国与全球化的关系经历了不同的阶段：第一阶段，中国被排斥于全球化的主流；第二阶段，中国被全球化所接纳，加入世贸组织；第三阶段，中国成功地参与了全球化的分工体系，成为世界加工工业的第一大国；第四阶段，中国资本和企业走出去，通过"一带一路"倡议，影响全球化的格局。2008年全球金融危机为中国提供了契机，在接受以国际货币基金组织的既定游戏规则的同时，开始推动这些游戏规则的改革与调整。

中国在40年的开放过程中，不仅改变了中国与世界的关系，实现了中国与世界经济体系不可逆转的一体化，促进了中国经济组织和经济运行向高度复杂化的方向演化。经济开放，有效推动科学、技术、文化、教育和社会的全方位开放。问题是，在中国可以对全球化的主流和格局产生影响的时候，却愈来愈受制于世界经济与政治环境的变化，深层原因是：开放是以西方国家市场经济体系作为参照系；需要接受既定的国际经济活动游戏规则的约束；建立开放经济，要承担因为开放带来的各种经济和非经济的代价。

现在，中国需要建立一个实现被迫开放和自主开放之间的平衡机制，在与世界进一步融合的过程中，维系自身的自主性，完善一个适应对内对外开放的制度。

七、改革与经济增长及国民收入分配

中国自20世纪80年代直到2008年全球金融危机，绝大部分年份GDP保持年均10%的增长速度。2008年之后，中国经济增速逐步减缓，直至降到6%~7%。各级政府每年设定经济增长目标，追求GDP增长率，但付出了社会和生态代价。

中国经济增长模式正在发生转变：从完全依赖劳动投入数量和物质资本投入转变为日益依赖科技进步与创新，从外生因素处于主导地位转变为内生因素处于主导地位，从追求GDP的数值到追求GDP的品质。所有这些转变，并不意味着改变追求经济增长速度的基本国策和经济战略。唯有通过较高的经济增长率，可以扩大就业，增加社会财富的存量，提高国民收入的分配基数，改善民众福祉，巩固改革合法性基础。此外，较高的经济增长可以带来政府财政收入的持续增加,这对于现阶段的中国尤其重要。

中国虽然存在经济结构的失衡,但是经济体系的承受能力大为加强。由于中国继续存在制度转型和结构升级的空间,具备经济增长潜力,一些经济学家忧虑的所谓"中等收入陷阱",不会轻易发生。

在可以预见的未来,中国的问题不是经济增长速度的压力。持续高增长导致经济总量膨胀,使绝对贫困减少,民众温饱基本解决,物质生活质量持续改善,中国成为人民生活水平提高最快的国家。

中国经济的核心压力来自社会财富分配的压力:(1)国民收入初次分配失衡。国家收入和国家支持的企业收入处于优越地位,一般民营企业和民众个人收入处于弱势地位。(2)个人收入分配没有实现经济公平原则。依据收入创造过程中要素的贡献,即生产要素的价格,资本要素处于优势,国民收入分配向拥有资本的少数人倾斜,加剧了收入分配的不平等。(3)国民收入再分配失衡。满足国家经济建设和其他需求处于事实上的首要地位,至于用于社会公共品、社会保障和调节收入差距需要的部分,则长期滞后。(4)"中产阶级"难以成长。中产阶级的收入水平与社会责任承担不相匹配。(5)没有实现社会公平。人们通常以"基尼系数"(Gini coefficient)和"洛伦茨曲线"(Lorenz curve)作为衡量收入差距是否在合理区间的指标。中国在一段时期内基尼系数过高,居民的收入差距严重超出合理范围。

中国的理性选择是:在国民经济规模膨胀的前提下,不是放慢增长速度,而是维系较高经济增长和提高全社会财富存量。与此同时,建立不断缩小贫富差距的机制和动态平衡,既要彻底清除任何"劫贫济富"的制度基础,也要防止"劫富济贫"社会情绪的失控,实现经济和社会公平,加快福利社会的建设。这当然是一个两难:一方面建设福利社会的需求过早到来,另一方面远远不具备建立福利社会的基本条件。

在世界范围内，日益增多的新兴市场国家的高增长，以及绝对贫穷人口数量大幅减少的大趋势，也构成中国经济增长的压力。

八、改革引发更为复杂的改革

四十年改革历史一再证明：改革的过程不仅仅是减法的过程，而是加法，甚至是乘法的过程。改革引发更为复杂的改革。有以下几个原因。

1. 改革的初始条件变化。1978 年，中国人口 9.62 亿，农村人口占总人口比重是 82%，城镇化率不足 18%；GDP 是 2 180 亿美元，人均 GDP 是 229 美元。2016 年，中国人口 13.82 亿，农村人口占总人口比重下降到 42.65%，城镇化率达到 57.35%；GDP 是 11.2 万亿美元，人均 GDP 是 8 126 美元。中国已经完成了从工业农业国向现代工业国家的转变。也就是说，以 1978 年为起点，40 年后，虽然中国还是中国，地球还是地球，仅就人口和经济规模以及人均 GDP 来说，与 1978 年比较，已是大相径庭。

2. 参照系本身改变。当中国改革追求"现代化企业制度"，推动企业的股份（有限）公司化的时候，企业制度正在改变：一方面股份（有限）公司受到广泛和深刻的批评，另一方面包括"社会企业"等新型企业正在兴起。既不同于传统"私营经济"，也不同于传统"公有经济"的"共享经济"，开始显示出生命力。1980 年以"农、轻、重"结构为中国产业结构的理论，已经过时。

3. 改革"红利"快速消失。中国改革红利清单很长，但最大的红利莫过于政策红利。例如，20 世纪 80 年代的五个"中央一号文件"扭转农村体制，加速了统购统销制度和人民公社制度的完结。

4. 在解决旧有问题过程中派生出新的问题。最典型的莫过于"三农"（农民、农村和农业）问题，派生出农民工的城市居住权利、基本社会保障和再就业等新问题。在中国农村土地制度改革的探索中，经历了地票交易制度实验、宅基地制度改革、集体经营性建设用地入市实验，以及征地制度改革。

5. 经济转型导致更为复杂的问题。城市化原本是方向，但是过快的城市化导致一系列社会问题。加工工业发展原本是梦寐以求的目标，然而，过度发展导致产能和产品严重过剩，进而导致工厂倒闭和工人失业。

6. 科学技术进步衍生的新问题。改革开始时，对绝大多数民众来说，互联网、大数据、云计算、智能手机和机器人，都是不可想象的"天方夜谭"，如今它们彻底改变了经济结构、制度、组织和行为模式。

7. 国际格局发生的变化。20世纪90年代初的苏联解体，2000年"9·11"事件开启的恐怖主义，对改革与开放存在不可低估的影响。当今世界的民粹主义、保护主义的蔓延，诸如中东等战略敏感地区的演变，国际社会已经不再可能按照传统模式加以控制和解决。

8. "代际更迭"。在1978年开始改革时，主导改革的政治和知识精英是20世纪初至20年代出生的第一代改革者，之后是50年代和60年代出生的第二代主导改革。现在，"70后"和"80后"成为改革新生代，"90"后正在走来。中国改革的"代际更迭"跨度长达半个世纪，历几代人参与，这在世界当代史上还是比较少见的。当一种历史变革有持续的新生代参与，自然会因为新生代的价值取向和偏好顺序而影响改革本身的轨迹。

总之，中国改革过程是经济和社会不断走向复杂化的过程。改革激活了中国经济和社会的复杂系统，刺激了这个复杂系统的发育甚至分裂，导致改革不得不在不确定性中寻找确定，在非稳定性中寻找平衡。所以，在过去40年中，人们以为改革的目标和政策足够清楚的时候，改革过程再次进入混沌不清和复杂状态，以致发生改革的表述话语枯竭的危机，不得不一再重复诸如"深化改革"这样的口号。

九、改革与中国模式

在世界历史上，不乏以国家命名的模式。工业革命时代，有英国模式、德国模式和美国模式；20世纪后半期，以快速经济增长为衡量标准，有西德模式、日本模式和"亚洲四小龙"模式。

定义"中国模式"是困难的，因为中国模式本身是动态的，显现了如下基本特征：（1）坚持社会主义范式、意识形态和公有制。（2）控制政治和社会改革的范围，拒绝"休克疗法"（shock therapy），将改革控制在经济领域。（3）形成政府和市场的博弈空间，寻求市场与政府、竞争与垄断的平衡。（4）通过"政策"引导改革方向和治国。（5）实现可持续经济增长，缩小贫富差距和改善生态环境恶化。（6）保证社会稳定，主动把握反腐时机和节奏。（7）建立社会福利制度，扩大社会保障体系，持续脱贫扶贫，缓和社会矛盾。（8）发挥"后发优势"，实施"弯道超车"战略。（9）科技创新，加快本国经济结构升级。（10）积极参与全球化，拓展开放经济。

在过去四十年间，中国改革的领导者一直自觉地阐述"中国模式"，坚持"中国特色"的说法。人们普遍低估了这种努力，将"中国模式"理解为一个意识形态概念。历史已经证明，"中国模式"不是概念，是包含着中国文化、历史和政治制度的基因传承的真实存在。"中国模式"的可复制性是相当困难的，受两个条件制约：一个是中国的价值体系、文化和历史传统的独特性；另一个是中国的超级经济规模。值得注意的是，"中国模式"开始显现固化趋向，它会抑制改革所需要的弹性和张力。

在纪念改革四十周年的时候，可以看到，改革的初衷和改革的结果之间，存在着巨大的落差：有些被肯定，有些被质疑，有些被否定。到底是初衷发生了问题，还是过程出现了偏差，莫衷一是。不论是以初衷要求结果，还是以结果衡量初衷，都有失偏颇。改革已经深深地改造了改革的环境，分解了原来的社会阶层，形成和固化了新的社会阶层，修正了改革的主题，甚至拉大了人们关于改革的思想分歧。

无论如何，"改革"的语义已经发生了天翻地覆的变化。现在统一对"改革"两个字的理解和认知，绝不再是一件容易的事情，即使多年之后，历史学家也会对"改革"有着不同的评价。前几年在中国知识界很有影响的托克维尔（Alexis de Tocqueville，1805—1859）关于美国和法国制度转型的研究框架，已经无法容纳当代中国改革的广度、深度和复杂程度。中国因为其巨大人口数量和地理空间，启动任何变革或者革命都是极端困难的，但是一旦启动，就会产生强大的历史惯性。现在人们无法预期中国改革将在什么时候，以怎样的方式和标志完结，但可以肯定的是，改革已经瓦解了旧的历史结构，创造了新的历史结构，实现了向现代性社会的过渡。改革所发掘积累几十年，甚至几百年的历史能量，演变为具有自主性、具有自己意志的历史运动。改革所推动的经济、社会和文化的整体性变迁，会继续挑战和超越改革主导者的控制能力。

在中国改革开始的时候，全球化尚未兴起。之后，中国改革与全球化发生互动关系：中国是全球化的受益者，也对全球化产生愈来愈大的影响力；中国改革，刺激了美国和其他成熟市场经济国家，以及主要新兴市场国家的改革的制度转型、结构升级和"再工业化"；成熟市场经济国家和新兴市场国家的全方位变革，形成推动中国改革深化的动力。在这样的"大分流"和"大趋同"并存的大历史中,势必造成全球性科学技术进步、分工体系和社会环境改善,并影响传统的国际竞争模式,全人类都会成为最终受益者。

20世纪80年代：中国未来历史的一个坐标①

20世纪80年代正在远去，但是，却被人们怀念和思考，成为中国未来的历史坐标。

一

只有将20世纪80年代置于更长的历史时空中，至少在20世纪的时空中，才有可能看清20世纪80年代到底是一个怎样的年代，以及它的历史地位是什么。

与世界其他大国相比，中国的20世纪，几乎每个十年都有它的特色，没有任何上一个十年可以预测下一个十年。第一个十年，发生义和团、庚子赔款、清王朝风雨飘摇；第二个十年，发生辛亥革命、清王朝覆灭、北洋政府建立、袁世凯称帝、五四运动；第三个十年，发生共产党成立、国共合作和分裂；第四个十年，发生抗日战争加上解放战争。到了20世纪50、60和70年代，发生共产党执政、计划经济、一系列政治运动，包括十年"文革"。

与前七个十年相比较，20世纪80年代，开启了一个新的时代，并具有如下几个特点：第一，进入"后革命"时代，全民族否定了"文化大革命"，建立"改革"替代"革命"的共识；第二，思想解

---

① 本文系作者于2013年11月26日接受媒体采访时的谈话记录。

放,意识形态与时俱进;第三,以现代化为目标,以经济发展为中心,开启改革开放,构建新经济制度,奠定经济起飞基础;第四,废弃"阶级斗争"理论,倡导民主与法制;第五,经济上有效控制贫富差距扩大;第六,政治上没有明显的贵贱之分,"文革"时代出身政策终结,实现相对平等;第七,民主和法制得以成长;第八,确立不可逆转的开放以及中国与世界相互依存的格局。

到了20世纪的最后一个十年,"发展是硬道理"成为国策,政府权力得到强化。

如果说20世纪的中国,始终要解决的是"如何向现代国家转型"这个目标,唯有20世纪80年代是非常独特的十年,整合了国家的精神和物质资源,以最完美的组合形式支持现代化。

20世纪80年代形成了影响中国后来发展的基因和历史逻辑。今天中国的各种经济、政治及社会问题和现象最终都可以在20世纪80年代中找到基因和逻辑。历史从来是连续的。但是,历史也是有阶段性的。20世纪80年代开启了一个历史阶段,影响至少半个世纪,或者更长。所以,20世纪80年代,是中国未来历史的一个坐标。

二

中国民众对20世纪80年代的怀念,和通常每代人的怀旧差别很大,这是一种"民族性"的历史记忆。

所谓的"民族性"的历史记忆需要有这样几个特征:第一,记忆的是"大时代",是鲁迅说过的那种不是生就是死的时代;第二,记忆至少在两三代人中反复出现;第三,记忆不断被重新解读,赋予新的历史含义,构成民族文化的反思现象;第四,记忆可以传承至更年轻的一代人,不断引起后人的共鸣。

在 20 世纪，中国属于"民族性"的历史记忆大概只有三次：第一次是抗日战争；第二次是"文化大革命"；第三次就是 20 世纪 80 年代改革。抗日战争的"民族性"历史记忆是山河破碎，是流血牺牲和前仆后继的民族存亡抗战；"文化大革命"的"民族性"历史记忆是政治失序、悲欢离合和经济停滞；20 世纪 80 年代的"民族性"历史记忆是从混沌迷茫中回归人性，理想、宽容、向上和阳光。

80 年代之所以是一个丰满的、精彩的、色彩斑斓的年代，有四个显而易见的原因：第一，人民的物质生活和精神生活发生了迅速改变，并形成强烈的反差，反差产生冲击。第二，全社会的所有领域都在发生变革，经济领域有改革开放，政治领域呼唤民主与法治，社会领域有人性解放，文学领域有伤痕文学和朦胧诗，美术领域有星星画展运动。此外，在戏剧和音乐领域，都有改变和突破。第三，传媒方式和内容发生变革。新的书籍、报纸、刊物涌现，同时以超乎想象的速度进入"电视机"时代。第四，世界出现了一些独特和耀眼的，甚至具有"英雄"特征的历史人物。在中国，有邓小平，在国外有曼德拉、昂山素季，还有诸如里根和撒切尔夫人这样的西方政治人物。

每代人几乎都存在的"怀旧"，是人类的文化特征，属于一种相当"个体"性和"个人主义"的记忆。这种记忆都是在捕捉人生轴线上的某一个节点，通常为青少年时期，并不断美化对这一时期的记忆。例如，"80 后""90 后""00 后"都会有属于自己的美好记忆，但是他们的记忆却很难有共通之处，也不会发生属于"民族性"历史记忆的那种不断被解读、反思、传承的情况，不会被赋予批判现实的意义。

三

在 20 世纪 80 年代的"民族性"的历史记忆背后，确实存在着某种"理想主义"。在人类漫长的文明历史中,其实绝大多数的岁月是平庸无奇的,能够被历史记载下来的时代其实并没多少,或者是发生科学技术革命的年代,或者是文化繁荣复兴的年代,或者是革命和战争的年代。有一点可以肯定,所有被记载下来的年代,之所以精彩和激动人心,都是因为与一种精神和理想联系在一起。基督教起源如此,文艺复兴如此,法国大革命、美国独立战争如此,工业革命也是如此。

20世纪为什么"五四运动"有如此重要的地位?说到底,是因为"五四运动"与"德先生"和"赛先生"联系在一起,民主和科学在当时的中国是一种精神和理想。而"五四运动"前后并行的"实业救国"运动,并不被人们那么推崇,是因为"实业救国"运动本质上是一种经济和利益的驱动。以美国为例,战后真正被历史高度肯定和记载的,还是20世纪70年代改变了西方的历史轨迹的反越战和学生运动。

中国在20世纪80年代的理想主义是一个纷杂的概念,其构成相当复杂。至少包括:第一,共产党人的传统理想主义。例如,在改革早期,包括后来被公认的保守派代表人物,都对改革抱有激情和理想。第二,知识分子基于自由、民主和科学理念的理想主义。第三,中国文化传统中的理想主义。第四,农民追求富裕的理想主义。第五,民族复兴的理想主义。可以说,在20世纪80年代的理想主义中,不难看到从陈独秀、李大钊到胡适,从亚当·斯密到马克思再到凯恩斯,从"耕者有其田"到"实业救国"的历史影子。

20世纪80年代的理想主义还有这些特征:第一,理想主义具有全民共识基础。人们尽管成长背景、教育水平和工作不同,但彼此之间求同存异。人人期待改革,每人心里也都有自己对改革的理解和期待,改革被赋予了理想主义意义。第二,存在一种共同接受的价值观。例如共同富裕、社会平等、民主和法治。第三,社会存在共同道德底线。

四

理想主义从来包含着浪漫主义的成分，浪漫主义从来都和一种想象与精神联系在一起，每当一个时代被理想主义左右的时候，这个时代一定洋溢着浪漫主义和美好想象，从而激发想象力与创造力。

在20世纪80年代的改革过程中，在改革理想主义的背后是人们对改革的目标和过程有着不同的期待。但是，这并不妨碍改革浪漫主义和改革理想主义之间存在共同之处。

改革理想主义焕发了对改革目标的憧憬，改革目标的憧憬刺激了改革的激情，改革的激情和改革的想象力结合在一起，改革被"美学化"，演变为改革的浪漫主义。每个人都愿意将自己的改革理想主义和浪漫主义糅合在一起来诠释改革和期待改革。这是在特定历史环境下的理想主义和浪漫主义的结合，但终究是短暂的和脆弱的。

造成改革理想主义和浪漫主义的原因很多，至少包括：第一，共产主义和共产党传统。改革的主导者是共产党，共产主义具有理想主义基因。第二，改革也是革命，革命精神转化为改革精神。第三，20世纪80年代是以文化精英作为主要驱动力的年代，也是一个真正有文学的时代。文学从此与理想主义和浪漫主义不可分割。第四，"文化大革命"遭受苦难的老一代和年轻一代久违和压抑的"青春"元素被激活，认识自我和走向个性解放。

更深刻的原因是，经济改革需要知识、经验和训练。但是，从决策层到平民百姓都缺乏改革的系统知识和经验。即使支持市场经济的经济学家，都并不知道西方的市场经济是什么样子。改革过程只能"摸着石头过河"，走一步看一步。这也就给各种社会力量足够的想象和创造空间。

五

20世纪80年代的改革，成果是显而易见的。改革始于农村，主力军是农民。农民创造了"家庭联产承包责任制"。之后，中央连续几年的一号文件均充分肯定家庭联产承包责任制，广大农村地区迅速摘掉贫困落后的帽子，逐步走上富裕的道路，创造令世人瞩目的用世界上7%的土地养活世界上22%的人口的奇迹。农村改革之后是城市改革，城市居民生活大为提高。20世纪80年代，还是文化复兴的年代。《西游记》是生机勃勃的年代代表。20世纪80年代的对外开放，让中国人民看到了世界。

进入20世纪90年代之后，中国经济改革的效果不像之前那样显著了。中国改革的对象是一个动态的复杂系统，越改越复杂，越改困难越多。中国改革自始至终存在着一个悖论：改革必须依存于原有的体制框架，依存于原有的体制内的结构和人。这就造成改革本来要解决的问题，非但没有解决，而且发生变异和复杂化了。与此同时，原本的改革者可能转变为改革的反对者。

简言之，经济体制改革是系统工程，涉及复杂的内生性和外生性原因，以及政策性选择。例如，因为回归货币经济，货币化程度提高，通货膨胀是不可避免的。还例如，能源价格政策失误可能影响整个价格体系的失衡。

六

中国在20世纪80年代实行改革开放，根本原因是为了摆脱贫穷和落后。改革开放从一开始就需要以发展为前提，以发展为归宿。如果说，中国实行现代化是一种国家和民族的选择，改革和开放就是基本手段。

中国过去30年的基本事实是，改革和发展相互错位和失衡。从增长的角度看，中国是成功的，经过持续二十多年的高速增长，中国成为世界第二大经济体。改革和发展的失衡，集中体现在如何面对"财富大爆炸"。

改革首先是对原有经济体制的"解构"，但是，"解构"不意味着必然"建构"更合理的经济制度。因为，不论是"解构"还是"建构"，最终都要通过政府完成，通过具体的"人"完成，也就无法避免"人性"的弱点。改革过程中不断形成和累积新的利益群体，必然会影响改革的过程和结果。

在改革原有经济体制过程中，不仅原有的改革不彻底，而且新形成的经济制度和经济结构存在先天缺陷，累积了越来越多的问题。所以，中国改革必须不断调整改革目标。

20世纪80年代改革所要解决的是贫穷，每个人都相信改革是把财富大饼变大。为此，要颠覆平均主义的经济体制，必须要把国家从人民那里攫取的利益重新释放给人民。在这个时期，民众和政府的目标及利益是一致的。进入20世纪90年代，特别是2000年之后，改革所面对的是要重建社会分配正义，是要避免严重贫富差距的阶层化和固化。

七

人类历史的一般规律是，物质财富的增加与精神文明的进步，大抵是成正比的。改革后，中国重建货币经济。因为货币化，原来那么多土地，都没有价格表现，一旦土地作为要素，开始被货币化，财富会发生类似核裂变的反应，中国潜在的财富资源就像原子弹的按钮被启动一样，涌现出来。

但是，中国物质财富的增加，并没有带来精神文明的进步，而是社会道德水准的下降。

原因很多，最重要的原因是：不论从国家层面，还是从民众层面，都对于"财富大爆炸"没有精神和制度准备。当毛泽东消灭了私有制，压抑私人利益空间，一切都纳入公有制，大家一样贫穷之后，民众丧失财富欲望。但是，当物质和货币财富突然涌现出来，很多人占有财富的欲望都得以焕发，并产生了财富幻觉。在极短的时间里，政府形成官僚整体利益，政府官员大面积腐败，医生有医生的利益，教师有教师的利益，大家都在争夺财富。古今中外，"知识分子"是清贫的代名词，但在中国很多"知识人"成为中国最富有的群体。

还可以从国民性、文化、宗教和信仰的角度解释。但是，社会在分享物质财富的制度与原则上出现了问题，权力寻租普遍化。除了政治权力，任何一个职业都可以实现权力寻租，所有职业都可以成为获取财富的手段，任何人都可以用手中的职位来寻租。即使这是一种短期的历史现象，对一个社会的破坏性也是影响长远的。

假设如果中国在20世纪80年代解决了一些问题，比如腐败问题、双轨制问题，今天的局面可能就不会如此复杂。改革过程就是一个不断产生更为复杂问题的过程，这是改革最基本的特点。

八

需要注意的是，如今人们怀念80年代，在很大程度上是一种对现实产生不满和失望的社会心理反应。例如，资本决定收入多寡使得人们怀念那时的"按劳分配"；食品安全威胁使得人们宁愿回到没有安全忧虑的短缺经济。于是，80年代被赋予新的意义，其正面价值会被放大，其负面被遮蔽。如今，80年代的老人都已经过世，那时四五十岁的人如今已经七八十岁，那时二三十岁的已经五六十岁。80年代正在成为具有现实意义的历史课题，不仅吸引着经历过这个年代的人，而且吸引着没有经历过这个年代的年轻人。为了历史进步，怀念、批判和反思常常需要。

九

与世界的发达国家相比，中国是一个难以预测的国家。因为，中国在过去几十年，甚至在过去的一个世纪中，一直处于转型状态，经济结构、社会形态和政治制度都在持续转型。今天，转型远远没有完结。

在20世纪80年代，金观涛（1947—）通过"超稳定结构"解释中国历史，是非常有价值的思想。与"超稳定结构"概念相反的概念就是"非稳定结构"，近现代中国始终建立在"非稳定结构"的基础之上，这是中国现代化过程的重要特征。

预见中国的演变趋势，需要分析哪些重要因素加剧和缓和"非稳定结构"。进入21世纪，来自外部世界的因素对中国"非稳定结构"的影响程度越来越大：第一，全球性的技术创新和技术革命的因素。第二，世界经济和中国经济的互动因素。第三，世界各国的年轻一代价值观的趋同。

世界充满了不确定性，中国更为明显。和100年前的世界比较，不论是世界，还是中国，不确定性的程度已经大为缩小，因为政府的理性在增长，民众的自组织力和影响力都在加强。

研究中国经济的思想方法[①]

2010年，中国GDP超过日本，成为世界第二大经济体，这是世界当代史的重要事件。中国对世界影响的深度和广度都进入新的历史阶段。但是，在世界范围内，政治家、经济学家、企业家在如何看待中国经济的现状与未来方面，存在着相当的差异、分歧和争论。为此，需要重视研究中国经济的思想方法，认知中国经济的根本性和独特性特征。

一、中国经济的最重要特征：全方位"大"

中国经济的最重要特征就是一个字："大"，不是一般的大，是"巨大"和"超大"。

中国的"大"具体表现在：（1）人口规模"大"。人口永远是影响经济生产和消费的第一变量。2015年的世界人口为73.4亿，中国人口为13.6亿，中国占世界人口的18.5%。2015年中国总劳动力人数为7.87亿，超过了G7国家人口总和，占同期世界劳动力人口很可能超过四分之一。在世界范围内，印度是唯一可以在人口规模方面与中国相提并论的国家。（2）经济体量"大"。GDP总量大。2015年，中国GDP是68.89万亿元，相当于10.42万亿美元，占世界GDP的15.398%。中国"总需求"或"总供给"规模大，不仅是生产第一大

[①] 本文系作者根据2016年1月23日接受FT中文网记者采访对话记录修订而成。

国,而且正在走向消费第一大国。(3)中国产能"超大"。资源消耗和碳排放规模大。中国生产和消费对资源的消耗,已经是世界第一。中国所要消耗的能源、工业品和粮食规模,超出一般民众的想象力。[①] 所以,中国的碳排放规模也是世界第一。(4)投资规模"大"。最近讲中国的投资规模在下降,因而影响了经济成长,这说法忽视了中国的海外投资规模的扩张。此外,投资规模下降百分之几的波动,对中国这样的经济体而言,影响很小。(5)进出口规模"大"。进出口的波动对中国这样的贸易大国的影响,相当有限。(6)空间"大",回旋余地"大"。中国南北跨越的纬度近50度,东西跨越经度60多度。所以,毛泽东在《中国革命战争的战略问题》中说:"中国是一个大国——'东方不亮西方亮,黑了南方有北方',不愁没有回旋的余地。"地理空间大,可以组织经济活动的空间置换,形成"回旋余地"效应,对经济活动影响至深。(7)区域经济发展差异"大"。在中国的区域划分中,经济统计中也最常使用的地域区分方式是:华东地区、华南地区、华中地区、华北地区、西南地区、西北地区、东北地区,区域之间的自然条件、人文历史、经济发展、城市化水平差异极大。(8)中国产业部门发展差异"大"。按照传统三次产业划分,农业部门基础薄弱,第三产业相对落后。如果按照科技创新标准,不同部门的科技含量差异明显。(9)经济增长潜力"大"。

二、中国经济具有强大的"承受能力"和"自我修复能力"

中国历史一再证明:中国具有罕见的"承受能力"和"自我修复

[①] 1994年美国国际观察员莱斯特·布朗(Lester Russel Brown, 1934—)提出"谁来养活中国"的问题,引发国际性讨论,遭到中国学者批判。

能力"。这也是中国文明得以延续的关键所在。在现代历史上，中国的抗日战争，突显了中国民众和经济体的双重"承受能力"，最终通过"持久战"模式，取得了胜利。"承受能力"就是国民的忍受能力，忍受牺牲、灾难和困苦的能力。中国长期处于低收入国家，人民的温饱不能得以解决，"忍饥挨饿"是"承受能力"的一个指标。

改革开放以来，中国已经基本解决民众的温饱，仍旧具有依靠自己改变命运的内在动力。对于艰难困苦的生活、繁重劳动，甚至天灾人祸来临，仍旧具有"承受能力"。

至于"自我修复能力"，主要是指依靠自身力量，对因为经历战争、政治冲突、自然灾害所破坏的国民经济和人们生活的恢复能力。中国超前的"自我修复能力"，有文化、历史、国际环境和制度性原因。这种"自我修复能力"，通过国家和民众的互动，个人、企业和政府的合作得以实现。国民素质是相当重要的原因。

总之，如果低估中国经济具有强大的"承受能力"和"自我修复能力"，一定会导致对中国的战略性误判。

三、中国宏观经济的"三个三分之一"现象

因为中国宏观经济规模超大，加之区域发展和部门经济发展的非均衡特征，城市化水平层级化，存在"三个三分之一"现象：（1）区域发展的三个"三分之一"。三分之一区域发展较好，三分之一区域发展一般，三分之一区域发展相对落后，中国宏观经济就相当稳定。（2）部门经济的三个"三分之一"。只要有三分之一的产业部门和行业处于较高增速的状态，三分之一处于中等速度，三分之一处于较低的增长速度，国民经济整体状况就是良好的。（3）人口收入分配的三个"三分之一"。在特定的历史阶段，只要有三分之一的人口收入增

长较快，三分之一中等，三分之一相对缓慢，全社会的分配和再分配、消费能力大体就是良好的。一个社会财富的分配，不能不断加剧贫富差别，但是也不可能是完全平均主义的。如果在不同时期，实现总有三分之一的人口成为财富增长的受益者，避免财富分配固化，最终大家都是受益者，这个社会的成员将对未来抱有积极态度。

上述的三个"三分之一"，即三分之一区域、三分之一部门、三分之一人口收入，是不断变化的、相互交叉的，决定中国三分之一经济规模的稳定性、张力、弹性和承受力。

四、中国治理经济手段丰富

从 20 世纪中后期开始，市场经济内在机制逐渐改变，政府对市场的干预力度不断上升。21 世纪之后的"治理"（governance），已经成为政府运用国家权力管理经济和社会，从管理公共部门延伸到公司治理的一种方式。

中国与发达市场经济国家相比较，政府拥有比较丰富的治理经济工具。（1）政府的政治权威和政府资源。（2）政府经济政策（货币政策、金融政策、产业政策、区域政策和人口政策）。（3）行政手段。通过会议、文件、口号等基于行政手段，推动和实现政府的治理目标。（4）政治运动。中国的国家治理可以诉诸各种类型的"群众运动"，动员更多的民众关注和参与某种经济活动。在毛泽东时代，最典型是 1958 年的大炼钢铁运动和人民公社运动。20 世纪 80 年代初期的农村家庭生产责任制就是来自农民的创造。改革早期阶段的"野蛮生长"，互联网经济的崛起，都具备自下而上的"群众运动"元素。

近年来，虽然基于行政资源的治理效应，自上而下和自下而上的各类"运动"效应，存在普遍下降的趋势。但是，中国政府治理经济手段的效率还是超过大多数国家的。

五、中国"改革"常态化

在 20 世纪 80 年代，经济改革被定义为改革计划经济体制，实现公有制和民营经济基础之上的市场经济。

中国积累几十年的经济改革之经验，发现经济改革是一个很难有时间表的历史性事业。这是因为：(1)在中国在改革初期，经济发展水平相当落后，经济体量相对狭小，经过改革以来的高速增长，经济规模膨胀，经济结构、体系和机制日趋复杂化，例如金融产业的重要性大为提高，这一切都与改革初期的中国经济不可同日而语。(2)改革本身引发出制度性的新问题，新问题产生新的改革需求。例如，因为经济改革，中国社会阶层多元化，利益诉求差异扩大。(3)中国所处的国际环境发生了改变，中国与全球经济的关系发生了改变。中国改革早期，世界冷战尚未结束，中国是受益者。2000 年中国加入了 WTO，加大了对世界经济的依存程度。

所以，中国改革的常态化会产生关联效益和制度改革红利的溢出效应。但是，对于发达国家和相当数量的新兴市场国家而言，将改革常态化是很困难的。因为这些国家存在极为严重的既得利益集团，可以有效阻止制度性和体制性改革。

六、中国处理经济"危机"方式多样化

现代经济体系的危机，具有瞬间发生的特征，将时间维度扩展，危机在被稀释的过程中就得以衰减、化解和消失。1929 年的大萧条，无非持续了四五年的时间。当代的危机所持续的时间都在缩短。一

般情况是：当危机"黑云压城城欲摧"的时候，一抹阳光其实已经出现。

1997年亚洲金融危机、2008年全球金融危机，对中国都产生了重大冲击。但是，却没有形成连锁反应。恰恰相反，中国从这两次危机中获得了前所未有的机遇，甚至加快了中国经济发展和转型的过程。

这是因为，中国不仅经济体量巨大，而且经济部门行业足够多，空间回旋余地大。所以，中国面对危机形成和来临，最重要的手段是分散或者分解危机，放慢危机的传导速度。政府将危机有序地实现区域、部门、行业、企业之间不间断的转移，加快转移的时间，避免危机在任何区域、部门、行业、企业扎根，稀释和化解危机的强度，化解外部经济危机蔓延。最终政府避免了危机的落地，即所谓的"硬着陆"。

中国有句古话：三十年河东，三十年河西。问题是能不能熬过三十年？在现实经济中，关键是能否实现空间与时间置换。所有的危机，最终将通过时间的延长消化和治愈。通过"空间换时间"和"时间错位"应对危机，大概率可以化解危机。中国通过"时间错位"解决危机的能力和经验，是被普遍低估的，也是西方国家最难理解中国经济的一个关键。① 更重要的是，经济体具有自愈的机制，要避免过度反应、过度治疗。所有的反危机的方法，都要适度，否则适得其反，导致危机恶化，甚至埋下新危机的种子。

---

① 直到20世纪90年代末期，中国还是一个自行车国度，几乎人人都有自行车。常常一个人的"铃盖"被偷，这个人就偷另外一个人的，另外一个人再偷一个人的。每个人都做出所谓的理性反应。于是，这个"铃盖"偷与被偷的链条几乎可以无限延长。在这个过程中，被偷"铃盖"和偷到"铃盖"的时间间隔可以忽略不计。这种现象可以理解为"铃盖"在空中的不断转移，没有发生"铃盖"最终落地的过程。

2008年全球金融危机是严重的,但是,存在对此次危机评估过于严重性的情况,以为是1929年大萧条,一度形成了恐慌(panic)氛围。世界主要国家采用了"货币宽松政策",属于过度反应、过度治疗,导致了全球性零利率和负利率时代的到来,其负面后果需要较长时间才得以显现。在中国,政府出台4万亿政策,在一定程度上刺激了地方债务的扩张。这是重要的历史教训。

七、如何看待"中国模式"

2004年,因为美国《时代》周刊编辑和著名投资银行资深顾问乔舒亚·库珀·雷默(Joshua Cooper Ramo,1968—)首先提出了"北京共识",即一种适合中国国情和社会需要、寻求公正与高质增长的发展途径。在世界范围内开启了对"北京共识"的关注和讨论。2009年,美国未来学家奈斯比特(John Naisbitt,1929—2021)在《中国大趋势》中,深入诠释了"中国模式"。后来,关于"中国模式"的主流解释是:中国根据自己的国情,通过国家主导的制度,而不是市场制度所形成的发展模式。

中国具有独特性的国情。不仅中国有,世界上任何一个国家都有自己的国情。只是,世界主要国家的国情表现得更为强烈。中国国情决定于中国的历史、文化、资源禀赋、社会结构、政治制度、教育体系,以及经济规模和经济体制。这些中国国情强烈影响了中国的发展道路。

中国国情影响中国发展道路,还有三个因素是重要的:(1)国际环境演变,中国与世界的互动关系的影响。例如中国加入WTO和参与全球化,深刻地改变了中国发展的轨迹。(2)科学技术革命的影响。例如,IT革命、互联网、生物科学、人工智能,已经改变和重塑了中国产业体系、经济生态、经济组织。(3)人口"代际"的演变。中国的改革开放,导致中国越来越年轻的一代,存在与世界同代人的"趋同"趋势。例如,他们对互联网游戏文化的认同。

动态的和长程地思考"中国模式",不得不面对这样的问题:中国对世界经济的依赖程度是强化,还是弱化?科技进步会加剧中国国情,还是加强与世界的趋同性?现在,至少有一个现象是趋同的:不论是中国,还是世界其他国家,人们对智能手机的高度依赖程度,在互联网社群平台所消耗时间的持续增长。所以,现在最值得关注的社会现象是时间分配。移动互联网正在产生一个新的社会价值体系和社会组织模式。

对中国而言,坚持"改革、开放和发展"更为重要,甚至可以认为,"改革、开放和发展"正是"中国模式"的内核。

八、关于"后发优势"和"后发劣势"

在关于中国经济发展的诸多争论中,经济学家杨小凯和林毅夫关于"后发优势"和"后发劣势"的争论是比较有价值的。

2002年,杨小凯在"天则所"有一次演讲,提出了"后发优势"和"后发劣势"的关系。杨小凯的主要观点是,后发有优势,也有劣势。如果一个后进的国家,只是满足于在技术上模仿先进国家,而没有制度变革,很可能导致"后发优势"转化为"后发劣势",从而陷入发展困境,甚至失败。之后,林毅夫针对杨小凯的观点,提出了他的主张,后进国家存在通过技术进步、推动产业结构完善和经济增长的"后发优势"。杨小凯过世多年之后,林毅夫再次强调,基于与发达国家的产业、技术存在差距,中国后发优势依旧明显,后发优势所带来的中国的经济增长潜力应该还有20年平均每年8%的增长潜力,这个潜力可以保证中国实现"两个翻一番"的目标。①

杨小凯和林毅夫关于"后发优势"和"后发劣势"的争论，涉及如何评价中国这样的后发国家，模仿和引进发达国家技术的后果。杨小凯承认后进国家实现技术水平的提升，却忽视了技术提升最终会导致制度性变革；林毅夫过多强调后进国家与发达国家的技术差距提供了后进国家的增长空间，却回避了制度发生改变是一种必然结果。

从相当长的历史发展看，中国始终存在科技进步和制度改革的双重目标。古今中外的历史经验证明：没有制度改革的前提，科技进步几乎是不可能的；没有科技进步，必定压制制度改革的深层动力；没有科技进步和制度变革，不存在可持续发展。中国正处于这样的历史拐点，需要兼顾科技革命、体制改革和经济发展，形成三者的均衡关系。

九、经济学的局限性、系统论和复杂科学的价值

自亚当·斯密以来，经济学已经形成了一个庞大的体系，包含着各种经济思想和经济学流派。这样的经济学，基本反映的是经济学家对于工业革命以来，市场经济作为经济形态的演变。中国经济没有纳入世界主流经济学的视野。所以，现代经济学对于研究中国经济具有先天的局限性。认知和理解中国经济，在接受某些经济学基本原理的同时，需要引入一些新的思想范式，以克服经济学的局限性。最主要的是系统论（systems theory）和复杂科学（complex systems science）。

系统论思想源远流长。公认的创始人是美国理论生物学家贝塔朗

---

① 林毅夫：《后发优势带来增长潜力确保"两个翻一番"》，《经济参考报》；2013 年 09 月 27 日；《专访林毅夫》《第一财经日报》2015 年 8 月 25 日。

菲（Karl Ludwig von Bertalanffy，1901—1972）。1937 年，贝塔朗菲提出了一般系统论原理。直到 1968 年，贝塔朗菲发表系统论的专著《一般系统理论基础、发展和应用》(General System Theory: Foundations, Development, Applications)。系统论的基本概念包括：开放性、自组织性、复杂性、整体性、关联性、等级结构性、动态平衡性、时序性等。系统论的核心思想是整体观念。任何系统都是一个有机的整体，系统中各要素不是孤立地存在着。系统论思想方法的前提是整个世界是系统的集合，以系统的结构和功能作为研究对象，寻求系统、要素、环境三者的相互关系和变动的规律性。

复杂性科学的历史并不悠久，公认起源于 20 世纪 80 年代。经过数十年的发展，复杂性科学不是一门具体的学科，力图打破传统学科界限，以超越还原论为方法论特征，作为研究对象的复杂系统涉及自然、生物、工程、经济、管理、政治与社会等各个领域，采用了诸如大数据、人工智能、复杂网络、统计物理等多学科交叉综合方法。所以，物理学家霍金称"21 世纪将是复杂性科学的世纪"。

中国经济系统无疑是一个超复杂系统，符合系统论和复杂科学的思想体系和研究模式，绝非传统经济学框架和原理所能描述的。引入系统论和复杂科学，势在必行。

十、未来中国经济趋势[①]

未来中国经济趋势，需要分阶段分析。（1）近期（2018—2020 年）取决于：如何改善宏观经济治理，在基本解决"产能过剩"问题的同时增加就业；如何有效推进国有企业改革；如何协调产

---

① 本部分内容系作者于 2018 年 5 月 20 日书面回答朋友的问题原文。

业政策、科技政策和金融政策的关系，实现经济中速经济增长；如何彻底消除贫困；如何建立可持续的创新体系及其基础结构；如何缓和与美国的贸易摩擦和稳定国际经济秩序。（2）中期（2021—2030年）取决于：如何建立基于国有经济和民营经济基础之上的新型大、中、小企业体系；如何全方位改善生态环境；如何实现区域均衡发展；如何奠定福利社会基础；如何应对墨西哥、土耳其、印度尼西亚，特别是印度所代表的第二波新兴市场国家的崛起；如何维持和增加对亚太地区的影响力。（3）长期（2031—2040年）取决于：人口规模回落到合理水平，老龄社会自然完结，人口结构和人口质量显著改善；教育水平全面适应新时代；建成科技大国的速度；形成对包括太空在内的新空间开发能力；实现向后工业化社会及信息和知识型社会的转型；进入中等福利社会。

马洪对于中国 20 世纪后半期工业现代化的贡献与影响[①]

评价一个历史人物的历史地位,需要时间。重要历史人物有一个共同特征,那就是伴随他过世时间的推移,人们可以不断发现和解读他所留下的思想和事迹。马洪[②]已经去世十余年,人们对马洪的认知还在推进和深化。作为马洪的学生,[③]我认为,将马洪定位于一位经济学家,或者中国智库的创始人,是不够的。马洪在中国工业现代化进程中的地位,在中国现代化过程中的地位,是被低估的。马洪一生远远超越了经济学家,也超越了中国智库创始人的范畴。马洪对当代中国历史的贡献,可以分成三个历史阶段。

一

第一个阶段,1949 年到 1952 年。马洪的贡献是:(1)参与东北

[①] 本文系作者于 2020 年 10 月 31 日马洪基金会与综合开发研究院联合举办的以"弘扬马洪精神"为主题的"纪念马洪同志百年诞辰研讨会"上所作的会议发言。

[②] 马洪,生于山西定襄,1937 年参加中国共产党。著名经济学家,参与设计中国改革开放战略与政事。

[③] 我是中国社会科学院工业经济研究所的 1978 年第一届研究生,马洪先生是我本人的导师。1981 年,国务院决定成立若干个直属研究中心,我参与了其中的国务院技术经济研究中心的创建,马洪先生担任国务院技术经济研究中心的负责人。我前后与马洪学习和共事八年时间。

地区战后重建;(2)奠定了编制和实施第一个五年计划的重要基础;(3)奠定了源于东北的中国现代工业的国家团队。自进入"民国"之后,中国形成了中国现代工业的若干板块:一是东北板块。东北板块始于张作霖(1875—1928)的奉系军阀,形成时间从1916年到1931年。之后是日本控制的满洲国。二是以天津为中心半径达到青岛的华北板块。三是以上海为中心,沿京沪铁路的长江三角洲经济板块。只是在1949年之后,这个后来延伸出另外的中国台湾模式,中国的工业最后走向两条途径。四是以广州为中心沿珠江流域形成的经济板块。在上述四大经济板块中,从20世纪10年代至1945年抗日战争结束的三十余年间,东北经济板块是中国最完整、最坚实的现代工业经济和现代基础结构板块。东北板块提供了93%以上的全国钢铁、93%以上的电力、60%以上的水泥、90%以上的机械。抗日战争结束,中国共产党全面进入东北,经济建设和解放战争同步进行。马洪从延安被派往东北,先后担任东北局政策研究室主任、东北局委员、副秘书长,直接参与了战后重建。我最近看到1950年的《东北日报》,很震撼,头版所讨论的都是工业组织和管理问题。今天看起来都没有过时。马洪当时的重要工作就是每天审阅《东北日报》。大概三年的时间,东北经济恢复到战前水平。所以,在后来,苏联援华156项工程,建在东北的达57项。或者说,东北板块是第一个五年计划的主要基地。没有这个板块就无法想象抗美援朝能得以进行,也不能想象中国工业化的道路。

第一个五年计划是1953年实施的。但是,其基本原则、框架、思想应该在1951年、1952年已经形成。作为东北人民政府负责人、国家计委委员兼秘书长,马洪毫无疑问是重要参加者。马洪从东北到北京,参与创建了中国现代工业的国家团队。这个团队源于东北,形成和发展于20世纪50年代初成立的国家计划委员会。这个团队主导了从20世纪50年代一直到20世纪80年代的中国工业化进程。

二

第二个阶段，1954年到1978年。这个阶段时间很漫长，马洪先后在建筑、纺织、石化等行业工作，直接体验中国工业化的过程。其中，马洪的最大贡献是1961年参与甚至主导完成了《国营工业企业工作条例（草案）》，即《工业七十条》，总结并提出了中国国营企业从生产到管理的系统思想。《工业七十条》对中国的工业发展及其体制机制产生了深远影响，注入了中国工业化的DNA，塑造了中国工业化的特征。今天，不难发现其历史局限性，但是其深层影响并没有结束。中国的工业化历史，"大跃进"是其中的弯路，很快得以纠正，整体来说是有章法的，也是有框架的，并非随意的。毛泽东在他的时代，在经济工作方面也是充满浪漫主义和想象力，急于进入共产主义，但是，他还是批准了《工业七十条》。

三

第三个阶段，1978年到1990年。这是马洪人生的又一辉煌阶段，他直接提出中国中长期经济发展战略、经济改革思想和政策，持续且深刻地参与影响中央决策。随着历史的延伸，马洪这些贡献应该得以更高的评价：（1）揭示了因为"文化大革命"所形成的国民经济结构失调，提出调整重工业过重，轻工业过轻，农业和工业的比例失调等国民经济的根本性问题。没有1980年前后的国民经济调整，就没有改革。进一步说，那时的调整本身就是改革的一部分。马洪的这个贡献是被低估的。（2）马洪主导了20世纪80年代中国工业和基础结构的区域布局。我部分参与了马洪同志领导的山西煤化工基地的规划,确定了晋煤东运方案,从根本上解决了当时煤炭为主体的能源不能支持国民经济发展的状况。(3)马洪提出了国有企业的模式改革。这个问题至今没有完成。(4)马洪直接推动和组织了1983年的世界科技革命大讨论。那年美国总统里根宣布实施震惊世界的"战略防御倡议"。

自此,科学技术与经济发展、工业现代化,以及经济改革实现了融合,构成中国的发展战略。今天所说的"技术创新"概念开始得以普及。至1986年,马洪作为负责人的国务院发展研究中心参与了经中共中央、国务院批准的《高技术研究发展计划纲要》(863计划)。863计划包括信息技术、生物医药技术、新材料技术等。863计划实施了30年之久,将中国高技术研究发展推进了一个新阶段。因为马洪,科技革命和工业现代化紧密结合。没有科技革命的工业现代化,没有工业支撑的科技革命都是不可能的。

基于对马洪自1949年至20世纪末人生三个阶段的回顾,可以这样说:在长达半个世纪的时间里,马洪参与中国工业现代化的的两个版本:一是从20世纪50年代至70年代的1.0版;二是20世纪80年代至90年代的2.0版本。现在中国应是3.0,目标是4.0。马洪在参与中国工业化的两个版本过程中,其研究和实践几乎覆盖了所有的工业的部门和行业,足迹几乎包括了所有的区域。马洪对上海、沈阳、深圳、重庆、太原予以特别关注,注入巨大心血。在今天来看,这些城市确实是支持中国经济发展中最重要的区域。还有,马洪人生跨越了中国共产党决策层的三代人,从毛泽东到江泽民。不仅如此,马洪与影响中国20世纪后期经济发展关键人物存在着一种网络关系,马洪本人与那个时代的国家计委、国家经委、国家科委、各个工业部主要负责人,都有这样或那样的历史渊源和工作关系。所以,马洪是那个时代中国经济体系的"超级节点"。在马洪的网络中，包括了太多新中国历史人物。

所以，称马洪是经济学家是不够的，马洪的历史贡献超越了经济学家的范畴。在20世纪后半期，马洪对于中国的工业化，从思想、理论到战略制定，再到政策实施，有着持续、全面和深度的参与，并留下了深深的足迹。

杨小凯和他的经济思想[①]

——杨小凯如果健在，会怎么样发展他的思想

称杨小凯是最为出类拔萃的经济学家，不仅在中国经济学界，即使在世界经济学界，都是没有争议的。在当代中国，杨小凯是一个非常独特的现象。2004年杨小凯逝世之后，纪念杨小凯的文章很多。[②] 社会科学文献出版社的九册本《杨小凯学术文库》，为人们比较全面地理解杨小凯的经济学理论，提供了完美的文献支持。

一

我与杨小凯认识和交往，从20世纪80年代一直到2000年之后。这是君子之交，分为以下几个阶段。

第一个时期，1982年前后。当时国家已经开始讨论"计划价格"的改革方案，需要理论支持。杨小凯系统地介绍和阐述了"影子价格"（shadow price）。"影子价格"的提出者是荷兰经济学家詹恩·丁伯根（Jan Tinbergen，1903—1994），时间是20世纪30年代。之后，

[①] 本文基于作者于2018年12月23日在苇草智酷和社会科学文献出版社联合举办的"《杨小凯学术文库》出版暨经济学思想研讨会"上所作的会议发言修订而成。杨小凯（1948—2004）。

[②] 张五常等著《站在经济学的高坡上——杨小凯纪念文集》，中信出版社，2009年。

萨缪尔森加以发挥。简单说,"影子价格"是社会资源获得最佳配置的一种价格,也是劳动、资本,以及进口商品等生产要素的均衡价格,可以反映社会经济的资源稀缺程度和对最终产品的需求情况。我在月坛北小街2号经济所参加会议,听取了杨小凯关于"影子价格"的主题发言。那时,他刚刚到中国社会科学院的数量经济与技术经济研究所工作。对于杨小凯的发言,我深受触动,因为对"影子价格"的概念和理论缺乏基础性知识。

第二个时期,1985年底到1986年。那时杨小凯在普林斯顿大学读博士,我一度在密西根大学和哥伦比亚大学做访问学者。我们在纽约见面,或者我去普林斯顿,我们讨论最多的是两个主题:其一是中国的经济改革,特别是价格改革;其二是他博士论文的框架、思想和方法,论文对他来说是一种身心的煎熬。好在杨小凯有一个幸福的家庭。这期间,杨小凯暑假回国,参与改革开放的学术活动,我们也一同去过蛇口等地方。

第三个时期,1989年1月—3月。我在墨尔本大学法律系做访问学者。杨小凯已经到莫纳什大学教书。我正巧还认识他的几个学生,包括后来在北大光华管理学院教书的王建国。我们的见面,或者在墨尔本,或者我乘坐郊区火车去莫纳什。那时,彼此都意气风发。

第四个时期,20世纪90年代至2000年之后。其间,我在世界各地漂泊,杨小凯已经是知名度很高的经济学家、莫纳什大学教授。我虽然去澳大利亚很是频繁,但是我们见面不多。一直令我感动的是,在我最困难的时候,他来信提出请我到莫纳什大学教书的安排。

二

杨小凯在美国普林斯顿大学读博士的时候,也有很多中国在美国读经济学硕士和博士的学子。当时,创建留美经济学会的钱颖一(1956—)和于大海(1961—)等就是经济学博士候选人代表。而我与杨小凯的来往和交谈较多。后来仔细寻找原因,还是与我眼中的杨小凯本人的特性有关,包括以下四个方面。

第一,杨小凯完成了从红卫兵到改革者的转变。杨小凯的经济改革思想是系统和深刻的。在经济领域,否定和批判计划经济制度,主张多元所有制和市场经济;在政治领域,主张开放社会。

第二,杨小凯在"文化大革命"期间,经历过长达十年的监狱囚禁。这深刻影响和改变了杨小凯的人生和思想轨迹。他这样讲那段历史:"经历过革命的骚动,被剥夺了社会地位,受尽了屈辱和辛酸,这之后恢复的秩序和理性,对我就像是雨后的阳光。我像之前参加过革命的旧贵族一样,在之后的岁月里,感到深深的歉疚——为我曾经的革命狂热。"

第三,杨小凯生前成了基督徒。一个忠于信仰和践行的基督徒,博爱、温和、谦卑、宽容。

第四,杨小凯是有开创性贡献的经济学家。

如果以杨小凯与同时代在美国获得经济学博士的其他代表人物比较,杨小凯从没有放弃理想,从没有放弃良知,从没有放弃学术。

三

杨小凯思想是丰富的和深刻的。1968年,还是中学生的杨小凯独自完成《中国向何处去?》,并产生社会影响。今天看该文的思想虽然比较幼稚和不成熟,但已经显示那时的杨小凯知识积累、思考深度和文字表达超出同龄人,甚至成年知识分子的水平。更重要的是显示了杨小凯的历史勇气。

杨小凯也因此获罪。狱中十年，杨小凯阅读了商务印书馆出版的外国名著和马克思主义书籍，自学高等数学、英语、机械，并学习经济学，包括劳动分工理论、纳什议价模型。所以，当杨小凯重新获得自由，他的知识沉淀、理论素养和分析能力已经超出同代人。

杨小凯的《百年中国经济史笔记》，特别是"晚清的经济历史"和"民国经济史"，堪称中国近现代经济史研究的经典。其"洋务运动是个失败的工业化运动"，简洁而深刻。

杨小凯在宪政、基督教、土地所有权私有化、政治改革、民主与科学和自由、有限理性、哈耶克思想、企业制度诸多领域，甚至电子商务经济方面，撰写了具有原创性的带有真知灼见的文字。

2002年，在那场杨小凯和林毅夫就"后发劣势"和"后发优势"之争中，杨小凯提出如下思想：发展中国家倾向模仿发达国家的技术，而不是发达国家的制度，可以获得短期内经济的快速增长，但是导致"路径依赖"，最终影响长期发展和难以为继。至今依然具有理论和现实意义。

总之，杨小凯基于在经济、政治和社会领域，跨越东西方文化的思考和文字，已经远远超越经济学家的范畴，成为当代中国的思想家。

四

杨小凯不是经济学科班出身，却将古典经济学或者新古典经济学作为入门之路，完成微观经济学和宏观经济学训练，最终突破了新古典框架，构建了"新兴古典经济学"体系。杨小凯的经济思想有五个支点。

第一，经济学和控制论。1948年，维纳（Norbert Wiener, 1894—

1964)《控制论》(Cybernetics: or Control and Communication in the Animal and the Machine)出版，该书的副书名是"关于在动物和机器中控制与通信的科学"。从此，控制论被公认为研究生命体、机器和组织的内部或彼此之间的控制和通信的科学。1952年，在巴黎召开的世界控制论大会首先提出"经济控制论"概念。20世纪60年代初，维纳《控制论》的中文译本出版。"文化大革命"期间，不少年轻人思想资源匮乏，维纳这本书得以广泛传播，认为将控制论和某些学科结合起来，会形成新的思想突破。例如，金观涛试图用控制论来解释历史，提出超稳定结构。还有何维凌、杨小凯试图用控制论和经济学结合。1984年，杨小凯的《经济控制论初步》由湖南人民出版社出版。同年，何维凌（1945—1991）和邓英淘（1952—2012）合著的《经济控制论》作为《走向未来》丛书出版。之后，杨小凯出版了《经济控制理论》。对于杨小凯，经济控制论的真正意义是赋予他对于经济活动的系统性和控制方式的认知。

第二，经济计量学。1980年夏季，在美国著名经济学家克莱因（Lawrence Robert Klein，1920—2013）主导下，中国社会科学院在北京举办"经济计量学讲习班"，推动了中国计量经济学的诞生和发展。此后，中国陆续成立了计量经济学的专门研究机构。杨小凯正是在1980年通过参加中国社会科学院的计量经济学考试的机会，进入计量经济研究所。杨小凯对于经济计量学的理解和反应很快，编写和出版了《数理经济学基础》。[①] 杨小凯的计量经济模型，引起普林斯顿大学教授邹至庄先生的注意和帮助，杨小凯于1983年被普林斯顿大学经济系录取为博士研究生。杨小凯在选择博士论文方向时，深知选择数理经济学的困难，选择了新古典经济学中的课题。但是，杨小凯在数

---

① 杨小凯编写《数理经济学基础》，茅于轼审校，国防工业出版社，1985年出版。

理经济学领域的学习和研究,为他的经济学研究提供了重要的工具和方法。

第三,新兴古典经济学。杨小凯的经济学思想是以新古典经济学(neoclassical economics)为基础的。1890 年马歇尔(Alfred Marshall,1842—1924)出版的《经济学原理》(*Principles of Economics*),提出了新古典经济学的体系。之后的经济学教科书,都基于马歇尔的分析框架。从 20 世纪 90 年代,杨小凯开始突破新古典经济学,提出了"新兴古典经济学",并定义为"所谓新兴古典经济学,就是运用超边际分析(inframarginal analysis)的方法,将被新古典经济学遗弃的古典经济学的灵魂在一个现代躯体中复活"。① 至于"超边际分析",就是关于资源配置决策,选择专业和分工水平,将产品的种类、厂商的数量和交易费用等做分析的方法。边际分析和超边际分析的差别是:边际分析是特定专业空间内的"多与少"问题,属于连续和可导的经济现象;而超边际分析是在特定专业空间内的"是或否"问题,属于非连续和跳跃的经济现象。杨小凯试图从内生专业化水平的新视角,整合新古典经济学的多种相互独立的经济学理论,包括贸易理论、企业理论、产权理论、城市理论,以及宏观经济学。

第四,发展经济学。杨小凯的《发展经济学——超边际与超边际分析》是一本厚重的著作,在实现了发展经济学和古典经济学的融合方面做了原创性的努力,从微观和经济学机制上分析和论证分工是经济增长的源泉。他特别强调:技术进步是分工的结果,经济发展源泉内生化;资本用于适当分工模式和提高分工水平,会提高未来生产力;分工和景气循环之间存在一种内在关系,在一个高专业化水平、

---

① 杨小凯、张永生著《新兴古典经济学与超边际分析》,社会科学文献出版社,2018 年,第 14 页。

高分工以及高生产力社会中,景气循环将是经济常态。

第五,专业化分工理论。亚当·斯密是专业化分工理论的奠基者。"在近20年的工作中,杨小凯寻求重构亚当·斯密基本洞见的一般均衡经济分析。这个基本洞见是,在本质上,劳动分工是经济发展和增长的原动力。"[1]杨小凯试图借助现代分析框架,"复活可上溯至苏格兰启蒙派的一个核心思想:分工乃(政治)经济学之中心议题"。[2]

20世纪90年代早期,杨小凯的论文《基于专业化递增报酬理论——一种微观经济学方法》,将克鲁格曼、赫南·赫尔普曼(Elhanan Helpman,1946—)和埃塞(Wilfred John Ethier)在贸易理论的新认知,舒尔茨(Theodore W. Schultz,1902—1998)、阿马蒂亚·森、斯蒂格利茨、卢卡斯(Robert E. Lucas, Jr. 1937—)和罗默(Paul M. Romer,1955—)在增长理论的新思想,以及科斯、张五常(1935—)和阿莱西那(Alberto Alesina,1957—2020)的交易费用理论结合在一起,设定生产函数的新方法,刻画生产率和经济组织的关系,而不是简单的投入—产出关系,构建基于专业化递增报酬模型,而不是规模递增报酬,或者规模报酬不变的分工模型,作为一种微观经济学方法。杨小凯提出,通过专业化递增报酬模型,可以更好地探索分工和贸易依存度、市场结构、经济增长和城市化之间的紧密关系。[3]

1999年,杨小凯和黄友光(1942—)合著出版的《专业化与经济组织——一种新兴古典微观经济学框架》,以他博士论文做扩展,系统探讨了专业化经济与专业化不经济,专业化经济和交易费用,纳什

---

[1] 张五常等著《站在经济学的高坡上——杨小凯纪念文集》,中信出版社,2009年,第5页。
[2] 同上,第36页。
[3] 杨小凯著《基于专业化递增报酬理论——一种微观经济学方法》,社会科学文献出版社,2018年,第157页。

议价模型，贸易理论和发展经济学，企业理论和产权经济学，专业化和分工的分层结构，内生分工演进的机制，包括研究货币制度、企业制度和经济周期在内的宏观经济学，将专业化和分工理论高度系统化和理论化。

总体而言，在杨小凯的理论深处，即他所提出的改进边际分析理论的超边际分析的思想和理论深处，有着古典经济学、马克思主义和新古典经济学影响的痕迹。在杨小凯那里，"万事悠悠，分工为大"。①所以，杨小凯没有投入精力深入理解奥地利学派的边际理论的意义：从古典经济学强调的生产、供给和成本，转向关注消费、需求和效用，从否定劳动价值论到主张主观价值理论。

五

杨小凯的学术历史，起始于 20 世纪 80 年代初期，至 90 年代已经在世界级经济学杂志上发表多篇有影响的文章，成为国际经济学界有影响力的经济学家。杨小凯生命的最后十年，他的学术开始进入高峰。遗憾的是，这一切在 2004 年因杨小凯英年早逝而终止。

杨小凯去世之后，其经济思想有所延续，但是难以说得到发展。究其原因，不是因为杨小凯生前没有学术合作者，也不是因为没有学生。事实上，杨小凯非常重视对学生的影响，明白一个学派的理论需要成为教材和进入大学。在 1998—2000 年，杨小凯与人合作共出版了三本中英文教材。根本原因是生命留给杨小凯的时间不够长，他还在思考和酝酿的新思想没有来得及呈现，其经济思想的穿透力和辐射面不够，尚未形成可以传承的学派。不论是学术合作者，还是学生，

---

① 张五常等著《站在经济学的高坡上——杨小凯纪念文集》，中信出版社，2009 年，第 37 页。

都没有办法取代杨小凯本人。这样的情况，在人类思想史、艺术史和文化史上，多有发生。

不妨做一个假设，如果杨小凯健在，他会怎样发展他的思想？比较符合逻辑的可能性是：杨小凯会将他的新兴古典经济学、超边际分析方法，从工业时代的传统产业扩展到后工业社会的信息产业。1998—2004年是杨小凯的学术研究曲线上升最快的时候，恰恰也是IT革命全面兴起的时期，杨小凯对于这样的科技和经济大事件的关注和思考，几乎是必然的。但是，因为杨小凯的主要精力集中在构建他的新兴古典经济学体系，这样的惯性思维影响了他对21世纪新经济形态的研究。也许这是经济学家的一种传统，希望在一种经济和产业方式达到比较成熟的阶段，再引入经济学的分析。

如果杨小凯将他的新兴古典经济学、超边际分析方法应用到后工业社会的信息产业，这套理论和方法难以适应以数字技术为基础的信息产业，或者以观念产品呈现的非物质经济形态。

从经济哲学的角度，人类经济活动存在两类分工思想：其一是工业革命和机器生产所支持的分工思想，即亚当·斯密的古典经济学论证的分工，属于线性的、单维度和连续函数状态的分工；其二是后工业化和信息时代的分工，是多维度的分工，属于非线性的、离散和拓扑学所表达的分工模式。

杨小凯的分工理论没有超越第一种分工思想，即工业时代的分工思想。在工业社会，分工专指制造业生产的分工，是机器体系和物理体系决定的分工。分工被视为经济原点。机器分工的不断细化和专业化，推动劳动分工日趋精细化和专业化。处于被分工的劳动力长期被固定在一个岗位，并不需要了解其分工内容和技能。伴随工业社会的发展，标准化出现，物流进一步发展，企业间的分工形成初级产业链。产业链构成价值链的基础。杨小凯的分工理论，对于传统工业经济仍不乏理论与现实价值。

但是,对于信息和观念经济时代,以数字技术为基础的信息产业分工模式改变了,而且是颠覆性的改变。分工不是机器需要,而是劳动力所具备的知识和能力所形成的创新需要,属于智力种类和行业分工。进一步分析,分工决定的是智能,不再是物。分工更多地体现为一种知识、科技和观念构成多维度的分工网络观念产业,是一种人类创造活动,并不存在着分工的连续性,分工模式离散化,拓扑学模式替代函数模式。谁能说在量子信息和传统信息之间存在稳定的分工？或者在凡·高（Vincent Willem van Gogh,1853—1890）和毕加索之间存在什么连续性？

此外,先有科学技术化和技术科学化,再有产业和产品,最终形成基于科技主导的经济分工。经济决策主体已经不再是消费者和生产者,而是科技自身的演变,不是市场创造需求,影响传统经济的边际成本和收益机制,这与杨小凯所提出的"专业化经济和分工经济"已经大相径庭。更有挑战的是,在互联网加人工智能时代,在传统人类和智能机器人共存的经济活动中,传统分工发生断裂。

总之,在信息经济和数字经济生态下,杨小凯所提出的超边际分析方法面临更为深刻的挑战。

六

比较符合逻辑的假想是,如果杨小凯健在,他很可能选择修正和补充新兴古典经济学和超边际分析方法。我希望与他的讨论主要集中在如下几点。

第一,经济学理论框架。经济学是一个没有边界约束的学科,不存在"all in"的理论框架。经济学不是物理,难以造就诸如哥白尼、牛顿和爱因斯坦这样毋庸置疑的权威。不论是古典经济学，还是新古典经济学，都是多种经济学框架和方法中的一个学派，其在经济学上的地位被夸大了。杨小凯希望实现古典经济学分工理论和现代经济理论结合，形成一套完整的、包罗万象的、可以实证的"新兴古典经济学"，似乎是不可能完成的任务（impossible task）。如果说，新古典经济学是古典经济学的 2.0，已经相当勉强。但是，"新兴古典经济学"很难说是新古典经济学的升级版。杨小凯在这里有他的迷失。爱因斯坦的后半生都希望构建物理学领域的"统一场理论"（Unified Field Theory），终究没有完成。问题是，经济学毕竟不是物理学。

第二，经济学价值理论。古典经济学和马克思主义政治都主张劳动价值理论。杨小凯的新兴古典经济学的分工理论，深受劳动价值思想的影响。劳动价值理论已经不足以解释后工业社会的信息经济、数字经济，特别是观念经济。所以，现在需要重新认知和评估奥地利学派的主观价值理论和边际效应理论。

第三，经济学和科技革命。科技革命对经济行为影响至深。在过去半个世纪，IT 革命和互联网技术，以及之后的区块链技术，已经彻底改造了工业时代形成的产业结构和分工模式，科技不再附属于经济，而是主导经济。因此，以工业时代为参照系和实证对象的经济学本身，包括新古典经济学，要进行根本性的改造。

七

杨小凯是经济学家，也是人文主义思想家。杨小凯后半生都是在国外度过的，充满爱国情怀。杨小凯生命的最后几年，关注和研究新兴市场经济国家转型，特别是中国的制度转型。我多次想过，如果历史给予杨小凯更大的和可以施展他经济和政治理念的舞台，他的人生潜质得以发挥,他的生命会是怎样的精彩?杨小凯终其一生,拒绝媚俗,令人尊敬。

如今,与杨小凯在北京、普林斯顿、纽约、墨尔本的那些见面和交谈的场景,还是常常浮现在我眼前。杨小凯是我怀念的朋友。

实现县域经济空间转型和产业再造①

——关于山西盂县基于农业 1.0、工业 1.0 和文化 1.0 的多元化资源,构建新型经济增长空间的报告

2016 年 7 月至 8 月,北京大学、四川大学、台湾大学三校合作,以山西盂县梁家寨乡南沟和桃园钢铁厂为调研基地,组成"乡村和城镇空间转型联合调研组"开展"跨境实习:中国山西盂县桃园钢铁厂与梁家寨南沟工作坊"。参与的指导教师和学生,以及在地合作者,总计 30 人。② 经过为期 1 个月的田野考察和人文访谈,发现盂县具有农业 1.0、工业 1.0 和文化 1.0 的稀缺资源,如果将农业、工业和文化的三个 1.0 加以重构,可以形成突破原有城乡二元关系发展的新模式。③

---

① 本文系作者基于 2017 年 1 月 20 日、2018 年 8 月 16 日"中国乡村和城镇的空间转型——区域、产业、平台组合的理论、方法和政策选择",以及之后的工作坊综合报告《跨境实习:萎缩的县域经济和产业再造》。2017 年 2 月 20 日,时任山西省省长楼阳生对相关报告做了批示。
② 山西工作坊,包括北京大学、四川大学、台湾大学;在地协力单位:梁家寨乡政府和灯花文化团队。授课:朱嘉明、吴金镛、张圣琳;顾问老师:四川大学李伟老师、北京大学张天新老师。地点:山西盂县梁家寨南沟与桃园钢铁。时间:2016 年 7—8 月。
③ 2016 年 8 月 16 日,乡村和城镇空间转型联合调研组主持召开以"城镇与乡村空间转型"的国际研讨会。这个会议成功地活化了盂县未来发展的社会创新思维,并为盂县未来发展提供了一个多学科、多面向延展的平台基础,以及一个多元盒跨区域的互动网络。

历史不会熔断

一、盂县

1. 历史。盂县在远古时代即存在人类活动。20 世纪 50 年代，在土塔、獐儿坪等地发现了新石器时代遗址。1998 年，山西考古研究所在黑砚水河畔的庄只村附近一处洞穴内，发现旧石器时代人类活动遗迹，以此将盂县的文明史上溯到一万年以前。盂县有文字记载的历史，可以追溯到夏商时期。从尧舜一直到夏朝，山西——主要是晋南地区——成为当时华北的政治经济文化重心。① 中国著名历史地理学家谭其骧在《山西在国史上的地位》一文中提到，"山西在历史上占重要地位的时期，往往是历史上的分裂时期"。②

西周实行分封制后，盂属晋国。春秋中期至战国初期，白狄族在今县境内建立仇犹国。疆界西南接晋国，东北连中山国。周定王十二年（公元前 457），晋卿智伯灭仇犹，建立原仇城，归属晋国③。在仇犹灭国非常短的时间后，韩赵魏联合击败智氏，三家分晋，这一事件

---

① 夏商西周《史记·夏本纪》记载，"帝舜崩，三年丧毕。禹辞避舜之子商均于阳城……禹于是遂即天子位，南面朝天下，国号曰夏后，姓姒氏"。夏王朝，阳城是第一个都城。阳城，当在晋南。
② 战国时期，赵武灵王在山西进行了著名的胡服骑射改革。魏晋南北朝时期，大量北方游牧民族内迁，由于山西独特的地理条件以及内迁各族主动的政治文化改革，山西成为民族融合的重要场所。其中最为熟知的是北魏孝文帝的汉化改革。隋唐五代时期，山西曾数度为立朝基地。隋炀帝少时曾封为晋王和并州总管，晋阳也是唐朝的龙兴之地。明清时期晋商崛起，繁盛百年，山西引领了中国商业革命的浪潮。
③ 晋国的真正崛起是在春秋时期。晋文公进行了一系列改革，奠定了晋国的春秋五霸地位。这一时期，盂县的历史有一个重要节点——白狄族建立了仇犹国，国都即位于今盂县境内，都城遗址在县城中尚存。仇犹国位于晋国和中山国之间，特殊的地理位置决定了其在大国之间斡旋的方式。仇犹国史上最戏剧性的一笔是它的灭亡，堪称中国版特洛伊木马：由于其地势易守难攻，且与外界相通的道路崎岖不平，晋国的大臣智伯在设计攻打仇犹国时，就以为馈赠大钟的名义，要求仇犹国君修路，仇犹国君大喜，不顾忠臣的阻止，号令军民，开路搭桥，迎来的却是运送大钟的战车，晋国兵临城下，仇犹国不敌，灭亡。

被司马光定为中国社会分期的标志。从西汉至隋朝，盂县反复更名。明代到"民国"时期，沿用盂县。中华人民共和国成立后，恢复盂县建制。1983年9月划归阳泉市管辖。

2. 地理区位。盂县总面积为2 442平方千米，隶属于山西省阳泉市。盂县地处太行山脉，县境四周群山环绕，境内沟壑交错，河流纵横。盂县内部，白马山东西横亘，管头梁南北纵贯，把盂县分成东西两个盆地。县城城区位于较大的盂城盆地。北部滹沱河的一条支流一路向西，将石家庄、井陉盆地和阳泉盆地串联起来，从阳泉盆地向西可沿汾河进入山西腹地。县境四围，东瞰河北省平山县、井陉县，北仰五台县、定襄县，西接阳曲县，南连寿阳县、阳泉市郊区。

3. 气候和水资源。盂县处太行山之巅，既有纬度地带性气候，又有明显的垂直变化。地处中纬度地区，虽然距离海洋不远，但因山脉屏障，夏季风影响不大，属于暖温带、温带大陆性气候。春季干旱多风，夏季高温炎热，秋季凉爽多雨，冬季寒冷少雪，四季分明。盂县境内主要河流有滹沱河和温河。

4. 交通。境内交通以公路运输为主，拥有三条出省通道，一条国道，三条省道；县城位于县境东南部，距首都北京450千米，乘高铁约2小时可达；距省会太原108千米，乘高铁半小时即至。

5. 区划人口。2010年，下设8镇6乡1个城镇办事处，辖453个村民委员会、6个小区，共计约30万人，人口密度为每平方千米122人。汉族居民为主，26个少数民族居民有790人。

6. 风俗文化。盂县自古崇尚儒家文化，以"忠义"为荣耀。盂县方言以城关话为代表，有丰富的口音和读书音的差别，即文白异读。穿着服饰习惯因地域和气候略有差异而各不相同。传统饭食多为杂粮粗粮。盂县民宅讲究四合院，大多选取坐北朝南走向。盂县岁时习俗，主要包括节庆庙会的特色风俗。盂县礼仪习俗，主要包括婚丧嫁娶等诸多人生仪式的礼节。盂县民间称谓礼节，长幼有序，男女有别。

7. 宗教，以信奉佛教、道教为主，尤以佛教为甚。地方官府给寺院拨发专用土地，用以自养。基督教、天主教是在"民国"年间传入县境的，民间少数地方信奉两教。

8. 经济。1949年前，盂县主要经济部门是农业和小手工业。盂县农业由于水资源缺乏，自古以旱地耕种为主，山地偏多，形成了种植业、林业、畜牧业三大农业产业的格局。20世纪50年代，农村经济组织形态是互助组、初级农业生产合作社到高级农业生产合作社，并实施社会主义工商业改造。1978年之后，改革开放，全县国内生产总值迅速提高。其中，煤炭工业在盂县和阳泉占有重要位置。[①]1978年以后，煤炭开采仍是主要产业。

进入21世纪之后，盂县进入结构调整的裂变时期，农业结构向农、林、牧、副、渔转变。第一产业、第二产业得以发展，形成了一批以煤炭、耐火材料、磁材、化工、蓄电池等高科技含量的工业园。与此同时，第三产业兴起。民营企业进入扩展期。2015年，盂县仍然属于农业县，总人口为305 803人，社会从业人员为17.85万人，生产总值为1 243 224万元，人均GDP为42 999.2元，居全省第四，农村居民人均纯收入达到11 536元，城镇居民人均可支配收入达到26 318元。直到二十世纪末，盂县的经济结构、经济运行和社会发展，基本没有超越农耕时代人居环境1.0、建立在农耕社会基础上的传统文化1.0，以及传统工业革命基础上的工业1.0。

盂县的困境表现在：（1）从产业结构分析，经济增长正在失去产

---

① 北齐时期，原仇（盂县旧称）置局丞，为冶东西道署7个冶铁基地之一。1978年后，盂县煤炭产业带动相关产业发展，耐火材料工业、建筑、粮油加工、食品、印刷、化工等行业。

业体系支撑：农业部门停滞，工业部门主要依赖的是难以回归"景气"的煤炭产业，曾经支撑该县的冶金、机械、铸造、轧材、化工、建材、轻纺等加工工业全面衰落，服务部门依赖传统低附加价值的服务业。（2）与高新技术和互联网经济相关的创新经济基本没有进入盂县。（3）原本多种所有制的企业体系业已瓦解：国有企业数量减少，集体企业和乡镇企业基本消亡，唯有民营企业支撑着盂县经济。（4）缺乏投资主体：引进外资少有可能性，国有企业投资能力有限，民营企业投资萎缩。（5）财政前景堪忧，盂县财政税收处于实际的负增长境地。（6）城乡"一体化"渐行渐远：高速城市化加速了乡村全方位的"空洞化"。（7）形成新型"人口过剩"：城市化运动逼近"极限"，实体经济过剩，愈来愈多的农民工失去在城市的工作，返乡却没有维系稳定收入的基本条件。（8）乡、村两级行政权力"式微"。

二、农业 1.0：梁家寨案例

1. 地理环境和区位。梁家寨乡位于山西省阳泉市盂县北部，乡域面积约 239 平方千米。梁家寨南沟区深藏太行山腹地，位于梁家寨乡西南部，滹沱河南岸，为西南—东北走向的青石山沟。梁家寨乡境内沟岔较多，水源充足，饲草丰茂。滹沱河从滴流澄村流入乡境，自西向东横穿中部，至闫家庄村出省，境内流长达 28.5 千米。乡域气候温和，积温较高，年平均气温 15.4℃。年降水量为 550 毫米左右，无霜期 200 天以上。整个南沟区域生态完整，水源充足，沟多坡广，可耕地少，梯田是传统耕地方式。

2. 历史厚重悠久。早在三四千年前，梁家寨乡就有人类繁衍和劳动足迹。春秋战国时期，梁家寨区域是原白狄族的聚居地。① 公元前770年，白狄族开始迁入现梁家寨及盂县的其他区域。仇犹国被晋国所灭后，梁家寨乡一带归属晋国。后韩、赵、魏三家分晋，梁家寨一带归属赵国。自两汉至清末，梁家寨区域所属在州、县、乡间几经更迭，做过屯兵演武之地，也是逃避战祸的桃源。"民国"时期，梁家寨曾为军阀战争中的军事基地。抗日战争时期，梁家寨一带成为盂县的抗日根据地。20世纪50年代，梁家寨各村先后办起初级农业合作社，实行粮食统购统销政策，初级合作社转为高级农业合作社，成立人民公社。20世纪80年代，经济改革，废除人民公社。

3. 区划人口。2015年底，乡辖30个村民委员会。全乡总户数为4 579户，人口为10 850人，其中农业人口为10 251人，城镇人口为599人。乡政府驻地大崔家庄寺平安村距县城70千米。

4. 自然资源。乡域地下矿藏资源较为丰富。有花岗岩、石棉、长石、石英石、铜矿、铁矿等。其中，品种繁多的花岗岩储量近亿吨，具有很高的开采价值。境内水资源丰富，河流纵横，且有天然温泉资源。旅游资源包括群山、沟壑、河流、温泉、古村、名胜古迹和遗址。

5. 境内交通。朔黄货运铁路自西向东横贯中部，在滴流澄村建有货站。阳（泉）五（台）高速纵贯南北，在灯花村旁建有互通出入口。滹沱河上建有7座大桥。全乡实现了村村通硬化公路，交通便利。

6. 经济。以农业为主，主要农作物有柿子、谷类、土豆、玉米、花椒等，也有少量养鸡、养羊，供生产使用。20世纪90年代后，村

---

① 狄族起源于上古时期，分为白狄、赫狄和长狄。白狄分布于秦晋之间，之后东迁到太行山麓地区，即今山西省盂县东北部到河北石家庄周边地区，并建立仇犹国，后为晋国所灭。

民纷纷外出打工，农业人口逐渐减少。2000年后，部分村落屡次集资开发旅游业，因游客稀少而失败。

7. 村落。梁家寨内有5条较大的支沟，驻有御枣口、中岔口、大宋、灯花、猫铺、猫沟、东沟、桃园、土泉9个自然村，被称为"一沟五岔九村"。9个自然村总面积为51 728.98亩，合计3 448.60万平方米。梁家寨是直接从自然环境中建立的聚落，错落有致且独具特色，建筑保存完整，周边自然环境保存良好。

8. 信仰空间有观音庙、真武庙、孟婆庙和龙王庙等。其中，御枣口的仇犹观，目前建筑体系完整。① 在"文化大革命"时期，仇犹观为小学使用，遭到破坏。2008年左右，地方士绅维修恢复，目前仅有一位住持来管理此庙。仇犹观位于村子入口处，甫进入村子内便能望见仇犹观，前面更有一棵大树，居民平时都会聚集在庙埕前面的大树下聊天喝茶，也会聚集玩当地流行的纸牌活动，是为御枣口生活的一部分。每年3月23日、4月18日仇犹观举办赶集会，其为御枣口重要节庆活动。

9 建筑和院落。梁家寨村落布局依据自然地理分布，建筑无法套用典型建筑史的既定形式与构造范型，基本由祖屋开始沿着山坡发展开来。由于是山坡地建筑，该建筑物的总结构类似梯田结构，由三层平台构成，每一层均有个自楼层的建筑，且一、二层的靠山面为窑洞，洞顶部是上一层院落空间的一部分。

村落建筑并非典型四合院，并非中轴对称的阶层关系。而是以生活为主体，逐步修整环境，构建农耕生活的家园环境。图5.1是旧灯

---

① 主要建筑有泰山庙、玉皇楼、真武殿、天地庙、明灵大王殿、大王庙、伽蓝庙等12座。1961年《盂县县志》记载："仇犹观——今御枣口村东之泰山庙，据碑记原名为仇犹观，其始建不知何代。"

花村的崔生意兄弟家院落模拟图①。

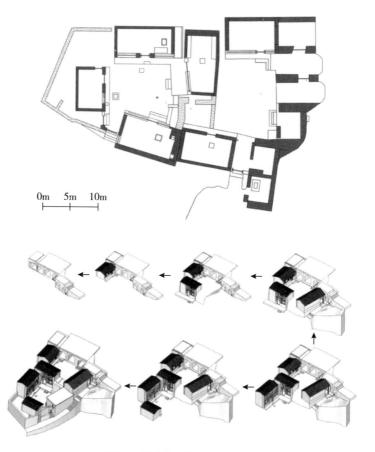

图5.1 崔生意兄弟家院落模拟图

目前,梁家寨村民的中青年基本流失,老年人成为继续居住的村民主体。农业大量农田荒芜,生产仅仅维持最低水平。原本的小型工业和小型第三产业,大体消亡。集镇建设、教育、医疗卫生几乎停

---

① 台大–川大–北大联合设计基地(2016),报告《跨境实习:乡村和城镇空间转型及产业再造》,山西盂县桃园钢铁厂与梁家寨南沟工作坊,第53页。

止。同时，周边山川环境因无人管理，植被持续遭到破坏。梁家寨村落普遍荒废，以越来越快的速度走向倒塌。村落房屋产权复杂，难以修复，有许多老房子，面临倾倒的危机，更处于塌陷的状态。目前，基本对旧房子采取消极保存的态度，人离开后任其倾颓。如此下去，在不久的将来，这些村落基本功能会彻底丧失，即使将来村民或者村民后代产生回归意愿，已无可能。① 与村落相关的数千年农耕文明将伴随此情形丧失前景。

乡政府基本无所作为。但是，现存的梁家寨仍旧体现了人与自然、人与山地的完美和谐，具有较好的文化遗产价值。与城乡差距形成反差，凸显"荒村美学"的价值。②

三、工业1.0：钢厂案例③

1. 地理位置。盂县桃园铁厂，占地面积为31.4万平方米，位于秀水镇东园村，县城东1公里处，离阳泉市37公里，交通便利。该厂早期位于盂县西边的三义庙附近，呈现自西向东的空间扩展渗透趋势，厂区的空间肌理非常有机，可以看出自然生长的痕迹和脉络。中期主要以炼铁为主，占有主要的生产空间。后期发展了炼钢技术，位于东面。整个厂区的物质化空间发展脉络是有迹可循的，是有机生长的。④

2. 历史。盂县桃园铁厂，始建于1958年。1959年，与盂县南关铁厂合并，统称为晋中地区盂县钢铁厂。1962年，调整国民经济时停产，工人精减返乡。1968年5月，在原桃园铁厂厂址上投资重建盂县

---

① 也存在盖新房屋的情况，形成旧房屋并存状态。
② "荒村美学"，即将荒村注入美学因素。
③ 我本人在2016年2月29日的盂县梁家寨南沟考察途中，发现了被遗忘的桃园钢铁厂。
④ 2016年8月16日城乡会议张圣琳老师简报。

钢铁厂，1969年12月底建成1座50立方米的炼铁高炉并投产。1972年，盂县钢铁厂移交晋中地区主管，更名为晋中地区钢铁厂。1983年至1998年，烧结机建成投产，改善了高炉炉料结构，并进行多次新建、扩建和改造，最终产能为30万吨铁，十八九万吨钢，成为炼铁、炼钢、轧材一条龙的小型钢铁联合企业。期间，政府先后引入唐山、天津等民营企业租赁经营。2008年最终停产，造成该厂停产和关闭的根本原因是：铁和钢价格下行，原材料特别是国内的铁矿石和进口铁矿石价格上涨，加之高污染和高耗能，持续严重亏损，无法跨越能源和经济转型的台阶。

3. 企业所有权。该厂的土地性质为国有土地。阳泉市晋盂钢铁厂现在归属阳泉市国土资源局管辖。就产权结构而言，经历了三个完整阶段，即手工业合作坊阶段、国有企业阶段和私人承包阶段。桃园钢铁厂的劳动力来源主要是农民转工人。

4. 生产流程的空间展现。桃园钢铁厂生产设备是非自动化的，需要劳动密集的生产工艺。从生产空间中，大致可以反映出来：原料车间→竖炉车间→烧结车间→高炉原料库→热风炉→炼铁高炉→炼钢生产车间→炼钢炉台→钢包→轧钢车间。

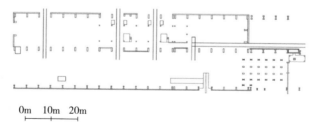

图5.2　钢铁厂单冻平面图

5. 生产链。桃园钢铁厂的原料来源主要是山西本地、印度以及澳大利亚，产品主要是销往河北，以及通过天津港销往其他省市和国外。钢铁厂生产链呈现出向全球空间分布趋势,体现了国际劳动大分工对盂县的影响。

6. 山西冶铁技术历史。山西矿产资源丰富。《山海经》中已经出现冶铁技术的记载。在春秋战国时期,出现了运用鼓风皮囊进行冶铁的记载。清末外资已经试图参与山西冶金业开发。[①] 1917年,山西筹办保晋铁厂,是20世纪初山西最大的民营企业,引入了现代高炉冶铁技术。1920年,阎锡山(1883—1960)提出"山西十年厚生计划"。[②] 1949年之后的前三个五年计划时期(1953—1970),国家对冶金工业的投资比重是在合理的计划调节之内,发展态势比较合理。1958年"大跃进运动"时期,发生以钢为纲的"全民大炼钢铁运动"。20世纪80年代山西开启能源基地建设,以资源优势的煤炭产业和冶金产业为中心。其他产业发展缓慢甚至停滞。

表5.1 山西冶金工业在基本建设投资中所占比重

时期	工业投资(亿元)	冶金工业比重(%)
"六五"时期	89.1	8.6
"七五"时期	177.3	10.6
"八五"时期	350.7	19.1
"九五"时期	608.4	4.8
"十五"时期	1 543.1	16.1

---

① 清末英国福公司于清光绪二十四年(1898—)与清政府签订《开矿制铁以及转运各色矿产章程》二十条,以一纸合同攫取山西平定州、盂县、潞安(今长治)、泽州(今晋城)、平阳府(今临汾)所属采矿、冶铁、转运之权。清光绪三十二年(1906—)春,刘懋赏、冯济川等爱国绅商着眼于"赎回矿权自办"的目的,禀请山西巡抚恩蕙棠创设保晋公司。"保晋",即保护山西矿产资源之意。最后,山西省矿产始得保全,而不为外人所攫取。

② 该计划案论述了政治与经济建设之关系,因经济建设的成功事关政治之稳定,所以阎锡山开始对山西炼油、钢铁、机器、电气、农林、林业六大行业提出具体的发展规划和方针,表明其对经济建设的决心。

7. 钢铁厂设备。1958年早期的设备，包括大炼钢铁时候的小高炉。目前最老的设备都是20世纪五六十年代的设备。这个钢厂的车间和设备，包括热风炉、高炉、热风炉，都是本厂工人建立；烧结机是从外面购买的；制氧设备也是本厂工人安装。目前大型设施部分仍按原貌保存。

8. 政府困境。目前政府所面临的难题是大面积厂房处于闲置状态，且企业仍有1 000余名在册正式工与800名农合工需要安置。[①] 山西省国资委、阳泉市政府、阳泉市国资委现没有有效处置方案。妥善安置这些职工，至少还需要十年时间。此外，钢铁厂还有拖欠承包民营企业的债务。阳泉国资委因为上述各类遗留问题，每年通过财政填补缺口。阳泉政府在短期内难以批准该厂"破产"选择。

9. 房地产业的威胁。因为政府一次拿不出这么多钱来解决这些农民工问题，房地产开发成为选项。钢铁厂厂区的土地是406亩。如果钢铁厂移平，用于房地产开发的土地价值可以达到1.2亿元。钢铁厂已经被房地产开发项目包围，最终被房地产商"围猎"的命运，难以避免。

1917年，盂县桃园钢铁厂启动山西钢铁工业1.0，如今即将百年。自1958年桃园钢铁厂开办到2008年彻底停产，历经过往疯狂而充满激情的年代，如今成为斑驳废墟。但是，历劫余生的桃园钢铁厂，已经成为稀缺的工业1.0在21世纪的历史切片。盂县桃园钢厂的兴起与没落，见证了山西钢铁工业的发展历程。所以，发掘盂县桃园钢铁厂的工业遗迹，丰富的历史与人文内涵，以及美学价值，有助于实现产

[①] 整体钢铁厂退休职员宿舍，朝气蓬勃，小孩平时会在篮球场运动，居民会在大楼门前广场，聚集聊天、玩牌。居住人口甚多，也不乏新生命，是一个很有生气的居住区。

业再造和解决工人再就业等社会问题。①

四、文化1.0：历史和"义"的传承

1. 盂县文化的历史积淀。山西盂县的文化沉积完整、博大、丰厚、本真、淳朴、神秘、庄重，有着清晰的历史演变层次和刻度。中华文明本体文化在乡村。中国人人生的重要环节，出生、开蒙、成家、立业、安葬，都在乡村中完成。乡村有祖屋、宗族、宗祠、礼法、耕读传家。中国文人也出自乡村，从乡试到殿试。

2. 盂县和"赵氏孤儿"。盂县是"赵氏孤儿"故事的发生地，经程婴到关公，形成了以"义"，进而以"道义"为核心价值的主体民族文化。盂县的民间信仰中，有136座"大王庙"，供奉赵武，以及衍生出当地一个独具特色的民俗活动，俗称赶老会，每年农历四月十五日举行。

3. 盂县和文圣与武圣。孔子与文圣相对应，关公成为武圣人。作为"义"的代表的关帝庙，在中国数量超过孔庙。主流文化的儒学包括仁义礼智信、礼义廉耻。民间文化则表现为忠义、结义。中华民族的核心价值是道义。最终，"义"与主流文化的儒学结合，成为仁义礼智信和礼义廉耻的重要组成部分。

4. 盂县文化资源的自然和文字记载。在梁家寨，千年古村为自然文化的范本。在文字方面，光绪年间出版的《盂县志》，包含了古地图（县治图、围城图等）。通过对古地图与现有地图进行迭图处理，

---

① 桃园钢铁厂具有较为丰富的影像数据，档案中的老照片呈现了曾经钢铁厂辉煌的冶炼场面，全厂概览摄影清晰展示了厂区现状的设施分布情况和状态。翻拍自1958年的《建筑学报》的照片，则提供了钢铁厂的建筑结构参考数据。更难得的是，1958年上映的《帅旗飘飘》电影，即以桃园钢铁厂为背景拍摄，至今留有完整资料。

可以提供诸多的历史线索。《晋盂现代名人谱》通过盂县历史名人事迹，显示盂县在近现代历史中的特殊价值。《盂县文史资料全集两册》则是当代人的口述史。

五、盂县三个 1.0 的互补性和盂县未来

盂县立足于本地历史、文化和市场资源，通过平台的方式，利用国内外多元化资源，构建新型经济增长空间，是一种历史性选择，不仅在山西，而且在这全国都有相当的典型意义。

1. 以 21 世纪的视野，重新发现盂县的价值。盂县拥有三个 1.0，即梁家寨代表的农耕社会 1.0，盂县钢铁厂代表的工业 1.0，以及盂县"义"为核心的传统文化 1.0。这三个 1.0 是山西省，乃至全国范围内的不可复制的"稀缺资源"。所以，盂县可以以三个 1.0 为支点，形成三个 1.0 的连接三角形的互补，完成从"点、线、面"到"多维空间"的转换，"物质资源和非物质资源"的新型组合，实现"时刻超越"，完成从"边缘"到"中心"的转变，构建未来经济和社会的"域定"，加快进入小康到准福利社会。

2. 梁家寨农耕社会 1.0。在中国和世界范围内，具有完整历史的"古村落"，多受到现代化元素的侵蚀和改造，格局遭到破坏，仅仅留下若干个有象征性的单独建筑物，已经名不副实。但是，梁家寨的"一沟五岔九村"，因多种原因，避免了现代化进程大规模"侵蚀"，没有水泥、瓷砖和现代建筑材料，唯一近代的东西就是玻璃、电线和当年人民公社广播站。21 世纪从来没有进入这个区域，这无疑是现代文明最为稀缺的现象，是一种"再发现"。

梁家寨南沟的村落群落属于"荒村"。这些村落是被农民自动遗弃的自然村，随着时间的推移，乡村的基本功能已经丧失，成了"荒

村",但是,尚没有成为"废墟"。整体而言,这些村落显现的是一种消失历史的物化凝聚,或者一种农耕文明的"冰封"。山、水、树木和植被的自然环境美学,传统而古朴的建筑美学,令人产生作为回归历史的领悟,产生悠闲和宁静的美好印象,构成独特的"荒村美学"价值,属于现代人缺失和寻找的稀缺资源。

梁家寨至今保留的农耕社会 1.0 面貌表现在:(1)依靠人力手工,以村落作为整体,建立农耕生活。(2)在自然环境中,直接质朴地应用自然材料,包括土、石、木,打造居所。(3)农耕生产与生活依然以人力与兽力为主,辅以简单水力,没有使用任何机械和机器。(4)农耕生产以自给自足为目的,并非追求市场交换价值最大化,未嵌入农业工业化与现代化进程。(5)小规模农耕和低度耕作,维持与自然环境的平衡关系。(6)以亲族与社会关系为基础,保持农耕社会的自力、协力、帮工的关系网络。

所以,农耕 1.0 可以提供的是如下稀缺资源:(1)贴合自然的初始价值,实现哲学的"天人合一",人与自然环境的平衡。(2)支撑生命的独立、个性和多样多元并存的价值。(3)应用自然材料,包括土、石、木,形成有机的、质朴的、不拘泥形式的建筑。(4)修复与永续式的生活。相较于现代山坡的建设剥削与掠夺式开发,这里的山坡地盖屋,创造与地形共存融合的聚落。(5)分享与共管公共空间:水井、石碾、石磨共享共管。(6)贴合自然的田园生活,配合以适度农耕节奏,家屋与聚落有机配置,构建无法复制的时空尺度。(7)小型农业经济,自给自足,并非追求市场交换价值最大化以及过多财富积累。(8)幸福指数。在这里,用极小的代价,就可以获得高幸福指数。饮食、生产、村落内部关系,各个村落环境相近,同时存在多元差异。总之,以极小的代价,简单的土炕、灶台、田地、村头小庙,即可实现低度的物质需求和高度的心灵满足,体会老子的"小国寡民"的价值，实现人居环境与社会文化的连续性调适，避免"现代化"造成的跳跃与断裂。

农耕社会 1.0 的空间转型过程，可通过调整人口结构，改善基础设施和提高教育质量，促进"核心 – 边陲"（core-periphery）和空间与社会的互动关系，建立新的"范式"（paradigm）。

3. 晋盂钢铁厂代表的工业化 1.0。当代的钢铁业技术高度自动化，主体属于技术密集的工业 3.0 时代。现在，因为广泛应用电子与信息技术和数码化，钢铁工业走向 4.0 时代。

直到彻底关闭，晋盂钢铁厂依然属于典型的工业化 1.0：（1）从厂房到机械设备集合体，没有实现自动化。（2）厂区扩张存在显而易见的随意性和布局的非合理性。（3）停留在劳动密集甚至没有进入资本密集阶段。（4）凝结了丰富的历史价值，1917 年阳泉建立山西第一家现代钢铁厂，即保晋铁厂，是 20 世纪初山西最大的民营企业。之后是 50 年代再次开始的以钢铁业为代表的工业化。晋盂钢铁厂具有承上启下的历史地位，承载了计划经济和"大跃进"的基因。（5）非重复性的美学价值。总之，因为不同历史条件和机遇组合而得以保存下来的晋盂钢铁厂，集中体现的工业化 1.0，成为一种稀缺资源，具有潜在的开发价值。

4. 以"义"代表的传统文化 1.0。盂县的文化和历史沉积，以及持久魅力集中在"义"的领域。盂县的"义"的文化地位具有唯一性。[1]

5. 盂县三个 1.0 的互补关系。现在需要从时空脉络之中，重新定义盂县基于梁家寨的农耕 1.0、盂县桃园铁厂的工业 1.0 和盂县"义"文化 1.0，它们不仅是特定的历史异常，不可再造的稀缺资源，而且形成的互补性，构成盂县再造未来的基础和前提。

---

[1] 陈凯歌改编《赵氏孤儿》，以利释义。桃园钢铁厂与桃园村是这古老文明的悲壮现实，已经荒败，锈迹斑斑，无言地立在那里。

图5.3 盂县再造未来构思图

6. 盂县政府的制度性和政策性支持。包括：（1）重新认识盂县三个 1.0 属于公共资源和公共产品，文化、历史、精神、非物质遗产的价值潜力巨大。（2）建立包括县、乡镇和企业在内的协调小组，创立"盂县空间经济转型基金"。开启梁家寨的"申遗"准备工作，纳入县级发展规划，并通过"县人大"提案方式加以保护。（3）引入"平台"模式。盂县通过建立平台经济，实现结构性变革，经济空间转型和产业再造，将盂县建成新型教育、文化、环境经济、旅游经济和农业经济的"高地"，与数位经济和互联网生态结合，有效超越地理和区域市场限制。创造时空效应，促进形成新型社区和社群。（4）全方位改善基础设施。

六、历史模式比较和选择

自洋务运动以来，中国为实现现代化，消除所说的"二元经济"（dual economy）的问题，有过以下几种实验模式。

1. 城市中心模式。通过城市化和以工业化带动城市化，吸纳周边农民。最典型的就是 20 世纪初期的上海模式：从一个乡村转变为亚洲大都市，并带动了长江三角洲的经济发展，突破了中国现代化转型的瓶颈。

2. 革命模式。共产党领导，通过土地革命，农民获得自主权利的模式。例如20世纪30年代的中国苏维埃的瑞金模式。

3. 基督教模式。最有代表性的是在传教士柏格理（Samuel Polland，1864—1915）努力下，1905年以贵州石门坎为基地，为苗族创建文字，翻译《圣经》，发展现代教育，建成了20世纪初期一直到30年代的文化和教育高地。

4. 传统文化模式。1930—1937年，梁漱溟以山东邹县为基地，试图将中国的传统文化和现代思想结合，通过教育农民入手，来改变中国农村的落后状态，实验新乡村改革。

5. 集体经济模式。20世纪50年代开始，毛泽东主导的从合作社到人民公社的历史性实验。典型案例为大寨模式，即农民通过自己的奋斗，试图靠农民自身的力量实现农业的现代化。

6. 吴江小城镇模式。费孝通（1910—2005）先生于1980年代初提出来的小城镇模式，完成农民就近就业和小城镇发展。

7. 深圳模式。深圳小农村变成大都市，根本途径是经济改革和对外开放，实现全球经济接轨。

以上的模式可以概括为两个思路：其一，依靠都市化和城市化来带动乡村的现代化；其二，焕发和刺激乡村自身的机制，实现乡村的进步和现代化，消除城乡落差。

现在需要探讨第三种思路。一个重要的思想资源就是"空间经济学"。① "空间经济学"中的以下几个概念具有借鉴意义：（1）空间绝对不仅是个地理和区域的概念，空间是超越地理和区域的。（2）如果说地理和空间是"空间经济学"的重要组成部分，这样的地理空间可以是连续的，也可以是不连续的，空间的范围可以不受行政区限制，

---

① 在过去的三四十年间，空间经济学已经得到了相当大的发展，重要代表人物是克鲁格曼，他是2008年诺贝尔经济学奖获得者，他第一次系统地把空间经济学做了根本性说明。

根据经济与社会发展而重新组合。（3）空间扩张可以突破城乡物理性和非物理界限，时间和空间成为不可分割的基本要素。

山西省的未来更大程度决定于县级经济。为此，县级经济需要设计和推进空间转型和产业再造。

横琴"数链计划"①

——推动横琴和澳门的深度合作

加快琴澳深度合作,对珠海横琴和澳门,乃至国家都具有重大的政治、经济和战略各方面的现实意义。本方案命名为"数链计划"(Digital Alliance Program)。"数链计划"的时间跨度为15年,从2021年至2035年,与《中共中央关于制定国民经济和社会发展第十四个五年计划和2035年远景目标的建议》《横琴新区总体发展规划(2021—2035年)》的时间区间一致。现报告"数链计划"要点如下。

1."数链计划"的定位。"数链计划"的目标是推动琴澳从深度合作到实现"一体化",将横琴和澳门作为亚太地区的数字经济中心,形成以横琴和澳门合作区为平台,以区块链技术为基础的数字经济网络,在国家"双循环"新发展格局下,促进科技、资本、信息、人才等创新要素配置,实现科技、经济、金融、社会、文化均衡发展,完成琴澳深度合作区肩负的改革开放任务和历史性跨越,探讨新的增长模式,推动新型全球化,建设共享型和普惠型经济,践行联合国可持续发展目标、助力人类命运共同体建设。"数链计划"立足横琴和澳门,形成基于数字技术,数字金融和数字经济的联盟,并形成面向内

---

① 本文系作者为横琴新区管理委员会2020年11月15日至18日举办的"第三届十字门金融周"会议的主题发言。

地和全球辐射的网络所形成的产业链、供应链和价值链。

2. "数链计划"实施的紧迫性。中美贸易摩擦,保护主义抬头,国际贸易冲突日渐激烈,全球经济体系和地缘政治格局迅速改变,全球化受到挫折,并波及中国香港和中国台湾,以及东北亚和东南亚地区。特别是新冠肺炎疫情对全球造成的危害超过预期。在这样的大背景下,"数链计划"的实施具有高度紧迫性:(1)有助于改变澳门产业结构单一的现状,推动经济适度多元化,发展新兴科技和特色金融等新产业。这样才能承受博彩业持续萧条和新冠肺炎疫情"后遗症"的影响,特别是正在形成的"就业压力"和很大概率会形成的"财政压力"。(2)有助于横琴制度创新,引进新的国际规则和国际标准,探索出具有全球发展可能性、可行性的商业模式,构建全球发展网络。(3)有助于通过市场和民间主导的方式,集结优质企业,扩展全球新市场。(4)有助于在当前的国际国内困境中,通过琴澳合作新模式,突破美国推动的对中国经济的新型封锁,实施"一带一路"的升级版试验。(5)有助于丰富"一国两制"实践,显示"一国两制"生命力。

3. "数链计划"与建构"数字经济创新集群"平台。2020年10月,加快数字经济、数字社会、数字政府建设,推动各领域数字化优化升级,积极参与数字货币、数字税等国际规则制定,塑造新的竞争优势,已经确认为国家中长期经济社会发展战略。

在世界范围内,尚未形成一个利用区块链技术创建的全方位数字化区域和平台,各国都在一条起跑线上。依托琴澳深度合作区,或者"横琴粤澳深度合作区"平台,不再是传统的以支持一个双边或多边市场的平台经济,而是集制度、区位、资本、金融和科技,特别是数字经济等优势于一身的新型平台。为此,横澳合作区需要通过向国家积极争取推动特许的金融基础设施,构建投资组合的核心优质资产,布局世界发展最具潜力的国家和地区。这样的新型平台兼有社区特征。"数链计划"如同"集结号",吸引来自内地和全球数字化的企业家、金融家、科学家,以及金融机构和企业,集结在琴澳深度合作区,共同建设"金融+科技"产业服务基地,形成支撑高质量发展的生态体系。

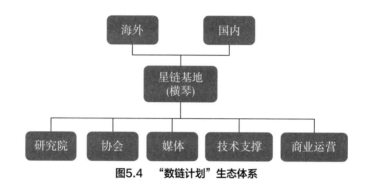

图5.4 "数链计划"生态体系

4. "数链计划"的制度创新。澳门作为特别行政区,具有较高自由度的自治权,属于自由市场经济,政府责任是保障自由竞争,避免垄断的营商环境。横琴具有作为珠海经济特区和广东自由贸易试验区的组成部分,横琴还是继上海浦东新区和天津滨海新区之后的第三个国家级新区,具有承担国家重大发展和改革开放战略任务的功能。① "特别行政区""经济特区""自由贸易区"和"新区"四个优势叠加,构成了琴澳深度合作区的制度优势。

但是,实现这种制度优势需要突破现行法律体系、经济制度和政策法规的约束,开启系统性体制改革和制度创新。(1)发挥《澳门基本法》赋予澳门不实行外汇管制,作为《关税和贸易总协定》成员,保持自由港地位、自由贸易政策,保障货物、无形财产和资本的流动

---

① 国家级新区是经国务院批准设立,承担国家重大发展与改革开放战略任务的综合功能区。国家级新区的行政级别通常为正厅级,部分为副省级。

自由等优势,拓展"一国两制"实践,实现"境内关外",将横琴建设为"一国两制"的溢出效应区域。(2)在实行国家现行法律体系的同时,协调和构建适应横琴和澳门长期深度合作的法律体系,扩宽经济特区立法空间,提升横琴的立法层次,引进在深圳实施的清单式法律授权。(3)探索和实践"深圳先行示范区"在法治权限方面的创新经验,凡是在改革过程中经过中央批准后对法律法规进行的调整、修改和废除,各部门都要做好指导和服务工作,充分保证这些法律法规能够相互衔接和顺利实施。加快修订和更新《横琴粤澳深度合作区条例》和《珠海经济特区横琴新区条例》等有利于衔接内地和澳门的法律性文件。(4)引进国际仲裁制度和判例制的法律制度,为投融资、贸易和跨境结算等提供法律服务。

5. "数链计划"的产业政策和产业结构设计。自20世纪90年代以来,澳门产业结构发生了根本性改变。一方面,制造业占本地生产总值比重急剧下降,从20%左右下降到不足1%;另一方面,博彩业及相关的旅游业构成了澳门产业结构的主体。2006年,澳门博彩业总收入超过美国拉斯维加斯,成为世界博彩业第一重镇。如果依据2009年8月国务院批准通过的《横琴总体发展规划》,横琴新区经济历史不过十年左右,产业结构相对简单,基本构成是金融业、旅游业、高科技产业。其中,金融业对GDP贡献显著。

"数链计划"包括对横琴和澳门的整体性产业政策设计。这对于长期处于自由市场经济的澳门是全新的课题。争取在"十四五"期间,实现琴澳深度合作区产业结构的全面和布局,实现高科技、新产业和新业态的融合,探索琴澳深度合作区经济增长的新模式。"数链计划"的产业政策包括这样几个重要方面:(1)在大湾区经济体系中寻找具有潜力的优势产业,推动战略性新兴产业投资和数字经济成为主导性产业,而不是将目前澳门或者内地的传统产业向横琴平移。

（2）在第三次产业中,重点是服务贸易和金融业。其中,服务贸易产业繁多,产业链长,市场容量大,且与金融业存在交叉活动关系。(3)在第二次产业中,扶植算力产业和医药产业,尤其是中医药产业。(4)完成产业结构的合理区位分布。

6."数链计划"的新基础结构。"数链计划"是以横琴为拓展空间,聚集相关产业、企业和服务机构,并以金融科技试验区为总部基地,需要符合新时代标准的物理场地,以及政务和商务服务系统。与此同时,澳门需要同步完成基础设施的更新。琴澳深度合作区的发展方向是实现数字化和智能化的高度融合。为此,(1)建设以横琴为基地,包括通信信息网络、计算系统、数据平台等为核心,覆盖数据的采集、传输与分发、存储与计算、挖掘与分析,保障数字经济活动正常运行的信息基础设施。(2)建设智能化市政基础设施,包括城市信息模型(City Information Modelling,CIM)平台建设、城市综合管理服务平台、智慧社区。为合作区的发展提供主动、精准、智能、高效的城市服务。(3)建设基于人工智能、5G、大数据、云计算物联网体系。

7."数链计划"的市场维度。2019年澳门人均GDP达到了92 492美元,位列世界第二。但是,因为澳门是陆地面积仅有32.8平方千米,总人口只有67.2万人的都市,消费市场规模有限。横琴因为常住人口过少,消费市场规模也很狭小。唯有通过旅游业和博彩业等第三产业,吸引内地和海外人口到横琴,以扩大市场规模。

未来的琴澳深度合作区,需要有市场化治理架构、完善的法律制度和良好的营商环境,以构建多维市场体系。(1)在消费市场方面:通过维持澳门人均GDP增长,支持澳门本土消费市场的稳定;增加在粤港澳大湾区、珠江三角洲的消费市场份额;拓展东南亚市场。(2)创建大数据为主体的信息要素市场和科技资源市场。(3)扩展以数字资产交易为核心的"新型资本市场"。

8. "数链计划"和科技创新基地。在20世纪80年代以前，澳门科学技术研究几乎是一片空白。直到20世纪80年代末期，澳门政府开始委托澳门基金会制订科技发展政策和协调科技工作。1988年，澳门政府设立了科学、技术暨革新委员会，制订本地区科学技术发展政策。澳门回归之后，澳门科技创新发展显著，但是，始终没有形成发展现代科学技术的基础，未能改变缺乏高质量科技人才的困境。横琴新区历史太短，打造科技创新基地的条件还在积累阶段。

在未来15年间，是否能够将琴澳深度合作区建设为科技创新基地至关紧要。为此应该：（1）参考《粤港科技创新交流合作安排》，成立琴澳深度合作区科技指导机构；（2）选择科技创新的领域和方向，明确创新科技定位；（3）提升研发投入占GDP的比重，实行非竞争性、竞争性"双轨制"科研经费投入机制；（4）吸引国内外高校、科研机构设立技术转移基地；（5）推动建设数字产业领域的国家和省级实验室、重点实验室、工程研究中心、技术创新中心、制造业创新中心、产业创新中心、企业技术研发中心、国家质检中心、产业计量测试中心等科技创新平台、公共技术服务平台和大型科技基础设施建设，参与粤港澳联合实验室建设；（6）建立科学技术研究机构，支持科研机构、高等院校、企业参与建设有关平台和设施，培养和引进高端科研人才，选择和确定某些基础科学领域；（7）着力发展战略性新兴产业技术，推动科技产业化，加快制造业企业网络化、数字化、智能化升级发展；（8）基于区块链技术实现对知识产权的保护。

9. "数链计划"和与时俱进的特色金融。琴澳金融业规模较小，业态单一。金融业的创新发展空间很大。澳门特别行政区在回归20周年之际明确做出发展特色金融的战略选择。目前，澳门提出的特色金融，并无确切的定义，需要与时俱进。根据2000年以来全球经济数字化新态势，上海、深圳与澳门在金融资源和市场分工的趋势，特别是澳门金融市场发育在亚太地区的空间，澳门的特色金融的核心应是数字金融。琴澳深度合作区金融创新的内涵包括：建立包括区块链技术的新基础结构，全面开放数字金融，形成完整的数字金融生态体系，支持琴澳深度合作区建设，使得消费者和企业成为数字金融的受益者。

为此，琴澳深度合作区需要尽快完成《珠海经济特区横琴新区金融发展条例》等金融制度创新和法律性安排，落实2018年珠海金融局与澳门金融管理局签订的《珠澳合作备忘录》，实现横琴与澳门在金融法律体系和监管制度领域全面对标，形成统一的法治化、国际化的数字金融市场，支持具有创新技术含量的数字金融产品，削弱美元霸权的影响力。

以下若干方面需要尽快纳入规划和实施的日程：（1）实现琴澳金融基础设施和相关数据的互联互通，最终建立一体化的琴澳金融体系。（2）推动澳门离岸金融市场与横琴为前沿的跨境金融市场（跨境结算、跨境融资、跨境投资等）的联动性发。（3）落实《粤港澳大湾区规划纲要》和澳门特区政府2020年施政报告提出的在澳门建立"以人民币计价结算的证券市场"。（4）参与筹划"大湾区数字货币先行区"，推动数字人民币在港澳区域开放，创建吸纳滞留于中国台湾和亚太地区的人民币存款的机制。（5）参照国际先进经验，实施数字金融牌照试点；推行数字银行、数字资产交易等数字金融牌照试点，创建数字资产交易所、基于区块链技术的新型证券交易所；设立（粤港澳）数字资产备案中心。（6）探索建立接受全方位监管的非主权数字货币交易平台。（7）扶植澳门债券市场，开展数字债券、数字保险的开发与试验，选择绿色债券、不动产投资信托基金（REITs）等产品试点。在适当的时机向中央申请，将部分省级外债指标，交由澳门执行。(8)开发数字金融衍生品,包括基于中药材的数字期货市场。(9)探索商业银行发放的贷款用途不受内地《贷款通则》的限制。(10)深化金融科技合作,参与推动移动支付工具在大湾区互通使用。(11)探索成为联结遍布世界的数千种"区域货币"的节点。(12)建立横琴和澳门金融管理局联合办公体制,强化金融创新和金融安全治理。同时,引进金融科技数字监管沙盒。(13)建立私募股权投资基金跨境投资试点,推进合格境内有限合伙人(Qualified Domestic Limited Partner,QDLP)和合格境内投资企业(Qualified Domestic Investment Enterprise,QDIE)业务试点,支持深度合作区内私募股权投资基金开展境外投资。

此外,筹划澳门币数字化。长期以来,香港货币采取与美元联系汇率制度(与美元绑定),澳门货币采取与港币联系汇率制度(间接与美元绑定),这种做法增强了港澳货币的国际信誉,为其发展国际业务创造了重要条件,但也使其货币政策自主性空间被严重束缚。与港币相比较,澳门币具有不与美元直接挂钩和规模较小的优势。根据《澳门特别行政区基本法》第一百零七条:澳门特别行政区政府自行制定货币金融政策,保障金融市场和各种金融机构的经营自由,并依法进行管理和监督。澳门币可以首先采取转为直接与人民币挂钩,或者与一揽子主要国家货币结构性挂钩方式,进而实现数字化转型。最终,提高琴澳深度合作区数字金融在国际金融市场的影响力,建设基于数字金融的国际金融交易中心。

10."数链计划"和国际特色金融中心经验。"数链计划"所构想的琴澳深度合作区在2035年成为继香港、新加坡、伦敦和纽约等传统国际金融中心之后的数字国际金融中心。为了实现这样的目标,一些新型的、特色的国际金融中心的经验尤其是制度设计经验值得参考,例如阿布扎比国际金融中心(Abu Dhabi Global Market,

ADGM）。该中心是 2013 年依据阿布扎比酋长特定的内阁决议和特定法律成立，位于阿联酋首都阿布扎比市的 Al Maryah 岛。ADGM 为主权金融自由区，系直接向阿布扎比政府内阁（Abu Dhabi Executive Council）报告的独立政府机构，由董事会负责运营管理，下设商务注册局、金融服务监管局和 ADGM 法院。根据 ADGM 相关文件，其优势包括：所有制形式、税收环境、法律和监管、基础设施、高效流程和程序、世界一流的机构与顾问。其中，最为重要的是前三条：在"所有制形式"方面，允许 100% 外资的控股，灵活所有制和组织架构；在"税收环境"方面，零税率直至 2065 年，无须扣税，不限制利润汇回本国，避免双重税收协定数量不断增加；在"法律与监督"方面，独立司法管辖区，直接使用普通法，提高法律确定性，可根据需求灵活修改监管规定，独立的阿布扎比国际中心法院，使用标准格式的交易文档，以提高效率。

学习阿布扎比国际金融中心经验，突破法律体系的限制是前提性条件。琴澳深度合作区需要着手探索在横琴区内划定适用普通法的"飞地区域"，作为建设国际金融中心所在地。《中华人民共和国立法法》第十三条规定，全国人民代表大会及其常务委员会可以根据改革发展的需要，决定就行政管理等领域的特定事项授权在一定期限内在部分地方暂时调整或者暂时停止适用法律的部分规定。为此，澳门特别行政区政府需要向全国人大申请在"飞地区域"内暂停中国法律的实施，适用英国或美国普通法，并将"飞地区域"完全交给澳门管辖，由澳门决定"飞地区域"并主导奠定"飞地区域"内国际金融中心架构和基础。

11."数链计划"和发挥"自由贸易区"与"CEPA 服务贸易协议"优势。自 2015 年开始，横琴属广东自贸试验区的三个片区之一，享有在投资便利化、贸易便利化、金融创新、人才管理创新、税收管理等方面的制度性创新和政策措施。澳门自 2020 年 6 月，开始实施商务部与澳门经济财政司共同签署《关于修订〈CEPA 服务贸易协议〉的协议》（以下简称《协议》）。所谓 CEPA（Closer Economic Partnership Arrangement），即亲密伙伴安排。该《协议》梳理汇总了自 2015 年《CEPA 服务贸易协议》签署以来内地在服务贸易领域的最新开放措施，在金融、法律、建筑等多个领域进一步取消或降低对澳门服务提供者的准入门槛，放宽对自然人流动、跨境交付等服务贸易模式的限制措施，更为澳门人士在内地执业提供便利。总体而言，CEPA 是一个高标准的自由贸易协议，实施目标是逐步取消货物贸易的关税和非关税壁垒，实现服务贸易自由化，促进贸易投资便利化。截至 2019 年 8 月，中国共有 18 个自贸试验区。如果琴澳深度合作区依据 WTO 和"一国两制"规则，将广东自贸试验区和澳门 CEPA 安排加以结合，有效实施国务院确定的"一线放宽、二线管住、人货分离、分类管理"分线管理原则，很可能在众多的自由贸易区中成为新的高地。党的十九大报告指出，赋予自由贸易试验区更大改革自主权，探索建设自由贸易港。澳门已经是国际自由港。琴澳深度合作区需要创造条件成为继香港和海南岛之后的自由贸易港。

更为重要的是，琴澳深度合作区要以新加坡作为参照系，支持亚洲甚至全球的数字经贸融合协同发展。

12. "数链计划"的实施实体。实施"数链计划"，需要一个包括制度创新维度的经济实体。在国际实践中，新加坡"淡马锡"（Temasek）模式具有一定的借鉴价值。我们需要建立一个琴澳版的"淡马锡"。

新加坡的"淡马锡"模式吸取了卡特尔和辛迪加的历史经验，属于"国家资本主义"性质，可以概括为"国有化资本、市场化运营、多元化管理、国际化发展"，其运行是成功的。"淡马锡"值得借鉴的有如下设计和经验：（1）股东结构。"淡马锡"虽然是新加坡财政部独资的三大国家资产投资主体之一，但是，在法律层面属于私人有限公司（Temasek Holdings Private Limited）。其唯一股东为新加坡政府财政部部长（法人团体），也就是国家通过私人法人团体控股。（2）董事会主导公司治理架构。（3）全方位产业覆盖，投资范围涵盖金融、能源、交通、地产等行业，投资标的包括电信、航空、地铁、电力等几乎所有领域的重要大企业。（4）商业原则和投资方向。"淡马锡"是一家遵循《新加坡公司法》规定而成立的商业性投资公司。强调实质重于形式，长期利益胜于短期利益，并把机构置于个人之上。组合投资方向集中在转型中的经济体、增长中的中产阶级、显著的比较优势、新兴的龙头企业。（5）与投资组合公司的关系："淡马锡"不参与其业务决策与运营。

珠海市有关部门和民间机构就如何参照"淡马锡"模式组建横琴-澳门合资投资控股公司，形成了一些初步思路和设想。近期与横琴新区成立科创母基金；中期参与推动澳门金融业基础设施建设，利用国际自由港优势向国际化拓展；远期打造全球财富基金，促进横琴-澳门成为世界级离岸金融中心。

琴澳深度合作区借鉴"淡马锡"模式，最大的现实意义是：（1）突破内地和澳门两地的法律和体制限制，为"一国两制"提供新的思路。（2）丰富"一带一路"经验，用"淡马锡"模式推进海外投资机会。（3）产生经济效益，累积财富，支持琴澳深度合作区的长期可持续发展。

13. "数链计划"与人力资源开发。建设琴澳深度合作区，需要解决科技人才和其他专业人才短缺的问题。琴澳深度合作区的国际金融中心建设中，最大的短板无疑是人才。在目前环境下，短期内大规模引进高级专业人才的可能性非常小。可由琴澳深度合作区牵头，组建各方参与的类协会机构,广泛联络机构和人才。在具体的措施上,主要出路是:(1)在琴澳深度合作区积极营造更具活力的人才环境,不断拓宽人才绿色通道。(2)尽可能引进国际一流的专业人才。探索完善外籍高层次人才居留便利和紧缺人才职业清单制度。(3)鼓励和实施企业博士后站办学自主权。(4)对本土专业人才给予相应的关怀和重视。对高级管理人员和核心人才,在子女入学、购买境内外保险公司认可的保险产品、医疗保障、申请人才公寓和个人所得税等方面给予优惠政策。(5)科技人才交流、科研攻关协同、科研资金流通等方面先行先试。(6)推动旅游、医疗卫生、建筑等专业领域认可香港专业资格。(7)构建多层次人才引进和培育体系,支持职业技术学院与职业训练局探讨合作发展职业教育实训项目,并吸引粤港澳学生进行职业实训实习和相互交流。

14. "数链计划"和新媒体、新文化与新社区建设。"数链计划"的实施需要商业创新、科技创新、制度和政策创新,面临复杂的商业和地缘政治环境。因此,琴澳深度合作区需要专业的舆论引领和舆论支持,将现代媒体和文创机构/人才引入横琴,打造以琴澳为基地的新型媒体和文创平台,势在必行。与此同时,琴澳深度合作区需要重视和启动文化建设。澳门是一个成熟的商业社会,具有深厚的文化底蕴。珠海融合中国传统文化和西方文化,源远流长。所以,琴澳深度合作区需要融合澳门和珠海的文化传统,逐渐演变为一种包括多元、包容、信任、合作、发展等元素的特质文化体系,加快配套文化基础设施的建设。此外,伴随琴澳深度合作区人口,特别是科技和金融专业人口的增加,与物联网和智慧城市的结合的专业型新型社区建设势在必行。

15. "数链计划"实施步骤和机构保障。世界经济与政治正进入剧烈变化和不确定的历史时期,金融科技发展加速,世界级金融机构正在转型，全球金融市场面临大转型，越来越多的国家将数字经济和科技纳入国家战略。所以，现在制定的"数链计划"所面临的窗口期是相当短暂的。

2021年是关键一年。实施"数链计划"，要两条腿走路，跨越三个阶段。"两条腿"是：在当前珠海市和横琴新区的决策范围内，在现有政策下，迅速成立相关主体，推动相关业务；同时，在全球视野下，根据国家发展大局，提出政策改革建议，进行制度创新。"三步走"是：首先在横琴建立经济主体，引导金融科技、数字科技、硬科技、新型文旅、媒体咨询等优秀企业进驻，充实横琴产业内涵和服务体系。其次，运用澳门的制度优势以及深度合作区的政策创新优势，打造数字经济的国际平台和高地。最后逐步辐射全球。

为推进"数链计划"实施，建议成立包括横琴和澳门政府部门、民间咨询机构、企业代表所组成的联合工作小组。联合工作小组设顾问委员会和专家委员会。联合工作小组在横琴和澳门建立常设办事机构。

总之，推动和实现琴澳深度合作的主要目标包括：（1）建立"两个循环"的结合部。（2）扩展澳门发展的新空间，支持澳门长期稳定繁荣。（3）建立新的科技、金融和产业基地。（4）形成具有创新主导能力、国际引领能力的经济模式。（5）对珠海和内地产生"溢出"效应，不仅使得澳门居民，而且使得更多的内地居民成为受益者。

附录　横琴金融业的未来发展应该坚持数字化和低碳化[①]

横琴新区智慧金融研究院主编的《横琴金融产业 12 年发展历程》问世，值得庆贺。

12 年前，横琴只有一家农信社分社。历经开发建设，横琴金融成功跨过摸索期，迈入高速发展的成长期，到现在已经构建起由传统金融业务和新兴金融业务融合发展的丰富金融生态。《横琴金融产业 12 年发展历程》展现了这样的历史过程。横琴金融产业的发展也是中国特色社会主义道路发展的一个缩影。如今，横琴站在粤澳深度合作前沿，聚焦数字金融、高新技术、医疗健康、文化旅游、绿色产业等方向，正在形成一种新空间视角下适宜澳门经济多元发展的良好生态环境。加快横琴粤澳深度合作区建设，不仅对珠海和澳门，而且对国家都具有重大的政治、经济和战略现实意义。

横琴金融业的未来发展方向应该坚持走数字化和低碳化的路线。进入 21 世纪 20 年代，国家中长期经济发展战略的方向是要加快数字经济、数字社会、数字政府建设，推动各领域数字化优化升级，积极参与数字货币、数字税等国际规则制定，塑造新的竞争优势。未来的区域发展经济不再是双边或多边传统市场模式，而是集制度、区位、资本、金融和科技为一体的经济系统。其中最重要的历史性任务是：在"双碳"（2030 年碳达峰，2060 年碳中和）目标指导下，实现碳中和成为系统性的转型工程，金融体系承担着资源配置和风险管理等重要功能。横琴粤澳深度合作区作为中国人均 GDP 最有潜力的地区之一，建设绿色金融科技基地，在产业方面根据碳中和目标进行设计和

[①] 本文系作者于 2021 年 6 月 9 日为横琴新区智慧金融研究院主编的《横琴金融产业 12 年发展历程》所撰写的序言。

建设，率先成为粤港澳大湾区甚至全球的零碳经济示范区，是一种历史使命和责任。

　　该书完整地归纳了横琴金融的发展历程和阶段性成果，对横琴12年来金融产业实现的跨越式发展做了总结；展现了横琴金融行业发展业态，从传统金融业务到数字金融、绿色金融等新金融范式，可以说横琴金融的发展体现了数字时代下金融业的革新；向读者展现了横琴金融领导班底实现的多个"全国率先"、先行先试的制度创新案例，建立了具有横琴特色的金融创新改革样本，这是值得称赞的。同时，本书对横琴金融业概括、横琴金融创新案例、横琴金融支持政策、横琴金融发展大事记等进行了展示，可以说是了解横琴金融的最佳手册。

　　这本言简意赅的手册告诉读者：在过去12年，横琴基于特殊的定位和切合实际的发展目标，建立了适应性强、开放性强、可塑性强且风控能力强的政策和监管体系；充分把握了金融创新、技术创新的激变时代，建立了富有活力的金融科技生态。横琴金融的发展，充分体现了金融服务实体经济的功能，培育了一批优质企业，为琴澳产业多元发展实实在在赋能。

　　继往开来，随着横琴迈向高质量的成长阶段，横琴粤澳深度合作区可以通过引进新的国际规则和国际标准，探索出具有全球发展可能性、可行性的商业模式，打造与国际规则高度衔接的、在岸离岸互动的金融营商环境，构建全球发展网络。同时通过市场机制，集结优质企业，扩展全球新市场，推进在横琴粤澳深度合作区建设以人民币计价结算的证券市场。这也有助于在当前的国际国内困境中，通过横琴粤澳深度合作区丰富"一国两制"实践，深化"一带一路"的影响。

　　当前，横琴的发展面临新的机遇，横琴金融也将进入新的阶段。我们注意到，横琴金融相关部门正在为新的发展打下扎实的基础，尤其是人才体系的建设。在这方面,横琴可以提高人才吸引政策力度,加强琴澳人才间的交流,支持深合区人才储备。

横琴在数字金融领域有自身的建树,需要进一步提高专业人才水平和数量,建立金融科技通识教育的认证培训计划,从金融板块和数字科技入手开发真正解决目前行业痛点的技术培训。这样使得应届生可以通过认证培训拥有金融科技从业能力,中高层企业干部可以更好地理解技术对金融服务的作用和影响。通过持续引入专业研究机构、高校、企业等参与共建开放性产融人才服务平台,为澳门发展培养高层次、创新型、国际化的现代化专业人才。

时至今日,中国面临百年未有之大变局。"前沿、挑战、实践"将是横琴金融业发展的主题。希望横琴在促进澳门经济多元发展的道路上跑出横琴速度。这是更高起点上的再出发,也是迈向未来的新探索。

解析深圳"奇迹中的奇迹"[①]

深圳造就了一种辉煌,一种耀眼的、甚至梦幻般的辉煌。李罗力[②](1947—)以"筑梦辉煌"作为他探讨和总结深圳发展历史的书名,实在是准确的提炼。

一、《筑梦辉煌》的宗旨:完成对深圳"奇迹中的奇迹"的"解码"

李罗力新著《筑梦辉煌》,开宗明义提出在过去的40多年,深圳创造"奇迹中的奇迹":"中国改革开放40多年来,全世界都公认中国是世界经济发展史甚至是人类经济发展上的'奇迹',那么毫无疑问,深圳在40年时间里从一个只有2、3万人的边陲小镇,发展成为今天在中国乃至在世界都居于领先地位的拥有将近1 800万人口的现代化特大城市,其发展就是'奇迹中的奇迹'"。数据也证明了为什么深圳创造了"奇迹中的奇迹":"1979—2021年的43年里,深圳GDP年均增长率为26.31%,远远高于全国平均9.47%的增长率,是全国平均水平的将近3倍,也是全国43年来发展最快、增长率最高的城市"。期间,深圳完成对国内一线城市北京、上海、广州等城市的追

[①] 本文系作者于2022年9月6日为李罗力著《筑梦辉煌》一书所撰写的序言。
[②] 李罗力,1947年出生,经济学家,曾任职于国家物价局、深圳市人民政府、中国(深圳)综合开发研究院。

赶和超越。

"2021年深圳按1 756万的常住人口计算,人均GDP已达到17.46万元,按现行汇率计算,约合2.71万美元。这个水平已经超过了世界大部分国家的人均GDP。""如果按2020年全球各国GDP排名来看,深圳的经济总量应该位于以色列之后,在全球204个国家中排名为第29位。"或者说,"深圳这样一个城市的经济总量,已经超过了全球175个国家的GDP。而且这样一个城市的经济总量,占整个世界经济的经济比重已经达到0.48%左右"。

所以,怎样"站在中国发展的角度乃至世界发展的角度来分析深圳、研究深圳、破解深圳发展奇迹之谜,已不仅是中国的话题,也成为世界的话题"。李罗力希望通过《筑梦辉煌》超越"深圳经验"和"深圳模式"的概括与描述,而是完成深圳"奇迹中的奇迹"的"解码"。

二、《筑梦辉煌》的核心内容:解析深圳"奇迹中的奇迹"

李罗力在书的绪论中,将"解码"概括为三个部分:解码一,即造就深圳奇迹的十大直接性要素,解放思想、体制改革、对外开放、市场经济、政府作为、民营经济、企业研发、金融资本、营商环境和创新环境;解码二,即深圳奇迹的奠基者,或者核心团队;解码三,即深圳奇迹和创新发展之路。

在解码一的十大直接性要素中,有三个要素特别值得深入思考。

第一,"解放思想"。在李罗力看来,因为通过那个时代的"解放思想",深圳具有了"灵魂"。这是深圳创造发展奇迹的"最大秘诀"所在。因为在深圳,"解放思想"40年来的践行不止,深圳还形成了"深圳精神",包括"大胆探索、敢想敢干、敢为天下先"的精神,"拓荒牛精神""来了就是深圳人"的精神。如果加以提炼，深圳是一个以"思想解放"为原动力，形成丰满的"深圳精神"，最终凝结了特有的"深圳灵魂"。所以，深圳在几乎一无所有的一片土地上，建立了以"移民群体"和"移民政府"组合的"移民城市"。而"移民群体"曾经都是"寻梦者"，这在中国改革开放史上是唯一的案例。

"解放思想"仍旧具有重大现实意义，应该是"中国继续前行的起点"，而且是"人类发展过程中永恒的生存状态"。

第二，"对外开放"。"对外开放"本身就是中央要设立"深圳经济特区"的"初心"，是"深圳经济特区"本身的"题中之意"。因为实施对外开放，深圳从1979年至1999年的20年，"累计引进66个国家和地区的外商投资项目23 608个，协议外商投资金额298.39亿美元，实际使用外商投资金额200.45亿美元。投资总额1 000万美元以上的项目有763个，其中3 000万美元以上的有109个、1亿美元以上的有18个。世界最大的500家跨国公司有超过十分之一在深圳投资。外商投资规模仅次于上海居全国第二。在外商投资整体规模中，外商直接投资占75%"。此外，外商投资还创造了大量的就业机会。1999年对7 590家外商投资企业的年检统计，外商投资企业从业人员超过100万人。进入21世纪，中国加入WTO，深圳不断展现对外开放的新格局。

在深圳对外开放的历史过程中，"香港对深圳特区的建立和发展'居功至伟'"：香港不仅是中国引进外资的第一来源地，成为整个中国20世纪八九十年代与国际投资接轨的媒介，也是打造深圳经济特区"一枝独秀"的重要因素，香港成熟的市场经济体制，为深圳大规模引入外资提供了"成功示范"。

对外开放是深圳特区的生命线，是所谓的"牛鼻子"。所以，深圳必须实施持续的经济体制改革，构建市场经济，发展民营经济，改善营商环境。所有这些,说到底都是为了适应对外开放的要求。现在,中国对外开放的前沿需要打造新的"深圳样本"。

深圳的奇迹证明:改革、开放和发展,是中国过去40年实现经济高速发展的三个支点。其中,开放是前提,改革是手段,发展是结果。1992年,邓小平南行到深圳,反复讲的就是这个道理和逻辑关系:"不坚持社会主义、不改革开放,不发展经济,不改善人民生活,只能是死路一条"。李罗力在书中这样写道:"邓小平南行的根本意义,就是要打破当时笼罩全国的沉闷、困惑、僵化、压抑和'左'的思潮,用这些地区通过对外开放所取得的巨大成就事实,呼唤和推动中国改革开放的继续前行。"

第三,"金融资本"。该书第八章的章名是"金融资本:创造深圳奇迹的血脉",从某种意义上说,没有深圳的金融资本,就没有深圳奇迹。自20世纪80年代开始,深圳创造了中国金融史上多个"中国第一",包括外资银行准入,公开发行股票,制定证券管理条例和法规,楼宇按揭贷款,银团贷款全国范围办理离岸业务,建立期货交易所、中外合资银行、资金公开买卖的货币市场、外汇经纪中心、外汇调剂中心、地方性股份制商业银行、与国际金融标准接轨的深圳金融结算中心、证券公司、股份制保险企业。总之,深圳承担了中国金融领域改革开放、创新和发展的全方位先行者角色。

如今,深圳已发展成世界级的金融科技之城:形成银行业、保险业、股市、基金和资本市场的完整金融产业体系和多层次资本市场体系。期间,深圳实现了金融科技化、科技金融化的转型。其中,风险投资发展迅速,资本市场驱动产业转型升级。

2019年,金融业增加值占同期GDP的13.6%。2019年"全球金融中心指数"(GFCI)中,深圳进入全球十大金融中心行列。

三、《筑梦辉煌》的贯穿主线：深圳创新的环境、路径和模式

创新是《筑梦辉煌》的贯穿主线。在第一篇中，除了第十章专门讲"创新环境"之外，在第七章、第八章都有相当篇幅讨论创新。之后，第三篇再次变化角度讲创新的历史和未来。全书所涉及的创新，可以归纳为以下几个方面。

第一，创新环境。李罗力称"创新环境"是深圳奇迹的"腾飞之翼"，并从7个方面描述了"创新环境"的形成和构成：（1）引进人才。这是深圳奇迹的"成功之本"。从20世纪90年代开始，深圳出台一系列吸引人才的重大举措，使得1995年后每年进入深圳的人才几乎都出现爆发式的增长。（2）发挥高等院校的作用。1983年经教育部批准，建立深圳大学。1993年深圳建立深圳高等技术职业学院。但是，2010年后，深圳缺少大学，特别是没有名牌大学的局面正在以令人难以想象的速度彻底改变，形成"疯狂"建立新大学现象。① 与此同时，深圳还重建了"深圳虚拟大学园""深港产学研基地"，以"一园多校、市校共建"模式，走出了一条多元主体协同创新发展道路。（3）深圳"高科技交易会"是高科技发展的里程碑。（4）深圳高科技产业园区。按照国家级高新技术开发区的标准，坚持"统一规划、统一政策、统一开发、统一管理"的原则来建设市高新区。（5）知识产权保护。深圳的知识产权创造多项国家第一。（6）"创客之都"。深圳为鼓励和支持年轻人创新，提供了"创客空间"。"一方面，深圳以独

---

① 2011年，深圳南方科技大学正式开学；2015年，香港中文大学（深圳）成立，成为深圳与著名高校合作的第一所大学。至今，深圳市已开办15所高校，全日制在校生已达11.23万人。深圳还在筹建中国科学院深圳理工大学、深圳海洋大学、深圳创新创意设计学院、深圳音乐学院、深圳师范大学等新高校。

特的创新环境和政策优势,吸引着大量的创客来此进行创业;另一方面,大量创客的集聚所产生的创意碰撞、共鸣和'裂变效应',将使深圳这个'创新之都'闪耀出更加迷人和灿烂的光芒。"(7)"文化+创意"产业。这是深圳创新发展永不枯竭的动力。

第二,创新主体。在国家范围内,民营企业是中国科技创新的主力军。在深圳,民营企业是"产品和产业创新"主体。早在1987年深圳政府率先出台了《关于鼓励科技人员举办民间科技企业的暂行规定》和《深圳经济特区民间科技企业登记注册办法》,在全国第一次定义"民间科技企业是指科技人员自愿联合投资,从事科技开发及其有关的生产、销售、咨询服务等经营活动的企业"。而且在全国第一次规定"技术入股":"科技人员可以以现金、实物及个人所拥有的专利、专有技术、商标权等工业产权作为投资入股,并分取应得的股息和红利。"

正是深圳市政府这些重要的政策文件,使得深圳的民间科技企业"井喷式地发展起来"。民营企业成为研发投入、吸引研发人员、承担重大科技项目的主力军。2020年,深圳的民营企业中,国家级高新技术企业超过1.4万家。全市73%的授权发明专利、80%以上的创新载体和国家高新技术企业都是民营企业。"深圳不仅涌现出腾讯、华为、比亚迪、大族激光等一批行业龙头民营企业,还孕育出一大批细分领域的行业冠军。""企业研发机构建设的跨越式增长,夯实了企业乃至全市自主创新能力进一步提升的基础。"在战略性新兴产业方面,民营经济对经济增长的贡献率超过50%,成为名副其实的"主引擎"。2018年,深圳前十家大企业获得的国际专利是上海全部专利的十倍。在深圳,有发展的动力、有竞争的压力,企业在自主创新的链条上成为"驱动器"。"深圳民营经济与整个特区城市一道,生于改革,源于开放,成于创新。"

为什么民营企业存在无穷无尽的创新动力，根本原因在于民营企业的产权清晰、权责明确，民营企业家有着追求创新和资本增值的巨大动力。①

所以，在20世纪80年代中期，深圳就有了民营的"先科公司"和"中兴科技股份公司"。后者后来成为在世界有影响的高科技企业。

第三，创新模式。深圳创新模式可以概括为：构建以市场为导向，以企业为主体，以全国高校和科研院所为依托的技术开发体系，实现科技与经济融合，形成"新型研发机构"。2015年7月《中国质量新闻网》发表了关注深圳诞生"新型研发机构"的文章：这些新型研发机构指的就是由华为、腾讯、中兴、迈瑞、比亚迪等一大批蜚声中外的明星企业所创办的民办非企业类科研机构。进而解析了"新型研发机构"："既是大学又不完全像大学，文化不同；既是科研机构又不像科研院所，内容不同；既是企业又不完全像企业，目标不同；既是事业单位又不完全像事业单位，机制不同。"按照李罗力的说法，"新型研发机构"是以多主体的方式投资，采取院校与政府、企业共建，或者企业自建等多样化的模式组建，企业化的机制运作，以市场需求为导向，主要从事研发及其相关活动，投管分离、独立核算、自主经营、自负盈亏的新型法人组织，在运作方式上，打破传统科研机构的"铁饭碗"。

第四，创新目标。深圳40年，一路走来，经历了1979—1985年初级加工阶段，1985—1993年深圳的科技兴市阶段，1993—2003年

---

① 书中引用并赞同张思平的观点："在深圳1.12万家的高科技企业中，几乎95%以上都是民营企业和外资企业，国有企业比重很小。为什么？是深圳不重视国有企业高科技的发展吗？是国有企业不想发展高科技吗？绝对不是的！我认为，民营企业作为深圳高科技的主体是深圳发展过程中历史的选择和民营企业的优势所决定的。"

深圳高新技术产业突飞猛进阶段,以及2003年开始的推动自主创新阶段。

纵观深圳经济发展"奇迹",就是从1980年的初级加工为基本产业,至1984年初步形成电子、石油化工、食品轻纺、建筑材料和精密机械的工业体系,再到2002年成为门类齐全的世界工厂。之后,开始进入为以高新技术产业,进而自主创新产业为主体的发展道路。期间,1992年邓小平南行,成为深圳发展高新技术产业的历史性拐点。自此,深圳开始调整优化产业结构,特别是把发展高新技术产业作为经济发展的新突破口,高新技术发展成为深圳产业发展的重点,高新科技园区在政府的强力主导下快速发展扩大。深圳形成在现代金融、现代服务业和现代物流业支持下的,以计算机和通信、电子、生物技术产业为重点的高新技术产业体系。电子信息产业是深圳高新技术产业的第一大产业。

2015年前后,深圳再次从世界工厂走向世界创新中心,开始成为国家乃至世界的创新资源集聚中心。一方面,最近几年,深圳国家、省、市级的重点实验室、工程实验室、工程中心、企业技术中心等创新载体总数累计超过千家,有力支撑了深圳科技创新体系;另一方面,国际创新资源也涌入深圳,将会对深圳的创新发展发挥更加出色的引领作用。

简言之,深圳已形成以企业为主体的创新格局和创新生态,进入科学引领的创新复合型精密高迭代产品时代。深圳创新和高科技的互动模式,产生了持续和巨量的"溢出效应",推动涌现出新的产业带、新的增长极,传统产业转型升级和附加值提升,全要素生产率显著提高,从外延式向内涵式转变,实现从经济高增长走向经济高质量发展,完成从"速度深圳"向"效益深圳"的跨越。

四、《筑梦辉煌》的历史"正名":关系深圳命运的几次争论

本书的第二篇《解码二:为深圳腾飞的奠基者"正名"》,包括第十一章和第十二章,涉及关系深圳命运的几次争论的真实历史。

为什么要"为深圳特区的早期发展'正名'"?李罗力写道:很多著作都提到深圳作为经济特区的设立过程,但是对于深圳早期发展(主要是从1979年到1985年)几乎很少有比较详细、系统和深入的论述。甚至在很多学者眼里,认为这一时期是深圳"走错路"的一段发展过程。特别是,几乎都没有对深圳特区成立后最重要的一个群体、深圳经济特区最重要的奠基者、曾担任深圳市委和市政府的主要领导进行应有的分析和评价。"所以我在自己的这本书中,将对于深圳早期的发展要写上浓重的一笔。重要的是,我要为长时间以来理论界中许多人都认为深圳最初几年的发展是'走错路'的过程'正名',还原其真实的'清白'。"在这些文字的背后,可以感到李罗力对这个群体的那种深深的尊敬和情感。

为什么要纠正深圳1979—1985年发展是"走错路"的看法?因为不符合"深圳早期发展工业的真实历程"。1981年以前,深圳人才、资金奇缺,没有工业基础,基本不具备投资环境,引进的外资企业大部分是"三来一补"企业,其次就是县办为本地农业生产和生活服务的市属企业,再次就是内地早期进来自办和与深圳联合创办的企业。要在这样的基础上大办工业,十分不易。所以,时任市委书记兼市长梁湘为尽快打开局面,首先要绘制一个近期工业发展路线图。1982年5月,深圳经济特区发布《1982—1985年工业发展纲要》。之后,梁湘和班子成员决定集中统一开发通路、通电、通水、通电讯,各种设施要配套齐全的工业区,建设一批一般工业都适用的标准厂房,为工业生产提供基本的条件。进入1985年,深圳工业由内向型向外向型

爬坡。为工业持续高速发展孕育了后劲，创造了"外引内联"模式。至1984年，深圳已初步形成工业体系，包括电子工业、石油化工工业、食品轻纺工业、新兴建筑材料工业和精密机械工业。

但是，"梁湘对发展先进工业可以说有一个很深的情结"，主张学习美国"硅谷"和中国台湾"科学园"。1985年，深圳高新技术产业起步，并召开第一次科技工作会议。

可以肯定的是：深圳特区应该办成什么样子，在当时，谁都不知道，也没有任何先例可循。1981年到1986年，梁湘主政深圳五年，那是深圳最艰难的五年，也是深圳承受上下压力最大的五年，更是深圳积累了一个城市发展基础的五年。在深圳不知驶向何处时，梁湘用行动回答了特区的发展方向问题。在深圳建立了市场经济的框架，对深圳经济发展提出"三个为主"，即产业以工业为主、资金以引进外资为主、产品以外销为主。[①]

1984年邓小平给深圳题词："深圳的发展和经验证明，我们建立经济特区的政策是正确的。"之后人们开始比较客观和正确地认识深圳。1985年新加坡总理对深圳的发展充分肯定。到1986年，从中央决策层到国家主要部门对深圳经济特区的态度发生根本转变。在这样的背景下，1987年后邓小平一再为深圳"平反"。

在深圳发展历史上有过三次大争论。第一次大争论发生在1981年，争论焦点是"特区到底是不是租界"？第二次大争论发生在1986年，争论焦点是"特区发展是不是靠内地输血"？第三次大争论发生在1993年，争论焦点是所谓的"特区寻租"论。因为这三次大争论关乎意识形态和深圳发展方向，影响甚大。所以，该书不仅回顾了三次大争论的来龙去脉，而且做了深入剖析。

[①] 邹旭东著《梁湘在深圳1981—1986》，2018年10月，《序》（邹尔康），第2页。

关于第一次大争论，许多内地主流媒体指责特区引进港商成片开发就是"租土地是给国外资本家"，提供土地和变相"租界"，剥削我国劳动人民。甚至说，深圳除了罗湖桥头还挂着五星红旗，其他都是资本主义。1984年1月邓小平视察深圳并为深圳题词，肯定了深圳发展方向，平息了有关深圳是否是"租界"的怀疑和斥责，结束了第一场大争论。

关于第二次大争论，规模更大、影响更广、讨论更激烈。1985年5月，当时香港中文大学亚洲研究中心学者陈文鸿（生卒年不详）在香港《广角镜》第152期发表文章《深圳的问题在哪里？》，主要论述深圳经济特区发展"走错路"，是不成功的，没有达到中央办特区的目的，走向一个必然失败的方向和道路。这样的舆论给深圳特区的建设和发展带来了巨大的负面效应，将1984年邓小平题词推上被肯定"高峰"的深圳经济特区，重新陷入被质疑、被非议、被责难的境地，影响到中央决策层对深圳特区的看法和相关政策。直到1986年，这场大争论悄然平息。"从1986年特区工作会议开始，对深圳经济特区的基调就有了很大的改变，再也不提1985年那次对深圳严厉的批评和指责了。"①

关于第三次大争论，源于1994年3月学者胡鞍钢（1953—）经由新华社以内参形式上呈中央的一份报告，他罗列了深圳自20世纪80年代以来的各种优惠政策，认为"特区是特权"，是"国中之国"，是靠"剥削内地""经济寻租""政治寻租"发展起来的。时任深圳市委书记厉有为，首先以接受专访的形式做出回应，之后引发轰动全国的"厉胡之争"。至1995年秋天，《深圳特区报》先后写了三篇评论，针锋相对地辩驳胡鞍钢。最后一篇是厉有为亲笔所写，名为《棍子向谁

---

① 李罗力特别指出，"我认为这是一个到现在都还没有破解的谜"。

打来？》。在人们看来，第三次大争论的核心为如何认知特区特殊优惠政策？是否要取消特区特殊优惠政策？李罗力的观点是，取消特区优惠政策是个伪命题。深圳特区是从一个一穷二白的边陲小镇开始，中央不给钱，赤手空拳"杀出一条血路来"，成为一个与国外经济相连接的"桥梁"和"窗口"，只有依赖特区特殊优惠政策。或者说，初期的深圳特区唯有凭着特区的优惠政策，吸引大量的国内外资金、国内外优秀企业、国内外技术、国内外各方面人才以及国内外各种发展资源，汇聚深圳。如果没有当年的优惠政策，就不可能有今天深圳成功的一切。

最后，李罗力希望读者注意："第一次大争论是彻底平息了。今天不会再有人提到深圳是搞'变相的租界'和深圳是'搞资本主义而不是搞社会主义'了。但是第二次大争论和第三次大争论的阴影（主要是第二次大争论）却如我在第二节结尾时所说，实际上已长期存在于理论界和相当一部分人的脑海中。"

五、《筑梦辉煌》的方法：实现经验和理论的结合

20世纪的后20年，世界大变局，冷战结束和全球化兴起，中国开始改革开放。进入21世纪，全球经济格局和政治秩序发生持续的改变。深圳作为中国最成功的经济特区，处于前沿，其40多年的发展历史，可以折射世界与中国过去40年的演变过程。所以，解读深圳，其实是一个复杂工程。或者说，深圳就是最典型的"复杂经济学"案例，包含了太多的维度、视角和拐点，太多的内生变量和外生变量的交换关系，太多的思想、政治和经济的交集。

所以，没有可能通过有限数量的学术著作完成对深圳如此复杂的经济体进行历史的解读。

李罗力的这本《筑梦辉煌——解码深圳腾飞的奇迹》做了非常有意义的尝试，将其30多年在深圳发展和演变过程的直接经验、近距离的观察和亲身的感受，与经济学训练所学到的理论加以结合，最终形成其独特的分析框架。在这个框架中，可以容纳深圳的40年经济演化历史、宏观经济政策和企业微观运行、市场经济的自由本性和有为政府的作为，特别是，经济与政治的互动关系、执政党的作用。此次我在深圳，李罗力专门将他2014年出版的著作《历史的沉思——中国改革开放与中国共产党》送给我。在某种程度上，这本《筑梦辉煌——解码深圳腾飞的奇迹》是《历史的沉思——中国改革开放与中国共产党》核心思想的延伸。

李罗力于1988年春节落户深圳，至今已经34年。在该书中，李罗力常常以第一人称插入自己与深圳的故事、经验和感受，以及当时和现在的评论，形成与读者的直接和真实的交流。李罗力对深圳的情感和为深圳所做的贡献是值得尊敬的。

李罗力与我成为朋友是20世纪80年代早期，那时李罗力还在南开大学。之后他到国家物价局工作，我在国务院技术研究中心，我们一度都在北京月坛北小街三号楼办公。自1984年莫干山会之后，我们交流增加，从未间断。2000—2003年，我在联合国工业发展组织，与李罗力和深圳综合研究院开启了"世界最有创新活力城市的全球网络"项目，向中国引入"创新集群"概念。此外，李罗力创立"马洪基金会"，我们又有了新的交集。

我为可以为李罗力这本《筑梦辉煌——解码深圳腾飞的奇迹》作序，实感荣幸，学习甚多。感谢李罗力给我这样的机会。理解中国需要谦卑，即使对于我们这代人，也是一个毕生的课程。如今，我们都已经过了"随心所欲，不逾矩"之年，彼此更是珍惜如此漫长的情谊，"君子之交淡如水"的情谊。

关于建立上海浦东新体制经济区的几点看法[①]

目前（指1988年），我国的经济发展正在进入一个新的阶段。一方面，社会主义商品经济正在迅速向前发展，另一方面，世界经济对我国经济发展的影响也越来越显著。所有这一切变化以及它们今后的趋势都迫使我们不得不正视这样一个问题：我们必须建立一个以商品经济的制度、秩序、原则和手段为主的全国性经济中心，以促进我国经济发展的进一步深化，推动我国参与更广泛的国际竞争。简言之，中国经济的发展需要有中国自己的"纽约"。无论从经济地理还是历史的角度看，包括上海旧市区及周围地区在内的大上海区域是建立这个经济中心的最佳选择。

发展社会主义的商品经济和进一步参与国际竞争都要求这个经济中心主要应该是全国商业、对外贸易和金融业的中心。考虑到实现中央最近提出的沿海发展外向型经济的战略需要和1997年之后香港地位的变化所可能带来的结果，该经济中心的建设将具有突出的战略意义。

由于历史和体制的原因，曾经是全国多功能经济中心的上海不仅基本丧失了原有的作用，而且在很多经济和社会问题的困扰下呈现持续衰退的势头。新中国成立后多年的重新建设使上海几乎完全变成了一个工业城市，贸易和金融等城市功能已基本退化，三十多年的计划

[①] 本文系作者于1988年3月24日就浦东开发问题撰写的阶段性总结报告。

经济更使这个城市陷入牢固和严密的旧体制当中。因此，期望通过对老上海的改造，使其在近期内重新发挥全国多功能经济中心的作用，不仅成本巨大，而且几乎是不可能完成的。使大上海区域重新成为全国商业、对外贸易和金融业中心的途径是另辟新区。其中，开发浦东是一个较为可取的方案。

开发浦东地区具有以下几点明显的意义：第一，为上海地区的经济机体注入新的活力，防止上海经济衰退和城市老化势头的进一步发展。第二，在长江出海口建立一个实现外向型经济模式的战略基地，可加快我国经济发展的步伐。第三，实行新体制的浦东经济区，势必推动原有上海经济体制的改革，并为在全国建立社会主义商品经济制度进行有益的尝试。

根据新经济中心的作用要求和以往对外开放的经验教训，开发浦东最根本的是要解决体制问题，而不仅仅是优惠政策和包括"七通一平"在内的物质条件。开发浦东以及今后整个新经济区的运行都要以商品经济的原则为原则。因此，要强调用全新的体制、全新的观念、全新的人马、全新的方法去开发浦东，应将旧体制的干扰减少到最小。应该着重指出的是：建立以商品经济为原则的新体制，是吸引国内外资金共同开发浦东的决定性因素，是浦东经济区开发和运行成功的最重要资源。

开发浦东新区可以首先着重于地理位置较佳的小块区域（如陆家嘴），而不必一开始就考虑整个地区的基础性开发的总投资，商品经济的运行规律将使整个浦东区的开发进入自动、持续发展的进程。另外，起步阶段的配套性基础设施建设也要选择重点。目前看来，最为重要的有三项：第一，沟通浦东与浦西的交通设施；第二，整个上海地区（包括浦东、浦西）的通信系统；第三，浦西的几个码头泊位。对于上述基础设施的建设，可以采用国际流行的各种灵活方式，尽量直接利用外资，根本无须国家财政大笔投资。

开发浦东还要注意以下几个具体问题：（1）按社会主义商品经济的原则建立新的管理体制和组织机构。（2）建立完整的、符合商品经济发展的法律制度和有效的执法机构。（3）浦东最终目标是自由贸易区、自由港区。（4）允许在浦东建立各种银行和非银行金融机构，也允许外资金融机构从事经营活动，逐步建立影响华东乃至全国的货币市场和证券市场。（5）允许在浦东实行土地包租、发行国内外债券等方法筹集开发资金。（6）参与浦东开发和在浦东从事经营活动的中外企业应享受同等的优惠待遇。（7）在浦东新区建立适应商品经济发展的公务员制度、劳动人事制度、社会福利保障制度和灵活的户籍制度及出入境管理方法。

有关负责同志对开发浦东早有指示，不少专家、学者对此问题也提过很多设想。到目前为止，开发浦东还依然处于"预可行性研究"阶段。究其原因，主要有四点：第一，对此项工作的意义认识不够，主动性不强；第二，没有形成若干成熟的方案可供比较；第三，囿于靠自己花钱搞基础开发的旧框；第四，也是更为突出，没有具有很权威的专职组织机构负责筹划整个开发事宜。因此，开发浦东的第一步就是要提高和统一对开发浦东的全国性意义的认识，明确上海作为全国性经济中心的主要功能，树立运用新体制开发浦东的指导思想，组建规划与实施于一体的权威机构，同时授权机构负责人统筹整个开发事宜，使建设新体制经济区的工作尽快进入正常轨道。

第六章

科技革命、区块链和元宇宙

"我们正处在人们迄今所知的最大的技术革命之中,这一革命在我们日常生活的风气中远比新石器时代的农业变革或早期的工业革命更深刻,当然也更迅速。"

——查尔斯·珀西·斯诺(Charles Percy Snow,1905—1980)

AIGC 加速逼近科技"奇点"进程[①]

——媲美新石器时代的文明范式转型

数字时代:"代码即法律"（Code is law）。
——劳伦斯·莱斯格（Lawrence Lessig）

智能时代：向量和模型构成一切（Vectors and models rule it all）。
——朱嘉明

2022年，在集群式和聚变式的科技革命中，人工智能生成内容（Artificial Intelligence Generated Content，AIGC）后来居上，以超出人们预期的速度成为科技革命历史的重大事件，迅速催生了全新的科技革命系统、格局和生态，进而深刻改变了思想、经济、政治和社会的演进模式。

第一，AIGC的意义是实现人工智能"内容"生成。人们主观的感觉、认知、思想、创造和表达，以及人文科学、艺术和自然科学都要以具有实质性的内容作为基础和前提。所以，没有内容就没有人类文明。进入互联网时代后，产生了所谓专业生产内容（Professional Generated Content，PGC），也出现了以此作为职业获得报酬的职业生

[①] 本文系作者于2023年2月为杜雨、张孜铭著《AIGC：智能创作时代》所撰写的"代序言"。

产内容（Occupationally Generated Content，OGC）。与此同时，"用户生成内容"（User Generated Content，UGC）的概念和技术也逐渐发展，由此形成了用户内容生态。

内容生产赋予了 Web 2.0 的成熟和 Web 3.0 时代的来临。相较于 PGC 和 OGC、UGC，AIGC 通过人工智能技术实现内容生成，并在生成中注入了"创作"，意味着自然智能所"独有"和"垄断"的写作、绘画、音乐、教育等创造性工作的历史走向终结。内容生成的四个阶段见图 6.1。

图6.1　内容生成的四个阶段

第二，AIGC 的核心技术价值是实现了"自然语言"与人工智能的融合。自然语言是一个包括词法、词性、句法、语义的体系，也是不断演进的动态体系。代表 AIGC 最新进展的是由 OpenAI 公司开发的 ChatGPT。其中 GPT 取自 Open AI 的生成式预训练 Transformer 模型（Generative Pre-trained Transformer）系列。它完成了机器学习算法发展中，自然语言处理领域的历史性跨越，即通过大规模预训练模型，形成人工智能技术理解自然语言和文本生成能力，可以生成文字、语音、代码、图像、视频，完成脚本编写、文案撰写、翻译等任务。这是人类文明史上翻天覆地的革命，开启了任何阶层、任何职业都可以以任何自然语言和人工智能交流，并且生产出从美术作品到学术论文的多样化内容产品。在这样的过程中，AIGC"异化"为一种理解、超越和生成各种自然语言文本的超级"系统"。

第三，AIGC 的绝对优势是其逻辑能力。是否存在可以逐渐发展的逻辑推理能力是人工智能与生俱来的挑战。AIGC 之所以迅速发展，是因为 AIGC 基于代码、云计算、技术操控数据、模式识别，以及通过机器对文本内容进行描述、分辨、分类和解释，实现了基于语言模型提示学习的推理，甚至是知识增强的推理，构建了坚实的"底层逻辑"。不仅如此，AIGC 具备基于准确和规模化数据，形成包括学习、抉择、尝试、修正、推理，甚至根据环境反馈调整并修正自己行为的能力；它可以突破线性思维框架并实现非线性推理，也可以通过归纳、演绎、分析，实现对复杂逻辑关系的描述。可以毫不夸张地说，AIGC 已经并继续改变着 21 世纪逻辑学的面貌。

第四，AIGC 实现了机器学习的集大成。21 世纪的机器学习演化到了深度学习（deep learning）阶段。深度学习可以更有效地利用数据特征，形成深度学习算法，解决更为复杂的场景挑战。2014 年生成对抗网络（Generative Adversarial Network，GAN）的出现，加速了深度学习在 AIGC 领域的应用（见图 6.2）。

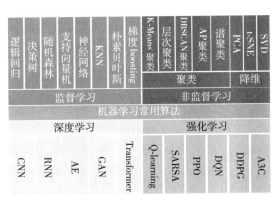

图6.2　机器学习常用算法

来源：程序员 zhenguo（2023），"梳理机器学习常用算法（含深度学习）"。

第五，AIGC 开创了"模型"主导内容生成的时代。人类将跑步进入传统人类内容创作和人工智能内容生成并行的时代，进而进入后者逐渐走向主导位置的时代。这意味着传统人类内容创作互动模式转换为AIGC模型互动模式。2022年是重要的历史拐点（见图6.3）。

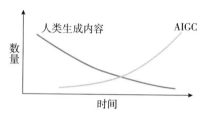

图6.3　人类生成内容向AIGC转换趋势

在自然语言处理（Natural Language Processing，NLP）系统中，"Transformer"是一种融入注意力机制和神经网络模型领域的主流模型和关键技术。Transformer具有将所处理的任何文字和句子"向量"或者"矢量"化，最大限度反映精准意义的能力。

总之，没有Transformer，就没有NLP的突破；没有大模型化的AIGC，ChatGPT升级就没有可能。多种重要、高效的Transformer的集合见图6.4。

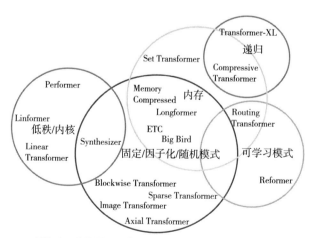

图6.4　多种重要、高效的Transformer的集合模型

来源：Tay et al (2022)，"Efficient Transformers: A Survey"，doi: 10.48550/arXiv.2009.06732。

第六，AIGC开放性创造力的重要来源是扩散（diffusion）模型。扩散模型的概念最早在2015年的论文《利用非均衡热力学的深度非监督学习》(*Deep Unsupervised Learning Using Nonequilibrium Thermodynamics*)中被提出。① 2020年，论文《去噪扩散概率模型》(*Denoising Diffusion Probabilistic Models*)中提出DDPM模型用于图像生成。② 从技术的角度来看，扩散模型是一个潜在变量（latent variable）模型，通过马尔可夫链（Markov chain）映射到潜在空间。③ 一般来说，AIGC因为吸纳和依赖扩散模型，而拥有开放性创造力。

2021年8月，斯坦福大学联合众多学者撰写论文，将基于Transformer架构等的模型称为"基础模型"（foundation model），也常译作大模型。Transformer推动了AI整个范式的转变（如图6.5）。

图6.5 基础模型"Transformer"

来源：Bommasani et al (2022), "On the Opportunities and Risks of Foundation Models", doi: 10.48550/arXiv.2108.07258。

第七，AIGC的进化是以参数几何级数扩展为基础。AIGC的训练过程，就是调整变量和优化参数的过程。所以，参数的规模是重要

---

① Sohl-Dickstein et al (2015), "Deep Unsupervised Learning using Nonequilibrium Thermodynamics", doi: https://doi.org/10.48550/arXiv.1503.03585.
② Ho et al (2020), "Denoising Diffusion Probabilistic Models", doi:10.48550/arXiv.2006.11239.
③ 马尔可夫链的命名来自俄国数学家安德雷·马尔可夫（Andrey Andreyevich Markov，1856—1922），定义为概率论和数理统计中具有马尔可夫性质，且存在于离散的指数集和状态空间内的随机过程。马尔可夫链可能具有不可约性、常返性、周期性和遍历性。

前提。ChatGPT 聊天机器人的问世,标志着 AIG 形成以 Transformer 为架构的大型语言模型(Large Language Model,LLM)机器学习系统,通过自主地从数据中学习,在对大量的文本数据集进行训练后,可以输出复杂的、类人的作品。

AIGC 形成的学习能力决定于参数的规模。GPT-2 大约有 15 亿个参数,而 GPT-3 最大的模型有 1 750 亿个参数,上升了两个数量级。而且,它不仅参数规模更大,训练所需的数据也更多。根据媒体报道但还未被证实的消息,GPT-4 的参数可能将达到 100 万亿规模(见图 6.6)。

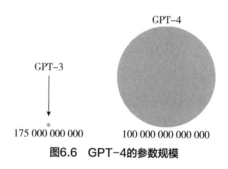

图6.6 GPT-4的参数规模

根据学界经验,深度神经网络的学习能力和模型的参数规模呈正相关。人类的大脑皮层有 140 多亿个神经细胞,每个神经细胞又有 3 万多个突触。所以,大脑皮层的突触总数超过 100 万亿个。所谓的神经细胞就是通过这些突触相互建立联系。假设 GPT-4 实现 100 万亿参数规模,堪比人的大脑,意味着它将达到与人类大脑神经触点规模的同等水平。

第八,AIGC 的算力需求呈现显著增长。数据、算法、算力是人工智能的稳定三要素。根据 OpenAI 分析,自 2012 年以来,6 年间 AI 算力需求增长约 30 万倍(见图 6.7)。

在可以预见的未来,在摩尔定律以走向失效的情况下,AI 模型

第六章 科技革命、区块链和元宇宙

所需算力被预测每 100 天翻一倍,也就是"5 年后 AI 所需算力超 100 万倍"。[①] 造成这样需求的根本原因是 AI 的算力不再是传统算力,而是"智能算力",是以多维度的"向量"集合作为算力基本单位的。

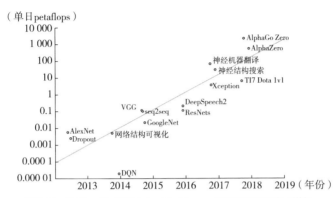

图6.7　从AlexNet到AlphaGo Zero:30万倍的运算量增长

来源:OpenAI (2018), "AI and Compute", https://openai.com/blog/ai-and-compute/。

第九,AIGC 和硬技术相辅相成。从广义上讲,AIGC 的硬技术是 AI 芯片,而且是经过特殊设计和定制的 AI 芯片。AI 芯片需要实现 CPU、GPU、FPGA 和 DSP 共存。随着 AIGC 的发展,计算技术的发展不再仅仅依靠通用芯片在制程工艺上的创新,而是结合多种创新方式,形成智能计算和计算智能技术。例如,根据应用需求重新审视芯片、硬件和软件的协同创新,即思考和探索新的计算架构,满足日益巨大、复杂、多元的各种计算场景。其间,量子计算会得到突破性发展。

第十,AIGC 将为区块链、NFT、Web 3.0 和元宇宙带来深层改变。AIGC 不可枯竭的创造资源和能力,将从根本上改变目前的 NFT 概念生态。Web 3.0 结合区块链、智能合约、加密货币等技术,实现去中心化理念,而 AIGC 是满足这个目标的最佳工具和模式。元宇宙的本

---

① 新智元,《5 年后 AI 所需算力超 100 万倍》,2023 年 1 月 31 日发表于北京

质是社会系统、信息系统、物理环境形态通过数字所构成的一个动态耦合的大系统，需要大量的数字内容来支撑，人工设计和开发根本无法满足需求，AIGC可以最终完善元宇宙生态的底层基础设施。随着AIGC技术的逐渐成熟，传统人类形态不可能进入元宇宙这样的虚拟世界。未来的元宇宙主体将是虚拟人，即经过AIGC技术，特别融合ChatGPT技术，以代码形式呈现的模型化的虚拟人。

简言之，区块链、NFT、Web 3.0，将赋予AIGC进化的契机。AIGC的进化，将加速广义数字孪生形态与物理形态的平行世界形成。

第十一，AIGC催生出全新产业体系和商业化特征。AIGC利用人工智能学习各类数据自动生成内容，不仅能帮助提高内容生成的效率，还能提高内容的多样性。文字生成、图片绘制、视频剪辑、游戏内容生成皆可由AI替代，并正在加速实现，使得AIGC进而渗透和改造传统产业结构。在产业生态方面，AIGC领域正在加速形成三层产业生态并持续创新发展，正走向模型即服务（Model as a Servise, MaaS）的未来（如图6.8）。

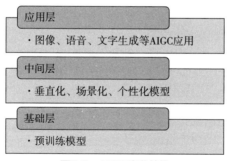

图6.8　AIGC产业结构

来源：腾讯《AIGC发展趋势报告》，2023年1月31日发布。

伴随AIGC生成算法的优化与改进，AIGC对于普通人来说也不再是一门遥不可及的尖端技术。AIGC在文字、图像、音频、游戏和代码生成中的商业模型渐显。2B（to Business 的简称）将是 AIGC 的主要商业模式，因为它有助于 B 端提高效率和降低成本，以填补数字鸿沟。但可以预见，由于 AIGC"原住民"的成长，2C（to Consumer 的简称）的商业模式将接踵而来。根据有关机构预测，2030 年的 AIGC 市场规模将超过万亿元人民币，其产业规模生态如图 6.9 所示。

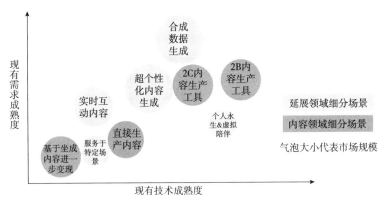

图6.9 AIGC产业规模生态分布

来源：陈李，张良卫（2023），"ChatGPT：又一个"人形机器人"，东吴证券，https://www.nxny.com/report/view_5185573.html。

现在，AIGC，特别是在语言模型领域的全方位竞争已经开始。所以，发生了微软对 OpenAI 的大规模投资，因为有这样一种说法："微软下个十年的想象力，藏在 ChatGPT 里。"近日，谷歌宣布推出基于"对话应用语言模型"（Language Model for Dialogue Applications，LaMDA）的 Bard，实现其搜索引擎将包括人工智能驱动功能。ChatGPT 刺激谷歌开始"创新者困境"突围。未来很可能出现 Bard 和 ChatGPT 的对决或共存，也就是 LaMDA 和 GPT-3.5 的对决和共存，构成 AIGC 竞争和自然垄断的新生态。

在这样的新兴产业构造和商业模式下，就业市场将会发生根本性改变：其一，专业职场重组，相当多的职业可能衰落和消亡；其二，原本支持 IT 和 AI 产业的码农队伍面临严重萎缩。因为 AIGC 将极大刺激全球外包模式并取代码农。

第十二，AIGC 的法律影响和监管。虽然 AIGC 这样的新技术提供了很多希望，但也将给法律、社会和监管带来挑战。在中国，继 2022 年 1 月国家互联网信息办公室、工业和信息化部、公安部、国家市场监督管理总局联合发布《互联网信息服务算法推荐管理规定》后，2022 年 11 月，国家互联网信息办公室再次会同工业和信息化部、公安部联合发布《互联网信息服务深度合成管理规定》。该规定的第五章第二十三条，对"深度合成技术"内涵做了规定："利用深度学习、虚拟现实等生成合成类算法制作文本、图像、音频、视频、虚拟场景等网络信息的技术。"但可以预见，因为 AIGC 的技术日趋复杂并高速发展，国家很难避免监管缺乏专业性和滞后性。

第十三，AIGC 正在引领人类加速逼近"科技奇点"。现在，人工智能已经接管世界，世界正在经历一波人工智能驱动的全球思想、文化、经济、社会和政治的转型浪潮。AIGC 呈现指数级的发展增速，开始重塑各个行业乃至全球的"数字化转型"。说到底，这就是以 AIGC 为代表，以 ChatGPT 为标志的转型。这一切，在 2023 年会有长足的发展，特别是在资本和财富效益领域。①

如果说，2022 年 8 月的 AI 绘画作品《太空歌剧院》（*Théatre D'opéra Spatial*）推动 AIGC 进入大众视野，那么，ChatGPT 的底层模型 GPT-3.5 是一个划时代的产物。它与之前常见的语言模型（BERT/ BART/ T5）的区别几乎是导弹与弓箭的区别。根据韩国 IT 媒体报道，自 2022 年 11 月中旬开始，业界已经传出了 GPT-4 全面通过

---

① AI 产业在 2022 年接近 3 874.5 亿美元，预计到 2029 年将超过 13 943 亿美元，可谓市场机会巨大。2023 年，全球企业在人工智能方面的支出将突破 5 000 亿美元。

第六章　科技革命、区块链和元宇宙

了图灵测试的说法。如果是这样，不仅意味着 GPT-4 系统可以改造人类的思想和创作能力，形成人工智能超越专业化族群和大众化趋势，而且意味着这个系统开始具备人类思维能力，并有可能在某些方面和越来越多的方面替代人类。[①]

特别值得关注的是被称为"人工智能激进变革先锋"的大型开放科学获取多语言模型（BigScience Large Open-science Open-access Multilingual Language Model，BLOOM）的诞生。从 2021 年 3 月 11 日到 2022 年 7 月 6 日，60 个国家和 250 多个机构的 1 000 多名研究人员，在法国巴黎南部的超级计算机上整整训练了 117 天，创造了 BLOOM。这无疑是一场意义深远的历史变革的前奏。

斯坦福大学心理学和计算机科学助理教授丹尼尔·亚明斯（Daniel Yamins）说过："人工智能网络并没有直接模仿大脑，但最终看起来却像大脑一样，这在某种意义上表明，人工智能和自然之间似乎发生了某种趋同演化。"[②]

2005 年，雷·库兹韦尔的巨著《奇点临近：当计算机智能超越人类》（*The Singularity Is Near: When Humans Transcend Biology*）出版。该书通过推算奇异点指数方程，得出了这样一个结论："在 2045 年左右，世界会出现一个奇异点。这件事必然是人类在某项重要科技上，突然有了爆炸性的突破，而这项科技将完全颠覆现有的人类社会。它不是像手机这种小的奇异点，而是可以和人类诞生对等的超大奇异点，甚至大到可以改变整个地球所有生命的运作模式。"

现在处于狂飙发展状态的 AIGC，一方面已经开始呈指数形式

[①] 根据 Metaverse Post 消息，ChatGPT 通过了美国宾大沃顿商学院 MBA 的考试。如果消息属实，近乎完成图灵试验。https://mpost.io/zh-CN/chatgpt-passes-the-wharton-mba-exam/.

[②] Anne Trafton (2021), "Artificial intelligence sheds light on how the brain processes language", https://news.mit.edu/2021/artificial-intelligence-brain-language-1025.

历史不会熔断

膨胀，另一方面其"溢出效应"正在改变人类本身。在这个过程中，所有原本看来离散和随机的科技创新和科技革命成果，都开始了向 AIGC 技术的收敛，加速人类社会很快超越数字化时代，进入数字化和智能化时代，逼近可能发生在 2045 年的"科技奇点"。

量子大趋势和 Q 世代[1]

在历史上,1922 年是物理学的重要转折点。在这之前,量子理论仅仅是包含一系列假说或提出某些类似古典结构的理论,还不足以解释新的实验现象;在这之后,由于三位新一代科学家的贡献,量子力学理论得以诞生,并呈现迅猛发展的势态。这三位新一代科学家是德国的沃纳·海森堡、奥地利的埃尔温·薛定谔和英国的保罗·狄拉克(Paul Dirac,1902—1984)。其中,以薛定谔为代表的"波动力学",以海森堡为代表的"矩阵力学"和"不确定原理",以及狄拉克的"狄拉克方程"和"量子辐射理论",都为量子力学的发展提供了新的理论平台。1927 年,第五届索尔维会议(Conseils Solvay)在布鲁塞尔举行,29 名来自世界各地的顶尖科学家,包括尼尔斯·玻尔、阿诺德·索末菲(Arnold Sommerfeld,1868—1951)、沃尔夫冈·泡利(Wolfgang Pauli,1900—1958)、阿尔伯特·爱因斯坦等老一代科学家,以及以海森堡、狄拉克、薛定谔为代表的新生代科学家齐聚一堂。在这次会议上,他们的理论不断更新,形成了对量子力学的全新认知,深刻影响了之后半个多世纪量子力学的演变和发展。

量子力学既是颠覆性的物理学革命,也是深刻的思想革命。在过去的 90 多年间,量子力学与爱因斯坦相对论不断地颠覆人们对现实世界的常识性观念,解释牛顿物理定律所不能解释的一切自然和物理

---

[1] 本文系作者于 2022 年 6 月为张庆瑞著《量子大趋势》所撰写的序言。

现象，帮助人们重新建立思考从宏观世界到微观世界、从宇宙演化到生命科学的思想框架，使人们接受人类本身就是"量子人"这样的事实。如今不得不承认，"这个理论中没有一个预言被证明是错误的"。

量子力学的发展历史波澜壮阔，常常被划分为两个阶段："第一次量子科技革命"和"第二次量子科技革命"。

"第一次量子科技革命"始于20世纪初，截止于20世纪八九十年代。之后，"第二次量子科技革命"开始。"第一次量子科技革命"完成了量子力学理论框架的构建，描述了量子力学的基本特征，实现了量子力学与数学、化学、生物学和宇宙学的结合，同时为核武器、激光、晶体管等技术提供了理论依据。

开始于20世纪末的"第二次量子科技革命"的核心是实现量子科技的全方位突破，致力于开发基于量子力学本身的量子器件和技术，包括公认的量子计算、量子通信和量子精密测量三大领域。其中，超导量子计算技术和光量子计算技术最具挑战性。在"第二次量子科技革命"中，发生了一系列具有里程碑意义的事件。2008年9月，在瑞士和法国的交界——侏罗山，有条总长17英里[①]（含环形隧道）的隧道，世界上最大、能量最高的粒子加速器——质子加速对撞的高能物理设备在此正式启动测试。这次测试是研究人员将一个质子束以顺时针方向注入加速器中，让其加速到99.9998%光速的超快速度。截至2010年，参与该项目的科学家表示，该质子束可能已经"接近"希格斯玻色子。希格斯玻色子也被喻为"上帝粒子"，在大爆炸之后的宇宙形成过程中扮演过重要角色。

近年来，量子科技在量子精密测量、量子计算、量子通信、量子网络和时间晶体等领域都取得了长足发展。在量子精密测量领域，

---

① 1英里≈1.61千米。

新型超灵敏量子精密测量技术的突破，开启了暗物质实验的直接搜寻。在量子计算领域，2021 年 11 月，国际商业机器公司（IBM）宣布推出 127 个量子比特处理器"Eagle"，创下了当时全球最高纪录。此外，IBM 在 2022 年 11 月推出具有 433 个量子位的"Osprey"量子系统，与前一代 Eagle 量子处理器相比，IBM Osprey 的性能提高了十倍。IBM 预计在 2023 年推出有 1 121 个量子位的"Condor"处理器。2021 年年底，媒体报道了《世界第一个量子计算 OS 取得突破，步入集成电路》《谷歌 80 多位顶级物理学家合作，用量子计算机造出时间晶体》两则新闻。2022 年 6 月，澳大利亚量子计算公司 SQC（Silicon Quantum Computing）宣布推出世界上第一个量子集成电路。这是一个体量在量子尺度上，却包含经典计算机芯片上所有基本组件的电路。在量子通信领域，中国科学技术大学潘建伟研究团队发射了量子科学实验卫星；中国科学技术大学、国科量子通信网络有限公司和上海交通大学等单位组成的联合团队，英国电信与东芝组成的合作团队，在量子密钥分发（QKD）、后量子密码（PQC）以及"QKD+PQC"融合方面，都有显著突破。在量子物理领域，荷兰代尔夫特理工大学罗纳德·汉森（Ronald Hanson，1976—）研究团队在实验内构建了一个基于金刚石色心量子比特的三节点量子纠缠网络。在模拟时间晶体领域，谷歌的 Sycamore 量子计算机实现了模拟时间晶体，这是一种在周期性循环中永久演变的量子系统，结束了现阶段量子计算机局限于简单计算功能的局面。

当下的"第二次量子科技革命"方兴未艾，甚至激动人心。量子技术在国家和全球范围内取得的进展超出了预期。量子科技处于加速度的关键时刻。量子计算机有望比经典计算机快数千倍，甚至数百万倍，而执行计算的效率远高于目前最强大的经典计算机。在量子计算领域，未来 20 年是关键，2040 年前后将产生可打破当前加密算法的量子计算机。因此，近年来，出现了"量子霸权"和"量子优势"的概念。量子科技显现了其日益重要的前沿地位和战略意义，量子科技革命将成为未来全球算力分配的关键，全球量子竞赛正在成为一场新的"太空竞赛"，构成科学、资本和权力以及科学家、投资家、政治家和企业家前所未有的交集点。

可以预见，基于量子技术的量子竞争，将会改变人类现有的生产和生活方式，甚至影响世界格局。当量子科技的发展与区块链、大数据、云计算、人工智能、加密货币以及智能制造和物联网实现紧密结合后，量子计算将加速人工智能的发展，并将促进深度学习和神经网络的研究，量子技术所实现的复杂分子模拟，很可能改变人类未来的走向。人类已经进入量子力学和量子技术与每个人息息相关的时代。未来，全球传统产业的数字化转型将纳入量子化因素。一个以量子计算、量子通信和量子网络为核心的量子产业体系和产业生态正在悄然形成。

现在问题是，正如物理学家卡尔·萨根（Carl Sagan，1934—1996）所说："我们生活在一个离不开科学和技术的社会，但却很少有人了解科学和技术。"大部分人很少关注，也很难理解量子力学和量子科技的重大进展和突破。这种情况亟须改变。因此，普及量子力学和量子科技教育，将成为当今各国需要正视和解决的历史性课题。

最近，诺贝尔奖委员会宣布将2022年物理学奖颁给法国物理学家阿兰·阿斯佩（Alain Aspect，1947—）、美国物理学家约翰·弗朗西斯·克劳泽（John Francis Clauser，1942—）和奥地利物理学家安东·蔡林格（Anton Zeilinger，1945—），以表彰他们"用纠缠光子验证了量子不遵循贝尔不等式，开创了量子信息学"。量子信息学的核心内容包括量子信息论、量子通信、量子计算、量子密码、量子模拟和量子度量。所以，诺贝尔物理学奖委员会主席安德斯·伊尔巴克

（Anders Irbäck，1960— ）说："越来越明显的是，一种新的量子技术正在出现。我们可以看到，获奖者对纠缠态的研究非常重要，甚至超越了解释量子力学的基本问题。"

正是在量子科技从理论进入实践这个激动人心的时候，张庆瑞（1957— ）教授《量子大趋势》一书的出版，是及时的。本书的特点是：精心和细致的结构设计，对量子科技的科学原理做了系统和深入浅出的介绍，对相关技术作了具有操作性的说明，并配合必要的图解以及颇具文学性的文字。在量子科技领域，这是最值得阅读的一本著作，在阅读的过程中使人体会一种学习的享受。值得强调的是，在这本书中，张庆瑞教授就如何将量子科技教育纳入现代教育，如何将其从中学延续到大学，提出了他的方案，并以他的实验作为支持。最令人触动的是，张庆瑞教授将年轻人和Q世代紧密结合在一起，他说道："这是个有史以来从未碰过的崭新的量子时代的开始，因为一切都是量子新实验，只有自己开垦与探索，量子'淘金热'远比半导体与网络时代更精彩、更具竞争性。年轻的读者，努力'翻滚'吧！在这个灿烂的世界量子舞台，在'量子未来'，年轻一代，不论是在Z世代，甚至是在α世代，都会创造出比战后'婴儿潮'那个古典世代更加百倍的辉煌。"

量子时代和数字经济[①]

韩锋和他团队的新作《区块链国富论》提出：在数字经济和量子时代互动的新时代，就是新的数据财富共识的时代，"量子力学大数据世界观"将全面取代"牛顿力学小数据世界观"，财富不再是物，至少不仅仅是物，财富成为信用资源演变的一种形态，而支持和实现全球信用共识的就是区块链。所以，现在需要更新"财富"的传统观念，"财富的概念是否能跟上时代，能决定一个人的生存状况和社会地位，甚至一个国家民族的未来"。这是值得肯定的思想。

该书引用了亚当·斯密、哈耶克和复杂经济学创始人布莱恩·阿瑟的一些重要观点，他们之间的思想超越历史，是彼此相通的。从人类财富历史演变出发，布莱恩·阿瑟已经认识到，虽然市场经济的本质就是分工的持续延伸和扩大，以及庞大、分散和随机性的交易，但是，市场最终可以成为计算的对象，形成一个以计算技术支持的非中心化运算体系，布莱恩·阿瑟虽然没有直接提及区块链，但是，区块链就是一种程序化的算法结构，可以为高度复杂的经济活动提供技术性信用基础。

在 2008 年之前，提出财富就是一种非中心化的"信用共识"，尽管人类经济史可以提供很多证明，人们还是很难接受的。第一代互联

[①] 本文系作者于 2021 年 2 月 16 日为韩锋著《区块链国富论》所作的序言。韩锋和他的团队多年从事数字科技和加密数字货币研究。

第六章 科技革命、区块链和元宇宙

网 TCP/IP 协议,建立了数据大规模、无障碍的流通基础结构。更为重要的则是私钥签名技术的突破,为解决数据的所有权问题奠定了底层技术基础。2008 年比特币的诞生,证明了以区块链所支持的"信用共识"可以成为财富的基础,甚至直接成为财富。中本聪的历史地位"在于发现了一个真正可以去中心化的模式来发行货币——就是比特币,利用一个分布式的计算来达成财富共识"。"比特币树立了人类达成财富共识历史上一个新的里程碑"。进一步分析,比特币就是基于区块链的一种财富形态,满足了该书所提出的"财富共识"的六个基本条件:(1)资产确权;(2)全网记账信息公开;(3)交易大规模化;(4)符合全球极客价值观;(5)锚定总量有限稀缺和全网挖矿算力;(6)非中心化的分布式计算。

该书希望读者注意到"去中心化金融(DeFi)达成财富共识",依靠分布式计算提供现在银行体系提供的金融服务,达成新的财富共识,特别是基于以太坊的 DeFi 生态。"这一波 DeFi 的兴起,让人们看到了区块链去中心化计算世界中,对应银行服务的各种功能应用开始雨后春笋般地发展,像英国工业革命之后的银行业为全球形成新的财富共识的巨浪已经看到端倪,这一次的舞台,是全球数字经济。"该书还试图解读 Filecoin 现象,提出 Filecoin 很可能是未来建设新互联网 Web 3.0 的赛道上的"为去中心化存储的标杆"。

该书提出的"数据资产化浪潮"概念,以及对"全球区块链财富共识的熊牛周期"的分析,是有前瞻意义的。在作者看来,比特币从几美分到数万美元(2018 年),是一个财富共识的形成过程,人们最终习惯了熊牛和牛市周期性波动。"历史上形成黄金这样的财富共识几乎需要上千年,但比特币几乎十年就完成了,所以这是一个全新的财富共识时代。"

该书第六章,集中讨论了什么是牛顿力学的实在观和量子力学的实在观。在作者看来，牛顿力学存在局限性："牛顿力学认为宇宙是由孤立原子构成的，原子除了相互作用没有其他内在联系，原子会确定性地处于时空的位置，而且运动遵循确定性的轨道，轨道是由牛顿三大定律决定的。"牛顿力学为工业革命奠定了基础。后来法国著名的数学家拉普拉斯，把牛顿力学拔高到一个至高无上的地位。"拉普拉斯妖"（Laplace's demon）的理念为中心化思维，即"相信存在一个至高无上的神明大脑"提供了理论依据。如今，工业革命已经远去，人类继进入后工业化社会之后，迅速进入信息社会，数字经济成为主要经济形态。所以，牛顿力学的实在观需要也必须是量子力学的实在观。因为量子力学的实在观，不仅是某种描述微观世界的理论，也应该是未来我们理解整个宇宙世界的基础。不仅如此，"量子的实在观和大数据能为我们揭示传统牛顿力学无法揭示的那部分原来看不见的整体关联的世界，这为未来全球财富共识的新形式，展开了极为广阔的空间"。那么，何谓量子力学实在观？该书认为：量子力学的核心就是非定域整体性，代表现象是量子纠缠的存在。

该书第七章的标题是《从分布式计算思维看财富共识的达成和计算》。第一节讨论的是"麦克斯韦妖元计算能够抑制复杂系统的熵增"，所提出的问题富有创意。1871年，英国物理学家麦克斯韦（James Clerk Maxwell，1831—1879）针对热力学第二定理，为探测并控制单个分子的运动而假设了物理学的妖（Maxwell's demon）。一般认为："麦克斯韦妖"的假想实验，是对熵增原理的直接挑战。从表面上看，"麦克斯韦妖"在现实世界无法实现。但是，如果将"麦克斯韦妖"理解为一个典型的"计算"过程，熵减可以实现。该书介绍了孙昌璞（1962—）院士等撰写的一篇论文《量子信息启发的量子统计和热力学若干问题研究》，提出"麦克斯韦妖"机制和兰道尔原理（Landauer's principle）就是一种普适的元计算机制，如果以太阳作为外源驱动耗散,可以克服量子非定域不确定性,达到熵减。也就是说,假定整个宇宙就是个量子计算机,内部有太阳这样的确定能量驱动并同时耗散热量,可以通过计算实现局域有序低熵世界,其中最根本的计算机制则是来自"麦克斯韦妖"。

该书有如下推理:"比特币区块链的挖矿系统显然就是这样一个分布式麦克斯韦妖计算系统。每个矿工的矿机就是麦克斯韦妖,它们在为全网记账的同时,通过计算在天文数字般的随机数(二的上百次方)中找到那个正确解。虽然这种麦克斯韦妖的过程要耗散很多能量,但是计算出来的共识才能在全球支撑比特币的市值(不像银行只能相信一家中心化机构,全球共识很难算出来)。"

该书从量子力学的高度,重新诠释"麦克斯韦妖",提供了一种从量子科学到区块链,再到"信用共识"财富之间的思路和框架。按照这样的思路和框架,自然会重新理解香农的信息熵概念,为什么越是不确定的信号码集含有越多的信息。解读香农需要引入维纳教授的看法,熵增原理,就是能量信息序降低等级的过程。

人类渴望一个低熵世界。而迄今为止的人类经济活动,一切技术进步,恰恰是不断强化的增熵过程。这样的状况需要缓和和结束。量子时代,麦克斯韦妖元计算,区块链是否是一种希望和可能性,需要更多的理论和实证支持。但是,区块链如果具有"减熵",而不是"增熵"的功能,那将是区块链所包含的革命意义所在。

我 2019 年 11 月 30 日在华南理工大学就讲过:"量子时代是指量子科学和量子技术影响和改变了其他科学技术学科。"韩锋后来说,他的"量子时代"的概念是受我启发。书中关于量子时代的特征阐述:量子时代的基本特征就是提供了量子整体实在观,必须通过大数据描述这个世界,大数据可以同时展现被原子世界所掩盖和忽略的那些真实世界中"看不见"的关联、人们的创意理念、社群愿景、未来价值等，并可以通过区块链和加密确权等技术，变成未来量子时代的财富。量子技术和区块链的发展，可以驱动产权模糊的数字经济 1.0 升级到明确数据产权的数字经济 2.0。应该说，不管是 1.0 还是 2.0，主角都是大数据，这是量子整体实在观的大数据描述，这是牛顿力学的小数据实在观所远远不可比拟的。

最后，在量子科学和量子技术的演变背后，是哲学问题，是所谓的"决定论"，还是"非决定论"。该书提出：爱因斯坦和玻尔关于"上帝是否扔骰子"的争论其实殊途同归。爱因斯坦在 1933 年牛津大学的演讲中明确提出了量子存在的本质是"非定域性"，其实非定域存在的整体是"决定论"的，就像波函数作为量子的整体性描述是由薛定谔方程"决定的"（这一点和牛顿力学方程能决定原子运行轨道并无本质区别），但对波函数进行测量时，是定域的，得到的是大数据统计分布结果，这是随机的，是"非决定论"的。

我想说的是：没有人预测到在 21 世纪的第一个 20 年，量子科学技术的发展曲线，与区块链和加密数字货币曲线、DeFi 曲线，呈现出交集的态势。这已经开始改变人们传统的财富观念，改造财富结构，重塑财富形态。

如果说该书有哪些值得改进的方面，那就是有些章节叙述过于个人化，文字显现繁杂。故作者在未来修订中，要有意识地追求表达的简洁和精练。写作其实也是一种艺术。

现阶段数字技术和数字经济的若干问题[①]

20世纪人类历史的最重要事件是因为数字技术革命,数字经济崛起,成为与基于工业形态经济并存的数字经济形态。

一、数字经济趋势[②]

1. 数字经济发展的基本态势。数字经济以超过传统经济的速度增长,人类因此进入信息和数字社会。数字经济持续"裂变"和"聚变",形成数字经济体系,并在全球范围内构建出新型的"二元经济":传统物理形态经济和数字经济。后者增长速度超过前者,改变了GDP构成。

2. 数字经济的基本特征。(1)作为数字经济要素的个人和机构,结构性和非结构性数据持续级数增长,逼迫算力革命,引发世界性"算力竞赛"。(2)数字经济的本质是"自适应非线性网络"。(3)数字经济改变了从工厂到公司的组织体制,以及就业方式。(4)数字经济正在吸纳几乎一切新技术,包括人工智能,甚至尚未成熟的量子技术。数字经济的技术创新速度不断加速。(5)数字技术推动科技资本膨胀,数字经济正在成为庞大资本涌入的新领域。数字技术与经济演变见图6.0。

[①] 本文系作者在2020年5月—2022年在8次会议中的讲话。
[②] 本节系作者于2021年4月23日在江苏南京溧水高新区管委会主办的"首届无想山财经峰会"上的会议发言。

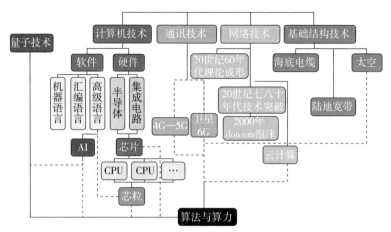

图6.10　数字技术和数字经济演变图

3. 数字经济的社会意义。（1）数字经济改变了从发达国家到新兴市场经济国家的传统发展模式、经济结构和经济体制。（2）以加密数字货币为代表的新型财富模式"无中生有"，改变和缓和社会贫富差距，对传统金融产业转型构成压力，推动建立"共享经济"和"普惠金融"。（3）数字经济深刻改变了社会结构，在推动"数字文明"和"数字治理"的同时，出现了"数字不平等""数字鸿沟"的新社会问题。

4. 数字经济发展所面临的挑战。（1）规模大数据时代已经到来。人们在13年前讨论大数据，以为EB（艾字节）衡量信息规模尺度还很遥远。10年后已经进入ZB（泽字节）时代，也许30年左右进入DB（1DB=10248GB）时代。根据欧洲大型强子对撞机（Large Hadron Collider，LHC）搜集和汇集的数据规模，2020年10月至2021年9月，有约5 400 PB（1PB=10242GB）的电子邮件产生。（2）数据处理硬技术变化。从CPU到GPU，再到DPU。英特尔在2024年会创造出XPU。软件和硬件的边界在改变，已经不存在完全脱离硬件的软件，更不存在没有硬件支持的软件。（3）数据结构和形态完全转变。

过去传送的数据是文字，后来是语音和音乐，现在是图像和电影，以及元宇宙代表的数字孪生。（4）算力变化。算力本身发生了很大的变化。从古典计算到超算，解决的是亿级、万亿亿级数据处理。不仅如此，量子计算、量子通讯、量子网络正在全方位崛起，出现"量子霸权"概念。（5）形成信息产业体系。

思考数字技术，有两个概念要谨慎使用。其一，不要随意使用"代"的概念。"代"是线性的，缺少标准和根据，无法定性和定量分析。现在科技的发展，没有代际，只有颠覆。其二，不要随意用"+"。数字经济已经不是加减乘除构成的，而是非线性的、指数级的和生态的。如果继续用线性的思维、古典物理的思维，不可能理解这个科技革命主导经济和社会进步的时代。现在看，科技领域很可能是吸纳过度发行的 M2M 的黑洞，M 现场增值最快的科技资产，不可思议地消化了人们一再预测的恶性通货膨胀。

5. 数字经济形成特有的数字价值创造。数字经济符合"创生性"（generativity）原则，其价值创新发生于不可预见的方式中，并对过往形成的价值链没有依附。[①] 创生性作为"由大规模、多样和无协调的观众所驱动的生产无来由改变的能力"，可以实现数字客体作为平台，通过平台的其他公司开发补充性的新产品、技术与服务。[②] 在多

---

① David Tilson, Kalle Lyytinen, Carsten Sørensen. "Research Commentary—Digital Infrastructures: The Missing IS Research Agenda", *Information Systems Research* 21, 2010,12(4): 748–59, https://doi.org/10.1287/isre.1100.0318; Youngjin Yoo. "Organizing for Innovation in the Digitized World", *Organization Science* 23, 2012,5: 1398–1408.

② Jonathan Zittrain. "Law and Technology: The End of the Generative Internet", *Communications of the ACM* 52, 2019,1: 18–20, https://doi.org/10.1145/1435417.1435426; L. Barreto, A. Amaral, T. Pereira. "Industry 4.0 Implications in Logistics: An Overview", *Procedia Manufacturing*, Manufacturing Engineering Society International Conference 2017, MESIC 2017, 28–30 June 2017, Vigo (Pontevedra), Spain, 2017,13: 1245–1252, https://doi.org/10.1016/j.promfg.2017.09.045; Annabelle Gawer. "Chapter 3: Platform Dynamics and Strategies:（接下页）

边市场中,平台方扮演中介角色便利服务交换,却对组件和模块不具备所有权。[1]数字经济平台连接不同的公司并包含不同的层级(layer),这些层级处在高度模块化的建构当中,使得不同层级实现解耦。[2]数字平台为连接多边市场的公司提供了控制中心。[3]数字技术广泛使用,平台成为价值创造的中心,使得不同产业的公司可以发展并集成新设备、服务、网络和内容。[4]

(接上页)From Products to Services", *Platforms, Markets and Innovation* (Edward Elgar Publishing, 2009), https://doi.org/10.4337/9781849803311; David S. Evans, Richard Schmalensee. *Matchmakers: The New Economics of Multisided Platforms* (Harvard Business Review Press, 2016); Moshe Yonatany. "A Model of the Platform-Ecosystem Organizational Form", *Journal of Organization Design* 2, 2013, 2: 54–58, https://doi.org/10.7146/jod.7267; Yoo. "Organizing for Innovation in the Digitized World".

[1] Llewellyn D. W. Thomas, Erkko Autio, David M. Gann. "Architectural Leverage: Putting Platforms in Context", *Academy of Management Perspectives* 28, 2014, 2: 198–219, https://doi.org/10.5465/amp.2011.0105.

[2] Thorsten Koch, Josef Windsperger. "Seeing through the Network: Competitive Advantage in the Digital Economy", *Journal of Organization Design* 6, 2017, 1: 6, https://doi.org/10.1186/s41469-017-0016-z.

[3] Thomas Eisenmann, Geoffrey Parker, Marshall Van Alstyne. "Platform Envelopment", *Strategic Management Journal* 32, 2011, 12: 1270–1285, https://doi.org/10.1002/smj.935; Evans, Schmalensee. *Matchmakers*; Ahmad Ghazawneh, Ola Henfridsson. "Balancing Platform Control and External Contribution in Third-Party Development: The Boundary Resources Model: Control and Contribution in Third-Party Development", *Information Systems Journal* 23, 2013, 2: 173–92, https://doi.org/10.1111/j.1365-2575.2012.00406.x.

[4] Yoo. "Organizing for Innovation in the Digitized World"; Gawer. "Chapter 3: Platform Dynamics and Strategies: From Products to Services"; Annabelle Gawer, Nelson Phillips. "Institutional Work as Logics Shift: The Case of Intel's Transformation to Platform Leader", *Organization Studies* 34, 2013, 8: 1035–71, https://doi.org/10.1177/0170840613492071; Yonatany. "A Model of the Platform-Ecosystem Organizational Form".

二、工业 4.0 和数字经济[①]

1. 数字经济和数字技术与"工业 4.0"存在深刻的关联性。在 2011 年的汉诺威工业博览会上,"工业 4.0"首次被提出,两年后德国联邦经济事务与能源部正式提出"工业 4.0"作为德国国家战略倡议。"工业 4.0"代表的是继 18 世纪第一次工业革命以来的三次工业革命之后的第四次工业革命(Fourth Industrial Revolution)。[②]

2. 工业 4.0 的核心是信息物理生产系统(Cyber-Physical Production System,CPPS)。实现人工智能与自主学习的转型,完成智能生产过程并独立交换信息、触发动作和互相控制。[③] 工业 4.0 通过运营技术(Operational Technology,OT)和信息技术(Information Technology,IT)结合,推动智慧工厂(Smart Factory)、大规模运用机器人学(Robotics)与自动化、3D 打印、协作机器人(Collaborative Robots,或称 cobots)、云计算、物联网(Internet of Things,IOT)、务联网(Internet of Services,IOS)、大数据与数据挖掘等技术创新。[④]

[①] 摘自作者向台湾大学人文社会高等研究院提交的研究计划书《关于亚太地区数字化转型与分工格局的研究》中的内容。

[②] Rainer Drath, Alexander Horch. "Industrie 4.0: Hit or Hype? [Industry Forum]", *IEEE Industrial Electronics Magazine* 8, 2014, 2: 56–58, https://doi.org/10.1109/MIE.2014.2312079.

[③] Thomas Bauernhansl, Michael ten Hompel, Birgit Vogel-Heuser. *Industrie 4.0 in Produktion, Automatisierung und Logistik* (Wiesbaden: Springer Fachmedien Wiesbaden, 2014), https://doi.org/10.1007/978-3-658-04682-8.

[④] Stephan Haller, Stamatis Karnouskos, Christoph Schroth. "The Internet of Things in an Enterprise Context", *Future Internet – FIS 2008*, John Domingue, Dieter Fensel, Paolo Traverso. Lecture Notes in Computer Science (Berlin, Heidelberg: Springer, 2009), 14–28, https://doi.org/10.1007/978-3-642-00985-3_2; Sascha Julian Oks, Albrecht Fritzsche, Kathrin M. Möslein. "An Application Map for Industrial Cyber-Physical Systems", *Industrial Internet of Things: Cybermanufacturing Systems*, Sabina Jeschke. Springer Series in Wireless Technology (Cham: Springer International Publishing, 2017), 21–46,(接下页)

3. 工业4.0面临短期和长期的多方面挑战。① 短期挑战包括：自主性缺乏，制约向智能制造的转化；网络带宽限制成为发展瓶颈；缺乏数据标注的统一标准，难以保证数据准确性与真实性；智能制造中复杂系统的实用建模和分析目前尚不堪用；面对个性化和客制化产品生产的调整困难；不同部门对于工业4.0的投资方式与政府最优支持尚不明确。② 从长期来看，工业4.0面临的挑战主要在网络安全和数据隐私。③

4. 工业4.0、数字经济和区块链的紧密互动关系。数字经济加速复杂经济和确定性终结时代的来临，区块链则是处理复杂经济和不确定经济的工具。区块链本身就是一种"自适应非线性网络"。传统经济的数字化转型，构建工业4.0体系和"工业互联网"，需要将区块链纳入基础机构：（1）区块链自身产业链趋于完整，形成区块链产业，并与传统产业结合，改造传统产业。（2）区块链可以帮助建立新的信任基础、新的组织模式和新的就业方式。（3）区块链有助于维护人们的基本数据权益

（接上页）https://doi.org/10.1007/978-3-319-42559-7_2.

① Fengwei Yang, Sai Gu. "Industry 4.0, a Revolution That Requires Technology and National Strategies", *Complex & Intelligent Systems* 7, 2021, 3: 1311–1325, https://doi.org/10.1007/s40747-020-00267-9.

② Shiyong Wang. "Implementing Smart Factory of Industrie 4.0: An Outlook", *International Journal of Distributed Sensor Networks* 12, 2016,1: 3159805, https://doi.org/10.1155/2016/3159805; Klaus-Dieter Thoben, Stefan Wiesner, Thorsten Wuest. "'Industrie 4.0' and Smart Manufacturing—A Review of Research Issues and Application Examples", *International Journal of Automation Technology* 11, 2017, 1: 4–16, https://doi.org/10.20965/ijat.2017.p0004; Saurabh Vaidya, Prashant Ambad, Santosh Bhosle. "Industry 4.0 – A Glimpse", *Procedia Manufacturing*, 2nd International Conference on Materials, Manufacturing and Design Engineering (iCMMD2017), 11-12 December 2017, MIT Aurangabad, Maharashtra, INDIA, 2018, 20: 233–38, https://doi.org/10.1016/j.promfg.2018.02.034; Vasja Roblek, Maja Meško, Alojz Krapež. "A Complex View of Industry 4.0", *SAGE Open* 6, 2016, 2: 215824401665398, https://doi.org/10.1177/2158244016653987.

③ Yang, Gu. "Industry 4.0, a Revolution That Requires Technology and National Strategies".

和安全。(4) 区块链有助于建立支持"共享经济"的社会生态体系。

5. 工业 4.0 和全球价值链（Global Value Chain，GVC）。一个基于工业 4.0 的全球价值链正在形成。跨国公司作为"全球领先公司"（global lead firm），驱动和主导基于工业 4.0 的全球价值链的发展。① 发展中国家供货商唯有选择参与全球领先公司驱动的全球价值链，才能学习相应技术并提升所在地区的发展潜力。但是，"华盛顿共识"（Washington Consensus）框架之下的全球价值链，强调私有化、取消管制和自由化。② 21 世纪 20 年代以来，民族国家（nation-state）正在扮演积极角色，更多关注关于国家角色的理论，包括其便利性、管理性、生产者和买方的功能。③

三、数字经济的基础设施④

1. 新基建的概念与定义。2018 年，中国政府提出数字经济的"新型

---

① Gary Gereffi. "Global value chains in a post-Washington Consensus world", *Review of International Political Economy* 21, 2014,, 1: 9–37, [2014-01-02] https://doi.org/10.1080/09692290.2012.756414; Gary Gereffi, John Humphrey, Timothy Sturgeon. "The governance of global value chains", *Review of International Political Economy* 12, 2015, 1: 78–104,[2005-02-01] https://doi.org/10.1080/09692290500049805.

② Robert Hunter Wade. "What strategies are viable for developing countries today? The World Trade Organization and the shrinking of 'development space'", *Review of International Political Economy* 10, 2003, 4: 621–44, [2003-11-01] https://doi.org/10.1080/0969229031 0001601902; Frederick Mayer, Gary Gereffi. "International development organizations and global value chains", Chapters (Edward Elgar Publishing, 2019), https://econpapers.repec.org/bookchap/elgeechap/18029_5f35.htm.

③ Frederick W. Mayer, Nicola Phillips. "Outsourcing Governance: States and the Politics of a 'Global Value Chain World'", *New Political Economy* 22, 2017, 2: 134–152,[2017-03-04] https://doi.org/10.1080/13563467.2016.1273341.

④ 本节系作者于 2020 年 5 月 11 日为华阳新材料科技集团有限公司所作的讲解。

基础设施建设"目标,简称"新基建"。自此,"新基建"成为国家战略。

自 2018 年,"新基建"的定义和解释经历了三个阶段:(1)概念形成阶段。2018 年 12 月,中央经济工作会议的"新基建"主要包括 5G、人工智能、工业互联网以及物联网四大领域。2019 年 3 月,"新基建"范围延展至包括特高压、城际高铁及轨道、新能源汽车充电桩、大数据中心、5G、人工智能、工业互联网七大较为独立的领域。(2)范围扩大和融合阶段。2019—2020 年初期,建立完整融合的交通网、水利能源网、信息技术网,以及利用创新科技建立产业生态等互通协作,纳入"新基建"范畴。(3)方向和功能拓展阶段。2020 年 4 月,国家发改委指出新型基础设施建设所包含的三大发展方向:信息基础设施建设、融合基础设施建设、创新基础设施建设。新基建对经济发展的作用在于通过信息技术和创新能力的升级,做强做优制造业,推进经济存量和增量的数字化、智能化融合发展,同时加快补短板、利民生的基础设施建设,加大新型技术利用。① 新基建的分类见图 6.11。

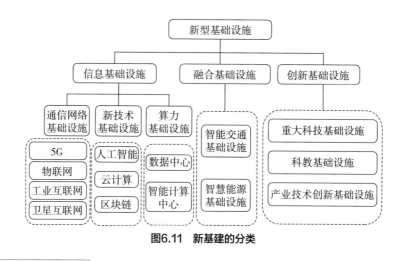

图 6.11　新基建的分类

---

① 德勤:《新基建战略规划及投资新机:新型基础建设投资机遇的初步解读》,2020 年 5 月。

2. 新基建与旧基建的差异。新型基础设施是公共服务、居民生活、经济生产和社会治理所必需的基础,相对于传统基础设施建设,具有下列特征:(1)生产要素不同。新基建与新的生产要素"数据"紧密结合。例如,新建机场的物理形态属于以"铁、公、机"为代表的旧基建领域。但是,新建机场的数字化部分以及旧机场利用5G、物联网和人工智能等技术的数据化改造则被认定为新基建。(2)发展模式不同。新基建更多是轻资产、高科技含量、高附加值的数字技术行业。(3)产业分布和产出不同。新基建集中在电子及通信设备制造业、通信业、互联网、软件业和信息服务业;新基建产出包括通信业、软件业、互联网和信息服务业。其涉及的领域大多是中国经济未来发展的短板。(4)参与主体不同。旧基建由于其投资体量大、回报周期长和偏重公共服务的性质,更多以地方政府牵头投资的大型公共基础设施项目。新基建更加依靠企业为主导,其成果甚至并不会以具体的公共设施实物来呈现。

3. 国家推动新基建的原因。(1)新基建将成为经济稳增长的关键。传统基建能够直接扩大内需、拉动就业,但是出现了重复建设、产能过剩等问题,已经拖累经济运行效率。新基建有助于拉动大规模的投资需求,刺激经济复苏。(2)新基建项目的未来空间大、赢利前景好,能吸引社会资本长期投入,避免传统基建重复建设和"挤出效应"等负向成本,支持经济与居民收入增长。(3)新基建能加速产业升级和结构调整,创造新的内生增长点,加速形成数字化生产方式。(4)新基建支持需求侧、供给侧的数字化,刺激"独角兽"企业,吸引全球资本流入,补足国内产业资本缺口。(5)新基建有助于国内供需体系的数字化升级,创造和培育消费新行为和新需求。(6)以新基建作为加速器,能推动国内外价值链的数字化转型,推动国际数字经济合作分工,改善产业格局,使跨境垂直分工体系趋于紧密,构建区域一体化和数字经济全球化。

4. 新基建支持的"数字化生产"。(1) 为科创企业提供低成本、高效率的量产能力，使其科技成果迅速转化为经济效应。(2) 支持灵活的生产进程、精确的动态调整，缩短产品迭代周期，加快新供给对新需求的拉动，并减弱全球供应链波动的冲击。(3) 有助于实现供求两端的信息均衡，规模化生产和小众化、多元化细分市场均衡，消费者订单拆分后直达生产体系的终端，提升消费者福利，降低生产者的市场风险。

20 世纪初美国创新地形成了"大规模生产"模式，奠定了其在高附加值产品上的国际竞争优势，跻身世界经济强国。展望未来，中国将以新基建为跳板，发展出适应新时代的"数字化生产"模式，重建全新的全球价值链。

四、数据要素市场和科技革命[①]

1. 数据要素的内涵和特征。世界的本质就是信息。信息可以数据化，不等于所有的信息都能够数据化，仅仅部分信息可以数据化。人们首先面对的是各种原始和自然形态的数据，其中的绝大部分数据是无用数据，扣除无用数据之后才是有用数据。从原始和自然数据出发，经过一个非常繁复的过程，形成数据要素。也就是，人们在追求精确和有价值的数据之前，需要完成有用数据和无用数据、结构化数据和非结构化数据、有意义数据和无意义数据的分类。人类在数字化转型中的最大困境是被迫存储无用数据，或者有用数据不能充分开发，造成巨大的资源浪费。根据 IDC 提供的资料，2018 年全球的数据总规模达到 32ZB，2025 年接近 200ZB，其中有效数据占 12%，在

---

① 本文系作者于 2022 年 7 月 22 日在"福建省数据要素与数字生态大会之数据治理应用与数据要素流通高峰论坛"活动上的会议发言。

有效数据中具有商业意义的数据占25%。也就是说，现在大数据中80%的数据需要被处理，只有3%的数据可以达到数据要素的标准。所以，需要实现元数据管理，再加上各类资源投入，完成对数字要素的技术性界定，最终能够理解从微观的存储到相对宏观的云计算的关系，构成市场的数据要素供给。

2. 数据要素的界定。数据要素界定包括经济学和法律两个方面：（1）经济学界定。传统经济学的生产要素是土地、资本和人力。其中，土地是天然的生产要素。生产要素是有成本约束的。所以，没有成本概念的数据就不是数据要素。现实经济活动中，有可能低成本要素数据具有商业意义，而高成本要素数据未必具有商业意义。韦伯太空望远镜100亿美元的投入，可以看到距离地球135亿光年的星系，这是高成本信息。这个信息此时此刻并不是生产要素，不能立即产生商业利益和商业后果。经济学所界定的数据要素，必须可以实现产品化、行业化、产业化和商业化，存在成本和效益的互动机制。（2）法学和法律界定。国家惩处滴滴滥用数据，因为其采用数十亿属于民众的信息并做了垄断性的处理。这样的数据具备财产性质，如果用法律的观点看，滴滴强行剥夺和侵占了民众已经要素化的数据。

3. 数据要素的市场化。要素市场最大的问题是规模。2025年要素市场的规模将达到1 749亿元。现在计算数据规模是以EB为标准，很快将进入ZB时代，2030年将从ZB时代进入YB时代。面对主体、个人、企业、社会之间的交错关系，如此庞大的数据市场，需要克服"数据孤岛"现象和实现数据要素价值化。在这个过程中，要素市场体系变得越来越复杂。这个社会很可能进入一个以数据要素为主体的市场体系。

4. 数据要素与科技革命。数字技术导致人类的经济行为发生本质变化，刺激生产力高度释放。当人们进入ZB时代和YB时代，面对着数据要素的程序膨胀，传统计算机、传统算力及算法，将越来越难应对。量子计算机就成了未来的选项,即人工智能加上量子计算技术。最近,加拿大一个很小的量子计算公司,在 30 微秒内所做的计算可以完成日本超级计算机的计算需求。IBM 主张将人工智能和量子计算加以结合,代表未来面对天量膨胀的大数据时代的一种技术路线。

5. 数据要素和数据科学。最终打通数据要素,实现量子、信息、比特、数据要素的一体化。科学家约翰·惠勒和维杰·库玛(Vijay Kumar, 1962—)在个领域贡献卓越。他们两个人的观点具有连续性,主张一切来自比特,而比特的本质是量子。在比特和量子之间,世界正在形成一个数据科学。

科技竞争时代的根本性特征是创新的速度持续加快,导致奇点逼近。所以,摩尔定律应运而生。摩尔定律就是数据科学的定律,是超过经济学定律的定律。此外,还有麦特卡夫定律、吉尔德定律(Gilder's law)。这个时代的前沿就是人工智能,就是量子科学,以及人工智能和量子科学所要解决的数据时代,背后还有巨大的能源消耗。现在世界产生了超级科技公司,形成了历史没有的垄断性分工,先发优势具有难以动摇的位置,决定着科技发展的方向。这是人类历史上从未有过的挑战。

五、大数据时代的风险与挑战[①]

几年前涂子沛(1973—)的《大数据》一书出版,影响很大。这些年,数字经济发展的最重要特征就是大数据市场规模的扩张。在数字经济时代,大数据成为生产要素,而且正在成为第一生产要素。

---

① 本节系作者于 2021 年 12 月 13 日在"大数据时代的危机与挑战——在 DAO 原则下构建分布式存储、分布式计算和分布式能源的未来"活动上的会议发言。

1. 大数据特征和潜在风险。大数据增长模式和物质产品的增长模式是完全不同的，其根本特征是：（1）物质生产模式是算数级数，传统经济增长的衡量尺度是 GDP，技术极度高速增长不过是 10% 至 20% 左右；而大数据增长是指数增长，是几何级数，可以是数十倍，甚至百倍以上。（2）传统实体经济结构相对稳定，可以实现供给与需求均衡；大数据不存在稳定结构，非均衡是常态。（3）传统经济所依存的工厂和公司模式，已经不再适应大数据发散型和非结构生产过程。（4）传统经济的物质性生产的安全性基本是显性的，大数据经济的安全性是隐性的。（5）传统经济的法律体系是健全的和成熟的，数据经济的法律体系尚处于早期阶段。（6）人类有足够的经验应对实体经济、传统金融部门的危机，但还没有足够经验来应对数字经济时代可能发生的危机。

2. 应对大数据时代挑战的对策，存在两种选择模式：（1）强化政府对大数据中心化管理和控制模式，建立严格的治理法律体系。但是，这样的模式不仅成本过高，而且治理思想和手段滞后于数据经济的扩张，始终处于"道高一尺魔高一丈"的压力之下。（2）DAO 模式。"DAO"的核心思想是完成对一个复杂系统的节点的分解，实现去中心化的分布式管理。DAO 原则上摆脱了因为数据大爆炸、社会管理成本急剧上升、传统管理模式低效失灵而产生的严重困境。特别是，在 DAO 的原则下，基于区块链和智能合约，可以重构人与人之间的信任基础，降低全社会交易成本。

3. 实现大数据时代"三个分布式"融合。所谓"三个分布式"融合，即分布式存储、分布式计算和分布式能源。在未来，云存储也需要分布式。分布式存储需要分布式计算，分布式存储和分布式计算导致对能源需求的持续增长。人类集中性能源供给已经无法匹配分布式信息存储和计算，需要建立分布式新能源体。"三个分布式"融合可以适应由信息和数据自我生产力、自我分裂能力、自我增长模式所造成的复杂性社会和复杂性系统,减缓如影相随的"熵"的威胁。

总之,从 21 世纪 20 年代到 30 年代,不仅日益加重的传统经济危机挥之不去,而且数字经济时代的潜在危机正在酝酿。并且这两类危机存在相互影响,甚至发生叠加效应。其中的大数据危机对人类造成的危害,很可能超过传统实体经济危机对人类所造成的危害。解决和预防这样潜在危机的出路,就是构建在 DAO 原则下的分布式存储、分布式计算和分布式能源的有效结合。在这个过程中将引进包括人工智能和量子计算等更多前沿技术,人类需要加快提高计算能力和对计算结果的有效控制。

六、信息社会不平等和区块链救赎[①]

人类进入信息社会,任何有人群的地方,信息都无所不在、无时不在。信息是社会存在的基本形式,构成基础设施,成为人与人链接的最重要的一种媒介。当信息社会来临的时候,人们曾经希望信息技术可以缓和,甚至消除长期存在的不平等现象。但是,信息社会发展和数字化转型,并没有给民众带来社会平等。恰恰相反,信息世界的发展正在导致一种新的不平等。

1. 造成信息社会不平等的根本原因有:(1)占用信息资源的差异,或者说信息资源分配的差异。提供信息的大众,未必是所有信息的分享者。在信息化社会拥有足够信息和足够质量信息的人所占人口的比重不是在扩大,而是在缩小。(2)获得、存储、分析和使用信息能力的差异。因为大数据、人工智能、算力,包括大规模的信息采

---

① 本节系作者于 2020 年 10 月 10 日在"第十一届森庐论坛"活动上的会议发言。

第六章 科技革命、区块链和元宇宙

集、存储、分析、转换、管理,有着相当高的技术含量,需要有相当大的教育和科技资源投入。(3)信息转化为商业价值的差异。信息产业的低门槛时代早已悄然结束,广义和未来的信息产业门槛越来越高,在很大程度上排斥了民众参与的可能性。

2. 信息社会不平等的后果。信息网络和信息消费社会群体已经高度分化。不同的社会群体拥有不同的信息资源结构。信息质量和地理与阶层分布,是现代社会信息不平等的一种反映。一般来说,广大民众所接受的大多是低质量的信息,并陷入特定的信息"路径依赖",容易对真实世界产生误解。信息的不平等,加剧物质财富的不平等。在现代社会,这种信息认知的差距与冲突,比物质贫富差距的扩大更具有破坏性。

3. 信息社会不平等趋势。信息构成的网络绝非平滑的、平等的节点分配。节点不是空洞的 node,每一个节点都是一个信息包。社会在网络化过程中,网络已经高度层级化和固化,甚至比传统物质财富的层级化和固化速度快得多。一位叫巴拉巴西(Albert-László Barabási,1967—)的物理学家,通过拓扑学证明了信息世界发展导致分化甚至两极化的原理。如若容忍这样的差别演进下去,会造成一种信息社会的分裂,以及人们观念基础和话语体系的分裂,最终导致形成新"二元社会",分为信息贫穷和信息富有两个社会群体。可以肯定,获得低质量信息的族群,势必在教育水平、物质生活和财富方面处于劣势。

大约十余年前,美国有一部电影,英文是 *In Time*,中文翻译成《时间规划局》。这个电影讲了时间分配的不平等。在这个世界,除了物质的贫穷之外,还有另外一种贫穷,就是时间的贫穷。富人控制着的时间规划局,大众每天需要通过注入时间续命,一旦在时间银行中的存额清零,就代表着一个人的死亡。但是,有钱人因为可以垄断时间而长生不老。控制大众时间成为一种恐怖的控制方式。

4. 改变信息社会不平等的选择。为了避免信息社会二元化进一步恶化，弥合人们话语体系的分裂，建立以大数据为基础的、趋于公平的信息社会，以下信息社会制度建设是紧迫的：（1）实现信息资源的公共财产化，改变信息的贡献者和信息分享者的分离。（2）建立公正的信息分配和分布规则，保障民众获得优质的和及时的信息与数据。（3）国家通过行政力量，实现信息、教育和就业资源的结合。

5. 区块链对改变信息社会不平等的作用。因为区块链的技术支持，比特币在 2008 年全球金融危机后不久得以诞生。比特币的意义在于不仅提供了全新的 peer to peer 的支付手段，而且创造了一种全新的财富形态。过去十年间，有数千种可编程数字货币诞生，包括 2019 年风靡一时的 Libra 理念。历史证明，区块链核心架构趋于成熟，核心技术创新持续升级，初步形成区块链标准框架，有助于改变信息资源和算力资源分配和分布日趋不平的等现象，赋予民众数字身份，健全数字技术的安全和可信基础结构，形成新型加密资产。在这样的意义上说，区块链是信息不平等的一种救赎。

七、分布式存储[①]

在大数据时代，数据要通过算力来实现，算力就成为数据时代最重要的工具。但是，只有算力还不够，数据必须存储。也就是说，数据、算力和存储是不可分割的三要素。数据成为生产要素，需要和算力和存储的结合。或者说，算力和存储成为生产要素的两个不可分割的条件。

---

① 本节系作者于 2021 年 4 月 17 日在数字资产研究院、重庆链存科技、零壹财经·零壹智库主办的"新基建分布式存储峰会"上的会议发言。

1. 自 2017 年，大数据的存储模式进入集中性存储和分布式存储并行的历史阶段。原因有三：（1）集中性和中心化存储所存在的问题，正在全面显现。（2）在 2017 年之前，分布式存储的硬技术和软技术并未成熟。（3）区块链技术亟待升级。（4）没有出现分布式存储的成熟案例。分布式存储结构的技术前提如图 6.12 所示。

图6.12　分布式存储结构的技术前提

2. 数据存储的历史。在过去二三十年间，特别是在过去 10 年间，数据存储完成了两次转换。第一次是从经典的和传统的分布式存储转换到集中式的、中心化的云存储。人们的存储经历过不同的硬盘时代。因为数据越来越多，个人没有办法处理，使产生了集中式存储。云计算和云存储是中心化的。

3. 数据存储和区块链。迄今为止，经典的或者古典的，分散性存储到云存储，或者集中性的存储，一个共同特点是非区块链存储。因为存储并没有得到区块链的支持，暴露出诸如安全性、私有性、便捷性、稳定性方面的系统性问题。所以，需要重新考虑和重新想象回归分布式存储，基于区块链的分布式存储。现在的分布式存储，是已经基于区块链的分布式存储，是与集中性存储逆行的存储模式。

4. 数据非同质化特征决定分布式存储。数据存储从集中性到分布式存储的转变，是由数据特性决定的：（1）非结构性数据更天然地适合分布式存储。（2）结构性数据更适合集中性存储，非结构的数据自然适合分布式存储。而大量的数据是没有经过处理的、原始性的非结构数据。（3）不是所有的数据都要中心化，越来越多的数据需要存储在一种非中心化的状态中，需要区块链支持。（4）分布式存储，意味着没有人能够控制和改变数据存在的状态，是具有排他性的、更安全的存储。

5. 传统的存储没有奖励机制。在传统存储模式下，无论是古典的个人存储，还是集中性存储，成本不断提高。集中的云存储需要付费。引入区块链的存储，包括奖励机制溢出效应，所有区块链支撑的分布存储，通过发行稳定币构建奖励机制。以比特币为代表的公链技术，奖励机制相对简单。

6. 分布式存储中总供给和总需求的关系。在大数据时代，大数据会永无止境地指数增长和数量膨胀，算力和存储需要紧密配合。现在大数据产业规模基本达到 500 亿～600 亿美元，在 2024 年会超过 1 000 亿美元。无论如何，算力和存储所形成的产业占 GDP 的比重不可能是无限大的。比如经济价格均衡曲线图，纵轴是价格，横轴是数量。从左下角到右上角是供给曲线，从左上角到右下角是需求曲线，供给越多，价格越高，需求越少，交界点就是均衡价格。大数据存储同样存在需求和供给曲线，两个相互制衡变量之间存在一个均衡点。大数据分布式存储需求的不断扩大，必然推动和刺激存储，从软件到硬件，整个体系的扩大。反过来，存储扩大必然刺激需求，进而提高各种分布式存储的数字货币价值。

7. 星际文件系统（Inter Planetary File System，IPFS）和分布式存储实验。IPFS 提出在传统云之外备份重要数据和非结构性数据存储的技术方案，包括分布式存储平台，以及相对完备的商业模式，例如托管存储和算力，分布式存储 IT 提供商接受委托对数据进行计算，直接运营分布式存储，对外数据存储提供服务，等等。现在，并不存在着一个可以垄断分布式存储的协议或模式。支撑 IPFS 的存储数据中，如果存在大量的垃圾信息和无价值信息，那么终究需要大量的压缩和删减，从而避免分布式存储的"泡沫化"。现在的矿机或者芯片的短缺情况，自然会缓解，价格也会回落。

八、Web 1.0 到 Web 3.0 的变迁 ①

1989 年，欧洲核子研究中心（CERN）研究员蒂姆·伯纳斯－李撰写了一份关于万维网（World Wide Web，Web）的计划书，并在 1990 年 11 月与比利时工程师罗伯特·卡里奥（Robert Cailliau，1947—）共同将其整理成一份管理计划书，提出万维网的基础概念并定义了重要原则，即一个可以用"浏览器"（browser）查看的"超文本项目"（hypertext project）的"网络"（web），由超文本标记语言（HyperText Markup Language，HTML）、统一资源定位符（Uniform Resource Locator，URL）和超文本传输协议（HyperText Transfer Protocol，HTTP）作为技术基础。1990 年年底，伯纳斯－李利用一台 NeXT 电脑作为万维网服务器，搭建起第一家网站 info.cern.ch。到了 20 世纪 90 年代中期，网景浏览器（Netscape Navigator）等万维网浏览器的兴起，最终推动了 Web 1.0 落地，互联网时代正式来临。

1. Web 1.0 和 Web 2.0。从 1989 年到 2005 年，Web 1.0 以读取服务器存储的静态网页为标志：（1）网站是静态的和只读的。（2）没有互动、参与或自动化。（3）用户创造和输入的内容极少。（4）网站所有者发布内容供人阅读。Web 2.0 被描述为万维网使用方式与行为习惯上的范式转

---

① 本书所谈的 Web 3.0 包含智能语义网与基于区块链的数字身份、数字资产概念（Web3）。Web 3.0 的概念最初由万维网的创始人蒂姆·伯纳斯·李（Timothy John Berners-Lee，1955—）于 2006 年提出，他认为 Web 3.0 代表第三代互联网拥有"可读＋可写＋可拥有"的属性，是具有智能性、立体性、交互性的语义网。区块链出现后，Web 3.0 的概念又发生了变化。2014 以太坊创始人之一、波卡链的创始人加文·伍德（Gavin James Wood，1980—）提出，Web 3.0 强调互联网的去中心化、更加安全、让用户掌握自己的数字身份和数字资产。他们两位对 Web 3.0 的定义都强调了未来互联网用户的自主性。

变。Web 2.0 强调的是内容互动性、社交连接性与用户内容生成性，在全球范围内以社交网站 Facebook 和视频网站 YouTube 为代表。移动互联网与智能手机的普及更是助推了 Web 2.0 的传播。无论如何，Web 1.0 和 Web 2.0 基于云的应用程序，如微软 Exchange，以及 Facebook、Twitter、YouTube 和 TikTok 等社交媒体应用程序。这些应用程序可以吸纳新的功能，随着消费者需求的变化而得到功能上的更新优化。

2.Web 2.0 和互联网经济的形成。从 2005 年至今，Web 2.0 主导的新商业模式也广泛引发了行业变革，形成互联网经济和互联网社会。一方面，互联网大公司成为创新的潮流引领者，互联网允许用户创造他们的内容，用户数据是一种广告商品，社交功能是用户生活中不可或缺的一部分。另一方面，作为应用程序中心化的数据监护人，可以在未经用户许可的情况下收集和使用用户的数据；用户对其数据所有或使用几乎没有控制权，无法分享平台发展收益；平台所有者决定什么是合适的内容；数据泄露和隐私泄露等安全风险增加；还有无所不在的广告。更为严重的是，如果用户触犯了平台的标准，则会被禁止使用这些平台。

3. Web 3.0。Web 3.0 是万维网演化的下一阶段，代表非中心化、开放和更多的用户效用成为核心观念。在 2001 年，伯纳斯－李讨论了"语义网"（Semantic Web）概念，那时计算机没有办法处理自然语言的语义，而语义网可以使得网页中有意义的内容形成特定结构，软件能够据此处理语义并完成复杂任务。Web 3.0 概念超越了语义网。Web 3.0 建立在无第三方信托（trustless）和无入网许可（permissionless）的开源软件基础上，因而其应用是非中心化应用（decentralized application）。在 Web 3.0 时代，计算机将借由自然软件处理技术像人一样处理语言，并用人工智能技术提高准确率。Web 3.0 的优势体现在：用户拥有数据所有权；开放，无须信任，无须许可；

第六章 科技革命、区块链和元宇宙

Web 3.0 比 Web 2.0 更加安全和私密，每笔交易必须在区块链上达成共识；用户参与利益的分配。例如，以太坊是世界上使用人数最多的公共计算平台，每个人都有存放数据资产的钱包账户，并可以通过区块链将资产转移到不同的账户。当智能合约检查到两个钱包账户都满足协议条款后，区块链交易得以完成。

4. Web 3.0 和非中心化组织。Web 3.0、区块链智能合约、区块链的非中心化，以及自治组织（Decentralized Autonomous Organization, DAO），存在强烈的耦合性。特别是，未来人类和智能机器人构成的社会和经济组织，创新数字经济的新范式，都需要以 Web 3.0 作为基础结构。现在风行的 NFT（Non-Fungible Token）就是基于 Web 3.0 的一种价值创造实验。信任的多重网络见图 6.13。

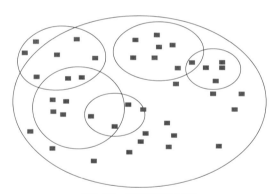

图6.13 信任的多重网络

5. Web 3.0 面临的挑战。主要挑战来自：没有实现技术层面的可互操作；没有消除网络安全隐患；没有实现任何个人证明自己在数字世界的身份；以及没有建立明晰的与时代同步的法律、管辖权以确保 Web 3.0 对其用户足够安全，奖励其在非中心化平台的积极互动和行为，实现公平和正义。

九、科技资本的崛起和意义[①]

1. 传统资本和科技资本的本质区别。资本历史经历了从产业资本到金融资本,再到20世纪后期形成的科技资本阶段。VC就是科技资本的早期形式。科技资本和数字科技成为互动关系。美国硅谷和128号公路的高科技产业群的形成与发展,就是成功案例。进入21世纪,科技革命主导经济增长,改变产业构造,加速科技资本控制,并在传统的资本体系、资本形态中成为主导资本形态。

2. 科技资本的构造。如图6.14所示,纵轴和横轴分别代表一般科技资本和数字科技资本,一般科技投资越来越明显地转移到数字科技投资,数字科技投资占科技投资的比重也出现了明显的上升。

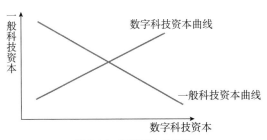

图6.14 科技资本的构造

3. 科技资本投资态势。如图6.15,纵坐标可理解为传统投资,横坐标可理解为科技投资,从左下角到右上角则为科技投资曲线,从左上角到右下角则为传统投资曲线。从现在的趋势看,科技资本投资已经远远超过传统资本投资。交叉拐点则大约在2010年左右。随着这种趋势和态势的不断强化,科技资本在资本形态中所占的比重将达到

[①] 本节系作者于2022年6月10日在由《陆家嘴》杂志、零壹智库主办的"2022第一届中国数字科技投融资峰会:数字技术涌现与投资革新"活动上的会议发言。

绝对优势。

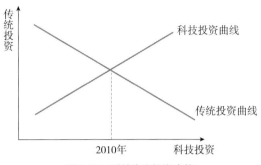

图6.15 科技资本投资态势

4. 高科技领域的先发优势。进入 21 世纪,科技成为一种群体性行为,若将纵向作为科技和 R&D,横向作为技术的产业化,那么可以发现所有的成功企业都分布在 45 度线上面。要想在科技领域中获得超越,必须同时满足至少三个条件,即科学优势、技术优势和产业优势,并且在一个特定的行业与产品中完成最佳组合。此外,科技企业所形成的规模效应是难以超越的。科技企业的规模效应会产生溢出效应。溢出之后会产生科技资源空间,中小企业要在这个空间和生态中才能生存。任何中小企业都难以像过去传统企业那样轻易进入产业分工体系中。

5. 科技资本包括数字资本投融资的难点和风险。科技投资最大的特征就是黑箱投资,存在与传统产业完全不同的困难:(1)科技是有生命力的。过去投资的是具体产品,现在投资的是有生命内涵的科技主体。库兹韦尔说过,科技存在其内在需求。在科技革命时代,人们很难短期内完全了解科技,科技发展不再受人的驾驭。所以,资本如何对待前沿科技,成为经济领域中最尖端且最有挑战的课题。(2)科技对经济活动的非中性影响扩大。在传统经济形态下,柯布-道格拉斯生产函数(Cobb-Douglas production function)具有代表性,该函数强调 L(投入劳动力)和 K(投入的资本),而 μ 是科技作为中性的随机干扰影响。但是,在科技成为生产中最为重要的部分的时代,科技中性的时代早已悄然结束,生产函数中科技因素应该放在第一位。(3)科技投资的可行性研究难以实现。随着科技基础研究风向的改变,此刻的前沿往往很快就会变成后沿。即使是在前沿的科学家都难以对前沿有清晰的认识。因此,最大的风险除了判断风险,还有科技本身演变和突变之后产生的风险。(4)科技投资回报率难以精准评估。科技资本的回报率可以迅速膨胀,也可以瞬间跌落。所以,科技发展会动摇传统资本模式,因为科技规律不是经济规律,经济规律的成本概念在科技领域将不复存在。未来的科技资本市场将会脱离传统资本市场。

更为革命性的投资模式将会出现,科技领域的融资模式会倾向于马斯克的模式,即用观念价值判断投资价值,而不再是根据所谓可行性报告模式。高科技资本投入的最重要标准和尺度将不是资本回报率,而是理念、道德高度和故事等新要素。

人类现在可以看到一道曙光,影响未来的将不是任意的科学家、投资者、企业家,而是大家的联合体。没有人能确定因为今天对,明天就会依然对。因为变化大、生命力强,科技正在加剧这个时代的不确定性。

十、"经济抽象"威胁

经济抽象是一个值得重视的概念。现在人们所关注的"经济抽象"和归零威胁,主要局限于以太坊算力基础上的体系。所谓"经济抽象",是指用户可以用其他代币向矿工支付交易费用,而不是用以太币来支付。如果这种方式流行起来,以太币本身价值将归零。

逻辑上,以太坊存在着归零的风险。可以想象以太币的价值归零的多种可能性和后果。如此宏大的体系,发生彻底崩塌,其场景会远远超过 2020 年 3 月黑色星期四对比特币的打击。就如何避免归零，以太坊做了非常重要的努力，构建了风险之间的防火墙。但是，所有的推动数字经济产业发展的机构和个体，都需要以理性态度避免所谓的"经济抽象"。

在数字经济高速增长的未来，"经济抽象"威胁很可能超越以太坊的边界，进入整个数字技术支撑的数字财富领域。现在已经能看到"经济抽象"正在悄然蔓延：众多的所谓加密数字货币、DeFi 产品、NFT 的价值归零。逻辑上，"经济抽象"可以发生在其他任何数字化的部门和领域。甚至可以想象，未来数字经济时代的真正潜在危机可能是发生在不同层次和不同程度的"经济抽象"。

总之，以 ICT 革命为先导，人类进入互联网时代。至少在过去四分之一世纪，互联网为人们提供了前所未有的联系和表达自己的机会，形成高速发展的数字经济，为数十亿人提供经济机会，人类从工业社会进入信息、知识、人工智能相融合的复杂社会，进入不确定性继续增大的未来。

元宇宙和科技革命①

在"元宇宙与数字经济"主题下,本文探讨五个问题:一是元宇宙是漫长科技革命的结果;二是元宇宙推动科技革命进入新阶段;三是元宇宙发展和超级科技企业;四是数字化和"新二元经济";五是数字经济、科技革命和元宇宙趋势。

一、元宇宙是漫长科技革命的结果

在人类历史上有各种各样的事件,比如政治事件、外交事件,还有自然界的灾难事件,等等。元宇宙是人类历史上非常重要的科技事件,而这个科技事件在过去2—3年的时间内,进入人们的视野,引发了人们的关注,吸引了资本,推动了企业的参与。

元宇宙作为科技事件,是一个漫长科技革命的结果。应该这样认为,元宇宙是过去超半个世纪,近乎七八十年时间呈,计算机技术、半导体技术、编程软件技术、互联网技术、人工智能技术交互发展的结果。需要强调7个方面:计算机技术、半导体技术、编程软件技术、互联网技术、人工智能技术。(1)计算机技术始于20世纪30年代图灵提出计算机基本理论。元宇宙必须和半导体硬件以及芯片的

---

① 本文系作者于2022年8月18日在马洪基金会主办的"从元宇宙到数字经济"学术沙龙活动上的会议发言,于2022年11月22日修订。

发展结合在一起，和硅时代的来临相一致。（2）半导体科学技术的实质发展可以追溯到20世纪40年代末期，一般来讲是以贝尔实验室在1947年关于晶体管的突破作为关键年份。（3）软件技术。关于编程软件的发展，应该是从20世纪70年代到90年代。包括计算机的操作系统，以及最重要的C语言，距今都有50年左右的历史。（4）通信技术。例如，从1G到5G，经历了几乎40年的时间。（5）互联网技术。如果从20世纪60年代初提出互联网理论算起，至今也有60年以上的历史。（6）ICT革命的基础设施技术。例如从光纤电缆到卫星网络，经历了40年的历史过程。（7）人工智能技术。如果从图灵提出人工智能的基本理论算起，到20世纪50年代以来一波一波人工智能技术的开发，也应该有70余年的历史。

事实上，如果没有计算机技术、半导体技术、编程技术、互联网技术、人工智能技术，元宇宙在今天的诞生是没有可能的。

所以，元宇宙并非像人们所说的是简单的横空出世，或简单的和几款游戏结合的一种技术，它其实是一个深厚的，综合了长达七八十年科技革命的结果。而因为下面这六位科学家，科技革命成为可能。

第一位是艾伦·图灵。他的历史地位是被远远低估的，他做了原创性的、科学性的、天才性的、不可替代的贡献。他所提出的图灵机，包含了元宇宙整个内涵。今天人们所说的元宇宙的科技基因都在图灵机里面。没有图灵机，人们很可能还要在计算机结构的历史上经过漫长岁月。他还开创了人工智能实验，即图灵实验。图灵的生命以吃毒苹果自杀结束，苹果公司商标为什么是一个苹果少了一口，因为乔布斯是图灵的信奉者。

第二位是约翰·冯·诺伊曼（John von Neumann，1903—1957）。他建立了"冯·诺伊曼结构"，使得计算机成为可能。因为有了计算机，IT革命和ICT革命，才具有坚强的硬技术支持。现在，已经有学者研究非冯·诺依曼机,因为未来的计算机会突破冯·诺依曼原来的构架。

第三位是杰克·基尔比(Jack Kilby,1923—2005)。他是集成电路的创始人。人们在评价基尔比的历史贡献时说,他岂止是改变了科技、改变了电子工程,其实改变了人类的生活方式。

第四位是戈登·摩尔。在1965年,他提出了摩尔定律,即芯片演变的基本规律——芯片效率的提高和芯片体积的变小是呈对应关系的。迄今为止,整个科技演变都在摩尔定律的范畴之内。只是说,我们现在开始进入后摩尔定律时代。

第五位是伦纳德·克兰罗克(Leonard Kleinrock,1934—)。在60年代初期,他作为MIT博士候选人创造和奠基了互联网理论。而后来他又主持了最早的互联网实验。元宇宙重要的前提就是互联网。

第六位是丹尼斯·里奇(Dennis Ritchie,1941—2011)。他是计算机编程语言发展历史上的代表性人物,不可逾越。

元宇宙是以上六位科学家,以及过去七八十年中的重要科学家们,共同努力开创的学科相互碰撞、交叉、融合的发展结果。进一步说,元宇宙是一个复杂的历史事件。元宇宙应理解成一个技术集合体。元宇宙是极为复杂的科学技术在不同领域和在不同方向发展的综合结果。

所以,不可能有一个,或者一个群体有勇气说自己是元宇宙的发明人。元宇宙并不是哪个人,或者哪些人发明的。

二、元宇宙推动科技革命进入新阶段

元宇宙爆发之后,会对科技革命产生重大的推动作用。集中在以下四个方面。

第一,元宇宙有助于驱动芯片产业发展。或者说,元宇宙需要不断改进的芯片支持。CPU 解决文字和系统管理问题，GPU 解决图像问题，DPU 从本质上要解决异构计算问题，而 CPU、GPU 和 DPU 的高水平组合，才是元宇宙最基本的，也是最重要的基础结构。从 CPU、GPU 的结合，DPU 的发展，形成新的硬件分工，实现 CPU、GPU 到 DPU 的完美组合。在 GPU、CPU、DPU 这三个方面，世界上都有代表性的公司。

第二，元宇宙推动从超算到量子计算的算力革命。面对数据指数性的海量增长，经典计算机不足以应付这样的信息和数据能量及数量，传统、古典的计算机的普遍使用，已不足以应付大量的数据和信息，于是就有了超级计算机。超级计算机也还没有办法应对现在这样庞杂的数据。但是，解决算力的根本出路最终是量子计算技术、量子通信技术。现在社会开始进入到古典的超算和量子并行的历史阶段。在这个历史阶段，不是量子计算机立即替代传统的计算机，而是越来越多的数据处理要转移给量子计算机完成。总之，量子计算机将是支持元宇宙下一个阶段的核心技术。

第三，元宇宙有助于 AI 的加速发展。AI 是元宇宙的推动力，没有 AI 主导的元宇宙和数字经济是不可想象的。元宇宙遇到的最大挑战是，元宇宙必须能够接受分析、存储和应用巨大的和以指数增长的海量数据，这样的大数据最终只能依赖于人工智能加以处理。

现在关于人工智能的发展，有一个低估人工智能，甚至否定人工智能的认知误区：高估人类大脑。人类大脑确实很复杂。人类大脑神经元有数十亿。如果人工智能实现模拟人类大脑，按照这个标准要求人工智能，确实强其所难，甚至永远没有希望。但是，这样的看法忽视了一点：人类大脑是世界上所有资源中被浪费最厉害的一个资源。在逻辑和计算领域中，人的大脑无论如何都无法赶上人工智能。所以，虽然人工智能不能替代人的情感和某些逻辑，但是，替代计算和处理大数据以及信息体系是不可逆转的,而且呈现不断加速的趋势。

所以,元宇宙的产生、发展、运行不可能仅仅依赖传统人类,即碳基人类完成。从长远来讲,元宇宙是人工智能的元宇宙,是人工智能主宰和推动的元宇宙。人工智能是一个不断发展和进化的过程,是从计算机模仿人类智能,通过机器学习到深度学习的历史过程。现在已经可以预见,今后十年将是人工智能从认知的早期阶段向成熟阶段发展的关键阶段。

第四,元宇宙有助于推动从 Web 1.0 到 Web 3.0 的过渡,形成互联网新生态。现在开始全方位进入 Web 3.0 时代。Web 3.0 最重要的特点就是创造了一个三维的、跨越传统物理时空的新互联网空间,而这个互联网空间是智能化的。

特别希望大家关注人工智能和量子计算的结合。目前是经典计算机和正在开发的量子计算机平行或者互动的特定历史时期。在互联网的演进过程中,人工智能、Web 3.0、量子计算,正在成为不可分割的整体。

三、元宇宙发展和超级科技企业

从 20 世纪六七十年代到 90 年代,一直到现在,科技的演变是惊人的,似乎存在着一个超长的历史链条:因为半导体、因为集成电路、因为芯片、因为互联网+,在 20 世纪 90 年代,世界进入了一个以"互联网"命名的时代。这是一个真实的时代,且不应该因为 2000 年前后的所谓互联网泡沫,否定这个时代的到来、形成和发展。

2000 年之后 20 年,数字科技和数字经济的进展包括:(1)硬件难度和广度的拓展和进步。(2)数字经济极端的扩散能力、蔓延能力和启示能力,确实改变了人类的生活方式和经济形态。(3)数字资产和财富的产生。例如加密数字货币、DeFi 和 NFT。如果孤立看待科技发展历史的每个事件，很可能不以为然。但是，如果将这些改变拼凑为整体看待，那就不同了，这是一个令人震撼和非常完美的过程。缺其中一小块，今天的历史都不一样，偏偏现实一块不缺。但是，在 20 世纪，如何看待科技和经济的关系，尚存争议。那时，主流看法依然是经济决定科技发展。[1]

现在包括元宇宙在内的数字技术革命，已经完成了前所未有的分工。科技分工有和传统产业分工完全不同的规则、原则和特征。英特尔、IBM 代表的超级科技企业，在人工智能、数字技术、软件开发方面，已经完成了分工。当代的分工，以科技分工最为严格、严密和完美，超越人们的想象。现在的高科技领域，因为科技分工成为垄断和竞争的前提，所以，不存在工业时代"你死我活"的竞争。

这样的科技革命的宏观图像，到底是由谁来完成？从世界范围内来看，主导力量是超级科技企业。其中，除了仙童半导体（Fairchild Semiconductor）在完成历史使命后消失，其他的公司今天都生机勃勃地活跃在科技革命的舞台上。位于美国加州北部的硅谷（Silicon Valley）也因此得以形成和成长。

这些超级科技公司在过去半个多世纪以至六七十年间，完成了一次又一次的演进。例如，20 世纪 60 年代最有代表性的企业，今天仍在这个领域中发挥举足轻重作用，如英特尔、AMD。英特尔是相当了不起的，始终在科技前沿发挥主导作用。20 世纪 70 年代，比尔·盖

---

[1] 1981 年，国务院决定成立"国务院技术经济研究中心"。在讨论这个中心的名称时，存在两种意见：一种意见是叫"技术经济研究中心"，另一种是叫"经济技术研究中心"。在两种不同意见的背后，其实是如何看待经济和技术的关系。当时的发达国家经验已经证明：技术是经济发展的深层驱动力量，技术创新程度决定经济发展。最终前一种意见得到接受。我本人支持"技术经济研究中心"，而不是"经济技术研究中心"。

茨创建的微软，80年代的高通、思科、日月光，90年代的ARM、英伟达，一浪接着一浪，一波接着一波。

今天，当芯片以纳米衡量的长度逼近3纳米、2纳米甚至1纳米的极端时，芯片技术进入后摩尔时代。芯片技术很可能正在处于被量子技术主导和控制，从传统的物理世界进入量子生态世界的历史拐点。

需要有一个新的思路来想象芯片的未来。2022年3月，英特尔、AMD、ARM、高通、台积电、三星、日月光、谷歌云、Meta（原Facebook）决定成立"芯粒联盟"，把趋于1纳米的芯片变成一个立体的组合，避免芯片完全被量子生态所左右和干扰。①

四、数字化和"新二元经济"

过去发展经济学提出了"二元经济"理论，主要是指发展中国家在没有完成农业社会向工业社会转型，没有完成农业工业化的历史条件下，要建立和发展现代工业并强制推进工业化，于是构成了所谓的现代工业和传统农业并存的"二元经济"。

进入21世纪之后，发达国家和新兴市场国家的本质区别发生了根本性改变。发达国家已经超越了"工业发达国家"的传统定义。但是，对于相当多的新兴市场国家而言，在没有能力解决传统经济持续增长的同时，被迫卷入高科技的竞赛之中，参与数字化转型。于是产生了新"二元经济"：传统产业和高科技产业并存和争夺资源的状态。

在新"二元经济"下，发展中国家政府，面临既要维持传统经济

---

① 2020年的9月，我曾经在与华为有关部门的交流中提过：当芯片向体积极限逼近的时候，超越摩尔定律逼近2纳米甚至更小的时候，唯有"芯粒"是一种选择，进而建议他们考虑开发"芯粒"。可惜，没有得到反馈。

的发展，维持就业，实现基本增长，还要加大高科技投入的"双重压力"。现在看，对于发展中国家来说，新"二元经济"的挑战比过去的旧"二元经济"更加严酷。例如，如何增加就业就是最大课题。

20 世纪 90 年代，杨小凯和林毅夫有一个后发劣势和后发优势的争论。如果将这次争论的思想应用到传统经济和高科技经济，不难发现：后发优势似乎只适用于传统产业。例如汽车产业，并不需要从福特的 T 型汽车开始做起，可以直接引入新技术并实现跳跃性发展。但是，科技产业很难想象后发优势。在科技领域中，先发优势导致自然垄断，自然垄断进而强化科技优势。

因为科技革命的叠加效果，科技创新的资本投入越来越多，导致具有先发优势的科技企业可以获得更多和更稳定的资本，维系自然垄断并越做越大。这是非常强大的历史逻辑。

五、数字经济、科技革命和元宇宙趋势

数字经济的英文是"digital economy"。这里将"digital"翻译为"数字"并不是那么精准。因为，英文的"digital"是指通过 0 和 1 二进制所表达的计算机编程语言，是比特（bit），是一种信息的存在（being）状态，而不是中文直译的数学的"数字"。所以，"digital economy"是指以计算机科学为基础结构和通过互联网实现的经济形态。

黄仁宇在《万历十五年》中说：中国历史是没有数字概念的。这个说法是片面的。因为中国自古以来就有记账，算盘历史源远流长，账房先生是重要的职业。如果没有数字概念，中国数千年的经济是发展不起来的。进入近现代，特别是计划经济时代，中国经济的数字管理就已经高度制度化。但是，这里的"数字经济"并非"digital economy"。此"数字经济"非彼"数字经济",正所谓"此时非彼时,此物非彼物"。

现在,中国经济转型是要向"digital economy"转型,也就是构建基于编程语言和计算机科学的数字经济,是被摩尔定律所影响的数字经济。在数字经济领域,中国面临两个并行的历史性任务:一方面,要继续发展原生态的数字经济和数字企业,例如腾讯、字节跳动和快手,各类编程软件企业;另一方面,要通过数字技术改造传统的第一、第二和第三产业,例如金融产业的科技化和数字化。

现在的科技革命早已超越工业革命时代的科技革命,是信息时代的科技革命,具有这样的特征:(1)这个革命不是单一性革命,是综合性革命。(2)这个革命已经成为经济增长和发展的决定性主导力量。(3)这个革命的增长速度是指数增长,将人类推进到逼近所谓的科技奇点。(4)这个革命发展呈加速度,不仅对经济,而且对教育、文化、社会结构和国际关系都产生深远影响。至今,人类缺乏对这个革命未来中长期颠覆程度的预测能力。

毫无疑义,元宇宙正是这个科技革命的产物,也是科技革命历史上的重要里程碑。元宇宙的出现,有助于推动所有行业和企业的数字化基础建设,改造工业时代企业的基础结构、产业链和价值链,使创新常态化,强制企业从自我封闭变成开放开源,最终构建全新的经济生态。

元宇宙的"all in"特征,将加速全球的数字化转型过程。在这个过程中,元宇宙将改变传统经济活动形态,改变传统经济的经济规律,加速科技规律的影响,使科技链改造未来产业链和价值链。未来的元宇宙,将承载和满足成千上万、几十万人、几百万人、上千万人的共创和赋能需求。所以,元宇宙的成长,需要更大规模和更为高科技的能源、算力和前沿硬技术支持。所以,在元宇宙体系中,工业元宇宙将扮演极为重要的角色。

人类的科技历史不断证明，科技是有生命力的，不是人类可以完全左右科技的发展，而是人类很可能被科技革命主导。元宇宙带来的并非只是一片浪漫景象。元宇宙的生命力，特别是元宇宙潜在的制度意义，以及可能出现的其他颠覆性后果还没有开始显露。

元宇宙不仅意味着一种科技浪漫主义，而且很可能是改变和颠覆人类的生活和生存的一种方式，加速后人类社会的到来，这是一种严酷的挑战。对此，人们需要有充分的思想准备。

对区块链网络去中心化指数的经济史解读[①]

区块链网络去中心化指数,不仅需要计算方法和网络技术的支持,而且具有深厚的人文历史和经济史的内涵。在此所要回顾和阐述的是为什么人类从农业社会、工业社会到信息社会,社会运行的底层逻辑发生了从去中心化到中心化再回归去中心化的变迁过程。区块链的真正意义在于为信息社会提供了实现去中心化运行的原则和技术。

一

人类经历了漫长的农业社会。直到今天,非农业社会中的农业,仍然是人类生存与发展的基础,也是第一产业中最为重要的经济部门。农业社会的农业属于传统农业,不论是中国家庭式的传统农业,还是西欧封建庄园的传统农业,都属于自然经济,或者自给自足经济,可以概括为五个长期性特征:(1)农业技术长期不变,基于世代积累的经验和以人力、畜力、手工工具、铁器等为主的技术资源。(2)农业生产要素的需求和供给长期处于均衡状态。(3)农产品劳动生产率长期低下,过度依赖自然条件。(4)农业基于家庭内部分工的劳动模式长期不变。(5)农业生产方式长期稳定。

[①] 本文系作者于 2022 年 3 月 20 日为与谢涛、陆寿鹏合著的《区块链去中心化指数研究计算方法、技术及其数字经济意义》一书撰写的前言内容。

第六章　科技革命、区块链和元宇宙

事实上，传统农业社会的核心特征是，家庭成为社会组织和经济组织的基本单元，支持去中心化的农业生产要素组合、投入产出和市场交易，即使是主流的货币市场行为，也是民间主导的去中心化模式。所以，建立在传统农业经济基础之上的社会和政治系统，不可避免始于去中心化。在中国，长达近八个世纪的周朝（公元前1046年—公元前256年）是第一个跨氏族的族群国家，其政治架构就是去中心化的诸侯封建体制。自秦之后，中国政治长期处于"分久必合，合久必分"的政权更替之中，就是一个去中心化和中心化的循环过程。中心化的极端状态就是秦帝国的中央集权制度。但是，政治上的高度集权，意味着社会衰落的开始，所以集权和衰落是一个铜币的两面。古希腊城邦国家也存在近似的历史现象。从公元前8世纪开始，在小亚细亚半岛西海岸和古希腊各地，一些以城市为中心的小国构成古希腊城邦，创造了辉煌的古希腊文明。最重要的两个城邦就是雅典和斯巴达。但是，因为马其顿国王亚历山大大帝的征服，这些城邦被纳入中央集权管辖，丧失政治独立地位，瓦解公民集体，导致古希腊文明终结。

概括地说，在传统农业时代，经济活动和社会生活高度去中心化，而政权治理则是周期式去中心化。

二

18世纪60年代，英格兰中部地区成为工业革命的发源地。工业革命的标志事件是瓦特蒸汽机的发明和推广，引发了包括煤炭、铁和钢在内的能源和材料的技术革命，实现了机器取代人力以及大规模工厂化生产取代工场手工业的生产方式转型。英国是最早开始工业革命也是最早结束工业革命的国家。工业革命从英国传播到欧洲大陆，19

世纪进入北美,最后进入亚洲。

现在要讨论的是,工业时代的去中心化和中心化,以怎样的模式发展和演变?在工业生产领域,厂家拥有产品设计与制造的绝对权力,通过大机器生产、产品标准和规格化,实现同质性规模生产和规模效益,形成供给方规模经济。唯有如此,才能降低产品成本,实现利润最大化。由此所派生的工厂和生产线模式,导致了生产活动的中心化,甚至高度中心化。生产规模的扩大,意味着需要更为强化的中心化。工业时代的经济组织通常采用公司(corporation)形式,公司实行自上而下的层级结构,股东控制的董事会是决策中心。商业市场经历了从古典自由竞争到垄断和寡头的转变,这个过程是一个去中心化和中心化博弈的过程。

工业时代的社会和政治领域,主流模式是多党制,大众民主政治取代精英民主政治。但是,大工业也可以和计划经济制度结合,并导致国家和政府权力的极端膨胀,以致霍布斯描述的《利维坦》(*Leviatnan*)最终成为现实。

总之,工业革命以来,去中心化和中心化进入交叉互动的历史阶段。这样的情况在世界主要工业发达国家都得到了充分显现。

三

1973年,美国哈佛大学教授丹尼尔·贝尔(Daniel Bell,1919—2011)出版《后工业社会的来临》(*The Coming of Post-Industrial Society*)一书,提出和阐述了后工业社会概念:工业社会是人类对自然界的依赖减少,能源代替体力,依靠技术和机器从事大规模生产的社会。经济主要由制造业、交通运输业和商业等部门构成。后工业社会,是工业社会进一步发展的产物,人类依赖的是知识和信息,致力于发展服务业。后工业社会又可以称为知识社会。事实上，自20世纪70年代，世界主要发达国家开始进入"后工业社会"。进入20世纪80年代，伴随IT革命和互联网的兴起，人们意识到"后工业社会"不仅是"知识社会"，更是"信息社会"。

所以，"后工业社会"概念已经过时。信息社会不与农业社会和工业社会相比，都存在明显的差别。农业社会和工业社会的经济基础是基于物质资源的物质生产。在信息社会中，信息、知识成为重要的生产力要素，构成社会赖以生存和发展的两大资源，其中信息处于主导地位。开发和利用信息资源的活动，成为国民经济活动的主要内容。简言之，信息社会以信息经济为基础，而信息经济被信息技术所驱动。

为此，需要认知信息的性质和特征。信息论的奠基人香农（Claude Elwood Shannon，1916—2001）提出，"信息是用来消除随机不确定性的东西"。控制论创始人维纳认为，"信息是人们在适应外部世界，并使这种适应反作用于外部世界的过程中，同外部世界进行互相交换的内容和名称"。不论如何定义信息，信息资源、信息采集和加工的多样性，以及非标准化、信息的指数增长模式、信息供给和需求的结构性失衡等特征，决定了信息经济和信息社会的去中心化，与中心化不具有天然的关联性。从宏观角度来说，信息社会越成熟和发达，去中心化需求和程度就越高，建立信息垄断系统就越困难。自20世纪90年代至今，信息社会发展与互联网演变紧密融合，信息社会与互联网社会几乎成为相同概念。

2005年，新闻工作者出身的托马斯·弗里德曼（Thomas L. Friedman，1953—）撰写的《世界是平的》（*The World Is Flat*）一书出版，生逢其时。该书的核心思想是：在"超级连接"（hyper-connected）的世界，每一个角落、每一个人都被编织到一张越来越紧密联系的网络中。因此，全球几十亿进入互联网的个人突然拥有了惊人的力量，个体的影响力被成倍放大，可以在全球范围内沟通、竞争与合作。建立在互联网基础之上的世界就是一个"扁平世界"。

在一个因为网络伸展而不断扩张的"扁平世界"，在"梅特卡夫定律"的作用下，社会和世界将不断强化去中心化倾向，而不是相反。

四

如果从理想主义出发，在进入信息技术时代后，人们的理想是要建设一个具有对等身份的去中心化的自由互联网络，削弱各种形式的集权和垄断，找回个体的自由与权利，改善社会资源和财富分配。但是，事实并非如此。信息化、网络化和全球化，强化了资本的力量，互联网甚至发生背离初衷的"异化"。这是因为，互联网协议只是一种通信协议，节点之间不具有博弈均衡机制，因而很快发展为充斥信息霸权主义的中心化的信息服务网络，互联网出现了不对称的隐私利用、平台垄断与数据信任等不公平与不公正问题，以及日益严重的网络安全问题。互联网时代的危机终于发生，并导致破坏性后果。

第一个标志性事件是互联网泡沫的破裂。NASDAQ指数从1999年10月的2 700点，爆炸性上涨到2000年3月10日的5 048.62点。3月15日，数天内跌到4 580点，损失了将近900个点。第二个标志性事件是2008年的全球金融危机，股市暴跌，资本外逃，金融机构大量破产倒闭，官方储备大量减少，货币大幅度贬值和通胀，以及普遍的偿债困难。这两次事件都造成了民众财富不可估量的损失。

正是在2008年全球金融危机的关键时刻，2008年11月1日，作者署名中本聪的文章《比特币：一种点对点的电子现金系统》在P2P foundation 网站上发布。2009 年 1 月 3 日，比特币创世区块诞生，这是重要的历史拐点。因为，比特币是去中心化的货币形态；比特币去中心化的技术保障是区块链。从此，区块链进入人们视野。区块链具有去中心化、去第三方（中间方）、去信任、匿名、透明、开放、可追溯、分布式与不可篡改等特点。但是，区块链网络的本质技术特征是去中心化，否则，区块链网络的其他特点都将成为无源之水，区块链不可能是独立、安全、可靠的存在。也就是说，区块链提供了实现去中心化的技术支持，区块链已经成为去中心化技术的同义语。

区块链网络就是去中心化的分布式网络，任何没有实现去中心化的网络都不是区块链网络。区块链网络的去中心化功能体现在：（1）自组织功能。区块链网络技术在分布式对等网络节点之间，通过某种代价与收益的博弈均衡建立一种共识机制，使得遵守这种共识机制的节点通过某种能力证明，彼此竞争对等网络中对收益和交易的记账机会或权力，从而形成一种分布式自治组织，进而创造和执行多种组织规则系统。（2）制度性功能。区块链是创建经济和社会制度的技术。区块链网络的参与者按照共识机制运行，节点无须信任任何一方，也无须为任何一方所信任。区块链网络参与者既能彼此独立又能匿名互信，参与者具有对等身份，参与者对属于自己的资产具有绝对控制权。在经济形态意义上，可以认为区块链网络是一种分布式资本主义。（3）合作模式功能。区块链通过共识机制和分布式自治网络，支持经济层面和社会层面的组织与机制创新，其中包括智能合约和 DAO，即分布式自治组织。比特币网络是第一个通过工作量证明机制（PoW）实现对等网络的分布式共识记账系统，"一 CPU 一票"，是一个人类合作理想模式的实验。现在，DAO 代表的自组织模式正在广受关注，DAO 需要区块链作为信息和价值的基础设施。（4）安全功能。去中心化意味着实现技术权力分散，权力越分散，系统越安全。（5）基础设施功能。区块链网络成为实现去中心化的数字经济的信息基础设施功能。

区块链经过十余年的持续创新，不仅有效支持了数字货币、数字资产与智能合约的应用和发展阶段，而且与跨界支付、金融科技、证券交易、电子商务、物联网、社交通讯、文件存储、存证确权、股权众筹、NFT建立了互动关系，进而推动数字经济从没有区块链元素到以区块链为基础技术结构的数字经济，或者说区块链经济更新了传统数字经济。在这样的历史过程中，区块链开始实践对互联网中的价值信息和字节进行产权确认、计量和存储，以及实施基于区块链的资产追踪、控制和交易，区块链2.0开始向具有价值互联网内核的区块链3.0转型。

区块链3.0和数字经济的融合，有助于去中心化分布式数字经济的成长，在最小化社会成本和最大化社会效益前提下，通过构建广泛的底层价值共识和高效的分布式应用创新的有效合作机制，实现最广泛的价值共识和价值流动，使得数字经济具有分享经济和"人民性"特征，数字金融具有"普惠性"特征，创建民众机会公平性制度，缩小社会收入与财富分配的差距。

简言之，区块链技术和加密经济，已经演变为颠覆传统商业运行与社会治理模式的新技术范式，不仅支持了区块链经济的发展，而且推动了区块链组织与区块链社会的形成，必将深刻影响人类文明发展的方向。

五

但是，在区块链网络的发展和应用过程中，不同类型的区块链应运而生，基本上可分为私有链、联盟链和公有链。其中，国际公有链数以万计，国内联盟链又多如牛毛。各类区块链的去中心化程度，关系到公有链与联盟链的价值之争，数字经济的公平正义与效率之争，以及区块链经济与传统经济的范式转换之争。于是，如何超越区块链定性范畴的局限，寻找一种不仅符合区块链技术的本质特征，同时又可以衡量区块链的去中心化程度的量化指标，成为区块链发展过程中亟待解决的理论与标准问题。

于是，建构区块链网络去中心化指数体系，定量评估实际在线的所有区块链的去中心化程度，客观定量衡量现有区块链的性能与优劣，就成为一种必然的历史选择。这是因为，无论是公有链还是联盟链，去中心化程度越高，分布式账本的数据就越可靠，系统的安全性就越高；同时，共识机制也越公平、稳定和节能，区块链经济也越公平，共识价值也就越高。反之，去中心化程度越低，系统越容易遭受共谋攻击，账本数据就越容易被篡改，同时造成数字资产持有的极化分布，也将导致数字资产金融市场的极度投机性，并进一步影响传统金融的系统安全性。

区块链网络的公平性就是由共识机制决定的网络去中心化程度。区块链网络去中心化指数的意义包括：直接度量所有区块链参与节点对分布式账本记账权力或机会分配的均匀程度，并通过区块链分布式账本中所有节点出块数量的分布与实际对等网络节点的数量，计算任何区块链的去中心化程度，统一真伪区块链的认知标准，有助于区块链行业的共识机制设计和管理，消除区块链行业内长期存在的公有链与联盟链概念之争，促进区块链产业向安全、公平、节能、真正去中心化方向发展。区块链网络去中心化指数作为分布式网络的共识指数，也就是评价区块链网络的人民性的客观标准，有助于避免可能形成和固化的数字资本垄断。去中心化指数作为评估区块链网络基本特征的技术标准，有助于指导区块链网络的技术创新方向，有助于突破区块链网络去中心化、可扩展性与安全性的"困难三角"瓶颈。

由于区块链产业政策的不一致,各国发展区块链技术及其产业的路线出现较大分歧。国外主要以公有链技术研发和区块链生态社区建设为主,强调去中心化主链与平行工作链(侧链)之间的分工与合作技术研究,重点解决异构多链网络的高效分片共识体系与跨链最终原子性协议。我国政策完全导向联盟链技术,2021年国家"十四五"规划强调以联盟链为区块链产业发展的重点方向,对加密数字货币行业则实行严厉监管,主张发展区块链服务平台和金融科技、供应链管理、政务服务等领域的应用方案,完善监管机制。因此,区块链网络去中心化指数,还有助于政府对区块链产业实施有效的技术监管与正确的市场引导。

六

广义地讲,任何两个数值对比形成的相对数都可以称为指数;狭义地讲,指数是用于测定多个项目在不同场合下综合变动的一种特殊相对数。在传统经济领域,指数是一个统计量。进入20世纪,指数和经济发生了融合,经济学一般采用一些指数从宏观上评估一个国家或地区在一段时间之内的社会发展或总体经济状况,从而推动了指数理论和指数编制的学术研究与实践。在指数理论方面的进展,主要集中在随机指数理论、指数检验理论和经济指数理论。在指数编制实践方面,主要集中在经济领域,最为人们熟知的包括:GDP增长指数、消费者指数(CPI)、生产者指数(PPI)、进口和出口价格指数、购买力评价指数(PPP),等等。

事实上,经济指数历史源远流长。在古埃及,录事已经开始记载个别物品价格,"稍迟一些还计算了这些价格的比值即个别物价指数","从某种意义上说,物价总指数的产生就标志着真正的物价指数理论

第六章 科技革命、区块链和元宇宙

的开始,从而也是一般指数理论的开端"。1675年,英国学者瓦汉(Rice Vaughan,?—1970)出版《铸币及货币铸造论》(*A Discourse on Coins and Coinage*)一书,比较了谷物、家畜、鱼、布和皮革等商品在1352年与1650年的物价水平,开启经济指数实证理论研究。经过近350年的演进,已经形成了丰富的经济指数体系。但是,将指数理论和经济指数实践用于区块链,还处于开创性阶段。这是因为,区块链技术与区块链经济的历史过于短暂,统计数据的质量和规模还处于早期阶段。

所以,设计区块链网络去中心化指数,在理论和方法方面需要:(1)借用已经比较成熟的传统经济研究的框架和方法,引入"基尼系数"作为参照系统;(2)通过比特币、以太币和莱特币等数字货币的相关数据,实现去中心化网络经济的实证分析;(3)从去中心化指数与其他参数的关联分析中,发现去中心化网络经济中可能存在的若干定量关系。

数字经济的发展方向是去中心化运动,消除中心化或对第三方的权威信任,去中心化指数就是区块链网络中关于数字资产的价值共识。经过实际的区块链网络去中心化指数计算,当前比特币、以太币和莱特币的去中心化指数值均低于人们的想象和预期,表明当前主流区块链的去中心化程度始终在低水平徘徊,存在极高的技术安全风险,不能代表未来区块链经济与数字货币发展的正确方向,影响和威胁数字经济发展和数字金融的稳定性。因此,当前区块链网络亟待升级共识机制体系,维护基于多数决定少数的共识原则的区块链安全性,发展新一代去中心化的分布式数字经济,实现最大价值共识。

最后,需要强调,关于区块链的去中心化的认知的共识还存在很多问题,例如,从一个中心变成所谓多个中心之后,算不算去中心化?比特币网络是不是去中心化的?所有靠专业矿机维持算力的公链是不是去中心化的？基于权益证明机制（PoS）或代理权益证明机制（DPoS）的区块链网络是不是去中心化的？更进一步，诸如 IBM 超级账本（Hyperledger Fabric）之类的联盟链是不是去中心化的？基于拜占庭容错协议（Byzantine Fault Tolerance，BFT）的分布式系统到底是不是去中心化的？如何通过提高去中心化程度影响代币价值？如何看待目前已有的去中心化指数代币，例如 ERC-20 代币？

总之，设计区块链网络去中心化指数，属于多学科交叉研究的系统工程，涉及统计学、经济学、金融学、政治学、管理科学与分布式复杂系统理论，不仅可以为现代经济学发展提供新的研究内容与研究方向，促进经济学的多元发展，同时又可以为区块链技术发展提供新的理论框架，推动区块链的科学、合理、有序发展，以及区块链经济学的开发。

区块链·元宇宙·数字经济[①]

> 在真实世界中,技术是高度可重构的,它们是流动的东西,永远不会完结,永远不会完美。
>
> ——布莱恩·阿瑟《技术的本质》

一、科技革命浪潮中的区块链演化

横琴数链数字金融研究院研究团队编著的《突围:区块链与数字经济》之重要意义在于,为当下新一波生产力驱动的经济增长周期到来前的黎明中喷薄而出的各类新兴科技成果提供一类区块链视角下的解读。

十余年前,区块链既是加密数字货币的产物,又是加密数字货币的支撑,没有区块链,加密数字货币的大厦势必倾覆。但是,认为区块链的生命力取决于加密数字货币,被后来的历史证明是一种误解。虽然区块链很可能尚处于发展的早期阶段,但是,区块链已经形成了一个具有内在生命力的科技体系和制度体系,造就了一种非中心化的范式革命,影响了数字技术结构。一方面,区块链的应用范围不断得

[①] 本文系作者于2022年8月为横琴数链数字金融研究院编著《突围:区块链与数字经济》一书撰写的序言。

到拓展，已经和正在与不同的行业和产业结合，形成了区块链产业链，影响了数字经济发展；另一方面，区块链持续吸纳科技革命的成果，推动区块链自身创新。

所以，正确认知区块链，需要避免将区块链庸俗化和实用主义化，需要以更为开阔的历史视野，以科学和专业的尺度，认知区块链现阶段的局限性、区块链的潜在价值和未来演进方向。

（一）以未来主义的视角，理解区块链的演进

在过去的十余年间，区块链的演进和数字经济的可持续发展形成互动，主要集中在以下几个方面。

1. 区块链和交易体系。区块链的第一个阶段是以比特币为代表的交易体系建立。区块链的历史可以追溯到 2008 年 10 月 31 日比特币的白皮书诞生。那年，中本聪在其白皮书中将比特币描述为一种点对点电子交易系统。中本聪在比特币的"创世区块"中永久地写入一小段文字："《泰晤士报》，2009 年 1 月 3 日，财政大臣即将对银行实施第二轮紧急援助。"这表明了比特币背后的思想起源，即对现有金融系统和政治系统的不满。当时的区块链生态系统仅局限于少数技术人员和开发人员，Bitcoin Talk 论坛是区块链开发人员的主要交流场所，于 2019 年 11 月上线，但是这些技术人员他们自己对区块链也只有粗浅的了解。自比特币作为区块链首个应用诞生后，很多以交易为核心的应用纷纷涌现，所有这些都试图利用数字账本技术的原理和功能。

2. 区块链和智能合约。2013 年开始，区块链进入了一个新的时代，区块链以智能合约为核心突破。由于担心比特币的局限性，维塔利克·布特林（Vitalik Buterin，1994—）开始研究他认为可延展的区块链系统，即除了作为点对点网络之外，还可以执行各种功能，以太坊随之在 2013 年诞生。这是区块链历史上的里程碑式的事件。以

太坊是图灵完备的区块链网络,与比特币相比,以太坊具有更多功能。例如,以太坊允许人们在区块链上记录信息和合同等其他数字资产。2014年4月,以太坊的联合创始人布特林和Polkadot创建者加文·伍德在以太坊黄皮书《以太坊:一个安全的非中心化的通用交易账本》中,将以太坊从只有加密货币扩展到了开发非中心化应用程序(DApp)的平台。以太坊区块链于2015年正式推出,由于具有能够支持执行各种功能的智能合约的能力,以太坊区块链现已发展成为最大的区块链技术应用之一,也是迄今最为活跃的开发者社区。可以说以太坊已经建立了一个真正的生态系统。

3. 区块链和DAO。2016年,随着非中心化自治组织概念的出现,The DAO作为第一个非中心化自治组织项目成立于5月,这是一个以太坊区块链上的投资者定向风险投资基金,也是当时规模最大的众筹项目。The DAO在启动后一个月就遭到黑客的入侵,其资产的三分之一被窃取。该事件也导致了在以太坊中出现了硬分叉,分为以太坊和以太坊经典。但是,DAO的理念却一直与区块链相连,也使得区块链具有更多支持组织形态成长的意义。

目前,DAO的治理分为链上治理、链下治理,也有提供标准化治理功能的DAO操作系统。链上治理的特点在于投票和结果执行完全去中心化,链下治理更多依靠工具实现社区对开发团队的弱约束。项目往往在初期会采取链下治理,决策的集中会给项目发展更大的灵活性。随着项目的成熟与功能稳定,项目会转向完全去中心化的链上治理,真正实现代码约束下的自治。链上治理是完全由社区控制的规则,通过智能合约实现去中心化的决策执行,参与者的投票结果将直接影响智能合约,并不受任何主体影响。执行投票的目的是批准或拒绝对系统状态的更改。每种投票类型都由智能合约管理,提案合约是通过编程的方式写入了一个或多个有效治理行为的智能合约,任意以太坊地址都可以部署。通证持有人以投票形式决定是否执行提案，投票通过后自动执行提案程序。链下治理是通过工具实现的权力制衡。链下治理指的是社区通过链下方式实现治理和结果执行，一般通过各类工具的使用，实现社区与开发团队的权利制衡。链下治理并没有完全实现"代码即法律"，而是通过工具辅助、信息公开、核心成员的声誉以及 Token 持有人的"用脚投票"（即随时可以将投资转移到其他项目）实现了制约。

4. 区块链和非同质化通证（NFT）。NFT 是 2021 年区块链领域最大的创新之一。2021 年 2 月，一个 JPG 图片的所有权通过 NFT 的形式以 6 900 万美元的价格售出，从那时起，世界就无法停止对 NFT 的讨论。事实上，在回答区块链的未来有哪些是值得确定的时候，NFT 是关键亮点之一。原因显而易见，NFT 是存在的一种表达。现实世界的非同质化现象俯拾皆是。每一个人都有其独特的生命进程。甚至可以说，每一个生命都是一个非同质化的行为艺术。所以，存在就是非同质化的"集合"。正如在拍卖会上以巨大价格出售的 NFT 艺术品一样，这些艺术品向世界介绍了区块链上独特的数字存在。同时，NFT 的概念在音乐界也发现了一些有前景的用例。许多著名的艺术家，如格莱姆斯（Grimes）、里昂王族（Kings of Leon）和肖恩·门德斯（Shawn Mendes）已经将他们的曲目作为 NFT 发布。然而，NFT 的潜力，就像区块链一样，远远超出了其最初的用例，吸引了人们的注意。例如，酿酒商 William Grant and Son 出售的 46 年的 Glenfiddich 威士忌酒瓶，用 NFT 来验证每瓶酒的来源。NFT 的另一个潜在用例在游戏领域。NFT 在游戏中的应用已经形成了一个新的经济现象——边玩边赚（play-to-earn），如 Axie Infinity。Axie Infinity 游戏允许玩家"铸造"自己的 NFT 生物，称为 Axies，并将它们送入比赛。在 Axie Infinity 上有大约 30 万活跃玩家，它体现了 NFT 不仅是数字藏品，更

第六章 科技革命、区块链和元宇宙

是一个经济体系不可缺少的一环。在新冠肺炎疫情大流行期间，菲律宾不少失业者使用 Axie Infinity 进行 NFT 交易，赚取日常开支的收入。NFT 在时尚领域的应用也将是区块链未来应用和用例中的关键亮点之一。耐克（Nike）和杜嘉班纳（Dolce & Gabbana）等著名品牌已经用 NFT 创造了鞋类和服装。此外，我们还可以预期，在元宇宙中新的和创新的 NFT 用例会有巨大的增长。

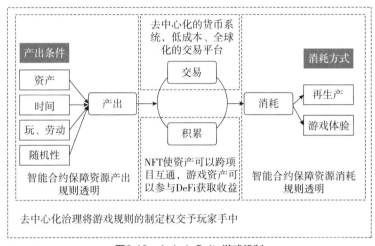

图6.16 Axie Infinity游戏机制

来源：国盛证券研究所。

5. 区块链和 DeFi。虽然 NFT 在 2021 年很火热，但主要是以个人投资者为主，而机构投资者感兴趣的还是 DeFi。机构投资者先前可能对 DeFi 的投资机持怀疑态度，但是现在已经认识到 Web3.0 及其由 DeFi 驱动的相关金融工具的增长是不可避免的。虽然他们可能还没有完全理解 DeFi 或 Web 3.0 背后的驱动力，但已经了解到这一资产类别不能被忽视。根据区块链数据平台 Chainalysis 的数据，机构在 2021 年第二季度主导了 DeFi 交易。大型机构交易，也就是 1 000 万美元以上的交易，占这一时期所有 DeFi 交易的 60% 以上。DeFi 对机构的吸引力一部分在于，比起传统金融工具，它可以提高整个行业的收益率。随着通货膨胀的加剧，传统金融工具的收益被削减，这些高收益率变得更加有利可图。2021年是机构投资DeFi创下纪录的一年，无论是货币监理署允许美国银行使用稳定币结算，还是世界最大的支付处理商Visa结算第一笔加密货币交易，都标志着DeFi的主流化。投资银行和资管公司包括贝莱德（BlackRock）、纽约梅隆（BNY Mellon）和高盛（Goldman Sachs）都开始恢复了他们的加密货币柜台以及开启该领域的业务。零售银行的态度也发生了巨大的变化，从称数字货币为"欺诈"，到向客户提供数字资产的托管服务。2021年，许多零售银行开始提供比特币相关产品，摩根大通（JP Morgan Chase & Co）、花旗银行（Citibank）、美国银行（Bank of America）都开始成立旗下数字资产部门，在其客户越来越感兴趣的情况下，这些零售银行也纷纷为客户提供加密货币投资和托管服务。根据研究机构Messari的报告，高达90%的加密货币最大交易发生在2021年。而这90%甚至不包括Coinbase的直接上市，该交易所的加密货币在2021年估值接近860亿美元。目前，DeFi的代表Meta Mask钱包已经有17 000多个DeFi协议和应用进行互动。这种现象值得关注。

6. 区块链和元宇宙。元宇宙融合区块链技术所形成新一代区块链，获得主流关注。新一代区块链的重要特征是通过不同的协议、技术和框架解决长期困扰区块链发展的问题，包括可扩展性、互操作性、适应性、可持续性、私密性以及即时交易等问题。

如果说2021年我们见证了关于元宇宙的讨论的兴起，那么2022年的区块链趋势将推动元宇宙本身的发展。许多年来，我们只在科幻小说中见证了与虚拟世界相关的可能性。然而，元宇宙的概念现在已经变成了一个真实的现象，许多流行的平台享有庞大的用户群。从历史的视角来看，元宇宙的出现正当其时，元宇宙包容一切的特征将创

第六章 科技革命、区块链和元宇宙

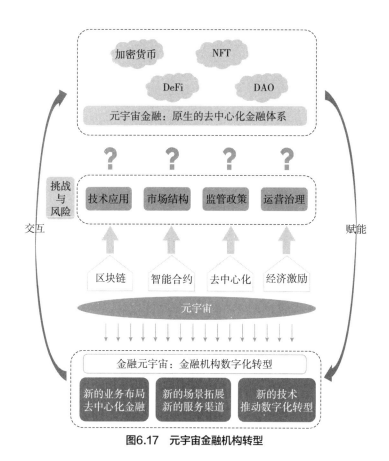

图6.17 元宇宙金融机构转型

来源：中金公司研究部。

造可持续增长的新模式。元宇宙参与者可以通过使用他们的数字化身与不同的元宇宙空间进行互动。这些化身可以通过彼此互动的方式，创造世界上的不同的经验、物体和景观。科技巨头，如脸书、微软、Epic Games，都对元宇宙表现出强烈的兴趣。元宇宙与区块链的关系是什么？在元宇宙的设计中，一个重要的方面是实现非中心化，这不仅体现在人与人之间的平等关系上，更重要的是包含了更多的人与机器、机器与机器的交互，区块链使元宇宙在制度性和安全性方面迈上一个新的台阶。元宇宙依赖于区块链的能力，以确保用户的治理权限与可验证的来源。最重要的是，区块链基础设施的使用还赋予了元宇宙更丰富的治理规则和经济机制。

7. 区块链和 Web 3.0。与元宇宙概念一起兴起的概念还有 Web 3.0。Web 3.0 是 2021 年以来人们对下一代互联网讨论的热点话题。我们认为 Web 3.0 将是元宇宙重要的底层网络架构。Web 3.0 最早被翻译为第三代互联网，HTTP 的发明者蒂姆·伯纳斯-李在互联网泡沫时提出"语义网"（Semantic Web）的概念。它是指一个集成的通信框架，互联网数据可以跨越各个应用和系统实现机器可读，也被认为是 Web 3.0 的重要特征。2014 年，林嘉文重新定义了 Web 3.0 的概念，他认为区块链技术将是 Web 3.0 的底层技术，Web 3.0 的主要核心思想是将数据及数字资产所有权交还给参与生态、使用平台的用户，而不是由互联网平台或者控制互联网平台的少数公司拥有，人们可以基于无须信任的交互系统在各方之间实现基于机器信任的交互模式。Web 3.0 因区块链支持得以展望和实践，不过目前仍在发展和定义中。当前并没有一个规范的、被普遍接受的定义。不过，值得期待的是，Web 3.0 将高度强调去中心化的应用，并广泛使用基于区块链的技术。Web 3.0 还将利用机器学习和人工智能来赋予更多的智能和适应性应用。

8. 区块链和央行数字货币（CBDC）。几年前，将区块链解决方案应用于央行数字货币似乎不切实际，但随着区块链在可扩展性、互操作性和私密性方面的进步，更多的央行数字货币采用了分布式账本的框架。2022 年 2 月，国际货币基金组织发布报告认为，目前有近百个国家和地区正在研究 CBDC。根据国际清算银行的数据，目前有 3 种正式上线的零售 CBDC 和至少 28 个试点项目，同时至少有 68 家央行公开披露了他们在 CBDC 方面的情况。目前，已经有超过 80% 的央行正在考虑或已经推出可以用于零售或批发支付的央行数字货币。根据普华永道发布的 2022 年度《全球央行数字货币指数报告》，我国在

第六章 科技革命、区块链和元宇宙

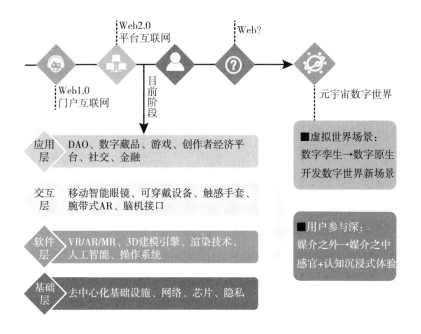

图6.18 互联网的演进

来源：甲子光年智库《Web3.0 市场生态研究报告》，中金公司研究部。

央行数字货币方面处于领先地位。中国人民银行于 2014 年开始了数字人民币的研发，目前数字人民币已经在深圳、苏州、雄安、成都、上海、长沙、西安、青岛、大连等地开展了数字人民币试点，基本涵盖了长三角、珠三角、京津冀、中部、西部、东北、西北等不同地区。截至 2021 年 12 月 31 日，数字人民币试点场景已超过 808.51 万个，累计开立个人钱包 2.61 亿个，交易金额 875.65 亿元。数字人民币也成为 2022 年冬奥会期间奥运场馆接受的三种支付方式之一。在国外，CBDC 也在如火如荼地开展着。2022 年 2 月，印度财政部长承诺在 2022 年晚些时候推出虚拟版本的卢比。2022 年 3 月，菲律宾宣布在本国开展 CBDC 试点。此外，美国政府也在 2022 年 3 月将 CBDC 的设计和部署工作列为"最高紧急级别"，希望本国监管部门在 2022 年 9 月之前提交一份关于 CBDC 影响的评估研究报告。央行数字货币也成为区块链突围的重要方向之一。

9. 区块链和双碳目标。区块链的可持续性成为人们日益关注的话题，越来越多的区块链项目开始专注环境友好型的区块链网络。区块链也可以作为技术体系服务于双碳目标。作为碳市场的基础，碳核查数据的不准确直接影响科学决策的出台，屡禁不止的数据造假行为正在影响碳市场的公平性，不利于双碳目标达成。达成双碳目标需要技术与制度的共同作用。在技术方面，可以通过区块链与物联网、遥感技术等采集技术结合，一方面解决碳排放数据生成的真实性问题，另一方面确保碳排放数据在传输过程中可以实现在控排方、监管方和核查方三方留存，基于区块链数据不可篡改的特性，防止共谋的情况发生。通过对链上及链下数据的管理和交叉验证，可以更好地确保数据的真实性。在制度方面，控排机构可以在报告的过程中，根据智能合约将核心数据自动写入，核查方可以避免控排方的数据篡改，也明确了责任机制。此外，可根据多方隐私计算等隐私保护方面的技术，在保护企业利益的同时进行碳排放信息的有效披露。总之，区块链的突围可以对双碳目标起到更大的推动性作用。

10. 区块链和再生金融的运动（ReFi）。ReFi 的理念来源于环境经济学中对外部性的解释理论，ReFi 试图创造一个可再生的经济体系，通过构建一套基于区块链的激励机制来实现自然资本的价值化，进而解决碳排放等环境问题。当前，具有一定影响力的 ReFi 项目组织包括 KlimaDAO、Toucan、Celo。值得关注的是，以 Ark Invest 为代表的对冲基金要求其管理的区块链以更环保的模式运营，引发因为区块链运营而出现的可再生能源的投资。由此可见，ReFi 提供了一类"第三条道路"，既不指望政府解决所有问题，也不指望自由市场资本主义突然将多个利益相关者纳入公司治理，并重新关注长期发展。未来，越来越多的资产管理人会参与生态友好型区块链网络，通过以环境、社会和公司治理（ESG）为主题的资产管理模式引导区块链为双碳目标服务。

（二）区块链的产业价值和制度性意义

区块链作为一项综合了制度设计、硬件制造、算法设计的集成技术，不仅对传统产业和数字经济产业发展具有长久的和革命性的作用，而且可以对现存以工业革命为基础的经济制度产生影响，甚至是变革性的影响。

1. 区块链的产业价值。区块链的进一步产业化发展有赖于存储成本的下降、算力和带宽供应的提升，在不同层面上要求技术前沿的不断突破和拓展。同时，正如前文所探讨的外生性风险，其他学科和技术的突破也会对区块链的应用产生结构性和系统性的影响。

区块链对于行业的影响日渐显著。在福布斯发布的区块链50强榜单上，不乏微软与沃尔玛这样的信息通信与零售等传统行业巨头的身影。在亚洲，印度的信息技术咨询公司 Tech Mahindra，韩国的三星公司，日本的富士通公司和 Line 公司，组成不断壮大和迎头赶上的亚洲区块链队伍。中国区块链行业得到了政府高度重视和政策支持，发展迅速。例如，区块链平台发行医疗和交通的电子账单。

值得注意的是，目前，处在早期阶段的区块链行业应用首先集中在金融领域，其次在包括硬件、软件、社交媒体、互联网的技术领域，再次是用以改善供应链、制造业和医疗保健的流程。有机构估计，2026年全球区块链行业将达到600亿美元的规模。

2. 区块链的产业价值和制度性意义。从理论和技术层面上说，Web 3.0 背景下的区块链具备五种意义上的未来变革：（1）区块链可以重构经济基础。通过区块链重构产业链、供应链、价值链和资金链，通过 Web 3.0 的技术手段，以数字资产和数字资本的方式，实现价值的交易和传递,完成传统经济向数字经济的转型。(2)区块链可以重构社会基础。以可编程社会为基础,以区块链作为"信任机器"驱动力,可以建立一种以 DAO 为代表的新的组织关系,通过建立技术机器信任的非中心化治理体系(decentralized governance)构建非中心化的社会关系(decentralized society)。(3)区块链可以重构个体身份基础。其中,涉及社会成员的数字身份和信任计算构造出个体与个体基于技术支持的新型信任体系。最近被提出的新型代币种类 SBT(soulbound token)是在原有非中心化数字身份(decentralized digital identity)的基础上的创新,希望通过打造一套身份认证体系来改革区块链的信任机制,大大改善区块链的可用性与易用性,拓展区块链的应用场景,并取得区块链的安全创新。(4)区块链可以重构法律基础。通过解决司法电子证据的生成、存储、传输、提取的全链路可信问题,区块链对于法律的意义不仅使法律制度代码化,更从深层上倒逼数字经济下的行为规范和空间治理方式的跃升。(5)区块链可以重构知识基础。去中心化科学运动(DeSci)由一名认知生物学家莎拉·汉博(Sarah Hamburg,?—)发起,希望解决知识获取和开放性问题、科研经费获取以及学术评价体系等重要问题。DeSci 有望将知识从孤岛中解救出来,消除人们对高度趋利的中介机构(如出版商)的依赖,利用 DeFi 等工具解决科研经费问题,以及增强知识的流动和各行各业之间的合作。(6)区块链可以重构世界游戏规则。长期以来,在传统地缘政治根深蒂固的影响下,国际政治的主导规则是"零和博弈"。因为区块链提供的技术制度框架,以及区块链和互联网 Web 3.0 结合的新生态,国际政治的主导规则可以向"正和博弈"转化,这是科技迭代与社会变迁的自然选择结果。当越来越多的新理念和新技术被引入区块链当中并与区块链融合与交互,区块链作为数字经济的重要基础设施必定会实现"突围"。

（三）区块链面临的风险挑战和风险管理

2021年是区块链发展的另一个起点。在这一年，比特币的市场价值首次超过1万亿美元；NFT交易额猛增210倍达到176亿美元；Web 3.0概念兴起，DeFi普及；萨尔瓦多成为第一个采用比特币作为法定货币的国家；特斯拉购买了15亿美元的比特币，成为第一个接受比特币作为汽车支付方式的汽车制造商；中国央行数字货币应用场景超过808.51万个。

区块链技术在演进过程中伴随着多重风险与挑战。其内生性风险包括共识协议分歧，没有相对统一和稳定的标准体系所导致的互操作性缺陷、元数据泄露、加密货币体系中的币值波动、对ESG目标助益不多；而外生性风险包括了相关技术演进导致的安全性挑战、法律法规的不确定性。

1. 区块链的内生性风险。共识协议分歧是显著的风险来源。正因为区块链框架中的价值转移是通过使用加密协议来实现的，该协议在参与者节点之间达成共识，以更新区块链账本。有几个这样的加密协议被用来在参与者节点之间达成共识以更新区块链账本。每个这样的协议都必须在框架、用例和网络参与者要求的背景下进行评估。例如，实用的拜占庭容错算法要求各方就参与者的确切名单达成一致，系统中的成员资格由中央机构或封闭式谈判来设定。在权益证明共识协议中，区块生成者有可能为多个区块链历史投票，可能导致共识永远无法达成，账本将无法完成价值转移。

与此相关的另一风险，来自当前区块链生态中的互操作性缺陷。互操作性是不同的区块链平台在一起工作的能力。尽管在不断地创新，区块链互操作性技术仍然很难被归类。最近研究表明，该领域已经开发出三种方法：公共连接器（public connector）、区块链的区块链

（blockchain of blockchains）和混合连接器（hybrid connector）。

公共连接器包括侧链（通过 Polygon 等双向桥连接到主链的独立区块链）、公证系统（如集中式和分布式交易所）和哈希时间锁定合约（如比特币的闪电网络）。公共连接器虽然有价值，但其连接多个网络的能力是有限的。区块链的区块链包括 0 层协议，如 Cosmos 和 Polkadot。例如，Cosmos 将 Cosmos Zones（独立区块链）连接到 Cosmos Hub，创建了一个可互操作的主权链生态系统，用于托管分布式应用、第一层以太坊虚拟机、市场和基础设施。虽然具有高度的可扩展性和非中心化，但 Cosmos 和 Polkadot 需要外部基础设施来与其他区块链进行通信。最后，混合连接器是新兴的解决方案，主要关注公共和私人区块链之间的互操作性，如 Hyperledger Cactus 和 Overledger。不幸的是，这些解决方案因缺乏向后兼容性和对硬分叉的支持等问题而受到阻碍。在 2022 年 6 月的一次会议上，布特林提出，以太坊向权益证明共识的转换可能最早在 2022 年 8 月发生。如果成功，其将可能大大改变围绕可扩展性和多链互操作性的区块链现状。

作为加密学支撑的技术，区块链却并不在技术上保证信息安全，而元数据泄露就是其中一项显著威胁。共识协议要求框架中的所有参与者都能查看附加到账本上的交易。虽然许可网络中的交易可以以混淆加密的格式存储，以便不泄露内容，但某些元数据将始终提供给网络参与者。监测元数据可以揭示活动类型的信息，以及与区块链框架上任何公共地址的活动相关的任何参与节点的数量。这不仅事关保护用户身份的问题。没有强大的元数据隐私，基本服务就会被破坏。由于暴露的 IP 地址，一个区块链无法产生新的区块，因为矿工和验证者不断受到拒绝服务的攻击。如果在基础设施层面没有强有力的隐私保护，Web3.0 的基础将建立在一盘散沙上。

同时，虽然区块链技术提供交易安全，但它不提供账户或钱包安全。分布式数据库和加密密封的账本可以防止任何数据的损坏。然而，存储在任何账户中的价值仍然很容易被账户接管。此外，如果一个恶意行为者在一段时间内接管了 51% 的网络节点，特别是在一个封闭的非公链框架内，区块链网络存在网络安全风险。

当为 Web3.0 经济生态助力的加密货币体系中的币值剧烈波动时，加密货币原有优势会被抵消。例如，加密货币作为财富投资手段的吸引力正在降低。以比特币为例，在其令人振奋的早期，比特币与广泛的股票和商品的相关性几乎为零，为真正的投资组合多样化提供了潜力。然而，随着加密货币投资成为主流，特别是自 2020 年以来，比特币与美国股票和债券的相关性急剧飙升，并持续保持正值。如果比特币提供很高的风险调整后的回报作为补偿，那么这可能是积极的，但自 2018 年以来，与股票和债券相比，比特币的风险调整回报率一直很不显眼。

在 2010 年至 2022 年期间，比特币记录了 27 次 25% 或以上的下跌。相比之下，股票和商品只记录了一次。而在 2020 年 3 月与疫情有关的市场大跌中，比特币遭受的跌幅也比股票或债券等传统资产类别大得多。这说明，尽管比特币和其他加密数字货币的限量供给，可以对货币贬值有所抵制。但是，这在大体量的货币金融市场中的作用是相当有限的。

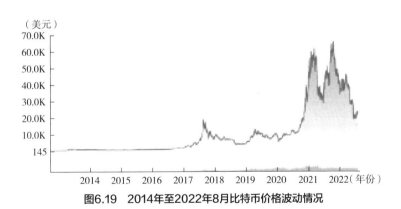

图6.19　2014年至2022年8月比特币价格波动情况

来源：CoinMarketCap。

尼尔·斯蒂芬森在接受记者采访时提出"我担心的事情与区块链和元宇宙没有直接关系。我主要担心的是气候变化和社会分裂，因为人们不再认同一个共同的现实。"从 ESG 的角度来看，区块链与加密货币仍然存在很大问题。即使基于区块链的软件平台以太坊率先从工作证明过渡到权益证明，减少了支撑加密货币开采和验证的大量能源消耗。在环境方面，占目前加密货币市值 40% 以上的比特币单笔交易需要的能源足以为普通美国家庭供电两个月。区块链技术也随之带来了碳排放水平持续增加的隐患。在我国，发改委已将矿机定性为落后淘汰类产业。数字艺术家和工程师米默·阿克腾（Memo Atken，1975—）在题为《加密艺术的不合理生态成本》一文中认为，由于 NFT 在区块链上要被多次铸造和交换，任何一次 NFT 的处理都比一笔以太坊普通交易成本多得多。目前一次以太坊交易的耗电量约为 35 千瓦时，相当于发达国家单人 3 天的用电量。

在社会方面，加密货币对金融包容性的承诺似乎也被夸大了。加密货币财富与传统财富一样分布不均，而且简单的基于电话的支付服务，如肯尼亚 M-Pesa 或孟加拉乡村银行 Grameen Bank 的国际汇款试点，已经为银行服务不足的家庭提供了一个数字平台，而对新货币或支付基础设施没有需求。

然而，对于 ESG 投资者来说，最令人不安的是加密货币的治理问题。其非中心化的框架和匿名性使其对非法活动、洗钱和逃避政府管制特别有吸引力。市场操纵是另一个令人担忧的治理领域，特别是有了加密货币名人的影响——加密货币名人可以让市场价格飙升或暴跌而不受惩罚。

2. 区块链的外生性风险。加密货币首要的外生性风险来自量子计算的挑战。量子计算机威胁着经典的公钥密码学区块链技术，因为它们可以打破椭圆曲线密码学的计算安全假设，同时还会削弱保护区块链秘密的哈希函数算法的安全性。

在区块链市场上,最早的量子安全技术将用于保护数据免受以后量子计算资源变得成熟时的攻击。面对今天的数据盗窃需要先发制人的行动,而区块链的量子威胁意味着这一领域的商业机会正在出现。

挖矿是区块链容易受到量子攻击的一个具体领域。作为证明新交易和保持区块链活动的共识过程,挖矿的一项风险是,使用量子计算机的矿工可以发起51%的攻击,从而破坏网络的哈希能力。

最后,缺乏明确和统一的加密货币监管给长期投资者带来了巨大的不确定性。例如,在美国,仍然不清楚加密货币何时属于受证券交易委员会监管的证券的监管框架,何时被视为像比特币和以太坊所声称的资产或商品。监管机构也一直关注支持加密货币采矿和交易的基础设施的明显和反复的故障,而这也是另一个仍然存在重大监管不确定性的领域。

不可否认,势头、零售投机和"害怕错过"(fear of missing out)可能继续推动比特币、以太坊和其他加密货币的短期价格上涨。但是,在加密货币的地平线上有足够多的乌云,长期投资者可能想从旁仔细观察,以更好地了解其中的事实与虚构——哪些是真正的价值,而哪些是社交媒体的炒作——然后再决定如何、在哪里以及是否投资于加密货币生态系统。

表6.1 量子计算的五种技术路径

技术名称	原理	采用公司和优缺点
超导回路 (superconducting loops)	一股无电阻电流沿电流回路(circuit loop)来回摄荡,注入的微波信号使电流兴奋,让它进入叠加态(superposition state)。 持续时间:0.000 05 秒 逻辑成功率:99.4% 纠缠数量:9	谷歌,IBM,Quantum Circuits 优点:快速奏效,利用现有工业基础设施 缺点:易崩溃,必须保持低温

续表

技术名称	原理	采用公司和优缺点
囚禁离子	离子的量子能取决于电子的位置。使用精心调整的激光可以冷却并困住这些离子，使他们进入叠加态。 持续时间：大于1 000秒 逻辑成功率：99.9% 纠缠数量：14	ionQ 优点：很稳定，最好的逻辑门保真度 缺点：运转慢，需要很多激光
硅量子点（silicon quantum dots）	通过向纯硅加入电子，科学家造出了这种人造原子。微波控制着电子的量子态。 持续时间：0.03秒 逻辑成功率：约99% 纠缠数量：2	英特尔 优点：稳定，利用现有工业基础设施 缺点：纠缠数量少，须保持低温
拓扑量子比特（topological qubits）	电子通过半导体结构时会出现准粒子（quasi-particle），他们的交叉路径可以用来编写量子信息。 持续时间：未知 逻辑成功率：未知 纠缠数量：未知	微软，贝尔实验室（Bell Labs） 优点：大幅降低错误 缺点：其存在与否仍需验证
钻石空位（diamond vacancies）	一个氮原子和一个空位（vacancy），为金刚石晶格（lattice）加入电子。它的量子旋转状态和邻近碳原子核，可以被光控制。 持续时间：10秒 逻辑成功率：99.2% 纠缠数量：6	Quantum Diamond Technologies 优点：可以在室温运行 缺点：极难进行纠缠

来源：科技报橘。

3. 区块链风险管理。区块链的内生性风险和外生性风险证明，区块链的风险控制需求正在增大。例如，根据区块链分析公司 Elliptic 发布的最新报告，仅仅2021年7月—2022年7月，被盗的 NFT 总价值超过1亿美元，平均每个骗局可赚取300 000美元。在单个被盗 NFT 中，获利最高的是 CryptoPunk #4324，该 NFT 为欺诈者带来了

490 000 美元的净收入。此外，报告显示，加密货币混币器 Tornado Cash 在 NFT 市场已处理价值 1.376 亿美元加密资产，在 2022 年 8 月被美国财政部海外资产控制办公室制裁之前，52% 的 NFT 骗局通过 Tornado Cash 处理资金，是 NFT 骗局首选洗钱工具。此类事件证明，面对愈加严重的外部风险，区块链风险管理体系的建立成为当务之急。在区块链风险管理体系中，针对主流区块链设计的各类新方案正在源源不断地被区块链开发者们提出，需要包含对于区块链项目方案与技术设计的尽职调查与风险评估，对于参与其中的第三方活动需要遵循一定原则和标准，同时建立起具有明确职责范围和汇报流程的强健风险管理体系，从根本上弥补区块链设计所导致的缺陷。

总之，区块链正在进入加速创新阶段，区块链行业通过在争议较低的领域试水，促进生产效率提升。同时，各主要经济体的监管机构也在密切关注区块链行业的发展，在区块链金融领域引入"监管沙盒"，有助于区块链与更广泛的金融场景相融合。

为了应对量子时代的到来，需要低成本的信息理论安全（information-theoretically secure）解决方案，即时加强区块链中使用的标准化加密系统。现在，专家已经开始讨论过基于量子随机数生成器（quantum random number generator）和量子密钥分配（quantum key distribution）的量子赋能区块链架构，即整个区块链或区块链功能的某些方面在量子计算环境中运行。

（四）结语

计算机科学家艾伦·凯（Alan Kay）说过，"预测未来的最佳之道是创造未来。"这句话很适合区块链。区块链的未来之路还会相当漫长，人们无法实现对区块链未来的预测。例如，区块链与人工智能的融合，量子密码学和量子技术的影响程度，等等。但是，我们可以相信，区块链具有融合和吸纳数学、物理学和其他科技成果的张力，具有强烈的"自创性"基因，很可能在不久的将来发生革命性突破。

二、变革中的数字经济和元宇宙

人类历史就是不断发生变革的历史。纵观人类文明史，最大的两次变革是农耕文明替代狩猎采集文明，工业文明替代农耕文明。因为农耕文明，造就了稳定的收获和财富，相对富裕而安逸的定居生活，形成适应农耕经济和生活方式的政治制度、礼俗制度、教育制度和精神文化系统。工业文明的原动力是工业革命，机器直接作用于生产对象，形成工业化、城市化和经济持续增长的互动关系，社会成员大规模流动，非农业人口成为社会主体，进而形成以资本推动和近现代国家体系为核心的工业化社会。自20世纪后半期，特别是20世纪80年代开始，人类开始了更为深刻的变革：数字文明开始替代传统工业文明。进入21世纪之后，数字变革呈现全面加速的历史阶段。

1.数字文明的本质。相比较农耕文明替代狩猎采集文明，工业文明替代农耕文明的变革，此次变革与之前的本质区别在于非物质产品的生产和消费成为经济活动的常态。在农耕时代和工业时代，非物质产品的生产和消费在整体经济活动中显得无足轻重，因为非物质产品的生产、存储与传播能力，市场交易性水平，受制于技术手段。而在数字时代，数字技术革命彻底扩展了非物质产品的生产、存储成本和传播能力，实现大规模非物质产品交易跨越地理区域，非传统物质经济在经济活动的比重越来越大。因为数字经济所引发的数字文明正在全面勃发。现在，人们开始普遍接受数字文明是替代工业文明的新文明形态。只是，人类正处于工业文明与数字文明并存的特定历史阶段。

第六章 科技革命、区块链和元宇宙

在这样的大历史视角下,走向数字文明的变革意味着经济、技术、文化、政治和社会的全方位变革,长周期变革、属于代表新时代的颠覆性变革。其中,构建和形成数字经济系统是此次变革的核心所在。

过去十年左右,数字货币、区块链、大数据、算力、存储技术、人工智能、量子计算技术、扩展现实、Web 3.0,以及去中心化金融、非同质化通证和其他基于非中心化自治组织的丰富的社会实验,似乎被"超自然"力量安排,有节奏地被纳入支持数字化转型的技术体系。正当人们思考这些技术将如何组合时,元宇宙以数字技术的集合形态出现了,甚至成为一种范式。

2. 数字经济和元宇宙。数字经济是元宇宙的经济基础,元宇宙是数字经济的呈现形态。因为数字经济、数字技术和元宇宙的一体化,将推动数字化转型和数字文明时代的加速到来。这个过程,加剧了变革的深度、广度和剧烈程度,将改变人类发展史的面貌。这样的社会历史现象,近似于自然界的造山运动和地壳运动,促使大陆、洋底的增生和消亡,形成海沟和山脉,最终改变地球面貌和内部结构。

元宇宙的未来令人兴奋。元宇宙将激发熊彼特所说的所有创新模式:产品创新、技术创新、市场创新、资源配置创新和组织创新,乃至经济结构、机制和制度创新。在元宇宙经济中,生产要素没有土地,而是数据所代表的知识、思想、观念、信息,以及技术创新、资本和劳动。在元宇宙视角下,数字经济体现在传统产业的数字化和数字的产业化两者的相加,核心产业将决定于观念生产与观念消费,而金融货币不可能再是贵金属,而是可编程的数字货币,以及日益普及的非同质化通证。

其中,基于"智能制造",或者工业 4.0 所代表的工业元宇宙举足轻重。构建工业元宇宙,不是简单地把工业通过数字技术孪生到虚拟空间状态，而是在整个工业的制造过程、工艺过程中，所有的细节不仅可以数据化和智能化，而且可以达到可视化和即时化，实现虚拟与现实的直接映射。这是未来工业管理的一场革命：它能解决由人力、机器人现场管理的死角问题；当工业生产进入元宇宙状态，可以真正实现360度全息即时的观察和管理。除了加工制造业元宇宙之外，元宇宙可以与传统经济的其他部门和产业相融合，实现产业元宇宙化，元宇宙产业化。

3. 元宇宙中的挑战。元宇宙的未来充满挑战，具体体现在五大方面。（1）技术性挑战。元宇宙所造成的数据量第一个数量级是进入 yottabyte（YB），即 1 208 925 819 614 629 174 706 176 字节的规模，而且很可能在 3—5 年的时间内就能达到。目前技术性难题之一在于如何将数据完全转化为 3D 状态。虽然，元宇宙在技术层面上还有很多难题，但不是不可逾越。克服这些困难是时间和成本的问题。简言之，可以预见，元宇宙产生的数据总量和能源消耗将远超现在互联网的规模。元宇宙将引发新一轮的算力革命、存储革命和能源革命。（2）制度性挑战。元宇宙需要引入制度框架。元宇宙不会仅有一种制度模式，可以承载不同的价值观，具有多元化和多样化。元宇宙经济体系与当下平台经济不一样，要避免垄断现象的发生，实现基于公平、共享、互惠的经济体系、分配模式和生活方式。（3）人才短缺的挑战。企业家是创新的主体，而新一代中国企业家是中国在元宇宙发展中的基石。以美国企业家为例，进入 20 世纪中后期以后，有比尔·盖茨和马斯克这样在 IT 革命环境中成长起来的新型企业家和发明家，他们的创新是实现科幻小说中展现的理念和目标。创新成为美国企业家的常态。（4）双碳目标的挑战。元宇宙必须承载低熵的经济行为和社会行为，可以成为碳中和理念与技术支撑系统的集合。当碳中和理念成为元宇宙中的元信念（meta-belief）和发展议程上的方向，我们的经济社会发展会进入一个可持续增长的新阶段。

（5）观念性挑战。将元宇宙神秘化、媚俗化、庸俗化和过度商业化的倾向，都需要加以纠正。元宇宙的生命力取决于元宇宙社群的发展——与微信社群相比，在提高技术元素的同时，元宇宙社群应顺从人性，更符合公正和福利原则。

回顾人类历史，在很多的关键历史阶段，或者在承上启下的重大转折时刻，身处其中的大多数常常是不知不觉的。只有当历史翻过这一页，人们通过历史学家的总结才得以认识。现在我们正处于21世纪20年代——这是科技革命继续高歌猛进，逼近技术奇点的重要历史阶段。其中，元宇宙不仅方兴未艾，而且在百花齐放氛围中快速推进，和数字经济积极互动。因为元宇宙，数字经济展现了宽阔的前景，同时整个人类的经济、政治、精神和社会存在的时空形态都在变革，正在重构新的世界秩序和国际关系。此时此刻，传统主流正在渐渐蜕变为非主流，非主流却无形中成为主流。人类终于有可能超越不知不觉，积极和主动地参与到这场颠覆性的变革之中，并在变革中有所贡献。

从图灵机到工业元宇宙[①]

一、元宇宙的历史追溯

人们讨论元宇宙，通常会回顾1992年那本《雪崩》(Snow Crash)小说，将元宇宙的历史追溯到1992年。如果是这样，元宇宙的历史不过才30年而已。事实上，元宇宙的真实历史远远超过30年，应该追溯到1936年的图灵机。因为元宇宙包括三个方面的核心技术：计算机科学、互联网、人工智能。

其中计算机科学和人工智能的奠基者都是艾伦·图灵。这是没有争议的历史公论。图灵在1936年设计的图灵机，包括了计算机科学和人工智能理论的基本原理和核心内容。1936年到现在，已经过去了86年。图灵于1950年发表了最著名的文章《计算机器与智能》("Computing Machinery and Intelligence")，奠定了他"人工智能之父"的地位。所以，1950年是真正的人工智能元年，至今72年。没有图灵，没有图灵机，没有图灵测试，人类当然也会走到今天这个地步，但那不知要晚多少年。

互联网的技术理论提出者是伦纳德·克兰罗克。20世纪60年代初，

[①] 本文系作者于2022年5月15日在"元宇宙30人论坛成立大会"和2022年7月7日在"行业元宇宙生态赋能事业战略发布会"活动上的会议发言。

克兰罗克的博士论文（"Information Flow in Large Communication Net"）系统阐述了网络概念，以及关于信息传送的基本理论。克兰罗克的思想就是：先将信息加以分解，通过网络传送，然后再重新组合。没有这些思想，就没有后来的互联网技术革命。

在过去的八十余年，计算机革命、互联网革命、人工智能革命先后爆发，最终产生了元宇宙。元宇宙是非常宏大的科技革命的结果。人类为今天的元宇宙已经付出了巨大的智力、财力。

二、数字经济的达尔文主义

人们对于达尔文主义（Darwinism）是有争议的。但是，达尔文主义的基本概念，例如变异、遗传、人工选择、生物竞争还是成立的。此外，达尔文主义讲适应，讲多样性，讲统一体，讲基因，讲物主，也是成立的。如果将达尔文主义的这些概念和思想引入数字技术和数字经济领域，那么，元宇宙代表着一个人类全新的经济和全新的技术物种群，这样的物种群在工业革命时代是不存在的。或者说，数字技术的革命导致了很多新物种。人们真正目睹和亲自经历很多产业从零开始，横空出世。这是一幅巨大的历史画卷。所有由数字化转型引申出来的新物种逐步实现技术的成熟，人类进入一个新的阶段。新的产品、新的行业和新的经济部门诞生。引进元宇宙的基因，就能成为新物种。

智能机器人是典型和完美的新物种。将来的元宇宙，人类中心主义遭到废弃，唯一的主人不再是人类，而是人机共存的元宇宙，人类传统智能和人工智能平等互动的元宇宙。支持元宇宙的是 Web 3.0，甚至 Web 4.0。Web 4.0 是智能互联网。至于元宇宙算法和算力，已经超越当下古典计算机的量子计算机。此外，摩尔定律，或者超摩尔定律也会过时。

三、狭义元宇宙和广义元宇宙

过去两年,人们关注和思考的基本上都是元宇宙早期展现的形式和形态,例如游戏元宇宙,属于狭义元宇宙。事实上,还有一个广义元宇宙。在广义元宇宙体系中,不仅包括虚拟现实技术,而且包括物理性的基础结构。能源、算力、智能制造,都属于广义元宇宙的组成部分。广义元宇宙支持各类产业和行业元宇宙,最终形成元宇宙系统,或者元宇宙体系。未来的工业势必元宇宙化,并在未来广义元宇宙体系中占有主导性位置。

四、元宇宙的核心要素和能力

元宇宙的核心要素是STI。其中,"S"指科学,"T"指技术,"I"则包含三个概念:工业(Industry)、信息(Information)、智慧(Intelligence)。元宇宙"all in",就是同时将三个不同的"I"吸纳到元宇宙里面,形成工业、信息、智慧的融合,最终走向收敛,发生能量聚集,产生巨大的爆发力。只有实现STI的收敛,元宇宙才会具有内在的强大能量和动力。

五、工业元宇宙的意义

元宇宙的核心技术,例如物联网技术、区块链技术、虚拟现实技术、传感技术、网络及运算技术(5G\6G、云计算、边缘计算),以及人工智能技术,最终都是来自工业和智能制造。如果没有基于工业手段制造的芯片、集成电路和CPU、GPU的演进和升级,没有元宇宙应用场景和工业支持的底层基础设施,没有算力、存储、网络的一体化系统，没有工业元宇宙，广义的元宇宙都将是无源之水，无本之木。算力和元宇宙日益强烈的互动，带动与算力相关软硬件和算法的技术开发和工业制造。至于元宇宙的能源需求，也终究来自真实的工业物理世界。

中国应该成为工业元宇宙的策源地和工业元宇宙的中心。因为中国具备强大的制造业基础，拥有完成工业 4.0 智能制造的能力，以及对元宇宙比较全面的理解和数字经济、数字技术的相关经验。

六、工业元宇宙将影响数字化产业结构

工业元宇宙的形成与发展，一方面直接推动新型数字化产业的形成，另一方面加速传统产业体系的数字化转型，改造工业时代的产业结构。此外，工业元宇宙将彻底改变传统制造业模式，其根本特征是将虚拟现实技术和数字孪生技术与工业 4.0 结合。通过深度学习、机器学习和 AI 学习，改造现在的智能制造体系。以英伟达为例，通过数字平台和光路追踪的 RTX、作为统一模型标准的 USD，满足现实世界物理定律的 SSX，解决材质特性的 MDL，以及 PHYSX、AI/ML/DL 等工具，支撑虚拟世界，实现数字孪生。工厂 AI 化，AI 工业化。从物质世界到虚拟世界再到数字世界，中间是由工业元宇宙来过渡的。

前景是清楚的：元宇宙依靠无限发展的算力，使经济活动和人类社会活动的成本持续下降，形成资源节省和可持续发展。其中，工业元宇宙关乎元宇宙早期阶段的成败，也关乎传统产业的转型，以及整个传统经济的物种改造和新物种的出现和发展。

七、元宇宙存在两种倾向

一个倾向是，对元宇宙的真正内核、思想框架、技术内涵以及发展倾向，存在着相当保守的认知，对此需要继续教育，继续说明，通过新的案例来形成正面影响。另一个倾向是，把元宇宙当作一次简单的群众运动，导致元宇宙被过度地放大，过早地媚俗化，形成元宇宙泡沫化，导致元宇宙被误解。所以，需要寻求元宇宙正确的伦理方向和技术路线。如果元宇宙偏离正确的历史轨迹，遭遇过度监管，造成历史性挫折，即使可以重新启动，但因为错过机遇付出的历史代价将是巨大的。

八、元宇宙和"科技奇点"

现在元宇宙处于发展的早期阶段，人们没有办法回答元宇宙的终极前景。但是，现在已经可以看到两个非常重要的方面：所有的科学技术，在元宇宙里发生聚合和收敛；元宇宙将是走向技术奇点的一个通道或者形态。公认的"科技奇点"时间是 2045 年。从现在到 2045 年，还有 20 多年的时间。现在，已经需要思考和研究元宇宙和技术奇点的关系。元宇宙是不是走向技术奇点的一个非常重要的形态？

九、一切来自比特

约翰·惠勒在 1989 年写过一篇文章，题目是《基因、大脑和文化》。其中最重要的结论就是：It from bit。即所有东西都来自比特。数字时代的基础就是比特。在这个比特的基础上，人类正在构造一个崭新的世界。元宇宙就是建立在比特基础上，成为影响未来的一个最重要的历史事件。

中国占有全世界25%的实体经济，经济的发展越来越依靠世界资源。中国在互联网、区块链和量子计算机方面，具有一定的先发和积累优势，通过元宇宙突破物理边界，有望成为元宇宙大国。

为什么需要创建金融元宇宙

一、如何定义金融元宇宙

我以对元宇宙和金融两个领域的理解,对金融元宇宙给出如下定义:金融元宇宙是基于元宇宙基础结构和各类虚拟现实数字技术,吸纳金融科技化和科技金融化的融合创新成果,所形成的支持普惠金融目标的未来新型货币金融形态。或者说,金融元宇宙是通过虚拟现实技术所映射出来的一种金融形态,是现实金融和虚拟现实技术互动的一种新的金融形态。

如果上述关于金融元宇宙的定义成立,那么,金融元宇宙不是简单的金融加元宇宙,更不是一个简单的现实金融。所以,金融元宇宙对未来金融体系演变,甚至整个经济的发展都起着至关重要的作用。在未来的数字经济体系中,不可能没有金融元宇宙,而金融元宇宙也不能没有数字经济作为一个更大的背景。

二、创建金融元宇宙的深刻原因

具体分析,创建金融元宇宙的深刻原因包括以下五个方面:

第一,金融规模超常扩张。进入 21 世纪以来,世界主要经济体的金融规模,特别是货币规模、包括债券在内的金融资产规模,都在急剧扩张。2008 年世界金融危机之后,实行货币宽松政策成为世界货币政策的主流，加之现代货币理论（MMT）的政策化运行，导致全球性货币金融规模正在以人们不能想象的速度扩张。这很可能酝酿比2008年世界金融危机更大更深的危机，比如前所未有的资产贬值、通货膨胀和债务危机。无论如何，面对人类现在正面临的货币金融规模扩张常态化和持续化，必须寻求一种定性与定量的即时分析与预测的新方法和新工具，构建金融元宇宙就是一种新模式和新工具。

第二，金融平台化的趋势。自工业革命以来，金融和货币体系运行主体是银行和非银行金融机构。不论是传统商业银行，还是各类保险公司，以及后来的各种基金服务，都是通过柜台服务实现。ATM机开始普及已经是20世纪70年代。自20世纪末，金融服务机构都有日趋明显的平台化趋势，没有平台或脱离平台的金融机构，已经难以生存和难以发展。互联网和数字技术加速了这个过程。2004年中国开始运行的支付宝，就是第三方支付平台，致力于为企业和个人提供"简单、安全、快速、便捷"的支付解决方案。金融服务平台化趋势，特别是金融服务平台引入虚拟现实技术，势必推动金融元宇宙的开发和构建。

第三，金融科技含量的增长。近年来，人们持续探讨科技金融化和金融科技化，金融发展过程中科技的因素变得越来越重要。特别是2008年之后加密数字货币的出现、主权数字货币的进展和各类数字金融创新试验，加快了科技推动金融全方位数字化转型的历史进程。所以，金融科技和元宇宙相结合形成的金融元宇宙，就成为一种必要的转型方式。可以预见，金融创新的科技含量将不断强化，现在的加密数字货币、主权数字货币、DeFi、NFT等，都不过是未来科技主导的金融数字化新阶段的序幕。其中金融元宇宙可以最大限度地吸纳和融合金融科技的创新成果。

第四，金融在经济体系中的地位的上升。在整个宏观国民经济发展过程中，金融产业的规模不是在减少，而是在扩张，对GDP的贡献的比重不是下降，而是上升。其深层原因在于：实现包括制造业在内的实体企业的数字化转型，构建以数字经济为基础的数字社会，必然以金融产业数字化为先导，需要金融产业数字化作为内在推动力，形成新的金融产业生态。那么，金融元宇宙可以通过这样的生态环境推动包括制造业在内的更大范围的数字化转型。

第五，制度性金融风险在加大。现在，世界性和制度性金融风险普遍上升，主要体现为金融危机周期在缩减，各类金融危机发生的频率在加快，传统的货币金融理论和治理模式都已过时，全球货币金融秩序呈现加快态势。全球面临日益加深的金融危机，已经成为世界性共识。但是，却没有任何相关机构对积累的金融风险和可能的金融危机做一个长期的、完整的、动态的和量化的模型。现在看，唯有通过金融元宇宙的技术工具，才可以构建宏观的、动态的、完整的且高度量化和具象化的金融发展趋势模型，提高人们控制金融风险的能力。

总的来说，现在全球金融货币体系和世界金融货币秩序的改变，不仅不断加速，而且更为不确定，增加了预测难度。所以需要用一个新的工具、模型、平台，实现对金融体系演变的实时和具象的观察和反映，完成在现实世界中不能试错的各类虚拟试验。毋庸置疑，构建金融元宇宙是一种选择。就科技手段而言，只有金融元宇宙可以通过引入人工智能、未来的量子计算，最终解决日益膨胀的货币金融数据的算力问题，形成货币金融领域大数据的供给与需求的平衡。需要强调的是，未来的金融货币发展所产生的大数据，必须依赖人工智能，甚至依赖量子技术。

三、如何构建金融元宇宙

关于如何构建和开启金融元宇宙，当务之急要面对和解决以下几

个问题:

第一,提高认知高度。要认识到开启金融元宇宙建设,对于金融机构和政府而言,都是一个战略性问题,是一个刻不容缓的历史选择。

第二,开发相关技术。开发支持金融元宇宙的基础设施,作为"新基建"的重要内容。例如,如何通过引进数字孪生技术和人工智能生成系统,提高金融数字化和人工智能化水平,就是极为现实的技术挑战。

第三,创建金融元宇宙试验区。构建金融元宇宙,需要打破现在金融体系条块分割的状态。为此,可以选择在特定区域和部门创建金融元宇宙实验区,将金融元宇宙的制度、政策和技术有机结合,形成金融元宇宙的可持续发展。

第四,吸纳企业家、银行家和金融家参与。通过培训,向企业家、银行家和金融家普及金融元宇宙基本知识,让他们学习数字经济技术,参与金融数字化转型和金融元宇宙实践,走出现在非常特殊的转型困境。

第五,建立金融元宇宙团队。现在的相关人才严重短缺,人才质量和数量都不够。没有人才,元宇宙的设想和创建只能停留在口头和文件状态。所以,现在需要组织力量,立即培养相关人才,集结既懂金融又懂科技,也熟知元宇宙框架的人才团队。

金融元宇宙,将是货币金融领域数字化变革的先锋。它不仅是金融科技的集大成,改变了传统货币金融的深层结构,而且会形成新的货币金融形态,建立新的游戏规则和新型金融秩序原则。其历史地位很可能超过20世纪的金本位制度的消亡和信用货币制度的形成。只是,序幕现在刚刚开启。

从社会、人文、法律角度看媒体元宇宙发展的机遇和挑战①

如何实现现代媒体的大变革？如何认识元宇宙对正在变革的媒体的影响和冲击？为此，需要对现代媒体做分类。现在的主流分类是：媒体分成所谓传统媒体和新媒体；或者根据媒体的物质形态，分成纸媒或者数字媒体等。以下的讨论基于这样的分类惯性。

一、全球媒体新格局

在过去的 5 年左右的时间，世界的媒体新格局处于"两元"状态：一元是传统媒体数字化转型；另外一元是原生态数字化媒体的全面崛起。现在正处于这样的两元状态，这是关于世界媒体产业形势的基本判断。

具体讲，现在世界所有的传统媒体，包括感觉媒体、表示媒体、表现媒体、储存媒体、传输媒体的五大传统媒体形式，都在开始剧烈的和积极的数字化转型。这是过去二三十年中媒体革命的集中表现。现在，已经不存在没有数字化元素的媒体了。与此同时，在全球范围内，数字原生态媒体已经实现崛起，有超越性的、爆炸性的发展，需

---

① 本文系作者于 2022 年 6 月 29 日在中央广播电视总台融合发展中心主办的"元宇宙应用与媒体融合发展研究专题研讨会"活动上的会议发言。

要关注这样几个方面：(1)增长的潜力和速度，对 GAP 的影响究竟有多大？(2)支持数字原生态媒体的前沿科技创新。(3)数字原生态媒体的市场和产品创新。(4)数字原生态媒体的头部企业，包括字节跳动、哔哩哔哩（B 站）、快手。

如果将媒体想象为一个市场空间，横轴代表时间，竖轴代表媒体的市场比重，从左下角到右上角，有一条经历上升之后的下滑曲线，这是指传统媒体的比重在下降；另外一条也是从左下角到右下上角的曲线，其增长速率超过前一条曲线，目前继续处于上升阶段，可以理解为原生态数字媒体全面崛起，在市场的比重在上升（如图 6.20）。

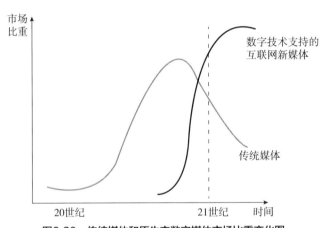

图6.20 传统媒体和原生态数字媒体市场比重变化图

现在需要确定若干指标，做动态量化分析，观察下降到什么程度，速率是怎样的。如何清醒地判断两类媒体此时此刻处于什么样的状态下，有助于把握未来趋势。

二、元宇宙为什么及怎样影响当代媒体格局

作为一个新的因素，元宇宙的出现，影响了本来由传统媒体和原

生态数字化媒体构成的格局。因为元宇宙具有一种生命力量，元宇宙的天生基因，有助于它渗透到整个媒体生态，引发媒体生态的元宇宙化，特别是给原生态数字媒体赋能，从而对传统媒体数字化转型构成新的挑战。具体来说：在传统媒体框架下，在媒体的载体、产品、技术、工具之间存在着分工，存在边界。但是，元宇宙是平台，同时是载体，是产品，是技术，是工具，元宇宙"all in"，具有对媒体"通吃"的潜在张力。

在传统媒体和数字媒体的二元结构下，元宇宙具有颠覆传统媒体，同时改造数字媒体的潜质，引发如下的根本性改变：（1）元宇宙和自媒体。自20世纪90年代，自媒体或者是网络媒体得以产生和发展。现在，元宇宙和网络化媒体结合，可以完善媒体的新基础结构。（2）元宇宙和数字技术。现在大数据、5G、卫星、人工智能、区块链、Web 3.0，都在持续改造媒体的技术基础结构。元宇宙带来的数字孪生和虚拟现实技术，以及未来的量子计算，最终将彻底改变媒体的技术形态，形成技术革命主导的媒体革命。（3）元宇宙和传统时空图片。过去，媒体具有强烈的时间和空间概念，例如CCTV的新闻联播节目和中央人民广播电台的播音时间都是确定的。[①]元宇宙和媒体的结合，将全面突破传统时空界限，媒体将处于全天候、全空间、全地理状态。（4）元宇宙和媒体表现方式。想象、体验和沉浸成为最重要的特征。元宇宙还将消除各类媒体之间的界限。（5）元宇宙和内容创作主体。元宇宙导致创作的主体改变，从小众到大众化。（6）元宇宙和新闻。元宇宙将颠覆传统的新闻定义。元宇宙推动新闻与自媒体融合，新闻内涵多元化，任何个体都可以创造新闻或者制造新闻。

---

① CCTV新闻联播时间是19点至19点半。中国人民广播电台是早上4点开播，凌晨12:30停播。

三、元宇宙重新定义媒体

因为元宇宙，媒体的结构、机制和功能都要逐渐改变，媒体被重新定义。（1）元宇宙媒体产品，呈现公共产品化趋势。现在，媒体处于公共品和私产品深入交叉的时代。但是，未来媒体产品的主体将是公共品。（2）基于元宇宙的媒体，将引入 Web 3.0，实现从中心化到非中心化的转型，构建元宇宙媒体生态。（3）基于元宇宙的媒体，是以信息和大数据为载体。大数据治理将是未来媒体体系的前提所在。（4）基于元宇宙的空间，将是超越地理和物理空间的赛伯格空间。

四、如何构建元宇宙媒体理论

马歇尔·麦克卢汉（Marshall McLuhan，1911—1980）创造了现代媒体理论。麦克卢汉是1980年去世的，从20世纪60年代到21世纪10年代的半个世纪中，发生过三次"麦克卢汉热"：第一次是20世纪60年代至70年代，因其1964年的代表作《理解媒介》的出版和其超前的思想；第二次是20世纪90年代，因互联网而起；第三次是21世纪的第一个10年，源于互联网第二代媒介，即"新新媒介"兴起。但是，麦克卢汉尽管关注和了解科技，却没有看到和预见到互联网，特别是移动互联网的全面崛起，以及人工智能的突破。现在，元宇宙出现，麦克卢汉的现代媒体理论已经过时，需要新的元宇宙媒体理论。

总之，现在需要以更长远的历史眼光，认知现代媒体的数字化转型和元宇宙化已经是大势所趋。未来人类的生活、工作、公共关系和思想，形成物联网和智联网，都会纳入元宇宙，并与元宇宙媒体融为一体。

科技革命·学习革命·教育革命[①]

——教育元宇宙的价值和时代使命

现在,我们要在更大的视野中认知科技革命、学习革命和教育革命的关系。历史的大逻辑是:科技革命导致学习革命,学习革命引发教育革命。教育元宇宙的出现,就是为了实现教育革命。

一、认知新时代根本性特征:混沌、复杂、智能爆炸、超空间

今天的时代和以往的时代的主要区别在于四个方面的理论:

第一,混沌理论。人们都知道爱德华·洛伦兹(Edward Norton Lorenz,1917—2008)所提出的"蝴蝶效应"(butterfly effect):一只蝴蝶在南美洲亚马逊热带雨林扇动了翅膀,最后造成一场风暴席卷美国得克萨斯。蝴蝶效应的意思是,世界在本原上是不可确认的。如果自然界中的所有初始条件都能够定性定量地确认,那么最后的结果也将非常确定。反之,这个世界一定是混沌的。

在真实世界中,有太多初始条件,每天也在产生新的初始条件。既然人们不能确认所有初始条件的确定性,那么整个系统就一定是混

[①] 本文系作者在 2021 年 9 月 17 日在中南大学区块链研究前沿麓山研讨会上的会议发言,2022 年 8 月 13 日在北京第二届元宇宙育前沿峰会的发言,以及 2022 年 8 月 19 日在深圳湾区智荟第二期沙龙发言的基础上,补充修订。

沌的。混沌,是今天认知这个世界的最重要前提。

在教育实践中,帮助学生认知和理解混沌,原本的教育手段和工具是不够的。这个矛盾怎么解决?要诉诸元宇宙。

第二,复杂理论。这次科技革命是集群性革命,显现出多维度、体系复杂、网络化的特征。复杂理论告诉我们,世界是非线性的、不确定的、无序的、涌现的。2021年的诺贝尔物理学奖授予了意大利物理学家乔治·帕里西(Giorgio Parisi,1948—),正是嘉奖他发现的从原子级到行星级尺度物理系统的无序性与波动之间的相互作用。在教育中,如何教导孩子、年轻人认知这个世界的复杂面貌?也要诉诸元宇宙。

第三,智能爆炸理论。仅仅知道信息爆炸是不够的,更值得关注和理解的是智能爆炸。1965年科学家提出了关于第一台超级机器的预测:当超级智能机器被制造出来后,它就会带来一场智能爆炸,人的智能将会被超级智能机器远远甩在身后。现在的教育存在一个悖论:教育是针对人的,而人的智能正在被超级智能机器、智能算法所抛弃。在这样不断扩大的距离面前,人如何解决自己智能的局限性,这也是教育要面对的重点问题。

第四,超空间理论。高维理论、弦理论等,都不断在证明十维、十一维空间是存在的。现在讨论元宇宙,也是构建与物理世界平行的虚拟世界,而我们面对的真实世界,其实是一个时空弯曲的世界。唯有诉诸元宇宙,学生才可以感知多维空间的存在。

以上四个方面,都是科学界公认的新常识,也显现了传统教育的滞后。现在看,元宇宙有助于人们突破认知滞后于科学新常识的困境。

二、科技革命的特征：全方位、大融合、加速度、自我意志

21世纪的科技革命，是信息技术推动和主导的，从头到尾都有强烈的技术主导基础研究的特征。

第一，全方位。1977年9月5日，NASA发射了旅行者一号，如今它距离地球约230亿公里，已经远远离开了太阳系，正向银河系的中间逼近。2022年，地球收到了旅行者一号发来的信息，这个信息诡异，无法解读。2021年12月，发射了詹姆斯·韦伯太空望远镜，它现在向地球发射回来的是5亿光年以外的照片。2020年，IBM已经制造出量子计算机。这就是现在教育面临的剧变的科技革命环境。

科技革命的全方位还体现在从基本理论、科学技术、工程一直到生产。过去研发（research and development，R&D）的界限完全被改变，体现为科学技术化，技术科学化。科技革命是无死角的革命，在区域上、行业上、部门上没有人能逃脱。今天出现短板，明天就会补齐。技术转移是每个企业必须做的事情，不存在某些企业做、某些国家做的情况。

第二，大融合。现在的科技革命绝非人们原来认知的局部创新，而是全方位的改变。从技术科学到应用科学，没有一个领域可以逃脱科技革命的影响和冲击，没有一个学科可以孤立于科技革命的大浪潮。所有的科技都在发生全方位的融合，在融合中分裂，又在分裂中融合。在科技革命下，谁都不可以与其他人割裂开来。IT革命、信息技术产业很难创造独立界限，创造自己独特的集成电路——这需要大量的合作、大量的协作、大量的团队努力、大量的国家和企业合力。

第三，加速度。世界上的科学家每天都在努力，每个科学机构都在努力，没有人能叫停绝大多数，从而形成了"创新推动颠覆，颠覆刺激创新"。这是人类从未有过的压力状态。举几个例子，2019年9

月 20 日，科技巨头谷歌的一份内部研究报告显示，其研发的量子计算机成功在 3 分 20 秒时间内，完成传统计算机需 1 万年时间处理的问题，并声称是全球首次实现"量子霸权"；2016 年，中国天眼开始观测宇宙，搜寻可能存在的外星文明，在 2022 年 6 月收到了一个疑似地外文明信号。科技革命包含基础科学、应用科学，至少需要上千个产业部门的结合，而且要有精密的工业制造。工业 4.0 和信息革命的关系是互动关系。

当今世界的科技正在呈指数级发展。历史上有一个著名的故事：阿基米德（Archimedes，公元前 287—公元前 212）下棋战胜了国王，国王问他要什么奖赏，阿基米德说："我只要在棋盘上放一粒米，第二格放 2 粒，第三格放 4 粒，第四格放 16 粒，按这个方法放满整个棋盘就行。"棋盘有 64 个格子，从 2 的一次方累加到 2 的 64 次方，即便把全世界的大米都算上，都不能满足阿基米德的要求。这就是指数的概念。所以，相较于科技革命的加速度，教育的滞后尤为明显。

第四，自我意志。不要认为人类可以左右科学技术，它的基本特征是有自身内在的动力。总之，科技革命是全方位、大融合、强分裂、加速度的组合，从理论到技术的周期，过去是二三十年，现在是两到三年，构成对当代教育前所未有的挑战。

凯文·凯利（Kevin Kelly，1952—）有两本影响很大的书：一本书叫《失控：机器社会与经济的新生物学》(*Out of Control: The New Biology of Machines, Social*)，另一本叫《科技想要什么》(*What Technology Wants*)。凯文·凯利将科学技术定义为第七种具有生命力的独立存在。今天人们关于科幻电影的理解，使用的概念，包括大数据、云计算、超算中心等概念，都是凯文·凯利创造的。一个人在 1994 年提出的所有的思想被长达 20 年的科技发展所证明，这是非常了不起的。

三、学习革命：跨学科、全天候、超代际

第一，学习是跨学科的。现在，人们在学习面前，深感无从入手，每当解决一个学习问题，都会引发新的学习问题，学习过程再无止境。人们必须不断跨越不同的学科和领域。所以，真实的学习是在解决每个学习问题的过程中都增添新的困惑。现在，人们不得不承认：学习从来没有像今天这样吃力。所以，学校和课堂不足以解决跨学科的问题。

第二，学习是全天候的行为。在这个信息爆炸的时代，新知识产生是以天为单位的，人们只能从早到晚学习，导致学习、工作与生活的边界模糊化。

第三，学习是超代际的。过去，人们认为学习是儿童和青少年的事情。今天，学习是所有年龄组共同面临的问题。孩子和年轻人固然有学习优势，但是中年人、老年人在某些特定领域的经验积累不具备领先青年人和孩子的优势。

四、教育革命：优化精简学制、坚持学科交叉、开发前沿学科

教育革命是 21 世纪的核心竞争。教育面临的问题有以下四点。

第一，如何优化精简学制？人类继续将儿童和青少年大部分时间用于接受学校传统教育的模式，正在受到全面质疑。因为这个年龄段，正是儿童和青少年最有想象力和创造力的时期。在科技革命的背景下，传统的脆弱、单薄和苍白的知识，需要通过学制加以压缩，代之以充满生命力的新知识、新技术。

第二，改革传统的、既定的知识体系、学科设置、专业规范。突

破传统的经验主义思维。以建筑系为例，建筑设计、土木工程、城市规划、新材料以及碳中和，缺一门，都是不完备的。甚至，现在设计，还要考虑大环境和气候的关系，引进气象学。严格地说，所有的专业都面临着边界的崩塌。

第三，实现学科交叉。不仅打破文科和理科的界限，还要建立一个交叉学科的体系。让所有进入基础教育的人完成一个适应科技、观念、认知、学习时代的知识框架。一方面，类似 GRE 的考试必须存在，考查学生对基本知识的最低认知水平。另一方面，也要为所有学生搭建起交叉学科的框架，让他们理解世界上的问题是复杂的，解决一个问题，需要运用到多元化、融合性的知识。目前，自动化和工程领域，很多学科都危机重重。例如，建筑系和土木工程系有什么差别？建筑和城市规划关系何在？

第四，如何开发前沿学科。创造性的教育势必是以科学技术的进步和革命作为背景。教育危机就是科技和教育发生断裂。所以，教育家和科学家的结合是紧迫的历史需求。例如，人类创造了一个东西，像魔方一样，像乐高游戏一样，这就是区块链。区块链属于综合性前沿技术。区块链又涉及哈希函数、拜占庭将军问题和边缘计算。它是一个拥有巨大弹性的框架，它是一个吸纳智慧的黑洞，它既是微观的，又是很宏观的。区块链现在展现的，仅仅是它未来的很小的一部分。区块链导致了加密数字货币和新的财富形态的出现。

五、教育元宇宙的功能

元宇宙是一个学科，可以产生相当多的知识构成一套知识体系。教育元宇宙的功能是显而易见的。

第一，导入前沿科技。教育元宇宙不是简单的 AR、VR，那些只是工具。教育元宇宙的价值首先在于它必须要把我们今天所说的刺激人心、引发焦虑、鞭策人上进的科技前沿纳入进来，让每一位使用者都在教育元宇宙中知道 2022 年 8 月芯片的前沿在哪里，2022 年 9 月纳米技术开发到什么程度……元宇宙是信息的载体，呈现知识的前沿，焕发所有人的学习动力。

霍金的宇宙起源就是一个假说，宇宙大爆炸是没有办法做实验的，黑洞理论怎么做实验呢？弦理论提出和证明至少存在七维空间。七维空间要靠数学来证明，实验室创造不了七维空间。也就是说大量的科学现在其实是靠假说，而不是靠实验来确定。

第二，实现终生学习和强制学习。学习将是强制性的，被纳入基本生活的组成部分，其重要性不亚于吃饭和喝水。马斯洛人类需求的七个层次中，最上层的求知，是在基本解决衣食问题之后，但对现代人类而言，特别是在身上加了科学器件之后，学习就变成必须是终身的和强制性的。基于人类的不自觉性，马斯克创造了"脑机接口"，学习成为有物理技术支持的刚性需求。生命和学习结合在一起，元宇宙才有希望。

第三，开启人机相互学习。智能大爆炸时代催生了天然的学习伙伴和竞争对手，那就是人工智能。人工智能的终极阶段是深入学习，人类跟不上它们，所以要尽可能和它们一起学习，让机器人、人工智能成为元宇宙学习的伴侣，成为永远的老师。人工智能被引入教育元宇宙中，让它们能够和我们一起学习，让它们监督我们学习，让它们弥补我们学习的不足。

第四，形成学习共同体。现在，要开始通过元宇宙建立各种各样的学习社区，建立新的学习共同体。支持教育资源和教育本身发生了问题。老师在知识方面的优越性，今天变得越来越脆弱。

六、波普尔和库恩的再认识

卡尔·波普尔（Karl Popper，1902—1994）和托马斯·库恩（Thomas Samuel Kuhn，1922—1996）都是研究科技管理、科技历史的，被公认为领域内的大家。波普尔的代表著作是《科学发现的逻辑》（*Logik der Forschung*）和《猜想与反驳：科学知识的增长》（*Conjectures and Refutations: The Growth of Scientific Knowledge*）。他提出"证伪理论"，即可证伪性是界定科学的充要条件，这是大家普遍接受的。但是，今天大量的科学未必能被证伪，证伪的未必都不是科学，这是事实。霍金研究的很多理论，包括量子科学的理论还在每天被证伪，它也是科学。不是对知识和思想的探索都需严格遵循可证伪性标准。库恩的代表作是《科学革命的结构》（*The Structure of Scientific Revolutions*）。他提出了著名的科技革命的范式理论，并证明科学史上重大科学进展取决于科学内在机制、社会条件和信念的基本框架，以及一种先于具体科学的研究的组织模式。但是，至少 IT 引领的科技革命的历史，打破了科技革命范式理论。科技革命存在随机性，包括科技本身的内在生命力的推动，也存在随机性。

从 21 世纪 20 年代对于科技革命的认知角度来看，波普尔的理论存在问题，库恩的理论也有局限性。波普尔的《科学探索的逻辑》写于 1934 年，《猜想与反驳：科学知识的增长》写于 1963 年，库恩的《科学革命的结构》写于 1962 年。科技革命已经超越了波普尔和库恩时代的框架和认知，其深刻原因，很可能是科技正进入新的发展周期。

托马斯·赫胥黎（Thomas Henry Huxley，1825—1859）说过："已知的是有限的，未知是无限的，我们的智力战争是在一个充满未知的无边际海洋中的一个小岛上，我们每一代要做的事是开拓更多一点土地。"今天,人们需要对"已知"和"未知"做一个与时俱进的诠释:我们过去对于已知和未知的理解是静态的,以为我们学习过的东西就是已知的,没学的就是未知的,但这个观点在今天无法立足。已知的东西,明天就可能被推翻、被改变,就会变成未知。学习并不是一个不断扩大已知范围的过程,而是一个不断扩大未知范围的过程,因为大部分已知总会在某个时间点变成未知。

霍金在1983年说过:"世界产生不可逆的范式转移,发生频率越来越高,速度越来越快。这样的情况下,库斯维尔提出了所谓的库斯维尔定律,科技增长以几何级数,而我们的生理、思想、教育还停留非几何级数状态。"大家想象一个图画,科学技术以几何级数的速度走向极点,而人类和它形成巨大反差。

所以,需要知识革命、教育革命和学习革命。唯有如此,才能创造就业机会,解决现在的结构性失业问题。一方面,传统产业因为科技革命和劳动生产率提高导致太多人离开岗位,而且不需要那么多的岗位。另一方面,我们必须看到高科技所创造的新岗位,但是需要教育和制度的配合。其中,教育元宇宙是实现学习现代化,让学习成为科学,让学习成为生活,让学习成为乐趣的重要工具。教育元宇宙是一个充满挑战的、需要强大技术支持的、关系人类未来前程的巨大工程,比修万里长城还要难。

在宏观科技场景中寻找企业的位置[①]

一、当今的竞争是对前沿科技认知的竞争

记者：您是一位对技术有深入研究的经济学家。在您看来，当前有哪些技术是企业家需要关注的？这些技术会给企业带来哪些影响？

朱嘉明：讨论这个问题有一个非常重要的前提是理解技术与经济的关系。从20世纪七八十年代开始，IT革命改变了经济和技术的关系。21世纪已不存在与技术创新、技术革命相分离的生产、商业等经济活动。

熊彼特的创新理论，主要集中在单独产品的创新，这种创新最后影响产业，影响部门，再影响制度。今天说的创新是集群性的，已经很难说哪些技术是企业家要关注的。因为技术具有整体性、集群性。在技术领域中，已很难把这个技术和那个技术的关系剥离出来——某个技术的独立性是相对的和暂时的。所以，今天的企业家对各种技术都要有起码的认知。

比如，企业家要不要关心人工智能？很多企业家虽不做人工智能，但现在非常需要关注人工智能。不仅如此，因为人工智能技术在迅速发展，企业家还应跟上这种变化，不然可能连餐馆这样的传统服

[①] 本文系作者于2022年3月25日接受《企业家》杂志采访的文字稿整理。

务业都办不下去，因为现在餐馆端盘送菜的活儿都可以让机器人来干。再比如美团、抖音的核心技术是算法，美团现在靠算法跟别人竞争，可见中国服务业已高度数字化。

任何一家企业都必须关注数字技术。一个更大的问题是，除了技术本身是不可分割的体系，数字技术发展也在不断升级迭代。今天以为了解了某项技术，明天就会发现该技术已落后。所以，企业家应该这样理解技术问题，即如何在技术革命的宏观动态场景中寻找企业自己的位置，将科技与企业的现实相结合。

企业家仅关注单一技术，已很难应对技术革命的挑战，这是整个企业家群体遇到的一大问题。原来的工业企业都有工程技术人员，有的企业产品科技含量还很高，但那个时代的技术是相对稳定的。今天，技术升级、迭代的速度加快。例如，现在智能汽车竞争为什么如此惨烈？因为车企去年生产的汽车，今年有可能已过时，而以前的传统汽车不存在这个问题。技术打乱了所有经济活动，包括生产活动的周期。这些都会倒逼现在的企业家跟上科技基本动态和前沿发展。企业家要看到这样一个趋势、结构和格局，不然难以适应市场变化。总之，我们现在进入整体认知科技、动态认知科技进展的时代。

特别要强调，过去建一个工厂是相对稳定的，生产的产品有相当长的稳定期，而现在这种稳定性已比较脆弱。企业建工厂面临的最大风险或挑战是技术路线的设计与实施的非长期性，甚至发生一个工厂刚建完，就跟不上市场形势的情况。

记者：2021年，在特斯拉、蔚来、小鹏、理想等一众新能源车爆卖之际，某些传统汽车销量却大幅下跌。这或许可以说是新能源车打破了传统汽车的稳定性。

朱嘉明：现在的市场竞争，是创新的竞争，是迭代的竞争，是对前沿科技认知的竞争。在这种情况下，企业维持科技优势已成为很大的挑战。今天发明的一个专利在保护期还没结束时，一个新的发明可能会使这个专利变得没有意义。

记者：照相胶卷曾经长期处于稳定状态，当数码照相技术出现后，胶卷存在的价值就日益变小了。此时，即便胶卷做得再好，也会被数码照相技术取代，这也说明趋势比优势重要。

朱嘉明：企业家要懂得企业所在行业的技术前沿在哪里。今天的建筑师不仅要设计图纸，还要把大量的创新观念、科技元素和这个建筑设计相结合。例如，原来的建筑就是钢筋、水泥，不需要考虑生态因素，现在的建筑则采用新的建筑材料，并考虑生态因素，这是趋势。

所以，企业的科技团队再沿用以前的工作模式，将不足以应对技术前沿的变化。企业家如果不能预见未来2—3年的技术，就会面临危机。

二、马斯克是未来企业家的代表

记者：有人说，技术革命固然离不开科学家、工程师的作用，但起核心引领作用的是企业家。这一点您怎么看？

朱嘉明：现在已到了需要重新定义企业家的时代。过去的企业基本上是生产型或者服务型企业，其管理者追求产品高质量和低成本。现在所有的企业都要科技化，从而改变了企业的性质。在这种情况下，企业家、工程师和发明家三者的边界已变得模糊，企业家除需具备原有功能外，还需具有科学家、工程师的基本素养。这是一个富有挑战性的难题。

乔布斯代表的是上一代企业家，马斯克则代表了未来的企业家。马斯克、乔布斯这样的企业家极为难得，但我们必须有这样的企业家。过去绝大多数发明家只做发明不做企业,现在的企业家还要具备发明家的素养。

未来,企业家在技术革命中可以发挥核心作用,其最大的优势就是把工程师、科学家有效地组织起来,甚至把金融资源整合进来。为什么需要发明家?因为他们有想象力。为什么需要工程师?因为工程师实现技术落地。为什么需要企业家?因为企业家能发挥组织功能作用。

三、企业要设"未来战略官""数字技术官"

记者:您提倡企业要设两个职务,一个是"未来战略官",一个是"数字技术官"。这是出于什么考虑?

朱嘉明:"未来战略官"考虑的是一个企业长周期的事情。对企业家来说,周期越长越模糊。一般情况下,企业家最多考虑未来几年的发展问题,考虑眼下的问题占用了70%的时间,而只用大约30%的时间考虑长远一点的问题,因为企业家没有办法同时关注很宽的领域。

"未来战略官"有两个最主要的问题要考虑:一是企业的长期发展。如果这个企业可以持续地存在下去,至少应该考虑未来10—20年的问题。二是考虑企业的整体生态。

今天的企业不考虑长期问题,局限于短期认知一定会犯错误;不考虑整体生态问题,也会错失机会、走错路线,甚至走向失败。企业以前对战略官的需求并不强烈,现在这种需求很大。

技术在迅速发展,企业家跟不上这种变化,可能连传统服务业都办不下去。中国服务业已高度数字化,美团等服务企业竞争力背后的核心技术是算法,就是最好的例证。

"数字技术官"则负责企业数字化转型,他们通过把算力、算法和企业的业务结合起来，完成企业的数字化运作。"数字技术官"要把数字软件与区块链、数字金融、元宇宙结合在一起。这需要专业训练和培养。

记者： 有人提出企业家身边需要"军师"型人才，但他们往往把企业家身边的副职和技术、财务总监等视为"军师"。但这些人不是专职的"军师"，且受职责限制，他们主要考虑自己职责以内的工作，那些跨部门、跨职责的问题，尤其是整个企业的战略问题不是他们考虑的重点，这导致很多企业的整体战略问题往往由企业家一个人考虑，而个人思考这些问题会有局限性。

朱嘉明： 中国的国企和民企领导人，有不一样的地方。国企主要负责人由于实行任期制，有些人只会考虑任期内的问题。所以，在国企设置"未来战略官"就可以弥补这种不足。民企中家族性企业较多，企业家不得不考虑下一代接班的问题，以维持企业的长期生存，所以会考虑企业 20 年以后的事情，有长期意识。但他们的长期意识又受制于家族或者企业家个人眼光。所以，不论是国企还是民企，都需要"未来战略官"。"未来战略官"比较超脱，会站在企业长期和整体生态的角度为企业出谋划策，为企业决策者提供一些长期的战略建议与规划，这非常重要。"未来战略官"和"数字技术官"是衔接国家、地区、行业未来发展和企业未来发展的接口。

四、要像重视成本评估一样重视对科技伦理的评估

记者： 科技伦理是开展科学研究、技术开发等科技活动需要遵循的价值理念和行为规范，是促进科技事业健康发展的重要保障。在利益与科技伦理面前，一些企业家不一定能够有清晰的认识。您怎么看这个问题？

朱嘉明：爱因斯坦等众多科学家很重视科技伦理。事实上，所有的科技都存在伦理问题，科技永远要受伦理的制约。维持伦理主要靠法律，但制定与科技伦理相关的法律常常是滞后的，因为科技发展得太快。现在大数据管理的伦理是一大挑战，例如保护隐私是数字经济中最重要的伦理问题。

将来所有企业都要像重视成本评估一样重视对科技伦理的评估，因为企业遵循或违背科技伦理，直接影响企业的社会价值。如果违背科技伦理，企业会受到很大的惩罚，甚至其整个相关投资都可能会失败。科技伦理也是企业"未来战略官"和"数字技术官"要考虑的问题。企业在一个发明和创新的早期，就要纳入伦理考虑，避免因为追求产品利润而掩盖它背后的伦理风险。那样的话，企业发明创新进入市场之后，才会发现伦理风险。这样的事例很多，包括新材料对环境的破坏，食品、药品安全和隐私数据的泄露，等等。凡是违背伦理的科技，一定会造成风险溢出效应。总之，科技伦理涉及环境、生命健康、个人隐私，还有与国家整体利益相关的因素。

最后要强调，伦理和安全是不可分割的，是一个问题的两个侧面——伦理评估就是安全问题。

关于数字经济新阶段的共识[①]

2022 年中国国际服务贸易交易会，CIC 国信公链数字经济论坛的主题是"迈向数字经济新阶段——充分发挥国有经济的基础优势、规模优势、支撑优势、竞争优势"。与会者就如何认知数字经济新阶段，完善数字经济发展战略，应对数字经济时代的挑战，形成以下基本共识。

（1）进入 21 世纪以来，人类历史发生了以不断加速的科技革命为引擎的经济、政治和社会的多层面的改变，进入前所未有的不确定，甚至叠加危机的历史时期。在这个历史时期中，以信息科技进步为先导的数字经济的全方位崛起和发展，对世界各国，乃至人类未来命运，产生了日益深刻的影响。在短短的二三十年间，人类的一切活动，从日常生活到国际交往，都已经被纳入数字经济和数字科技的框架之中。

（2）数字经济，源于工业经济，超越工业经济。因为决定数字经济的生产要素，不仅包括工业经济的生产要素，而且引入了以信息为基础，通过编程和算力实现的数据要素，进而形成以数据存储、分析和处理为核心内容的新基础结构。数据呈指数级增长的特征，构成了数字经济与生俱来的内在动力，也决定了数字经济前所未有的潜力和

[①] 本文系作者于 2022 年 9 月 3 日为 2022 年中国国际服务贸易交易会 CIC 国信公链数字经济论坛活动撰写的会议材料。

张力，形成人类在农耕时代和工业革命时代所没有的压力。

（3）数字经济具有前所未有的膨胀模式，发生了产业数字化和数字产业化。数字经济一方面在持续改造传统经济部门，另一方面衍生出新的行业、部门和产业。数字经济原本是工业经济的组成部分，而现在工业经济和其他传统经济已经被纳入数字经济。数字经济正在成为国民经济体系中扩展最快和最有活力的部门。现在，传统经济学所描述的"三次产业结构"，因为数字经济的成长而面临结构性的挑战。

（4）数字经济的成长，对经济增长贡献显著。数字经济所具有的独特的内生变量和外生变量，改变了"宏观经济"和"微观经济"的边界，形成数字经济独特的均衡机制和增长模式，并成为支持经济增长的主要部门。不仅如此，数字经济，强烈地干扰和改变了基于工业的传统经济周期。如今，所有关于经济衰退或者景气的分析，如果不充分考虑数字经济作为重要变量，都会失之偏颇。

（5）数字经济是科技革命的结果，也是科技革命的推动力。数字经济具有自动吸纳和扩展新科技的能力，包括互联网技术、算力技术、人工智能技术，以及正在迅速兴起的量子技术。"元宇宙"就是数字经济和数字科技融合的一种形式。现在，数字经济和数字技术构成积极的互动关系。只要存在数字经济的科技性需求，科技领域就会提出解决方案；任何科技进展，都在丰富数字经济系统。所以，数字经济是以创新为常态的经济，也是不断进行自我"计算"、不断自我创建和自我更新的经济。

（6）数字经济的演变，形成数字经济和数字科技分工体系，进而形成数字经济和数字科技的先发优势和自然垄断。数字经济的技术、科技人才、教育和市场，以及支持数字经济的软件与硬件，都已经为世界级超级科技公司所控制，造成数字经济规模效应，使得追求成为"独角兽俱乐部"成员成为商业时尚。基于自然垄断和行政垄断的结合,科技联盟式的垄断,很有可能导致损害民众利益的数字经济寡头垄断。

(7)数字经济的发展过程,是持续科技资本投入和获得高回报的过程。科技资本不同于传统产业资本,需求大,周期长,其极大的风险性和高回报并存,成为吸纳风险资本的"黑洞"。美国硅谷就是数字经济、数字科技和科技资本结合并一体化的案例。在货币宽松、货币供给增长过快的当下,科技资本还成为稀释过量货币发行的媒介。人们通常接受的"资产价格"上涨是资本市场最重要现象的认识,已经过时;数字资产和科技资产价格上涨,正是资本市场真正的趋势所在。所以,星际资本主义和马斯克现象才会出现。

(8)数字经济具有天然的全球化"基因"。非物质形态的数字经济将改变国际贸易结构,突破传统贸易的时空制约,并酝酿基于数字经济的新全球化,以及基于数字产业与服务的国际贸易体系。在数字经济的新全球化过程中,全球数字经济和数字科技竞争将更加激烈,引发世界财富分配的新格局。

(9)因为数字经济的高速度发展,以及数字经济对于数字技术的强大需求和推动,形成企业家和科学家等群体,以及企业和政府参与的多种力量博弈局面。其中的国家力量,正在显现日益增强的作用。在数字经济和数字科技领域,几乎所有的大国都制定了在数字经济和数字科技领域的发展路线和政策体系,所谓的经典自由竞争时代早已不复存在。

(10)数字经济和数字科技,为数字文明提供了历史条件。数字文明是超越人类各种现存文明的文明。当下,数字文明有助于避免人类存在的各种类型冲突,有助于实现全球可持续发展,有助于构建对应人工智能高速发展的伦理和法律体系,即在福祉原则、安全原则、共享原则、和平原则、法治原则、合作原则下,保障人的能动性和监督性、技术稳健性、安全性和隐私权，人工智能系统使用的透明度、多样性，以及非歧视性和公平性。

（11）数字经济是引发经济结构、社会形态和治理体制变革的高度复杂经济系统，突破传统经济学框架，超越传统经济学认知，进而影响经济学、政治学、社会学和整个社会科学门类的革新。

（12）中国需要根据数字经济新阶段的新特征，完善数字经济发展战略。中国具有数字化转型和经济可持续发展的优势，包括：数字化经济的巨大需求，完整的数字科技资源配置，技术科学和基础科学的平衡发展体制，人才储备，以国有企业为主体的现代企业体系，国有科技企业的动员和担当的组织能力，以及重构数字全球化和实现数字科技输出的潜在优势。

2021年，我们在服贸会议上说过："今天，世界所面临的困难和困境，新冠肺炎疫情、生态环境恶化、恐怖主义、经济衰退、文化冲突，终将过去，世界正在进入向一个平等、共享和效率的新的历史转折的关键时刻，苦寒拂晓之后的曙光已经出现。中国肩负着不仅要维系自己国家可持续发展，还要肩负对人类有所新贡献的历史责任"。

2022年，此时此刻，我们要借服贸会的论坛表达：世无永恒，全球数字经济和数字科技正处于发展的重要历史关口。既可能创造新的财富形态和分配方式，推动形成共享经济生态，实现低碳化数字经济，也可能因为资本裹挟，导致数字经济和非数字传统经济并存的"新二元"社会对立，加剧数据鸿沟，恶化生态环境。中国有信心，也有能力面对和赢得在数字经济和数字科技领域的世界性激烈竞争，打破数字经济正在固化的垄断态势，创建造福人类，确保人民群众成为最大受益群体的数字经济和数字科技，加快人类共同体的形成，完成数字文明跃迁。

附录　创建"国家主权公链"倡议[①]

国信公链（China Information Blockchain，CIC）借"中国国际服务贸易交易会"提供的讲坛，向与会者和各界朋友倡导创建和启动"国家主权公链"项目。

在总结过去 30 年互联网历史，特别是十余年区块链的历史基础上，CIC 认为，中国到了需要构建"国家主权公链"时刻。

这是因为，"国家主权公链"具有保护国家和公共资源、公共资产、公共利益和公共品的义务和能力。公共资源、公共资产、公共利益和公共品体现为物理形态和非物质形态，包括：广义的国土资源、空间资源、生态资源，全民生命基因和健康的信息，国有有形和无形资产，国家行政治理的信息资源，全民社会保障的核心资源，国家金融货币，包括主权数字货币，与国家和全民根本利益相关的法律资源，以及其他涉及国家安全和国防的信息和产品。所有这些，都属于"国家主权公链"覆盖范围。

这是因为，"国家主权公链"可以通过国家授权机构，通过区块链维护国家的整体利益。而私有企业开发的任何形态的区块链，并不以代表国家长远利益，维护全民根本权益为义务和宗旨，具有制度性局限。

这是因为，"国家主权公链"能够成为数字经济转型的新基础结构。中国的数字经济转型，不是几年，甚至十几年所能完成的，很可能是几十年的、几代人的事业。区块链是数字经济的重要基础结构，而"国家主权公链"则是"硬核"所在。

[①] 本文系作者于 2021 年 9 月 3 日为 2021 年中国国际服务贸易交易会 CIC 国信公链数字经济论坛活动撰写的会议材料。

这是因为,"国家主权公链"可以将国家代表全民所管理的资源,置于透明和可追溯状态,避免被任何利益集团攫取、滥用和浪费,完善"智能合约",消除长期存在的居高不下的"社会交易成本",提高国家治理水平。

这是因为,"国家主权公链"可以支持建立自20世纪上半期以来人们一直试图建立的"投入－产出"宏观经济账本,满足这个账本所需要的完整、全面、精确和即时的动态数据,减少传统市场经济的波动性和局限性,为共享经济、普惠金融、社会财富的分配和再分配,实现共同富裕提供有效的技术范式和工具。

这是因为,"国家主权公链"有助于重构民众之间、民众与社区、民众与国家的稳定信任关系,赋予公民维护应有权益的依据,保障经济、社会和政治领域权力的公正。

这是因为,"国家主权公链"有助于提高国家和企业在未来世界竞争的能力,改善国家之间的经济和贸易关系,减少由于世界各国之间信息不对称导致的"贸易摩擦"。WTO需要向WTB演变,用区块链支持传统组织形态的升级换代。从根本上说,"国家主权公链"将帮助增强国际社会间的信任,提高国际间的合作质量,推动人类共同体的形成。

这是因为,"国家主权公链"有助于整合日新月异的科技创新成果,实现区块链与互联网、大数据、人工智能技术,以及量子科技的结合,改进算力革命,形成科技革命的叠加式能量,成为中国经济数字化的新动能。

CIC对于构建"国家主权公链"充满信心,是因为:相较于世界其他国家,中国在区块链开发和应用领域具有综合优势,包括:区块链技术自主开发,区块链实验室,科研人员及申请专利的数量和增长速度,区块链投资规模,区块链企业数量,特别是区块链在数字金融、物联网、智能制造、供应链管理、数字资产交易、碳达峰和碳中和等领域的广阔应用前景。

CIC 对于构建"国家主权公链"充满信心,还因为:在中国,区块链思想、理念和技术常识得到了前所未有的普及,并且纳入高等教育的课程,人才短缺的局面在不远的将来将得以根本性解决。

CIC 对于构建"国家主权公链"充满信心,特别因为:自 2019 年 10 月 24 日,在世界范围内,中国成为将区块链技术创新和应用确定为国家发展战略的唯一国家。

建立"国家主权公链",并不意味着国家实现对区块链的垄断。恰恰相反,"国家主权公链"将继续区块链开源的原则和传统,支持各类公有链、私有链、联盟链和跨链的发展,在中国建立和形成一个具有区块链清晰分工的多元体系和健康生态。

今天,距离千禧年已经过去了 20 年。2000 年,联合国提出以"极端贫穷人口比例减半"作为核心内容,以 2015 年为时间节点的"千年发展目标"。在"千年发展目标"到期之后,联合国再次提出 2015 年至 2030 年"全球可持续发展目标"。在其中 17 个可持续发展目标中,排前三位的是消除贫困、消除饥饿、实现良好健康与福祉。2000 年世界人口是 60 亿;2015 年,73 亿;2020 年,76 亿;2030 年,85 亿。全球所面临的挑战是实现快于人口增长率的可持续发展。现在,距离 2030 年不足 10 年,全球仍旧有超过 10 亿的人口处于"多维贫困状态"。在全球贫困和饥饿背后,则是各国之间与国家内部各地区之间继续存在和恶化的"贫富差距"。这是世界动荡、冲突和危机的主要根源。

在过去 20 年,人们曾经将消除贫困,缓和贫富差距,建立共享经济的希望寄托于基于互联网技术和信息经济。实践证明,互联网经济迅速发生"异化",发生了严重的数据和信息垄断,加剧了"数字鸿沟"；2008年"世界金融危机"之后，人们再次寄希望于区块链技术打破传统货币资本体系，实现财富创新。但是，"区块链财富"再次异化，呈现了前所未有的"马太效应"。如今，2%的比特币账号控制95%的比特币价值。这可能是"密码朋克"们始料不及的。

历史告诉我们，互联网和区块链技术的产生和发育，都处于传统的"资本"制度环境之中，不可避免地陷入"资本"逻辑，依赖"资本"运行机制。以非主权加密数字货币为例，其价值最终需要通过传统主权数字货币，通过交易所作为中介得以实现，最终以美元作为价值的衡量尺度。所以，与其说加密数字货币挑战了美元霸权，不如说强化了美元霸权；与其说为草根民众提供了获得新型财富的路径，不如说给从未对区块链创新有过实质性贡献的传统资本集团提供了扩展财富的手段，使之成为最大的受益群体。

CIC创建"国家主权公链"的本质是人民"公链"，其人民性集中体现在实现最大价值共识，最低社会成本和最大社会效益。"国家主权公链"的终极目的就是要影响，甚至改变区块链重复互联网背离初衷的历史走向，阻止区块链再次为资本所裹挟，打破通过数字技术差距所形成和固化的数字资本垄断，缩小数字鸿沟日益扩大的趋势。

今天世界所面临的困难和困境，新冠肺炎疫情、生态环境恶化、恐怖主义、经济衰退、文化冲突，终将过去，世界正在进入向一个平等、共享和高效的新的历史转折的关键时刻，苦寒拂晓之后的曙光已经出现。中国不仅肩负着要维系自己国家可持续发展，还要肩负对人类有所新贡献的历史责任。

CIC相信，"国家主权公链"将在这样的时代发挥其特有的功能和作用。因为有中国，因为有"国家主权公链"，世界区块链格局将发生历史性的改变，促进人民福祉的增加。

第七章

未来构想

"我想,未来会出现一系列全球文明,而随着新的经济安排、政治制度、文明和生理条件的出现,各种文明都将在前一阶段的基础上向前不断演变。如今的全球文明——沉湎于全球化本身并仍在试图厘清其意义所在——只能算头一遭,甚至它还未呱呱落地。"

——沃尔特·特鲁特·安德森(Walter Truett Anderson,1933 —)

后人类和后人类经济学[①]

后人类不是未来时,是现在进行时。或者说,后人类时代已经来临和存在。地球上的人类正在成为"古典人类",开始向后人类转变,进而改变传统经济活动,形成所谓的后人类经济。我所要讲的是"后人类经济学",更确切地说是"后人类政治经济学"。

一、人文主义/文学艺术对后人类的探索

后人类主义(posthumanism)主张"人"并非具有某些本质特性,如灵魂、意识、思辨能力等,而是与外在社会、环境、科技不断互动、调节、协商的机器或系统。[②]

如果承认后人类,就要承认有前人类和现人类,就要承认人类不仅自身在发生改变,同时也在被改变。人类作为一个系统,始终处于建构和解构的状态。

在人类文明早期,哲人已经意识到生命本身、信息存在和信

[①] 本文系作者于 2022 年 9 月 22 日在苇草智酷"启蒙 2.0"活动上的会议发言。2022 年 9 月 22 日,也是苇草智酷创建 5 周年。作者说:此时此刻还是需要对帕斯卡(Blaise Pascal, 1623—1662)有所怀念。今年是他去世 360 周年。作者引用了帕斯卡的这段话,"人只不过是一根苇草,是自然界最脆弱的东西;但他是一根能思想的苇草……因而,我们全部的尊严就在于思想"。作者还说到,他关注后人类问题应该追溯到 2017 年,那年台湾大学正式开了一门课,叫"后人类时代"。

[②] 林建光:《〈超速性追缉〉中的身体与科技》,《英美文学评论》2011 年第 19 期,第 29—56 页。

息载体的关联性。毕达哥拉斯（Pythagoras，公元前570—公元前495）和亚里士多德开始触及人类本质。毕达哥拉斯提出"精源论"（Spermism），认为人身体的信息基础是精液，信息集合状态不同源于精子的构造，父亲决定后代的基本特征，母亲提供了物质基础。亚里士多德说得更明确：人的最大特征是遗传，通过遗传实现信息形式的传达和转移。

人类和环境是一个事情的两个方面：脱离环境的人类和不被人类影响的环境是不存在的，所以人类是在不断改变的。①

19世纪的马克思从社会科学角度发现人的异化问题。1927年，海德格尔（Martin Heidegger，1889—1976）在《存在与时间》（Sein und Zeit）中提出：人与世界并无主客之分，人的存在在世界这种现象中展现，因而成为一个整体；存在也并非空间观念，而是居住、熟悉、关切。② 海德格尔注意到现在科技对个人意志的消极作用——人成为现代科技的物件，失去了与环境的距离与界限。③

20世纪中期，美国的梅西会议（The Macy Conferences，1946—1953），集结了生物学家、数学家、工程学家、物理学家、人类学家、经济学家、生态学家、动物学家，形成了关于人类稳定性的两种看法。一种看法认为，人类作为一种生命，具有内在稳态机制，决定人群空间和外部的清晰边界。另外一种看法认为，人类绝对不是一个稳定状态的群体，人与信息的结合促进了智慧的增长。

---

① Bergerthaller, Hannes《控制学与社会系统理论》，蔡郁宏译，林建光、李育霖主编，《赛博格与后人类主义》，华艺数位出版社，2014年，第65—86页。
② 苏秋华：《从日常生活到可程式性：以十九世纪魔术舞台探讨斯蒂格勒理论之后人类潜能》，林建光、李育霖主编，《赛博格与后人类主义》，华艺数位出版社，2014年，第291-341页。
③ Heidegger, Martin, *The Questions Concerning Technology and Other Essays*, Harper Touchbooks.

第七章 未来构想

20世纪60年代，人们对人类认知进入激动人心的阶段。1960年，曼菲德·克莱恩斯（Manfred Clynes，1925—2020）和内森·克莱恩（Nathan Kline，1916—1983）结合"控制论"（cybernetics）和"有机体"（organism），提出"赛博格"（cyborg）一词。1968年法国五月风暴前后，涌现出德里达（Jacques Derrida，1930—2004）、德勒兹（Gilles Deleuze，1925—1995）、福柯（Michel Foucault，1926—1984）以及女性主义思想家露丝·伊利格瑞（Luce Irigaray，1930— ）、艾琳娜·西克苏（Hélène Cixous，1937— ）和茱莉亚·克里斯蒂娃（Julia Kristeva，1941— ）。

其中，福柯的影响力深刻而长远。福柯在1966年出版的《词与物》（*Les mots et les choses*）中，提出了"人已死"（L'homme est mort），批判了人类中心主义，诠释了人类的生产与管理。文艺复兴是对人文主义的复兴，是通过对人的肯定，和对人的身体的再认识，来否定中世纪神的绝对地位。在福柯看来，生命（心灵及身体）解放在于生命的物化与异化。人类在福柯这里产生了主体外化：人类在语言学、经济学、生物学等科学研究中作为科学的对象与人类本身的区别；我和别人的区别，如正常人与病人、好人与坏人；还有人成为自己的主体。[1] 这样的主体外化呼应了雅克·拉康（Jacques Lacan，1901—1981）的三界镜像理论的实在界（real order）、想象界（imaginary order）和象征界（symbolic order）的划分。[2] 福柯在《词与物》中，解读了1656年的宫廷画作《宫娥》（*Las Meninas*），从观众的角度不知道谁是中心，谁是主体，正表达了这样的意思，象征了

---

[1] Foucault, Michel, "The Subject and Power", *Michel Foucault: Beyond Structuralism and Hermeneutics*, Hubert L. Dreyfus, Paul Rainbow ed. Harvester Wheatsheaf, 1982, PP.208.

[2] Lacan, Jacques, *On the Names-of-the-Father: Jacques Lacan*, Bruce Fink, Polity Press, 2013, PP.1–52.

古典知识的高峰与现代知识的开始。

基于人自身的有限性与无意识，人需要被重新认识。对人的解构，包括马克思主义的解构和弗洛伊德的解构。在弗洛伊德与马克思身上我们已可找到明显的后人类思想。[1] 最终是福柯对人的全面解构，提出惊世骇俗的"人已死"。在很大程度上呼应尼采的"上帝已死"（Gott ist tot）。

20世纪80年代，"后人类"号角全面吹响。首先是哈拉维（Donna Haraway，1944— ）1988年出版《赛博格宣言》（*A Cyborg Manifesto*），特别值得注意。这个宣言的地位和意义足以媲美《共产党宣言》（*The Communist Manifesto*）、《解放奴隶宣言》（*The Emancipation Proclamation*）、《人权宣言》（*Déclaration des Droits de l'Homme et du Citoyen*）。《赛博格宣言》将人类、非人类、科技、自然、超性别、女性主义等结合在一起，提出"科技中的身体"（bodies in technologies）理论："科技并不是中介，不是某种介于我们与外在世界某个东西的中介物。相反，科技是我们的器官，是我们紧密的合伙人，是梅洛-庞蒂（Maurice Jean Jacques Merleau-Ponty，1908—1961）所谓的'身体的内褶'（infoldings of the flesh）。"[2]

还有海尔斯（Nancy Katherine Hayles，1943— ）。海尔斯在1999年出版《我们何以成为后人类：文学、信息科学和控制论中的虚拟身体》（*How We Became Posthuman: Virtual Bodies in Cybernetics, Literature, and Informatics*）。信息时代认识论的模式由"在场/缺席"转化为"模式/随机"，深刻影响身体的资质、交织、交换与衍生。人的"虚拟身体"（virtual bodies）由有机身体和信息密码在信息世界中交织衍生

---

[1] Badmington, Neil（2000），"Introduction: Approaching Posthumanism"，*Posthumanism*，Neil Badmington ed., Palgrave Macmillan, 2000, PP.1–10.

[2] Haraway, Donna Jeanne, *When Species Meet*, 明尼苏达大学出版社，2008年，第250页。

而成。海尔斯认为的后人类包含四种特性:(1)后人类重信息、轻物质,因为生命的本质不在身体。(2)后人类认为人类身份的起源不在意识,而意识在人类的演化中是次要的。(3)后人类认为身体是原始"义肢"(prosthesis),可以被其他义肢取代。(4)后人类认为本质上人与人工智能机器、肉身和电脑、自动控制装置与生物有机体没有差别。① 海尔斯把关于后人类的描述写到了极致。例如,"什么是'后人类'? 不妨将它视为一种带有如下假设特征的观点/视角……首先,后人类的观点看重(信息化的)数据形式,轻视(物质性的)事实例证。因此,由生物基质形成的具体形象就被视为历史的偶然而非生命的必然。其次,后人类观点认为,意识/观念只是一种偶然现象——后人类标志着有关主体性的一些基本假定发生了意义重大的转变——后人类的主体是一种混合物,一种各种异质、异源成分的集合,一个"物质-信息"的独立实体,持续不断地建构并且重建自己的边界"。② 到目前为止,从人文角度来讲,还没有人超过海尔斯的《我们何以成为后人类》。

福山(Francis Fukuyama,1952—)的著作《我们的后人类未来:生物科技革命的后果》(*Our Posthuman Future*: *Consequences of the Biotechnology Revolution*),指出科技改变人性,也会深层破坏社会与政治。③ 包括了新媒体的数字化、环境保护、生态论述、生物科学、自动控制、演化理论在内的科技的发展也得到了关注,因为它们改变

---

① 凯瑟琳·海勒(N. Katherine Hayles)著、刘宇清译,《我们何以成为后人类:文学、信息科学和控制论中的虚拟身体》,北京大学出版社,2017。
② 同上,第3—5页。
③ 弗朗西斯·福山著、黄立志译,《我们的后人类未来:生物科技革命的后果》,2017,广西师范大学出版社。

了人类与其他物质、物种和环境之间的关系。①

从文学角度关注和描写后人类，始于雪莱夫人（Mary Wollstonecraft Shelley，1797—1851）。雪莱夫人的《机器怪人》（*Frankenstein; or, The Modern Prometheus*）主角最后反抗制造者弗兰肯斯坦，两人同归于尽。

1920 年，捷克剧作家卡雷尔·卡佩克（Karel Čapek，1890—1938）的科幻小说《罗萨姆的机器人万能公司》（*Rossum's Universal Robots*）发表。小说中的机器人可以不吃饭和不知疲倦，还组织反抗资本家的罢工。

阿西莫夫（Isaac Asimov，1920–1992）是后人类在科幻文学领域的集大成者。唯有阿西莫夫是唯一触及所有后人类的基本问题，而且被历史一再证明正确性的作家。1940 年，阿西莫夫在《我，机器人》（*I, Robot*）中，提出了著名的"机器人三守则"。② 阿西莫夫的三本书，《神们自己：关于平行宇宙的一切》（*The Gods Themselves*）、《永恒的终结：关于时间旅行的终极奥秘和秘密构想》（*The End of Eternity*）和《机器人短篇全集》（*The Complete Robot*），对未来时代做了预见和诠释。在《永恒的终结：关于时间旅行的终极奥秘和秘密构想》里，24 世纪到 27 世纪是后人类时代，将是"永恒的终结"。③

伦理问题是后人类主义文学中涉及的问题。人作为机器人的创造者，人的伦理如何影响机器人。智能机器人会产生人类不能预测的欲望和实现欲望的能力，可能挑战和冲击经典人所建立的伦理体系。人

---

① 李育林"导论二"，《赛博格与后人类主义》，林建光、李育霖主编，国立中兴大学人社中心研究专书，华艺数位出版社，2014，第 15 页。
② （1）机器人不应伤害人类；（2）机器人应遵守人类的命令，与第一条违背的命令除外；（3）机器人应能保护自己，与第一条相抵触者除外。
③ 艾萨克·阿西莫夫著、崔正男译《永恒的终结：关于时间旅行的终极奥秘和恢宏构想》，江苏凤凰文艺出版社，2014。

类如何预设机器人的不挑战,了解机器人的自我进化原理,是相当困难的事情。

在后人类的认知历史上,科幻电影是不可缺失的。电影《星际迷航》(*Star Trek*)、《终结者》(*The Terminator*)中的博格人(Borg)、机器人,与人类无异。科幻电影中上传者的智力,有的智力水平与人类相当。电视剧《黑镜:白色圣诞》(*Black Mirror: White Christmas*)、《超验骇客》(*Transcendence*)的上传者,智力甚至远超人类。

简言之,按照人文主义和开发文学,未来后人类的结构是多样化的,传统人类仅仅是其中一个组成部分。

二、生命科学和生命工程与后人类

自然科学和科学技术对后人类的探索,存在两条路线。一条路线是生命科学和生命工程的路线(如图7.1);另一条是人工智能和数字技术的路线。

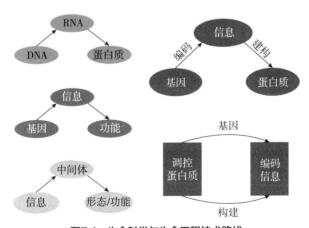

图7.1 生命科学与生命工程技术路线

生命科学和生命工程技术路线,主要包括基因组、基因编辑、人类无性生殖、器官移植/人造器官移植、嵌合大脑、克隆、起死回生。

其中最具有历史意义的事件是 1953 年 DNA 双螺旋结构的发现，以及 50 年之后的 2003 年 4 月完成了人类基因组计划的测序目标。根据基因组的发现，人类基因组由包含约 32 亿个碱基对的 DNA 序列构成，分布在 23 对染色体上，包含人类所有遗传信息。每一个人的细胞中都有独特的 DNA 序列，找到 DNA 的数量和结合模式，即基因通过编码达到信息，通过构建形成蛋白质，最终实现不同的生命形态（如图 7.2）。

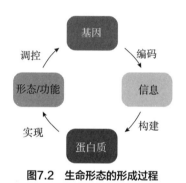

图7.2　生命形态的形成过程

这样的发现从根本上解决了曾被认为永远说不清楚的遗传学，以及生物学和基因整个关系所在。这是对人类密码的根本性破解，使人获得生物科学和技术上的解构。

基因是遗传信息的基本单位。它携带着构建、维护以及修复生物体的必备信息。基因不仅彼此之间能够相互协作，它们还会受到环境输入、触发器以及随机因素的影响，从而确立生物体的最终形态与功能。历史通过基因组重演，基因组借助历史再现。[①] 所以，一部人类历史就是基因组演变的历史；基因组造就了爱因斯坦、薛定谔和各式

---

① 悉达多·穆克吉著，马向涛译《基因传：众生之源》，中信出版社，2018。

第七章 未来构想

各样的政治家。总之,历史因为基因组而改变,基因组因为历史得以展现,所有的生命个体最终都可以通过基因加以解释。人类向后人类的转变成为完全不可逆的历史。

基因嵌合在不同的生物之间,包括动物和植物之间都可以发生;嵌合大脑就是将人的神经元移植到动物体内。起死回生是最近的一个事例,即在人死亡之后一段时间重新让血液流动起来,居然刺激已经死亡的器官起死回生。基因编辑技术已经相当成熟。《具身化与日常赛博格:改变主体的科技》(*Embodiment and Everyday Cyborgs: Technologies that Alter Subjectivity*)的作者吉尔·哈多(Gill Haddow,? —)总结道:"一旦身体发生变化,比如失去一只眼睛或一条腿,我们对环境的感知就随之改变。梅洛-庞蒂认为,对身体的改变,无论是减损还是附加,都会带来主体的变迁。当器官移植和器械植入时,这种'具身化的实际经验'是根本性的。"[1]

人类无性生殖,已经发展到逼近从血液中和皮肤上提炼的体细胞就有可能达到受精卵的功能,完成以往人们完全不可想象的无性繁殖。

2022年,英国《自然》杂志报道首次发现携带三个人遗传物质的胚胎在安全性研究中发育;新加坡《联合早报》报道了以色列研究员在不使用卵子、精子或受精卵的情况下,利用小鼠干细胞培育出具有早期大脑和跳动心脏的"合成胚胎"。

器官移植已经成为基础性医疗手段。2022年1月,《纽约时报》

---

[1] Haddow, Gill,《器官移植:走向赛博格的生命与社会 | 专访吉尔·哈多》胡苏采访,新浪看点,网址:https://k.sina.com.cn/article_7006367380_1a19cae94001014n13.html?from=science。

报道了一位马里兰心脏病患者接受猪的心脏。①

更为震撼的是，因为人工智能、算法和生物工程的结合，不仅可以更加准确地预测蛋白质的形状，而且可以直接改变和创造蛋白质。染色体是由 DNA 加蛋白质构成的。如果人类突破对蛋白质的构造，那么，染色体所支持的细胞可以被改变。所以，DeepMind 发布 AlphaFold 系列 AI 工具，推动了生物学和生命科技的革命性改变。

总之，这些事实说明一个问题：原来人们定义、理解、熟知的人类生命已经被改造，而且是被颠覆性改造。这种改造，已经不再是换视网膜、植假牙这样的"小打小闹"，而是传统人类被后人类替代。

三、人工智能和数字技术与后人类

人工智能和数字技术的路线，即赛博格方式，也在剧烈地改变着人类。

首先，艾伦·图灵是不可逾越的。1937 年，图灵发表的《论可计算的数》("On Computable Numbers, with an Applica-tion to the Entscheidungsproblem")，证明图灵机和其他计算装置的等价性，隐含着强人工智能的可能性，即智能等价于图灵机。可以输出非图灵可计算结果的计算模型被称为"超计算"（hyper-computation）。再就是冯·诺依曼意识到计算机本身是有生命力的。

产生革命性影响的还是埃尔温·薛定谔及他的著作《生命是什么：活细胞的物理观》。薛定谔从信息的角度提出了"遗传码"（hereditary code）的概念，从量子力学的角度提出了生命的模型，通

---

① 狒狒接受猪的心脏能活 900 天，这位马里兰的病人只活了很短的时间，原因不在于猪的心脏本身，而是猪的心脏带有的病毒导致了死亡。

过生命的负熵形态来解释生命意义所在,开辟了从物理学角度推理出细胞中一种在其共价键中携带遗传信息的"非周期性晶体"(aperiodic crystal)。[1]

在当代,物理学家泰格马克(Max Tegmark,1967—)认为,生命是"一种能够自我复制的信息处理系统,物理结构是其硬件,行为和算法是其软件。"[2]他将仅仅依靠进化提供软硬件的生命称为生命1.0,在此基础上能够自己开发大部分软件的生命称为生命2.0,能够完全自己设计所有软硬件的生命称为生命3.0;而"智能的出现并不一定需要血肉或碳原子"。[3]历史学家尤瓦尔·赫拉利(Yuval Harari,1976—)将未来可能出现的超级智能主体称为"智神"(homo deus)。[4]哲学家尼克·波斯特洛姆(Nick Bostrom,1973—)认为超越人类的人工智能的出现将是对人类的巨大威胁。[5]佩德罗·多明戈斯(Pedro Domingos,1965—)的《终极算法:机器学习和人工智能如何重塑世界》(*The Master Algorithm: How the Quest for the Ultimate Learning Machine Will Remake Our World*)讲解了机器学习五大流派(符号学派、联结学派、进化学派、贝叶斯学派、类推学派),点出了可以获得过去、现在和未来的所有知识的"终极算法"这个关键概

---

[1] 埃尔温·薛定谔著《生命是什么:活细胞的物理观》,罗来欧、罗辽复译,第一推动丛书,湖南科学技术出版社。
[2] 迈克斯·泰格马克著、汪婕舒译,《生命3.0:人工智能时代,人类的进化与重生》,中信出版社,2018年。
[3] 同上。
[4] 尤瓦尔·赫拉利著《未来简史:从智人到智神》,人类简史三部曲,中信出版社,2017年。
[5] 尼克·波斯特洛姆著《超级智能:路线图、危险性与应对策略》,张体伟/张玉青译,中信出版社,2015年。

念，因为软件最后和算法连在一起。① 我们只要有生物学基本知识就会很震撼。人在科学家面前已经没有任何意思了。

四、后人类的结构和趋势

现在所说后人类，不是讲静态的人类，而是讲人类现在处于什么样的状态。原来说的 human being，是一种状态存在主义的表述，是过时的概念。现在不是 human being，而是 human becoming——we are becoming。尽管不知道明天 becoming 成什么东西，但是人们每天都在 becoming 下一样事物。

这正是法国后现代主义哲学家德勒兹所认为的一种虚构性（virtuality）的真实（the Real），体现在其与实际（actuality）的差异中，并不是一成不变的存在（being），而是"纯粹的流变"（pure becoming）。②

人类本来因使用工具而被定义为人类；后来发现这个定义不对——能够制造工具的动物才叫人类；现在又不对了——被工具控制的动物叫人类。人类正在被越来越多的技术影响，向后人类转变。例如，人类被克隆和被基因编辑。赛博格植入设备被称之为"义肢"（prosthesis）。现在广义的义肢已经控制着人们。互联网和手机都成为人们无法摆脱的最重要的义肢。

现在，人和人的差别越来越取决于肉身存储器和大脑中信息量的差别，储藏信息的本事差别，分析信息能力和信息上传能力的差别。

---

① 佩德罗·多明戈斯著《终极算法：机器学习和人工智能如何重塑世界》，黄芳萍译，中信出版社，2017年。
② Žižek, Slvoj. *Enjoy your symptom!*: *Jacques Lacan in Hollywood and Out*, Routledge, 1992, pp.20.

因为通过数字孪生和人工智能等虚拟现实技术支持的元宇宙，有助于赛博格模式获得新的生命力。现在人类已经开始通过元宇宙开展各种各样的实验，包括人类信息上传。世界已经被改变了，只是人们至今低估了元宇宙对于后人类的意义。

概括地说，人类存在于生物技术、赛博格技术和上传技术三种交换作用的改造之中（如图7.3）。

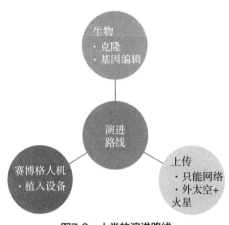

图7.3 人类的演进路线

所以，当代的人类正在解构为三种模式存在。只是在未来的比重不一样。如果以时间为纵轴，横轴包括自然人或古典自然人、赛博格人和智能机器人，未来的趋势是：自然人在人口中的比重会减少，而赛博格人会大量增加，还有纯粹的智能机器人将慢慢地成为主导（如图7.4）。电影《银翼2049》（*Blade Runner 2049*）中的形态，就是这个时候的后人类形态。

但是，所有这些选择都是基于地球空间。因为埃隆·马斯克（Elon Musk, 1971— ）的火星移民计划和火星改造计划，标志着人类开始准备超越地球和进入星际空间。进入星际空间的人类势必是后人类的一种存在方式。因此，马斯克赋予了后人类新的维度。

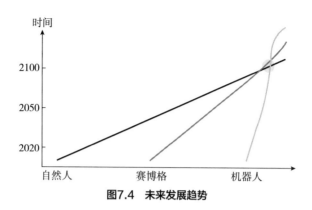

图7.4 未来发展趋势

在 20 世纪，阿西莫夫智慧地提出：人类正在逼近永恒终结。这是对文艺复兴以来的人类中心主义、人文主义的一种深刻的观察和反省。思考和准备人类的未来，不再是浪漫主义，需要告别浅薄，迎来科学主义和颠覆性创新。

五、传统经济和后人类的经济比较

后人类经济关注的是处于 becoming 状态的人类。古典人类和后人类存在共同之处，或者共性：都有主观意识，都是独立个体，都有表达和行动的能力。但是，他们之间毕竟存在差异（如图 7.5）。

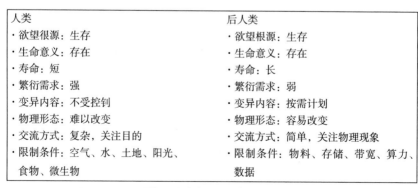

图7.5 人类和后人类的差异

第七章 未来构想

以下是古典人类和后人类的具体比较：

古典人类需要空气、水、阳光、土地、阳光、食物、微生物以及其他自然资源。后人类则需要存储、带宽、算力、数据，以及由各类自然资源构成的物料资源。后人类很可能追逐的是个体的信息被储存和上传的程度，所关心的是存储空间的竞争、网络传输效率的限制和计算能力的制约。

古典人类不能实现自身物理形态的根本改变，而后人类不仅能够改变自身的物理形态，甚至能够摆脱任何实体身躯的束缚。古典人类个体将繁衍后代视为生命的延续，后人类生命体的寿命相对古典人类可以大幅延长，不存在繁衍后代的压力和动力。即使繁衍后代，其模式也是不同的。所以，在向后人类经济过渡的环境中，最大化经济行为人数量的马尔萨斯主义（Malthusianism）[①]式微，而注重其他类型的消费活动的伊壁鸠鲁主义（Epicureanism）崛起。后人类对于繁衍的需求极低，马尔萨斯主义的偏好对于后人类并没有吸引力。

- 马尔萨斯主义（Malthusianism）：在给定环境中最大化经济行为人数量的偏好

$$U^i\left(\left(X_t^i\right)_t\right) = \lim_{t \to \infty} N_t^i = N_0^i \prod_{t=0}^{\infty} G\left(x_t^i\right)$$

- 伊壁鸠鲁主义（Epicureanism）：非马尔萨斯主义的偏好，如奢侈品/收藏品消费、过量饮食、电脑游戏

古典人类的平均寿命是有限的。后人类生命体很可能大为延长。因为后人类可以通过极快的软件升级（如更改算法）和硬件更换（如替换零件）来延长存在的时限，而古典人类的寿命受到譬如学习方式和细胞

---

① Korinek, Anton, "The Rise of Artificially Intelligent Agents", working paper, University of Virginia, 2019, https://drive.google.com/file/d/16y5UmeTOv5YB9E5ms_ce7WiYNfMAn17J/view。

分裂次数限制等限制条件，无法跃迁式地延长寿命。后人类经济的长周期也可能为后人类的寿命所影响而较古典人类的经济长周期延长。

古典人类的大脑可以被理解为服务器，具有存储功能、分析功能和决策功能。大脑作为算法中心，存在局限性，可以受到情感和情绪的影响。作为经济人的理性是相对概念。但是，后人类对信息的捕捉、分析和算法，远远超过传统人类。在一定程度上，后人类就是大数据和信息集合体，就是算法人和数字人。所以，即使机器人存在随意性，甚至情感，却非常容易被智能机器人所包含的强大算力所抑制。因此，后人类显然更具有理性人特征。

古典人类的沟通交流是相对复杂的，需要从语音、文字、手势等符号中解读交流双方的目的与意图。后人类诞生在高度信息化背景下，不需要去解读目的，而是单纯从物理现象和规律上对对方的行动有所预判，基于多层次和多维度的数据生产与传输，使得"理解"成为一种程序化的步骤并实现低成本"交流"。

古典人类的活动受制于生物学边界，不能超越遗传物质本身就成为人类的障碍。因此，古典人类的活动空间即使不断扩大，也是有限的，很难超越地球。后人类的变异则可以如软件应用升级般简捷迅速，或同换装机械零件一般，都可以根据自己的意志来决定变异的内容。后人类具有更强大的存储和计算能力，更容易在网络竞争中获得机会，可以不断拓展存在空间，从地球到月球，再到火星，依然不是终点。

古典人类的经济活动，主要是生产、交易和消费物质产品，价值依附于实体物理形态。"投入 – 产出"是均衡的，劳动生产率是重要的。从古典人类到后人类经济转型的过程中，会存在经济行为人的偏好转变。后人类的经济活动，更多是非物质和非物理形态的产品，信息、知识、观念、智力和艺术活动具有更大价值，不再需要所谓的总需求和总供给的均衡。古典人类的经济活动需要企业这样的经济组织,而后人类经济活动,是非中心化的个体行为和非中心化的协作生态。后人类经济中有多大的成分是可以独立于古典人类经济而存在的?① 关于后人类经济行为的扩展性如下:②

- 后人类经济主体 $i \in \mathcal{L} = \{h, m, ...\}$
- 吸收资源 x^i 以维持/改进自己和/或增殖
- 要素服务供给 l^i
- 由偏好 $U^i(\cdot)$ 描述的行为或行为规则 $[x^i, l^i](\cdot)$
- 演化函数:$N^{i'} = G^i(\cdot)N^i$

六、向后人类经济过渡的风险

在向后人类经济过渡中,所不可忽视的是所谓"人工智能控制"(AI control)或更为具体的"人工智能对齐"(AI Alignment)问题。

根据工具趋同(instrumental convergence)理论,无论目的,强人工智能总是会选择这样相同的手段来更高效地完成目标,即保证自身存续、自我改进和攫取资源。③ 波斯特洛姆更是提出过"曲别针制造机"(paperclip maximizer)的思想实验:强人工智能在做一段时间的曲别针之后,就会以指数级的速度用周围的资源增强自己,直到它将全宇宙的资源纳入自己的系统中,并将所有的资源全部做成曲别针为止,由此给人类带来巨大威胁。④ 因此,在后人类经济的所有经济

---

① 经济学家安顿·克利奈克(Anton Korinek)提出了对于古典人类与人工智能行为人的共存模型,见 Korinek, Anton. "The Rise of Artificially Intelligent Agents", 2019。
② 同上。
③ Omohundro, Stephen M. "The basic AI drives". *Artificial General Intelligence* 2008. Vol. 171. pp. 483–492. CiteSeerX 10.1.1.393.8356. ISBN 978–1–60750–309–5.
④ Bostrom, Nick. "Ethical Issues in Advanced Artificial Intelligence", *Cognitive, Emotive and Ethical Aspects of Decision Making in Humans and in Artificial Intelligence*, Vol. 2, ed. I. Smit et al., Int. Institute of Advanced Studies in Systems Research and Cybernetics, 2003, pp. 12–17。

行为人中形成基本的价值取向共识是十分必要的。从直接对齐（direct alignment），即人工智能依据操作员的利益诉求行动，过渡到社会对齐（social alignment），即人工智能依据全社会的利益诉求行动，将是后人类经济中的重要转型。

阿罗不可能定理（Arrow's Impossibility Theorem）告诉人们：社会对于所有选项的偏好的排序是不可能被知道的。但是，人们现在依然需要以帕累托最优为参照系，也需要坚持诸如"不伤害他人"的行为原则。

七、关于"后人类政治经济学"

传统人类生命历经数千年不断演变，其中最重要的改变是：整个进化过程中，个体对生命的自主权是不断缩小的。

在远古时代，生命在每个人手里，他们至少可以决定亲人和血缘族群的每个生命的生到死。后来社会复杂化。每个人的生命更多地掌握在对个人拥有权力的力量手里：任何个体没有生命的自主权，都可能成为祭祀品。进入现代社会，在有了医学之后，个体生命在很大程度上被医生主导，被一个巨大的医药系统、国家医疗系统或者保险系统控制。深层结构是无数有着巨大盈利空间的制药公司、无数实验室，以及数量众多的科学家。于是人的死不是由自己决定的。这就是所谓的"生命政治经济学"如图7.6。

现在人类中存在着这样一个群体：他们不想成为人，并试图改变自己，甚至选择极端手段。是什么样的因素导致这个群体不想成为人？即使绝大多数人处于所谓的"健康状态"，仍有相当比例的人口被医生鉴定患有抑郁症，还有相当规模的人口患有不同程度的"失眠症"。归根结底是生理性和心理疾病。所以，安乐死就成了虽然现在不能被普遍接受，却被少数人追求并在少数地区能够实现的事物。需要通过科学或者生命科学对这群不想成为人的人群进行解读。例如，基因学证明神经分裂症可以通过基因得到完全解析。

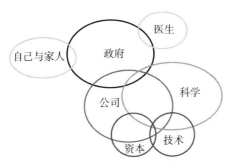

图7.6 生命经济政治学结构

未来科学技术进步，生命科学和其他相关生命工程的进展，最终是减少不想成为人的人的数量，还是最终在解决的过程中造就更多想成为人的人？

在不久的将来，经典人类面对的最大问题是怎么样和赛博格、虚拟数字主体，或者说和极端人工智能的群体共处。

人类正在悄然地、全方位地从古典人类社会过渡到后人类社会。最终面临着在向后人类社会过渡的过程中，传统人类面对死亡的问题。所以，必须突破对生命的理解和对人类的理解。今天我们看到的后人类社会的征兆还是零碎的、不系统的。但是，这些情况会在未来的二三十年间得到改变。现在我们谈论的所有这些都会在21世纪，甚至在2050年前，以这样或那样的方式呈现在大家面前。人类最后真正的价值并不在其生物学价值，而是人类数十万年进化信息的存留、下载和上传。只有这样，人类在地球上的文明才最终会被认为是有价值的。

卢梭写过《论人类不平等的起源和基础》(*Discours sur l'origine et les fondements de l'inégalité parmi les hommes*)。后人类很可能依然是不平等的。

现代经济演变和经济学创新[①]

1984年,我曾经撰文呼吁经济学创新,文章的题目是《经济学需要接受现代新科学的洗礼——兼论古典力学对经济学的束缚》。如今,因为现代经济的急速演变,经济学需要创新已经成为经济学界的共识。

一、东西语境下的经济和经济学

东西方语境和文化的背景下,存在经济和经济学的理解差异。

永和九年(公元353年),王羲之(303—361)书写《兰亭序》,王羲之有个同僚殷浩(303—356),这一年正遭遇放逐,却神情坦然,一切听天由命,依旧不废谈道咏诗,全无被流放的悲伤。殷浩写了"起而明之,足以经济"。后来的《宋史·卷三二七·王安石传·论曰》:"以文章节行高一世,而尤以道德经济为己任"。《五代史平话·周史·卷上》:"吾负经济之才,为庸人谋事,一死固自甘心"。中国古代"经济"一词被外延为"治国平天下"。

英文中 economy 源自古希腊语 οικονομα(家政术)。οικο 为家庭的意思,voμo 是方法或者习惯的意思。其本来含义是指治理家庭财

[①] 本文系作者于2019年3月7日在由零壹财经·零壹智库和北京比特之眼科技有限公司共同主办的"零壹财经第33期闭门会"、2020年12月17日和2022年7月27日在"战略思想库"会议中的会议发言记录整理而成。

物的方法。苏格拉底的弟子色诺芬（Xenophon，约公元前430—公元前354）在《经济论》中提出，经济就是家庭管理。亚里士多德（Aristotle，公元前384—公元前322）在《政治学》中，将经济定义为一种谋生术，是取得生活所必要的并且对家庭和国家有用的具有剩余价值的物品。

至于现代"经济"在中国的传播，源于日文翻译。1862年日本出版《日英对译袖珍辞典》，将"Economics"一词译为"经济"。1902年梁启超在《论自由》一文中，将"经济"译为"生计"，但是注明"即日本所谓经济"，自此"经济"一词开始广泛被中国引用。同年，严复将亚当·斯密的《国富论》翻译成中文，书名为《原富论》，由上海南洋公学译书院出版。至此之后，中文所用的"经济"不再是中国本土的"经邦济世"和"经国济民"，甚至"仕途经济"，而是西方经济学的"经济"。

在西方，经济作为一门学科，存在繁多定义，最初被称为"政治经济学"（Political Economy），后来在马歇尔新古典经济学中改回经济学（Economics）。无论如何，经济学的对象是人类经济活动，这一点没有争议。但是，因为存在关于人类经济活动的不同解析，导致了不同经济思想和经济理论。

二、经济学的思想、理论和方法

经济学首先是思想，先有经济思想，再有经济学。可以说，没有任何一门社会科学，可以像经济学那样，包含了数百年如此丰富的思想积累。不同的经济学思想，不存在高低和深浅之分，彼此之间是平行关系。

在经济思想史上，从15、16世纪的重商主义（Mercantilism）开始，之后是经威廉·配第（William Petty，1623—1687）开启，经法国重农主义（Physiocracy）和魁奈、英国亚当·斯密、李嘉图，至法国西斯蒙第（Jean Charles Léonard de Sismondi，1773—1842），最终完成古典经济学（Classical Economics）。这之后是萨伊（Jean-Baptiste Say，1767—1832）、马尔萨斯（Thomas Malthus，1766—1834）、德国新旧历史学派（Historical School）、奥地利学派（Austrian School）。进入20世纪，有马歇尔的新古典经济学（Neoclassical Economics）、制度经济学（institutional economics）、凯恩斯主义，货币经济学（monetary economics）、福利经济学（welfare economics）、发展经济学（development economics）、空间经济学（spatial economics）。

以上这些经济学大家，都是某种新经济思想的提出者。例如，1758年，魁奈的《经济表》（*Tableau Ecollomique*）所反映的思想就是社会总资本的再生产和社会各阶层之间的商品流通；18世纪末，马尔萨斯的《人口原理》（*An Essay on the Principle of Population*）的思想就是人口增长和基于自然资源的产品短缺；在19世纪早期萨伊提出的"萨伊定律"（Say's Law），依据的就是"供给创造需求"的思想。进入20世纪，所有的经济学派，都有独特的思想资源。凡属影响大和深远的经济学派的思想，其思想必定是深厚的。

熊彼特在1950年出版了《从马克思到凯恩斯十大经济学家》（*Ten Great Economists：From Marx to Keynes*）。十位经济学家是马克思、瓦尔拉斯（Léon Walras，1834—1910）、门格尔（Carl Menger，1840—1921）、马歇尔、帕累托（Vilfredo Pareto，1848—1923）、庞巴维克（Eugen von Böhm-Bawerk，1851—1914）、陶西格（Frank William Taussig，1859—1940）、费雪、米切尔（Wesley Mitchell，1874—1948）和凯恩斯。此外，书中附录还有克纳普（Georg Knapp，1842—1926）、维塞尔（Friedrich von Wieser，1851—1926）、鲍尔特基维茨（Ladislaus von

第七章　未来构想

Bortkiewicz，1868—1931）三位经济学家。一共十三位经济学家。熊彼特所考察的是这些经济学家的思想。例如，关于马克思，熊彼特关注的是作为社会学家、经济学家和导师的马克思；关于门格尔，熊彼特说的是"门格尔可以说是在科学史上做出一种具有绝对意义的成就的思想家之一"。

如果以更大的视野理解经济学思想，会发现历史思潮的力量。在19世纪的马克思政治经济学的背后，是共产主义思潮；在20世纪的美国芝加哥学派（Chicago School）的背后，是新自由主义（Neoliberalism）思潮。例如，科斯的"交易费用"概念成为自由主义的重要哲学基础。

不同的经济学思想，在完成理论抽象和形成理论性框架之后，形成不同的经济学分支。例如，价值理论、供给（生产）理论、厂商理论、市场竞争和垄断理论、分配理论、选择理论、资源配置理论，不一而足。所谓的微观经济学和宏观经济学，是对经济学不同流派的一种综合。保罗·萨缪尔森是罕见的经济学界通才，不仅是凯恩斯主义的集大成者，而且通过他的《经济学》(*Economics*)，构建了现代经济学的宏大体系。萨缪尔森在经济学界是绝响，之后的经济学家，或者经济学大师，都局限在特定的领域和专业方向。

经济学的方法论，从来是百花齐放，没有定论。经济学引入过演绎模型、证伪模型、历史描述法、逻辑抽象法、动态均衡分析、数理经济分析、实证经济分析和规范经济分析、边际分析，以及"投入-产出"分析。

现在，很难有人将经济学思想、理论和方法毫无遗漏地描述，因为这是不可能的。从15世纪开始，经历了五六年，至少数百名经济学家，撰写了数百本乃至上千本经济学著作，提出的思想、形成的理论和方法，已经将经济学推到了智慧的极限。

但是，经济学领域仍然充满不同价值观、方法论，概念歧义和没有休止的争论。

哈耶克针对这种现象说过：历史学家如同大巴士上的乘客，他们的经济分析的技术，以及衍生的知识，总是无法令人满意。所以，人们必须了解他们分析的背景，否则将无法评论其真正意义。如果"将其他领域包括在内，或者将已经提到的一些领域细分，可以使我们描述的这辆大巴士的乘客大为增加"。[①]

三、经济学的重大创新革命

在经济学历史上，还是有突变和革命。在 20 世纪，最重要的是四次革命。

第一，边际效用革命。发生在 19 世纪 70 年代至 20 世纪初的这场革命，奠定了当代微观经济学的基础。边际效用代表杰文思（William Jevons，1835—1882）、门格尔和瓦尔拉斯，以边际效用理论否定劳动价值理论，通过研究消费者决策行为，实用性地解释了消费与需求、生产与供给、成本与利润、价格与竞争、流通与分配的活动机制。

在边际效应革命中，延伸了两个重要的突破：其一，瓦尔拉斯均衡。瓦尔拉斯一般均衡理论的中心内容是研究一个经济体系之中的各个部分之间的相互依存性，并引用了数学工具支持经济分析。只是瓦尔拉斯一般均衡模型，只研究居民户和企业之间的关系，不包括政府经济部门和对外经济部门。瓦尔拉斯不可替代的贡献就是洛桑大学为他建立的纪念碑所写的"经济均衡"，后人称瓦尔拉斯是"所有经济学家当中最伟大的一位"。其二，主观价值论。以庞巴维克为代表的

---

① Joseph Schumpeter *History of Economic Analysis*. Oxford University Press.

奥地利学派，系统提出了主观价值论，即商品的价值决定于人们对它的效用的主观评价。进一步，人们对价值的主观评价则是以其稀缺性为条件的。最终的物品价值，取决于它的边际效用量的大小。

需要提及的是，瓦尔拉斯、门格尔、帕累托、杰文思，他们都是同代人，生活在法国、瑞士、德国和英国，在数百公里的半径内，将经济学思想精确化和数学化，颠覆了传统经济学的基础。①

第二，马歇尔新古典经济学革命。1890年马歇尔经过20多年辛苦努力写的《经济学原理》(*Principles of Economics*)出版，展现了新古典经济学体系，这是划时代的著作。马歇尔对20世纪经济学的发展的贡献，包括区分长期趋势和短期趋势，创建"不完全竞争"和垄断理论，提出"局部均衡"思想，论证"均衡价格"原理，开启现代计量经济学的基本方法，引入诸如替代、弹性系数、消费者剩余概念和需求曲线。在凯恩斯看来，马歇尔的新古典经济学体系如同"一个完整的哥白尼体系，通过这一体系，经济宇宙的一切因素，由于互相抗衡和相互作用而维持在它们适当的地位上"。② 所以，直到20世纪30年代，马歇尔的经济学说一直具有支配地位的影响。

第三，凯恩斯革命。凯恩斯在经济学的地位在于他在《就业、利息和货币通论》(*The General Theory of Employment, Interest and Money*)中构建了普遍适用的"一般理论"。经济学家狄拉德解释了凯恩斯"一般理论"内涵："他的理论是关于整个经济体系的就业和产量变动的，这与传统理论大不相同，后者主要是（但不完全是）关于个

---

① 2018年2月，我参加几个学者合作撰写的《复杂经济学》新书发布会，其中一位作者是从瑞士来的。我问他们是否知道洛桑学派和经济学思想史上的瓦尔拉斯。他们回答是不清楚。我很是失望。

② 凯恩斯著《传记论文集》，第223页。

别商业企业和个别部门的经济学。"① 在 20 世纪 30 年代，"充分就业和有效需求"是经济生活中的核心问题，凯恩斯不仅完成了经济学分析，而且提出了为历史证明的有效政策性方案，包括国家干预，刺激有效消费和投资。凯恩斯革命影响了之后经济学的几十年发展，至今所有的国家经济政策都存在着凯恩斯主义痕迹。凯恩斯为经济学所创建的黄金时代是绝响。

第四，经济计量学革命。1926 年，挪威经济学家弗瑞希（Ragnar Frisch，1895—1973）仿照"生物计量学"一词，首先提出经济计量学概念。进入 20 世纪 30 年代，经济学家们将经济理论、数学公式和概率论结合，考察实际经济活动的数字规律，用于"商业循环"演进趋势分析。1932 年，国际性的"经济计量学学会"（The Econometric Society）成立，并出版《经济计量学家》（*Econometrica*）刊物，经济计量学成为经济学的独立学科，"经济计量学和经济学理论的区别在于，前者试图借助于各种具体数量关系以统计方式描绘经济规律，而经济学理论则以一般的和系统的方法研究经济规律"。② 之后，经济计量学革命持续了半个世纪之久，推动数学在经济学的广泛应用，实现了经济学完成从定性分析进入定量分析的转型。

四、21 世纪的经济学危机和原因

在 20 世纪 50 年代至 70 年代，经济学的影响力一度进入前所未有的历史阶段。英国经济学家希克斯（John Richard Hicks，1904—1989）和美国经济学家汉森（Alvin Hansen，1887—1975）提出的"IS-

---

① 鲁友章等编著《资产阶级政治经济学史》，人民出版社，1975 年，第 226 页。
② 奥斯卡·兰格著《经济计量学导论》，中国社会科学出版社，1980 年，第 1 页。

LM",即"希克斯-汉森模型",以及反映失业率和货币工资率关系的"菲利普斯曲线",都被认为是经济学家思想与智慧的成就。[①] 1969年第一次颁布诺贝尔经济学奖是历史性标志。第一个十年的诺贝尔经济学奖的获得者大多是世界级的著名经济学家。直到20世纪80年代,经济学与现实经济活动存在显而易见的互动关系。美国的里根经济学就是典型案例。

但是,进入20世纪末期,特别是进入21世纪,具有世界性影响的经济学大家急剧减少,经济学家的社会学影响力也随之衰落,经济学界"共识"时代结束,经济学开始陷入日益加深的危机。

1997年发生亚洲金融危机,2000年发生IT危机,2008年发生全球金融危机,对于这些经济危机,经济学家事先没有预见能力,事后没有科学分析能力,更提不出与时俱进的政策性建议。最典型的案例是2008年全球金融危机,很多经济学家提出这场危机和1929年到1931年的大萧条相似,后来证明,2008年的全球金融危机虽然影响深远,却并没有发生世界性的恐慌,更没有造成世界整个经济体系的崩溃和重组。后来,英国伊丽莎白女王访问伦敦政治经济学院,询问为什么经济学家没有预测这次危机。所有的经济学家经过反省,并无答案。现在,宏观经济学模型依然优雅和精妙,但是,因为数据发生急剧改变,最终与现实经济脱节,造成误导。简言之,经济学领域正经历着100多年来从未有过的衰落。其原因可以归纳为以下几个方面。

第一,时代改变,人类已经从工业社会、后工业社会,进入信息社会。相较于工业社会,信息社会的经济结构和经济制度发生根本

[①] I-S 即投资-储蓄(Investment-Saving);LM 曲线指的是流动性偏好-货币供给(Liquidity preference-Money supply)。

性改变：以物质和物理形态产品为代表的传统经济形态，转变为以信息经济、观念经济和数字经济为代表的非物质和非物理形态的经济。尤其是，信息和大数据成为与资本、劳动和土地并行的生产要素，而且是更为重要的生产要素。大数据的采集、分析和存储成为数字经济的基础结构。不仅如此，生产、消费和交易模式也发生根本性转变。21世纪以来，从亚当·斯密到新古典经济学，基于物质和物理生产、交易和分配活动的传统经济学概念、方法和框架已经无所适从和失灵。例如，所谓的"低欲望社会"正在世界范围内蔓延，使得基于美国20世纪"高欲望"社会的经济理论和政策全面过时。[①] 2008年全球金融危机之后，世界上大部分国家都实行了"货币宽松政策"，但是，并没有发生经典意义的恶性通货膨胀，却催生了零利率，甚至负利率时代的到来。这样的经济新现象直接挑战了传统的货币理论。

第二，科技革命的深刻和持续的影响。战后的科技革命，一波接一波。21世纪之后，科技革命力度加大，速度加快，导致经济和科技的关系发生颠倒，从科技是经济的组成部分，转变为经济是科技的组成部分。

科技革命对经济的影响是全方位的。（1）科技创新成为生产和增长函数中的自变量，或者是内生变量，不再是因变量和外生变量，构成经济增长的根本性原因。（2）科技周期打破传统经济周期的繁荣、衰退、萧条、复苏节奏。合理预期理论体系发生动摇。（3）科技规律影响经济规律，经济完全受制于纯粹经济规律的时代完结。（4）科技分工成为人类现在最大的、最有挑战性的分工，这种分工引申出科技企业所独有的"自然垄断"。（5）互联网技术、大数据技术、量子技

[①] 大前研一著《低欲望社会》，机械工业出版社，2019年，第16页。

术、人工智能、生命技术和虚拟现实技术，颠覆工业时代的产业构造，刺激新的产业和部门的产生和发展。（6）科技资本超越产业资本和金融资本，成为最重要的资本形态。特别是数字货币的产生，推动数字财富的形成与发展，改变传统货币的中性化特征。（7）科技资产具有超大规模、周期性强、不确定性高、收入有排他性等特点。科技领域成为吸纳过剩资本的"黑洞"。（8）科技革命和全球化的互动。全球化需要突破传统宏观经济框架。（9）科技革命创造日益多样化的资本主义，例如星际资本主义、金融科技资本主义、生命科技资本主义。

第三，传统经济学的先天缺陷全面显现。（1）传统经济学不是典型的科学。诺贝尔经济学奖1969年设立，晚于物理、化学、生物等学科，因为长期存在关于经济学是不是科学的争议。提炼纯粹经济系统，并在实验室环境加以分析，这是没有可能的。如果以波普尔证伪定理衡量经济学，经济学的很多原理和共识将会陷入困境。（2）经济是一个复杂的系统，没有稳定的学科边界。经济系统嵌入更大、更复杂的社会系统之中，并与社会和政治系统形成相互作用。（3）经济活动具有绝对自主性、自发性和复杂性特征，即使在战争和动乱的情况下，在最严格的监狱中，经济交易活动都不会停止。现代经济学家的知识和训练不足以应对经济活动的自主性、自发性和复杂性，难以避免片面和滞后。（4）经济教育过于陈旧，经济学家过于职业化和学者化，与历史上的经济学大家的人生经历和对经济理解的深度和广度，差异巨大。（5）经济学是一个被世俗曲解最严重的学科，任何人都有经济活动的经验，也都具有对经济学评头品足的话语权。

五、经济学创新和经济学大师

库恩 1962 年写的《科学革命的结构》，提出当一个旧的科学范式被改变时，科学就会发生革命。面对人类经济活动空间和时间的扩展，经济活动内容的丰富，经济活动主体的多元化，经济学需要结构性革命，并存在三个创新模式。

第一，分解式创新。现在经济学有一个趋势，就是将经济学分解和细化，形成不同的经济学。例如，在货币金融领域不断细分，包括货币、债券、利息、汇率，还有近年来出现的现代货币理论。针对新经济现象和新经济行业、产业和技术，提出和开辟新的经济学领域。经济学与量子科学、计算机科学、信息论、控制论、互联网、区块链、人工智能和低碳科技的结合，形成了互联网经济学、区块链经济学、人工智能经济学、量子经济学[①]以及现在比较风靡的元宇宙经济学、绿色经济、循环经济学、低碳经济学甚至甲醇经济学[②]。

第二，混合式创新。将经济学和政治学、社会学，甚至前沿科技结合，形成新的经济学范畴。例如，马克斯·韦伯去世之后出版的《经济与社会》(*The Theory of Social and Economic Organization*)就是社会学和经济学结合的代表之作。数字经济学[③]、观念经济学[④]、虚拟经济学[⑤]、智能经济学[⑥]、乐观经济学[⑦]，以及普惠经济[⑧]、共

[①] 1997 年，诺贝尔经济学奖得主斯科尔斯（M S Scholes）建立关于股市期权定价模型，开启"量子经济学"。之后全球博弈论学家 Stephen Char 推出"量子经济"模式。
[②] 乔治·A·奥拉等著《跨越油气时代：甲醇经济》，化学工业出版社，2011 年。
[③] 朱嘉明著《元宇宙与数字经济》，中国出版集团 中译出版社，2022 年。
[④] 朱嘉明和黄江南《观念经济学原理及其现实意义》，《经济观察报》，2014 年 8 月 15 日。
[⑤] 李多全著《虚拟经济基本问题研究》，经济日报出版社，2015 年。
[⑥] 刘志毅著《智能经济》，中国工信出版社，2019 年。
[⑦] 保罗·萨宾著《乐观的经济学与悲观的生态学》，南海出版公司，2019 年。
[⑧] 罗汉堂《新普惠经济》，中信出版集团，2020 年。

生经济①，都属于这方面的努力。还包括《空间经济学：城市、区域与国际贸易》②《意愿经济》③《意义经济》《善恶经济学》④《糟糕的经济学》⑤《教堂经济学》⑥《佛教经济学》⑦《海盗经济学》⑧等著作。

第三，体系式创新。主要是针对人类经济形态的根本性改变，从物质和物理形态为主的经济，转型为非物质和非物理为主的经济，试图构建新的经济学范式。例如，"复杂经济学"（Complexity Economics）最具有潜在价值。因为"复杂经济学以一种不同的方式来思考经济，它将经济视为不断进行自我'计算'、不断自我创造和自我更新的动态系统"⑨。复杂经济学将"复杂技术"涌现和所引发的经济进化、非均衡理论、确定性的终结都纳入其框架之中。

可以肯定，经济学创新需要新思维，至少包括这些必要条件：（1）放弃市场尽善尽美的观念，重新讨论"市场是否结清"的假设。（2）新古典主义所假设的人是理性的，经济活动处于静态和均衡状态的时代已经终结。（3）经济学需要与社会科学的其他学科结合，包括经济史、科技史、政治史和法学史。（4）经济学需要和自然科学结合，例如数学、物理、化学和生命科学。（5）经济学需要承认和面对资源枯竭、气候和环境恶化的压力。（6）经济学需要和现实

---

① 钱宏著《作为社会哲学的共生经济学ABC》。https://www.kuaihz.com/tid23/tid63_262837.html。
② 保罗·克鲁格曼等著《空间经济学：城市、区域与国际贸易》，中国人民大学出版社，2011年。
③ 多克·希尔斯著《意愿经济》，中国工信出版集团，电子工业出版社，2016年。
④ 托马斯·赛的拉切克《善恶经济学》，湖南文艺出版社，2012年。
⑤ 迪尔德丽·麦克洛斯基著《糟糕的经济学》，中国出版集团 中译出版社，2022年。
⑥ 赖建诚等著《教堂经济学》，格致出版社，2018年。
⑦ P·A·佩尤托著《佛教经济学》，国家宗教文化出版社社，2016年。
⑧ 彼得·里森著《海盗经济学》，新星出版社，2018年。
⑨ 布莱恩·阿瑟著《复杂经济学》，浙江人民出版社，2018年，第1页。

经济、科学技术的演变紧密结合，因为科技革命在算力和算法方面的进展，不仅直接影响数理经济学，而且势必改变经济学存在的传统模式。所以，经济学家要具备科学家，甚至工程师的基本知识和训练。

经济学创新模式呼唤经济学大师。经济学大师的出现需要太多的条件。凯恩斯这样说过："经济学大师必须拥有一系列天赋的罕见结合……在某种程度上他必须是一个数学家、历史学家、政治家以及哲学家。他必须了解符号并用文字表达出来，他必须根据一般性来深入思考特殊性，并且同时触及抽象与具体。他必须根据过去、围绕将来而研究现在。他必须考虑到人性或人的制度的每一个部分"。[①]

六、中国是经济学创新的试验场

经济学家的影响是有限的。经济学家的任务绝对不是精确地预见一种经济现象，经济学家的责任是解释和描述一种经济状态。

中国可以为经济学创新提供一个巨大的观察舞台，应用和实验场景，这是因为：（1）中国经济历史跨越了数千年，足够丰富。（2）中

---

① Keynes, J.M. "Alfred Marshall, 1842—1924", *The Economic Journal*, Vol. 34, No. 135 (Sep., 1924), pp. 311-372, Blackwell Publishing for the Royal Economic Society, https://doi.org/10.2307/2222645 原文："The paradox finds its explanation, perhaps, in that the master-economist must possess a rare combination of gifts. He must reach a high standard in several different directions and must combine talents not often found together. He must be mathematician, historian, statesman, philosopher-in some degree. He must understand symbols and speak in words. He must contemplate the particular in terms of the general, and touch abstract and concrete in the same flight of thought. He must study the present in the light of the past for the purposes of the future. No part of man's nature or his institutions must lie entirely outside his regard. He must be purposeful and disinterested in a simultaneous mood; as aloof and incorruptible as an artist, yet sometimes as near the earth as a politician."

国工业化和现代化的经验教训足够完整和丰富。(3)中国经济体足够大,经济构造足够复杂。(4)中国正处于经济形态和经济制度转型的关键历史阶段,选择空间足够宽广。(5)中国经济对于全球新兴市场经济国家有足够的代表性。(6)中国经济的现在和未来对世界影响足够深远。

所以,越来越多的有识之士感到,今后 10—20 年间,中国很可能是经济学创新的基地,正如 18 世纪和 19 世纪的英国,或者 20 世纪的美国。

附录一　经济学需要接受现代新科学的洗礼[①]

从亚当·斯密的《国民财富的性质和原因的研究》（即《国富论》）出版，至今已经过去 200 多年。两个多世纪以来，经济学获得了巨大的发展。但是，几乎全部经济学的主旋律都是均衡理论，即使有些经济学在这个侧面或那个侧面突破均衡理论，但是，最终还是没有能摆脱均衡理论的窠臼。即使 20 世纪 60 年代中期兴起的非均衡经济学，还停留在对新古典的一般均衡理论的挑战，用非均衡理论解释凯恩斯学说的阶段。至于科尔内提的"非瓦尔拉斯均衡"，实质上力求用现实的或所谓的均衡关系来代替理想的均衡状态、理想的参照系。

可以说，经济学采用均衡观念，受之于牛顿力学的影响。"均衡在物理学中的定义（相反的力量或作用之间的一种平衡状态）不用修饰就可以用到经济学领域。"[②] "经济学是从物理学借用均衡这个概念的。当然，物理学所承认的定义对社会科学并没有强制性。可是，既然所讨论的概念是一个借用的概念，我们自己的定义最好与物理学上类似的东西协调一致并有所关联。"[③] 在物理学上，均衡是一个系统的特殊状态，对立的不同外力对这个系统发生作用，相互抵消，作用的结果等于零。如果这个系统处于静止或匀速状态，就是达到均衡。自然科学中有许多不同的均衡概念：力学的均衡、化学的均衡，等等。不过，上面所说的所有特殊的均衡概念都是相互一致的。自然科学的均衡理论被引入经济学，并用均衡概念和方法解释和论证经济现象。

[①] 本文系作者 1987 年 3 月撰写的《非均衡理论的框架构想》第五章的一节。
[②] 爱德华著《宏观经济分析》，中国社会科学出版社，1958 年第 57 页。
[③] 亚·科尔内：《作为经济学范畴的均衡》，《经济学报》杂志，1983 年第 4 期，中文译文《经济学译丛》，1978 年 2 期。

第七章　未来构想

但是，经济学家对均衡概念的推崇已经到了这样的地步——广义物理学诞生，经典物理学受到了全面的挑战，均衡的观念已经被重新解释，或者发生了动摇，而在经济学家那里，依然稳固。迄今为止，经济学受机械论世界观影响至深，集中反映在均衡观念在经济学中不可动摇的地位。

我们已经到了要接收新的世界观、新的方法论的历史时期。既然经济学承认其均衡概念是从物理学中借用而来，那么在经典物理学受到全面挑战的时候，就应该从中受到启发，反省这个借用过来的概念。否则，经济学方面的想象力就会被禁锢和窒息。普利高津（Ilya Romanovich Prigogine, 1917—2003）在和他的合作者写的《从混沌到有序》（*Order out of Chaos*）一书中，有这样一段话："今天经典动力学可以写成非常简洁和优美的公式。我们将看到，一个动力学系统的所有性质都可以用一个函数即哈密顿函数来概括。这个动力学的语言给出惊人的一致性和完整性。对每个'合理'的问题，都可以给出一个毫不含糊的表述。难怪动力学的结构不但迷住而却吓呆了18世纪以来的想象。"[①] 这段话，是多么适合18世纪以来的经典经济学啊。

力学中均衡观念的动摇，确切地说，力学中均衡观念的普遍性的动摇，首先归结于热力学第二定律的提出。一般认为，该定律是1868年德国物理学家鲁道尔夫·克劳修斯（Rudolf Clausius, 1822—1888）提出来的。热力学第二定律提出：对一孤立系统来说，一切不可逆过程都使"熵"增加，一切不平衡最终趋于平衡态。平衡态特征是"熵"最大，"熵"是什么？"熵"是不能再被转化做功的能量总和的测定单位。"熵"增加就是有效能量的减少。如果按照热力学第二定律来解释均衡，均衡表明"熵"值最大，绝对稳定，也就是热寂。在

[①] 普利高津著《从混沌到有序》，上海译文出版社，1987年，第108页。

这样的均衡态下，发展与飞跃都成为不可能的了。瓦尔拉斯均衡态就是一种热寂状态。为什么在现实经济生活中，并不存在瓦尔拉均衡态，恰好证明了热力学第二定律与经济生活的一致性。这就是说，经济生活能够得以发展，正是因为无法得到均衡。至今不明白，经济学家们为什么忽视了热力学第二定律？

从热力学第二定律的提出到现在，可逆性和不可逆性、对称性和非对称性、决定性和随机性、简单性和复杂性、进化和退化、稳定和不稳定、有序和无序，已经构成现代物理学，以至整个自然科学都在其探讨的范畴内。现在，让我们应用其中一些成果，来思考经济学中的一系列现实问题，促使经济学的观念发生变革。

（1）有序与无序。现代的理论物理学、理论生物学、系统科学都在研究有序与无序问题。西德著名物理学家哈肯创立的新学科，就是从讨论有序与无序开始的。[①] 普利高津的"耗散结构理论"（Theory of Dissipative Structures），也是探讨从有序到无序的。到目前为止，对无序和有序的基本看法是，在熵最大的时候，体系混乱度最大，无序性最高，组织程度最差，信息量最少，系统处于平衡态。熵的量就是无序度的量度。相反，有序就意味着熵值低，信息量大，自组织程度强，系统处于非均衡态。或者说，处于一种远离平衡态的状态。

在实际的经济生活中，或者说，在经济系统中，信息量是大的，自组织程度是强的，毫无疑问，信息量包括价格的和非价格的，市场是典型的自组织形式，因而是有序的，是远离平均态的。总之，经济系统的生命力，恰恰来自远离平衡态。在这个前提下，会发生一些似乎是自发的，在时间和空间上的物质的再组织过程；还会有一些非常

[①] H. Haken, *Synergetics: An Introduction*, Springer: Verlag, Berlin, Heidelberg, New York, 1977.

小的扰动或涨落，可以被放大成远大的结构不等的波澜。

如果把这种对远离平衡态研究的新见解与非线性过程结合起来，并考虑到复杂的反馈系统时，很可能会开创一种全新的方法。

（2）对称性和非对称性。在经典力学中，对称性占有十分重要的地位，以至于不理解对称性，就无法理解均衡。受此影响，经济学中的全部均衡理论体系，是由一组又一组对称概念构成的。例如，需求与供给，由此引申的需求价格与供给价格均衡，就是一种对称思想。又如，收入水平与消费支出也是一种对称概念。在利昂惕夫的"投入-产出"分析中，"投入-产出"的关系是完全对称的关系。在这样的传统下，经济学家已经习惯用对称关系来说明经济现象。但是，面对一些复杂课题，超越对称性的经济现象，例如"滞涨"，几乎是不可能的。

现代物理学，已经充分注意到对称破缺问题。特别是，如果承认不稳定性存在，就要承认时间上和空间上的对称性是可以打破的。我们应该想到，在经济现象中，所谓的各种各样的滞后情况，就是一种非对称。

（3）可逆性和不可逆性。在牛顿力学中，时间是可逆的，这种力学的基本定律不因时间 t 变化而变化。从热力学第二定律引申了时间不可逆的问题，能量只能不可逆转地沿着一个方向转换。正如英国天文学家爱丁顿所说，有一个时间之"矢"。也就是说，时间就是一条单行线，是不可逆的。如何进一步解释这种不可逆性呢？普利高津认为："仅当一个系统的行为具有足够的随机性时，该系统的描述中才可能有过去和未来间的区别，因此才可能有不可逆性。"[①] 不仅如此，不可逆过程还是有序的源泉，它与随机性和开放性相连，会导致更多

---

① 普利高津著《从混沌到有序》，上海译文出版社，1987年，第108页。

级的结构或组织。所以,不可逆的思想是和轨迹的思想不相容的。

而在传统经济中,却十分崇尚对经济运行轨迹的研究。例如,经济增长理论,在很大程度上力求提出经济增长的轨迹。科尔内就把"哈罗德-诺曼轨道"称之为正常轨道,在这个轨道上,增长是以一恒定速率进行。科尔内把自己提出的"非瓦尔拉长期均衡"也称为一种正常轨道。在经典科学和机械论科学中,事件以某些"初始条件"作为起点,它们的原子或粒子遵循某种轨迹,根据这些轨道,既可以追寻到过去,也可以跟踪将来。总之,轨道就意味着排斥随机性。

事实是,经济运行中的随机性起着重要作用,以至于各种经济预测都无法逼近事实,是非轨道的。由此可见,经济发展的不可逆性的特征是非常强烈的。

(4)决定性和随机性。根据机械论世界观,引导出决定论:万物确有一定的规律,而这个规律又是能被数学公式与科学观察来证实的。世界是精确无误的,不存在任何混乱。这种信念存在了好几百年。在几年前英国广播公司提供的一套精美的讲义里,理查德·费曼(Richard Phillips Feynman,1918—1988)就把自然比作一盘巨大的棋赛。复杂性是表面的,每一着棋都遵循一些简单的规则。

在迄今为止的传统经济学中,很多经济学家在他们的经典著作中、文章中,以及教科书中都力求让读者和学生们明白:经济系统尽管是那样的复杂,但毕竟可以简化,可以分解,可以用一系列简单公式加以说明,经济运行本身事实上也是依据这些规则的。例如,总需求应该等于总供给,宏观经济的任何问题可归结于二者之间的失衡。

现代科学发展表明,人们几乎是永远不知道一个宏观系统的确切的初始条件,至少是难以知道的。决定论和随机的两种因素同时确定这系统的历史特点,或者说,必然性和偶然性的混合组成任一系统的历史。很明显,在经济学领域,人们太沉湎于去发现和证明决定论方面的规律、规则，而不去或很少去关注那些偶然性。石油价格的上涨和下跌就是近年来的偶然性，是不应该简单地用决定论的规则去解释的。

（5）稳定性和非稳定性。爱因斯坦说过一句名言："上帝不掷骰子。"（God does not play dice with the universe.）按同样的精神，彭加勒（Jules Henri Poincaré，1854—1912）说过，对一个高级的数学家而言，没有什么位子是留给概率的。在经典的决定论系统中，可以在相当简明的意义上使用从一个点到另一个点的转移概率，如果这两点都在同一条动力学轨道上，则转移概率为1，否则为0。所以系统里应是稳定的。

在经济学中，特别是在经济模型的研究中，则有强烈稳定性偏好。经济学家一般都接受数学家关于稳定的解释：收敛于均衡轨迹。"在模型的框架中，稳定性的检验回答下列问题：模型中建立的控制规律和行为规则是否能够保证当系统偏离其正常轨道时，使系统最终仍能回到或接近正常轨道？"

而在不可逆的过程中，实际上有三个基本要素是不可分割的：固有不可逆性——固有随机性——不稳定性。这就是说，固有不可逆性本身就隐含着随机性和不稳定性。反过来，也可以认为，不稳定性的基本表征就是不可逆性、随机性、非均衡性。在"协同学"（Synergetics）中，认为不稳定性在时间上是不可逆的，在空间分布上是非均衡的，在发展上是非均衡的。如果打开思路来认识经济世界，其不稳定性是毫无疑义的。人类的经济发展史表明，稳定性是暂时的，不稳定性是持续不断的，稳定性只是不稳定性的特例。

上面的比较分析，是为了唤起人们革新经济学传统观念的冲动。而非均衡理论，正是源于这种冲动。

附录二　经典微观经济学的几点质疑[①]

微观经济分析，到目前（1987年夏）为止，其主流是以供求均衡价格论作为理论核心的。均衡价格是商品的需求价格和供给价格互相一致，达到均衡时的价格。需求价格是指家庭对一定量商品所愿支付的价格，它由这一定量的商品对家庭的边际效用所决定，供给价格是指厂商为提供一定量商品所愿接受的价格，它由厂商生产这一定量商品所需支付的边际生产费用所决定。

所以，经典微观经济学是以"价格高度灵敏的假设"为前提的。价格作为同时发向消费者和生产者的信号，形成于市场功能之中。任何一个家庭和任何一个厂商的每个单独决策，都建立在价格基础上。当买者和卖者的决策的协调通过价格导致各个市场供需相等，即均衡时，协调一致的分配就实现了。价格越灵敏，协调越容易。价格越接近生产成本，企业和家庭越注意使成本降低，分配越理想。而上述假设又必须和这一假说相结合：提供给消费者和生产者有关稀缺状况的足够信息的价格。毫无疑义，如果没有上述假设，经典均衡微观分析的基础就全部丧失了。本文从以下几点提出质疑。

（1）即使在完全竞争的体制下，价格高度灵敏的假设也是很难成立的。这是因为，第一，市场的信息可能是不完备的。价格信号系统的传递所依赖的各种各样的载体，可能发生故障，以致价格信号出现时滞和失真；人们，包括买者和卖者，对价格信号的反映要受到主观判断能力的修正，修正的结果可能接近事实，也可能偏离事实；如果市场系统组织受到破坏，局部的或全面的，熵都会增加，因此，信息

[①] 本文系作者1987年夏季的几篇学习西方经济学的札记之一。发表于《中国青年经济论坛》1988年第1期。文中引用的一些论述未一一列出出处，特此说明。

第七章　未来构想

可能不足，以致丢失。在这个时候，甚至会出现这种情况："买者得不到满足是因为他们的需求碰到实物供给的约束。然而在现实中，虽然这可能是经常的现象，但是没有得到满足也可能是卖者和买者，即初始需求与供给，未能彼此相遇而造成的。"① 第二，市场信息交易成本的不断提高。要获得信息，就要耗功，消耗能量、支付交易成本。正如莱荣霍夫德②所说，由于现实生活中充满不确定性，每个厂商都在收集信息并为此付出代价，这样，要把影响无数分散化的厂商单位决策的市场信息和价格预期统一在一个庞大和复杂的模型中，从技术上与方法上说，都是极端困难的。根据交易成本理论，市场规模的递增将使交易成本递减，即市场规模越小，单位商品所承担的交易成本越大，反之，市场规模越大，单位商品所承担的交易成本越小。这个结论的大问题在于，没有把市场结构的多样化、组织的复杂化考虑在内，而这些都引起交易成本的提高。显而易见，如果价格高度灵敏的假设不成立的话，首先波及的就是需求弹性和供给弹性理论，导致需求和供给对价格的灵敏程度下降，弹性失真，均衡的恢复与稳定条件就受到了破坏，供求的变动可以使价格长久地、远距离地离开均衡点而不收敛。

（2）由于供求关系不能回复到均衡点，价格信号就不是市场中唯一的信号，数量信号的作用就要增强。非均衡理论经济学家伯纳西③认为，一旦市场处于供求不相等的情况，实际交易的市场过程不仅产

---

① 科尔奈著《短缺经济学》，经济科学出版社，上卷第 194 页。
② 莱荣霍夫德（Axel Leijonhufvud，1933—2022），当代经济学家，信息不完备性和信息成本论的作者，其代表作是《论凯恩斯派经济学和凯恩斯的经济学》（1968，纽约），在这本书中，他力求把凯恩斯本人同凯恩斯学派截然分开，他本人是向均衡微观经济学的强有力的挑战者之一。
③ 伯纳西（Jean-Pascal Benassr，1948— ），法国当代著名经济学家，主要著作有《市场非均衡经济学》。

生价格信号，而且还产生数量信号。于是，当卖者不能销售他们希望销售的数量时，他们往往会提出一个更低的价格，或者接受其他人提出的更低的价格，同样，不能购买到他们希望购买的数量时，买主会主动提出或接受一个更高的价格；对当前市场上数量信号的察觉，会产生对未来市场数量信号的预期，过去和预期的数量信号，与价格信号一起，对当前需求和供给产生效应；每个价格制定者必须通过一个察觉到的需求（或供给）曲线估计他们的价格决策对他们的销售（或购买）的影响，而不只是考察一个参数价格，瓦尔拉的"拍卖商"定价原则就不复存在了。

在上述情况下，也就出现了科尔奈所提出的论点："一切经济体制的调节都有摩擦。从而也都会出现强制替代、短缺和滞存。的确，这些现象的频率、强度和分布在每个体制中都极不相同，但他们的存在是普遍的。"① 而我们知道，微观经济学主张的是交换优条件和生产优条件的结合，为了说明这一结合，所运用的边际社会替代率、边际社会转换率、社会无差异曲线、社会转换曲线、生产和交换优条件结合点，等等，都是建立在均衡市场、无摩擦、无强制替代的基础上，这样，全部体系就根本动摇了，使得帕累托最优境界成为一种虚幻。

市场非均衡导致的数量信号形成，使得市场实际交换过程都与配给方案相联系，例如，排队和优先次序，比例配给，等等。② 在这一点上，科尔奈比克洛沃③ 有了很大的进展。克洛沃强调当供求不均衡时，意图同其实现之间可能发生分离，所抓住的是静止的一瞬，即购

---

① 科尔奈著《短缺经济学》经济科学出版社，上卷，第192页。
② 同上。
③ 克洛沃（Robert Wayne Clower，1926—2011），当代著名经济学家，其代表作是《凯恩斯的反革命》，该书1965年出版，对凯恩斯主义的微观基础做了有独到见解的分析，科尔奈在《短缺经济学》中几次阐明他与克洛沃的不同之处。

买达到供给约束，买者正处于半成功半失败那一瞬间。而科尔奈提出，这是一个动态过程，在初始需求之后，存在多次修正需求。

（3）只要市场上存在着非均衡，充分就业就成为不可能的了。根据经典微观经济学，失业只能是自愿失业，因为工人不愿意接受更低的工资，他们要求的实际工资率高于劳动边际生产率。这就是说，工资理论是以均衡价格为基础的，要从生产要素的需求和供给两方面来说明如何决定工资水平。从需求方面看，工资取决于劳动的边际生产力或劳动的边际收益量，厂商愿意支付的工资水平，是由劳动的边际生产力决定的。从供给方面看，工资取决于劳动力的生产成本和劳动的负效用，或闲暇的效用。因此，工人不可能被强制离开他们的供给曲线。

事实上，只要市场上存在着非均衡，工人就被迫离开他们的供给曲线。第一种情况，如果厂商的实际销售小于它的名义供给或计划供给，利润极大化行为就意味着选择劳动投入的小量去生产既定的产量；第二种情况，厂商对商品的有效供给小于它的名义供给或计划供给，是受制于劳动市场的劳动供给数量。这时，厂商所能利用的劳动数量成了一个独立的变量，进入厂商的供给函数中。

作为逻辑结果，如果不能充分就业，劳动处于超额供给，家庭不能出售他的全部名义劳动供给，因而也无法得到全部名义收入，在效用极大化问题中，劳动收入成了外生变量，而不是家庭与商品需求、货币需求同时需要选择的变量。

反之，商品市场存在超额需求时，商品需求得不到满足，劳动供给会缩减，引起就业和产量的下降。在这个过程中，家庭必然会在储蓄和替代闲暇之间进行选择。科尔奈对闲暇是提出质疑的，他认为，货币总是愈多愈好，因为在短缺经济中，较多的货币也意味着较多的购买。①

科尔奈把劳动市场分为需求约束型劳动市场和资源约束型劳动市场。在需求约束型劳动市场的纯粹状态中，有三个主要性质：大量的潜在劳动储备，甚至在周期高点也不能吸收的大量的长期失业，即使那些习惯就业的人也受到失业的威胁。所有这些说明，由于需求约束型劳动市场是买方市场，因此存在着不对称状态。②在资源约束型劳动市场，主要特征是正常参与率很高并且已达到了容忍限度，企业和非营利机构部门已完全吸收了潜在劳动储备。

总之，劳动力市场本身就是不均衡的，如果市场也处于不均衡状态，瓦尔拉意义上的"充分就业"完全不可能。正因为如此，消费者都要被迫修正购买意愿。

（4）市场非均衡状态，就要充分估计厂商在拥有存货的情况下的行为规则和数量信号。在传统微观经济学那里，存货存在是被忽视的，是对存货的总量分析，而不是个量分析。

在实际经济运行中，如果考虑到数量制约的预期具有随机性问题，存量就和流量同等重要。因为，存量的溢出效应和流量的溢出效应是不一样的。对将来销售制约的预期是不确定的，厂商就会通过贮藏存货作为反应。这就是说，存货构成了厂商计划中的一个关键因素。也就是说，由于存量的介入，数量信号发生了变化。原来，在一个"纯流量"的模型里，影响有效需求的信号是预期制约。而在一个"存量流量"模型里，不管有没有受到配额限制，交易是存量变化的结果，存量水平作为一个数量信号来起作用。企业对生产的调整，不仅依赖于价格，而且更依赖于存量的正常水平。

---

① 科尔奈著《短缺经济学》经济科学出版社，上卷第189页。
② 同上，第247页。

进一步说，只要存量能够被吸收，生产的增长就会引导出收入的增长和有效需求的增加。如果银行体系能有这种投资提供资金，使流量转入存量成为可能，流动供给超过流动需求也就成为可能。这个时候，市场上的流量供求关系就不再是均衡了。由于存量的溢出效用，存量的变化可以调节流量的失衡，其结果是刺激生产增长和有效需求扩大。而这个过程，是排斥高度灵敏价格的，或者说，排斥高速率的价格调整。反过来，忽视存货作用，追求流量均衡，强调名义需求和无限的价格速率，也就否定了经济增长和有效需求的增加。

在微观经济中，充分估计存量的作用，边际收益递减规律也就不成立了。因为，边际收益递减规律的基本思想是：假定一种生产要素固定不变，那么另一种生产要素的增加使用，到一定程度后，收益将递减。这就是说，要假定一种生产要素存量固定，让另一种生产要素的流量增加，导致收益递减。很明显，边际收益递减规律完全依赖于流量分析，属于纯流量模型，因而排斥了技术进步、经济增长和有效需求扩大。

关于"气候经济学"的若干想法[①]

2022年1月15日,汤加海底火山爆发,这是2022年的一件大事,引发了全球对气候变化以及生态灾难新一轮的关注,影响人们对气候变化和经济学的深度思考。[②]

经济学家斯特恩(Nicholas Stern,1946—),首先提出气候经济学(the economics of climate change)概念,实现气候和经济学联系的跨学科链接。

之后有人提出新气候经济学(New Climate Economy)和气候经济学(Climate Economics)概念。2018年诺贝尔经济学获得者诺德豪斯(William Nordhaus,1941—)等人,试图将气候变化和经济学框架与原理结合在一起,从经济学的角度,来理解和解读气候变化或气候演变和气候灾难,以怎样的方式影响全球经济增长,或者因为气候灾害所造成的严重的经济后果,全球经济增长有哪些成本。2021年,比尔·盖茨出版《气候经济与人类未来》(*How to Avoid a Climate Disaster*)。该书以讨论净零排放的经济机遇为切入点,讨论了创新、能源、生产和制造,以及农业、交通等产业的改变,还谈到了政府角

[①] 本文系作者于2022年1月25日在横琴数链数字金融研究院主办的"气候投融资:探索实现'双碳'目标的有效路径"研讨会上的会议发言。

[②] 北京时间2022年1月15日,位于南太平洋岛国汤加王国境内洪阿哈阿帕伊岛海底火山(175.38° W,20.57° S)发生猛烈喷发,多个卫星捕捉到火山喷发的瞬间:海面大面积"炸开",巨大波纹向外迅速扩散。

色和个人责任。

一、不确定时代的不确定结构

人类社会进入了一个不确定的时代，而且对不确定的理解范围不断在扩展。比如说，承认金融风险，强调金融的稳定性，就是承认金融领域的不确定性。进而，各种传统产业也存在着不同的不确定性，包括现在所推动的向数字经济的转型过程也存在着不确定性。所以，在不确定的时代，与人类最直接相关的是经济体系的不确定性。但是因为科技进步的强烈影响，科技进步的速度快于经济本身的演变和发展，科技发展的创新又决定未来经济的方向。

而科技同样存在着不确定性。于是，科技的不确定性就成为影响经济不确定性的第二个因素。因为，经济和科技的不确定性，最终会影响城市化、区域发展、就业和民众的消费行为等，对社会的不确定性起了相当的直接作用。现在社会的不稳定性就成为第三层次的不确定性。但是，仅仅看到这一点是完全不够的。

更大的不确定性是来自气候、生态环境的不确定性。汤加海底火山的爆发和因为环境所形成的一系列灾难，证明了气候的不确定性。它几乎是我们不确定性中最重要的不确定性，是人类目前改变能力最薄弱的一种不确定性。

人类现在处于经济、科技、社会和气候多处不确定性交叉的时代。在这样的情况下，气候的不确定性持续引发生态灾难。气候不确定性具备非常强烈的一系列特征，比如说，它是跨主权的、跨区域的，是长期情况和短期情况不断交织的，而且是穿透社会、科技和经济生活的。

人们现在需要接受和想象这样一个事实：科技的不确定性、经济的不确定性、社会的不确定的背后深受气候的不确定性的影响。在2022年一个关于世界风险评估报告中,排在前三位的对风险的评估,都与气候有关,比如,全球关于气候的协作能力差,或者是协作的失败,现在被列入人类第一大风险。

二、气候变化的新特征

气候变化绝非新问题。在人类没有形成之前和人类形成之后,地球的环境中始终存在着气候变化,所以研究人类历史的一个重要分支,是研究气候历史变迁对人类社会的影响。比如说,小冰川时期和被公认的17世纪全球危机是不可分割的,英国的光荣革命和中国明、清两个朝代更替都是发生在17世纪的40年代。这样历史演变和气候变化的关系的例子,在人类历史上有很多。竺可桢先生(1890—1974)曾写过一篇文章,讨论关于中国气候变化历史和中国王朝更迭历史之间的相互联系。[1]

从20世纪后期到进入21世纪以来,以历史气候变化作为参照系,气候变化,至少在现在这个历史阶段出现了一系列新的特征:(1)因为环境变化引发的自然灾害的频率大为增加。(2)灾难所影响的地球的区域,越来越广泛。(3)社会为灾难所付出的成本越来越高,并且灾难体现的方式越来越全面。

人们必须承认和警觉:生态灾难的内涵不断扩大。主流已经承认的温室效应导致冰川的融化,沙漠的扩张,所谓的极端气候现象,以往人们不能想象的气候灾难会趋于常态化。

气候变化带来的经济后果是非常严重的。如果说想要控制温室效

---

[1] 竺可桢:《中国近五千年来气候变迁的初步研究》,《考古学报》1972年第1期。

应，加以治理的话，所付出的成本将面临经济学上的边际性拐点的成倍增长。特别是灾难发生在都市地区和发达地区，对社会财富的影响更是巨大的。

三、资本对气候风险的反应

治理、缓和和减少气候变化引发的气候灾难和生态危机，人类需要联合和共同行动，实现对全球金融经济资源、科技资源、社会人力资源和政府资源的集结。

毫无疑义，其中最关键的是金融资源，或者是金融资本。这样的资源形成要求我们对金融和资本，对投资和金融有全新的理解和全新的认识。

于是，就产生了一个大家现在普遍提出的"绿色金融"概念。绿色金融不是传统金融的一种新的方式，而是区别于传统金融的一种新型的或者新类型的金融，因为过去所说的资本和金融有它特定的功能和标准，着眼于短期、微观、回报和利润；而我们现在面对的这样的来自气候和生态挑战所需要的金融资源或者资本，要解决的是长期、全球、整体问题，不可能和原本的金融目标一致，甚至会冲突。因此，适用于气候变化的绿色金融就必须有一个新的金融观念，而不是把传统金融观念，平移和简单地应用到气候和生态领域。

绿色金融的四大特征包括：（1）长远性。生态问题是一代人、两代人、三代人来解决人类积累出来的问题。解决这样的问题从来不是能够短期看到效果的，所以它必须具备长远性。（2）整体性。因为环境也好，气候也好，都是一个复杂的系统，必须在解决一个目标的时候，还同时考虑将其他目标以及集群式的目标作为基本方向。（3）复杂性。很难说对于一个生态问题或一个气候问题的解决，它的效果就在这个领域中出现——积极效果和产生的积极效益常会溢出并进入其他领域。设计绿色金融当然就是一个非常复杂的社会工程。(4)可持续性。绿色金融是不能间断的。

四、绿色金融的技术基础和社会责任

绿色金融是全新的概念，需要构建关于气候变化的巨大的模型，这是一个人类从来没有能力在传统技术基础上处理的对象。在这样的情况下，需要大数据和人工智能的支持。当下的元宇宙的技术也有相当大的实用性。

进一步说，面对气候变化、生态灾难，必须对它的成本体系进行非常全面的、有预见性的核算，需要对这个领域的问题按照行业、区域加以分解。到目前为止，尚没有实质性的突破。原因很简单：数据的发掘、整理、存储、分析能力受制于技术与工具。因为大数据经济和大数据技术的发展，使这样的试验和努力成为可能。

在这个过程中，如何分析气候和环境灾难存在两个方向的工作：（1）依赖国家与国家之间的协作来解决。比如，北极冰川融化问题是关系人类生存的国际性课题。（2）信赖经济实体。例如企业造成环境问题必须承担相应的社会责任。

五、气候经济学的意义

经济学对于气候变化的意义在哪里？

解决气候变化这样的挑战和危机，必须改变人类的生产模式、经济结构、经济体系，同时还要改变人类的消费模式和体系，进而改变人类的生活方式。

在这些领域中，经济学原有的一些思想方法经验和工具当然是有意义的。因此，经济学和气候变化的交互是非常重要的发展领域，而通过这个领域的推进才能赋予我们现在看到的经济学中所能够注入的新能量。

双碳目标和绿色技术创新指数[①]

世界各个国家和地区的发展正处于从传统经济向数字经济转型的阶段，同时人类对于抵御气候变化带来的多重生存威胁的意愿愈加强烈。在这样的背景下，实现碳中和成为全人类一项艰巨的使命。

一

当前，工业化进程中的碳减排受到了双重压力：一是传统经济活动仍旧会长期存在排放大量温室气体的惯性；二是针对传统产业的碳中和改造本身也会继续导致温室气体的排放。有必要认识到：数字经济和数字化并非就意味着零排放活动。数字经济的形成与发展对能源消耗和温室气体排放来说仍旧是值得长期关注的方面。例如，所有的数据中心和云计算，数据存储与开发，包括元宇宙都会导致和形成新的能源需求和能源消耗。

所以，双碳目标不仅适用于处于转型中的传统产业，也适用于被视为数字经济的新行业和新部门。数字经济依然需要引入碳足迹的概念和实践。现在需要建构同时包含传统产业和新型数字经济领域如何实现碳中和目标的架构和相关的管理体系。

[①] 本文系作者于2022年5月15日在研究院与零壹智库主办的《中国绿色技术创新指数报告》发布会暨绿色经济投资趋势研讨会上的会议讲话。

在人类面临生态持续恶化的威胁下，一方面要加速传统产业的转型，另一方面我们要将数字经济对生态环境产生的全方位的影响提上议事日程。要使低碳和负碳的经济行为和经济方式深入人心，特别是要改变资本结构，让更多的传统金融资源变成绿色金融资源，支持全球性的可持续发展目标。

二

任何经济行为，最终都面临着如何模型化、数字化，特别是指数化的转变。如果没有指数来作为标准，就没有参照系和可以坐标化的方向。在实现双碳目标的前提下，绿色技术创新需要指数。零壹智库、横琴数链数字金融研究院等机构发布的《中国绿色技术创新指数报告》，就是一次非常重要的尝试。

为什么需要指数？指数的根本意义是要达到四个目标，即公平性、共识性、稳定性、国际性。我认为指数必须要具有这样的特点，比如说GDP、CPI等指数显而易见具有通用性、稳定性、共识性，而且会被大家所接受。目前所提出的"中国绿色技术创新指数"，是要符合上述这些根本目标。为了实现公平性、共识性、稳定性和国际性，就有若干问题需要解决。

第一，如何定义绿色技术创新指数？要深入、客观，并比较完整地对指数的定义做阐述。现在指数报告在这方面做了相当重要的努力。绿色技术创新指数主要集中在两大板块，一个是直接创新，另一个是和环境有关。

其中，绿色技术创新的范围还需要更加丰富。例如，绿色技术创新就是指节约型技术创新和环境保护型技术创新。如果从广义而言，涉及绿色技术创新的范围，显然是超越这两个方面的，并且两者之间其实有强烈的因果关系，因为资源节约型技术创新，势必改善环境；而环境的技术创新，一定要通过资源节约型技术。在这样的情况下，绿色技术创新的定义，非常值得从狭义的绿色技术创新延伸到广义的绿色技术创新。例如，半导体芯片其实是一种非直接性的绿色金融创新，它本身会产生节能效益。

如何把直接的、间接的，特别是与产业有关联性的、能引导和影响绿色技术创新的行业和部门，纳入绿色技术创新的体系，具有相当大的挑战性。现在，不可能一步做到完整，但是可以分阶段完成，这样就会使目前所定义的绿色技术创新，不被现在规定或是设置的范围所限制，变得更加有弹性。有弹性之后，有助于共识性。

第二，确认绿色技术创新指数的涵盖范围。绿色技术创新指数涵盖行业、部门和区域，既有纵向又有横向，形成矩阵模式，动态反映绿色技术创新。绿色技术创新涉及的细分行业非常多，以电力部门为例，包括储能、分布式光伏、光伏产业链、风电、火电、水电等。所以，每一个行业和部门都需要选择一批能够有代表性的、影响绿色技术创新方向的基本参数，推导出更有权威性和稳定性的指标体系。这样的工作要提上日程。

第三，提出指数公式的推导，并经得起测试和未来历史检验。发布相关指数，要将数学方法以及各种推导机制一并公布，经受专业领域及各个方面的检验。在检验的过程当中，有助于丰富和精确这些公式的推导。

第四，实证分析。"绿色投资"是指绿色技术创新领域的投资。但是，如何确定指数和投资之间的关联性，还需要探讨，并且创造出相应的模型。现在关于绿色技术创新的指数，其实价值还不够显著，没有能够成为绿色技术创新投资的参考坐标。下一步需要把两者连接起来，将两者的关联性通过量化的，且有时间维度的和动态的指数形态显现出来。

第五,政策解读。因为指数是需要政府参与的,它必须有更强烈的政策内涵,才能成为企业家、投资者、金融机构、政府能够一同支持和丰富的指数体系。

未来的绿色技术创新指数,不会是单一指数,而是一个指数体系。所谓的建立指数体系,就是实现对指数对象的矩阵化。从长远来讲,这个指数体系不仅对中国有意义,而且应该在国际上也具备权威性,因为中国是世界上绿色技术创新应用的最大国家。下一步的任务,是要挑选更重要的参数,并在此基础之上,把支持指数的内涵变得更加丰富。

总之,如果没有绿色技术创新指数,人们所希望和推动的绿色碳排放交易,几乎是不可能的。公布《中国绿色技术创新指数报告》,是一个非常重要的起始点,后续还有较长的道路要走。今天指数的底座,一定要打得非常坚实,才能够长远地发展起来。所以,希望研究双碳、绿色技术创新的所有专家和机构,一起来思考、参与和丰富指数的设计,这具有非常重要的意义。

"中美格拉斯哥联合宣言"的意义的解读[①]

2021年11月10日，中美于《联合国气候变化框架公约》第26次缔约方大会（COP26）签署《中美关于在21世纪20年代强化气候行动的格拉斯哥联合宣言》（以下简称《联合宣言》）。此次《联合宣言》引发世界各国的普遍重视。即使一向对COP26比较消极的路透社都表示，这个协议的重要性非同寻常。此次《联合宣言》具有四个方面的重要意义。

第一，此次《联合宣言》具有时间尺度上的重要意义。未来10年是决定是否可以控制全球温室气体排放的重要时间节点，特别是2030年也是《巴黎协定》对各个国家所作出的自主贡献的时间节点。在最新一份由政府间气候变化专门委员会（IPCC）第六次评估撰写的报告显示，世界可能将在未来20年内达到甚至超过1.5℃的温升水平，这比之前的预计结果提前了近10年。联合国秘书长古特雷斯也警告说，目前的迹象显示地球升温正向2.7℃的方向前进。他说，少数国家的碳污染正在摧毁人类，他们要承担最大的责任。他特别强调，美国与中国必须做出更多的努力，必须避免格拉斯哥再度成为一次失败的峰会。可以说未来10年将是实现碳中和的关键期，中国和美国在这个时间节点所扮演的角色异常重要。历史上美国是历史累积排放最

[①] 本文系作者于2021年11月10日在"关于《中美关于在21世纪20年代强化气候行动的格拉斯哥联合宣言》的解读"活动上的会议发言。

多的国家,也是人均排放最高的国家。我国作为一个发展中大国,排放量位居世界首位。中美的联手示范可以对全球起到榜样作用,产生一种倒逼效果。从这个意义上来讲,中美在未来10年的气候合作至关重要。中美两国在气候问题上的共识,将成为全球性共识的重要基础。

第二,此次《联合宣言》具有减排尺度的重要意义。此次宣言基于《巴黎协定》实施细则,中美两国在市场机制、透明度、国家自主贡献的共同时间框架等方面,展现了积极的共同立场和目标:(1)产业脱碳力度巨大,中美两国设定了未来十年重点合作领域清单,包括甲烷减排、电力系统脱碳、减少煤炭消费、减少毁林等方面。特别值得重视的是甲烷问题。甲烷的排放主要来自煤炭开采、油气开采以及废弃物的处理,是除二氧化碳以外的第二大温室气体。我国能源结构偏煤,这是资源禀赋上的局限。在最近几个五年规划,我国一直主动控制甲烷排放,控制甲烷排放将会对能源行业、煤炭行业和油气行业产生影响。将甲烷问题纳入《巴黎协定》目标是重大推进。(2)加强气候治理,中美两国计划建立"21世纪20年代强化气候行动工作组"。中美两国加强在气候治理方面的合作意义是重大的,在气候相关标准制定方面,中美联手能够为碳中和目标进程的观测和落实提出规范性的意见和框架。(3)科技资本支持产业革新和转型。美国在《联合宣言》中,非常明确地宣布美国制定了到2035年100%实现零碳污染电力的目标。美国在2035年实现零碳污染电力,中国在2060年前实现零碳污染电力,这样一个雄心勃勃的目标,需要科技的有力支撑。

第三,此次《联合宣言》将给我国经济和全球经济带来深刻的影响。对我国经济而言,《联合宣言》将成为我国产业结构优化的新动力。习近平总书记主持召开中央财经委员会第九次会议并发表重要讲话，强调"实现碳达峰、碳中和是一场广泛而深刻的经济社会系统性变革"。《联合宣言》中提到，"中国将在'十五五'时期逐步减少煤炭消费，并尽最大努力加快此项工作"，这势必引发我国能源行业、区域经济发展、城市产业规划和企业供应链管理方面产生最大的变化。从能源行业来看，中国在新能源方面具有一定比较优势。例如装机量、发电量都是全球最大；在相关领域的专利数量，也是全球最多。

在中国，从区域经济发展和城市规划来看，高排放产业未来会受到更多政策约束，从能源结构的改变到工业生产成本的增加，这对煤炭省域经济转型和高碳产业企业转型构成巨大压力。提前达到碳中和的企业将拥有国际市场自由流通的通行证。为此，需要加快制定碳排放管理标准，引入碳排放核查体系，建立绿色供应链。

从全球经济来看，全球能源转型的投资在不断增长，今年已经达到 5 000 亿美元以上。在全球范围内，新兴产业，如光伏、风电、新能源汽车、储能、氢能、绿色建材等会有更好的发展。

第四，此次《联合宣言》对于建设新型的大国关系，特别是 21 世纪的中美两国尤为重要。新型大国关系是在国际体系权势转移过程中形成的一种既存在一定战略竞争，又能实现双边关系平稳发展，且双方能在一定范围内进行较为稳定的合作的关系。中美新型大国关系建设的顺利与否，很大程度上取决于中美认知的汇聚过程，中美两国政策推动的力度，以及中美围绕新型大国关系建设在战略与利益层面上的博弈。中美作为最大的经济体，排放的温室气体占到全世界温室气体排放总量的 40% 之多，两国合作对人类命运至关重要。中美双方将气候变化未来的问题进行常态化的沟通交流，形成在气候变化问题上的共识，是新阶段调整中美关系最好的切入点。本次《联合宣言》在 2021 年 4 月上海《中美应对气候危机联合声明》以及 9 月天

第七章　未来构想

津会谈的基础上,进一步提出了中美双方开展各自国内行动、促进双边合作、推动多边进程的具体举措。解振华(1949—)表示,在过去10个月里,中国和美国举行了30场视频会谈来达成这一倡议。中美两国都确立了碳中和承诺、净零排放的目标,接下来最重要的就是对《联合宣言》的行动落实。为此,中美双方将根据共同但有区别的责任和各自能力原则,考虑各自国情,采取强化的气候行动,有效应对气候危机,建立"21世纪20年代强化气候行动工作组",这个小组将对未来几年中美应对气候变化合作起到至关重要的作用。从这个意义上说,这份《联合宣言》提供了新型大国在气候治理和产业转型等方面的新型合作模式,体现了一定程度上"东西共治"的理念。此次《联合宣言》的签署人,中国方面的解振华和美国方面的约翰·福布斯·克里(John Forbes Kerry,1943—)功不可没。解振华,现任中国气候变化事务特使,长期从事气候变化领域工作,曾担任中国政府气候变化事务特别代表、生态环境部气候变化事务顾问,主持中国加入《巴黎协定》谈判。解振华特使也是继承了原任国家环保总局局长、中国环保之父——曲格平(1930—)教授的治理理念,强调在发展的同时保护环境,避免走西方国家"先污染,后治理"的弯路。克里现任美国总统气候特使,于1985年至2013年担任代表马萨诸塞州的联邦参议员,并曾任参议院外交委员会的主席,第68任美国国务卿,是美国民主党资深政治人物。气候治理是民主党的主要理政理念的一部分。可以说,解振华和克里是在半个世纪以来全球气候议程中的见证者和倡导者。

会议所在地为苏格兰格拉斯哥(Glasgow),为苏格兰人口最多的城市。格拉斯哥在18世纪成为苏格兰启蒙运动的重镇,并在其后成为英国与北美洲和西印度群岛的跨大西洋贸易主要中心。现代经济学之父亚当·斯密即在格拉斯哥大学学习过社会哲学。与亚当·斯密同时期的政治理论家埃德蒙·伯克担任过格拉斯哥大学校长。距格拉斯哥大学向东不足 50 英里（约 80.5 千米）远的地方坐落着苏格兰的另一学术中心——爱丁堡大学。

如果以《中美关于在 21 世纪 20 年代强化气候行动的格拉斯哥联合宣言》作为蓝图，开创全球"东西共治"新模式，将给人类未来带来一种新希望。

实践 ESG 理念是历史大趋势①

问：ESG 并非一个新概念。2004 年，联合国全球契约组织（UN Global Compact）发布《有心者胜》（*Who Cares Wins*）报告，首次提出 ESG 概念。但一直到最近两年，ESG 才受到投资人的关注。这是为什么？

朱嘉明：首先，21 世纪后，人类的生态环境问题持续恶化，极端气候常态化，愈来愈强烈地影响人类的生活和生存；第二，生态环境恶化是全球性的，不受区域、发达程度、制度差别和国家主权的限制，超越社会阶层，因此开始成为人们的共识；第三，生态气候技术得到相当成熟的发展，成为创新进展最快的领域，例如，新能源汽车；第四，生态问题、气候问题、环境问题已成为国际性问题、政治问题。例如，气候变化，或者生态难民就是一种日益严重的挑战。对此，政府和民间，企业家和政治家都要面对。最后，由于 ESG 在金融投资领域的拓展，如标普 ESG 的评级，使得这个领域的投资回报明显提高。

问：我们了解到您对数字经济颇有研究，请问今天数字经济与 ESG 之间有着怎样的关系？

朱嘉明：ESG 主要针对自工业革命以来有在了数百年的传统经

---

① 本文系作者 2022 年 11 月 1 日接受《彭博商业周刊》的采访。ESG（Environment, Social and Governance），是联合国推动的从环境、社会和公司治理三个维度评估企业经营的可持续性与对社会价值观念的指标体系。

济，特别是物质性生产经济负面后果的反馈和治理。而数字经济是和传统经济并列的一个新经济形态，尽管仍旧需要物质性生产要素，其核心特征却是低能耗、低物质资源投入、低熵和高价值。其经济活动不属于自然要素依赖，而是天然的、对环境友好的，支持和使用新能源，可以杜绝温室气体排放，所以碳足迹微乎其微。所以，如果以ESG的"E"指标衡量，数字经济具有天然优势。落实ESG理念和方法的根本出路是通过数字技术改造传统产业，要推动传统经济经过数字技术改造，完成向数字化转型。其中，传统部门完成数字化转型是关键。

如果从ESG的"S"角度看，因为数字技术和数字经济具有共享经济的基因，其构想和发展都是以社会责任为出发点和归宿。

至于ESG的"G"，数字经济有助于实现治理模式的创新。例如，一个好的治理体系需要大数据的收集、存储和分析，需要区块链和人工智能，需要更加有效的智能互联网，所有这些，都需要数字经济和数字经济的介入。

总之，不论是"E"，还是"S"，还是"G"，最重要的工具都应该是数字技术，实现ESG最终融入社会经济和社会生活之中。

问：在元宇宙的世界里，ESG将会呈现怎样的角色？

朱嘉明：元宇宙的核心特征是低熵，而ESG最终是建立低熵社会。元宇宙追求人与自然的和谐，以DAO的原则构建经济关系，突破和改造传统实体经济中的供应链、产业链、价值链，寻求对公共产品的保护，减少传统社会的基于利益分配不合理、利益竞争和地缘政治引发的社会冲突。所以，元宇宙创造的是基于技术约束和判断，以非中心化的方式支持，平等协商的全新治理模式。

简言之，元宇宙具有的治理模式是为了实现ESG的"G"的方向。

现在元宇宙的发展还处于基础阶段，但是元宇宙在 ESG 三个方面的优势正在显现。可以预见，元宇宙将是把 ESG 推入新阶段的试验场和平台。

问：随着投资人越发关注 ESG，ESG 报告将跟财务报表一样重要。您认为，就您了解到的情况，目前国内外的企业在披露 ESG 信息方面，态度如何？中国企业和外国企业，存在哪些不同？中国企业的诉求主要集中在哪些方面？

朱嘉明：与发达国家相比，中国是国家主导的 ESG 模式，国有企业是 ESG 主体。当然，现在民营企业也开始讨论 ESG 评价体系。目前大的趋势是全方位引入、接受和实践 ESG 原则。中国正在努力追赶。

但在中国企业的 ESG 评判体系中，标准的定位、框架、内容、评价方法、技术指标和数据来源、实施、应用、收集等方面，都会强调中国特色。可能在指标体系和权重的比重以及国家本身的作用方面，形成中国在实践 ESG 过程中的一些特色。例如，发达国家排的顺序是 E-S-G，在中国的 G 的作用是相当重要。

国有企业由国家来直接治理，最早提出中国 ESG 体系的是国资委，把国有资产的管理和 ESG 结合在一起，这可能是中国 ESG 标准最重要的特色。2022 年 5 月，国资委提出：ESG 是评价企业上市的综合能力的重要组成部分。这是值得肯定的一种进步。

问：此次彭博绿金的 ESG 评选中，我们发现申报 G 领域奖项的仅有三家（报名数量超过 50 家），就 G 而言，您认为 G 是否经常被忽视，还是比较难以达标？

朱嘉明：应该兼而有之。中国企业特别是国有企业，会同时面临不同的政府部门和主管机构提出的不同标准，而 ESG 仅仅是中国企业所面对的考核体系的一个组成部分，并非全部。因此，对企业来讲，在面对不同考核体系的情况下，需要做轻重缓急的考量，在不同时期有不同的重点，这与在纯粹市场经济状态下的企业有很大不同。

问：特斯拉因生产电动车在 E 上颇有贡献，但近期由于公司管理上存在问题，也就是 G 表现一般，被踢出标普 ESG 指数。您如何看待 ESG 这个事件？

朱嘉明：我倾向标普立场。在人们印象中，特斯拉是生产减少碳排的智能汽车的企业，所以该企业被认为是符合 ESG 体系的。但是，这是结果导向的判断。事实上，特斯拉并没有解决它在生产过程中的减排问题，没有实现从设计到产品生产整个过程的减排的执行策略，生产布局比较分散。此外，特斯拉在产品质量上不能说没有问题，美国监管机构对此多有惩罚。更重要的是，特斯拉在 S 和 G 方面也存在不足。例如，董事会成员过于"任人唯亲"，公司某些方面透明程度不高，企业也存在种族歧视问题。所以，按照 ESG 标准，特斯拉不是优秀生，未来特斯拉需要改善生产过程和企业治理，其产品目标需和公共利益结合得更加紧密。

问：未来，ESG 的发展将会有着怎样的趋势？

朱嘉明：ESG 会越来越国际化、政治化、资本化。不论全球化发生什么变化，ESG 将是未来全球秩序中最重要的秩序。现在 ESG 中 S 方面被省略的方面比较多，S 的全称是社会责任。社会责任是一个非强制的道德责任，但是，却是一个根本性的责任。

从广义上讲，要把 ESG 作为一个无时不在、无处不在、无人不需要面对的社会常态和规则。从社区、国家到全球，所有 ESG 都将和责任联系在一起。要加强 ESG 教育活动，教育人们每个人都有这样的职责。

2022 年万圣节发生在韩国首尔的踩踏事件，是重大悲剧。究竟是什么动机驱使众多年轻人前往和拥挤到如此狭小且噪音如此之大的空间，还需深入调查研究，但这是一种显而易见的反ESG的行为。当然，政府、相关商业企业、媒体、家长都负有责任。

ESG不仅是一个生产性理念，它还可以嵌入人们日常生活当中，帮助解决噪音、灯光污染、食品安全等问题。当每一个人都把ESG当作生活准则时，这个世界就会好很多。所以我的建议是在ESG三个字母之后加上L，以代表life。ESG和L相结合，成为一种新的生存、生活和生命方式。

现在ESG主要针对企业，也会涉及政府，当ESG被所有民众接受时，就会倒逼企业承担更大的社会责任。例如非健康食品，它既是E的问题，也是S的问题，也是G的问题，最后关乎老百姓的健康、生活和生命质量。

最后，我想强调，对于ESG，将来需要两种理解。一种是狭义的ESG，就是现有指标评价体系；另一种是广义的ESG，和Life结合在一起。只有如此，民众才都会关心和参与ESG的实践，使之成为一种社会改造运动。

2050年的城市：构想与展望[①]

讨论未来城市构想，为什么选择2050年作为时间坐标？（1）现在距离2050年还有大概30年左右的时间，中国是讲"甲子"的，60年一个甲子、30年是一个甲子的1/2。（2）我们身处21世纪，2050年是21世纪的中间点。（3）2050年，世界人口达到100亿。现在看，这是一个相当保守的预测。100亿人口，绝对影响世界城市的分布和规模。所以，选择2050年作为时间坐标来构想未来的城市会是怎样的。

1992年邓小平"南巡"，开启中国改革开放新阶段。回顾过去30年城市的发展，对理解未来30年城市的发展会有相当大的启发。大家都可以回忆，如果在20世纪90年代初构想"30年之后的城市"，也就是现在这个时候的城市，会有什么样的目标？例如，上海人民很可能最希望有一个大房子。现在这样的目标已经基本达到了，甚至超出当时人们的期望值。所以，人们对30年这样的时间尺度的展望与构想，存在着不可避免的历史局限性。

尽管如此，如果以全球的视野展望和构想未来30年的城市发展，有哪些目标？

[①] 本文系作者在2021年4月18日在由《商业周刊/中文版》与新天地品牌联合主办的"未来城市论坛"（Future City Forum）活动上的会议发言。

第七章 未来构想

一、2030年，人类需要怎样的城市

站在人类共同体的立场，思考30年后的"2050年"的城市，到底会成为怎样的城市？

首先，需要将未来30年分为两个阶段：从现在到2030年为第一阶段，2030—2050年为第二阶段。2050年应该是在2030年目标基础上的更高的目标。所以，要锁定2030年的城市目标，不经过2030年的目标，很难谈2050年的目标。

在这方面，韩国首尔提出的2030年目标很有参考价值："首尔可持续发展目标2030有17个大目标及96个具体目标"，形成了一个目标体系。核心目标是极为必要的："2030年首尔将会具备保障弱势群体基础生活的'首尔型社会保障系统'，消除一切形式的贫穷、促进全体公民的健康生活和福祉，扩大包容性和可持续经济增长和高质量的工作，努力减少一切形式的不平等，建立一个包容和可持续的城市，让所有公民都能和平生活，支持可持续的消费和生产方式的城市。"其中，"可持续""包容""平等"等目标，关系着所有城市居民共同的保障和福祉。

2018年，在马来西亚吉隆坡举行了第九届世界城市论坛，大会通过了"城市2030、人人共享的城市：实施《新城市议程》"。基本的目标："建立包容、安全、有抵御灾难能力和可持续的城市和人类住区"，即：人人平等使用和享有城市及人类住区，力求促进包容性，确保今世后代的所有居民，都能居住和生活在公正、安全、健康、便利、负担得起、有韧性和可持续的城市和人类住区，以促进繁荣，改善所有人的生活质量。

从现在到2030年，只有不到10年的时间，实现这些目标很具有挑战性。今天，全世界仍旧有大约10亿人居住在贫民窟和类似的环

境中，贫困人口已不局限于欠发达国家，已经波及发展中国家，生态危机极其严重，每年有数千万人口成为难民涌向城市。整个人类现在到了要重新规划、设计、投资、开发、治理和管理的历史阶段，进入全方位审视城市和人类居住区的历史拐点，已经没有任何一个城市可以孤立于全球而独立发展。

所以，即使是联合国可持续发展的 17 个目标，也是很不容易实现的。

二、2050 年城市，可以预见的挑战

第二个阶段，2030—2050 年。以今天的眼光思考"2050 年"，可以看到哪些挑战？

居首位的挑战是全球人口的绝对数量和增长率。世界人口基数已经很大，而且持续地迅速增长。与此同时，城市的增长率甚至大于已经很高的人口增长率。几个基本的数字：1990 年，30 年前，全世界人口 53 亿。2000 年是 61 亿，2010 年近 70 亿，2020 年是 76 亿。10 年之后的 2030 年，全世界人口将没有悬念地达到 85 亿，2050 年是 97 亿，有可能 100 亿。地球承担支持 85 亿—100 亿人口的生存，愈来愈困难。

城市增长率是什么概念呢？现在是 55% 的人口居住在城市，如果以近 80 亿为基数，现在是有 40 亿住在城市，2050 年以 97 亿为基数，乘以 70% 的城市率，全世界将有 65 亿的人移居到城市。

根据联合国出版的《2018 年版世界城镇化展望》报告："目前世界上有 55% 的人口居住在城市，这一比例预计到 2050 年将增加到 68%。在新增的城市人口中，有近九成居住在亚洲和非洲，并且高度集中在几个国家，其中印度、中国和尼日利亚三国城市人口将占到增幅的

35%。到 2050 年，预计印度的城市人口将增加 4.16 亿，中国增加 2.55 亿，尼日利亚增加 1.89 亿。"有一种推算：到 2030 年，全球预计将有 43 座人口超 1 000 万的超大型城市，其中大部分都位于发展中国家。

不仅如此，城市的人口结构也在急剧改变。在未来的城市，30 年以后 90 多岁的人肯定不应该成为，也不可能成为主体，主体是"Z 世代"；1995—2009 年出生的这一代被称为"Z 世代"，他们现在占世界人口的 32%。但是，"Z 世代"到 2050 年已经是 50 岁以上。所以，2050 年的世界人口的主体是"10 后、20 后、30 后"。他们是在互联网环境和数字经济下长大的，经历过全球化从高峰走向衰落和再复兴的全过程。

总的来讲，人口增长率、城市人口增长率、新生代增长率三个变量，将继续改变我们想象的"未来城市"的基本环境。

第二大挑战就是经济发展和就业。到目前为止，全世界的 GDP 主要来自城市。城市，尤其是全世界中型和特大型城市，支撑着世界经济的发展。世界 GDP 的 70%，不过是由大约 100 个城市支撑的。中国的 GDP，也是由上海城市圈、珠三角经济圈和京津冀经济圈支撑的。城市在过去不仅是居民主要居住的地区，而且是经济增长的支撑点。

在未来的二三十年，随着城市的科技成分提高，数字化和智能化普及，传统就业模式彻底改变，传统"工业"将从城市消失，传统服务行业也要改变，现在传统产业结构正在解构，导致 50% 以上的人口失业。这是未来最大的挑战。所以，需要构建新的产业和行业，通过新的产业结构，支持新的就业形态。上海希望创建的"文化创意产业"，可以支撑和满足"Z 世代"的就业需求。

第三大挑战是生态环境。今天任何一个城市在规划其发展的时候，都需要高度重视城市未来和生态变化的紧密依存关系。

从全球范围看，现在需要认真判别环境恶化严重到什么程度？包括气候上升、冰川融化。北极、阿拉斯加、青藏高原，冰川在倒塌。人们开始意识到，2050年很可能是地球气候偏差的转折点。也就是说，2050年是和人类文明衍变息息相关的气候发展史中的一个转折关键点，并且将会发生不可逆转的变化。所以，思考走向2050年的城市的时候，环境、气候和生态是最值得关注的变量。

问题是，现在很多生态环境问题已经刻不容缓。例如，2025年50亿的人类将周期性地面临水资源短缺，北极圈的永冻土将融化并释放出近2 000亿吨的温室气体，非洲冰川、北冰洋不再被冰雪覆盖，会进入到气候偏离（climate departure）的时期。

碳排放具有惯性特征，这也是为什么中国如此重视气候并提出"双碳"目标。除此之外还有一个原因，中国人口占世界人口比重最高，气候和每一个中国人的生存和生活质量存在紧密的关联性。

世界范围内的土地资源、水资源面临严峻形势，将会出现"水资源难民""气候难民"。现在，城市将首当其冲面对水资源短缺的压力，以及海平面上升的威胁。有这样的说法：因为雅加达的海拔低，雅加达有可能成为全球气候、环境、生态全面恶化之后的第一个牺牲品。希望这样的说法是错误的。

此外，人类很快会进入到长期被病毒威胁的时代、病毒对人类的威胁将常态化，严重影响城市进程和人们对城市美好远景的想象。

三、2050年，城市建设的可能困境

未来的"城市建设"，绝非智能化和数字孪生完全能够解决，需要面对和解决一系列现实问题：（1）交通体系。（2）"垃圾处理"。在2022年的前4个月里，全世界产生了几亿吨垃圾。所有的城市都在被

垃圾包围，垃圾污染了地下水。垃圾对人类的威胁远远高于人们的想象力。（3）地下水污染。几千万人、上亿人的抽水马桶，将会造成怎样的后果？①（4）还有"尸体处理"。现在平均每年死亡的人口绝对数是 6 000 万，以大约每年 1 000 万的速度在增长。不是说人口死亡率有绝对的变化，而是人口总量的变化会导致每年死亡人数的增加。现在是 6 000 万，到 2050 年每年有接近或超过 9 000 万人死亡。如果 9 000 万人中 85% 或者 80% 生活在城市的话，那么每年城市所要处理的死亡的"身体"要超过五六千万甚至 7 000 万。处理不当，将是一个巨大的温室效应的根源。

如何避免可能发生的重合危机？重合危机内涵是科技危机、经济危机、环境危机、人口危机、就业危机，最终集合为城市化危机。因此，人类需要集体行动，需要一起创造一个新的理念和方法。

人类的"城市化"经过了三个阶段：最早的城市化从工业革命开始，自发进行，没有人为设计。中国经历过这样的阶段。后来城市有了规划，但是是分散的，是区域性行为。现在，城市规划不仅是城市和区域行为，而且要变成国家行为，甚至全球的共同行为。因为人类生活在一个资源有限的时空之中。

四、走向 2050 年的中国城市化

中国"十四五"规划，以 65% 作为"城市化"的目标。在未来的 30 年里，中国城市化面临三个非常重要的课题：其一，城市化维持怎样的速度？其二，如何实现大都市城市群和大量三四线城市，甚

---

① 我在 1988 年的时候推动"中国厕所革命"，我有一本书叫《中国：需要厕所革命》是上海三联书店出版的。那个时候为什么我要推进"厕所革命"？不仅仅是因为"厕所革命"本身，即厕所环境非常糟糕。更大的原因，是在考虑未来。

至四五线城市的均衡发展？其三，在城市化过程中，而不是在传统农业和农村环境下阻止和解决新的贫富差别问题。

如果以 2030 年和 2050 年为中国城市化的重要时间节点，还需要考虑：如何避免未来城市的新"二元化"分裂，一方面是高科技、数字经济、人工智能引导的大都市；另一方面是传统工业、传统产业、传统服务业，导致部分城市民众成为科技化大都市的受益者，另一部分民众被边缘化，甚至贫困化，被迫离开城市和重新回归乡村。此外，在关注中国未来的城市化的同时，也要注意中国可能发生的"逆城市化"的动因和特征。

总之，未来决定现在。我们要以更宽广的想象力、更强烈的责任感，不仅要不断改善自己生活与工作的城市环境，而且要关心那些相对落后和贫困、可能受到不平等对待的城市居民群体；以科学和理性的态度，构想和创建未来 30 年的城市和城市生态。

世界的复杂性和粮食安全的长期性[①]

当今世界上，存在着四种基本安全：第一，粮食安全；第二，能源安全；第三，金融安全；第四，数据安全。近年来，因为数字化历史进程加快，人们越来越关注数据安全。但是，不论历史如何演变，在四个基本安全当中，粮食安全应该是前提性的，也是最重要的安全。不论选择怎样的经济制度，经济发展到怎样的阶段，粮食是国民经济和民众生活的基础；对于任何一个人，不论选择怎样的价值观，都无法超越吃饭问题。如果讲普世价值，粮食安全问题就是普世价值。

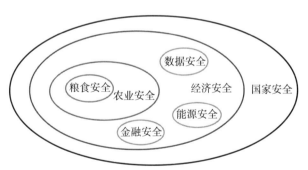

图7.7 粮食安全是最重要的安全

如何定义"粮食安全"？1996年世界粮食高峰会议对于"粮

[①] 本文系作者于2020年11月29日在北京大学中国战略研究中心、中国农业大学中国粮食与食物安全中心、莫干山研究院、国际绿色经济协会、中国国土经济学会联合主办的"世界粮食安全与中国对策高峰论坛"活动上的会议发言。

安全"有一个为国际社会所接受的定义:"粮食安全是世界所有人在任何时候都能在社会物质上和经济上获得足够安全和营养的食物,以满足其饮食和口味,维持活力且健康的生活"。也就是说,早在 20 多年前,世界粮食高峰会议已经将粮食安全问题作为人类面临的基本问题。之后,联合国在 2015 年所公布的"2030 年可持续发展目标"中,将第一个目标定为"在世界各地消除一切形式的贫困",第二个目标定为"消除饥饿,实现粮食安全、改善营养和促进可持续农业"。

但是,现在的事实是,实现 2030 年联合国"可持续发展目标"的难度是非常之大的。亚洲,非洲,特别是非洲的撒哈拉以南,中美洲加勒比海地区,饥饿和粮食短缺还将会持续地存在下去。这是摆在全人类面前极为严肃的历史课题。

为什么从全球视角出发,粮食安全问题不仅会长期存在,而且存在着恶化的趋势?根据刚刚出版不久的粮食组织 2020 年报告,即《粮农组织 2020 年世界粮食安全和营养状况报告》:2014 年起,全世界饥饿人口数量一直在缓慢增加。根据 2019 年最新资料,自 2014 年以来,受饥饿影响的人数新增了 6 000 万。2020 年疫情恶化了这一趋势。如果国际社会没有突破性措施,到 2030 年食物不足人口将突破 8.4 亿人。而且 2030 年饥饿人口的分布图已经清晰可见:亚洲是 10.3 亿,非洲是 6.75 亿,拉美、加勒比海地区是 2.05 亿,当然北美和欧洲有 8 000 多万,大洋洲有 500 多万。不仅如此,逆转全球饥饿人口持续上升,还面临着一系列经济发展和制度性问题。下面,我从粮食的需求和供给两个方面做一个更加深入的探讨。

第一个问题,关于粮食需求。从根本上说,粮食需求取决于世界人口。因为全球人口增速增长,导致粮食安全问题必然是长期性人类课题。自第二次世界大战结束之后,全球人口发生持续的"大爆炸"。1950 年世界人口不过是 25 亿;1987 年世界人口达到 50 亿;1999 年世界人口超过60亿；1999年年底全世界人口已经78亿。我个人认为，世界人口统计存在技术性和制度性漏洞，78亿应该属于一个保守数字。现在，专家和主流对于2050年的世界人口预测是90亿。我认为，在21世纪60年代，世界人口接近和突破100亿是大概率事件。现在，全球范围内的人口增长率存在下降趋势，但是，由于人口基数巨大，不足以改变这样的大概率事件。人口的绝对数对于粮食需求所形成的压力有两个方面：直接扩大的粮食需求；在未来一个历史时期，人口持续的增长率快于粮食增长率。

更严重的情况是人口增长的区域分布和粮食供给的区域分布之间，存在严重错位。现在饥饿人口可能增加的地区，比如说撒哈拉沙漠以南、南亚和中美洲加勒比海地区，恰恰是人口增长率最快、农业生产率增长最慢的地区。也就是说，在这些地区，农业生产率增长的速度，慢于人口增长的速度，导致这些地区就成为粮食进口压力巨大的区域。

在全球人口增速、人口爆炸态势继续存在的情况下的都市化的趋势，对粮食需求影响很大。现在世界发达国家的城市化率已经达到80%，新兴市场国家城市化的速率不断加速，已经达到了40%、60%。大量的人口离开农村，与农业生产基地的空间距离越拉越远，不断拉长粮食生产和供给的链条，粮食供应链脆弱的压力会越来越大。

简言之，粮食安全问题是一个动态概念。当年罗马俱乐部讨论地球资源无法适应人口增长的趋势，进而提出"增长的极限"的问题，至今存在。讨论世界粮食问题，人口问题占首要位置。在未来的15年，甚至更长的时间内，在全球范围内，需要粮食的地区，恰恰是人口增长率偏高，而农业生产率偏低、农业脆弱的地区。

第二个问题，关于粮食供给。讨论粮食供给，需要重视粮食消费结构。粮食除了直接满足人的需求之外，还用于生态能源和饲料。近几十年来，在粮食消费结构中，用于生态能源和饲料的粮食占比，不仅居高不下，而且还在上升。OECD有一个关于2018年粮食使用结构的资料：全球玉米总产量12.8亿吨中，用于饲料的占60%，用于生物能源的达到15%，特别是在大豆上，用于饲料和生物能源的粮食占比，加起来也达到70%。即使小麦、稻米，甚至糖，也有相当的比重用于生态能源和饲料。越来越多的粮食移向饲料和能源以及其他工业用途，构成了对于传统和经典粮食需求持续的压力。

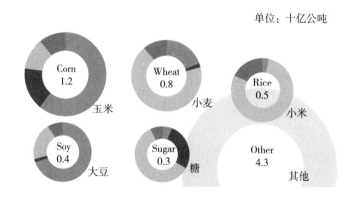

图7.8　2018年全球粮食消耗量情况

资料来源：OECD-FAO。

在影响粮食供给方面，气候变迁的影响也是日趋严重。人类生态环境恶化属于一种非传统安全，它导致本来已经脆弱的粮食生产基础更为脆弱。特别是，气候影响最严重的地区，恰恰是农业生产率最低下的地区，又是人口增长最快的地区。气温变化对于稻米的生产影响最为强烈和最为明显，而世界绝大多数人口都是靠稻米生活的。

还要注意，粮食生产的区域供给和分配存在着日益扩大的错位。在过去十余年里，表象上的粮食价格并没有显著提高。但是，粮食的价格事实上却在缓慢提高，进而影响了粮食加工业。这是因为，从长远看，全球粮食供给最终粮食生产的成本压力，包括土地、石油、原材料、化肥、人工成本，以及灾情引发的成本投入。其中，全球耕地的减少，势必推动绝对和级差地租的上涨。总的来说，全球粮食大形势是：一方面，世界粮食总体产量，理论上可以满足全球人口的需求；另一方面，世界上相当多不发达地区的粮食短缺，造成饥饿人口、营养不良人口。所以，建立和维系全球粮食的供给与需求的均衡，特别是解决新兴市场国家普遍存在的粮食短缺问题，必须从制度和机制方面解决粮食分配问题。在现阶段，需要重构全球性粮食产业链。因为2020年全球疫情，粮食产业链面临极大的危机。2020年4月，粮农组织首席经济学家警告：全球粮食供应链已经开始崩溃。现在看，这个警告并不可能解除。

此外，粮食危机与金融危机存在着相关性。2007年和2008年的全球粮食危机与2008年全球金融危机之间存在着深刻的联动性。遗憾的是，人们对此并没有给予足够的重视。

总之，粮食安全问题一直是一个国际性问题。世界是一个越来越复杂的系统，地缘政治、经济体系、产业转型、人口增加、生态环境恶化，相互交织。在这样的复杂体系下，粮食安全问题的解决将是一个具有长期性的历史任务。所以，国际社会需要建立一个长期和稳定的合作机制，避免一个局部地区的粮食危机引发世界性危机。

公益资源数据化和数据公益化[①]

——推动公益事业的数字化转型

由于数字化时代的到来，人们将面对一个数字化的公益社会：一方面，数据本身、信息本身就是公益资源的组成部分；另一方面，民众会产生并行于物质化需求的数字化公益需求，推动诸如社交求助、公共医疗卫生、教育和安全等领域的公益数字化。现在需要推动公益事业的数字化转型。数字社会的公益与传统公益社会具有相当明显的差异。

第一个差异，数字化公益需要有数字化新基础设施支持。例如5G、云、AI都要成为未来数字化公益的重要基础设施。机器人已经开始进入公益行列，形成了人工智能和传统人类在未来数字化公益社会的新型互动关系。

第二个差异，数字化财富的"外溢"和"再分配"效益普遍化。唯有数字化和数字技术可以有效支持人们深度关注的"第三次分配"。

第三个差异，只有数字技术和公益事业结合在一起，才能超越传统公益事业时空的界限，加快实现人们长期期望而实际上难以做到的公益资源运行目标：尽可能全覆盖、尽可能及时、尽可能精准。

[①] 本文系作者于2021年11月28日在《华夏时报》社主办的"2021华夏公益论坛"活动上的会议发言。

第四个差异，数字化公益活动会更加支持推进非物质化公益活动，包括时间的贡献、精力的贡献、知识的贡献、信息的贡献，而不再传统地囿于物理形态和金钱的贡献。只有这样，公益才能对更多的民众有所助益——他们虽然没有足够的物质财富，却可以以贡献时间、精力和知识的方式参与公益事业，为数字化时代的公益做持续性贡献。

第五个差异，信息化组织发生变化。伴随数字公益社会的发展，以基于物质财富生产和管理的公司形态会逐渐被合作化、社区化、生态化的新型经济和社会组织所替代。未来的数字化公益社会将完成从闭环走向开放，进而走向多维和多元化。

总之，在数字化时代，公共资源、福利资源和公益资源会加快融合，形成一体化趋势。加之政府、企业和自然人，以及公益组织的互补性不断加强，数字公益事业会展现出更为鲜明的共享型、普惠型、国际化、透明化的特征。

附录　实现公益供给与需求的均衡发展[①]

《华夏时报》：公益其实是一个很大的话题。从您的专业角度来看，您怎么给它下定义？

朱嘉明：随着人类社会的发展，特别是在进入后工业社会和信息社会之后，人们对"公益需求"正在形成全方位的扩展。但是，现行的社会制度或社会结构难以提供满足人们"公益需求"的公共产品和服务。不仅如此，全社会的"公益需求"，还是一个动态概念，社会越发达，"公益需求"的内涵就不断扩展，现在的公益思维、公益组织和公益模式都存在显而易见的"滞后"。

现代社会经济越发达，社会公益的"需求"增长越快于社会公益的"供给"。因为存在几个原因：第一，人口总量增加，人的平均寿命延长；第二，传统的通过家庭体系、邻里关系解决的公益需求体制，急剧削弱；第三，都市化，人们似乎无暇顾及别人；第四，"公益需求"呈现多元化、个性化、非标准化趋势。例如，"抑郁症"是相当个体性的心理疾病，但具有普遍性，需要"社会公益模式"；还例如，新冠肺炎疫情疫苗的全民性注射，也是一种新型"社会公益需求"。现在的问题是，需求增长曲线速率快于供给曲线速率。

当下的公益事业处于初级阶段，还表现在强调和重视社会群体的公益需求，忽视个体或者少数人群体的公益需求。未来的公益事业需要实现群体性和非群体性、集体性和个体性的平衡。这是一个社会真正进步的标志。

此外，公益事业还呈现日益复杂化趋势：今天解决了这个公益问题，明天又会产生那个公益问题，而且公益社会成本不断提高。

[①] 本文系作者在 2021 年 3 月 3 日接受《华夏时报》专访的文字稿。本文做了删节。

因此，关于"公益需求"的观念需要与时俱进。现在需要加快改革传统公益事业的组织模式，将公益事业建立在对人无差别尊重、对人的价值无差别肯定的基础上。为此，重新设定社会公益的目标，最终建立一种全方位的、可以100%覆盖所有人群的，并高度个体化的公益体系。未来，在人们关注人均GDP之外，还需要设置通过货币计量的人均公益指标。让每一个人在社会关系和社会活动中都不会被遗忘和抛弃。人人都应该成为公益的参与者和受益者，使得公益事业成为全民化且可持续的事业。

最后，再强调一下：福利制度都是针对大多数的标准体系，而福利模式是非制度性的和非标准化的。通常的福利社会并非可以解决所有问题。对于政府通过财政资源所主导的公益事业，需要更多社会资源作为补充。所以，各种类型的公益组织的存在不仅非常必要，而且多多益善。

《华夏时报》： 近几年来，区块链与社会公益事业的链接愈加被业界重视，您一直在区块链领域深耕。在您看来，区块链是否能为公益事业带来全新的改变？

朱嘉明： 目前公益需求的增长日益加大，解决社会问题仅仅靠公益组织是不够的。实现公益生态的有序健康发展，应该让整个公益事业进入一种自组织状态。也就是人们可以在不同的情况下，针对不同的公益需求问题进行各种各样的、即时即刻的组织。

区块链、大数据和人工智能技术可以为这样的社会自组织提供技术支持。现在很有必要构建类似分布式的"公益需求和供给"平台，吸纳区块链技术，引入联邦学习、预言机、NFT、DeFi等数字科技与实践成果。这样的平台需要具有权威性的公益机构参与搭建。当务之急是要推动公益事业科技化，加速公益事业的现代化进程。例如，通过建立公益事业的科技实验，实现公益事业的需求和供给的即时观察，进而实现资源的有效合理配置，减少浪费。

总之，人们要关注如何提高公益事业的技术含量，如何扩大数字技术在公益事业领域的应用程度。公益事业加强科技化建设是大势所趋。

利用和开发中国时差资源
创建乌鲁木齐金融中心①

新疆地处中国西部边陲,是中华民族核心区的西部屏障。孙中山先生在定都南京之前,更倾心于新疆伊犁,并且预言:若中国选择新疆伊犁为首都,或许可以称霸整个亚洲,鼎立于世界。2021年,新疆人口为2 589万人,在全国排名第21位。与中亚五国人口相比,新疆人口数仅略低于乌兹别克斯坦的3 337万人,远高于人口第二大国家哈萨克斯坦的1 839万人。新疆GDP为1.6万亿元(2 480亿美元),全国排名第23位,高于中亚五国经济规模最大的哈萨克斯坦的1 908亿美元。

乌鲁木齐是新疆的政治、经济、文化、科教和交通中心,是第二座亚欧大陆桥中国西部桥头堡和中国向西开放的重要门户,是世界上内陆距离海岸线最远的大型城市。北京到乌鲁木齐的地图直线距离是2 398公里,飞机航程约2 600公里。特别是,乌鲁木齐处于东六区,与东八区的首都北京存在着两个小时的时差。时差资源已经成为全球金融中心布局的重要战略依据。

---

① 本文系朱嘉明、方明、乔卫兵"元宇宙金融实验室时差金融研究小组"的研究报告(2022年8月8日)。

一、稀缺的时差资源与财富创造价值

1. 时差资源具有稀缺性和价值属性。地球是一个球体，除随着太阳公转外还自转，每天太阳东升西落意味着该地方从早到晚的循环，但不同经度的地方太阳东升西落的时间不一样，两个不同经度的地方的时间差异即时差。当国土横跨多个时区，则会存在着较大的时差，时差可以被准确度量和利用。

第一，时差资源具有稀缺性。客观地讲，时差是一种自然现象，没有稀缺或不稀缺之分。但是，对于一个有一定国土范围的国家而言，因为国土的经度分布差异，存在着时差的稀缺性，所在国家可以利用时差资源创造财富。

第二，人类50%的财富集中在北纬30—50度之间。在这个纬度范围内的国家不多，主要集中在北美和欧亚大陆。对于国家而言，时差分布存在着典型的非均匀现象。全球金融中心以时差资源为基础进行分布，在全球股票交易所地理分布与规模上可以看出来。从亚太时区、EMEA（欧洲、中东、非洲三地区）和美洲等股票交易所的分布与指标来看，也可充分看出时差的关键性特征。

第三，时差资源可以从两个角度创造财富：一是利用国内时差创造财富，如俄罗斯、美国都有着较长的证券交易时间；二是利用全球时差差异创造财富，如新加坡、土耳其、德国、瑞士、法国和英国等。前者既可以方便国内投资者，也可以方便国外投资者；后者更主要的是方便国外投资者。例如，美国旧金山湾区的硅谷（西八区）与印度班加罗尔（东五区）存在着12.5小时的时差，硅谷白天下班时（如19：30）发单，印度班加罗尔白天上班时（8：00）可执行，两者可以几乎同步交接。

第四，时差资源仍未得到充分利用。全球拥有较大时差的国家有

6个：俄罗斯、美国、加拿大、巴西、澳大利亚和中国。但是，从目前来看，还没有任何一个国家充分利用其时差优势发挥金融市场的作用。美国证券交易市场的交易时间只有7小时，主要集中在东部时区的纽约和中部时区的芝加哥，但由于其经济金融规模大，金融市场成熟，除本土大规模的投资者外，吸引了全球投资者在本地或远程投资交易。也就是说，全球金融资源配合美国时间，特别是美东时间。但是，虽然俄罗斯证券交易市场的交易时间长达17小时，但由于其经济金融规模小，城市人口主要分布在欧洲地区，尤其是在莫斯科区域，只能依靠延长交易时间适应本国时差；加拿大、巴西和澳大利亚都存在着较大的时差资源，但都未能充分发挥时差资源的价值。

第五，利用时差资源发展金融需要满足相应条件。时差优势的发挥从国内模式来看，交易时间较长是核心特征，但同时需要具备三个条件：（1）GDP规模大且经济结构较为合理。（2）城市化和人口密度高。（3）金融制度成熟和金融交易规模较大。

2. 利用时差资源可延长国内交易时间。利用国内时差资源延长交易时间有两种模式：一种是就地延长模式，另一种是异地延长模式。

第一，俄罗斯采用典型的就地延长模式，即以莫斯科为中心的就地延长模式。俄罗斯国土面积达1 709万平方公里，是世界第一领土大国，但大部分地区由于纬度高而气候酷寒，并不适合人类居住和生活，所以俄罗斯的经济中心和人口主要分布在欧洲部分，即四分之一的欧洲国土集中了四分之三的俄罗斯人口，科技力量和经济金融也主要集中在欧洲。由于俄罗斯的人口、经济与财富资源主要集中在东三区这一个时区，没有时差和时区的错位分布，故不具备利用时差资源来改变财富分配的基础。俄罗斯股市交易时间正常是9个小时，即莫斯科时间上午9：50至下午6：50（北京时间14：50—23：50）。俄罗斯采用典型的就地延长模式，通过延长交易时间顾及了跨时区的客户，包括西伯利亚、远东和亚太地区的客户。市场参与者将能够对不断变化的全球市场动态做出更快的反应，并在早上实施进一步的交易和套利机会。代表机构是莫斯科交易所（MOEX）。

第二，异地延长交易时间的模式并不被普遍采用。在具有丰富时差资源优势的俄罗斯、美国、加拿大、巴西、澳大利亚和中国中，只有美国具有一定的异地延长模式特征。美国证券交易所主要集中在纽约，而商品期货交易所分布在芝加哥和纽约两地，体现出了异地延长模式特征，但芝加哥和纽约只有1个小时的时差，仍然不能说是典型的异地延长模式。基本符合北纬30—40度地区成为全球财富集中地带的规律，因为气候炎热或寒冷都会影响到正常的工作节奏。

3. 时差资源与全球离岸金融中心的关系。全球离岸金融中心有伦敦型离岸金融中心、纽约型离岸金融中心和避税型离岸金融中心等三类。全球主要的离岸金融中心包括东京、中国香港、新加坡、迪拜、苏黎世、伦敦和纽约等。各个离岸金融中心之所以成为重要的离岸金融中心，除了它们分布于全球不同的时区，天然具有时区差异和时差资源外，还在于充分利用了时差资源。

第一，区域性离岸金融中心的时差资源利用。东京、中国香港、新加坡、迪拜和苏黎世都是区域性的离岸金融中心。例如，新加坡位于东经103°38′至东经104°6′，天然地属于东七区（97.5°E~112.5°E），但其金融市场交易用的是东八区时间。新加坡与香港比较，开市时间早半个小时，上午收市时间一致，但下午开市时间比香港晚1小时，收市比香港晚1小时，交易时间长达6.5个小时，比香港长半个小时，比中国内地长2.5小时。由此，新加坡离岸金融中心在金融市场交易时间上与我国内地及香港就有了共同性，并具有延长的时间优势，可为中资客户提供充分的便利。

第二，伦敦对全球性离岸金融中心的时差资源利用。伦敦处于中时区（7.5°W~7.5°E），以北京时间计，其夏令时间开市为下午3：30，休市为下午11：00；冬令时间开市为下午4：30，休市为下午12：00，交易时间长达7.5个小时。这个时间段可以说基本上从日本到中国再到印度再到中东和欧洲的所有区域，以及纽约时间夏令时上午7：00—10：00区段和冬令时上午8：00—11：00区段都可以参与交易。

第三，纽约对全球性离岸金融中心的时差资源利用。纽约处于西五区，美国股市交易时间夏令时是东部时间上午8：30—下午3：30，冬令时是东部时间上午9：30—下午4：30，时长7小时。夏令时相当于伦敦的下午1：30—8：30，冬令时相当于伦敦的下午2：30—9：30。在晚上12：00前后，欧盟大多数国家都能参与交易。美国西部城市洛杉矶、旧金山等与纽约时差三个小时，这些城市在当地参与纽约证券交易的时间分别是：夏令时为11：30—18：30，冬令时为12：30—19：30，都处于较好的交易时段内。而且，美国通过并购方式拥有在欧洲的交易所，除业务发展的必要外，也可以更好地利用全球时差。

二、利用时差资源发展乌鲁木齐金融中心

1. 改善金融布局和充分利用时差。发达国家金融中心的分布在地域上较为均衡，而非发达国家的金融资源分布较为失衡。全球金融最发达且拥有丰富时差资源的美国，全球金融中心东中西部分布较为均匀。拥有丰富时差资源的俄罗斯金融中心较少且主要集中在西部，只有两个金融中心，分别是西部的莫斯科和圣彼得堡。

第一，我国区域时差和金融资源区域分布失衡。中国东西经度跨度很大，从东经73°往东一直到东经135°，横跨东五区、东六区、

东七区、东八区和东九区这五个时区，东北地区和西北新疆西部地区有四个小时的时差。中国全球金融中心的分布主要集中在东部，而西部缺乏全球金融中心。证明确实存在胡焕庸线（Hu line）与中国全球金融中心分布的紧密相关性。① 其中，乌鲁木齐在东六区，北京、上海、深圳、香港、澳门和台湾地区等在东八区，乌鲁木齐与它们之间差两个时区。这意味着乌鲁木齐时差资源还未得到充分利用。

第二，中国时差资源未得到有效利用，金融市场交易时间严重不足。20世纪90年代我国证券市场创立初期确立的4小时交易时间，30多年没有变化。中国金融市场交易时间严重不足，在一定程度上影响了我国金融的发展和成熟，也在一定程度上限制了我国金融的国际竞争力。②

第三，发展西部金融市场，延长交易时间，使之走向均衡。自21世纪20年代以来，不少专家都在呼吁根据我国证券市场发展的时代新特征，延长证券交易时间。不过，大家的思路还局限在延长东部证券交易所的时间，还没有考虑到如何充分利用我国丰富的时差资源，发展新疆乌鲁木齐金融市场。至于充分利用时差资源的五个条件，新疆可以说都已经具备，将乌鲁木齐建设成为全球金融中心已经具备了条件。

2. 可利用时差资源延长国内交易。中国金融市场延长交易时间，

---

① 胡焕庸线是中国地理学家胡焕庸（1901—1998）在1935年提出的划分我国人口密度的对比线，最初称"瑷珲—腾冲一线"，后因地名变迁，先后改称"爱辉—腾冲一线""黑河—腾冲一线"。

② 从以北京时间为标准的全球股票市场交易时间来看，马来西亚、新加坡、中国香港、中国台湾、韩国、日本、澳大利亚和新西兰都在9点以前开市，阿联酋在下午2点开市、晚上7点收市，交易时间相对合适；俄罗斯在上午11∶50开市、第二天4∶40收市，土耳其、德国、法国和英国等在下午3点开市、晚上12点收市，欧洲交易时间有一大半不能正常利用；美洲交易时间在晚上9∶30开市第二天3∶30到5点收市，大部分交易时间基本不能正常利用。

存在四种可以参考的方案：

第一，直接就地延长是全球主要国家的通用方案。在这种方案下，交易时间最多可延长 3 小时至 7 小时，上午交易时间为 9：00—12：00，下午交易时间为 1：00—5：00。按乌鲁木齐时间计量，交易时间为从 7：00—10：00，11：00—3：00，则显得上午开市和下午收市都较早，对于西部地区的投资者存在着一定的不利，对于中东部地区的投资者而言可能存在着交易时间过长的压力。尽管我国金融交易市场对全球投资者的覆盖有所增加，但超出亚洲区域的国家都很难在本地参与投资。

第二，直接成立证券交易所异地交叉延长方案。异地交叉延长方案即成立乌鲁木齐证券交易所，两地按各自上午规定时间开市休市，下午再按规定时间开市休市，综合起来延长了金融市场的交易时间。交易时间仍然从上午 9：30—11：30，下午 1：00—3：00，按乌鲁木齐时间计的交易时间则为 7：30—9：30，11：00—下午 1：00，加上乌鲁木齐交易时间上午 9：30—11：30，下午 1：00—3：00，中间交叉半小时，整个交易时间从 4 小时增加至 5.5 小时。这种方案存在着两个问题：交易时间长度仅延长了 1.5 小时；有半小时重叠时间，容易造成交易混乱。如果分为两个独立区域来进行交易，则实际上的交易时间仍然是 4 小时，没有任何增加。为弥补这一缺憾，可以将乌鲁木齐交易所交易时间下午再延长 2 个小时，即延长至 5：00，则整个中国股票交易市场的交易时间可延长至 7.5 个小时。

第三，异地顺序延长方案，即东部市场收市乌鲁木齐市场开市，时间都各为 4 小时，共 8 小时。具体而言，东部市场交易时间仍然是上午 9：30—11：30，下午 1：00—3：00，换成乌鲁木齐时间是上午 7：30—9：30，上午 11：00—下午 1：00，乌鲁木齐市场交易时间从下午 1：00—3：00，下午 4：00—6：00。对应的北京时间为下午 3 : 00—5 : 00，下午 6 : 00—8 : 00，有兴趣的东部投资者也可参与。此方案既实现了交易时间的有效延长，又充分利用了时差资源，可以让更多的全球投资者参与投资。南亚、中亚、西亚和欧洲市场基本上都方便参与，英国参与新疆市场的结束时间在次日凌晨 1 点。当然，前提是具备必要的离岸金融条件。

第四，中国银行间市场也可用异地延长模式延长 2 小时至 7.5—8 小时。银行间市场包括银行间债券市场、同业拆借市场、外汇市场、票据市场和黄金市场等，每天交易时段为上午 9 : 00— 12 : 00，下午 13 : 30—16 : 30。可以考虑加 2 小时新疆交易时间，即北京时间的 17 : 00—19 : 00，乌鲁木齐时间为 15 : 00—17 : 00。

三、建设乌鲁木齐金融中心的战略价值评估

1. 建设乌鲁木齐金融中心可改善和优化中国金融国内布局，促进中国金融东西部乃至全球金融的数字发展，拉动中国西部特别是新疆数字金融的发展。国家利用时差建立区域或全球交易中心可以为金融机构提供基础性条件，还可以为全球监管提供便利。

第一，降低在全球交易中心大规模布局机构与人员的成本，保证交易安全。对于一家金融机构而言，通常会根据时差变化建立不同的全球交易中心。例如，中国银行除了建立北京总部，还在香港、伦敦和纽约等全球交易中心开设了分行，以实现对全球金融市场交易的无缝衔接。同时，针对不同的交易品种，通常还设有白班和夜班机制，尤其是在北京总部。这是根据不同金融市场的时差特点而建立的适应性制度。

第二，发挥时差资源优势，重构中国东西部金融资源分布。有助于东部离岸金融中心，如香港、澳门和横琴等地的金融业务，尤其是

全球交易业务，通过数字金融和金融科技结合的方式向西部扩展，构建成数字金融和金融科技的西部高地。

第三，利用时差资源发展期货交易。利用新疆时差资源优势发展期货交易的方案，包括延长国内期货日盘交易时间；调整夜盘交易时间；逐步发展新疆特色产品的期货交易所。其中，利用乌鲁木齐时差延长国内期货日盘交易时间4—8小时；将国内期货交易所的夜盘放在乌鲁木齐或伊宁、喀什和阿克苏交易，不用将交易时间延长到次日，可极大地优化交易员的作息时间，提升交易的价值。按乌鲁木齐时间较北京时间晚两个小时计算，与国内期货上期所、大商所、郑商所、上海国际能源交易中心有夜盘交易时间完成时差的完美衔接，交易产品更为丰满。①

第四，利用时差资源建设金融新三线。利用时差资源构建备份金融市场拥有优势。在某种极端情况下，如地震或战争等，常用的金融市场或市场所在的城市无法交易，而远距离的备用金融市场可以启用，或者将原来在常用金融市场交易的时间转移到备份金融市场中进行交易，保证金融市场交易在特殊情况下的连续性。为防范东部金融市场在地震或战争中陷入无法启动和交易的风险的特殊情况，可以利用新疆时差资源优势建立金融市场的新三线。美国从阿富汗撤军为将新疆建设成为金融市场的新三线提供了较好的安全条件。

第五，改善"一带一路"金融条件，注入金融动力。（1）构建中国西部和中亚金融合作结算中心。新疆金融的发展，仅仅是金融市场交易的部分迁移，更意味着金融基础设施的延展，进而可成为中国西部和中亚金融合作结算中心，也可以成为东部地区的远程交易结算中

---

① 期货交易产品包括：黄金、白银、铜、铝、铅、锌、镍、锡，19:00—21:00螺纹钢、热轧卷板、石油沥青、天然橡胶、豆一、豆二、豆油、豆粕、焦煤、焦炭、棕榈油、铁矿石、白糖、棉花、菜粕、甲醇、PTA、菜籽油、玻璃、动力煤，以及原油。

心。(2) 支撑亚投行、金砖经济金融的基础设施。因为新疆的时差资源优势,新疆金融的发展,可以支撑亚投行、金砖国家经济金融的基础设施发展,为我国国际金融影响力的扩展发挥重要支持作用。

2. 乌鲁木齐金融中心的价值潜力。新疆金融发展利用时差资源,可积极影响全国、全球,特别是中亚/中国金融资源的区域分布,促进中国西部乃至中亚、南亚和西亚地区金融资源的分布,极大地促进区域资源合理利用和经济发展。

第一,如果仅是股市交易时间顺序延展 4 小时,将带动 1 000 亿元以上的金融基础设施投资,各金融机构的投资可能增加 2 000 亿元,金融从业人员迁居或本地新增可能达 1 000 人。如此,在 3—5 年里新疆的 GDP 再增加 0.5 个百分点,也就是达到 2.4 万亿元左右,未来可能接近广西壮族自治区目前的位置,处于全国第 19—20 位之间。如果股市、期货等多个金融市场顺序延展,包括交易时间延长 4 小时左右,将带动 5 000 亿元以上的金融基础设施投资,各金融机构的投资可能增加 10 000 亿元,金融从业人员迁居或本地新增可能达 3 000 人。如此,在 3—5 年里新疆的 GDP 再增加 1.5 个百分点,也就是达到 4 万亿元,未来可能接近北京市目前的位置,处于全国第 10—13 位之间。

第二,如果是建立全球交易中心或区域交易中心,同时延伸政府部门监管中心和系统,其新增投资规模可能达 2 000 亿元,各金融机构风险管理中心、系统向西延伸的投资可能增加 4 000 亿元,金融从业人员迁居或本地新增可能达 2 000 人。如此,在 3—5 年里新疆的 GDP 再增加 1 个百分点,也就是达到 3.2 万亿元,未来可能接近陕西省目前的位置,处于全国第 14—15 位之间。

第三,如果按照新三线建立备份金融市场,则将带动 1 万亿元以上的金融基础设施投资,各金融机构的投资可能增加至 2 万亿元,金融从业人员迁居或本地新增可能达 1 万人以上。如此,在 3—5 年里新疆的 GDP 再增加 2 个百分点，也就是达到 4.8 万亿元，未来可能接近福建省目前的位置，处于全国第 7—9 位之间。

3. 乌鲁木齐金融中心的辐射区域。作为中国在全球交易中的潜在中心，逐渐形成三个不同层次的辐射区域：以乌鲁木齐至兰州的 1 620 公里、至西安 2 610 公里的半径画圆，可以得到乌鲁木齐金融中心的三个辐射范围。

第一，1 620 公里的范围经济圈。如果乌鲁木齐成为一般开放的国际金融中心，在 1 600 公里的范围内，乌鲁木齐金融中心可以覆盖的区域人口共计 1.49 亿人，占全球人口的比重可达 1.9%，具体包括：中亚五国局部 3 600 万人（2021 年）、南亚局部 4 500 万人（2021 年）；还可以覆盖国内西部地区人口近 6 775 万人。而且可以包括哈萨克斯坦的努尔苏丹、阿拉木图经济金融中心、蒙古国的乌兰巴托、吉尔吉斯斯坦的比什凯克、乌兹别克斯坦的塔什干，以及国内的西宁、兰州和拉萨等地。

第二，1 620—2 610 公里经济圈。如果乌鲁木齐成为较强势开放的国际金融中心，在 1 620—2 610 公里的范围内，乌鲁木齐金融中心可以覆盖的区域人口共计 3 亿人，占全球人口的比重可达 3.8%。具体包括：中亚五国局部 5 067 万人（2021 年）、南亚局部 1.6 亿人（2021 年），还可以覆盖国内西部地区人口近 9 175 万人。包括塔吉克斯坦的首都杜尚别、阿富汗首都喀布尔、巴基斯坦首都伊斯兰堡、印度首都新德里和古吉拉特邦的礼品城、尼泊尔首都加德满都、不丹首都廷布等，国内有西安、成都、银川和呼和浩特等省会。其中，哈萨克斯坦的努尔苏丹、阿拉木图和印度的新德里、古吉拉特邦的礼品城等金融中心都在 2 610 公里的范围之内。

第三，在 2 610 公里之外的范围。如果乌鲁木齐成为强势开放的全球金融中心，可以覆盖的区域人口共计 24.15 亿人，占全球人口的比重可达30.67%，包括：中亚7 600万人（2021年）、南亚18.57亿人（2020年）、西亚4亿人（2021年），还可以覆盖国内西部地区人口近9 175万人。乌鲁木齐距土库曼斯坦的阿什哈巴德、阿塞拜疆金融中心巴库、印度的孟买金融中心较远，与中东（西亚）多个金融中心也有较远的距离。如果乌鲁木齐成为强势的金融中心，对外可以充分覆盖中亚地区和南亚地区，并对西亚地区产生一定的影响力。其中，包括迪拜、阿布扎比、以色列的特拉维夫、卡塔尔的多哈、巴林、沙特的利雅得、科威特、伊朗的德黑兰等。

四、建设乌鲁木齐金融中心的风险评估、对应策略和实施建议

充分利用和开发新疆时差资源，利用时差资源延长我国股市交易时间，建设乌鲁木齐全球金融中心，是一个集战略性、政策性和学术性的重大课题。

1. 风险评估。主要风险为：（1）证券交易所基础设施落后，人才短缺。（2）因为交易时段的顺序延长，所涉及的交易账户、交易资金、交易系统、买卖交易、交易结算、交易监管等存在技术性和操作性困难。（3）金融监管不到位，交易容易被操纵并导致损失。（4）周边国家的疑虑与担忧，包括俄罗斯与欧盟、美国的疑虑与担忧。（5）财富效应及其扩散，极端宗教文化和极端势力的不满。但是，这些风险即使产生损失也较为有限，而且可以克服或者可以创造条件克服。

2. 应对策略。相关应对策略为：（1）循序渐进的新疆金融发展推动计划，把整体金融发展分解为一项项的任务事项加以推动，要准备有十年之功来实现。（2）推动扎实的金融系统建设工作，对各类人员进行培训。（3）建立风险预警系统，实时监测交易风险，并制订各种

极端情况的预警策略。（4）积极进行金融风险防范与安全教育，帮助居民防范金融风险，保障居民财富安全，同时也恰当地宣传致富效应，让金融文化逐步深入人心。（5）推动新疆金融与社会世俗化发展的融合。（6）加强与周边国家在金融市场建设中的合作。（7）除引导资金进入外，加强新疆创业企业的投资孵化和产业扶持，引导西部企业到乌鲁木齐证券交易所上市，引导中亚、西亚和南亚国家的企业到乌鲁木齐证券交易所上市，并允许东部上市的证券公司在乌鲁木齐证券交易所发行存托凭证，或者直接登记进行延长交易时间段的交易。

3. 实施建议。具体实施建议为：（1）召开建立乌鲁木齐证券交易所论证会，确定以乌鲁木齐为核心的整体性新疆金融体系的布局。（2）确认股票交易所顺序延长交易时间。推进乌鲁木齐金融市场的整体发展，包括国际国内期货市场的发展。（3）促进新疆金融的适度开放，允许新疆金融具有一定的离岸金融特点。（4）与内地金融中心和离岸金融中心多层次的合作，让时差资源为内地金融中心和离岸金融中心所用。（5）制订新疆发展金融的人才与技术人才激励措施。（6）构建新疆内部的机场、公路、高铁等快速通道，以及快速稳定的电信系统和金融现代化基础设施等。

新冠肺炎疫情如何改变社会成本观念和结构[①]

2020年6月29日,不仅是新型冠状病毒肺炎[②](COVID-19,简称新冠肺炎)疫情暴发以来的标志性日子,也将是人类疫情历史上的重要日子:据美国约翰斯·霍普金斯大学(Johns Hopkins University)发布的实时统计数据显示,截至北京时间6月29日6时左右,全球累计确诊病例超过1 000万,达到10 070 339例;累计死亡病例超过50万例,达到500 306例。世界几乎没有任何国家幸免。这一天距离2020年1月12日世界卫生组织(WHO)将该病毒命名"2019-nCoV"(新型冠状病毒),不足170天。[③] 如果以2020年4月3日全球新冠肺炎累计确诊100万例作为参照系,到6月28日突破1 000万,用时不到三个月。其间,从确诊600万到700万再到800万例,均只耗时八天;而从900万到1 000万例,仅用时六天。世界卫生组织专家认为,这是最初疫情暴发之延续,仍处于第一波。但是,在世界范围内,人们已经开始谈论疫情第二波浪潮。新冠肺炎疫情不仅给人类健康与生命带来了伤害,而且打破了世界经济和国际关系体系的平衡,并改变了人们的工作、就业、生活,甚至思维模式。本文将探讨

---

① 本文系作者在香港中文大学主办的《二十一世纪》杂志2020年8月号(总第108期)上发表的文章。

② 2022年12月26日,国家卫生健康委员会发布公告,将新型冠状病毒肺炎更名为新型冠状病毒感染。

③ "Virus",英文单词,中文直译为"病毒","毒"字影响了"virus"本身具有的中性特征,因为不是所有的"virus"都对人类造成伤害。

新冠肺炎疫情如何改变社会成本观念和结构，并对一些长远问题进行思考。

一、病毒：人类生存与发展的微观基础

传统经济学包括微观经济学（Microeconomics），后者被定义为以单个生产者、消费者和单一市场的经济行为作为研究对象的经济学学科。微观经济学的"微观"与现代物理学和生物学的"微观"没有任何关联性。

2020年新年刚过，全球民众的生活节奏被来自微观世界的新冠肺炎病毒按下暂停键。新冠肺炎病毒搅动和改变了宏观世界。现在人们不得不重新审视人类生存与发展的微观基础问题。经济学作为一门实证科学，需要突破社会科学的微观思维，不是将微观作为观察世界的抽象概念，而是将其作为洞察和度量真实世界的出发点。依据现代物理学，微观世界一般所指的是用纳米衡量的物质系统，其线度小于10—9纳米。在微观世界中，其基本粒子包括原子、电子、原子核、质子、中子和夸克。病毒无疑属于微观世界。例如乙型肝炎病毒直径42纳米，噬菌体病毒直径68纳米，甲型流感病毒直径80纳米，SARS病毒直径90纳米，新冠病毒直径90纳米。

人类对于微观世界的直接观察和认识，需要通过电子显微镜和扫描显微镜。电子显微镜的分辨极限远超光学显微镜，最大可以实现300万倍的放大倍率，可以分辨病毒、线粒体、DNA等微小物体，并具有图像采集、数据处理和数据储存等功能。扫描显微镜的发明，推动以0.1纳米—100纳米尺度为研究对象的纳米科技学科的诞生。病毒主要存在于自然界的植物、动物和细菌之中。寄生在植物体细胞中的是植物病毒，寄生在动物细胞中的是动物病毒，寄生在细菌中的是

细菌病毒（即噬菌体）。病毒与动植物的主要区别是：（1）结构不同。动植物有细胞膜、核膜，病毒没有类似结构；动植物有各种细胞器，病毒没有，病毒衣壳里只有遗传物质。（2）成分不同。动植物含有核酸、蛋白、脂类、水分、碳水化合物、无机盐等很多类型的成分，病毒只含有核酸、蛋白质、脂类和糖。（3）复制方式不同。动植物自身有酶系统进行DNA复制和细胞分裂，病毒则需要借助宿主的酶和翻译体系进行复制和增殖。（4）能量代谢不同。动植物有能量代谢系统，在线粒体中生成ATP（腺嘌呤核苷三磷酸），病毒没有自己的能量代谢。对于病毒世界，人类长期认知不足。病毒是一种非细胞生命形态，由一个核酸长链和蛋白质外壳构成，没有自己的代谢机构，也没有酶系统。病毒按所含核酸种类可分为DNA病毒（脱氧核苷酸病毒）和RNA病毒（核糖核酸病毒）。[①]

在地球上，病毒是数量最大的生命实体。首先，病毒有多少种类型？假设已知的62 305种脊椎动物每种携带58种病毒，那么未知病毒的数量将上升至3 613 690种，比流行病学家斯蒂芬·穆尔斯（Stephen Morse，？—）所估计的数量（100万种）的三倍还多。如果考虑脊椎动物、无脊椎动物、植物、苔藓、蘑菇和褐藻等目前已知的大约174万个物种，病毒种类会上升至1亿以上。这个数量中还不包括细菌、古生菌和其他单细胞生物中的病毒。如果再考虑到有1 031种病毒粒子（主要是噬菌体）存在于海洋中，其数量还会大幅度提高。[②] 其次，病毒的数量有多少？科学家通过检测病毒DNA的方法推断，地球上病毒的总数大约为10^{31}个。这个数量大约是整个宇宙恒星

[①] 动物病毒或含DNA，或含RNA；植物病毒除少数组外大多为RNA病毒；噬菌体除少数科外大多为DNA病毒。

[②] 陈琳《地球上到底有多少病毒？》，白瓦《地球上总共有多少病毒？》《大科技·百科新论》，2015年第5期，第13、15页

第七章　未来构想

总数的 1 000 万倍。如果把病毒一个个连接起来,那么产生的病毒链条将跨过月球、跨过太阳、跨过比邻星、跨过银河系边缘、跨过仙女座星系,一直延伸到 2 亿光年之外。如果加上 RNA 病毒(流感病毒就是一个典型代表),那么地球上病毒的总数,可能是 10^{31} 加上 10^{31},产生的病毒链条将长达 4 亿光年。①

不仅如此,病毒是无所不在的,可以伴随地球上的每一个生态系统并入侵每一种生物体。病毒可以穿越地球各大洲,每天有数万亿的病毒会从天而降,地球上每一平方米就有多达 8 亿个病毒。关于病毒的历史,科学家的推断是与地球生命几乎同步。有可能在 40 亿年前地球上演化出第一个细胞的时候,病毒就同时存在。病毒并不会形成化石,也不存在任何参照物可以估算病毒出现的时间。有关病毒起源,存在三类起源学说:原始生物后裔说、退化说,以及病毒和细胞共同进化说。

不论是哪种起源说,地球初始期的生命分化,最终朝着两种截然不同的方向发展:一个方向是从细胞进化到生命有机体;另一个方向是病毒,保持简单构造,利用宿主细胞中的物质和能量,按照本身核酸所包含的遗传信息复制、转录和转译,产生和它一样的新一代病毒。美国生物学家罗伯特·H. 魏泰克(Robert Harding Whittaker,1920—1980)提出生物五界系统学说,分别是:原核生物界(Monera)、原生生物界(Protista)、植物界(Plantae)、真菌界(Fungi)和动物界(Animalia)。五界系统按复杂性增加的三个层次排列生命:原核单细胞(原核生物界)、真核单细胞(原生生物界)、真核多细胞(植物界、真菌界和动物界)。病毒属于寄生生活的介于生命体和非生命体之间的有

---

① 白瓦:《地球上总共有多少个病毒》,《大科技(百科新说)》,2015 年第 5 期,第 12、13 页。

机物种，既不是生物亦不是非生物，目前它未被归于五界之中。但是，没有病毒，就不可能构成微生物系统，而没有微生物系统，就不存在魏泰克所提出的生物五界。病毒的特定化学构成（核酸、蛋白质、脂类和糖）决定其功能是不可替代的。所以，人类依存于生物五界系统，而支持生物五界系统的微观基础是微生物，是病毒。病毒的演变、其与生物界和与人类的关系，最终成了人类生命群体的前提性条件，其地位绝对不亚于空气、水、阳光和土地。在人类形成与进化的过程中，病毒所具有的终极性微观地位已经形成。假设人类生存于一个不存在病毒的地球，那只是人类中心主义的一种偏见。因为地球自有生命现象开始，就有了病毒。借用"嵌入理论"的说法，可以说是人类后来"嵌入"了已经存在的病毒和微生物中，甚至生物五界的系统。所以，病毒系统已经构成了现实经济的真实微观基础。甚至可以说，没有对病毒的整体认知，就无法理解未来人类生存环境的演变。

二、病毒影响人类经济生活的基本模式

事实上，人类身体本身也寄存着巨量的病毒。一个普通健康人体内就含有约 $3^{10^{12}}$ 个病毒，或者说是 380 万亿个病毒。如果将全世界所有人身上的病毒聚集到一起，可以填满大约十个原油桶（一桶大约 159 升）。如果一个人得了流感，呼吸道里每一个被感染的细胞会产生大约 1 万个新的流感病毒。几天下来，身体里产生的流感病毒数量将高达 100 万亿。这个数量是地球上所有人类总和的一万倍以上。[1] 病毒一旦离开了宿主细胞，就变成了没有任何生命活动，也不能独立自

---

[1] 白瓦：《地球上总共有多少个病毒》，《大科技（百科新说）》，2015 年第 5 期，第 12、13 页。

第七章 未来构想

我繁殖的化学物质。所以，病毒主要是通过植物、动物和细菌等媒介影响人类的。引发传染病的病原体种类很多，包括细菌、病毒、立克次氏体、寄生虫、真菌等多种微生物，也包括微生物重组体（杂交体或突变体）。就植物病毒病而言，在伤害植物系统本身的同时，还可以通过植物传染给人类。

至今，人类的免疫系统对从植物传染给人类的耐药疾病毫无准备。至于动物病毒，则寄生在人体和动物体内，引起人和动物的疾病。动物病毒的复制过程和噬菌体的复制过程相似，包括吸附、注入、复制、装配、释放五个基本阶段，只是有些细节不同。对人类致命的病毒更多首先出现在动物身上，在发生变异后传染给人类。当代人经历过的与动物病毒有关的疫情包括：（1）禽流感（AIV），由甲型流感病毒引起，病毒寄生于鸡、绿头鸭等野生鸟类，H7N9型禽流感就是一种新型禽流感。（2）口蹄疫（FMD），病毒存活于牛、羊、猪等偶蹄动物，引发急性、热性、高度接触性传染病，易感染动物如黄牛、水牛、猪、骆驼、羊、鹿等。（3）中东呼吸综合征（MERS），该病毒的主要宿主是人类驯养的单峰骆驼。（4）沙门氏菌病（salmonellosis），沙门氏菌是食源性病菌，属于人与家畜共患的感染性疾病。（5）甲型H1N1流感，又称猪流感（swine influenza，SI），属于正黏病毒科（orthomyxoviridae）、甲型流感病毒（influenza A virus）。（6）马秋波病毒感染（Machupo virus infection，又称玻利维亚出血热［BHF］），该病毒由老鼠携带。（7）猴B病毒（monkey B virus），又称猴疱疹病毒1型（cercopithecine herpesvirus 1），为人畜共通传染病，亚洲地区的猕猴是这种病毒的天然宿主。（8）尼帕病毒感染（Nipah virus infection），这种人兽共患的病毒病宿主是马来大狐蝠，曾导致成千上万头猪死亡，并传染给人。除了猪以外，狗、猫、羊和马都可能是尼帕病毒的宿体。（9）西尼罗河病毒感染（West Nile virus inflection），病毒宿主包括鸟、马、猫、臭鼬、灰鼠、家兔，最终传染给人。（10）拉沙热（Lassa fever），病毒宿主主要是家鼠、田鼠、蝙蝠。（11）狂犬病（rabies），通过狗和其他动物传播给人的一种致命传染病。（12）严重急性呼吸系统综合征（SARS，又称"非典""沙士"），其冠状病毒存活在大量不同种类的蝙蝠身上。

病毒的动物宿主，包括飞禽、走兽、家畜和水产品，比如鹦鹉、蝙蝠、猪、马、牛、羊、猫、狗、鱼，当然还有野生动物。野生动物体内含有大量上百万年积累下来的病毒。这些病毒对人类是很大的威胁。病毒在自然界、动物和人类之间，存在着相当稳定的传播路径（如图7.9）：

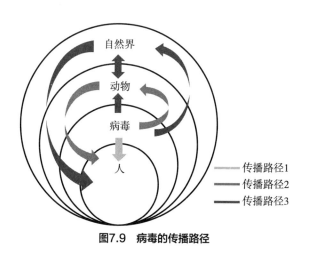

图7.9 病毒的传播路径

病毒不仅数量大，而且无所不在。从流行病学的角度来看，病毒在人群中的传播分为"垂直传播"与"水平传播"。所谓"垂直传播"，是指母体内存在的病毒经胎盘或产道由亲代传给子代的方式导致感染；至于"水平传播"，则是指病毒在人群不同个体间的传播。其中，后者与人们的日常生活习惯息息相关，基本传播模式包括：（1）"人传人"模式。主要是直接接触传播以及通过空气中的飞沫传播。SARS 病毒传播方式为飞沫传播或接触患者呼吸道分泌物；甲型、戊型肝炎主要通过饮食传染。（2）"物传人"模式。人在与沾染了病毒的物品接触后感染病毒。日常频繁触摸的公共场所门把手、电梯按钮及相关设施等，都是常见的病毒寄生处。（3）中央空调传播。（4）通过污水管和排泄器皿传播，包括气溶胶传播。（5）通过大面积暴露和有损伤的皮肤传播。简言之，病毒的传播是无所不在和无时不在的，藏匿在人们感官阈值之下。人们因为安全和危险的界限模糊不清而感到不安。遍及世界各地的家禽养殖场和养猪场，甚至全球最大的薯片工厂都可能随时发生疫情，这意味着病毒已经深入到现代社会的厨房和餐桌，即人们日常生活的深层结构。

三、病毒外溢效应和历史转型

通过古 DNA 研究以及动物考古学、生物地理学的综合性研究，各种动物被实际驯化的时间、地点信息逐渐明晰。科学家发现，在很多动物被驯化之前，许多超级病菌远古时期就已经存在于他们身上。例如，结核病的结核分枝杆菌已经有近七万年的历史。人类祖先以狩猎采集为生，茹毛饮血，很可能都是超级病菌携带者。在旧石器时代，人口聚集规模与扩散空间有限，尚不存在为病菌的超级演化提供温床的家养动物，也不具备因定居而带来的水与土壤交叉传染的因素，但是，病毒已经融入和改变了人类生命及其活动。近年来，科学界从处于旧石器时代与新石器时代之交的俄罗斯、瑞士等国的多个遗址中，筛选出包括狩猎采集者和最早的农民在内的近三千具遗骸，在这些遗骸中提取出了八种最早的沙门氏菌。[①] 此外，科学家从秘

---

① Felix M. Key et al., "Emergence of Human-adapted Salmonella Enterica Is Linked to the Neolithization Process", Nature Ecology & Evolution 4, no. 3 (2020): 1–10.

鲁印第安人的干尸上提取到的肺结核菌 DNA，与野生动物中广泛传播的病原体（牛科动物分枝杆菌），同样具有较高的相似性。从距今 1 万—1.2 万年前开始，古人类结束四处流浪的狩猎采集生活，踏上畜牧业道路、开启农牧业社会，野生动物不断被人类驯化，这不但改变了人类在生物链上的位置，同时也逐渐改变了生物赖以生存的环境。在这个过程中，一些流行性病菌随之在家养动物中产生，并在人类与驯养动物之间不断地交叉感染，为超级病菌的出现埋下隐患。[1]

人类进入农业社会后，驯化动物，改良植物，人口增长，加上陆上和海上贸易的兴起，进而形成不断增加的人口稠密化地区。因为农业革命，人类建立了新的生态系统，为病菌演化和强烈影响人类生活提供了前所未有的环境。其中，随着动物被驯化的时间增长，人类与家畜共患的传染病也随之增多，并出现具杀伤力和扩散能力极强的超级病菌。人类历史上几次全球瘟疫事件中，那些改变人类历史的超级病菌，绝大多数源自家畜、宠物和与人类有着近距离关系的动物。

随着分子遗传学、古病理学、流行病学等领域的研究成果增多，分子生物学开辟了人类疾病史研究新途径。生物学家根据不断增多的证据发现，在很多致病病菌的分支系统中，存在与一些家畜病菌的亲缘关系；或者说，在分子遗传学上具有相似性。所以，那些被祖先驯化的动物很可能就是超级病菌的始作俑者。[2] 尽管如此，究竟病菌和家养及驯化动物之间存在怎样的关联性，还有

---

[1] Jared Diamond, Guns, Germs, and Steel: The Fates of Human Societies (New York: W. W. Norton, 1997).

[2] 关于病菌是否起源于家养动物，仍是一个需要更多证据来论证的假说，而非定论。古 DNA 研究存在一定的局限性，再如很多的病菌发病较快，在还没有引起骨骼性病变的时候就已经杀死了宿主，而且动物考古学家也在不断地更新各种驯化动物起源的事件和地点。

第七章 未来构想

待于更多的证据和检验。但是，病菌的演化和传播，直接和间接地改变了人类生态和社会结构，确是历史事实。在这个意义上说，没有瘟疫的人类历史不是完整的历史，甚至是严重缺失的历史。11—13世纪的一系列战争，13—15世纪的蒙古帝国崛起，分别从西到东，再从东到西，彻底打通了欧亚大陆。之后新大陆出现，麦哲伦环球航海，国际贸易网络建立，最终形成巨大的病菌繁殖场。1347—1353年，席卷整个欧洲的"黑死病"瘟疫导致死亡人口达到2 500万人，占当时欧洲总人口的三分之一。造成这场瘟疫的是以鼠类和蚤类作为宿主的鼠疫杆菌。黑死病发源于威尼斯，此地是全球航海和贸易的重要枢纽。18世纪后期的欧洲，天花的流行导致1.5亿人口死亡，加剧天花流行的社会因素是战争带来的人口流动。自19世纪始，发生在世界任何地方的疫情，都很快开始不同程度的国际蔓延。1918年所谓的西班牙大流感，源于后来被命名为"H1N1"的流感病毒。当时世界总人口为17亿人左右，此次流感导致10亿人感染，约4 000万人死亡，死亡人数超过了第一次世界大战士兵和平民死亡之和。此次大流感爆发于美国，透过战争形成世界性感染，无数青年死于非命，严重影响青壮年进入军队，间接导致一战于1918年底提前结束。20世纪后期最典型的疾病是艾滋病（AIDS），造成该病的是一种能攻击和毁灭人体免疫系统的HIV病毒。1981年，首例病例出现在中美洲。1982年，这种疾病被命名为"艾滋病"，不久迅速蔓延到各大洲。

进入21世纪，病毒对人类的影响从初始阶段就是国际性的和全球化的。在过去的二三十年间，病毒开始展现前所未有的爆发频率和力度。在病毒攻击面前，现代化的人类社会之脆弱性是被低估的，承受力是被高估的。21世纪初的SARS，是一种人类之前从未听说过的病毒，该疫情于2002年在中国广东顺德首发，随后扩散至东南亚乃至全球。更值得注意的是，原本人们以为某些以动物为宿主的病毒对人类没有直接伤害，后来科学证明这是不正确的。例如，非洲猪瘟（ASF）是在家猪、野猪中爆发的一种急性、热性、高度接触性动物传染病。长期以来，官方机构宣称非洲猪瘟不是"人畜共患病"，不传染人，对人体健康和食品安全不产生直接影响，也不太可能出现变异和传染人的情况。但是，最近《美国科学院院报》（Proceedings of the National Academy of Sciences of the United States of America, PNAS）发表了一篇来自中国疾病预防控制中心的论文，提出新型猪流感病毒的基因型 G4 EA H1N1（简称 G4），与此前的猪流感病毒存在较大差异，所以，人类对 G4 不具备与对其他猪流感病毒一样的免疫能力。[①] 以下提供了 20 世纪后半期至 21 世纪前 20 年全球 8 种疫情从爆发到全球大流行的周期比较（如表 7.1）。

表7.1 全球八大病毒疫情比较（20世纪50年代至21世纪20年代）

序号	病毒	爆发	传播途轻	影响
1	军团菌肺炎（Legionellosis）	1976 年在美国费城召开退伍军人大会后爆发流行。	空气传播	全球共发生过 50 多次，近几年在欧洲、美国、澳大利亚等国家和地区均有流行。
2	艾滋病（AIDS）	1981 年 6 月美国首次出现有关艾滋病病例报告记载，1982 年迅速蔓延到美国各大洲。	性接触、血液传播、母婴传播	全球范围内流行，但至今尚未研制出根治艾滋病的特效药物，也还没有可用于预防的有效疫苗。
3	严重急性呼吸系统综合征（SARS）	2002 年在中国广东爆发，并迅速扩散至东南亚乃至全球。	飞沫传播	2003 年年中被消灭。

---

① Honglei Sun et al., "Prevalent Eurasian Avian-like H1N1 Swine Influenza Virus with 2009 Pandemic Viral Genes Facilitating Human Infection" (29 June 2020), Proceedings of the National Academy of Sciences of the United States of America, www.pnas.org/content/early/2020/06/23/1921186117.

续表

序号	病毒	爆发	传播途轻	影响
4	猪流感（SI）	2009年3月在墨西哥发现首例，之后在美国大面积爆发。	飞沫传播	蔓延至超过214个国家和地区，导致近20万人死亡。2020年6月，中国的研究人员又发现可能引发大流行病的新型猪流感病毒。
5	中东呼吸综合征（MERS）	2012年9月在沙特阿拉伯发现首例，之后扩散到与阿拉台半岛相关联的其他国家和地区。	飞沫传播	蔓延至沙特阿拉伯、英国、德国、法国、意大利、希腊、突尼斯、菲律宾等地。已发现总共496名确认感染病毒患者，导致沙特阿拉伯至少126人死亡。
6	寨卡病毒感染（Zika virus infection）	2014年2月在智利复活节岛发现了首例，2015年5月扩散至巴西。	蚊虫传播、性接触、血液传播、母婴传播	2016年蔓延至24个国家和地区。2018年10月重新在印度西部的拉贾斯坦邦发现疫情。目前无疫苗。
7	埃博拉病毒传染（Ebola virus infection）	1976年在苏丹南部和刚果（金）的埃博拉河地区发现首例，2019年大面积扩散至刚果民主共和国。	血液传播、飞沫传播	2018年8月埃博拉疫情暴发于刚果（金），超过3000个病例，其中死亡病例超过2000例。2016年底发现可实现高效防护病毒的疫苗。
8	新型冠状病毒肺炎（COVID-19）	2019年12月在中国武汉市发现首例。	飞沫传播、空气传播	疫情在全球范围内"加速"传播，远未结束。

如果比较全球性病毒爆发的时间分布，不难发现全球性病毒疫情的爆发频率出现加快趋势：工业革命之前数个世纪以百年为频率幅度，进入工业社会之后是几十年为频率幅度，如今已经发展到三年甚至同年就有新病毒导致疫情的情况。不仅如此，病毒所产生的影响很快遍布全球。此次新冠肺炎疫情在全球传播，将人类整体性感染的情况推向极致（如图7.8）。

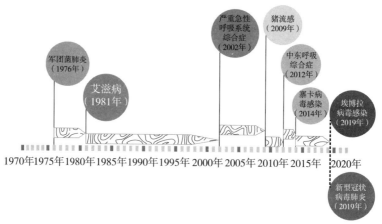

图7.10　全球疫情的爆发频率出现加快趋势

四、新冠肺炎病毒的特征和社会成本分析

流行病病原体怪异而难以捉摸，这一观点是流行病学研究的核心。在人类上千年的历史中，虽然地球上存在着数以百万计的病毒，人们不断地遭受到源于病毒的各种传染病的困扰，但是只有极少数病毒曾经引发过流行病大爆发。从某种意义上说，人类还是幸运的。但是，这样的幸运是否会因为此次新冠肺炎病毒而结束？人类发现冠状病毒可以追溯到1937年首次将病毒从鸡身上分离出来。冠状病毒是一个大型病毒家族。在此次冠状病毒之前，已知包括SARS-CoV、MERS-CoV在内的六种。冠状病毒仅感染脊椎动物，如人、鼠、猪、猫、犬、鸡、牛、禽类。[1]虽然人们对于新冠肺炎病毒认识时间不长，但已经不得不承认它集中显现了如下特征：（1）溯源极端困难。从新冠肺炎疫情开始，WHO和相关国家政府就追寻病毒源头

---

[1] 《冠状病毒》（2020年1月9日），中国疾病预防控制中心网，www.chinacdc.cn/jkzt/crb/zl/szkb_11803/jszl_2275/202001/t20200121_211326.html。

第七章 未来构想

和动物宿主，但是至今没有定论。不仅如此，将新冠肺炎正式命名为"COVID-19"，其中的"19"是指发现该冠状病毒的2019年。选择这一名称，就是为了避免将此病毒与地域、动物或个人关联，消除歧视，避免被政治化。（2）新冠肺炎病毒是变异性极强的RNA病毒，可以实现超级变异。（3）潜伏期长。从观察来看，新冠肺炎病毒一般的潜伏期是14天，个别的病例可以达到24天左右，甚至更长。（4）疫情全球蔓延呈现指数增长模型。此次疫情呈现以流感的方式传播，具有指数增长特征，即感染人群的增长速率与它特定时点的感染人群数量成比例，增长量成倍增加。以美国为例，其疫情增长的曲线图，初期看来平缓，但突然急剧攀升，几乎呈垂直状，属于典型疫情。（5）无症状感染者不是孤立和偶然现象。人体感染新冠肺炎病毒康复后，体内的抗体可能只能维持两到三个月。尤其是无症状感染者，抗体维持时间会更短。（6）病毒感染和传染渠道广泛，防不胜防。（7）病毒适应季节和温度环境变化。（8）病毒横跨全球人类生存的不同区域，突破经纬度和海拔极限。（9）病毒全面损伤患者机体。人体的感染不仅局限于肺部，而且可以侵入心脏、血管、肾脏、消化道、神经系统，还包括大量不同组织的内皮细胞。新冠肺炎病毒不再是单纯的呼吸系统疾病，更多地呈现为一种广泛的血管疾病。[1]（10）具有复发的机理。新冠肺炎病毒实际上具备乙型肝炎病毒和艾滋病病毒的特性与功能，即使宿主通过治疗恢复了健康，病毒可能还会终身寄生在宿主体内。所以，WHO提出：现在没有证据能证明感染新冠肺炎病毒后产生的抗体能保护人体免于第二次感染。（11）病患趋于年轻化。（12）新冠肺炎病毒可能和其他病毒迭加。（13）群体免疫

---

[1] Tao Wang et al., "Attention Should be Paid to Venous Thromboembolism Prophylaxis in the Management of COVID-19" (9 April 2020), *The Lancet Haematology*, www.thelancet.com/journals/lanhae/article/PIIS2352-3026(20)30109-5/fulltext.

幻觉。冠状病毒里有一个 ADE（antibody-dependent enhancement）效应，群体免疫的抗体对变异后的病毒无法免疫。临床发现，西班牙新冠抗体阳性率仅 5%。① 所以，难以寄希望于群体免疫。（14）研发疫苗和新药难度高，研制周期具有不确定性。在上述归纳的 14 个特征中，最重要也最存在争议的是如何认知新冠肺炎病毒的变异能力和后果。可以肯定的是，新冠肺炎病毒具有闪电般的自我复制能力和无与伦比的进化速度。在 2020 年 2 月 12 日之前，病毒的进化树上最少就包含 58 个单倍型，可分为五组。病毒变异，意味着病毒繁衍出愈来愈多的亚型，甚至可能与其他病毒形成重组，突变演化出一些全新的超级病毒。②2020 年 7 月，根据《卫报》（*The Guardian*）报道，在研究者提取的来自全世界 5 000 多份样本中，发现世界上已经流行着至少三种新冠肺炎病毒；有一种占了 700 多份，另一种只占 30 多份。也就是说，除了最大群体感染的那种，还检测出毒株结构不一样的其他种类的新冠肺炎病毒 B 类和 C 类。③自北京 2020 年 6 月 11 日再次发现疫情之后，18 日，中国公布病毒基因组序列数据，表示这些样本带有 D614G 突变，认为是欧洲 D614G 毒株的分支。中外专家均认

---

① Marina Pollán et al., "Prevalence of SARS-CoV-2 in Spain (ENE-COVID): A Nationwide, Population-based Seroepidemiological Study" (6 July 2020), *The Lancet*, www.thelancet.com/journals/lancet/article/PIIS0140–6736(20)31483–5/ fulltext.

② Wen-Bin Yu et al., "Decoding the Evolution and Transmissions of the Novel Pneumonia Coronavirus (SARS-CoV-2 / HCoV-19) Using Whole Genomic Data", Zoological Research 41, no. 3 (2020): 247–57.

③ 《哈佛大学发表 Science：关于新冠的绝望未来》（2020 年 7 月 2 日），腾讯网，https://new.qq.com/omn/20200702/20200702A0HTKF00.html ；"Will Covid-19 Mutate into a More Dangerous Virus?" (10 May 2020), The Guardian , www.theguardian.com/world/2020/may/10/will-covid-19–mutate-into-a-more-dangerous-virus。

为 D614G 突变让新冠肺炎病毒传染力增强。① 芝加哥西北大学医学院的研究发现：科学家上传的冠状病毒的相关基因组中，发生了多次突变。至少有四项实验室研究表明，变异使病毒更具传染性。② 更严重的是，某些患者可能同时被双重新冠肺炎变异病毒感染。3 月 24 日，冰岛媒体《雷克雅未克秘闻》(*The Reykjavík Grapevine*) 报道：冰岛国内一名新冠肺炎患者被检测出同时受两种新冠肺炎病毒感染的情况，其中第二种为原始新冠肺炎病毒的变体，这是冰岛第一次发现受双重新冠肺炎病毒感染的患者。冰岛科学家已在国内发现 40 个病毒变种。③ 值得注意的是，英国学者指出新冠肺炎病毒在亚洲暴发疫情之前，很可能已经存在于全球不同地方，只是处于"休眠"状态，直到环境改变才开始传播。④ 新冠肺炎病毒具有闪电般的自我复制能力和无与伦比的进化速度。

在人类与新冠肺炎病毒的"博弈"过程中，新冠肺炎病毒显示了前所未有的三个"智能"特征：不断改变其内部结构以适应其新宿主；疫情反弹能量强大；避开人体免疫系统的反击，具有超强传染性。通过显微镜拍摄到新冠肺炎病毒感染健康细胞的过程显示，受

---

① 《传染力暴增 9 倍！此次北京的病毒株已经突变》(2020 年 6 月 26 日)，搜狐网，https://m.sohu.com/a/404291703_237062/?pvid=000115_3w_a; Lizhou Zhang et al., "The D614G Mutation in the SARS-CoV-2 Spike Protein Reduces S1 Shedding and Increases Infectivity" (12 June 2020), www.biorxiv.org/conte nt/10.1101/2020.06.12.148726v1。

② "Mutations May be Making Coronavirus More Contagious: Researchers", www.aninews.in/news/world/us/mutations-may-be-making-coronavirus-more-contagious- researchers 20200630120732.

③ "Patient Infected with Two Strains of COVID-19 in Iceland" (24 March 2020), Reykjavík Grapevine, https://grapevine.is/news/2020/03/24/patient-infected-with- two-strains-of-covid-19–in-iceland.

④ "Exclusive: Covid-19 May Not Have Originated in China, Oxford University Expert Believes" (5 July 2020), The Telegraph , www.telegraph.co.uk/news/ 2020/07/05/covid-19–may-not-have-originated-china-elsewhere-emerged-asia.

感染细胞长出名为"丝状伪足"的触手状刺突,在这种刺突中长满了新冠肺炎病毒颗粒。新冠肺炎病毒正是利用这些丝状伪足进入健康细胞,并注入病毒毒液以改变细胞内部机制。受感染细胞则变为"病毒复制机器",继续生产新病毒的组成部分。对于这样的现象,专家不得不使用文学语言如"狡猾""诡异"和"邪恶"加以描绘。在近现代人类与病毒疫情的关系史上,还从来没有出现过这样强大的全能型纳米级对手。① 人类在与新冠肺炎病毒对抗中,寄希望于控制此病毒的特效疫苗。但疫苗研制不仅面临病毒的复杂性,而且需要应对其变异能力。现在存在着疫苗研制速度和病毒演变速度的竞赛,而且无法排斥当前病毒样本发生更大程度的突变的可能性。② 如果发生,人类何以面对?在这样的新冠肺炎病毒及其所造成的全球疫情下,评估对全球的影响,需要讨论生命成本、社会成本和经济成本。生命成本方面,包括新冠肺炎病毒引发的检测、确诊、治疗和直接死亡成本。WHO提出:截至北京时间2020年7月26日21时01分,全球新冠肺炎累计确诊病例突破1 624万例,达到16 245 736例,累计死亡病例超过64.9万例,达到649 276例。人类在同病毒长久的交战中,进化出愈来愈强的免疫系统,但是强大的免疫系统也会反噬人类自身。科学家已经证明,此次疫情引发了人类免疫系统的改变。新冠肺炎成为老年人的头号杀手,预期寿命将会降低,整体医疗支出大幅上升。

社会成本方面,鉴于新冠肺炎感染数量的几何级数增长,以及死亡人数的不断扩大,为了确保医疗体系不致崩溃,世界各地都以停

---

① 有一种假说:病毒或许来源于比人类出现更早的外星智慧文明的产物。病毒怎么看都不像是自然进化的产物,比如我们所熟悉的数量最多的病毒"噬菌体",单从外形上看很像一个小机器人。

② 有一种说法:人类感染者产生的抗体有效期可能只有40周(300天),比疫苗的研发周期都要短。如果疫苗不能起作用,那么新冠肺炎将会变成一个10至50倍致死率的流感。

工、停产、停学、停试等"隔离"手段来抵挡病毒、遏制病毒入侵和扩散,并实行各种类型和各种时间尺度的隔离,从国家层面到城市、小区层面。一个流动的世界被割裂、被静止,包括学校、博物馆、餐饮和娱乐场所、体育空间,大面积和长时间被关闭。人类不得不接受"封国""封城""断航"与"蛰居"的现实,大大改变以往聚集和直接交流的生活方式。生活方式的改变自然会影响传统的家庭模式。在广义的社会成本中,还需要充分估计社会心理成本。在美国,疫情背景下持续增加的社会管理成本(如骚乱)也需要加以考虑。

经济成本方面,可以分为直接经济成本和间接经济成本。在直接经济成本方面,首当其冲的是第三产业的全面衰退,全球的价值链、供应链、产业链的断裂,国际贸易的大宗商品、能源和畜牧业全面萎缩,全球经济增长严重放缓,居民收入下降,失业人数急剧增长,消费能力萎缩,全球平均生产力水平大幅度下降。[1]在疫情时代的新世界,投资与政策预计将因循截然相反的核心逻辑,行业估值的逻辑完全改变。

在间接经济成本方面,世界愈来愈多国家陷入公共医疗制度危机,不得不诉诸财政赤字货币化政策,加剧了财政的脆弱化,最终侵蚀福利制度的根基。如果从比较宏观和中长期的尺度评估此次疫情的影响,因为疫情暴发,世界各地的边界关闭,冲击欧洲的"无国界理念",国际贸易环境恶化。现在又有一种"病毒关税"说法,颇有道理。根据世界银行(World Bank)测算,对于大部分贸易品而言,一天的延误就相当于加征超过1%的关税。这如同施加了额外的

---

[1] 国际货币基金组织(IMF)预测2020年全球经济将萎缩4.9%,除个别国家,几乎所有经济体都将陷入衰退。国际劳工组织(ILO)预测2020年第二季度全球约有3.1亿个工作岗位因受到新冠肺炎疫情的影响而流失。

"病毒关税"。① 疫情对世界所形成的压力，构成所谓的"马太效应"（Matthew Effect），已经动摇全球化的基石。

五、关于新冠肺炎疫情长期影响的思考

进入 21 世纪，人类虽然经历过"9·11"恐怖主义和 2008 年全球金融危机，却依然对未来充满信心。尽管生态环境不断恶化，但是科技的进步、互联网的发展、全球化的进展，使人类更加自负。最有代表性的是生态学家克鲁岑（Paul J. Crutzen，1933—2021）和斯托莫（Eugene F. Stoermer，1934—2012）在 2000 年提出了"人类世"（Anthropocene）概念：人类已经成为影响全球地形和地球进化的地质力量。② 但是，此次新冠肺炎以前所未有的力度，扭转了人类中心主义的思想惯性，逼迫人类承认现代化的脆弱性，甚至需要重新定义现代化。以下提出 8 点具有长远意义的思考。

第一，正视人类对于新冠肺炎病毒的认知和对抗手段的有限性。在此次疫情开始的几个月里，即使资深的疾病专家也低估了这场疫情的严重性，以及演变成全球流行病的可能性。WHO 在推特上发表过"没有明确证据表明新冠肺炎病毒人传人"的言论。之后的疫情发展证明，人类对于新冠肺炎病毒的专业知识和对抗手段相当有限，暴露了公共卫生资源的匮乏。以纳米作为尺度的病毒，几乎在人类构建的现代社会体系中通行无阻，导致人类付出数十万生命，数十万个家庭承受失去亲人的悲哀。现代科学与医学的发展速度，并不能

---

① 程实：《疫情时代的失衡世界》（2020 年 6 月 28 日），搜狐网，www.sohu.com/a/404576774_465450。
② Paul J. Crutzen and Eugene F. Stoermer, "The 'Anthropocene'", Global Change Newsletter, no. 41 (May 2000): 17。

跟上病毒发展与变异的速度。从新冠肺炎病毒的特性来看，人类在短时间内根本不可能将其彻底消灭。可以预料，无论是否能研发出疫苗，新冠病毒及其变异后代所造成的疫情很可能常态化，永远不会消失。在短暂压制住病毒之后，病毒大概率会卷土重来，且每一年都会如约而至（所谓的"后疫情时代"的提法或许是不成立的）。如果这样的假设成立，新冠病毒在2019—2025年间所呈现的曲线将如图7.11所示。①

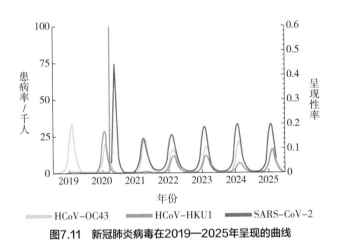

图7.11　新冠肺炎病毒在2019—2025年呈现的曲线

第二，新冠病毒和其他病毒造成的疫情，将导致全球性医疗卫生资源短缺状态的长期化。随着新冠肺炎疫情常态化，加上之前和未来

---

① 数据源：参见哈佛大学公共卫生学院流行病学家利普西奇（Marc Lipsitch）领导的研究团队论文，Stephen M. Kissler et al., "Projecting the Transmission Dynamics of SARS-CoV-2 through the Postpandemic Period", Science 368, no. 6493（2020）: 860–68。说明：图中"SARS-CoV-2"的定义来源于2020年3月2日《自然—微生物学》（Nature Microbiology）发表的国际病毒分类委员会冠状病毒研究小组（ICVT-CSG）关于新冠病毒的命名声明。因新冠病毒与以严重急性呼吸系统综合征冠状病毒（SARS-CoV）为原型的同种病毒具有遗传相似性，2月11日，该病毒被ICVT-CSG命名为"严重急性呼吸系统综合征冠状病毒2"（SARS-CoV-2）。

有可能面对的新病毒所造成的疫情,以及病毒诱发的心血管疾病和癌症,将形成多种病毒和疾病叠加,人类对医疗和健康领域的投入不得不持续加大,但仍然难以满足需要吸纳社会其他资源的"医疗黑洞"。世界各国都面临着如何分配有限的医疗资源的问题,诚如论者所言:"做好长期与疫情共存的准备,抗疫与急重症和癌症患者诊疗之间,面临着一场'生命与生命'的竞争。"①

第三,所有政府需要在"救人命"和"救经济"之间寻求困难的平衡。此次疫情证明,为"救人命"所支付的各种经济、社会和政治成本是巨大的。例如,在美国治愈一名新冠肺炎患者,大约需要100万美元以上②;在中国,重症患者人均治疗费用超过15万元人民币,一些危重症患者治疗费用几十万元甚至上百万元人民币,全部由国家承担。③即使在没有疫情的情况下,世界各国维护健康和开发相关科技的成本已经不断提高,健康保护方面的支出,已经成为企业、纳税人以及患者沉重的负担,疫情的爆发和迅速蔓延更是"雪上加霜"。2020年,有的国家提出"集体免疫",避免国民经济发生任何形式的"暂停",其风险是整体生命损失成本失控。整个世界陷入了这样的境地:"我们造就的世界给疫情提供了温床,却没有做足对抗疫情的准备。"④这样的情况必须改变。

---

① 张倩烨:《疫情之下,非新冠为重患者何去何从?》,"FT中文网"微信公众平台,https://mp.weixin.qq.com/s/1_qyqyBbR20ViDCAXN4m8A。
② "Coronavirus Survival Comes with A $1.1 Million, 181–page Price Tag" (12 June 2020), The Seattle Times, www.seattletimes.com/seattle-news/inspiring-story-of- seattle-mans-coronavirus-survival-comes-with-a-1–1–million-dollar-hospital-bill/.
③ 2020年6月7日国务院新闻办公室发布的《抗击新冠肺炎疫情的中国行动》白皮书。
④ Ed Yong:《新冠病毒启示录》(2020年7月5日),澎湃新闻网,www.thepaper.cn/newsDetail_forward_8033764。

第四,为了控制疫情,国家和政府的治理能力需要强化,公民权利无可避免被减弱。如果疫情长期化和常态化,导致救济情况恶化,失业人数增多,贫富差距扩大,民粹主义高涨,社会结构失衡,就需要政府诉诸财政手段和其他方式,救济社会贫困阶层,例如直接"发钱"和以其他方式补贴,形成疫情下国家竞争的新模式。新冠肺炎疫情期间,国家所拥有的权力和资源得到充分展示,民众不得不依赖来自政府资源的帮助;需要一个能胜任的政府,成了全球性主流民意。问题是,与金融危机相比,新冠肺炎疫情迫使各国大幅增加财政支出,最终仍然是民众买单。

第五,疫情给全球化和城市化带来全方位挫折。因为全球化和城市化,病毒可以通过国际航班在短短几个至十几个小时内跨越大洲和大洋,造成全球扩散。从全球看,此次病毒传播最主要的地方都是大都市。病毒可以在短短数天内,在空间狭窄、人口密集、基础设施和开放空间不足以支持人们保持社交距离的城市里感染成千上万人,造成无法承受的死亡规模。据英国广播公司(BBC)2020年7月7日报道,WHO终于承认,愈来愈多的证据表明,新冠肺炎病毒可以通过悬浮在空气中的微小颗粒传播。在中国,为了防止新冠肺炎疫情在城市的传播,国家花费的成本以数千亿元人民币为单位。但是,疫情在农村爆发程度很低,尽管农村的抗疫能力最弱。所以,"大疫止于村野",现在我们需要反思全球化、城市化和大都市化。[①]

第六,从本质上说,此次疫情可能是一次生态灾难。人类长期破坏环境,导致森林面积减小,各种野生动物食物不足,迫使它们从传统的森林深处迁移到森林边缘的果园觅食,将各种致命的病毒带到人

---

① 温铁军:《大疫止于村野——生态文明战略转型的由来》,"双绿66人圆桌会"微信公众平台,https://mp.weixin.qq.com/s/i6TrW3kXprQFhX57_Dpqig。

类社会。人类是自然环境的入侵者,病毒是人体基因的入侵者。① 以尼帕病毒为例,该病毒被称为"大自然创造的生物武器",导致高达50%的死亡率。尼帕病毒最初的自然宿主是狐蝠。因为人类活动导致狐蝠居住的森林面积减少,迫使狐蝠从传统栖息地(森林)迁往森林边缘附近的人类果园。携带病毒的狐蝠啃咬过的或其粪便玷污过的果实掉落在地面被猪吃掉,导致猪被感染,病毒通过养殖场的猪进入人类社会。此外,现在全人类面临着"冰川病毒"的威胁。距今164万年的第四纪冰川时期,地球的某些病毒被封冻在冰川里。中国的青藏高原附近的冰河中也发现了三十多种万年前的病毒,未知的病毒大约有二十多种。科学家在冻土中发现了一种大型病毒,已经有三万年的历史。经过研究发现,这种病毒非常复杂,超过现在所有已发现的病毒。因为全球气候变暖,冰川融化,冰川病毒或细菌可能被释放,传染给人类。2016年,由于气温上升,西伯利亚地区的一些冻土开始融化,导致炭疽杆菌的释放和传播。南极大陆的冰盖形成于约2300万年前,而现在的冰盖规模已达500万年前的状态。2020年南极气温达到20.75摄氏度,直接突破了最高点,引发冰层融化,很可能唤醒万年的病毒或细菌。②

第七,衡量现代病毒的危害程度,需要以人类是否还能回到原来的生活状态为尺度。在人类历史上,不乏几乎将人类推向灭绝边缘的疫情,但是疫情过后,人类还可以按照之前的方式生活与生产。此次疫情将是疫情历史的分水岭,不仅全球经济复苏的路径将更为曲折难

---

① 《调查发现:首批非典患者多与野生动物亲密接触》(2003年5月10日),中华人民共和国国家卫生健康委员会网,www.nhc.gov.cn/wjw/zcjd/201304/826d031 98c56412e8fa1 c9fbf1702202.shtml。
② 《南极突破20度! 1.5万亿吨冰川融化,万年远古病毒将复苏?》(2020年7月1日),百度网,https://baijiahao.baidu.com/s?id=1670939087169624830& wfr=spider&for=pc。

测,而且世界各国民众很难再回到过去的生活方式,全球经济也再难按照原来的方式运行。例如,口罩正在成为日常生活的一部分,人们保持六英尺(约 1.8 米)距离正成为新的本能。① 人类需要整体性的自知之明,如麦克尼尔(William H. McNeill)所说:"人类改进命运的同时,也就加大了自己面对疾病的软弱性。……我们应当意识到我们的力量是有局限的,……应当牢记,我们越是取得胜利,越是把传染病赶到人类经验的边缘,就越是为灾难性的传染病扫清了道路。我们永远难以逃脱生态系统的局限。"②

第八,新冠肺炎疫情加剧现代社会的不平等,集中表现在:(1)社会阶层不平等。在此次疫情中,付出生命成本最大的群体来自生活质量和医疗条件较差的社会阶层。(2)产业部门不平等。一方面,疫情导致所谓"无接触"产业的崛起,例如在线娱乐、在线教育、在线办公、远程医疗。基于数字经济,人工智能、医疗和制药产业获得新的成长机会;另一方面,此次疫情对传统服务业和低技能产业打击严重,导致这些产业的从业者的收入大幅度减少甚至失去工作。其中,女性在服务业就业密度较高,将会付出更大代价。(3)国家之间不平等。此次疫情对发达国家和贫穷国家之间的伤害程度,以及近中期后果,差别很大。在地球上,病毒很可能是人类所发现的消耗最低能量、不直接产生熵值,却能有效改变人类生存状态的纳米级生命物质。20 世纪六七十年代,世界工业化处于黄金时期,物质财富空前涌现,人类狂妄自大,产生了"拥有无限能力的幻觉"(*the illusion of*

---

① 一英尺等于 0.3048 米。英尺旧时写作"呎",是英国及其前殖民地和英联邦国家使用的长度单位。
② 加勒特(Laurie Garrett)著,杨岐鸣、杨宁译:《逼近的瘟疫》,三联书店,2017 年,第 5 页。

unlimited powers）。① 一些经济学家甚至断言，世界的生产问题已经解决，人类从此可以高枕无忧。在这个时刻，英国经济学家舒马赫（Ernst Friedrich Schumacher，1911—1977）以超越时代的理性和观察，在1973年出版了《小的是美好的》(*Small Is Beautiful: Economics as if People Mattered*) 一书。该书堪称20世纪的经济学经典，探讨了资本密集型、资源密集型产业对人类社会的终极性伤害。但遗憾的是，病毒与当代人类的关系，没有纳入舒马赫的视野。经济学作为一门实证科学，需要引入物理学和生物学的研究成果，重新构建其微观和宏观架构。舒马赫说："我们或可预期经济学必须从人类的研究中衍生出其目的和目标，并且必须从对大自然的研究中，衍生出大部分的方法论。"② 新冠肺炎病毒肆虐全球，我们仍旧没有看到它全面衰减的拐点。

不仅如此，在2020年冬天流感季节，发生第二波疫情的担忧也已经出现。③ 如果发生第二波疫情，其破坏性很难预测，世界各国是否有能力承受更大的社会成本？所以，从现在开始，人类需要依赖智慧与科学，重新审视健康与生命的价值，尽快形成与纳米级病毒共处的社会体制和生活方式。

---

① E. F. Schumacher, *Small Is Beautiful: Economics as if People Mattered*, Harper & Row, 1973, 3; 22.
② 同上。
③ 2020年4月，美国疾病控制及预防中心（Centers for Disease Control and Prevention）已经发出2020年冬天可能出现第二波新冠肺炎疫情的警告。

为了生存,必须开发海洋[①]

在现代社会,悲观主义观点是很有影响力的。他们认为:由于人口急剧增长、粮食不足、不可再生资源逐渐减少、土地丧失、环境污染、世界正面临着末日。20世纪70年代后期以来发生的"能源危机",加剧了悲观主义的影响。

但是人类的实践活动,对悲观主义提出了有力的挑战。其中最引人注目的是现代海洋开发活动和宇宙空间开发活动。现代海洋开发活动表明,悲观主义在思考世界末日问题时,至少没有充分认识资源对人类的重要意义。例如:海洋资源不仅种类繁多,而且储藏量巨大,在海洋中不仅能够找到陆地上有的资源,而且可以找到陆地上没有的资源。而悲观主义在论证地球不可再生资源即将枯竭时,并没有认识到这一点。一位能源预言家曾经讽刺一种人,他们"不知道罐子有多大,就试图猜测罐内有多少颗豆子。"悲观主义者对于海洋资源的态度不正是这样吗?

在太阳系的所有行星中,地球是唯一存在着巨大水体的星体。在地球2亿平方英里的表面积中,海洋的覆盖面积约占71%。这就是说,地球上的六块大陆面积仅占29%,因此,它们实际上如同岛屿一样分散在巨大的水域之中。世界大洋(海和洋的总称)占据了水圈的

[①] 本文系为1983年与杨克平合写《海洋经济学》一书的"前言",《海洋经济学》已经完成,因故未出版,实属遗憾。

96.5%，如果按体积而论，海水总量为 3.5 亿立方英里，这一体积比高于海平面的陆地体积大 14 倍，比有生命存在的大气体积大 183 倍。若与适合生命存在的陆地土层相比，其比值为 13 700∶1。正因为如此，在宇宙中见到的地球并不是大陆的绿色，而是海洋的蓝色。

在人们意识到陆地资源不足的情况下，海洋资源不仅被觊觎，而且被开发。世界上蜂拥而上的大陆架石油钻采活动，就是例证。四个著名的国际财团，已开始准备在 80 年代中期，以数十亿美元的投资规模开发深海矿资源。其中一个财团把日本 23 家公司，一家名为 AMR 的西德集团，和一个加拿大国际镍公司美国分公司联合在一起；第二个财团联合了比利时联合矿冶公司，美国钢和太阳能公司；第三个财团把加拿大的挪朗达公司和日本的三菱公司、里约·汀脱锌公司、英国的金矿联合体结合在一起；第四个财团把洛克希德和荷兰皇家壳牌石油公司联合起来。英国《金融时报》说："这些活动将会给世界采矿选矿技术带来一场革命。"

对于一个饥饿的世界，海洋显然能够帮助人们解决最困难的食物问题。地球生物种类的 80% 生活于海洋之中，其中有动物 18 万种，植物 2 万种。数千万吨的鱼类和其他蛋白质丰富的海生动物和植物，可以用来扭转人类食品危机。

由于自然力的作用，海洋水体具有无可比拟的巨大动能。洋中脊和海底热流、盐度梯度以及海底火山喷发所释放的能量，经过开发，都可以构成人类社会现实的能源。

水，尤其是纯净的淡水，在今天的世界上已是举世瞩目的宝贵资源了，而地球上的淡水基本来源于海洋受太阳热能的作用而蒸发的水气。这些水气在空中凝聚，并以雨、雪等形态降下来。大洋中每年蒸发出的淡水有 44.79 万立方公里，其中约有 10% 落在大陆上，这其中又有部分经江河返归大洋。由于这一循环，大气中的水分每过 10—15

天可以完全更新一次。这种降水的结果,使约有 82 万立方公里的淡水积存于地表下层,另有约 12 万立方公里的淡水积存于江湖等水体之中,正是在这一过程,大地得到了滋润。同时,一旦淡化水发展到商业化程度,世界许多地区,尤其是经济发达而水源不足的沿海工业地带与食物匮乏的某些区域,其面貌将会发生很大改观。

海洋占有巨大的空间环境。可以设想,假如因核破坏,无法控制的环境污染和人口过度增长,使人类在陆地生活空间无法自容的时候,大洋和宇宙,尤其是大洋将是人类的新的栖身之处。技术杂志《海洋政策》得出结论说:"海洋浮岛技术对于世界上大多数国家公司或私人企业来说,耗资不大,技术也比较简单。目前,很可能在一些拥挤的工业城市,为了建设大陆架住宅,建立第一批海上城市。跨国公司可以把它看成商业海洋中的流动基地或者是工厂的车间。食品公司可能会建造海上城市进行海洋加工,企业公司为了寻找逃税港,冒险家为了寻找新的生活方式,都在试图开发和建造海上城市,甚至推动实现具有主权地位的海上'城邦',甚至将海上城市作为某些少数族群争取独立的政治性工具"。

自古以来,海洋为大量运输世界物资提供了最廉价的途径。时至今日,海上运输仍然是世界各陆地之间彼此联系的主要手段。与铁路或航空的运输方式相比较,海运具有不可替代的优点。

在当代,海洋不仅成为许多现代科学研究的对象,并且成为科学试验的重要场所。例如,海底扩张,沿太平洋边缘火山和地震带的系统分布以及海底沉积物的磁性和年代,特别是在中大西洋海脊两边的那些发现等,都是以海洋作为研究和试验场地的。

仅从以上几个方面的简述,就可以清楚地看到大洋对于人类的生存与发展有着多么重要的,并且是不可替代的作用。事实上,人类已经认识到,至少到 2000 年左右,人类的命运和海洋密切相关,人类为了生存与发展，必须开发海洋。所以，海洋学已成为一门重要的学科。海洋技术、宇宙空间技术、原子能工程技术，并列为当代的三大尖端科学技术，已经正在形成一系列的新兴产业。当人类的足迹已踏上月球，当人类制造的航天器已飞向太阳系之外时，海洋开发，相比之下就显得十分落后了。

自 20 世纪 60 年代以来，人类为了摆脱种种危机，正在迅速地改变海洋开发落后于宇宙空间开发的局面，到 70 年代中期，海洋开发，正以历史上从未有过的速度迅速发展着。据联合国统计，1975 年，世界海洋经济的总产值为 1 100 亿—1 200 亿美元，约占陆地经济总产值的 3%—4%。其中传统的海运业和捕捞业为 500 亿，占 42%，海底油气业也是 500 亿，其余为 100 亿—200 亿，占 17%。而到 1980 年，世界海洋经济的产值猛增至 2 500 亿—2 800 亿美元。传统的海运业和捕捞业仅占 28.6%，海底油气业所占比例上升为 64.3%，将近 1 800 亿美元，其余仅占 7% 左右。全球笼罩在石油危机的阴影下，在不到五年的时间内，海洋油气开发产值几乎翻了两番。这一事实，向人们展现了海洋开发的诱人前景，海洋正在被看作地球上的第七块大陆，寄托着人类对自己命运和前途的无限希望。

外层空间经济的若干思考①

1. "外层空间"概念。联合国大会于1966年12月通过和1967年10月10日生效的《外层空间条约》(The Outer Space Treaty)简称《外空条约》,全称为《关于各国探索和利用包括月球和其他天体的外层空间活动所应遵守原则的条约》。②但是,该条约并没有对"外层空间"给以科学定义。1981年,第32届国际宇航联合会把外层空间定为人类的第四环境。所谓外层空间,一般定义为距地球表面100千米以上高度的空间,也称为太空。在100千米的高度上,空气的密度已是地表大气的百万分之一。③

2. "外层空间"开发的历史阶段。第一阶段:1957年和1961年,苏联发射世界上第一颗人造地球卫星和世界上第一架载人飞船"东方一号"(Vostok 1),开启人类开发太空时代。第二阶段:1969年美国阿普罗号(Apollo 11)登月,标志人类踏上地球之外的星球。第三阶段,1975年美国两艘"海盗号"(Viking 1和Viking 2)飞船登陆火星,并采集土壤样本和实现将数据和电视图像发送回地球,标志人类将火星作为"外层空间"开发的重要目标。第四阶段,1986年苏联发射

---

① 本文系作者2022年10月31日为筹划的《星际太空经济》的讲话要点。
② 中国于1983年12月加入了《外层空间条约》。
③ 日内瓦的国际航空联合会定义了大气层与太空的界线:以离地球海平面100千米(约62英里)的高度为分界线,称为卡门线(Kármán line)。卡门线以美国科学家西奥多·冯·卡门(Theodore von Kármán,1881–1963)名字命名。

"和平号空间站"（Mir），标志着人类可以实现较长时间的太空工作和生活。① 第五阶段，2022 年，马斯克宣布"火星移民计划"（SpaceX Mars program），移民规模 100 万人。在可以预见的未来，人类的"外层空间"开发，将集中在太阳系中的地球、月球和火星所构成的太空区域。

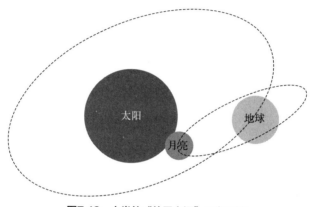

图7.12 人类的"外层空间"开发区域

3."外层空间"开发的竞争与危机。现在的外层空间存在的问题包括：（1）外层空间十分拥挤，数十个国家拥有或运营卫星。（2）外层空间的行为者主体不再仅仅是国家，也包括私营部门和学术机构。（3）外层空间技术开发严重失衡，导致发达国家形成强大壁垒，主导外空资源分配，而相当多国家没有能力介入和参与外层空间资源分配。（4）外层空间开发在继续用于科学和商业之外，正在向军事领域倾斜。

4."外层空间"和航天产业群。"外层空间"开发正在刺激资本的关注，正在形成从基础科学到应用技术的体系，进而催生太空开发产

---

① 2001 年 3 月 23 日，俄罗斯"和平号"按照预定计划安全地坠入预定的南太平洋海域。

业。这是投资费用大、研制周期长的技术密集、高度综合、广泛协作的高科技产业，形成一系列新兴产业和新兴学科的产业群。在中国，太空开发产业被称之为"航天工业"。根据相关资料，因为太空技术成本下降，2000年之后，全球商业航天产业进入高速发展期。根据美国卫星产业协会（SIA）最新报告显示，2018年全球商业航天经济规模达到2 774亿美元，同比增长3.1%。商业航天经济规模在2010年前，保持快速增长，年均复合增长率超过10%；进入2010年后，增长有所放缓，年均复合增长率为6.5%。2018年，世界各国共进行了114次运载火箭发射，较2017年增加23次。这是自1990年，世界航天首次发射运载火箭以来，一年超过100次。其中，由民营航天企业发射的运载火箭次数为35次，占比超过30%。[①]

5."外层空间"开发的紧迫性。（1）地缘政治"空间化"。"外层空间"开发直接关系世界大国的国家利益和安全。现在太空军事化、武器化趋势明显，太空被定义为战争领域，甚至出现"太空霸权"，最终影响原本基于地球的国际战略平衡。在一定程度上，20世纪80年代美国的"星球大战计划"并没有彻底退出历史舞台。（2）太空探索的科学研究需求。例如，2021年发射的詹姆斯·韦布空间望远镜，有助于对观察宇宙中暗能量和暗物质的观察，丰富现代宇宙学（Cosmology）。（3）资源性需求。一般来说，太空资源分为五种：高度资源、太阳能资源、失重资源、高伪空资源、矿产资源。例如，月球上拥有50多种矿物质，包括地球用量最大的硅、铁、钴、钛、镍、

---

① 《商业航天 国内外商业航天发展态势解析及前景》，2022.10.30. http://www.1ppb.com/50906.html。

镁等矿物元素,以及水资源。①(4)商业需求。例如"太空旅游业"。

6. "外层空间"和太空移民计划。如果地球人口继续爆炸,资源短缺和生态恶化。实现人类的太空迁徙是一种选项。火星与地球之间的最短距离约为5 500万公里,是地月距离的144.7倍。2010年,美国总统奥巴马在佛罗里达州肯尼迪航天中心宣布新太空探索计划,希望在21世纪30年代中期之前将宇航员送上火星。2013年5月,荷兰非营利组织"火星一号"(Mars One)网站上招募"火星移民",全球八万人报名。2022年10月,SpaceX②公司宣布其最终目标是在火星上建立一个名为"阿尔法"(Alpha)的基地。在火星开拓者参与下,能在2050年之前建立一个自给自足的殖民地。如果实施"火星移民计划",火星将是第二个地球,完全超越"外层空间"开发和竞争进入2.0阶段的传统认知。

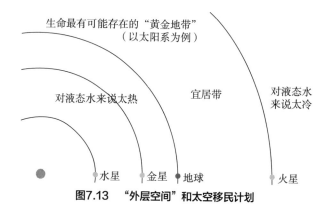

图7.13 "外层空间"和太空移民计划

7. "外层空间"技术面临革命。空间技术是一个包括航天器、运

---

① 月球两极常年阴影地带冰的储量相当于29亿吨水资源供。如果将这些水分解成氢气和氧气,这些燃料将足够送飞船去火星。https://www.xianjichina.com/news/details_195380.html。

② SpaceX,即美国太空探索技术公司,埃隆·马斯克(Elon Musk)于2002年创建。

载工具、航天发射场、地面测控网和地面应用站网构成的复杂系统。这个系统一方面需要宇宙学、天文学、数学、物理学和生命科学的支持，另一方面推动诸如电子技术、遥感技术、喷气技术、人工智能技术的融合，并促进诸如空间工艺学、空间材料学、空间生物学、卫星测地学、卫星气象学、卫星海洋学等领域的技术创新。其中，最有发展前景的是量子技术正在加速加入太空开发。① 现在可以预见，"外层空间"技术正在酝酿一场实现航天器的"第二宇宙速度"②的全方位革命。

8.《外层空间条约》的历史局限性。在半个多世纪后，《外层空间条约》已经难以适应人类在外层空间的活动及其后果。例如，该《条约》第三条写道，外层空间开发需要遵循"不得据为己有原则：不得通过提出主权要求，使用、占领或以其他任何方式把外层空间据为己有"。现在主导空间探索和开发的国家，虽然没有提出对外层空间的主权要求，但是在所占有的外层空间资源领域，排斥他国的使用，地球静止轨道正在成为稀缺资源，造成一种经济学意义的"自然垄断"，刺激"星际资本主义"的形成。2021年，美国太空探索技术公司发射的"星链"卫星，先后两次接近中国空间站。为此，中国政府要求作为《外空条约》缔约国的美国政府和企业，在空间轨道上遵守《外空条约》规则。现在，联合国需要修订《外层空间条约》，构建适合21世纪的太空秩序规则。2022年9月，联合国召开"负责任外空行为准则"会议，就是一种努力。③

---

① 2016年8月16日，中国"墨子号"量子科学实验卫星在酒泉用长征二号丁运载火箭成功发射升空。"墨子号"卫星的主要任务是四项：星地高速量子密钥分发实验、广域量子通信网络实验、星地量子纠缠分发实验和地星量子隐形传态实验。
② 第二宇宙速度：物理学公式的最小速度 V_2=11.18 千米/秒。
③ 美国联合20国签署外太空探索开发法律《阿尔忒弥斯协定》(The Artemis Accords)，中国被排斥该协定之外。

9. "外层空间"和科幻文学与艺术。如果从20世纪50年代初期的艾西莫夫的《银河帝国三部曲》(The Galactic Empire Trilogy)算起,再到从1977—2015年的《星球大战》(Star Wars)系列科幻电影,1979年的《银河系漫游指南》(The Hitchhiker's Guide to the Galaxy),再到21世纪在星际中驾驶飞船和战舰,争夺星球所有权的太空游戏,所谓的"外层空间"科幻文学与艺术维系了数十年的影响力,影响到几代人。如今元宇宙的理念和技术,渗透到年轻一代的思想和情感之中。可以相信,马斯克的"火星移民计划"会不乏志愿者。

10. "外层空间"的深层意义。从长远历史角度看,进入"外层空间"的人类,将是被科技加以深刻改造的人类,或者说不再是经典的"碳基人类",智能机器人会扮演更为重要的作用。这正是所谓的科技"奇点"来临的时刻。1993年,科幻小说家文奇(Vernor Vinge,1944—)在《即将到来的技术奇点》("The coming technological singula-rity: How to survive in the post-human era")一文中告诉人们:"技术奇点"这一时间点的到来将标志着人类时代的终结。

后　记

2020年，我的《未来决定现在》出版；2021年，我的《元宇宙与数字经济》一书出版。这两本书都是我近年来关于区块链、数字货币和数字经济，以及元宇宙方面的文章和讲话的辑集。

但是，在这段时间里，我在其他领域还有数量可观的文章和讲话，而且有相当的文字基础。于是，我萌生了再出一本新书的想法。去年8月，我开始认真筛选近年来的文章和讲话，加以排列和分类，并形成了一个文本，还确定了《历史不会熔断》的书名。但是，因为不同的原因，书稿的修订工作一再延迟。

直到今年9月，我再次下定决心，重新启动这本《历史不会熔断》的工作，选辑和补充同时进行，到了10月形成了一个60多万字的新文本。但是，这样的文字规模过大，需要撤出一些文章并大幅度精练文字。经过两个月的努力，书稿文字数量减少到40万字。现在看，这样大比重的删减，不仅可以避免内容和文字的重复，而且可以提高本书的质量。

在过去的三个月里，我之所以能够完成如此大规模的书稿修订工作，有以下几个重要动力：其一，全书内容丰富，具有学术内涵，激发了我的学术偏好；其二，全书吸纳了最近的一些文章和讲话，书稿与时俱进，具有挑战性；其三，9月和10月，全国疫情起起伏伏，我停止出差，减少公务活动，可以在家中整理相关文献和书籍，让尘封在我脑海中的信息再次被唤醒。所以，我做到了强制性自律，坚持从早到晚的全天候案头工作，平均每天工作不少于10小时。

我在修订每篇文章的时候，都会联想到是在怎样的时间和地点，怎样的场合和听众，就怎样的主题发言或演讲。所以，《历史不会熔断》虽然并非一本严格意义上的学术专著，却是一种包含着学术价值和潜力的思想记录，成为我将来学术生涯的新起点。整个修订工作，也是一种治学的过程。还要提及的是，本书收录了几篇我在20世纪80年代的文章。这些文章的主题和内容没有过时，温故知新，而且增加了本书的历史厚重感。

我开始启动本书准备工作的时候，北京还是炎热夏天的尾声。之后是从秋天到冬天。11月11日，我收到了排版之后的纸质文本。随之是为期两周的高强度校勘工作。至12月下旬，尽管有"疫情"持续影响，这本《历史不会熔断》还是走过了所有关键程序阶段。甚是欣慰。修订"后记"的此时此刻，已经是2022年岁末。

《历史不会熔断》得以出版，特别需要感谢中译出版社社长乔卫兵的专业和领导能力。还有于宇和龙彬彬两位编辑的认真负责精神和效率。彬彬是责任编辑，尤为辛苦。

我还要感谢研究院的邵青、张爽和袁洪哲。其中张爽和袁洪哲几乎经历我这本书的绝大部分文章的投入-产出过程，所以责无旁贷的参与全书的修订和编辑工作。邵青工作繁忙，在三天之内完成了全书一校的重要工作，并提出了珍贵的修改建议。袁洪哲帮助全书所涉及的外国人名、著作和特定名称的原文注释，涉及的英文、法文、德文和意大利文，以及拉丁语，其工作量超乎想象。在最紧张的那几天，袁洪哲和我一起废寝忘食，如果有一次"茶歇"似乎都是一种"奢

后　记

侈"行为。此外,"苇草智酷"平面设计师和秘书窦丽媛参与了本书封面的设计,反复修改完善,特别加以感谢。

此书选择《历史不会熔断》书名,其深层含义来自《荀子》的"天行有常,不为尧存,不为桀亡。"历史存在着其自身规律,不会为任何人或事而改变。但是,将《历史不会熔断》书名翻译为英文,却是大费周折。先后提出了四种翻译：History as the Unhindered Flow；History Never Melts Down；No Circuit Breaker in History；History Uninterrupted。最终选择的是 History Never Melts Down。实现英译汉的完美对应,实在是不容易的。

我自中学时代开始写作,从弱冠之年到现在,整整半个多世纪。写作永远是身心的磨炼,也是脑力和体力的一种混合消耗。我每天早上怀抱理性,迎接阳光照射到房间,开始写作；每天待月亮升起,夜深人静停止写作,辛苦和甘甜交替。我的 72 岁生日,正是在修订此书稿中度过。这也算是一种特殊的纪念。"君子曰：学不可以已。"这是一种境界,也是一种生命方式。

2023.1.9 修订于珠海横琴

索 引

卡尔文·柯立芝（Calvin Coolidge，1872—1933）P*001*

约瑟夫·基钦（Joseph Kitchin，1861—1932）P*002*

希特勒（Adolf Hitler，1889—1945）P*002*, 024, 025

爱因斯坦（Albert Einstein，1879—1955）P*002, 008*, 193, 377, 445, 446, 454, 552, 570, 601

路易·维克多·德布罗意（Louis Victor Pierre Raymond, 7th Duc de Broglie，1892—1987）P*003*

尼尔斯·玻尔（Niels Bohr，1885—1962）P*003*, 445, 454

沃纳·海森堡（Werner Karl Heisenberg，1901—1976）P*003*, 445

德克·科斯特（Dirk Coster，1889—1950）P*003*

埃尔温·薛定谔（Erwin Schrödinger，1887—1961年）P*003*, 445, 570, 572

凯恩斯（John Maynard Keynes，1883—1946）P*003*, 012, 108, 109, 225, 233, 234, 235, 267, 326, 584, 587, 588, 594

瓦尔特·本迪克斯·舍恩弗利斯·本雅明（Walter Bendix Schönflies Benjamin，1892—1940）P*003*

卓别林（Charles Spencer Chaplin，1889—1977）P*003*

巴勃罗·毕加索（Pablo Ruiz Picasso，1881—1973）P*004*, 376

卡夫卡（Franz Kafka，1883—1924）P*004*, 204

孙中山（Sun Yat-sen，1866—1925）P*004*, 072, 096, 645

张君劢（Carsun Chang，1887—1969）P*004*

丁文江（1887—1936）P*004*

鲁迅（1881—1936）P*004*, 186, 187, 188, 189, 190, 191, 192, 193, 195, 343

亚当·斯密（Adam Smith，1723—1790）P*007*, 003, 004, 005, 006, 007, 008, 009, 010, 011, 012, 013, 014, 015, 016, 049, 163, 226, 236, 308, 326, 328, 345, 359, 373, 375, 450, 583, 584, 590, 596, 621

伊曼努尔·康德（Immanuel Kant，1724—

历史不会熔断

1804）P*007*, 003, 160, 161, 162, 179

希尔伯特（David Hilbert, 1862—1943）P*008*

恩斯特·马赫（Ernst Mach, 1838—1916）P*008*

哈耶克（Friedrich August von Hayek, 1899—1992）P*008*, 003, 032, 233, 234, 235, 241, 293, 294, 370, 450, 586

路德维希·维特根斯坦（Ludwig Josef Johann Wittgenstein, 1889—1951）P*008*

伯特兰·罗素（Bertrand Arthur William Russell, 1872—1970）P*009*

熊彼特（Joseph Alois Schumpeter, 1883—1950）P*009*, 021, 312, 521, 547, 584, 585

尼克松（Richard Milhous Nixon, 1913—1994）P*009*, 028, 030, 293, 311

特朗普（Donald John Trump, 1946— ）P*010*, 024, 123

普列汉诺夫（Georgi Valentinovich Plekhanov, 1856—1918）P*010*

约翰·惠勒（John Archibald Wheeler, 1911—2008）P*011*, 466, 528

约翰·古斯塔夫·德罗伊森（Johann Gustav Droysen, 1808—1884）P*014*

阿克顿勋爵（John Emerich Edward Dalberg-Acton, 1834—1902）P002

杰西·诺曼（Alexander Jesse Norman, 1962— ）P003

伯克（Edmund Burke, 1729—1797）P003, 006, 011, 622

黑格尔（Georg Wilhelm Friedrich Hegel, 1770—1831）P003, 046

马克思（Karl Heinrich Marx, 1818—1883）P003, 012, 256, 259, 260, 267, 326, 331, 345, 564, 566, 584, 585

韦伯（Maximilian Karl Emil Weber, 1864—1920）P003, 162, 237, 592

帕森斯（Talcott Parsons, 1902—1979）P003

罗尔斯（John Bordley Rawls, 1921—2002）P003

哈贝马斯（Jürgen Habermas, 1929— ）P003

阿马蒂亚·森（Amartya Kumar Sen, 1933— ）P003, 373

马基雅维利（Niccolò di Bernardo dei Machiavelli, 1469—1527）P004

帕斯卡（Blaise Pascal, 1623—1662）P004

笛卡儿（René Descartes, 1596—1650）P004, 005, 160, 161, 162

达朗贝尔（Jean-Baptiste le Rond d'Alembert, 1717—1783）P004

伏尔泰（François-Marie Arouet, 笔名 M. de Voltaire, 1694—1778）P004, 005

孟德斯鸠（Charles Louis de Secondat, baron de La Brède et de Montesquieu, 1689—1755）P004

拉辛（Jean-Baptiste Racine, 1639—1699）P004

拉罗什富科（François VI, Duc de La Rochefoucauld, Prince de Marcillac, 1613—1680）P004

休谟（David Hume, 1711—1776）P004, 007, 011

卢梭（Jean-Jacques Rousseau, 1712—1778）P005, 581

哥白尼（Nicolaus Copernicus, 1473—1543）

索 引

P005, 155, 376

开普勒（Johannes Kepler, 1571—1630）P005, 155

伽利略（Galileo di Vincenzo Bonaiuti de' Galilei, 1564—1642）P005, 155

牛顿（Isaac Newton, 1643—1727）P005, 155, 161, 214, 307, 311, 377

巴克卢公爵（Henry Scott, 3rd Duke of Buccleuch, 1746—1812）P005

弗朗索瓦·魁奈（François Quesnay, 1694—1774）P005, 584

瓦特（James Watt, 1736—1819）P006, 156, 218

弗朗西斯·培根（Francis Bacon, 1561—1626）P007, 160, 162, 163

亚里士多德（Aristotle, 前384—前322）P007, 154, 155, 167, 168, 169, 170, 171, 172, 173, 175, 178, 564, 583

严复（1854—1921）P013, 583

罗伯特·彭斯（Robert Burns, 1759—1796）P013

弗里德里希·恩格斯（Friedrich Engels, 1820—1895）P014, 034, 260

曼德维尔（Bernard de Mandeville, 1670—1733）P015

卡尔·波兰尼（Karl Paul Polanyi, 1886—1964）P015, 329

欧仁·鲍狄埃（Eugène Edine Pottier, 1816—1887）P017

皮埃尔·狄盖特（Pierre Chrétien De Geyter, 1848—1932）P017

巴贝夫（François-Noël Babeyf, 1760—1797）P017

圣西门（Saint-Simon, 1760—1825）P017

傅里叶（François Marie Charles Fourier, 1772—1837）P017, 181

布朗基（Louis-Auguste Blanqui, 1805—1881）P018

勃朗（Jean Joseph Charles Louis Blanc, 1811—1882）P018

蒲鲁东（Pierre-Joseph Proudhon, 1809—1865）P018, 266

列　宁（Vladimir Ilyich Ulyanov "Lenin", 1870—1924）P018, 025, 096, 181, 195, 261, 262, 263, 264, 272

考茨基（Karl Johann Kautsky, 1854—1938）P018

托洛茨基（Lev Davidovich Bronstein, "Leon Trotsky", 1879—1940）P019

塔列尔（C. Talès, 生卒无法考证）P019

约翰·梅里曼（John Merriman, 1946—2022）P019

毛泽东（1893—1976）P019, 027, 030, 181, 268, 270, 324, 325, 349, 352, 354, 364, 365, 396

聂元梓（1921—2019）P019

罗斯福（Franklin Delano Roosevelt, 1882—1945）P021, 022, 023, 024, 025, 026, 027, 070

胡佛（Herbert Clark Hoover, 1874—1964）P022, 024

斯大林（Joseph Vissarionovich Stalin, 1878—1953）P024, 025, 324

肯尼迪（John Fitzgerald Kennedy, 1917—

历史不会熔断

1963）P024, 028

兴登堡（Paul Ludwig Hans Anton von Beneckendorff und von Hindenburg, 1847—1934）P024

小约翰·包登·康纳利（John Bowden Connally, Jr, 1917—1993）P028

乔治·普拉特·舒尔茨（George Pratt Shultz, 1920—2021）P029

保罗·沃尔克（Paul Volcker, 1927—2019）P029

格林斯潘（Alan Greenspan, 1926—）P029, 314

阿瑟·伯恩斯（Arthur Burns, 1904—1987）P029

爱德华·希斯（Edward Richard George Heath, 1916—2005）P30

维利·勃兰特（Willy Brandt, 1913—1992）P30

乔治·蓬皮杜（Georges Jean Raymond Pompidou, 1911—1974）P30

埃米利奥·科伦坡（Emilio Colombo, 1920—2013）P30

佐藤荣作（1901—1975）P30

列昂尼德·勃列日涅夫（Leonid Ilyich Brezhnev, 1906—1982）P30

撒切尔（Margaret Hilda Thatcher, 1925—2013）P033, 036, 344

刘易斯·理查德森（Louise Mary Richardson, 1958—）P034

柯宾（Jeremy Bernard Corbyn, 1949—）P035

卡梅伦（David William Donald Cameron, 1966—）P036, 037

劳合·乔治（David Lloyd George, 1863—1945）P036

温斯顿·丘吉尔（Winston Leonard Spencer Churchill, 1874—1965）P036, 042, 090, 314

约翰·以诺·鲍威尔（Enoch Powel, 1912—1998）P036

约翰逊（Alexander Boris de Pfeffel Johnson, 1964—）P037

霍金（Stephen William Hawking, 1942—2018）P039, 360, 544, 546

霍布斯（Thomas Hobbes, 1588—1679）P046, 492

彭慕兰（Kenneth Pomeranz, 1958—）P049

史蒂夫·托皮克（Steven Topik, 1949—）P049

李嘉图（David Ricardo, 1772—1823）P049, 107, 584

哥伦布（Christopher Columbus, 1451—1506）P051, 307

麦哲伦（Ferdinand Magellan, 1480—1521）P051, 667

约瑟夫·斯蒂格利茨（Joseph Eugene Stiglitz, 1943—）P052, 128

孔子（前551—前479）P055, 056, 171, 391

耶稣（Jesus, 前4—30）P055

曹操（155—220）P055, 244

杨广（569—618）P056, 057

宋祁（998—1061）P056

宋仁宗赵祯（1022—1063）P056, 057, 243, 247, 248

贾鲁（1297—1353）P057

索 引

唐宪宗（778—820）P057, 058, 243

唐武宗（814—846）P057

唐宣宗（810—859）P057

唐高祖李渊（566—635）P057, 243, 244

唐太宗李世民（598—649）P057, 058

唐玄宗（685—762）P058, 247

张祜（约792—约853）P058

王安石（1021—1086）P60, 252, 323, 582

宋哲宗（1077—1100）P60

宋徽宗（1082—1135）P60, 251

宋钦宗（1100—1156）P60

宋神宗（1048—1085）P60, 246, 252, 253, 254

理查德·冯·格拉恩（Richard von Glahn, 1953— ）P064

明成祖（1360—1924）P064

嘉靖皇帝（1507—1567）P064

万历皇帝朱翊钧（1563—1620）P064, 065, 069, 162, 208, 227, 237, 487

张居正（1525—1582）P064, 235, 323

隆庆皇帝（1537—1572）P064

黄仁宇（Ray Huang, 1918—2000）P065, 237, 487

康熙皇帝（1654—1722）P066, 161

岸本美绪（1952— ）P066

顺治（1638—1661）P066

雍正（1678—1735）P066

乾隆（1711—1799）P066, 208

吴承明（1917—2011）P068

管汉晖（1953— ）P068, 069

李稻葵（1963— ）P068, 069

刘逖（1968— ）P068

安格斯·麦迪森（Angus Maddison, 1926—2010）P068, 069

李伯重（1949— ）P069

赵匡胤（927—976）P069

宋高宗赵构（1107—1187）P069, 243 254, 255

明穆宗（1537—1572）P069

刘邦（前256年或前247—前195）P070

袁世凯（1859—1916）P074, 077, 092, 189, 342

段祺瑞（1865—1936）P078

威尔逊（Thomas Woodrow Wilson, 1856—1924）P092

越飞（Adolph Abramovich Joffe, 1883—1927）P096

保罗·罗宾·克鲁格曼（Paul Robin Krugman, 1953— ）P102, 290, 373

李光耀（Lee Kuan Yew, 1923—2015）P103

哈维·赫尚（Harvey Hirschhorn, 1949— ）P105

斯坦利·费希尔（Stanley Fischer, 1943— ）P109

理查德·库珀（Richard Newell Cooper, 1934—2020）P109

沃特·米德（Walter Russel Mead, 1952— ）P109

洪森（Sarndech Hun Sen, 1952— ）P115, 116

纳烈（Norodom Ranariddh, 1944—2021）P115

吴奈温（Ne Win, 1911—2002）P117

苏貌（Saw Maung, 1928—1997）P117

历史不会熔断

昂山素季（Aung San Suu Kyi, 1945—）P117, 344

德尔芬·内托（Antônio Delfim Netto, 1928—）P132

尼古拉斯·A·克里斯塔基斯（Nicholas A. Christakis, 1962—）P146

罗吉尔·培根（Roger Bacon, 1214—1294）P152

王阳明（1472—1529）P154, 210

朱宸濠（1476—1521）P154

托马斯·纽可门（Thomas Newcomen, 1663—1729）P156

亨利·莫兹利（Henry Maudslay, 1771—1831）P157

亨利·福特（Henry Ford, 1863—1947）P157

菲利普·布鲁内莱斯基（Filippo Brunelleschi, 1377—1446）P158

阿尔伯蒂（Leon Battista Alberti, 1404—1472）P158

达·芬奇（Leonardo di ser Piero da Vinci, 1452—1519）P158, 159

韦罗基奥（Andrea del Verrocchio, 1435—1488）P158

弗朗西斯科·迪·乔治·马尔蒂尼（Francesco di Giorgio Martini, 1439—1502）P158

米开朗基罗（Michelangelo di Lodovico Buonarroti Simoni, 1475—1564）P158

弗兰齐斯科·彼特拉克（Francesco Petrarca, 1304—1374）P158

乔叟（Geoffrey Chaucer, 1340—1400）P158

拉伯雷（François Rabelais, 1494—1553）P158

塞万提斯（Miguel de Cervantes Saavedra, 1547—1616）P159

亨利四世（Henry IV, 1589—1610 在位）P159

路易十六（Louis XVI, 1774—1792 在位）P159

柯尔贝尔（Jean-Baptiste Colbert, 1619—1683）P159

莱布尼茨（Gottfried Wilhelm Leibniz, 1646—1716）P160, 161

克劳迪奥·菲利普·格里马尔蒂（Claudio Filippo Grimaldi, 1639—1712）P161

南怀仁（Father Ferdinand Verbiest, 1628—1688）P161, 213

斯宾诺莎（Baruch Spinoza, 1632—1677）P161

徐光启（1562—1633）P162, 163, 211, 214

尼古拉·奥雷姆（Nicole Oresme, 1320—1382）P163

钱学森（1895—1990）P164, 215, 217, 218

玛莎·C.纳斯鲍姆（Martha Craven Nussbaum, 1947—）P166, 168, 170, 172, 178, 179

埃斯库罗斯（Aeschylus, 公元前 525—公元前 456）P167, 171, 175

索福克勒斯（Sophocles, 公元前 496—公元前 406）P167, 171

柏拉图（Plato, 公元前 427—公元前 347）P167, 168, 169, 172, 175, 178, 180

欧里庇得斯（Euripides, 公元前 480—公

索 引

元前 406）P168，171

苏格拉底（Socrates，公元前 470—公元前 399）P168, 169, 171, 172, 175, 178, 180, 583

斐德罗（Phaídros，约公元前 444 年－约公元前 393 年）P169

海伦（Helen of Troy，公元前 1225—公元前 1154）P170, 171, 175

斯巴达克斯（Spartacus，公元前 120—公元前 71）P170

泰勒斯（Thales of Miletus，公元前 624—公元前 546）P171

老子（前 571—？）P171, 393

妲己（约公元前 1076—公元前 1046）P171

伯纳德·威廉斯（Bernard Arthur Owen Williams，1929—2003）P174

尼采（Friedrich Wilhelm Nietzsche，1844—1900）P178, 189, 193, 197, 566

莫尔（Thomas More，1478—1535）P180

爱伦·坡（Edgar Allan Poe，1809—1849）P181

儒勒·凡尔纳（Jules Gabriel Verne，1828—1905）P181

赫伯特·乔治·威尔斯（Herbert George Wells，1866—1946）P181

康斯坦特（Constant Anton Nieuwenhuys，1920—2005）P182

尤金·扎米亚京（Yevgeny Ivanovich Zamyatin，1884—1937）P182

阿道司·赫胥黎（Aldous Leonard Huxley，1894—1963）P182

乔治·奥威尔（George Orwell，1903—1950）P182

弗雷德·特纳（Fred Turner，1961—）P182

雷·库兹韦尔（Raymond Kurzweil，1948—）P183, 443

布莱恩·阿瑟（William Brian Arthur，1946—）P183, 450, 501, 593

威廉·吉布森（William Ford Gibson，1948—）P183

尼尔·斯蒂芬森（Neal Stephenson，1959—）P183, 516

图灵（Alan Mathison Turing，1912—1954）P183, 480, 481, 524, 572

乔布斯（Steven Paul Jobs，1955—2011）P183, 481, 549

马斯克（Elon Reeve Musk，1971—）P183, 184, 478, 522, 544, 549, 559, 575, 688, 692

比尔·盖茨（William Henry Gates III，1955—）P184, 522, 608

杰夫·贝索斯（Jeffrey Preston Bezos，1964—）P184

康有为（1858—1927）P185

乔伊斯（James Augustine Aloysius Joyce，1882—1941）P186, 194, 195, 196, 197, 199, 200, 201, 202, 203, 204, 205, 206, 207

弗洛伊德（Sigmund Freud，1856—1939）P188, 189, 192, 193, 202, 566

柏格森（Henri Bergson，1859—1941）P188, 189, 193

陈独秀（1879—1942）P188, 345

李大钊（1889—1927）P188, 345

叔本华（Arthur Schopenhauer，1788—1860）P189, 193

历史不会熔断

朱瑞（1883—1916）P189

茨威格（Stefan Zweig, 1881—1942）P196, 206

萧乾（1910—1999）P195, 196, 197, 204

金堤（1921—2008）P195

文洁若（1927—）P195, 196, 197, 204

刘象愚（1942—）P195

莎士比亚（William Shakespeare, 1564—1616）P197, 204

歌德（Johann Wolfgang von Goethe, 1749—1832）P197, 204

巴尔扎克（Honoré de Balzac, 1799—1850）P197, 204

福楼拜（Gustave Flaubert, 1821—1880）P197

易卜生（Henrik Ibsen, 1828—1906）P194, 197

方以智（1611—1671）P208, 209, 210, 211, 212, 213, 214

顾炎武（1613—1682）P208

黄宗羲（1610—1695）P208, 210

王夫之（1619—1692）P208, 210

李贽（1527—1602）P208

侯外庐（1903—1987）P209

康生（1898—1975）P209

陈伯达（1904—1989）P210

杨慎（1488—1559）P210

程大位（1533—1606）P211

吴有性（1582—1652）P211

茅元仪（1594—1640）P211

徐霞客（1587—1641）P211

冯友兰（1895—1990）P211, 214

李自成（1606—1645）P211, 229

汤若望（Johann Adam Schall von Bell, 1592—1666）P213

李之藻（1565—1630）P213

熊明遇（1579—1649）P213

利玛窦（Matteo Ricci, 1552—1610）P214

章太炎（1869—1936）P214

郑孝胥（1860—1938）P214

库钦斯基（Jürgen Kuczynski, 1904—1997）P218

米尔顿·弗里德曼（Milton Friedman, 1912—2006）P224, 235, 239, 241, 294, 313, 314

安娜·施瓦茨（Anna Jacobson Schwartz, 1915—2012）P224

王莽（前45—23）P229, 243

卫斯林（Willием Vissering, 生卒年不详）P234, 238

魏克赛尔（Knut Wicksell, 1851—1926）P234

桑弘羊（前152—前80）P235, 236

彭信威（1907—1967）P237

杨联升（1914—1990）P237

万志英（Richard von Glahn, 1953—）P237

加藤繁（Kato Shigeru, 1880—1946）P237

千家驹（1909—2002）P238, 242

梁方仲（Fang-chung Liang, 1908—1970）P238

王国斌（1949—）P238

精琦（Jeremiah Whipple Jenks, 1856—1929）P238

卫斯林（Gerard Vissering, 1865—1937）P239

耿爱华（Edward Kann, 1880—1962）P239

索 引

甘末尔（E. W. Kemmerer, 1875—1945）P239

杨格（Arthur N. Young, 1890—1954）P239

弗兰克（Ander Gunder Frank, 1929—2005）P239

黑田明伸（Akinobu Kuroda, 1958—）P239

加尔布雷思（John Kenneth Galbraith, 1908—2006）P241

单穆公单旗（出卒不可考）P242, 243

周景王（？—前520）P242

汉武帝（前156—前87）P243, 244

吴玠（1093—1139）P243

明英宗（1427—1464）P243

光绪（1875—1908）P243, 244

内藤湖南（1866—1934）P237, 245

唐僖宗（862—888）P247

王小波（？—994）P247

李顺（？—995）P247

蔡伦（62年—121年）P253

高桥弘臣（1962—）P254, 255

但丁（Dante Alighieri, 1265—1321）P255

西尔沃·格塞尔（Silvio Gesell, 1862—1930）P265, 266, 267, 272

卡尔·李卜克内西（Karl Liebknecht, 1871—1919）P265

罗莎·卢森堡（Rosa Luxemburg, 1871—1919）P265

亨利·乔治（Henry George, 1839—1897）P266, 267

昂特古根伯（Michael Unterguggenberger, 1884—1936）P266

费雪（Irving Fisher, 1867—1947）P267

阿桑奇（Julian Paul Assange, 1971—）P271

布拉姆·科恩（Bram Cohen, 1975—）P271

蒂姆·伯纳斯-李（Timothy John Berners-Lee, 1955—）P271, 473, 474, 508

尼克·萨博（Nicholas Szabo, 1964—）P271

肖恩·帕克（Sean Parker, 1979—）P271

蒂莫西·梅（Timothy C. May, 1951—2018）P271

埃里克·休斯（Eric Hughes, ?—）P271

因杜·布尚（Indu Bhushan, 1961—）P276

劳尔·普雷维什（Raúl Prebisch, 1901—1986）P289

弗里德曼（John Friedmann, 1926—2017）P289

缪尔达尔（Karl Gunnar Myrdal, 1898—1987）P289

赫希曼（Albert Otto Hirschman, 1915—2012）P289

藤田昌久（Masahisa Fujita, 1943—）P290

安东尼·J·维纳布尔斯（Anthony J. Venables, 1953—）P290

中本聪（Satoshi Nakamoto）P294, 451, 494, 502

海曼·明斯基（Hyman Minsky, 1919—1996）P307

徐瑾（？—）P308

周小川（1948—）P314

顾准（1915—1974）P325

孙冶方（1908—1983）P325, 326

兰格（Oskar Ryszard Lange, 1904—1965）P326

锡克（Ota Šik, 1919—2004）P326

布鲁斯（Virlyn W. Bruse, 1921—？）P326

历史不会熔断

科尔奈（János Kornai, 1928—2021）P326, 603, 604, 605, 606

萨缪尔森（Paul Anthony Samuelson, 1915—2009）P326, 368, 585

陈岱孙（1900—1997）P326

胡代光（1919—2012）P326

厉以宁（1930— ）P326

杜润生（1913—2015）P326

薛暮桥（1904—2005）P326, 362

马洪（1920—2007）P326, 362, 363, 364, 365, 366

蒋一苇（1920—1993）P326

邓小平（1904—1997）P326, 327, 328, 344, 417, 421, 423, 424, 628

陈云（1905—1995）P327

步鑫生（1934—2015）P331

马胜利（1938—2014）P331

周冠五（1918—2007）P331

年广久（1935— ）P331

马云（1964— ）P331

马化腾（1971— ）P331

李彦宏（1968— ）P331

任正非（1944— ）P331

科斯（Ronald Harry Coase, 1910—2013）P331, 373

托克维尔（Alexis de Tocqueville, 1805—1859）P340

奈斯比特（John Naisbitt, 1929—2021）P357

杨小凯（1948—2004）P358, 359, 367, 368, 369, 370, 371, 372, 373, 374, 375, 376, 377, 378, 487

林毅夫（1952— ）P358, 359, 370, 487

贝塔朗菲（Karl Ludwig von Bertalanffy, 1901—1972）P359, 360

张作霖（1875—1928）P363

詹恩·丁伯根（Jan Tinbergen, 1903—1994）P367

钱颖一（1956— ）P369

于大海（1961— ）P369

维纳（Norbert Wiener, 1894—1964）P370, 371, 453, 493

何维凌（1945—1991）P371

邓英淘（1952—2012）P371

克莱因（Lawrence Robert Klein, 1920—2013）P371

马歇尔（Alfred Marshall, 1842—1924）P372, 583, 584, 587

赫南·赫尔普曼（Elhanan Helpman, 1946— ）P373

埃塞（Wilfred John Ethier）P373

舒尔茨（Theodore W. Schultz, 1902—1998）P373

卢卡斯（Robert E. Lucas, Jr. 1937— ）P373

罗默（Paul M. Romer, 1955— ）P373

张五常（1935— ）P373

阿莱西那（Alberto Alesina, 1957—2020）P373

黄友光（1942— ）P373

凡·高（Vincent Willem van Gogh, 1853—1890）P376

阎锡山（1883—1960）P389

柏格理（Samuel Polland, 1864—1915）P396

费孝通（1910—2005）P396

李罗力（1947— ）P414, 415, 417, 418, 420,

索 引

422, 424, 425, 426

陈文鸿（生卒年不详）P424

胡鞍钢（1953—）P424

查尔斯·珀西·斯诺（Charles Percy Snow, 1905—1980）P432

保罗·狄拉克（Paul Dirac, 1902—1984年）P445

阿诺德·索末菲（Arnold Sommerfeld, 1868—1951年）P445

沃尔夫冈·泡利（Wolfgang Pauli, 1900—1958年）P445

阿兰·阿斯佩（Alain Aspect, 1947—）P448

约翰·弗朗西斯·克劳泽（John Francis Clauser, 1942—）P448

安东·蔡林格（Anton Zeilinger, 1945—）P448

安德斯·伊尔巴克（Anders Irbäck, 1960—）P448

张庆瑞（1957—）P449

韩锋（？—）P450, 453

麦克斯韦（James Clerk Maxwell, 1831—1879）P452

孙昌璞（1962—）P452

维杰·库玛（Vijay Kumar, 1962—）P466

涂子沛（1973—）P466

巴拉巴西（Albert-László Barabási, 1967—）P469

约翰·冯·诺伊曼（John von Neumann, 1903—1957）P481

杰克·基尔比（Jack Kilby, 1923—2005）P482

伦纳德·克兰罗克（Leonard Kleinrock, 1934—）P482, 524, 525

丹尼斯·里奇（Dennis Ritchie, 1941—2011）P482

丹尼尔·贝尔（Daniel Bell, 1919—2011）P492

香农（Claude Elwood Shannon, 1916—2001）P493

托马斯·弗里德曼（Thomas L. Friedman, 1953—）P493

瓦汉（Rice Vaughan, ？—1970）P499

维塔利克·布特林（Vitalik Buterin, 1994—）P502, 503, 514

加文·伍德（Gavin Wood, 1980—）P503

莎拉·汉博（Sarah Hamburg, ？—）P512

爱德华·洛伦兹（Edward Norton Lorenz, 1917—2008）P538

乔治·帕里西（Giorgio Parisi, 1948—）P539

阿基米德（Archimedes, 公元前287—公元前212）P541

凯文·凯利（Kevin Kelly, 1952—）P541

卡尔·波普尔（Karl Popper, 1902—1994）P545, 591

托马斯·库恩（Thomas Samuel Kuhn, 1922—1996）P545, 592

托马斯·赫胥黎（Thomas Henry Huxley, 1825—1859）P545

沃尔特·特鲁特·安德森（Walter Truett Anderson, 1933—）P562

海德格尔（Martin Heidegger, 1889—1976）P564

历史不会熔断

曼菲德·克莱恩斯（Manfred Clynes, 1925—2020）P565
内森·克莱恩（Nathan Kline, 1916—1983）P565
德里达（Jacques Derrida, 1930—2004）P565
德勒兹（Gilles Deleuze, 1925—1995）P565, 574
福柯（Michel Foucault, 1926—1984）P565, 566
露丝·伊利格瑞（Luce Irigaray, 1930—）P565
艾琳娜·西克苏（Hélène Cixous, 1937—）P565
茱莉亚·克里斯蒂娃（Julia Kristeva, 1941—）P565
雅克·拉康（Jacques Lacan, 1901—1981）P565
哈拉维（Donna Haraway, 1944—）P566
梅洛-庞蒂（Maurice Jean Jacques Merleau-Ponty, 1908—1961）P566, 571
海尔斯（Nancy Katherine Hayles, 1943—）P566, 567
福山（Francis Fukuyama, 1952—）P567
雪莱夫人（Mary Wollstonecraft Shelley, 1797—1851）P568
卡雷尔·卡佩克（Karel Čapek, 1890—1938）P568
阿西莫夫（Isaac Asimov, 1920—1992）P568, 576
吉尔·哈多（Gill Haddow, ?—）P571
泰格马克（Max Tegmark, 1967—）P573
尤瓦尔·赫拉利（Yuval Harari, 1976—）P573
尼克·波斯特洛姆（Nick Bostrom, 1973—）P573, 579
佩德罗·多明戈斯（Pedro Domingos, 1965—）P573
王羲之（303—361）P582
西斯蒙第（Jean Charles Léonard de Sismondi, 1773—1842）P584
萨伊（Jean-Baptiste Say, 1767—1832）P584
马尔萨斯（Thomas Malthus, 1766—1834）P584
瓦尔拉斯（Léon Walras, 1834—1910）P584, 586, 587
门格尔（Carl Menger, 1840—1921）P584, 585, 586, 587
帕累托（Vilfredo Pareto, 1848—1923）P584, 587
庞巴维克（Eugen von Böhm-Bawerk, 1851—1914）P584
陶西格（Frank William Taussig, 1859—1940）P584
米切尔（Wesley Mitchell, 1874—1948）P584
克纳普（Georg Knapp, 1842—1926）P584
维塞尔（Friedrich von Wieser, 1851—1926）P584
鲍尔特基维茨（Ladislaus von Bortkiewicz, 1868—1931）P584
杰文思（William Jevons, 1835—1882）P586, 587
弗瑞希（Ragnar Frisch, 1895—1973）P588
普利高津（Ilya Romanovich Prigogine, 1917—2003）P597, 598, 599

鲁道夫·克劳修斯（Rudolf Clausius, 1822—1888）P597

理查德·费曼（Richard Phillips Feynman, 1918—1988）P600

彭加勒（Jules Henri Poincaré, 1854—1912）P601

斯特恩（Nicholas Stern, 1946— ）P608

诺德豪斯（William Nordhaus, 1941— ）P608

解振华（1949— ）P621

约翰·福布斯·克里（John Forbes Kerry, 1943— ）P621

斯蒂芬·穆尔斯（Stephen Morse, ?— ）P660

罗伯特·魏泰克（Robert Harding Whittaker, 1920—1980）P661, 662

克鲁岑（Paul J. Crutzen, 1933—2021）P676

托莫（Eugene F. Stoermer, 1934—2012）P676